2022年版《协调制度》目录培训教材（上）

2022年版《协调制度》修订目录公告文本

海关总署关税征管司◎编

中国海关出版社有限公司
中国·北京

图书在版编目（CIP）数据

2022年版《协调制度》目录培训教材：上、中、下/海关总署关税征管司编．—北京：中国海关出版社有限公司，2021.9

ISBN 978-7-5175-0519-8

Ⅰ.①2… Ⅱ.①海… Ⅲ.①进出口商品—税则—目录—中国—培训—教材 Ⅳ.①F752.65-63

中国版本图书馆CIP数据核字（2021）第189411号

2022年版《协调制度》目录培训教材（上、中、下）

2022 NIAN BAN《XIETIAO ZHIDU》MULU PEIXUN JIAOCAI（SHANG、ZHONG、XIA）

编　　者：海关总署关税征管司
责任编辑：刘　婧
助理编辑：衣尚书
出版发行：中国海关出版社有限公司
社　　址：北京市朝阳区东四环南路甲1号　　邮政编码：100023
网　　址：www.hgcbs.com.cn
编 辑 部：01065194242-7538（电话）
发 行 部：01065194238/4246/4254/5127（电话）
社办书店：01065195616（电话）
https：//weidian.com/？userid=319526934
印　　刷：北京盛通印刷股份有限公司　　经　　销：新华书店
开　　本：889mm×1194mm　1/16
印　　张：39　　字　　数：938千字
版　　次：2021年9月第1版
印　　次：2021年9月第1次印刷
书　　号：ISBN 978-7-5175-0519-8
定　　价：120.00元（上、中、下）

前　言

《2022年版〈协调制度〉目录培训教材》是为实施2022年版《商品名称及编码协调制度》（以下简称《协调制度》）而编写的系列培训教材，包括《2022年版〈协调制度〉修订目录公告文本》《2017—2022年版〈协调制度〉目录转换翻译表》和《2021—2022年版〈中华人民共和国进出口税则〉目录转换表》。

为适应国际贸易及商品的发展，世界海关组织（WCO）每4至6年对《协调制度》进行一次修订。2019年6月，WCO正式发布了2022年版《协调制度》。2022年版《协调制度》在2017年版的基础上进行了351组修订，修订后的《协调制度》的六位子目总数从5387个增加到5609个。2022年版《协调制度》将于2022年1月1日起正式实施。

2022年版《协调制度》修订主要考虑以下5个因素：(1) 应全球贸易新趋势的需要增列部分品目。如为尼古丁产品和新型烟草产品、平板显示模组、无人机等产品新增品目。(2) 应产业和贸易发展变化的需要调整部分品目项下列目结构。如调整玻璃纤维及其制品、加工金属的锻造或冲压机床等品目下的子目结构。(3) 应全球环境保护和社会重要问题而进行相应修订。如为《关于禁止发展、生产、储存和使用化学武器及销毁此种武器的公约》《关于在国际贸易中对某些危险化学品和农药采用事先知情同意程序的鹿特丹公约》和《关于持久性有机污染物的斯德哥尔摩公约》控制的某些产品具体列名，为《蒙特利尔破坏臭氧层物质管制议定书》管制的臭氧层消耗物质增加类注释及新增品目。(4) 适应简化优化《协调制度》目录结构的需要。对国际贸易总量较低的商品品目（年贸易总额低于1亿美元）和子目（年贸易总额低于5000万美元）予以合并或删除，保证《协调制度》符合产业和贸易发展实际，并保持《协调制度》四位数品目和六位数子目数量适度。(5) 适应《协调制度》规范应用的需要。为避免某些品目/子目项下的商品范围混淆，减少商品归类争议，对相关类注释、章注释及子目注释作出修订，以进一步明确相关商品的归类规则。

自1992年我国加入《商品名称及编码协调制度公约》（以下简称《协调制度公约》），并将《协调制度》作为《中华人民共和国进出口税则》（以下简称《进出口税则》）的基础目录以来，《协调制度》在我国得到了广泛应用，商品编码成为我国进出口贸易政策的重要信息载体。及时准确地翻译并执行WCO对《协调制度》的修订内容是我国履行《协调制度公约》的应尽义务，也是保证我国经济适应世界经济发展的需要。为保证2022年版《协调制度》于2022年1月1日在我国如期实施，海关总署关税征管司于2019年8月组织全国海关的50多名归类专家成立课题组，负责2022年版《协调制度》翻译及其向我国《进出口税则》转换工作。经过两年多的时间，课题组完成了《2017—2022年版〈协调制度〉目录转换翻译表》《2021—2022年版〈中华人民共和国进出口税则〉目录转换表》的编写工作。

《2022年版〈协调制度〉修订目录公告文本》详列了2022年版《协调制度》修订目录（以下简称“修订目录”）。需要说明的是，仅涉及法文版修订或英文版修订中不涉及中文修订的相关内容未在中文修订目录中列出。因此，书中存在部分英、法文修订内容无中文对应内容的情况。例如，第二十七章注释三（二）仅涉及法文版的修订在中文修订目录中未予列出。

《2017—2022年版〈协调制度〉目录转换翻译表》是根据WCO发布的2022年版《协调制度》目录的修订内容翻译编写而成的。翻译工作遵循规范、统一、遵从原文原意的原则，并参照我国《进出口税则》习惯用语及表达方式，注意保持翻译条文的延续性、统一性，在“修改说明”栏中说明相关品目/子目条文、注释等修订的背景、内容和原因，以便于读者了解《协调制度》的修订情况。

《2021—2022年版〈中华人民共和国进出口税则〉目录转换表》介绍了2022年版《协调制度》向我国《进出口税则》转换的相关情况，书中“硬转换”“软转换”有关2022年本国子目的拆分内容均为海关工作建议，仅为方便税目转换所列，而非2022年版《进出口税则》执行依据。其中，“硬转换”是指将2017—2022年版《协调制度》修订引起的六位子目对应转换到我国2021年版《进出口税则》中，并以此为基础确定相关税目下八位本国子目的对应关系；“软转换”是指在“硬转换”的基础上，综合考虑我国税收、贸易、产业、环境保护等政策需要，以及税率税级设置、相关商品进出口贸易量等情况，对相关六位税目项下的八位本国子目列目结构作出适当的调整。例如，2022年版《协调制度》中新增品目“88.06 无人驾驶航空器”及系列子目，在向我国《进出口税则》转换时，根据一一对应的原则，应当按照用途及类型增列若干本国子目，但考虑到各特定类型的无人驾驶航空器的进出口贸易量可能较小，无须过度拆分，故在2022年版《进出口税则》软转换中建议仅按“航拍无人机”及“其他”进行拆分。

参加此项工作的单位有海关总署关税征管司、综合业务司、统计分析司，海关总署税收征管局（京津、上海、广州），天津海关、大连海关、南京海关、杭州海关、青岛海关、黄埔海关、江门海关、重庆海关、成都海关，上海海关学院等。

在本教材的编写过程中，我们得到了财政部、工业和信息化部、生态环境部、农业农村部、文化和旅游部、国家林业和草原局、中国民用航空局、国家药品监督管理局等有关部门，以及中国半导体行业协会、中国照明电器协会、中国医药保健品进出口商会、南京玻璃纤维设计研究院、中国锻压协会、机械工业机床产品质量检测中心（上海）、上海集成电路行业协会等单位的支持，在此表示感射。

海关总署关税征管司

2021年9月

目　录

中华人民共和国海关总署公告

2021年第78号

《商品名称及编码协调制度》（简称《协调制度》）是我国制订进出口税则，实施贸易管制、贸易统计以及其他各项进出口管理措施的基础目录。为适应国际贸易的发展，世界海关组织发布了2022年版《协调制度》修订目录，将于2022年1月1日生效。为履行《协调制度公约》缔约方的义务，保证新版《协调制度》在我国的有效实施，现发布2022年版《协调制度》修订目录中文版（详见附件）。

特此公告。

附件：2022年版《协调制度》修订目录

中华人民共和国海关总署（印）

二〇二一年十月九日

2022 年版《协调制度》修订目录

第三类标题 删除并替换为： “第三类　动、植物或微生物油、脂及其分解产品；精制的食用油脂；动、植物蜡”
第十五章标题 删除并替换为： “第十五章　动、植物或微生物油、脂及其分解产品；精制的食用油脂；动、植物蜡”
第四类标题 删除并替换为： “第四类　食品；饮料、酒及醋；烟草、烟草及烟草代用品的制品；非经燃烧吸用的产品，不论是否含有尼古丁；其他供人体摄入尼古丁的含尼古丁的产品”
第十六章标题 删除并替换为： “第十六章　肉、鱼、甲壳动物、软体动物及其他水生无脊椎动物、以及昆虫的制品”
第二十四章标题 删除并替换为： “第二十四章　烟草、烟草及烟草代用品的制品；非经燃烧吸用的产品，不论是否含有尼古丁；其他供人体摄入尼古丁的含尼古丁的产品”
第九十四章标题 删除并替换为（仅英文修改，中文不变）： “第九十四章　家具；寝具、褥垫、弹簧床垫、软座垫及类似的填充制品；未列名灯具及照明装置；发光标志、发光铭牌及类似品；活动房屋”

第二章

新增注释二： “二、可食用的死昆虫（品目 04.10）；” 原注释二和三相应地调整为注释三和四。

第三章

新增注释三： “ 三、品目 03. 05 至 03. 08 不包括适合供人食用的细粉、粗粉及团粒（品目 03. 09）。”
子目 0302. 3 删除并替换为： “ -金枪鱼（金枪鱼属）、鲣，但子目 0302. 91 至 0302. 99 的可食用鱼杂碎除外：”
子目 0302. 33 删除并替换为： “ 0302. 33--鲣”
子目 0302. 55 删除并替换为： “ 0302. 55--阿拉斯加狭鳕鱼”
子目 0303. 4 删除并替换为： “ -金枪鱼（金枪鱼属）、鲣，但子目 0303. 91 至 0303. 99 的可食用鱼杂碎除外：”
子目 0303. 43 删除并替换为： “ 0303. 43--鲣”
子目 0303. 67 删除并替换为： “ 0303. 67--阿拉斯加狭鳕鱼”
子目 0304. 75 删除并替换为： “ 0304. 75--阿拉斯加狭鳕鱼”
子目 0304. 87 删除并替换为： “ 0304. 87--金枪鱼（金枪鱼属）、鲣”
子目 0304. 94 删除并替换为： “ 0304. 94--阿拉斯加狭鳕鱼”
子目 0304. 95 删除并替换为： “ 0304. 95--犀鳕科、多丝真鳕科、鳕科、长尾鳕科、黑鳕科、无须鳕科、深海鳕科及南极鳕科鱼，阿拉斯加狭鳕鱼除外”

品目 03. 05 条文 删除并替换为： “ 03. 05　干、盐腌或盐渍的鱼；熏鱼，不论在熏制前或熏制过程中是否烹煮：”
子目 0305. 10 删除该子目。
品目 03. 06 条文 删除并替换为： “ 03. 06　带壳或去壳的甲壳动物，活、鲜、冷、冻、干、盐腌或盐渍的；熏制的带壳或去壳甲壳动物，不论在熏制前或熏制过程中是否烹煮；蒸过或用水煮过的带壳甲壳动物，不论是否冷、冻、干、盐腌或盐渍的：”
子目 0306. 19 删除并替换为： “ 0306. 19--其他”
子目 0306. 39 删除并替换为： “ 0306. 39--其他”
子目 0306. 99 删除并替换为： “ 0306. 99--其他”
品目 03. 07 条文 删除并替换为： “ 03. 07　带壳或去壳的软体动物，活、鲜、冷、冻、干、盐腌或盐渍的；熏制的带壳或去壳软体动物，不论在熏制前或熏制过程中是否烹煮：”
子目 0307. 2 至 0307. 29 删除并替换为： “　　-扇贝及其他扇贝科的软体动物： 0307. 21--活、鲜或冷的： 0307. 22--冻的 0307. 29--其他”
子目 0307. 9 删除并替换为： “ 0307. 90-其他”
品目 03. 08 条文 删除并替换为： “ 03. 08　不属于甲壳动物及软体动物的水生无脊椎动物，活、鲜、冷、冻、干、盐腌或盐渍的；熏制的不属于甲壳动物及软体动物的水生无脊椎动物，不论在熏制前或熏制过程中是否烹煮：”

新增品目03.09：
“03.09 适合供人食用的鱼、甲壳动物、软体动物和其他水生无脊椎动物的细粉、粗粉及团粒：
0309.10-鱼的
0309.90-其他”

第四章

新增注释二：
“二、品目04.03所称‘酸乳’可以浓缩或调味，可以含糖或其他甜味物质、水果、坚果、可可、巧克力、调味香料、咖啡或咖啡提取物、其他植物或植物的部分、谷物或面包制品，但添加的任何物质不能用于全部或部分取代任何乳成分，而且产品需保留酸乳的基本特征。”
原注释二至四相应地调整为注释三至五。

新增注释五（一）：
“（一）不适合供人食用的死昆虫（品目05.11）；”
原注释四（一）至四（三）[重新编号为注释五（一）至（三）]相应地调整为五（二）至五（四）。

新增注释六：
“六、品目04.10所称‘昆虫’是指全部或部分食用的死昆虫，新鲜的、冷藏的、冷冻的、干燥的、烟熏的、盐腌或盐渍的；以及适合供人食用的昆虫的细粉和粗粉。但本品目不包括用其他方法制作或保藏的食用的死昆虫（第四类）。”

品目04.03条文
删除并替换为：
“04.03 酸乳；酪乳、结块的乳及稀奶油、酸乳酒及其他发酵或酸化的乳和稀奶油，不论是否浓缩、加糖、加其他甜物质、加香料、加水果、加坚果或加可可：”

子目0403.10
删除该子目。

新增子目0403.20：
“0403.20-酸乳”

品目04.10
删除并替换为：
“04.10 其他品目未列名的昆虫及其他食用动物产品：
0410.10-昆虫
0410.90-其他”

第七章

新增注释五： “五、品目 07. 11 适用于使用前在运输或贮存时仅为暂时保藏而进行处理（例如，使用二氧化硫气体、盐水、亚硫酸水或其他防腐液）的蔬菜，但不适于直接食用的。”
子目 0704. 10 删除并替换为： “0704. 10-菜花及西兰花”
新增子目 0709. 52 至 0709. 56： “0709. 52--牛肝菌属蘑菇 0709. 53--鸡油菌属蘑菇 0709. 54--香菇 0709. 55--松茸（松口蘑、美洲松口蘑、雪松口蘑、甜味松口蘑、欧洲松口蘑） 0709. 56--块菌（松露属）”
品目 07. 11 条文 删除并替换为： “07. 11　暂时保藏的蔬菜，但不适于直接食用的：”
新增子目 0712. 34： “0712. 34--香菇”

第八章

新增注释四： “四、品目 08. 12 适用于使用前在运输或贮存时仅为暂时保藏而进行处理（例如，使用二氧化硫气体、盐水、亚硫酸水或其他防腐液）的水果及坚果，但不适于直接食用的。”
子目 0802. 90 删除并替换为： “　　-其他： 0802. 91--未去壳松子 0802. 92--去壳松子 0802. 99--其他”
子目 0805. 40 删除并替换为： “0805. 40-葡萄柚及柚”

品目08.12条文
删除并替换为：
“ 08.12　暂时保藏的水果及坚果，但不适于直接食用的：”

第十章

注释一（二）
删除并替换为：
“（二）本章不包括已去壳或经其他加工的谷物。但去壳、碾磨、磨光、上光、半熟或破碎的稻米仍应归入品目10.06。同样，已全部或部分去皮以分离皂苷，但没有经过任何其他加工的昆诺阿藜仍应归入品目10.08。”

第十二章

新增子目1211.60：
“ 1211.60-非洲李的树皮”

第十三章

注释七
删除并替换为：
“七、品目30.03或30.04的药品及品目38.22的血型试剂；”

第三类

第三类标题
删除并替换为：
“ 第三类　动、植物或微生物油、脂及其分解产品；精制的食用油脂；动、植物蜡”

第十五章

第十五章标题 删除并替换为： “ 第十五章　动、植物或微生物油、脂及其分解产品；精制的食用油脂；动、植物蜡”
新增子目注释一： “ 一、子目 1509. 30 所称‘初榨油橄榄油’，游离酸度（以油酸计）不超过 2. 0 克/100 克，可根据《食品法典标准》（33-1981）与其他初榨油橄榄油类别加以区分。” 原子目注释一相应地调整为子目注释二。
子目 1509. 10 删除并替换为： “ 1509. 20-特级初榨油橄榄油 1509. 30-初榨油橄榄油 1509. 40-其他初榨油橄榄油”
品目 15. 10 删除并替换为： “ 15. 10　其他橄榄油及其分离品，不论是否精制，但未经化学改性，包括掺有品目 15. 09 的油或分离品的混合物： 1510. 10-粗提油橄榄果渣油 1510. 90-其他”
品目 15. 15 条文 删除并替换为： “ 15. 15　其他固定植物或微生物油、脂（包括希蒙得木油）及其分离品，不论是否精制，但未经化学改性：”
新增子目 1515. 60： “ 1515. 60-微生物油、脂及其分离品”
品目 15. 16 条文 删除并替换为： “ 15. 16　动、植物或微生物油、脂及其分离品，全部或部分氢化、相互酯化、再酯化或反油酸化，不论是否精制，但未经进一步加工：”
新增子目 1516. 30： “ 1516. 30-微生物油、脂及其分离品”
品目 15. 17 条文 删除并替换为： “ 15. 17　人造黄油；本章各种动、植物或微生物油、脂及其分离品混合制成的食用油、脂或制品，但品目 15. 16 的食用油、脂及其分离品除外：”

品目 15.18 条文
删除并替换为：
“ 15.18　动、植物或微生物油、脂及其分离品，经过熟炼、氧化、脱水、硫化、吹制或在真空、惰性气体中加热聚合及用其他化学方法改性的，但品目 15.16 的产品除外；本章各种油、脂及其分离品混合制成的其他品目未列名的非食用油、脂或制品：”

第四类

第四类标题
删除并替换为：
“ 第四类　食品；饮料、酒及醋；烟草、烟草及烟草代用品的制品；非经燃烧吸用的产品，不论是否含有尼古丁；其他供人体摄入尼古丁的含尼古丁的产品”

第十六章

第十六章标题
删除并替换为：
“ 第十六章　肉、鱼、甲壳动物、软体动物及其他水生无脊椎动物、以及昆虫的制品”

注释一
删除并替换为：
“ 一、本章不包括用第二章、第三章、第四章注释六及品目 05.04 所列方法制作或保藏的肉、食用杂碎、鱼、甲壳动物、软体动物或其他水生无脊椎动物及昆虫。”

注释二
删除并替换为：
“ 二、本章的食品按重量计必须含有 20%以上的香肠、肉、食用杂碎、动物血、昆虫、鱼、甲壳动物、软体动物或其他水生无脊椎动物及其混合物。对于含有两种或两种以上前述产品的食品，则应按其中重量最大的产品归入第十六章的相应品目。但本条规定不适用于品目 19.02 的包馅食品和品目 21.03 及 21.04 的食品。”

子目注释一
删除并替换为：
“ 一、子目 1602.10 的‘均化食品’，是指用肉、食用杂碎、动物血或昆虫经精细均化制成适合供婴幼儿食用或营养用的零售包装食品（每件净重不超过 250 克）。为了调味、保藏或其他目的，均化食品中可以加入少量其他配料，还可以含有少量可见的肉粒、食用杂碎粒或昆虫碎粒。归类时该子目优先于品目 16.02 的其他子目。”

品目 16.01 条文
删除并替换为：
“ 16.01　肉、食用杂碎、动物血或昆虫制成的香肠及类似产品；用香肠制成的食品：”

品目 16.02 条文
删除并替换为：
“ 16.02　其他方法制作或保藏的肉、食用杂碎、动物血或昆虫：”

子目 1604.14
删除并替换为（仅英文修改，中文不变）：
“ 1604.14--金枪鱼、鲣及狐鲣（狐鲣属）”

第十八章

注释一
删除并替换为：
“ 一、本章不包括：
（一）按重量计含香肠、肉、食用杂碎、动物血、昆虫、鱼、甲壳动物、软体动物或其他水生无脊椎动物及其混合物超过 20%的食品（第十六章）；
（二）品目 04.03、19.01、19.02、19.04、19.05、21.05、22.02、22.08、30.03、30.04 的制品。”

第十九章

注释一（一）
删除并替换为：
“（一）按重量计含香肠、肉、食用杂碎、动物血、昆虫、鱼、甲壳动物、软体动物、其他水生无脊椎动物及其混合物超过 20%的食品（第十六章），但品目 19.02 的包馅食品除外；”

第二十章

新增注释一（二）：
“（二）植物油、脂（第十五章）；”
原注释一（二）至一（四）相应地调整为一（三）至一（五）。

注释一（三）［原注释一（二）］ 删除并替换为： “（三）按重量计含香肠、肉、食用杂碎、动物血、昆虫、鱼、甲壳动物、软体动物、其他水生无脊椎动物及其混合物超过20%的食品（第十六章）;”
子目 2008. 93 删除并替换为： “ 2008. 93--蔓越橘（大果蔓越橘、小果蔓越橘）、越橘”
品目 20. 09 条文 删除并替换为： “ 20. 09　未发酵及未加酒精的水果汁或坚果汁（包括酿酒葡萄汁及椰子水）、蔬菜汁，不论是否加糖或其他甜物质:”
子目 2009. 2 删除并替换为： “　-葡萄柚汁；柚汁:”
子目 2009. 8 删除并替换为： “　-其他未混合的水果汁、坚果汁或蔬菜汁:”
子目 2009. 81 删除并替换为： “ 2009. 81--蔓越橘汁（大果蔓越橘、小果蔓越橘）、越橘汁”

第二十一章

注释一（五） 删除并替换为： “（五）按重量计含香肠、肉、食用杂碎、动物血、昆虫、鱼、甲壳动物、软体动物、其他水生无脊椎动物及其混合物超过20%的食品（第十六章），但品目 21. 03 或 21. 04 的产品除外;”
新增注释一（六）: “（六）品目 24. 04 的产品;” 原注释一（六）至（七）相应地调整为注释一（七）至（八）。

第二十二章

品目 22.02 条文
删除并替换为：
“22.02　加味、加糖或其他甜物质的水，包括矿泉水及汽水，其他无酒精饮料，但不包括品目 20.09 的水果汁、坚果汁或蔬菜汁：”

第二十三章

品目 23.06 条文
删除并替换为：
“23.06　品目 23.04 或 23.05 以外的提炼植物或微生物油脂所得的油渣饼及其他固体残渣，不论是否碾磨或制成团粒（+）：”

第二十四章

第二十四章标题
删除并替换为：
“第二十四章　烟草、烟草及烟草代用品的制品；非经燃烧吸用的产品，不论是否含有尼古丁；其他供人体摄入尼古丁的含尼古丁的产品”

新增注释二和三：
“二、既可归入品目 24.04 又可归入本章其他品目的产品，应归入品目 24.04。
三、品目 24.04 所称‘非经燃烧吸用’，是指不通过燃烧，而是通过加热或其他方式吸用。”

新增品目 24.04：
“24.04　含烟草、再造烟草、尼古丁、或烟草或尼古丁代用品，非经燃烧吸用的产品；其他供人体摄入尼古丁的含尼古丁的产品：
-非经燃烧吸用的产品：
2404.11--含烟草或再造烟草的
2404.12--其他，含尼古丁的
2404.19--其他
-其他：
2404.91--经口腔摄入的
2404.92--经皮肤摄入的
2404.99--其他”

第二十五章

新增注释二（五）： “（五）夯混白云石（品目38.16）；” 原注释二（五）至二（九）相应地调整为注释二（六）至二（十）。
品目25.18条文 删除并替换为： “25.18　白云石，不论是否煅烧或烧结、粗加修整或仅用锯或其他方法切割成矩形（包括正方形）的板、块：”
子目2518.30 删除该子目。

第二十六章

注释一（六） 删除并替换为： “（六）贵金属或包贵金属的废碎料；主要用于回收贵金属的含贵金属或贵金属化合物的其他废碎料（品目71.12或85.49）；或”

第二十七章

子目注释五 删除并替换为： “五、品目27.10的子目所称‘生物柴油’，是指从动植物油脂或微生物油脂（不论是否使用过）得到的用作燃料的脂肪酸单烷基酯。”

第六类

新增注释四： “四、其列名或功能既符合第六类中一个或多个品目的规定，又符合品目38.27的规定的产品，应按列名或功能归入相应品目，而不归入品目38.27。”

第二十八章

子目 2844.40 删除并替换为： “　　　　-除子目 2844.10、2844.20 及 2844.30 以外的放射性元素、同位素及其化合物；含这些元素、同位素及其化合物的合金、分散体（包括金属陶瓷）、陶瓷产品及混合物；放射性残渣： 2844.41--氚及其化合物；含氚及其化合物的合金、分散体（包括金属陶瓷）、陶瓷产品及混合物 2844.42--锕-225、锕-227、锎-253、锔-240、锔-241、锔-242、锔-243、锔-244、锿-253、锿-254、钆-148、钋-208、钋-209、钋-210、镭-223、铀-230 或铀-232 及其化合物；含这些元素及其化合物的合金、分散体（包括金属陶瓷）、陶瓷产品及混合物 2844.43--其他放射性元素、同位素及其化合物；其他含这些元素、同位素及其化合物的合金、分散体（包括金属陶瓷）、陶瓷产品及混合物 2844.44--放射性残渣”
新增子目 2845.20 至 2845.40： “2845.20-硼-10 浓缩硼及其化合物 2845.30-锂-6 浓缩锂及其化合物 2845.40-氦-3”

第二十九章

注释一（七） 删除并替换为： “（七）为了便于识别或安全起见，加入抗尘剂、着色剂、气味剂或催吐剂的上述（一）、（二）、（三）、（四）、（五）、（六）各款产品，但所加剂料并不使原产品改变其一般用途而适合于某些特殊用途；”
注释四最后一段 删除并替换为： “品目 29.11、29.12、29.14、29.18 及 29.22 所称‘含氧基’，仅限于品目 29.05 至 29.20 的各种含氧基（其特征为有机含氧基）。”

子目 2903.3 至 2903.39 删除并替换为： “　　　　-无环烃的饱和氟化衍生物： 2903.41--三氟甲烷（HFC-23） 2903.42--二氟甲烷（HFC-32） 2903.43--一氟甲烷（HFC-41）、1,2-二氟乙烷（HFC-152）及 1,1-二氟乙烷（HFC-152a） 2903.44--五氟乙烷（HFC-125）、1,1,1-三氟乙烷（HFC-143a）及 1,1,2-三氟乙烷（HFC-143） 2903.45--1,1,1,2-四氟乙烷（HFC-134a）及 1,1,2,2-四氟乙烷（HFC-134） 2903.46--1,1,1,2,3,3,3-七氟丙烷（HFC-227ea）、1,1,1,2,2,3-六氟丙烷（HFC-236cb）、1,1,1,2,3,3-六氟丙烷（HFC-236ea）、1,1,1,3,3,3-六氟丙烷（HFC-236fa） 2903.47--1,1,1,3,3-五氟丙烷（HFC-245fa）及 1,1,2,2,3-五氟丙烷（HFC-245ca） 2903.48--1,1,1,3,3-五氟丁烷（HFC-365mfc）及 1,1,1,2,2,3,4,5,5,5-十氟戊烷（HFC-43-10mee） 2903.49--其他 　　　　-无环烃的不饱和氟化衍生物： 2903.51--2,3,3,3-四氟丙烯（HFO-1234yf）、1,3,3,3-四氟丙烯（HFO-1234ze）及（Z）-1,1,1,4,4,4-六氟-2-丁烯（HFO-1336mzz） 2903.59--其他 　　　　-无环烃的溴化或碘化衍生物： 2903.61--甲基溴（溴甲烷） 2903.62--二溴乙烷（ISO）（1,2-二溴乙烷） 2903.69--其他”

子目 2903.71 至 2903.76 删除并替换为： “2903.71--一氯二氟甲烷（HCFC-22） 2903.72--二氯三氟乙烷（HCFC-123） 2903.73--二氯一氟乙烷（HCFC-141, 141b） 2903.74--一氯二氟乙烷（HCFC-142, 142b） 2903.75--二氯五氟丙烷（HCFC-225, 225ca, 225cb） 2903.76--溴氯二氟甲烷（Halon-1211）、一溴三氟甲烷（Halon-1301）及二溴四氟乙烷（Halon-2402）”

第四分章标题 删除并替换为： “第四分章　醚、过氧化醇、过氧化醚、缩醛及半缩醛过氧化物、过氧化酮、三节环环氧化物、缩醛及半缩醛及其卤化、磺化、硝化或亚硝化衍生物”
品目 29.09 条文 删除并替换为： “29.09　醚、醚醇、醚酚、醚醇酚、过氧化醇、过氧化醚、缩醛及半缩醛过氧化物、过氧化酮（不论是否已有化学定义）及其卤化、磺化、硝化或亚硝化衍生物：”

子目 2909. 60 删除并替换为： “ 2909. 60-过氧化醇、过氧化醚、缩醛及半缩醛过氧化物、过氧化酮及其卤化、磺化、硝化或亚硝化衍生物”
新增子目 2930. 10： “ 2930. 10-2-(N, N-二甲基氨基)乙硫醇”
品目 29. 31 删除并替换为： “ 29. 31　其他有机-无机化合物： 2931. 10-四甲基铅及四乙基铅 2931. 20-三丁基锡化合物 -非卤化有机磷衍生物： 2931. 41--甲基膦酸二甲酯 2931. 42--丙基膦酸二甲酯 2931. 43--乙基膦酸二乙酯 2931. 44--甲基膦酸 2931. 45--甲基膦酸和脒基尿素（1：1）生成的盐 2931. 46--1-丙基磷酸环酐 2931. 47--(5-乙基-2-甲基-2-氧代-1, 3, 2-二氧磷杂环己-5-基)甲基膦酸二甲酯 2931. 48--3, 9-二甲基-2, 4, 8, 10-四氧杂-3, 9-二磷杂螺[5, 5]十一烷-3, 9 二氧化物 2931. 49--其他 -卤化有机磷衍生物： 2931. 51--甲基膦酰二氯 2931. 52--丙基膦酰二氯 2931. 53--O-(3-氯丙基)-O-[4-硝基-3-(三氟甲基)苯基]甲基硫代膦酸酯 2931. 54--敌百虫（ISO） 2931. 59--其他 2931. 90-其他”
新增子目 2932. 96： “ 2932. 96--克百威（ISO）”
子目 2933. 33 删除并替换为： “ 2933. 33--阿芬太尼（INN）、阿尼利定（INN）、苯氰米特（INN）、溴西泮（INN）、卡芬太尼（INN）、地芬诺新（INN）、地芬诺酯（INN）、地匹哌酮（INN）、芬太尼（INN）、凯托米酮（INN）、哌醋甲酯（INN）、喷他左辛（INN）、哌替啶（INN）、哌替啶中间体 A（INN）、苯环利定（INN）、苯哌利定（INN）、哌苯甲醇（INN）、哌氰米特（INN）、哌丙吡胺（INN）、瑞芬太尼（INN）和三甲利定（INN）以及它们的盐”

新增子目2933.34、2933.35、2933.36及2933.37： “ 2933.34--其他芬太尼及它们的衍生物 2933.35--3-奎宁醇 2933.36--4-苯氨基-N-苯乙基哌啶（ANPP） 2933.37--N-苯乙基-4-哌啶酮（NPP）”
新增子目2934.92： “ 2934.92--其他芬太尼以及它们的衍生物”
子目2936.24 删除并替换为： “ 2936.24--D或DL-泛酸（维生素B_5）及其衍生物”
子目2939.4至2939.49 删除并替换为： “ -麻黄生物碱及其衍生物，以及它们的盐： 2939.41--麻黄碱及其盐 2939.42--假麻黄碱（INN）及其盐 2939.43--d-去甲假麻黄碱（INN）及其盐 2939.44--去甲麻黄碱及其盐 2939.45--左甲苯丙胺、去氧麻黄碱（INN）、去氧麻黄碱外消旋体以及它们的盐 2939.49--其他”
子目2939.7至2939.79 删除并替换为： “ -其他，植物来源的： 2939.72--可卡因、芽子碱，它们的盐、酯及其他衍生物 2939.79--其他”

第三十章

注释一（二） 删除并替换为： “（二）含尼古丁并用于帮助吸烟者戒烟的产品，例如，片剂、咀嚼胶或透皮贴片（品目24.04）；”
注释一（七） 删除并替换为： “（七）以熟石膏为基本成分的牙科用制品（品目34.07）；”

注释一（八）
删除并替换为：
“（八）不作治疗及预防疾病用的血清蛋白（品目35.02）；或”

新增注释一（九）：
“（九）品目38.22的诊断试剂。”

注释四（五）
删除并替换为：
“（五）安慰剂和盲法（或双盲法）临床试验试剂盒，用于经许可的临床试验，已配定剂量，即使它们可能含有活性药物；”

品目30.02条文
删除并替换为：
“30.02　人血；治病、防病或诊断用的动物血制品；抗血清、其他血份及免疫制品，不论是否修饰或通过生物工艺加工制得；疫苗、毒素、培养微生物（不包括酵母）及类似产品；细胞培养物，不论是否修饰：”

子目3002.11
删除该子目。

子目3002.19
删除该子目。

子目3002.20和3002.30
删除并替换为：
“　　-疫苗、毒素、培养微生物（不包括酵母）及类似产品：
3002.41--人用疫苗
3002.42--兽用疫苗
3002.49--其他”

新增子目3002.5至3002.59：
“　　-细胞培养物，不论是否修饰：
3002.51--细胞治疗产品
3002.59--其他”

子目3006.20
删除该子目。

新增子目3006.93：
“3006.93--安慰剂和盲法（或双盲法）临床试验试剂盒，用于经许可的临床试验，已配定剂量”

第三十二章

新增子目 3204. 18： “ 3204. 18--类胡萝卜素着色料及以其为基本成分的制品”

第三十四章

注释一（一） 删除并替换为： “（一）用作脱模剂的食用动植物或微生物油、脂混合物或制品（品目 15. 17）；”
子目 3402. 1 至 3402. 20 删除并替换为： “ -阴离子型有机表面活性剂，不论是否零售包装： 3402. 31--直链烷基苯磺酸及其盐 3402. 39--其他 -其他有机表面活性剂，不论是否零售包装： 3402. 41--阳离子型 3402. 42--非离子型 3402. 49--其他 3402. 50-零售包装的制品”

第三十六章

品目 36. 03 删除并替换为： “ 36. 03 安全导火索；导爆索；火帽或雷管；引爆器；电雷管： 3603. 10-安全导火索 3603. 20-导爆索 3603. 30-火帽 3603. 40-雷管 3603. 50-引爆器 3603. 60-电雷管”

第三十七章

注释二 删除并替换为： “二、本章所称‘摄影’，是指光或其他射线作用于感光面（包括热敏面）上直接或间接形成可见影像的过程。”

第三十八章

新增注释一（三）： “（三）品目 24.04 的产品；” 原注释一（三）至（五）相应地调整为一（四）至（六）。
注释四（一） 删除并替换为： “（一）已从垃圾中分拣出来的单独的材料或物品，例如，废的塑料、橡胶、木材、纸张、纺织品、玻璃、金属和电子电气废弃物及碎料（包括废电池），这些材料或物品应归入本目录中适当品目；”
注释七 删除并替换为： “七、品目 38.26 所称的‘生物柴油’，是指从动植物或微生物油脂（不论是否使用过）得到的用作燃料的脂肪酸单烷基酯。”
子目注释一 删除并替换为： “一、子目 3808.52 及 3808.59 仅包括品目 38.08 的货品，含有一种或多种下列物质：甲草胺（ISO）、涕灭威（ISO）、艾氏剂（ISO）、谷硫磷（ISO）、乐杀螨（ISO）、毒杀芬（ISO）、敌菌丹（ISO）、克百威（ISO）、氯丹（ISO）、杀虫脒（ISO）、乙酯杀螨醇（ISO）、滴滴涕（ISO，INN）［1,1,1-三氯-2,2-双(4-氯苯基)乙烷］、狄氏剂（ISO，INN）、4,6-二硝基邻甲酚［二硝酚（ISO）］及其盐、地乐酚（ISO）及其盐或酯、硫丹（ISO）、1,2-二溴乙烷（ISO）、1,2-二氯乙烷（ISO）、氟乙酰胺（ISO）、七氯（ISO）、六氯苯（ISO）、1,2,3,4,5,6-六氯环已烷［六六六（ISO）］，包括林丹（ISO，INN）、汞化合物、甲胺磷（ISO）、久效磷（ISO）、环氧乙烷（氧化乙烯）、对硫磷（ISO）、甲基对硫磷（ISO）、五氯苯酚（ISO）及其盐或酯、全氟辛基磺酸及其盐、全氟辛基磺胺、全氟辛基磺酰氯、磷胺（ISO）、2,4,5-涕（ISO）（2,4,5-三氯苯氧基乙酸）及其盐或酯、三丁基锡化合物、敌百虫（ISO）。”

子目注释三 删除并替换为： “三、子目3824.81至3824.89仅包括含有下列一种或多种物质的混合物及制品：环氧乙烷（氧化乙烯）、多溴联苯（PBBs）、多氯联苯（PCBs）、多氯三联苯（PCTs）、三(2,3-二溴丙基)磷酸酯、艾氏剂(ISO)、毒杀芬(ISO)、氯丹(ISO)、十氯酮(ISO)、滴滴涕(ISO,INN)[1,1,1-三氯-2,2-双(4-氯苯基)乙烷]、狄氏剂（ISO，INN）、硫丹（ISO）、异狄氏剂（ISO）、七氯（ISO）、灭蚁灵（ISO）、1,2,3,4,5,6-六氯环己烷［六六六（ISO）］，包括林丹（ISO，INN）、五氯苯（ISO）、六氯苯（ISO）、全氟辛基磺酸及其盐、全氟辛基磺胺、全氟辛基磺酰氯，四、五、六、七或八溴联苯醚、短链氯化石蜡。 短链氯化石蜡是指分子式为 $C_xH_{(2x-y+2)}Cl_y$（其中x=10-13，y=1-13），按重量计氯含量大于48%的化合物的混合物。”
品目38.16条文 删除并替换为： “38.16　耐火的水泥、灰泥、混凝土及类似耐火混合制品，包括夯混白云石，但品目38.01的产品除外：”
品目38.22 删除并替换为： “38.22　附于衬背上的诊断或实验用试剂及不论是否附于衬背上的诊断或实验用配制试剂，不论是否制成试剂盒形式，但品目30.06的货品除外；有证标准样品： -附于衬背上的诊断或实验用试剂及不论是否附于衬背上的诊断或实验用配制试剂，不论是否制成试剂盒形式，但品目30.06的货品除外： 3822.11--疟疾用 3822.12--寨卡病毒及由伊蚊属蚊子传播的其他疾病用 3822.13--血型鉴定用 3822.19--其他 3822.90-其他”
品目38.24条文 删除并替换为： “38.24　铸模及铸芯用粘合剂；其他品目未列名的化学工业及其相关工业的化学产品及配制品（包括由天然产品混合组成的）(+)：”
子目3824.7至3824.79 删除上述子目。
子目3824.88 删除并替换为（仅英文修改，中文不变）： “3824.88--含四、五、六、七或八溴联苯醚的”
新增子目3824.89： “3824.89--含短链氯化石蜡的”

新增子目 3824.92：

“ 3824.92--甲基膦酸聚乙二醇酯”

新增品目 38.27：

“ 38.27 其他品目未列名的，含甲烷、乙烷或丙烷的卤化衍生物的混合物：

-含全氯氟烃（CFCs）的，不论是否含氢氯氟烃（HCFCs）、全氟烃（PFCs）或氢氟烃（HFCs）；含氢溴氟烃（HBFCs）的；含四氯化碳的；含 1, 1, 1-三氯乙烷（甲基氯仿）的：

3827.11--含全氯氟烃（CFCs）的，不论是否含氢氯氟烃（HCFCs）、全氟烃（PFCs）或氢氟烃（HFCs）

3827.12--含氢溴氟烃（HBFCs）的

3827.13--含四氯化碳的

3827.14--含 1, 1, 1-三氯乙烷（甲基氯仿）的

3827.20-含溴氯二氟甲烷（Halon-1211）、三氟溴甲烷（Halon-1301）或二溴四氟乙烷（Halon-2402）的

-含氢氯氟烃（HCFCs）的，不论是否含全氟烃（PFCs）或氢氟烃（HFCs），但不含全氯氟烃（CFCs）：

3827.31--含子目 2903.41 至 2903.48 所列物质的

3827.32--其他，含子目 2903.71 至 2903.75 所列物质的

3827.39--其他

3827.40-含溴化甲烷（甲基溴）或溴氯甲烷的

-含三氟甲烷（HFC-23）或全氟烃（PFCs），但不含全氯氟烃（CFCs）或氢氯氟烃（HCFCs）的：

3827.51--含三氟甲烷（HFC-23）的

3827.59--其他

-含其他氢氟烃（HFCs），但不含全氯氟烃（CFCs）或氢氯氟烃（HCFCs）的：

3827.61--按重量计含 15%及以上 1, 1, 1-三氟乙烷（HFC-143a）的

3827.62--其他，不归入上述子目，按重量计含 55%及以上五氟乙烷（HFC-125），但不含无环烃的不饱和氟化衍生物（HFOs）的

3827.63--其他，不归入上述子目，按重量计含 40%及以上五氟乙烷（HFC-125）的

3827.64--其他，不归入上述子目，按重量计含 30%及以上 1, 1, 1, 2-四氟乙烷（HFC-134a）的，但不含无环烃的不饱和氟化衍生物（HFOs）

3827.65--其他，不归入上述子目，按重量计含 20%及以上二氟甲烷（HFC-32）和 20%及以上五氟乙烷（HFC-125）的

3827.68--其他，不归入上述子目，含子目 2903.41 至 2903.48 所列物质的

3827.69--其他

3827.90-其他”

第七类

注释二 删除并替换为（仅英文修订，中文不变）： “二、除品目39.18或39.19的货品外，印有花纹、文字、图画的塑料、橡胶及其制品，如果所印花纹、字画作为其主要用途，应归入第四十九章。”

第三十九章

注释二（二十三） 删除并替换为（仅英文修订，中文不变）： “（二十三）第九十四章的物品（例如，家具、灯具、照明装置、灯箱及活动房屋）；”
子目3907.20 删除并替换为： “　　　-其他聚醚： 3907.21--双(聚氧乙烯)甲基膦酸酯 3907.29--其他”
新增子目3911.20： “3911.20-聚(1,3-亚苯基甲基膦酸酯)”

第四十章

子目4015.11 删除该子目。
新增子目4015.12： “4015.12--医疗、外科、牙科或兽医用”

第四十二章

注释二（十） 删除并替换为（仅英文修订，中文不变）： “（十）第九十四章的物品（例如，家具、灯具及照明装置）；”

第四十四章

注释一（十四） 删除并替换为（仅英文修订，中文不变）： “（十四）第九十四章的物品（例如，家具、灯具及照明装置、活动房屋）；”
新增子目注释二： “二、子目 4401.32 所称的‘木屑块’是指由木材加工业、家具制造业及其他木材加工活动中产生的副产品（例如，刨花、锯末及碎木片）直接压制而成或加入按重量计不超过 3%的粘合剂后粘聚而成的产品。此类产品呈立方体、多面体或圆柱状，其最小横截面尺寸大于 25 毫米。”
新增子目注释三： “三、子目 4407.13 所称‘云杉-松木-冷杉’是指来源于云杉、松木、冷杉混合林的木材，其各树种的比例是未知的。”
新增子目注释四： “四、子目 4407.14 所称‘铁杉-冷杉’是指来源于西部铁杉、冷杉混合林的木材，其各树种的比例是未知的。”
新增子目 4401.32： “4401.32--木屑块”
子目 4401.40 删除并替换为： “ -锯末、木废料及碎片，未粘结的： 4401.41--锯末 4401.49--其他”
新增子目 4402.20： “4402.20-果壳的或果核的”
子目 4403.21： 删除并替换为： “4403.21--松木（松属），最小截面尺寸在 15 厘米及以上”
子目 4403.23 删除并替换为： “4403.23--冷杉和云杉，最小截面尺寸在 15 厘米及以上”
子目 4403.25 删除并替换为： “4403.25--其他，最小截面尺寸在 15 厘米及以上”
新增子目 4403.42： “4403.42--柚木”

子目 4403. 93 删除并替换为： “ 4403. 93--水青冈木（山毛榉木），最小截面尺寸在 15 厘米及以上”
子目 4403. 95 删除并替换为： “ 4403. 95--桦木，最小截面尺寸在 15 厘米及以上”
新增子目 4407. 13 和 4407. 14： “ 4407. 13--云杉-松木-冷杉 4407. 14--铁杉-冷杉”
新增子目 4407. 23： “ 4407. 23--柚木”
新增子目 4412. 4 至 4412. 49： “ -单板层积材： 4412. 41--至少有一表层是热带木 4412. 42--其他，至少有一表层是非针叶木 4412. 49--其他，上下表层均为针叶木”
新增子目 4412. 5 至 4412. 59： “ -木块芯胶合板、侧板条芯胶合板及板条芯胶合板： 4412. 51--至少有一表层是热带木 4412. 52--其他，至少有一表层是非针叶木 4412. 59--其他，上下表层均为针叶木”
子目 4412. 9 至 4412. 99 删除并替换为： “ -其他： 4412. 91--至少有一表层是热带木 4412. 92--其他，至少有一表层是非针叶木 4412. 99--其他，上下表层均为针叶木”
品目 44. 14 删除并替换为： “ 44. 14 木制的画框、相框、镜框及类似品： 4414. 10-热带木的 4414. 90-其他”
子目 4418. 10 删除并替换为： “ -窗、法兰西式（落地）窗及其框架： 4418. 11--热带木的 4418. 19--其他”

子目 4418. 20 删除并替换为： “　　　　　-门及其框架和门槛： 4418. 21--热带木的 4418. 29--其他”
新增子目 4418. 30： “ 4418. 30-柱及梁，子目 4418. 81 至 4418. 89 的货品除外”
子目 4418. 60 删除该子目。
新增子目 4418. 8 至 4418. 89： “　　　　　-工程结构木制品： 4418. 81--集成材 4418. 82--正交胶合木 4418. 83--工字梁 4418. 89--其他”
新增子目 4418. 92： “ 4418. 92--蜂窝结构木镶板”
新增子目 4419. 20： “ 4419. 20-热带木的”
子目 4420. 10 删除并替换为： “　　　　　-小雕像及其他装饰品： 4420. 11--热带木的 4420. 19--其他”
新增子目 4421. 20： “ 4421. 20-棺材”

第四十六章

注释二（五） 删除并替换为（仅英文修订，中文不变）： “（五）第九十四章的物品（例如，家具、灯具及照明装置）。”

第四十八章

注释二（十六） 删除并替换为： “（十六）第九十六章的物品［例如，纽扣，卫生巾（护垫）及卫生棉条、尿布及尿布衬里］。”
注释四 删除并替换为（仅英文修订，中文不变）： “四、本章所称‘新闻纸’，是指所含用机械或化学-机械方法制得的木纤维不少于全部纤维重量的50%的未经涂布的报刊用纸，未施胶或微施胶，每面粗糙度［帕克印刷表面粗糙度（1兆帕）］超过2.5微米，每平方米重量不小于40克，但不超过65克，并且仅适用于下列规格的纸： （一）成条或成卷，宽度超过28厘米；或 （二）成张矩形（包括正方形），一边超过28厘米，另一边超过15厘米（以未折叠计）。”
注释五 删除并替换为（修订编号）： “五、品目48.02所称‘书写、印刷或类似用途的纸及纸板’‘未打孔的穿孔卡片和穿孔纸带纸’，是指主要用漂白纸浆或用机械或化学-机械方法制得的纸浆制成的纸及纸板，并且符合下列任一标准： （一）每平方米重量不超过150克的纸或纸板： 1. 用机械或化学-机械方法制得的纤维含量在10%及以上，并且 （1）每平方米重量不超过80克；或 （2）本体着色； 2. 灰分含量在8%以上，并且 （1）每平方米重量不超过80克；或 （2）本体着色； 3. 灰分含量在3%以上，亮度在60%及以上；或 4. 灰分含量在3%以上，但不超过8%，亮度低于60%，耐破指数等于或小于2.5千帕斯卡·平方米/克；或 5. 灰分含量在3%及以下，亮度在60%及以上，耐破指数等于或小于2.5千帕斯卡·平方米/克。 （二）每平方米重量超过150克的纸或纸板： 1. 本体着色；或 2. 亮度在60%及以上，并且 （1）厚度在225微米及以下；或 （2）厚度在225微米以上，但不超过508微米，灰分含量在3%以上；或 3. 亮度低于60%，厚度不超过254微米，灰分含量在8%以上。 品目48.02不包括滤纸及纸板（含茶袋纸）或毡纸及纸板。”

注释十二 删除并替换为（仅英文修订，中文不变）： “十二、除品目 48.14 及 48.21 的货品外，印有图案、文字或图画的纸、纸板、纤维素絮纸及其制品，如果所印图案、文字或图画作为其主要用途，应归入第四十九章。”

第四十九章

子目 4905.10 删除该子目。
子目 4905.9 至 4905.99 删除并替换为： “4905.20-成册的 4905.90-其他”

第十一类

注释一（二） 删除并替换为（仅英文修订，中文不变）： “（二）人发及人发制品（品目 05.01、67.03 或 67.04），但通常用于榨油机或类似机器的滤布除外（品目 59.11）；”
注释一（十八） 删除并替换为（仅英文修订，中文不变）： “（十八）第九十四章的物品（例如，家具、寝具、灯具及照明装置）；”
注释一（二十） 删除并替换为： “（二十）第九十六章的物品［例如，刷子、旅行用成套缝纫用具、拉链、打字机色带、卫生巾（护垫）及卫生棉条、尿布及尿布衬里］；或”
新增注释十五： “十五、除本类注释一另有规定的以外，装有用作附加功能的化学、机械或电子组件（无论是作为内置组件还是组合在纤维或织物内）的纺织品、服装和其他纺织物，如果其具有本类货品的基本特征，应归入本类相应品目中。”

第五十五章

子目 5501. 10
删除并替换为：
“　　　　-尼龙或其他聚酰胺制：
5501. 11--芳族聚酰胺制
5501. 19--其他”

第五十六章

注释一（六）
删除并替换为：
“（六）品目 96. 19 的卫生巾（护垫）及卫生棉条、尿布及尿布衬里和类似品。”

第五十七章

品目 57. 03
删除并替换为：
“57. 03　簇绒地毯及纺织材料的其他簇绒铺地制品（包括人造草皮），不论是否制成的：
5703. 10-羊毛或动物细毛制
　　　　-尼龙或其他聚酰胺制：
5703. 21--人造草皮
5703. 29--其他
　　　　-其他化学纤维制：
5703. 31--人造草皮
5703. 39--其他
5703. 90-其他纺织材料制”

第五十八章

子目 5802.1 至 5802.19 删除并替换为： “ 5802.10-棉制毛巾织物及类似的毛圈机织物”

第五十九章

新增注释三： “ 三、品目 59.03 所称‘用塑料层压的纺织物’是指由一层或多层纺织物与一层或多层塑料片或膜以任何方式结合在一起的产品，不论其塑料片或膜从横截面上是否肉眼可见。” 原注释三至七相应地调整为注释四至八。
注释八（一）3［原注释七（一）3］ 删除并替换为（仅英文修改，中文不变）： “ 3. 用于榨油机器或类似机器的纺织材料制或人发制滤布；”
品目 59.11 条文 删除并替换为（仅英文修改，中文不变）： “ 59.11　本章注释八所规定的作专门技术用途的纺织产品及制品：”
子目 5911.40 删除并替换为（仅英文修改，中文不变）： “ 5911.40-用于榨油机器或类似机器的滤布，包括人发制滤布”

第六十一章

注释四 删除并替换为： “ 四、品目 61.05 及 61.06 不包括在腰围以下有口袋的服装、带有罗纹腰带及以其他方式收紧下摆的服装或其织物至少在 10 厘米×10 厘米的面积内沿各方向的直线长度上平均每厘米少于 10 针的服装。品目 61.05 不包括无袖服装。 衬衫及仿男式女衬衫是指人体上身穿着并从领口处全开襟或半开襟的长袖或短袖衣服；罩衫也是上半身穿着的宽松服装，但可以无袖，领口处也可以不开襟。衬衫、仿男式女衬衫及罩衫可有衣领。”

子目 6116.10 删除并替换为： “ 6116.10-用塑料或橡胶浸渍、涂布、包覆或层压的”

第六十二章

新增注释四： “ 四、品目 62.05 及 62.06 不包括在腰围以下有口袋的服装、带有罗纹腰带及以其他方式收紧下摆的服装。品目 62.05 不包括无袖服装。 衬衫及仿男式女衬衫是指人体上身穿着并从领口处全开襟或半开襟的长袖或短袖衣服；罩衫也是上半身穿着的宽松服装，但可以无袖，领口处也可以不开襟。衬衫、仿男式女衬衫及罩衫可有衣领。” 原注释四至九相应地调整为注释五至十。
品目 62.01 删除并替换为： “ 62.01　男式大衣、短大衣、斗篷、短斗篷、带风帽的防寒短上衣（包括滑雪短上衣）、防风衣、防风短上衣及类似品，但品目 62.03 的货品除外： 6201.20-羊毛或动物细毛制 6201.30-棉制 6201.40-化学纤维制 6201.90-其他纺织材料制”
品目 62.02 删除并替换为： “ 62.02　女式大衣、短大衣、斗篷、短斗篷、带风帽的防寒短上衣（包括滑雪短上衣）、防风衣、防风短上衣及类似品，但品目 62.04 的货品除外： 6202.20-羊毛或动物细毛制 6202.30-棉制 6202.40-化学纤维制 6202.90-其他纺织材料制”
子目 6210.20 删除并替换为： “ 6210.20-品目 62.01 所列类型的其他服装”
子目 6210.30 删除并替换为： “ 6210.30-品目 62.02 所列类型的其他服装”

第六十三章

品目63.06条文 删除并替换为： “ 63.06　油苦布、天篷及遮阳篷；帐篷（包括临时顶篷及类似品）；风帆；野营用品：”
子目6306.2 删除并替换为： “　　-帐篷（包括临时顶篷及类似品）：”

第六十七章

注释一（一） 删除并替换为（仅英文修改，中文不变）： “（一）人发制滤布（品目59.11）；”

第六十八章

注释一（十） 删除并替换为（仅英文修改，中文不变）： “（十）第九十四章的物品（例如，家具、灯具及照明装置、活动房屋）；”
子目6802.10 删除并替换为： “ 6802.10-砖、瓦、方块及类似品，不论是否为矩形（包括正方形），其最大面以可置入边长小于7厘米的方格为限；人工染色的石粒、石片及石粉”
子目6812.92和6812.93 删除上述子目。
子目6815.10 删除并替换为： “　　-碳纤维；非电气用的碳纤维制品；其他非电气用的石墨或其他碳精制品： 6815.11--碳纤维 6815.12--碳纤维织物 6815.13--其他碳纤维制品 6815.19--其他”

子目6815.91
删除并替换为：
“ 6815.91--含有菱镁矿、方镁石形态的氧化镁、白云石（包括煅烧形态）或铬铁矿的”

第六十九章

注释一
删除并替换为：
“ 一、本章仅适用于成形后经过烧制的陶瓷产品：
（一）品目69.04至69.14仅适用于不能归入品目69.01至69.03的产品；
（二）为树脂固化、加速水合作用、除去水分或其他挥发成分等目的而将其加热至低于800℃的物品，不应视为经过烧制。这些物品不应归入第六十九章；以及
（三）陶瓷制品是用通常在室温下预先调制成形的无机非金属材料烧制而成的。原料主要包括：粘土、含硅材料（包括熔融硅石）、高熔点的材料（例如，氧化物、碳化物、氮化物、石墨或其他碳），有时还有诸如耐火粘土或磷酸盐的粘合剂。”

注释二（九）
删除并替换为（仅英文修改，中文不变）：
“（九）第九十四章的物品（例如，家具、灯具及照明装置、活动房屋）；”

品目69.03条文
删除并替换为：
“ 69.03　其他耐火陶瓷制品（例如，甑、坩埚、马弗罩、喷管、栓塞、支架、烤钵、管子、护套、棒条及滑阀式水口），但硅质化石粉及类似硅土制的除外：”

子目6903.10
删除并替换为：
“　　-含有按重量计超过50%的单体碳”

第七十章

新增注释一（四）及（五）：
“（四）第八十六章至第八十八章的运输工具用的带框的前挡风玻璃、后窗或其他窗。
（五）第八十六章至第八十八章的运输工具用的前挡风玻璃、后窗或其他窗，装有加热装置或其他电气或电子装置的，不论是否带框。”
原注释一（四）至一（七）相应地调整为一（六）至一（九）。

注释一（七）［原注释一（五）］ 删除并替换为（仅英文修改，中文不变）： “（七）有永久固定电光源的灯具及照明装置、灯箱标志或铭牌和类似品及其零件（品目 94.05）；”
品目 70.01 条文 删除并替换为： “70.01　碎玻璃及废玻璃，来源于阴极射线管或品目 85.49 的其他活化玻璃除外；玻璃块料：”
品目 70.11 条文 删除并替换为： “70.11　制灯泡和光源、阴极射线管及类似品用的未封口玻璃外壳（包括玻璃泡及管）及其玻璃零件，但未装有配件：”
品目 70.19 删除并替换为： “70.19　玻璃纤维（包括玻璃棉）及其制品（例如，纱线、无捻粗纱及机织物）： -定长纤维纱条、无捻粗纱、纱线、短切原丝及其毡： 7019.11--长度不超过 50 毫米的短切原丝 7019.12--无捻粗纱 7019.13--其他纱线，定长纤维纱条 7019.14--机械结合毡 7019.15--化学粘合毡 7019.19--其他 -机械结合织物： 7019.61--紧密粗纱机织物 7019.62--其他紧密粗纱织物 7019.63--纱线制紧密平纹机织物，未经涂布或层压 7019.64--纱线制紧密平纹机织物，经涂布或层压 7019.65--宽度不超过 30 厘米的网孔机织物 7019.66--宽度超过 30 厘米的网孔机织物 7019.69--其他 -化学粘合的织物： 7019.71--覆面毡（薄毡） 7019.72--其他紧密织物 7019.73--其他网孔织物 7019.80-玻璃棉及其制品 7019.90-其他”

第七十一章

子目7104.20 删除并替换为： “　　　　-其他，未加工或经简单锯开或粗制成形： 7104.21--钻石 7104.29--其他”
子目7104.90 删除并替换为： “　　　　-其他： 7104.91--钻石 7104.99--其他”
品目71.12条文 删除并替换为： “71.12　贵金属或包贵金属的废碎料；含有贵金属或贵金属化合物的其他废碎料，主要用于回收贵金属，品目85.49的货品除外：”

第十五类

注释一（十） 删除并替换为（仅英文修改，中文不变）： “（十）第九十四章的物品（例如，家具、弹簧床垫、灯具及照明装置、发光标志、活动房屋）；”
注释二（一） 删除并替换为： “（一）品目73.07、73.12、73.15、73.17或73.18的物品及其他贱金属制的类似品，不包括专用于医疗、外科、牙科或兽医的植入物（品目90.21）；”
注释七 删除并替换为（仅英文修改，中文不变）： “七、复合材料制品的归类规则： 除各品目另有规定的以外，贱金属制品（包括根据‘归类总规则’作为贱金属制品的混合材料制品）如果含有两种或两种以上贱金属的，按其所含重量最大的贱金属的制品归类。”

注释八（一）
删除并替换为：
“（一）废碎料
1. 所有金属废碎料；
2. 因破裂、切断、磨损或其他原因而明显不能作为原物使用的金属货品。”

新增注释九：
“九、第七十四章至第七十六章以及第七十八章至第八十一章所述有关名词解释如下：
（一）条、杆
轧、挤、拔或锻制的实心产品，非成卷的，其全长截面均为圆形、椭圆形、矩形（包括正方形）、等边三角形或规则外凸多边形（包括相对两边为弧拱形，另外两边为等长平行直线的‘扁圆形’及‘变形矩形’）。对于矩形（包括正方形）、三角形或多边形截面的产品，其全长边角可经磨圆。矩形（包括‘变形矩形’）截面的产品，其厚度应大于宽度的十分之一。所述条、杆也包括同样形状及尺寸的铸造或烧结产品。该产品在铸造或烧结后再经加工（简单剪修或去氧化皮的除外），但不具有其他品目所列制品或产品的特征。
第七十四章的线锭及坯段，已具锥形尾端或经其他简单加工以便送入机器制成盘条或管子等的，仍应作为未锻轧铜归入品目 74.03。此条注释在必要的地方稍加修改后，适用于第八十一章的产品。
（二）型材及异型材
轧、挤、拔、锻制的产品或其他成型产品，不论是否成卷，其全长截面相同，但与条、杆、丝、板、片、带、箔、管的定义不相符合。同时也包括同样形状的铸造或烧结产品。该产品在铸造或烧结后再经加工（简单剪修或去氧化皮的除外），但不具有其他品目所列制品或产品的特征。
（三）丝
盘卷的轧、挤或拔制实心产品，其全长截面均为圆形、椭圆形、矩形（包括正方形）、等边三角形或规则外凸多边形（包括相对两边为弧拱形，另外两边为等长平行直线的‘扁圆形’及‘变形矩形’）。对于矩形（包括正方形）、三角形或多边形截面的产品，其全长边角可经磨圆。矩形（包括‘变形矩形’）截面的产品，其厚度应大于宽度的十分之一。
（四）板、片、带、箔
成卷或非成卷的平面产品（未锻轧产品除外），截面均为厚度相同的实心矩形（不包括正方形），不论边角是否磨圆（包括相对两边为弧拱形，另外两边为等长平行直线的‘变形矩形’），并且符合以下规格：
1. 矩形（包括正方形）的，厚度不超过宽度的十分之一；
2. 矩形或正方形以外形状的，任何尺寸，但不具有其他品目所列制品或产品的特征。
这些品目还适用于具有花样（例如，凹槽、肋条形、格槽、珠粒及菱形）的板、片、带、箔以及穿孔、抛光、涂层或制成瓦楞形的这类产品，但不具有其他品目所列制品或产品的特征。
（五）管
全长截面及管壁厚度相同并只有一个闭合空间的空心产品，成卷或非成卷的，其截面为圆形、椭圆形、矩形（包括正方形）、等边三角形或规则外凸多边形。对于截面为矩形（包括正方形）、等边三角形或规则外凸多边形的产品，不论全长边角是否磨圆，只要其内外截面为同一圆心并为同样形状及同一轴向，也可视为管子。上述截面的管子可经抛光、涂层、弯曲、攻丝、钻孔、缩腰、胀口、成锥形或装法兰、颈圈或套环。”

第七十四章

注释四至八 删除上述注释。
子目 7419.10 删除该子目。
子目 7419.9 至 7419.99 删除并替换为： “ 7419.20-铸造、模压、冲压或锻造，但未经进一步加工的 7419.80-其他”

第七十五章

注释： 本章所用有关名词解释如下： 注释一至五 删除章注释。
子目注释二 删除并替换为： “ 二、子目 7508.10 所称‘丝’，不受第十五类注释九（三）的限制，仅适用于截面尺寸不超过 6 毫米的任何截面形状的产品，不论是否盘卷。”

第七十六章

注释： 本章所用有关名词解释如下： 注释一至五 删除章注释。
子目注释二 删除并替换为： “ 二、子目 7616.91 所称‘丝’，不受第十五类注释九（三）的限制，仅适用于截面尺寸不超过 6 毫米的任何截面形状的产品，不论是否盘卷。”

第七十八章

注释：
本章所用有关名词解释如下：
注释一至五
删除章注释。

第七十九章

注释：
本章所用有关名词解释如下：
注释一至五
删除章注释。

第八十章

注释：
本章所用有关名词解释如下：
注释一至五
删除章注释。

第八十一章

子目注释
删除子目注释。

子目8103.90
删除并替换为：
“　　　　-其他：
8103.91--坩埚
8103.99--其他”

品目81.06 删除并替换为： “ 81.06　　铋及其制品，包括废碎料： 8106.10-按重量计铋含量在99.99%以上 8106.90-其他”
品目81.07 删除该品目。
子目8109.20至8109.90 删除并替换为： “　　　　-未锻轧锆；粉末： 8109.21--按重量计铪与锆之比低于1∶500 8109.29--其他 　　　　-废碎料： 8109.31--按重量计铪与锆之比低于1∶500 8109.39--其他 　　　　-其他： 8109.91--按重量计铪与锆之比低于1∶500 8109.99--其他”
品目81.12条文 删除并替换为： “ 81.12　　铍、铬、铪、铼、铊、镉、锗、钒、镓、铟、铌及其制品，包括废碎料：”
新增子目8112.3至8112.49： “　　　　-铪： 8112.31--未锻轧铪；废碎料；粉末 8112.39--其他 　　　　-铼： 8112.41--未锻轧铼；废碎料；粉末 8112.49--其他”
新增子目8112.6至8112.69： “　　　　-镉： 8112.61--废碎料； 8112.69--其他”

第十六类

注释二（二） 删除并替换为： “（二）专用于或主要用于某一种机器或同一品目的多种机器（包括品目 84.79 或 85.43 的机器）的其他零件，应与该种机器一并归类，或酌情归入品目 84.09、84.31、84.48、84.66、84.73、85.03、85.22、85.29 或 85.38。但能同时主要用于品目 85.17 和 85.25 至 85.28 所列货品的零件应归入品目 85.17，专用于或主要用于品目 85.24 所列货品的零件应归入品目 85.29；”
新增注释六： “六、 （一）本协调制度所称‘电子电气废弃物及碎料’，是指下列电气和电子组件、印刷电路板以及电气或电子产品： 1. 因破损、拆解或其他处理而无法用于其原用途，或通过维修、翻新或修理以使其仍用作原用途是不经济的；以及 2. 其包装或运输方式不是为了保护单件物品在运输、装卸过程中不受损坏的。 （二）‘电子电气废弃物及碎料’与其他废物、废料的混合物归入品目 85.49。 （三）本类不包括第三十八章注释四所规定的城市垃圾。”

第八十四章

注释二 删除并替换为： “二、除第十六类注释三及本章注释十一另有规定以外，如果某种机器或器具既符合品目 84.01 至 84.24 中一个或几个品目的规定，或符合品目 84.86 的规定，又符合品目 84.25 至 84.80 中一个或几个品目的规定，则应酌情归入品目 84.01 至 84.24 中的相应品目或品目 84.86，而不归入品目 84.25 至 84.80 中的有关品目。 （一）但品目 84.19 不包括： 1. 催芽装置、孵卵器或育雏器（品目 84.36）； 2. 谷物调湿机（品目 84.37）； 3. 萃取糖汁的浸提装置（品目 84.38）； 4. 纱线、织物及纺织制品的热处理机器（品目 84.51）；或 5. 温度变化（即使必不可少）仅作为辅助功能的机器、设备或实验室设备。 （二）品目 84.22 不包括： 1. 缝合袋子或类似品用的缝纫机（品目 84.52）；或 2. 品目 84.72 的办公室用机器。 （三）品目 84.24 不包括： 1. 喷墨印刷（打印）机器（品目 84.43）；或 2. 水射流切割机（品目 84.56）。”

新增注释五： “五、品目84.62用于板材的‘纵剪线’是由开卷机、矫平机、纵剪机和收卷机组成的生产线；用于板材的‘定尺剪切线’是由开卷机、矫平机和剪切机组成的生产线。” 原注释五至九相应地调整为注释六至十。
注释六（四）［原注释五（四）］ 删除“注释五（三）”并替换为“注释六（三）”。
新增注释十： “十、品目84.85所称‘增材制造’（也称3D打印）指以数字模型为基础，将介质材料（例如，金属、塑料或陶瓷）通过连续添加、堆叠、凝结和固化形成物体。 除第十六类注释一及第八十四章注释一另有规定的以外，符合品目84.85规定的设备，应归入该品目而不归入本协调制度的其他品目。” 原注释九相应地调整为注释十一。
注释十一（一）［原注释九（一）］ 删除“注释九（一）及（二）”并替换为“注释十一（一）及（二）”。
子目注释二 删除“注释五（三）”并替换为“注释六（三）”。
品目84.14条文 删除并替换为： “84.14　空气泵或真空泵、空气及其他气体压缩机、风机、风扇；装有风扇的通风罩或循环气罩，不论是否装有过滤器；气密生物安全柜，不论是否装有过滤器：”
新增子目8414.70： “8414.70-气密生物安全柜”
子目8418.10 删除并替换为： “8418.10-冷藏-冷冻组合机，各自装有单独外门或抽屉，或其组合的”
新增子目8419.12： “8419.12--太阳能热水器”
子目8419.3至8419.39 删除并替换为： “　-干燥器： 8419.33--冷冻干燥装置、冷冻干燥单元和喷雾式干燥器 8419.34--其他，农产品干燥用 8419.35--其他，木材、纸浆、纸或纸板干燥用 8419.39--其他”
新增子目8421.32： “8421.32--用于净化或过滤内燃机所排出废气的催化转化器或微粒过滤器，不论是否组合”

新增子目8428.70：
“ 8428.70-工业机器人”

品目84.38条文
删除并替换为：
“ 84.38　本章其他品目未列名的食品、饮料工业用的生产或加工机器，但提取、加工动物油脂、植物固定油脂或微生物油脂的机器除外；”

品目84.62
删除并替换为：
“ 84.62　加工金属的锻造、锻锤或模锻（但轧机除外）机床（包括压力机）；加工金属的弯曲、折叠、矫直、矫平、剪切、冲孔、开槽或步冲机床（包括压力机、纵剪线及定尺剪切线，但拉拔机除外）；其他加工金属或硬质合金的压力机（+）：
-热锻设备，热模锻设备（包括压力机）及热锻锻锤：
8462.11--闭式锻造机（模锻机）
8462.19--其他
-用于板材的弯曲、折叠、矫直或矫平机床（包括折弯机）：
8462.22--型材成型机
8462.23--数控折弯机
8462.24--数控多边折弯机
8462.25--数控卷板机
8462.26--其他数控弯曲、折叠、矫直或矫平机床
8462.29--其他
-板材用纵剪线、定尺剪切线和其他剪切机床（不包括压力机），但冲剪两用机除外：
8462.32--纵剪线和定尺剪切线
8462.33--数控剪切机床
8462.39--其他
-板材用冲孔、开槽或步冲机床（不包括压力机），包括冲剪两用机：
8462.42--数控的
8462.49--其他
-金属管道、管材、型材、空心型材和棒材的加工机床（非压力机）：
8462.51--数控的
8462.59--其他
-金属冷加工压力机：
8462.61--液压压力机
8462.62--机械压力机
8462.63--伺服压力机
8462.69--其他
8462.90-其他”

子目 8479.20 删除并替换为： “ 8479.20-提取、加工动物油脂、植物固定油脂或微生物油脂的机器”
新增子目 8479.83： “ 8479.83--冷等静压机”
子目 8482.40 和 8482.50 删除并替换为： “ 8482.40-滚针轴承，包括保持架和滚针组件 8482.50-其他圆柱形滚子轴承，包括保持架和滚子组件”
新增品目 84.85： “ 84.85 增材制造设备： 8485.10-用金属材料的 8485.20-用塑料或橡胶材料的 8485.30-用石膏、水泥、陶瓷或玻璃材料的 8485.80-其他 8485.90-零件”
品目 84.86 条文 删除“注释九（三）”并替换为“注释十一（三）”。
子目 8486.40 条文 删除“注释九（三）”并替换为“注释十一（三）”。

第八十五章

新增注释五： “ 五、品目 85.17 所称‘智能手机’是指使用蜂窝网络的电话机，其安装有移动操作系统，设计用于实现自动数据处理设备功能，例如，可下载并同时执行多个应用程序（包括第三方应用程序），并且不论是否集成了如数字照相机、辅助导航系统等其他特征。” 原注释五至十相应地调整为注释六至十一。
新增注释七： “ 七、品目 85.24 所称‘平板显示模组’，是指用于显示信息的装置或器具，至少有一个显示屏，设计为在使用前安装于其他品目所列货品中。平板显示模组的显示屏包括但不限于平面、曲面、柔性、可折叠或可拉伸等类型。平板显示模组可装有附加元件，包括接收视频信号所需并将这些信号分配给显示器像素的元件。但是，品目 85.24 不包括装有转换视频信号的组件（例如，图像缩放集成电路、解码集成电路或程序处理器）的显示模组，或具有其他品目所列货品特征的显示模组。本注释所述平板显示模组在归类时，品目 85.24 优先于其他品目。” 原注释七至十一相应地调整为注释八至十二。

新增注释十一： “十一、品目 85.39 所称‘发光二极管（LED）光源’包括： （一）‘发光二极管（LED）模块’，是基于发光二极管的电路构成的电光源，模块中包含电气、机械、热力或者光学等其他元件。模块还装有分立的有源或无源元件，或用于提供或控制电源的品目 85.36、85.42 的物品。发光二极管（LED）模块没有便于在灯具中安装或更换并确保机械和电气连接的灯头设计。 （二）‘发光二极管（LED）灯泡（管）’，是由一个或多个带有电气、机械、热力或者光学元件的 LED 模块组成的电光源。发光二极管（LED）模块与发光二极管（LED）灯泡（管）的区别在于后者有便于在灯具中安装或更换并确保机械和电气连接的灯头设计。” 原注释十一至十二相应地调整为注释十二至十三。
注释十二（原注释九） 删除并替换为： “十二、品目 85.41 及 85.42 所称： （一）1.‘半导体器件’是指那些依靠外加电场引起电阻率的变化而进行工作的半导体器件，或半导体基换能器。 半导体器件也可以包括由多个元件组装在一起的组件，无论是否有起辅助功能的有源和无源元件。 本定义所称‘半导体基换能器’是指半导体基传感器、半导体基执行器、半导体基谐振器和半导体基振荡器。这些是不同类型的半导体基分立器件，能实现固有的功能，即可以将任何物理、化学现象或活动转换为电信号，或者将电信号转换为任何物理现象或活动。 半导体基换能器内的所有元件都不可分割地组合在一起，它们也包括为实现其结构或功能而不可分割地连接在一起的必要材料。 下列名词的含义是： （1）‘半导体基’是指用半导体技术，在半导体基片上构建、制造或由半导体材料制造。半导体基片或材料在换能器的作用和性能中起到不可替代的关键作用，其工作是基于半导体的物理、电气、化学和光学等特性。 （2）‘物理或化学现象’是指诸如压力、声波、加速度、振动、运动、方向、张力、磁场强度、电场强度、光、放射性、湿度、流量和化学浓度等。 （3）半导体基传感器是一种半导体器件，其由在半导体材料内部或表面制作的微电子或机械结构组成，具有探测物理量和化学量并将其转换成电信号（因电特性变化或机械结构位移而产生）的功能。 （4）半导体基执行器是一种半导体器件，其由在半导体材料内部或表面制作的微电子或机械结构组成，具有将电信号转换成物理运动的功能。 （5）半导体基谐振器是一种半导体器件，其由在半导体材料内部或表面制作的微电子或机械结构组成，具有按预先设定的频率产生机械或电振荡的功能，频率取决于响应外部输入的结构的物理参数。 （6）半导体基振荡器是一种半导体器件，其由在半导体材料内部或表面制作的微电子或机械结构组成，具有按预先设定的频率产生机械或电振荡的功能，频率取决于这些结构的物理参数。 2.‘发光二极管（LED）’是半导体器件，基于可将电能变成可见光、红外线或紫外线的半导体材料，不论这些器件之间是否通过电路连接以及不论是否带有保护二极管。品目 85.41 的发光二极管（LED）不装有以提供或控制电源为目的的元件。

（二）‘集成电路’，是指： 1. 单片集成电路，即电路元件（二极管、晶体管、电阻器、电容器、电感器等）主要整体制作在一片半导体材料或化合物半导体材料（例如，掺杂硅、砷化镓、硅锗或磷化铟）基片的表面，并不可分割地连接在一起的电路。 2. 混合集成电路，即通过薄膜或厚膜工艺制得的无源元件（电阻器、电容器、电感器等）和通过半导体工艺制得的有源元件（二极管、晶体管、单片集成电路等）用互连或连接线实际上不可分割地组合在同一绝缘基片（玻璃、陶瓷等）上的电路。这种电路也可包括分立元件。 3. 多芯片集成电路是由两个或多个单片集成电路实际上不可分割地组合在一片或多片绝缘基片上构成的电路，不论是否带有引线框架，但不带有其他有源或无源的电路元件。 4. 多元件集成电路（MCOs）：由一个或多个单片、混合或多芯片集成电路以及下列至少一个元件组成：硅基传感器、执行器、振荡器、谐振器或其组件所构成的组合体，或者具有品目 85.32、85.33、85.41 所列货品功能的元件，或品目 85.04 的电感器。其像集成电路一样实际上不可分割地组合成一体，作为一种元件，通过引脚、引线、焊球、底面触点、凸点或导电压点进行连接，组装到印刷电路板（PCB）或其他载体上。 在本定义中： （1）元件可以是分立的，独立制造后组装到多元件（MCO）的其余部分上，或者集成到其他元件内。 （2）‘硅基’是指在硅基片上制造，或由硅材料制造而成，或者制造在集成电路裸片上。 （3）①硅基传感器是由在半导体材料内部或表面制作的微电子或机械结构组成，具有探测物理或化学现象并将其转换成电信号（因电特性变化或机械结构位移而产生）的功能。‘物理或化学现象’是指诸如压力、声波、加速度、振动、运动、方向、张力、磁场强度、电场强度、光、放射性、湿度、流量和化学浓度等现象。 ②硅基执行器是由在半导体材料内部或表面制作的微电子或机械结构组成，具有将电信号转换成物理运动的功能。 ③硅基谐振器是由在半导体材料内部或表面制作的微电子或机械结构组成，具有按预先设定的频率产生机械或电振荡的功能，频率取决于响应外部输入的结构的物理参数。 ④硅基振荡器是由在半导体材料内部或表面制作的微电子或机械结构组成，具有按预先设定的频率产生机械或电振荡的功能，频率取决于这些结构的物理参数。 本注释所述物品在归类时，即使本协调制度其他品目涉及到上述物品，尤其是物品的功能，仍应优先考虑归入品目 85.41 及 85.42，但涉及品目 85.23 的情况除外。”
注释十 删除该注释。

新增子目注释一至三： “一、子目 8525.81 仅包括具有以下一项或多项特征的高速电视摄像机、数字照相机及视频摄录一体机： ——写入速度超过 0.5 毫米/微秒； ——时间分辨率 50 纳秒或更短； ——帧速率超过 225 000 帧/秒。 二、子目 8525.82 所称抗辐射或耐辐射电视摄像机、数字照相机及视频摄录一体机，是指经设计或防护以能在高辐射环境中工作。这些设备可承受至少 50×10^3 Gy（Si）［5×10^6RAD（Si）］的总辐射剂量而不会使其操作性能退化。 三、子目 8525.83 包括夜视电视摄像机、数字照相机及视频摄录一体机，这些设备通过光阴极将捕获的光转换为电子，再将其放大和转换以形成可见图像。本子目不包括热成像的摄像机或照相机（通常归入子目 8525.89）。” 原子目注释一相应地调整为子目注释四。
新增子目注释五： “五、子目 8549.11 至 8549.19 所称‘废原电池、废原电池组及废蓄电池’是指因破损、拆解、耗尽或其他原因而不能再使用或不能再充电的电池。”
子目 8501.3 删除并替换为： “　　　　-其他直流电动机；直流发电机；不包括光伏发电机：”
子目 8501.6 删除并替换为： “　　　　-交流发电机，不包括光伏发电机：”
新增子目 8501.7 至 8501.80： “　　　　-光伏直流发电机： 8501.71--输出功率不超过 50 瓦 8501.72--输出功率超过 50 瓦 8501.80-光伏交流发电机”
子目 8507.40 删除该子目。
子目 8514.10 删除并替换为： “　　　　-电阻加热的炉及烘箱： 8514.11--热等静压机 8514.19--其他”

子目 8514.30 删除并替换为： “　　　-其他炉及烘箱： 8514.31--电子束炉 8514.32--等离子及真空电弧炉 8514.39--其他”
品目 85.17 条文 删除并替换为： “85.17　电话机，包括用于蜂窝网络或其他无线网络的智能手机及其他电话机；其他发送或接收声音、图像或其他数据用的设备，包括有线或无线网络（例如，局域网或广域网）的通信设备，但品目 84.43、85.25、85.27 或 85.28 的发送或接收设备除外：”
子目 8517.1 删除并替换为： “　　　-电话机，包括蜂窝网络或其他无线网络用智能手机及其他电话机：”
子目 8517.12 删除并替换为： “8517.13--智能手机 8517.14--其他用于蜂窝网络或其他无线网络的电话机”
子目 8517.70 删除并替换为： “　　　-零件： 8517.71--各种天线和天线反射器及其零件 8517.79--其他”
子目 8519.50 删除该子目。
新增品目 85.24： “85.24　平板显示模组，不论是否装有触摸屏： 　　　-不含驱动器或控制电路： 8524.11--液晶的 8524.12--有机发光二极管的（OLED） 8524.19--其他 　　　-其他： 8524.91--液晶的 8524.92--有机发光二极管的（OLED） 8524.99--其他”

子目8525.80 删除并替换为： “ -电视摄像机、数字照相机及视频摄录一体机： 8525.81--本章子目注释一所列高速设备 8525.82--其他，本章子目注释二所列抗辐射或耐辐射设备 8525.83--其他，本章子目注释三所列夜视设备 8525.89--其他”
品目85.29条文 删除并替换为： “85.29 专用于或主要用于品目85.24至85.28所列装置或设备的零件：”
品目85.39条文 删除并替换为： “85.39 白炽灯泡、放电灯管，包括封闭式聚光灯及紫外线灯管或红外线灯泡；弧光灯；发光二极管（LED）光源：”
子目8539.50 删除并替换为： “ -发光二极管（LED）光源： 8539.51--发光二极管（LED）模块 8539.52--发光二极管（LED）灯泡（管）”
品目85.41条文 删除并替换为： “85.41 半导体器件（例如，二极管、晶体管，半导体基换能器）；光敏半导体器件，包括不论是否装在组件内或组装成块的光电池；发光二极管（LED），不论是否与其他发光二极管（LED）组装；已装配的压电晶体（+）：”
子目8541.40和8541.50 删除并替换为： “ -光敏半导体器件，包括不论是否装在组件内或组装成块的光电池；发光二极管（LED）： 8541.41--发光二极管（LED） 8541.42--未装在组件内或组装成块的光电池 8541.43--已装在组件内或组装成块的光电池 8541.49--其他 -其他半导体器件： 8541.51--半导体基换能器 8541.59--其他”
新增子目8543.40： “8543.40-电子烟及类似的个人电子雾化设备”

品目 85. 48 条文
删除并替换为：
“ 85. 48　机器或设备的本章其他品目未列名的电气零件”

新增品目 85. 49：
“ 85. 49　电子电气废弃物及碎料：
-原电池、原电池组及蓄电池的废物、废料；废原电池、废原电池组及废蓄电池：
8549. 11--铅酸蓄电池的废物、废料、废铅酸蓄电池
8549. 12--其他，含铅、镉或汞的
8549. 13--按化学类型分拣且不含铅、镉或汞的
8549. 14--未分拣且不含铅、镉或汞的
8549. 19--其他
-主要用于回收贵金属的：
8549. 21--含有原电池、原电池组、蓄电池、汞开关、源于阴极射线管的玻璃或其他活化玻璃，或含有镉、汞、铅或多氯联苯（PCBs）的电气或电子元件
8549. 29--其他
-其他电气、电子组件及印刷电路板：
8549. 31--含有原电池、原电池组、蓄电池、汞开关、源于阴极射线管的玻璃或其他活化玻璃，或含有镉、汞、铅或多氯联苯（PCBs）的电气或电子元件
8549. 39--其他
-其他：
8549. 91--含有原电池、原电池组、蓄电池、汞开关、源于阴极射线管的玻璃或其他活化玻璃，或含有镉、汞、铅或多氯联苯（PCBs）的电气或电子元件
8549. 99--其他”

第十七类

注释二（十）
删除并替换为：
“（十）品目 94. 05 的灯具、照明装置及其零件；或”

第八十七章

新增子目注释一： “ 一、子目 8708.22 包括： (一) 带框的前挡风玻璃、后窗及其他窗；以及 (二) 装有加热器件或者其他电气或电子装置的前挡风玻璃、后窗及其他窗，不论是否带框。 上述货品专用于或主要用于品目 87.01 至 87.05 的机动车辆。”
子目 8701.20 删除并替换为： “ -半挂车用的公路牵引车： 8701.21--仅装有压燃式活塞内燃发动机（柴油或半柴油发动机）的车辆 8701.22--同时装有压燃式活塞内燃发动机（柴油或半柴油发动机）及驱动电动机的车辆 8701.23--同时装有点燃式活塞内燃发动机及驱动电动机的车辆 8701.24--仅装有驱动电动机的车辆 8701.29--其他”
子目 8702.30 删除“往复”。
子目 8703.2 删除“往复”。
子目 8703.40 删除“往复”。
子目 8703.60 删除“往复”。
子目 8704.2 至 8704.32 删除并替换为： “ -仅装有压燃式活塞内燃发动机（柴油或半柴油发动机）的其他货车： 8704.21--车辆总重量不超过 5 吨 8704.22--车辆总重量超过 5 吨，但不超过 20 吨 8704.23--车辆总重量超过 20 吨 -仅装有点燃式活塞内燃发动机的其他货车： 8704.31--车辆总重量不超过 5 吨 8704.32--车辆总重量超过 5 吨 -同时装有压燃式活塞内燃发动机（柴油或半柴油发动机）及驱动电动机的其他货车： 8704.41--车辆总重量不超过 5 吨 8704.42--车辆总重量超过 5 吨，但不超过 20 吨 8704.43--车辆总重量超过 20 吨 -同时装有点燃式活塞内燃发动机及驱动电动机的其他货车：

8704. 51--车辆总重量不超过 5 吨 8704. 52--车辆总重量超过 5 吨 8704. 60-仅装有驱动电动机的其他货车”
新增子目 8708. 22： “ 8708. 22--本章子目注释一所列的前挡风玻璃、后窗及其他车窗”
子目 8711. 10 删除“往复式”。
子目 8711. 20 删除“往复式”。
子目 8711. 30 删除“往复式”。
子目 8711. 40 删除“往复式”。
子目 8711. 50 删除“往复式”。

第八十八章

新增注释一： “ 一、本章所称‘无人驾驶航空器’是指除品目 88. 01 的航空器以外，没有飞行员驾驶的任何航空器，它们可设计用于载物或安装永久性集成的数码相机或其他能在飞行中发挥实用功能的设备。 但‘无人驾驶航空器’不包括专供娱乐用的飞行玩具（品目 95. 03）。”
新增子目注释二： “ 二、子目 8806. 21 至 8806. 24 及 8806. 91 至 8806. 94 所称‘最大起飞重量’，是指航空器在正常飞行状态下起飞时的最大重量，包括有效载荷、设备和燃料的重量。”
品目 88. 02 条文 删除并替换为： “ 88. 02　其他航空器（例如，直升机、飞机），品目 88. 06 的无人驾驶航空器除外；航天器（包括卫星）及其运载工具、亚轨道运载工具：”
品目 88. 03 删除该品目。

新增品目 88. 06：
“ 88. 06　　无人驾驶航空器：
8806. 10-设计用于旅客运输的
　　-其他，仅使用遥控飞行的：
8806. 21--最大起飞重量不超过 250 克
8806. 22--最大起飞重量超过 250 克，但不超过 7 千克
8806. 23--最大起飞重量超过 7 千克，但不超过 25 千克
8806. 24--最大起飞重量超过 25 千克，但不超过 150 千克
8806. 29--其他
　　-其他：
8806. 91--最大起飞重量不超过 250 克
8806. 92--最大起飞重量超过 250 克，但不超过 7 千克
8806. 93--最大起飞重量超过 7 千克，但不超过 25 千克
8806. 94--最大起飞重量超过 25 千克，但不超过 150 千克
8806. 99--其他”

新增品目 88. 07：
“ 88. 07　　品目 88. 01、88. 02 或 88. 06 所列货品的零件：
8807. 10-推进器、水平旋翼及其零件
8807. 20-起落架及其零件
8807. 30-飞机、直升机及无人驾驶航空器的其他零件
8807. 90-其他”

第八十九章

子目 8903. 10 至 8903. 99
删除并替换为：
“　　-充气船（包括刚性外壳的）：
8903. 11--装有或设计装有发动机，空载（净）重量（不包括发动机）不超过 100 千克
8903. 12--未设计装有发动机且空载（净）重量不超过 100 千克
8903. 19--其他
　　-帆船，充气船除外，不论是否装有辅助发动机：
8903. 21--长度不超过 7. 5 米
8903. 22--长度超过 7. 5 米但不超过 24 米
8903. 23--长度超过 24 米
　　-汽艇，非充气的，但装有舷外发动机的除外：
8903. 31--长度不超过 7. 5 米
8903. 32--长度超过 7. 5 米但不超过 24 米
8903. 33--长度超过 24 米

-其他： 8903. 93--长度不超过7. 5米 8903. 99--其他”

第九十章

注释一（六） 删除并替换为： “（六）第十五类注释二所规定的贱金属制通用零件（第十五类）或塑料制的类似品（第三十九章）；但专用于医疗、外科、牙科或兽医的植入物应归入品目90. 21；”
子目9006. 51和9006. 52 删除上述子目。
子目9006. 53 删除并替换为： “ 9006. 53--使用胶片宽度为35毫米”
品目90. 13条文 删除并替换为： “ 90. 13 激光器，但激光二极管除外；本章其他品目未列名的光学仪器及器具：”
品目90. 22条文 删除并替换为： “ 90. 22 X射线或α射线、β射线、γ射线或其他离子射线的应用设备，不论是否用于医疗、外科、牙科或兽医，包括射线照相及射线治疗设备、X射线管及其他X射线发生器、高压发生器、控制板及控制台、荧光屏、检查或治疗用的桌、椅及类似品：”
子目9022. 2 删除并替换为： “ -α射线、β射线、γ射线或其他离子射线的应用设备，不论是否用于医疗、外科、牙科或兽医，包括射线照相或射线治疗设备：”
子目9027. 80 删除并替换为： “ -其他仪器及装置： 9027. 81--质谱仪 9027. 89--其他”

子目 9030.3
删除并替换为：
“　　　　-检测电压、电流、电阻或功率（用于测试或检验半导体晶圆或器件用的除外）的其他仪器及装置：”

子目 9030.82
删除并替换为：
“ 9030.82--测试或检验半导体晶圆或器件（包括集成电路）用”

子目 9031.41
删除并替换为：
“ 9031.41--制造半导体器件（包括集成电路）时检验半导体晶圆、器件（包括集成电路）或检测光掩模或光栅用”

第九十一章

子目 9114.10
删除该子目。

第九十四章

第九十四章标题
删除并替换为（仅英文修改，中文不变）：
“ 第九十四章　家具；寝具、褥垫、弹簧床垫、软座垫及类似的填充制品；未列名灯具及照明装置；发光标志、发光铭牌及类似品；活动房屋”

注释一（六）
删除并替换为：
“（六）第八十五章的灯或光源及其零件；”

注释一（十一）
删除并替换为：
“（十一）玩具家具、玩具灯具或玩具照明装置（品目 95.03）、台球桌或其他供游戏用的特制家具（品目 95.04）、魔术用的特制家具或中国灯笼及类似的装饰品（灯串除外）（品目 95.05）；或”

注释四 删除并替换为： “ 四、品目 94.06 所称‘活动房屋’，是指在工厂制成成品或制成部件并一同报验，供以后在有关地点上组装的房屋，例如，工地用房、办公室、学校、店铺、工作棚、车房或类似的建筑物。活动房屋包括钢结构‘模块建筑单元’，它们通常具有标准集装箱的形状和尺寸，其内部已部分或者全部进行了预装配。这种模块建筑单元通常设计用于组装为永久的建筑物。”
子目 9401.30 删除并替换为： “ -可调高度的转动坐具： 9401.31--木制的 9401.39--其他”
子目 9401.40 删除并替换为： “ -能作床用的两用椅，但庭园坐具或野营设备除外： 9401.41--木制的 9401.49--其他”
子目 9401.90 删除并替换为： “ -零件： 9401.91--木制的 9401.99--其他”
子目 9403.90 删除并替换为： “ -零件： 9403.91--木制的 9403.99--其他”
新增子目 9404.40 “ 9404.40-被子（包括羽绒被）、床罩”
品目 94.05 条文 删除并替换为（仅英文修改，中文不变）： “ 94.05 其他品目未列名的灯具及照明装置，包括探照灯、聚光灯及其零件；装有固定光源的发光标志、发光铭牌及类似品，以及其他品目未列名的这些货品的零件：”

子目 9405.10 至 9405.60 删除并替换为： “ -枝形吊灯及天花板或墙壁上的其他电气照明装置，但不包括公共露天场所或街道上的电气照明装置： 9405.11--设计为仅使用发光二极管（LED）光源的 9405.19--其他 -电气的台灯、床头灯或落地灯： 9405.21--设计为仅使用发光二极管（LED）光源的 9405.29--其他 -圣诞树用的灯串： 9405.31--设计为仅使用发光二极管（LED）光源的 9405.39--其他 -其他电气灯具及照明装置： 9405.41--光伏的，且设计为仅使用发光二极管（LED）光源的 9405.42--其他，设计为仅使用发光二极管（LED）光源的 9405.49--其他 9405.50-非电气的灯具及照明装置 -发光标志、发光铭牌及类似品： 9405.61--设计为仅使用发光二极管（LED）光源的 9405.69--其他”
新增子目 9406.20： “ 9406.20-钢结构模块建筑单元”

第九十五章

新增注释一（十五）： “（十五）无人驾驶航空器（品目 88.06）；” 原注释一（十五）至（二十二）相应地调整为注释一（十六）至（二十三）。
注释一（二十）［原注释一（十九）］ 删除并替换为： “（二十）各种灯串（品目 94.05）；”

新增注释六：
“ 六、品目95.08中：
（一）‘游乐场乘骑游乐设施’是指主要目的为游乐或娱乐的装置、组合装置或设备，用于运载、传送、导引一人或多人越过或穿行某一固定或限定的路径（包括水道），或者特定区域，这些设施不包括通常安装在住宅区或操场内的设备；
（二）‘水上乐园娱乐设备’是指特征为特定的涉水区域且无设定路径的装置、组合装置或设备。这些设备仅包括专为水上乐园设计的设备；及
（三）‘游乐场娱乐设备’是指凭借运气、力量或技巧来玩的游戏设备，通常需要操作员或服务员，可安装在永久性建筑物或独立的摊位，这些设备不包括品目95.04的设备。
本品目不包括在本协调制度其他品目中列名更为具体的设备。”

品目95.04条文
删除并替换为：
“ 95.04　视频游戏控制器及设备，桌上或室内游戏，包括弹球机、台球、娱乐专用桌及保龄球自动球道设备，用硬币、钞票、银行卡、代币或任何其他支付方式使其工作的游乐机器：”

品目95.08
删除并替换为：
“ 95.08　流动马戏团及流动动物园；游乐场乘骑游乐设施和水上乐园娱乐设备；游乐场娱乐设备，包括射击用靶；流动剧团：
9508.10-流动马戏团及流动动物园
-游乐场乘骑游乐设施和水上乐园娱乐设备：
9508.21--过山车
9508.22--旋转木马，秋千和旋转平台
9508.23--碰碰车
9508.24--运动模拟器和移动剧场
9508.25--水上乘骑游乐设施
9508.26--水上乐园娱乐设备
9508.29--其他
9508.30-游乐场娱乐设备
9508.40-流动剧团”

第九十六章

注释一（十）
删除并替换为（仅英文修改，中文不变）：
“（十）第九十四章的物品（例如，家具、灯具及照明装置）；”

子目 9609. 10
删除并替换为：
“ 9609. 10-铅笔及颜色铅笔，笔芯包裹在外壳中”

品目 96. 17 条文
删除并替换为：
“ 96. 17　保温瓶和其他真空容器及其零件，但玻璃瓶胆除外：”

品目 96. 19 条文
删除并替换为：
“ 96. 19　任何材料制的卫生巾（护垫）及卫生棉条、尿布及尿布衬里和类似品：”

第九十七章

新增注释二：
“ 二、品目 97. 01 不适用于成批生产的镶嵌画复制品、铸造品及具有商业性质的传统工艺品，即使这些物品是由艺术家设计或创造的。”
原注释二至五相应地调整为三至六。

注释五（一）［原注释四（一）］
删除并替换为：
“（一）除上述注释一至四另有规定的以外，可归入本章各品目的物品，均应归入本章的相应品目而不归入本协调制度的其他品目；”

品目 97. 01
删除并替换为：
“ 97. 01　油画、粉画及其他手绘画，但带有手工绘制及手工描饰的制品或品目 49. 06 的图纸除外；拼贴画、镶嵌画及类似装饰板：
-超过 100 年的：
9701. 21--油画、粉画及其他手绘画
9701. 22--镶嵌画
9701. 29--其他
-其他：
9701. 91--油画、粉画及其他手绘画
9701. 92--镶嵌画
9701. 99--其他”

品目 97. 02 删除并替换为： “ 97. 02　雕版画、印制画、石印画的原本： 9702. 10-超过 100 年的 9702. 90-其他”
品目 97. 03 删除并替换为： “ 97. 03　各种材料制的雕塑品原件： 9703. 10-超过 100 年的 9703. 90-其他”
品目 97. 05 删除并替换为： “ 97. 05　具有考古学、人种学、历史学、动物学、植物学、矿物学、解剖学、古生物学或钱币学意义的收集品及珍藏品： 9705. 10-具有考古学、人种学或历史学意义的收集品及珍藏品 -具有动物学、植物学、矿物学、解剖学或古生物学意义的收集品及珍藏品： 9705. 21--人类标本及其部分 9705. 22--灭绝或濒危物种及其部分 9705. 29--其他 -具有钱币学意义的收集品或珍藏品： 9705. 31--超过 100 年的 9705. 39--其他”
品目 97. 06 删除并替换为： “ 97. 06　超过 100 年的古物： 9706. 10-超过 250 年的 9706. 90-其他”

2022年版《协调制度》目录培训教材（中）

2017—2022年版《协调制度》目录转换翻译表

海关总署关税征管司◎编

中国海关出版社有限公司
中国·北京

目　录

2017 年版		2022 年版		修订说明
HS 编码	商品名称	HS 编码	商品名称	
目录 第三类标题 第十五章标题	第三类　动、植物油、脂及其分解产品；精制的食用油脂；动、植物蜡 第十五章　动、植物油、脂及其分解产品；精制的食用油脂；动、植物蜡	目录 第三类标题 第十五章标题	第三类　动、植物或微生物油、脂及其分解产品；精制的食用油脂；动、植物蜡 第十五章　动、植物或微生物油、脂及其分解产品；精制的食用油脂；动、植物蜡	为明确微生物油脂的归类，进行法律文本的修订
目录 第四类标题	第四类　食品；饮料、酒及醋；烟草、烟草及烟草代用品的制品	目录 第四类标题	第四类　食品；饮料、酒及醋；烟草、烟草及烟草代用品的制品；非经燃烧吸用的产品，不论是否含有尼古丁；其他供人体摄入尼古丁的含尼古丁的产品	为尼古丁产品和新型烟草产品新增品目而修订
目录 第十六章标题	第十六章　肉、鱼、甲壳动物、软体动物及其他水生无脊椎动物的制品	目录 第十六章标题	第十六章　肉、鱼、甲壳动物、软体动物及其他水生无脊椎动物、以及昆虫的制品	为明确含昆虫食品的归类而进行的修订
目录 第二十四章标题	第二十四章　烟草、烟草及烟草代用品的制品	目录 第二十四章标题	第二十四章　烟草、烟草及烟草代用品的制品；非经燃烧吸用的产品，不论是否含有尼古丁；其他供人体摄入尼古丁的含尼古丁的产品	为尼古丁产品和新型烟草产品新增品目而修订
目录 第九十四章标题	第九十四章　家具；寝具、褥垫、弹簧床垫、软座垫及类似的填充制品；未列名灯具及照明装置；发光标志、发光铭牌及类似品；活动房屋	目录 第九十四章标题	第九十四章　家具；寝具、褥垫、弹簧床垫、软座垫及类似的填充制品；未列名灯具及照明装置；发光标志、发光铭牌及类似品；活动房屋	基于《协调制度》目录和 LED 产品的修订，英文修改，中文不变
	新增章注释	新增第二章注释二	二、可食用的死昆虫（品目 04.10）； 原注释二和三相应地调整为注释三和四。	根据联合国粮农组织的建议修订
	新增章注释	新增第三章注释三	三、品目 03.05 至 03.08 不包括适合供人食用的细粉、粗粉及团粒（品目 03.09）。	根据对鱼、甲壳动物、软体动物和其他水生无脊椎动物的细粉、粗粉及团粒产品的修订而增列子目

注：本次《协调制度》目录修订变化内容均用下划线标出。

2017年版		2022年版		修改说明
HS编码	商品名称	HS编码	商品名称	
03.02	鲜、冷鱼，但品目03.04的鱼片及其他鱼肉除外：	03.02	鲜、冷鱼，但品目03.04的鱼片及其他鱼肉除外：	由于鲣鱼的拉丁文学名修订引发的对英文的修改；由于狭鳕鱼英文名称的修订引发的修改
	-鲑科鱼，但子目0302.91至0302.99的可食用鱼杂碎除外：		-鲑科鱼，但子目0302.91至0302.99的可食用鱼杂碎除外：	
0302.11	--鳟鱼（河鳟、虹鳟、克拉克大麻哈鱼、阿瓜大麻哈鱼、吉雨大麻哈鱼、亚利桑那大麻哈鱼、金腹大麻哈鱼）	0302.11	--鳟鱼（河鳟、虹鳟、克拉克大麻哈鱼、阿瓜大麻哈鱼、吉雨大麻哈鱼、亚利桑那大麻哈鱼、金腹大麻哈鱼）	
0302.13	--大麻哈鱼［红大麻哈鱼、细鳞大麻哈鱼、大麻哈鱼（种）、大鳞大麻哈鱼、银大麻哈鱼、马苏大麻哈鱼、玫瑰大麻哈鱼］	0302.13	--大麻哈鱼［红大麻哈鱼、细鳞大麻哈鱼、大麻哈鱼（种）、大鳞大麻哈鱼、银大麻哈鱼、马苏大麻哈鱼、玫瑰大麻哈鱼］	
0302.14	--大西洋鲑鱼及多瑙哲罗鱼	0302.14	--大西洋鲑鱼及多瑙哲罗鱼	
0302.19	--其他	0302.19	--其他	
	-比目鱼（鲽科、鲆科、舌鳎科、鳎科、菱鲆科、刺鲆科），但子目0302.91至0302.99的可食用鱼杂碎除外：		-比目鱼（鲽科、鲆科、舌鳎科、鳎科、菱鲆科、刺鲆科），但子目0302.91至0302.99的可食用鱼杂碎除外：	
0302.21	--庸鲽鱼（马舌鲽、庸鲽、狭鳞庸鲽）	0302.21	--庸鲽鱼（马舌鲽、庸鲽、狭鳞庸鲽）	
0302.22	--鲽鱼（鲽）	0302.22	--鲽鱼（鲽）	
0302.23	--鳎鱼（鳎属）	0302.23	--鳎鱼（鳎属）	
0302.24	--大菱鲆（瘤棘鲆）	0302.24	--大菱鲆（瘤棘鲆）	
0302.29	--其他	0302.29	--其他	
	-金枪鱼（金枪鱼属）、鲣鱼或狐鲣（鲣），但子目0302.91至0302.99的可食用鱼杂碎除外：		-金枪鱼（金枪鱼属）、鲣，但子目0302.91至0302.99的可食用鱼杂碎除外：	
0302.31	--长鳍金枪鱼	0302.31	--长鳍金枪鱼	
0302.32	--黄鳍金枪鱼	0302.32	--黄鳍金枪鱼	
0302.33	--鲣鱼或狐鲣	0302.33	--鲣	

2017 年版		2022 年版		修改说明
HS 编码	商品名称	HS 编码	商品名称	
0302.34	--大眼金枪鱼	0302.34	--大眼金枪鱼	由于鲣鱼的拉丁文学名修订引发的对英文的修改；由于狭鳕鱼英文名称的修订引发的修改
0302.35	--大西洋及太平洋蓝鳍金枪鱼	0302.35	--大西洋及太平洋蓝鳍金枪鱼	
0302.36	--南方蓝鳍金枪鱼	0302.36	--南方蓝鳍金枪鱼	
0302.39	--其他	0302.39	--其他	
	-鲱鱼（大西洋鲱鱼、太平洋鲱鱼）、鳀鱼（鳀属）、沙丁鱼（沙丁鱼、沙瑙鱼属）、小沙丁鱼属、黍鲱或西鲱、鲭鱼［大西洋鲭、澳洲鲭（鲐）、日本鲭（鲐）］、印度鲭（羽鳃鲐属）、马鲛鱼（马鲛属）、对称竹荚鱼、新西兰竹荚鱼及竹荚鱼（竹荚鱼属）、鲹鱼（鲹属）、军曹鱼、银鲳（鲳属）、秋刀鱼、圆鲹（圆鲹属）、多春鱼（毛鳞鱼）、剑鱼、鲔鱼、狐鲣（狐鲣属）、枪鱼、旗鱼、四鳍旗鱼（旗鱼科），但子目 0302.91 至 0302.99 的可食用鱼杂碎除外：		-鲱鱼（大西洋鲱鱼、太平洋鲱鱼）、鳀鱼（鳀属）、沙丁鱼（沙丁鱼、沙瑙鱼属）、小沙丁鱼属、黍鲱或西鲱、鲭鱼［大西洋鲭、澳洲鲭（鲐）、日本鲭（鲐）］、印度鲭（羽鳃鲐属）、马鲛鱼（马鲛属）、对称竹荚鱼、新西兰竹荚鱼及竹荚鱼（竹荚鱼属）、鲹鱼（鲹属）、军曹鱼、银鲳（鲳属）、秋刀鱼、圆鲹（圆鲹属）、多春鱼（毛鳞鱼）、剑鱼、鲔鱼、狐鲣（狐鲣属）、枪鱼、旗鱼、四鳍旗鱼（旗鱼科），但子目 0302.91 至 0302.99 的可食用鱼杂碎除外：	
0302.41	--鲱鱼（大西洋鲱鱼、太平洋鲱鱼）	0302.41	--鲱鱼（大西洋鲱鱼、太平洋鲱鱼）	
0302.42	--鳀鱼（鳀属）	0302.42	--鳀鱼（鳀属）	
0302.43	--沙丁鱼（沙丁鱼、沙瑙鱼属）、小沙丁鱼属、黍鲱或西鲱	0302.43	--沙丁鱼（沙丁鱼、沙瑙鱼属）、小沙丁鱼属、黍鲱或西鲱	
0302.44	--鲭鱼［大西洋鲭、澳洲鲭（鲐）、日本鲭（鲐）］	0302.44	--鲭鱼［大西洋鲭、澳洲鲭（鲐）、日本鲭（鲐）］	
0302.45	--对称竹荚鱼、新西兰竹荚鱼及竹荚鱼（竹荚鱼属）	0302.45	--对称竹荚鱼、新西兰竹荚鱼及竹荚鱼（竹荚鱼属）	
0302.46	--军曹鱼	0302.46	--军曹鱼	
0302.47	--剑鱼	0302.47	--剑鱼	
0302.49	--其他	0302.49	--其他	

2017年版		2022年版		修改说明
HS编码	商品名称	HS编码	商品名称	
	-犀鳕科、多丝真鳕科、鳕科、长尾鳕科、黑鳕科、无须鳕科、深海鳕科及南极鳕科鱼，但子目0302.91至0302.99的可食用鱼杂碎除外：		-犀鳕科、多丝真鳕科、鳕科、长尾鳕科、黑鳕科、无须鳕科、深海鳕科及南极鳕科鱼，但子目0302.91至0302.99的可食用鱼杂碎除外：	由于鲣鱼的拉丁文学名修订引发的对英文的修改；由于狭鳕鱼英文名称的修订引发的修改
0302.51	--鳕鱼（大西洋鳕鱼、格陵兰鳕鱼、太平洋鳕鱼）	0302.51	--鳕鱼（大西洋鳕鱼、格陵兰鳕鱼、太平洋鳕鱼）	
0302.52	--黑线鳕鱼（黑线鳕）	0302.52	--黑线鳕鱼（黑线鳕）	
0302.53	--绿青鳕鱼	0302.53	--绿青鳕鱼	
0302.54	--狗鳕鱼（无须鳕属、长鳍鳕属）	0302.54	--狗鳕鱼（无须鳕属、长鳍鳕属）	
0302.55	--狭鳕鱼	0302.55	--阿拉斯加狭鳕鱼	
0302.56	--蓝鳕鱼（小鳍鳕、南蓝鳕）	0302.56	--蓝鳕鱼（小鳍鳕、南蓝鳕）	
0302.59	--其他	0302.59	--其他	
	-罗非鱼（口孵非鲫属）、鲶鱼（鲶鲶属、鲶属、胡鲶属、真鮰属）、鲤科鱼（鲤属、鲫属、草鱼、鲢属、鲮属、青鱼、卡特拉鲃、野鲮属、哈氏纹唇鱼、何氏细须鲃、鲂属）、鳗鱼（鳗鲡属）、尼罗河鲈鱼（尼罗尖吻鲈）及黑鱼（鳢属），但子目0302.91至0302.99的可食用鱼杂碎除外：		-罗非鱼（口孵非鲫属）、鲶鱼（鲶鲶属、鲶属、胡鲶属、真鮰属）、鲤科鱼（鲤属、鲫属、草鱼、鲢属、鲮属、青鱼、卡特拉鲃、野鲮属、哈氏纹唇鱼、何氏细须鲃、鲂属）、鳗鱼（鳗鲡属）、尼罗河鲈鱼（尼罗尖吻鲈）及黑鱼（鳢属），但子目0302.91至0302.99的可食用鱼杂碎除外：	
0302.71	--罗非鱼（口孵非鲫属）	0302.71	--罗非鱼（口孵非鲫属）	
0302.72	--鲶鱼（鲶鲶属、鲶属、胡鲶属、真鮰属）	0302.72	--鲶鱼（鲶鲶属、鲶属、胡鲶属、真鮰属）	
0302.73	--鲤科鱼（鲤属、鲫属、草鱼、鲢属、鲮属、青鱼、卡特拉鲃、野鲮属、哈氏纹唇鱼、何氏细须鲃、鲂属）	0302.73	--鲤科鱼（鲤属、鲫属、草鱼、鲢属、鲮属、青鱼、卡特拉鲃、野鲮属、哈氏纹唇鱼、何氏细须鲃、鲂属）	
0302.74	--鳗鱼（鳗鲡属）	0302.74	--鳗鱼（鳗鲡属）	
0302.79	--其他	0302.79	--其他	

2017 年版		2022 年版		修改说明
HS 编码	商品名称	HS 编码	商品名称	
	-其他鱼，但子目 0302.91 至 0302.99 的可食用鱼杂碎除外：		-其他鱼，但子目 0302.91 至 0302.99 的可食用鱼杂碎除外：	由于鲣鱼的拉丁文学名修订引发的对英文的修改；由于狭鳕鱼英文名称的修订引发的修改
0302.81	--角鲨及其他鲨鱼	0302.81	--角鲨及其他鲨鱼	
0302.82	--魟鱼及鳐鱼（鳐科）	0302.82	--魟鱼及鳐鱼（鳐科）	
0302.83	--南极犬牙鱼（南极犬牙鱼属）	0302.83	--南极犬牙鱼（南极犬牙鱼属）	
0302.84	--尖吻鲈鱼（舌齿鲈属）	0302.84	--尖吻鲈鱼（舌齿鲈属）	
0302.85	--菱羊鲷（鲷科）	0302.85	--菱羊鲷（鲷科）	
0302.89	--其他	0302.89	--其他	
	-鱼肝、鱼卵、鱼精、鱼鳍、鱼头、鱼尾、鱼鳔及其他可食用鱼杂碎：		-鱼肝、鱼卵、鱼精、鱼鳍、鱼头、鱼尾、鱼鳔及其他可食用鱼杂碎：	
0302.91	-鱼肝、鱼卵及鱼精	0302.91	--鱼肝、鱼卵及鱼精	
0302.92	--鲨鱼翅	0302.92	--鲨鱼翅	
0302.99	--其他	0302.99	--其他	
03.03	冻鱼，但品目 03.04 的鱼片及其他鱼肉除外：	03.03	冻鱼，但品目 03.04 的鱼片及其他鱼肉除外：	由于鲣鱼的拉丁文学名修订引发的对英文的修改；由于狭鳕鱼英文名称的修订引发的修改
	-鲑科鱼，但子目 0303.91 至 0303.99 的可食用鱼杂碎除外：		-鲑科鱼，但子目 0303.91 至 0303.99 的可食用鱼杂碎除外：	
0303.11	--红大麻哈鱼	0303.11	--红大麻哈鱼	
0303.12	--其他大麻哈鱼［细鳞大麻哈鱼、大麻哈鱼（种）、大鳞大麻哈鱼、银大麻哈鱼、马苏大麻哈鱼、玫瑰大麻哈鱼］	0303.12	--其他大麻哈鱼［细鳞大麻哈鱼、大麻哈鱼（种）、大鳞大麻哈鱼、银大麻哈鱼、马苏大麻哈鱼、玫瑰大麻哈鱼］	
0303.13	--大西洋鲑鱼及多瑙哲罗鱼	0303.13	--大西洋鲑鱼及多瑙哲罗鱼	
0303.14	--鳟鱼（河鳟、虹鳟、克拉克大麻哈鱼、阿瓜大麻哈鱼、吉雨大麻哈鱼、亚利桑那大麻哈鱼、金腹大麻哈鱼）	0303.14	--鳟鱼（河鳟、虹鳟、克拉克大麻哈鱼、阿瓜大麻哈鱼、吉雨大麻哈鱼、亚利桑那大麻哈鱼、金腹大麻哈鱼）	
0303.19	--其他	0303.19	--其他	

2017年版		2022年版		修改说明
HS编码	商品名称	HS编码	商品名称	
	-罗非鱼（口孵非鲫属）、鲶鱼（鲶鲶属、鲶属、胡鲶属、真鮰属）、鲤科鱼（鲤属、鲫属、草鱼、鲢属、鲮属、青鱼、卡特拉鲃、野鲮属、哈氏纹唇鱼、何氏细须鲃、鲂属）、鳗鱼（鳗鲡属）、尼罗河鲈鱼（尼罗尖吻鲈）及黑鱼（鳢属），但子目0303.91至0303.99的可食用鱼杂碎除外：		-罗非鱼（口孵非鲫属）、鲶鱼（鲶鲶属、鲶属、胡鲶属、真鮰属）、鲤科鱼（鲤属、鲫属、草鱼、鲢属、鲮属、青鱼、卡特拉鲃、野鲮属、哈氏纹唇鱼、何氏细须鲃、鲂属）、鳗鱼（鳗鲡属）、尼罗河鲈鱼（尼罗尖吻鲈）及黑鱼（鳢属），但子目0303.91至0303.99的可食用鱼杂碎除外：	由于鲣鱼的拉丁文学名修订引发的对英文的修改；由于狭鳕鱼英文名称的修订引发的修改
0303.23	--罗非鱼（口孵非鲫属）	0303.23	--罗非鱼（口孵非鲫属）	
0303.24	--鲶鱼（鲶鲶属、鲶属、胡鲶属、真鮰属）	0303.24	--鲶鱼（鲶鲶属、鲶属、胡鲶属、真鮰属）	
0303.25	--鲤科鱼（鲤属、鲫属、草鱼、鲢属、鲮属、青鱼、卡特拉鲃、野鲮属、哈氏纹唇鱼、何氏细须鲃、鲂属）	0303.25	--鲤科鱼（鲤属、鲫属、草鱼、鲢属、鲮属、青鱼、卡特拉鲃、野鲮属、哈氏纹唇鱼、何氏细须鲃、鲂属）	
0303.26	--鳗鱼（鳗鲡属）	0303.26	--鳗鱼（鳗鲡属）	
0303.29	--其他	0303.29	--其他	
	-比目鱼（鲽科、鲆科、舌鳎科、鳎科、菱鲆科、刺鲆科），但子目0303.91至0303.99的可食用鱼杂碎除外：		-比目鱼（鲽科、鲆科、舌鳎科、鳎科、菱鲆科、刺鲆科），但子目0303.91至0303.99的可食用鱼杂碎除外：	
0303.31	--庸鲽鱼（马舌鲽、庸鲽、狭鳞庸鲽）	0303.31	--庸鲽鱼（马舌鲽、庸鲽、狭鳞庸鲽）	
0303.32	--鲽鱼（鲽）	0303.32	--鲽鱼（鲽）	
0303.33	--鳎鱼（鳎属）	0303.33	--鳎鱼（鳎属）	
0303.34	--大菱鲆（瘤棘鲆）	0303.34	--大菱鲆（瘤棘鲆）	
0303.39	--其他	0303.39	--其他	
	-金枪鱼（金枪鱼属）、鲣鱼或狐鲣（鲣），但子目0303.91至0303.99的可食用鱼杂碎除外：		-金枪鱼（金枪鱼属）、鲣，但子目0303.91至0303.99的可食用鱼杂碎除外：	

2017 年版		2022 年版		修改说明
HS 编码	商品名称	HS 编码	商品名称	
0303.41	--长鳍金枪鱼	0303.41	--长鳍金枪鱼	由于鲣鱼的拉丁文学名修订引发的对英文的修改；由于狭鳕鱼英文名称的修订引发的修改
0303.42	--黄鳍金枪鱼	0303.42	--黄鳍金枪鱼	
0303.43	--鲣鱼或狐鲣	0303.43	--鲣	
0303.44	--大眼金枪鱼	0303.44	--大眼金枪鱼	
0303.45	--大西洋及太平洋蓝鳍金枪鱼	0303.45	--大西洋及太平洋蓝鳍金枪鱼	
0303.46	--南方蓝鳍金枪鱼	0303.46	--南方蓝鳍金枪鱼	
0303.49	--其他	0303.49	--其他	
	-鲱鱼（大西洋鲱鱼、太平洋鲱鱼）、鳀鱼（鳀属）、沙丁鱼（沙丁鱼、沙瑙鱼属）、小沙丁鱼属、黍鲱或西鲱、鲭鱼［大西洋鲭、澳洲鲭（鲐）、日本鲭（鲐）］、印度鲭（羽鳃鲐属）、马鲛鱼（马鲛属）、对称竹荚鱼、新西兰竹荚鱼及竹荚鱼（竹荚鱼属）、鲹鱼（鲹属）、军曹鱼、银鲳（鲳属）、秋刀鱼、圆鲹（圆鲹属）、多春鱼（毛鳞鱼）、剑鱼、鲔鱼、狐鲣（狐鲣属）、枪鱼、旗鱼、四鳍旗鱼（旗鱼科），但子目 0303.91 至 0303.99 的可食用鱼杂碎除外：		-鲱鱼（大西洋鲱鱼、太平洋鲱鱼）、鳀鱼（鳀属）、沙丁鱼（沙丁鱼、沙瑙鱼属）、小沙丁鱼属、黍鲱或西鲱、鲭鱼［大西洋鲭、澳洲鲭（鲐）、日本鲭（鲐）］、印度鲭（羽鳃鲐属）、马鲛鱼（马鲛属）、对称竹荚鱼、新西兰竹荚鱼及竹荚鱼（竹荚鱼属）、鲹鱼（鲹属）、军曹鱼、银鲳（鲳属）、秋刀鱼、圆鲹（圆鲹属）、多春鱼（毛鳞鱼）、剑鱼、鲔鱼、狐鲣（狐鲣属）、枪鱼、旗鱼、四鳍旗鱼（旗鱼科），但子目 0303.91 至 0303.99 的可食用鱼杂碎除外：	
0303.51	--鲱鱼（大西洋鲱鱼、太平洋鲱鱼）	0303.51	--鲱鱼（大西洋鲱鱼、太平洋鲱鱼）	
0303.53	--沙丁鱼（沙丁鱼、沙瑙鱼属）、小沙丁鱼属、黍鲱或西鲱	0303.53	--沙丁鱼（沙丁鱼、沙瑙鱼属）、小沙丁鱼属、黍鲱或西鲱	
0303.54	--鲭鱼［大西洋鲭、澳洲鲭（鲐）、日本鲭（鲐）］	0303.54	--鲭鱼［大西洋鲭、澳洲鲭（鲐）、日本鲭（鲐）］	
0303.55	--对称竹荚鱼、新西兰竹荚鱼及竹荚鱼（竹荚鱼属）	0303.55	--对称竹荚鱼、新西兰竹荚鱼及竹荚鱼（竹荚鱼属）	
0303.56	--军曹鱼	0303.56	--军曹鱼	
0303.57	--剑鱼	0303.57	--剑鱼	

2017年版		2022年版		修改说明
HS编码	商品名称	HS编码	商品名称	
0303.59	--其他	0303.59	--其他	由于鲣鱼的拉丁文学名修订引发的对英文的修改；由于狭鳕鱼英文名称的修订引发的修改
	-犀鳕科、多丝真鳕科、鳕科、长尾鳕科、黑鳕科、无须鳕科、深海鳕科及南极鳕科鱼，但子目0303.91至0303.99的可食用鱼杂碎除外：		-犀鳕科、多丝真鳕科、鳕科、长尾鳕科、黑鳕科、无须鳕科、深海鳕科及南极鳕科鱼，但子目0303.91至0303.99的可食用鱼杂碎除外：	
0303.63	--鳕鱼（大西洋鳕鱼、格陵兰鳕鱼、太平洋鳕鱼）	0303.63	--鳕鱼（大西洋鳕鱼、格陵兰鳕鱼、太平洋鳕鱼）	
0303.64	--黑线鳕鱼（黑线鳕）	0303.64	--黑线鳕鱼（黑线鳕）	
0303.65	--绿青鳕鱼	0303.65	--绿青鳕鱼	
0303.66	--狗鳕鱼（无须鳕属、长鳍鳕属）	0303.66	--狗鳕鱼（无须鳕属、长鳍鳕属）	
0303.67	--狭鳕鱼	0303.67	--阿拉斯加狭鳕鱼	
0303.68	--蓝鳕鱼（小鳍鳕、南蓝鳕）	0303.68	--蓝鳕鱼（小鳍鳕、南蓝鳕）	
0303.69	--其他	0303.69	--其他	
	-其他鱼，但子目0303.91至0303.99的可食用鱼杂碎除外：		-其他鱼，但子目0303.91至0303.99的可食用鱼杂碎除外：	
0303.81	--角鲨及其他鲨鱼	0303.81	--角鲨及其他鲨鱼	
0303.82	--魟鱼及鳐鱼（鳐科）	0303.82	--魟鱼及鳐鱼（鳐科）	
0303.83	--南极犬牙鱼（南极犬牙鱼属）	0303.83	--南极犬牙鱼（南极犬牙鱼属）	
0303.84	--尖吻鲈鱼（舌齿鲈属）	0303.84	--尖吻鲈鱼（舌齿鲈属）	
0303.89	--其他	0303.89	--其他	
	-鱼肝、鱼卵、鱼精、鱼鳍、鱼头、鱼尾、鱼鳔及其他可食用杂碎：		-鱼肝、鱼卵、鱼精、鱼鳍、鱼头、鱼尾、鱼鳔及其他可食用杂碎：	
0303.91	--鱼肝、鱼卵及鱼精	0303.91	--鱼肝、鱼卵及鱼精	
0303.92	--鲨鱼翅	0303.92	--鲨鱼翅	
0303.99	--其他	0303.99	--其他	

2017年版		2022年版		修改说明
HS编码	商品名称	HS编码	商品名称	
03.04	鲜、冷、冻鱼片及其他鱼肉（不论是否绞碎）：	03.04	鲜、冷、冻鱼片及其他鱼肉（不论是否绞碎）：	由于鲣鱼的拉丁文学名修订引发的对英文的修改；由于狭鳕鱼英文名称的修订引发的修改
	-鲜或冷的罗非鱼（口孵非鲫属）、鲶鱼（鲶鲶属、鲶属、胡鲶属、真鮰属）、鲤科鱼（鲤属、鲫属、草鱼、鲢属、鲮属、青鱼、卡特拉鲃、野鲮属、哈氏纹唇鱼、何氏细须鲃、鲂属）、鳗鱼（鳗鲡属）、尼罗河鲈鱼（尼罗尖吻鲈）及黑鱼（鳢属）的鱼片：		-鲜或冷的罗非鱼（口孵非鲫属）、鲶鱼（鲶鲶属、鲶属、胡鲶属、真鮰属）、鲤科鱼（鲤属、鲫属、草鱼、鲢属、鲮属、青鱼、卡特拉鲃、野鲮属、哈氏纹唇鱼、何氏细须鲃、鲂属）、鳗鱼（鳗鲡属）、尼罗河鲈鱼（尼罗尖吻鲈）及黑鱼（鳢属）的鱼片：	
0304.31	--罗非鱼（口孵非鲫属）	0304.31	--罗非鱼（口孵非鲫属）	
0304.32	--鲶鱼（鲶鲶属、鲶属、胡鲶属、真鮰属）	0304.32	--鲶鱼（鲶鲶属、鲶属、胡鲶属、真鮰属）	
0304.33	--尼罗河鲈鱼（尼罗尖吻鲈）	0304.33	--尼罗河鲈鱼（尼罗尖吻鲈）	
0304.39	--其他	0304.39	--其他	
	-鲜或冷的其他鱼片：		-鲜或冷的其他鱼片：	
0304.41	--大麻哈鱼［红大麻哈鱼、细鳞大麻哈鱼、大麻哈鱼（种）、大鳞大麻哈鱼、银大麻哈鱼、马苏大麻哈鱼、玫瑰大麻哈鱼］、大西洋鲑鱼及多瑙哲罗鱼	0304.41	--大麻哈鱼［红大麻哈鱼、细鳞大麻哈鱼、大麻哈鱼（种）、大鳞大麻哈鱼、银大麻哈鱼、马苏大麻哈鱼、玫瑰大麻哈鱼］、大西洋鲑鱼及多瑙哲罗鱼	
0304.42	--鳟鱼（河鳟、虹鳟、克拉克大麻哈鱼、阿瓜大麻哈鱼、吉雨大麻哈鱼、亚利桑那大麻哈鱼、金腹大麻哈鱼）	0304.42	--鳟鱼（河鳟、虹鳟、克拉克大麻哈鱼、阿瓜大麻哈鱼、吉雨大麻哈鱼、亚利桑那大麻哈鱼、金腹大麻哈鱼）	
0304.43	--比目鱼（鲽科、鲆科、舌鳎科、鳎科、菱鲆科、刺鲆科）	0304.43	--比目鱼（鲽科、鲆科、舌鳎科、鳎科、菱鲆科、刺鲆科）	

2017 年版		2022 年版		修改说明
HS 编码	商品名称	HS 编码	商品名称	
0304.44	--犀鳕科、多丝真鳕科、鳕科、长尾鳕科、黑鳕科、无须鳕科、深海鳕科及南极鳕科鱼	0304.44	--犀鳕科、多丝真鳕科、鳕科、长尾鳕科、黑鳕科、无须鳕科、深海鳕科及南极鳕科鱼	由于鲣鱼的拉丁文学名修订引发的对英文的修改；由于狭鳕鱼英文名称的修订引发的修改
0304.45	--剑鱼	0304.45	--剑鱼	
0304.46	--南极犬牙鱼（南极犬牙鱼属）	0304.46	--南极犬牙鱼（南极犬牙鱼属）	
0304.47	--角鲨及其他鲨鱼	0304.47	--角鲨及其他鲨鱼	
0304.48	--魟鱼及鳐鱼（鳐科）	0304.48	--魟鱼及鳐鱼（鳐科）	
0304.49	--其他	0304.49	--其他	
	-其他，鲜或冷的：		-其他，鲜或冷的：	
0304.51	--罗非鱼（口孵非鲫属）、鲶鱼（𫚝鲶属、鲶属、胡鲶属、真鮰属）、鲤科鱼（鲤属、鲫属、草鱼、鲢属、鲮属、青鱼、卡特拉鲃、野鲮属、哈氏纹唇鱼、何氏细须鲃、鲂属）、鳗鱼（鳗鲡属）、尼罗河鲈鱼（尼罗尖吻鲈）及黑鱼（鳢属）	0304.51	--罗非鱼（口孵非鲫属）、鲶鱼（𫚝鲶属、鲶属、胡鲶属、真鮰属）、鲤科鱼（鲤属、鲫属、草鱼、鲢属、鲮属、青鱼、卡特拉鲃、野鲮属、哈氏纹唇鱼、何氏细须鲃、鲂属）、鳗鱼（鳗鲡属）、尼罗河鲈鱼（尼罗尖吻鲈）及黑鱼（鳢属）	
0304.52	--鲑科鱼	0304.52	--鲑科鱼	
0304.53	--犀鳕科、多丝真鳕科、鳕科、长尾鳕科、黑鳕科、无须鳕科、深海鳕科及南极鳕科鱼	0304.53	--犀鳕科、多丝真鳕科、鳕科、长尾鳕科、黑鳕科、无须鳕科、深海鳕科及南极鳕科鱼	
0304.54	--剑鱼	0304.54	--剑鱼	
0304.55	--南极犬牙鱼（南极犬牙鱼属）	0304.55	--南极犬牙鱼（南极犬牙鱼属）	
0304.56	--角鲨及其他鲨鱼	0304.56	--角鲨及其他鲨鱼	
0304.57	--魟鱼及鳐鱼（鳐科）	0304.57	--魟鱼及鳐鱼（鳐科）	
0304.59	--其他	0304.59	--其他	

2017 年版		2022 年版		修改说明
HS 编码	商品名称	HS 编码	商品名称	
	-冻的罗非鱼（口孵非鲫属）、鲶鱼（鲑鲶属、鲶属、胡鲶属、真鮰属）、鲤科鱼（鲤属、鲫属、草鱼、鲢属、鲮属、青鱼、卡特拉鲃、野鲮属、哈氏纹唇鱼、何氏细须鲃、鲂属）、鳗鱼（鳗鲡属）、尼罗河鲈鱼（尼罗尖吻鲈）及黑鱼（鳢属）的鱼片：		-冻的罗非鱼（口孵非鲫属）、鲶鱼（鲑鲶属、鲶属、胡鲶属、真鮰属）、鲤科鱼（鲤属、鲫属、草鱼、鲢属、鲮属、青鱼、卡特拉鲃、野鲮属、哈氏纹唇鱼、何氏细须鲃、鲂属）、鳗鱼（鳗鲡属）、尼罗河鲈鱼（尼罗尖吻鲈）及黑鱼（鳢属）的鱼片：	由于鲣鱼的拉丁文学名修订引发的对英文的修改；由于狭鳕鱼英文名称的修订引发的修改
0304.61	--罗非鱼（口孵非鲫属）	0304.61	--罗非鱼（口孵非鲫属）	
0304.62	--鲶鱼（鲑鲶属、鲶属、胡鲶属、真鮰属）	0304.62	--鲶鱼（鲑鲶属、鲶属、胡鲶属、真鮰属）	
0304.63	--尼罗河鲈鱼（尼罗尖吻鲈）	0304.63	--尼罗河鲈鱼（尼罗尖吻鲈）	
0304.69	--其他	0304.69	--其他	
	-冻的犀鳕科、多丝真鳕科、鳕科、长尾鳕科、黑鳕科、无须鳕科、深海鳕科及南极鳕科鱼的鱼片：		-冻的犀鳕科、多丝真鳕科、鳕科、长尾鳕科、黑鳕科、无须鳕科、深海鳕科及南极鳕科鱼的鱼片：	
0304.71	--鳕鱼（大西洋鳕鱼、格陵兰鳕鱼、太平洋鳕鱼）	0304.71	--鳕鱼（大西洋鳕鱼、格陵兰鳕鱼、太平洋鳕鱼）	
0304.72	--黑线鳕鱼（黑线鳕）	0304.72	--黑线鳕鱼（黑线鳕）	
0304.73	--绿青鳕鱼	0304.73	--绿青鳕鱼	
0304.74	--狗鳕鱼（无须鳕属、长鳍鳕属）	0304.74	--狗鳕鱼（无须鳕属、长鳍鳕属）	
0304.75	--狭鳕鱼	0304.75	--阿拉斯加狭鳕鱼	
0304.79	--其他	0304.79	--其他	
	-其他冻鱼片：		-其他冻鱼片：	
0304.81	--大麻哈鱼［红大麻哈鱼、细鳞大麻哈鱼、大麻哈鱼（种）、大鳞大麻哈鱼、银大麻哈鱼、马苏大麻哈鱼、玫瑰大麻哈鱼］、大西洋鲑鱼及多瑙哲罗鱼	0304.81	--大麻哈鱼［红大麻哈鱼、细鳞大麻哈鱼、大麻哈鱼（种）、大鳞大麻哈鱼、银大麻哈鱼、马苏大麻哈鱼、玫瑰大麻哈鱼］、大西洋鲑鱼及多瑙哲罗鱼	

2017年版		2022年版		修改说明
HS编码	商品名称	HS编码	商品名称	
0304.82	--鳟鱼（河鳟、虹鳟、克拉克大麻哈鱼、阿瓜大麻哈鱼、吉雨大麻哈鱼、亚利桑那大麻哈鱼、金腹大麻哈鱼）	0304.82	--鳟鱼（河鳟、虹鳟、克拉克大麻哈鱼、阿瓜大麻哈鱼、吉雨大麻哈鱼、亚利桑那大麻哈鱼、金腹大麻哈鱼）	由于鲣鱼的拉丁文学名修订引发的对英文的修改；由于狭鳕鱼英文名称的修订引发的修改
0304.83	--比目鱼（鲽科、鲆科、舌鳎科、鳎科、菱鲆科、刺鲆科）	0304.83	--比目鱼（鲽科、鲆科、舌鳎科、鳎科、菱鲆科、刺鲆科）	
0304.84	--剑鱼	0304.84	--剑鱼	
0304.85	--南极犬牙鱼（南极犬牙鱼属）	0304.85	--南极犬牙鱼（南极犬牙鱼属）	
0304.86	--鲱鱼（大西洋鲱鱼、太平洋鲱鱼）	0304.86	--鲱鱼（大西洋鲱鱼、太平洋鲱鱼）	
0304.87	--金枪鱼（金枪鱼属）、鲣鱼或狐鲣（鲣）	0304.87	--金枪鱼（金枪鱼属）、鲣	
0304.88	--角鲨、其他鲨鱼、魟鱼及鳐鱼（鳐科）	0304.88	--角鲨、其他鲨鱼、魟鱼及鳐鱼（鳐科）	
0304.89	--其他	0304.89	--其他	
	-其他，冻的：		-其他，冻的：	
0304.91	--剑鱼	0304.91	--剑鱼	
0304.92	--南极犬牙鱼（南极犬牙鱼属）	0304.92	--南极犬牙鱼（南极犬牙鱼属）	
0304.93	--罗非鱼（口孵非鲫属）、鲶鱼（鲑鲶属、鲶属、胡鲶属、真鮰属）、鲤科鱼（鲤属、鲫属、草鱼、鲢属、鲮属、青鱼、卡特拉鲃、野鲮属、哈氏纹唇鱼、何氏细须鲃、鲂属）、鳗鱼（鳗鲡属）、尼罗河鲈鱼（尼罗尖吻鲈）及黑鱼（鳢属）	0304.93	--罗非鱼（口孵非鲫属）、鲶鱼（鲑鲶属、鲶属、胡鲶属、真鮰属）、鲤科鱼（鲤属、鲫属、草鱼、鲢属、鲮属、青鱼、卡特拉鲃、野鲮属、哈氏纹唇鱼、何氏细须鲃、鲂属）、鳗鱼（鳗鲡属）、尼罗河鲈鱼（尼罗尖吻鲈）及黑鱼（鳢属）	
0304.94	--狭鳕鱼	0304.94	--阿拉斯加狭鳕鱼	

2017 年版		2022 年版		修改说明
HS 编码	商品名称	HS 编码	商品名称	
0304.95	--犀鳕科、多丝真鳕科、鳕科、长尾鳕科、黑鳕科、无须鳕科、深海鳕科及南极鳕科鱼，狭鳕鱼除外	0304.95	--犀鳕科、多丝真鳕科、鳕科、长尾鳕科、黑鳕科、无须鳕科、深海鳕科及南极鳕科鱼，阿拉斯加狭鳕鱼除外	由于鲣鱼的拉丁文学名修订引发的对英文的修改；由于狭鳕鱼英文名称的修订引发的修改
0304.96	--角鲨及其他鲨鱼	0304.96	--角鲨及其他鲨鱼	
0304.97	--魟鱼及鳐鱼（鳐科）	0304.97	--魟鱼及鳐鱼（鳐科）	
0304.99	--其他	0304.99	--其他	
03.05	干、盐腌或盐渍的鱼；熏鱼，不论在熏制前或熏制过程中是否烹煮；适合供人食用的鱼的细粉、粗粉及团粒：	03.05	干、盐腌或盐渍的鱼；熏鱼，不论在熏制前或熏制过程中是否烹煮：	根据对鱼、甲壳动物、软体动物和其他水生无脊椎动物的细粉、粗粉及团粒产品增列品目而进行的修订
0305.10	-适合供人食用的鱼的细粉、粗粉及团粒			
0305.20	-干、熏、盐腌或盐渍的鱼肝、鱼卵及鱼精	0305.20	-干、熏、盐腌或盐渍的鱼肝、鱼卵及鱼精	
	-干、盐腌或盐渍的鱼片，但熏制的除外：		-干、盐腌或盐渍的鱼片，但熏制的除外：	
0305.31	--罗非鱼（口孵非鲫属）、鲶鱼（鲶鲶属、鲶属、胡鲶属、真鮰属）、鲤科鱼（鲤属、鲫属、草鱼、鲢属、鲮属、青鱼、卡特拉鲃、野鲮属、哈氏纹唇鱼、何氏细须鲃、鲂属）、鳗鱼（鳗鲡属）、尼罗河鲈鱼（尼罗尖吻鲈）及黑鱼（鳢属）	0305.31	--罗非鱼（口孵非鲫属）、鲶鱼（鲶鲶属、鲶属、胡鲶属、真鮰属）、鲤科鱼（鲤属、鲫属、草鱼、鲢属、鲮属、青鱼、卡特拉鲃、野鲮属、哈氏纹唇鱼、何氏细须鲃、鲂属）、鳗鱼（鳗鲡属）、尼罗河鲈鱼（尼罗尖吻鲈）及黑鱼（鳢属）	
0305.32	--犀鳕科、多丝真鳕科、鳕科、长尾鳕科、黑鳕科、无须鳕科、深海鳕科及南极鳕科鱼	0305.32	--犀鳕科、多丝真鳕科、鳕科、长尾鳕科、黑鳕科、无须鳕科、深海鳕科及南极鳕科鱼	
0305.39	--其他	0305.39	--其他	
	-熏鱼，包括鱼片，但食用杂碎除外：		-熏鱼，包括鱼片，但食用杂碎除外：	

2017 年版		2022 年版		修改说明
HS 编码	商品名称	HS 编码	商品名称	
0305.41	--大麻哈鱼［红大麻哈鱼、细鳞大麻哈鱼、大麻哈鱼（种）、大鳞大麻哈鱼、银大麻哈鱼、马苏大麻哈鱼、玫瑰大麻哈鱼］、大西洋鲑鱼及多瑙哲罗鱼	0305.41	--大麻哈鱼［红大麻哈鱼、细鳞大麻哈鱼、大麻哈鱼（种）、大鳞大麻哈鱼、银大麻哈鱼、马苏大麻哈鱼、玫瑰大麻哈鱼］、大西洋鲑鱼及多瑙哲罗鱼	根据对鱼、甲壳动物、软体动物和其他水生无脊椎动物的细粉、粗粉及团粒产品增列品目而进行的修订
0305.42	--鲱鱼（大西洋鲱鱼、太平洋鲱鱼）	0305.42	--鲱鱼（大西洋鲱鱼、太平洋鲱鱼）	
0305.43	--鳟鱼（河鳟、虹鳟、克拉克大麻哈鱼、阿瓜大麻哈鱼、吉雨大麻哈鱼、亚利桑那大麻哈鱼、金腹大麻哈鱼）	0305.43	--鳟鱼（河鳟、虹鳟、克拉克大麻哈鱼、阿瓜大麻哈鱼、吉雨大麻哈鱼、亚利桑那大麻哈鱼、金腹大麻哈鱼）	
0305.44	--罗非鱼（口孵非鲫属）、鲶鱼（鲑鲶属、鲶属、胡鲶属、真鮰属）、鲤科鱼（鲤属、鲫属、草鱼、鲢属、鲮属、青鱼、卡特拉鲃、野鲮属、哈氏纹唇鱼、何氏细须鲃、鲂属）、鳗鱼（鳗鲡属）、尼罗河鲈鱼（尼罗尖吻鲈）及黑鱼（鳢属）	0305.44	--罗非鱼（口孵非鲫属）、鲶鱼（鲑鲶属、鲶属、胡鲶属、真鮰属）、鲤科鱼（鲤属、鲫属、草鱼、鲢属、鲮属、青鱼、卡特拉鲃、野鲮属、哈氏纹唇鱼、何氏细须鲃、鲂属）、鳗鱼（鳗鲡属）、尼罗河鲈鱼（尼罗尖吻鲈）及黑鱼（鳢属）	
0305.49	--其他	0305.49	--其他	
	-干鱼（不包括食用杂碎），不论是否盐腌，但熏制的除外：		-干鱼（不包括食用杂碎），不论是否盐腌，但熏制的除外：	
0305.51	--鳕鱼（大西洋鳕鱼、格陵兰鳕鱼、太平洋鳕鱼）	0305.51	--鳕鱼（大西洋鳕鱼、格陵兰鳕鱼、太平洋鳕鱼）	
0305.52	--罗非鱼（口孵非鲫属）、鲶鱼（鲑鲶属、鲶属、胡鲶属、真鮰属）、鲤科鱼（鲤属、鲫属、草鱼、鲢属、鲮属、青鱼、卡特拉鲃、野鲮属、哈氏纹唇鱼、何氏细须鲃、鲂属）、鳗鱼（鳗鲡属）、尼罗河鲈鱼（尼罗尖吻鲈）及黑鱼（鳢属）	0305.52	--罗非鱼（口孵非鲫属）、鲶鱼（鲑鲶属、鲶属、胡鲶属、真鮰属）、鲤科鱼（鲤属、鲫属、草鱼、鲢属、鲮属、青鱼、卡特拉鲃、野鲮属、哈氏纹唇鱼、何氏细须鲃、鲂属）、鳗鱼（鳗鲡属）、尼罗河鲈鱼（尼罗尖吻鲈）及黑鱼（鳢属）	

2017 年版		2022 年版		修改说明
HS 编码	商品名称	HS 编码	商品名称	
0305.53	--犀鳕科、多丝真鳕科、鳕科、长尾鳕科、黑鳕科、无须鳕科、深海鳕科及南极鳕科鱼，鳕鱼（大西洋鳕鱼、格陵兰鳕鱼、太平洋鳕鱼）除外	0305.53	--犀鳕科、多丝真鳕科、鳕科、长尾鳕科、黑鳕科、无须鳕科、深海鳕科及南极鳕科鱼，鳕鱼（大西洋鳕鱼、格陵兰鳕鱼、太平洋鳕鱼）除外	根据对鱼、甲壳动物、软体动物和其他水生无脊椎动物的细粉、粗粉及团粒产品增列品目而进行的修订
0305.54	--鲱鱼（大西洋鲱鱼、太平洋鲱鱼）、鳀鱼（鳀属）、沙丁鱼（沙丁鱼、沙瑙鱼属）、小沙丁鱼属、黍鲱或西鲱、鲭鱼［大西洋鲭、澳洲鲭（鲐）、日本鲭（鲐）］、印度鲭（羽鳃鲐属）、马鲛鱼（马鲛属）、对称竹荚鱼、新西兰竹荚鱼及竹荚鱼（竹荚鱼属）、鲹鱼（鲹属）、军曹鱼、银鲳（鲳属）、秋刀鱼、圆鲹（圆鲹属）、多春鱼（毛鳞鱼）、剑鱼、鲔鱼、狐鲣（狐鲣属）、枪鱼、旗鱼、四鳍旗鱼（旗鱼科）	0305.54	--鲱鱼（大西洋鲱鱼、太平洋鲱鱼）、鳀鱼（鳀属）、沙丁鱼（沙丁鱼、沙瑙鱼属）、小沙丁鱼属、黍鲱或西鲱、鲭鱼［大西洋鲭、澳洲鲭（鲐）、日本鲭（鲐）］、印度鲭（羽鳃鲐属）、马鲛鱼（马鲛属）、对称竹荚鱼、新西兰竹荚鱼及竹荚鱼（竹荚鱼属）、鲹鱼（鲹属）、军曹鱼、银鲳（鲳属）、秋刀鱼、圆鲹（圆鲹属）、多春鱼（毛鳞鱼）、剑鱼、鲔鱼、狐鲣（狐鲣属）、枪鱼、旗鱼、四鳍旗鱼（旗鱼科）	
0305.59	--其他	0305.59	--其他	
	-盐腌及盐渍的鱼（不包括食用杂碎），但干或熏制的除外：		-盐腌及盐渍的鱼（不包括食用杂碎），但干或熏制的除外：	
0305.61	--鲱鱼（大西洋鲱鱼、太平洋鲱鱼）	0305.61	--鲱鱼（大西洋鲱鱼、太平洋鲱鱼）	
0305.62	--鳕鱼（大西洋鳕鱼、格陵兰鳕鱼、太平洋鳕鱼）	0305.62	--鳕鱼（大西洋鳕鱼、格陵兰鳕鱼、太平洋鳕鱼）	
0305.63	--鳀鱼（鳀属）	0305.63	--鳀鱼（鳀属）	

2017年版		2022年版		修改说明
HS 编码	商品名称	HS 编码	商品名称	
0305.64	--罗非鱼（口孵非鲫属）、鲶鱼（鲶鲶属、鲶属、胡鲶属、真鲫属）、鲤科鱼（鲤属、鲫属、草鱼、鲢属、鲮属、青鱼、卡特拉鲃、野鲮属、哈氏纹唇鱼、何氏细须鲃、鲂属）、鳗鱼（鳗鲡属）、尼罗河鲈鱼（尼罗尖吻鲈）及黑鱼（鳢属）	0305.64	--罗非鱼（口孵非鲫属）、鲶鱼（鲶鲶属、鲶属、胡鲶属、真鲫属）、鲤科鱼（鲤属、鲫属、草鱼、鲢属、鲮属、青鱼、卡特拉鲃、野鲮属、哈氏纹唇鱼、何氏细须鲃、鲂属）、鳗鱼（鳗鲡属）、尼罗河鲈鱼（尼罗尖吻鲈）及黑鱼（鳢属）	根据对鱼、甲壳动物、软体动物和其他水生无脊椎动物的细粉、粗粉及团粒产品增列品目而进行的修订
0305.69	--其他	0305.69	--其他	
	-鱼鳍、鱼头、鱼尾、鱼鳔及其他可食用杂碎：		-鱼鳍、鱼头、鱼尾、鱼鳔及其他可食用杂碎：	
0305.71	--鲨鱼翅	0305.71	--鲨鱼翅	
0305.72	--鱼头、鱼尾、鱼鳔	0305.72	--鱼头、鱼尾、鱼鳔	
0305.79	--其他	0305.79	--其他	
03.06	带壳或去壳的甲壳动物，活、鲜、冷、冻、干、盐腌或盐渍的；熏制的带壳或去壳甲壳动物，不论在熏制前或熏制过程中是否烹煮；蒸过或用水煮过的带壳甲壳动物，不论是否冷、冻、干、盐腌或盐渍的；适合供人食用的甲壳动物的细粉、粗粉及团粒：	03.06	带壳或去壳的甲壳动物，活、鲜、冷、冻、干、盐腌或盐渍的；熏制的带壳或去壳甲壳动物，不论在熏制前或熏制过程中是否烹煮；蒸过或用水煮过的带壳甲壳动物，不论是否冷、冻、干、盐腌或盐渍的：	根据对鱼、甲壳动物、软体动物和其他水生无脊椎动物的细粉、粗粉及团粒产品增列品目而进行的修订
	-冻的：		-冻的：	
0306.11	--岩礁虾和其他龙虾（真龙虾属、龙虾属、岩龙虾属）	0306.11	--岩礁虾和其他龙虾（真龙虾属、龙虾属、岩龙虾属）	
0306.12	--螯龙虾（螯龙虾属）	0306.12	--螯龙虾（螯龙虾属）	
0306.14	--蟹	0306.14	--蟹	
0306.15	--挪威海螯虾	0306.15	--挪威海螯虾	
0306.16	--冷水小虾及对虾（长额虾属、褐虾）	0306.16	--冷水小虾及对虾（长额虾属、褐虾）	
0306.17	--其他小虾及对虾	0306.17	--其他小虾及对虾	

2017 年版		2022 年版		修改说明
HS 编码	商品名称	HS 编码	商品名称	
0306.19	--其他，包括适合供人食用的甲壳动物的细粉、粗粉及团粒	0306.19	--其他	根据对鱼、甲壳动物、软体动物和其他水生无脊椎动物的细粉、粗粉及团粒产品增列品目而进行的修订
	-活、鲜或冷的：		-活、鲜或冷的：	
0306.31	--岩礁虾及其他龙虾（真龙虾属、龙虾属、岩龙虾属）	0306.31	--岩礁虾及其他龙虾（真龙虾属、龙虾属、岩龙虾属）	
0306.32	--螯龙虾（螯龙虾属）	0306.32	--螯龙虾（螯龙虾属）	
0306.33	--蟹	0306.33	--蟹	
0306.34	--挪威海螯虾	0306.34	--挪威海螯虾	
0306.35	--冷水小虾及对虾（长额虾属、褐虾）	0306.35	--冷水小虾及对虾（长额虾属、褐虾）	
0306.36	--其他小虾及对虾	0306.36	--其他小虾及对虾	
0306.39	--其他，包括适合供人食用的甲壳动物的细粉、粗粉及团粒	0306.39	--其他	
	-其他：		-其他：	
0306.91	--岩礁虾及其他龙虾（真龙虾属、龙虾属、岩龙虾属）	0306.91	--岩礁虾及其他龙虾（真龙虾属、龙虾属、岩龙虾属）	
0306.92	--螯龙虾（螯龙虾属）	0306.92	--螯龙虾（螯龙虾属）	
0306.93	--蟹	0306.93	--蟹	
0306.94	--挪威海螯虾	0306.94	--挪威海螯虾	
0306.95	--小虾及对虾	0306.95	--小虾及对虾	
0306.99	--其他，包括适合供人食用的甲壳动物的细粉、粗粉及团粒	0306.99	--其他	
03.07	带壳或去壳的软体动物，活、鲜、冷、冻、干、盐腌或盐渍的；熏制的带壳或去壳软体动物，不论在熏制前或熏制过程中是否烹煮；适合供人食用的软体动物的细粉、粗粉及团粒：	03.07	带壳或去壳的软体动物，活、鲜、冷、冻、干、盐腌或盐渍的；熏制的带壳或去壳软体动物，不论在熏制前或熏制过程中是否烹煮：	根据对鱼、甲壳动物、软体动物和其他水生无脊椎动物的细粉、粗粉及团粒产品增列品目而进行的修订；因扇贝所涵盖产品的英、法文本不一致而进行的修订
	-牡蛎（蚝）：		-牡蛎（蚝）：	

2017 年版		2022 年版		修改说明
HS 编码	商品名称	HS 编码	商品名称	
0307.11	--活、鲜或冷的	0307.11	--活、鲜或冷的	根据对鱼、甲壳动物、软体动物和其他水生无脊椎动物的细粉、粗粉及团粒产品增列品目而进行的修订；因扇贝所涵盖产品的英、法文本不一致而进行的修订
0307.12	--冻的	0307.12	--冻的	
0307.19	--其他	0307.19	--其他	
	-扇贝，包括海扇：		-扇贝及其他扇贝科的软体动物：	
0307.21	--活、鲜或冷的	0307.21	--活、鲜或冷的	
0307.22	--冻的	0307.22	--冻的	
0307.29	--其他	0307.29	--其他	
	-贻贝：		-贻贝：	
0307.31	--活、鲜或冷的	0307.31	--活、鲜或冷的	
0307.32	--冻的	0307.32	--冻的	
0307.39	--其他	0307.39	--其他	
	-墨鱼及鱿鱼：		-墨鱼及鱿鱼：	
0307.42	--活、鲜或冷的	0307.42	--活、鲜或冷的	
0307.43	--冻的	0307.43	--冻的	
0307.49	--其他	0307.49	--其他	
	-章鱼：		-章鱼：	
0307.51	--活、鲜或冷的	0307.51	--活、鲜或冷的	
0307.52	--冻的	0307.52	--冻的	
0307.59	--其他	0307.59	--其他	
0307.60	-蜗牛及螺，海螺除外	0307.60	-蜗牛及螺，海螺除外	
	-蛤、鸟蛤及舟贝（蚶科、北极蛤科、鸟蛤科、斧蛤科、缝栖蛤科、蛤蜊科、中带蛤科、海螂科、双带蛤科、截蛏科、竹蛏科、砗磲科、帘蛤科）：		-蛤、鸟蛤及舟贝（蚶科、北极蛤科、鸟蛤科、斧蛤科、缝栖蛤科、蛤蜊科、中带蛤科、海螂科、双带蛤科、截蛏科、竹蛏科、砗磲科、帘蛤科）：	
0307.71	--活、鲜或冷的	0307.71	--活、鲜或冷的	
0307.72	--冻的	0307.72	--冻的	

2017 年版		2022 年版		修改说明
HS 编码	商品名称	HS 编码	商品名称	
0307.79	--其他	0307.79	--其他	根据对鱼、甲壳动物、软体动物和其他水生无脊椎动物的细粉、粗粉及团粒产品增列品目而进行的修订；因扇贝所涵盖产品的英、法文本不一致而进行的修订
	-鲍鱼（鲍属）及凤螺（凤螺属）：		-鲍鱼（鲍属）及凤螺（凤螺属）：	
0307.81	--活、鲜或冷的鲍鱼（鲍属）	0307.81	--活、鲜或冷的鲍鱼（鲍属）	
0307.82	--活、鲜或冷的凤螺（凤螺属）	0307.82	--活、鲜或冷的凤螺（凤螺属）	
0307.83	--冻的鲍鱼（鲍属）	0307.83	--冻的鲍鱼（鲍属）	
0307.84	--冻的凤螺（凤螺属）	0307.84	--冻的凤螺（凤螺属）	
0307.87	--其他鲍鱼（鲍属）	0307.87	--其他鲍鱼（鲍属）	
0307.88	--其他凤螺（凤螺属）	0307.88	--其他凤螺（凤螺属）	
	-其他，包括适合供人食用的细粉、粗粉及团粒：		-其他：	
0307.91	--活、鲜或冷的	0307.91	--活、鲜或冷的	
0307.92	--冻的	0307.92	--冻的	
0307.99	--其他	0307.99	--其他	
03.08	不属于甲壳动物及软体动物的水生无脊椎动物，活、鲜、冷、冻、干、盐腌或盐渍的；熏制的不属于甲壳动物及软体动物的水生无脊椎动物，不论在熏制前或熏制过程中是否烹煮；适合供人食用的不属于甲壳动物及软体动物的水生无脊椎动物的细粉、粗粉及团粒：	03.08	不属于甲壳动物及软体动物的水生无脊椎动物，活、鲜、冷、冻、干、盐腌或盐渍的；熏制的不属于甲壳动物及软体动物的水生无脊椎动物，不论在熏制前或熏制过程中是否烹煮：	根据对鱼、甲壳动物、软体动物和其他水生无脊椎动物的细粉、粗粉及团粒产品增列品目而引起的修订
	-海参（仿刺参、海参纲）：		-海参（仿刺参、海参纲）：	
0308.11	--活、鲜或冷的	0308.11	--活、鲜或冷的	
0308.12	--冻的	0308.12	--冻的	
0308.19	--其他	0308.19	--其他	
	-海胆（球海胆属、拟球海胆、智利海胆、食用正海胆）：		-海胆（球海胆属、拟球海胆、智利海胆、食用正海胆）：	

2017 年版		2022 年版		修订说明
HS 编码	商品名称	HS 编码	商品名称	
0308. 21	--活、鲜或冷的	0308. 21	--活、鲜或冷的	根据对鱼、甲壳动物、软体动物和其他水生无脊椎动物的细粉、粗粉及团粒产品增列品目而引起的修订
0308. 22	--冻的	0308. 22	--冻的	
0308. 29	--其他	0308. 29	--其他	
0308. 30	-海蜇（海蜇属）	0308. 30	-海蜇（海蜇属）	
0308. 90	-其他	0308. 90	-其他	
		03. 09	适合供人食用的鱼、甲壳动物、软体动物和其他水生无脊椎动物的细粉、粗粉及团粒：	为明确归类而为鱼、甲壳动物、软体动物和其他水生无脊椎动物的细粉、粗粉及团粒产品增列品目
		0309. 10	-鱼的	
		0309. 90	-其他	
	新增章注释	新增第四章注释二	二、品目 04. 03 所称“酸乳”可以浓缩或调味，可以含糖或其他甜味物质、水果、坚果、可可、巧克力、调味香料、咖啡或咖啡提取物、其他植物或植物的部分、谷物或面包制品，但添加的任何物质不能用于全部或部分取代任何乳成分，而且产品需保留酸乳的基本特征。 原注释二至四相应地调整为注释三至五。	为酸乳修订品目 04. 03
	新增章注释	新增第四章注释五（一）	（一）不适合供人食用的死昆虫（品目 05. 11）； 原注释四（一）至四（三）［重新编号为注释五（一）至五（三）］相应地调整为注释五（二）至五（四）。	根据联合国粮农组织的建议，对第二、七、八、十二章进行修订

2017年版		2022年版		修改说明
HS编码	商品名称	HS编码	商品名称	
	新增章注释	新增第四章注释六	六、品目04.10所称“昆虫”是指全部或部分食用的死昆虫，新鲜的、冷藏的、冷冻的、干燥的、烟熏的、盐腌或盐渍的；以及适合供人食用的昆虫的细粉和粗粉。但本品目不包括用其他方法制作或保藏的食用的死昆虫（第四类）。	根据联合国粮农组织的建议，对第二、七、八、十二章进行修订
04.03	酪乳、结块的乳及稀奶油、酸乳、酸乳酒及其他发酵或酸化的乳和稀奶油，不论是否浓缩、加糖、加其他甜物质、加香料、加水果、加坚果或加可可：	04.03	酸乳；酪乳、结块的乳及稀奶油、酸乳酒及其他发酵或酸化的乳和稀奶油，不论是否浓缩、加糖、加其他甜物质、加香料、加水果、加坚果或加可可：	品目04.03关于酸乳的修正案
0403.10	-酸乳			
		0403.20	-酸乳	
0403.90	-其他	0403.90	-其他	
04.10	其他品目未列名的食用动物产品：	04.10	其他品目未列名的昆虫及其他食用动物产品：	根据联合国粮农组织的建议，对第二、七、八、十二章进行修订
0410.00	其他品目未列名的食用动物产品			
		0410.10	-昆虫	
		0410.90	-其他	
	新增章注释	新增第七章注释五	五、品目07.11适用于使用前在运输或贮存时仅为暂时保藏而进行处理（例如，使用二氧化硫气体、盐水、亚硫酸水或其他防腐液）的蔬菜，但不适于直接食用的。	新增第七章注释五和第八章注释四
07.04	鲜或冷藏的卷心菜、菜花、球茎甘蓝、羽衣甘蓝及类似的食用芥菜类蔬菜：	07.04	鲜或冷藏的卷心菜、菜花、球茎甘蓝、羽衣甘蓝及类似的食用芥菜类蔬菜：	因品目07.04西兰花的分类命名法修正而进行的修订
0704.10	-菜花及硬花甘蓝	0704.10	-菜花及西兰花	
0704.20	-抱子甘蓝	0704.20	-抱子甘蓝	
0704.90	-其他	0704.90	-其他	

2017年版		2022年版		修改说明
HS编码	商品名称	HS编码	商品名称	
07.09	鲜或冷藏的其他蔬菜：	07.09	鲜或冷藏的其他蔬菜：	根据联合国粮农组织的建议，对第二、七、八、十二章进行修订
0709.20	-芦笋	0709.20	-芦笋	
0709.30	-茄子	0709.30	-茄子	
0709.40	-芹菜，但块根芹除外	0709.40	-芹菜，但块根芹除外	
	-蘑菇及块菌：		-蘑菇及块菌：	
0709.51	--伞菌属蘑菇	0709.51	--伞菌属蘑菇	
		0709.52	--牛肝菌属蘑菇	
		0709.53	--鸡油菌属蘑菇	
		0709.54	--香菇	
		0709.55	--松茸（松口蘑、美洲松口蘑、雪松口蘑、甜味松口蘑、欧洲松口蘑）	
		0709.56	--块菌（松露属）	
0709.59	--其他	0709.59	--其他	
0709.60	-辣椒属及多香果属的果实	0709.60	-辣椒属及多香果属的果实	
0709.70	-菠菜	0709.70	-菠菜	
	-其他：		-其他：	
0709.91	--洋蓟	0709.91	--洋蓟	
0709.92	--油橄榄	0709.92	--油橄榄	
0709.93	--南瓜、笋瓜及瓠瓜（南瓜属）	0709.93	--南瓜、笋瓜及瓠瓜（南瓜属）	
0709.99	--其他	0709.99	--其他	
07.11	暂时保藏（例如，使用二氧化硫气体、盐水、亚硫酸水或其他防腐液）的蔬菜，但不适于直接食用的：	07.11	暂时保藏的蔬菜，但不适于直接食用的：	新增第七章注释五和第八章注释四
0711.20	-油橄榄	0711.20	-油橄榄	
0711.40	-黄瓜及小黄瓜	0711.40	-黄瓜及小黄瓜	
	-蘑菇及块菌：		-蘑菇及块菌：	
0711.51	--伞菌属蘑菇	0711.51	--伞菌属蘑菇	
0711.59	--其他	0711.59	--其他	
0711.90	-其他蔬菜；什锦蔬菜	0711.90	-其他蔬菜；什锦蔬菜	

2017 年版		2022 年版		修改说明
HS 编码	商品名称	HS 编码	商品名称	
07.12	干蔬菜，整个、切块、切片、破碎或制成粉状，但未经进一步加工的：	07.12	干蔬菜，整个、切块、切片、破碎或制成粉状，但未经进一步加工的：	根据联合国粮农组织的建议，对第二、七、八、十二章进行修订
0712.20	-洋葱	0712.20	-洋葱	
	-蘑菇、木耳、银耳及块菌：		-蘑菇、木耳、银耳及块菌：	
0712.31	--伞菌属蘑菇	0712.31	--伞菌属蘑菇	
0712.32	--木耳	0712.32	--木耳	
0712.33	--银耳	0712.33	--银耳	
		0712.34	--香菇	
0712.39	--其他	0712.39	--其他	
0712.90	-其他蔬菜；什锦蔬菜	0712.90	-其他蔬菜；什锦蔬菜	
	新增章注释	新增第八章注释四	四、品目 08.12 适用于使用前在运输或贮存时仅为暂时保藏而进行处理（例如，使用二氧化硫气体、盐水、亚硫酸水或其他防腐液）的水果及坚果，但不适于直接食用的。	新增第七章注释五和第八章注释四
08.02	鲜或干的其他坚果，不论是否去壳或去皮：	08.02	鲜或干的其他坚果，不论是否去壳或去皮：	根据联合国粮农组织的建议，对第二、七、八、十二章进行修订
	-扁桃核及仁：		-扁桃核及仁：	
0802.11	--未去壳	0802.11	--未去壳	
0802.12	--去壳	0802.12	--去壳	
	-榛子：		-榛子：	
0802.21	--未去壳	0802.21	--未去壳	
0802.22	--去壳	0802.22	--去壳	
	-核桃：		-核桃：	
0802.31	--未去壳	0802.31	--未去壳	
0802.32	--去壳	0802.32	--去壳	
	-栗子：		-栗子：	
0802.41	--未去壳	0802.41	--未去壳	
0802.42	--去壳	0802.42	--去壳	
	-阿月浑子果（开心果）：		-阿月浑子果（开心果）：	

2017年版		2022年版		修改说明
HS编码	商品名称	HS编码	商品名称	
0802.51	--未去壳	0802.51	--未去壳	根据联合国粮农组织的建议，对第二、七、八、十二章进行修订
0802.52	--去壳	0802.52	--去壳	
	-马卡达姆坚果（夏威夷果）：		-马卡达姆坚果（夏威夷果）：	
0802.61	--未去壳	0802.61	--未去壳	
0802.62	--去壳	0802.62	--去壳	
0802.70	-可乐果（可乐果属）	0802.70	-可乐果（可乐果属）	
0802.80	-槟榔果	0802.80	-槟榔果	
0802.90	-其他		-其他：	
		0802.91	--未去壳松子	
		0802.92	--去壳松子	
		0802.99	--其他	
08.05	鲜或干的柑橘属水果：	08.05	鲜或干的柑橘属水果：	根据国际果汁生产者联合会的建议，修改子目0805.40和子目2009.2的条文，以使英、法文本保持一致
0805.10	-橙	0805.10	-橙	
	-柑橘（包括小蜜橘及萨摩蜜柑橘）；克里曼丁橘、韦尔金橘及类似的杂交柑橘：		-柑橘（包括小蜜橘及萨摩蜜柑橘）；克里曼丁橘、韦尔金橘及类似的杂交柑橘：	
0805.21	--柑橘（包括小蜜橘及萨摩蜜柑橘）	0805.21	--柑橘（包括小蜜橘及萨摩蜜柑橘）	
0805.22	--克里曼丁橘	0805.22	--克里曼丁橘	
0805.29	--其他	0805.29	--其他	
0805.40	-葡萄柚，包括柚	0805.40	-葡萄柚及柚	
0805.50	-柠檬及酸橙	0805.50	-柠檬及酸橙	
0805.90	-其他	0805.90	-其他	
08.12	暂时保藏（例如，使用二氧化硫气体、盐水、亚硫酸水或其他防腐液）的水果及坚果，但不适于直接食用的：	08.12	暂时保藏的水果及坚果，但不适于直接食用的：	新增第七章注释五和第八章注释四
0812.10	-樱桃	0812.10	-樱桃	
0812.90	-其他	0812.90	-其他	

2017 年版		2022 年版		修改说明
HS 编码	**商品名称**	**HS 编码**	**商品名称**	
第十章注释一（二）	（二）本章不包括已去壳或经其他加工的谷物。但去壳、碾磨、磨光、上光、半熟或破碎的稻米仍应归入品目 10.06。	第十章注释一（二）	（二）本章不包括已去壳或经其他加工的谷物。但去壳、碾磨、磨光、上光、半熟或破碎的稻米仍应归入品目 10.06。同样，已全部或部分去皮以分离皂苷，但没有经过任何其他加工的昆诺阿藜仍应归入品目 10.08。	修改章注释以明确经加工去除皂苷层的昆诺阿藜的归类
12.11	主要用作香料、药料、杀虫、杀菌或类似用途的植物或这些植物的某部分（包括子仁及果实），鲜、冷、冻或干的，不论是否切割、压碎或研磨成粉：	12.11	主要用作香料、药料、杀虫、杀菌或类似用途的植物或这些植物的某部分（包括子仁及果实），鲜、冷、冻或干的，不论是否切割、压碎或研磨成粉：	根据联合国粮农组织的建议，对第二、七、八、十二章进行修订
1211.20	-人参	1211.20	-人参	
1211.30	-古柯叶	1211.30	-古柯叶	
1211.40	-罂粟秆	1211.40	-罂粟秆	
1211.50	-麻黄	1211.50	-麻黄	
		1211.60	-非洲李的树皮	
1211.90	-其他	1211.90	-其他	
第十三章注释七	七、品目 30.03 或 30.04 的药品及品目 30.06 的血型试剂；	第十三章注释七	七、品目 30.03 或 30.04 的药品及品目 38.22 的血型试剂；	为品目 30.02 关于快速检测寨卡病毒及由伊蚊属蚊子传播的其他疾病的试剂盒而进行的修订
第三类标题	动、植物油、脂及其分解产品；精制的食用油脂；动、植物蜡	第三类标题	动、植物或微生物油、脂及其分解产品；精制的食用油脂；动、植物蜡	为明确微生物油脂的归类，进行法律文本的修订
第十五章标题	动、植物油、脂及其分解产品；精制的食用油脂；动、植物蜡	第十五章标题	动、植物或微生物油、脂及其分解产品；精制的食用油脂；动、植物蜡	为明确微生物油脂的归类，进行法律文本的修订

2017 年版		2022 年版		修改说明
HS 编码	商品名称	HS 编码	商品名称	
	新增子目注释	新增子目注释一	一、子目 1509.30 所称“初榨油橄榄油”，游离酸度（以油酸计）不超过 2.0 克/100 克，可根据《食品法典标准》（33-1981）与其他初榨油橄榄油类别加以区分。 原子目注释一相应地调整为子目注释二。	根据国际橄榄油理事会的建议，对品目 15.09 和 15.10（油橄榄油和橄榄渣油）进行的修订
15.09	油橄榄油及其分离品，不论是否精制，但未经化学改性：	15.09	油橄榄油及其分离品，不论是否精制，但未经化学改性：	根据国际橄榄油理事会的建议，对品目 15.09 和 15.10（油橄榄油和橄榄渣油）进行的修订
1509.10	-初榨的			
		1509.20	-特级初榨油橄榄油	
		1509.30	-初榨油橄榄油	
		1509.40	-其他初榨油橄榄油	
1509.90	其他	1509.90	-其他	
15.10	其他橄榄油及其分离品，不论是否精制，但未经化学改性，包括掺有品目 15.09 的油或分离品的混合物：	15.10	其他橄榄油及其分离品，不论是否精制，但未经化学改性，包括掺有品目 15.09 的油或分离品的混合物：	根据国际橄榄油理事会的建议，对品目 15.09 和 15.10（油橄榄油和橄榄渣油）进行的修订
1510.00	其他橄榄油及其分离品，不论是否精制，但未经化学改性，包括掺有品目 15.09 的油或分离品的混合物			
		1510.10	-粗提油橄榄果渣油	
		1510.90	-其他	
15.15	其他固定植物油、脂（包括希蒙得木油）及其分离品，不论是否精制，但未经化学改性：	15.15	其他固定植物或微生物油、脂（包括希蒙得木油）及其分离品，不论是否精制，但未经化学改性：	为明确微生物油脂的归类，进行法律文本的修订
	-亚麻子油及其分离品：		-亚麻子油及其分离品：	
1515.11	--初榨的	1515.11	--初榨的	
1515.19	--其他	1515.19	--其他	
	-玉米油及其分离品		-玉米油及其分离品	
1515.21	--初榨的	1515.21	--初榨的	
1515.29	--其他	1515.29	--其他	

2017年版		2022年版		修改说明
HS编码	商品名称	HS编码	商品名称	
1515.30	-蓖麻油及其分离品	1515.30	-蓖麻油及其分离品	为明确微生物油脂的归类，进行法律文本的修订
1515.50	-芝麻油及其分离品	1515.50	-芝麻油及其分离品	
		1515.60	-微生物油、脂及其分离品	
1515.90	-其他	1515.90	-其他	
15.16	动、植物油、脂及其分离品，全部或部分氢化、相互酯化、再酯化或反油酸化，不论是否精制，但未经进一步加工：	15.16	动、植物或微生物油、脂及其分离品，全部或部分氢化、相互酯化、再酯化或反油酸化，不论是否精制，但未经进一步加工：	为明确微生物油脂的归类，进行法律文本的修订
1516.10	-动物油、脂及其分离品	1516.10	-动物油、脂及其分离品	
1516.20	-植物油、脂及其分离品	1516.20	-植物油、脂及其分离品	
		1516.30	-微生物油、脂及其分离品	
15.17	人造黄油；本章各种动、植物油、脂及其分离品混合制成的食用油、脂或制品，但品目15.16的食用油、脂及其分离品除外：	15.17	人造黄油；本章各种动、植物或微生物油、脂及其分离品混合制成的食用油、脂或制品，但品目15.16的食用油、脂及其分离品除外：	为明确微生物油脂的归类，进行法律文本的修订
1517.10	-人造黄油，但不包括液态的	1517.10	-人造黄油，但不包括液态的	
1517.90	-其他	1517.90	-其他	
15.18	动、植物油、脂及其分离品，经过熟炼、氧化、脱水、硫化、吹制或在真空、惰性气体中加热聚合及用其他化学方法改性的，但品目15.16的产品除外；本章各种油、脂及其分离品混合制成的其他品目未列名的非食用油、脂或制品：	15.18	动、植物或微生物油、脂及其分离品，经过熟炼、氧化、脱水、硫化、吹制或在真空、惰性气体中加热聚合及用其他化学方法改性的，但品目15.16的产品除外；本章各种油、脂及其分离品混合制成的其他品目未列名的非食用油、脂或制品：	为明确微生物油脂的归类，进行法律文本的修订
1518.00	动、植物油、脂及其分离品，经过熟炼、氧化、脱水、硫化、吹制或在真空、惰性气体中加热聚合及用其他化学方法改性的，但品目15.16的产品除外；本章各种油、脂及其分离品混合制成的其他品目未列名的非食用油、脂或制品	1518.00	动、植物或微生物油、脂及其分离品，经过熟炼、氧化、脱水、硫化、吹制或在真空、惰性气体中加热聚合及用其他化学方法改性的，但品目15.16的产品除外；本章各种油、脂及其分离品混合制成的其他品目未列名的非食用油、脂或制品	

2017年版		2022年版		修改说明
HS编码	商品名称	HS编码	商品名称	
第四类标题	食品；饮料、酒及醋；烟草、烟草及烟草代用品的制品	第四类标题	食品；饮料、酒及醋；烟草、烟草及烟草代用品的制品；非经燃烧吸用的产品，不论是否含有尼古丁；其他供人体摄入尼古丁的含尼古丁的产品	为尼古丁产品和新型烟草产品新增品目而进行的修订
第十六章标题	第十六章　肉、鱼、甲壳动物、软体动物及其他水生无脊椎动物的制品	第十六章标题	第十六章　肉、鱼、甲壳动物、软体动物及其他水生无脊椎动物、以及昆虫的制品	为明确含昆虫食品的归类而进行的修订
第十六章注释一	一、本章不包括用第二章、第三章及品目05.04所列方法制作或保藏的肉、食用杂碎、鱼、甲壳动物、软体动物或其他水生无脊椎动物。	第十六章注释一	一、本章不包括用第二章、第三章、第四章注释六及品目05.04所列方法制作或保藏的肉、食用杂碎、鱼、甲壳动物、软体动物或其他水生无脊椎动物及昆虫。	
第十六章注释二	二、本章的食品按重量计必须含有20%以上的香肠、肉、食用杂碎、动物血、鱼、甲壳动物、软体动物或其他水生无脊椎动物及其混合物。对于含有两种或两种以上前述产品的食品，则应按其中重量最大的产品归入第十六章的相应品目。但本条规定不适用于品目19.02的包馅食品和品目21.03及21.04的食品。	第十六章注释二	二、本章的食品按重量计必须含有20%以上的香肠、肉、食用杂碎、动物血、昆虫、鱼、甲壳动物、软体动物或其他水生无脊椎动物及其混合物。对于含有两种或两种以上前述产品的食品，则应按其中重量最大的产品归入第十六章的相应品目。但本条规定不适用于品目19.02的包馅食品和品目21.03及21.04的食品。	
第十六章子目注释	一、子目1602.10的“均化食品”，是指用肉、食用杂碎或动物血经精细均化制成适合供婴幼儿食用或营养用的零售包装食品（每件净重不超过250克）。为了调味、保藏或其他目的，均化食品中可以加入少量其他配料，还可以含有少量可见的肉粒或食用杂碎粒。归类时该子目优先于品目16.02的其他子目。	第十六章子目注释	一、子目1602.10的“均化食品”，是指用肉、食用杂碎、动物血或昆虫经精细均化制成适合供婴幼儿食用或营养用的零售包装食品（每件净重不超过250克）。为了调味、保藏或其他目的，均化食品中可以加入少量其他配料，还可以含有少量可见的肉粒、食用杂碎粒或昆虫碎粒。归类时该子目优先于品目16.02的其他子目。	
16.01	肉、食用杂碎或动物血制成的香肠及类似产品；用香肠制成的食品	16.01	肉、食用杂碎、动物血或昆虫制成的香肠及类似产品；用香肠制成的食品	

2017 年版		2022 年版		修改说明
HS 编码	商品名称	HS 编码	商品名称	
1601.00	肉、食用杂碎或动物血制成的香肠及类似产品；用香肠制成的食品：	1601.00	肉、食用杂碎、动物血或昆虫制成的香肠及类似产品；用香肠制成的食品：	为明确含昆虫食品的归类而进行的修订
16.02	其他方法制作或保藏的肉、食用杂碎或动物血：	16.02	其他方法制作或保藏的肉、食用杂碎、动物血或昆虫：	
1602.10	-均化食品	1602.10	-均化食品	
1602.20	-动物肝	1602.20	-动物肝	
	-品目 01.05 的家禽的：		-品目 01.05 的家禽的：	
1602.31	--火鸡的	1602.31	--火鸡的	
1602.32	--鸡的	1602.32	--鸡的	
1602.39	--其他	1602.39	--其他	
	-猪的：		-猪的：	
1602.41	--后腿及其肉块	1602.41	--后腿及其肉块	
1602.42	--前腿及其肉块	1602.42	--前腿及其肉块	
1602.49	--其他，包括混合的肉	1602.49	--其他，包括混合的肉	
1602.50	-牛的	1602.50	-牛的	
1602.90	-其他，包括动物血的食品	1602.90	-其他，包括动物血的食品	
16.04	制作或保藏的鱼；鲟鱼子酱及鱼卵制的鲟鱼子酱代用品：	16.04	制作或保藏的鱼；鲟鱼子酱及鱼卵制的鲟鱼子酱代用品：	对鲣鱼的拉丁文学名的修订引起的对子目 1604.14 英文的修改
	-鱼，整条或切块，但未绞碎：		-鱼，整条或切块，但未绞碎：	
1604.11	--鲑鱼	1604.11	--鲑鱼	
1604.12	--鲱鱼	1604.12	--鲱鱼	
1604.13	--沙丁鱼、小沙丁鱼属、黍鲱或西鲱	1604.13	--沙丁鱼、小沙丁鱼属、黍鲱或西鲱	
1604.14	--金枪鱼、鲣鱼及狐鲣（狐鲣属）	1604.14	--金枪鱼、鲣及狐鲣（狐鲣属）	
1604.15	--鲭鱼	1604.15	--鲭鱼	
1604.16	--鳀鱼	1604.16	--鳀鱼	
1604.17	--鳗鱼	1604.17	--鳗鱼	
1604.18	--鲨鱼翅	1604.18	--鲨鱼翅	
1604.19	--其他	1604.19	--其他	

2017年版		2022年版		修改说明
HS编码	商品名称	HS编码	商品名称	
1604.20	-其他制作或保藏的鱼	1604.20	-其他制作或保藏的鱼	对鲣鱼的拉丁文学名的修订引起的对子目1604.14英文的修改
	-鲟鱼子酱及鲟鱼子酱代用品：		-鲟鱼子酱及鲟鱼子酱代用品：	
1604.31	--鲟鱼子酱	1604.31	--鲟鱼子酱	
1604.32	--鲟鱼子酱代用品	1604.32	--鲟鱼子酱代用品	
第十八章注释一	一、本章不包括品目04.03、19.01、19.04、19.05、21.05、22.02、22.08、30.03、30.04的制品。	第十八章注释一	一、本章不包括： （一）按重量计含香肠、肉、食用杂碎、动物血、昆虫、鱼、甲壳动物、软体动物或其他水生无脊椎动物及其混合物超过20%的食品（第十六章）； （二）品目04.03、19.01、19.02、19.04、19.05、21.05、22.02、22.08、30.03、30.04的制品。	为明确含黑巧克力和可可的辣椒炖菜的归类而对注释进行修订
第十九章注释一（一）	（一）按重量计含香肠、肉、食用杂碎、动物血、鱼、甲壳动物、软体动物、其他水生无脊椎动物及其混合物超过20%的食品（第十六章），但品目19.02的包馅食品除外；	第十九章注释一（一）	（一）按重量计含香肠、肉、食用杂碎、动物血、昆虫、鱼、甲壳动物、软体动物、其他水生无脊椎动物及其混合物超过20%的食品（第十六章），但品目19.02的包馅食品除外；	根据联合国粮农组织的建议，对第二、七、八、十二章进行修订，关于昆虫类食品的修订
	新增章注释	新增第二十章注释一（二）	（二）植物油、脂（第十五章）； 原注释一（二）至一（四）相应地调整为注释一（三）至一（五）。	为使品目20.09的英、法文本一致而对章注释进行修订
第二十章注释一（二）	（二）按重量计含香肠、肉、食用杂碎、动物血、鱼、甲壳动物、软体动物、其他水生无脊椎动物及其混合物超过20%的食品（第十六章）；	第二十章注释一（三）	（三）按重量计含香肠、肉、食用杂碎、动物血、昆虫、鱼、甲壳动物、软体动物、其他水生无脊椎动物及其混合物超过20%的食品（第十六章）；	根据联合国粮农组织建议对第二、七、八、十二章进行的修订，关于昆虫类食品的修订

2017年版		2022年版		修改说明
HS编码	商品名称	HS编码	商品名称	
20.08	用其他方法制作或保藏的其他品目未列名水果、坚果及植物的其他食用部分，不论是否加酒、加糖或其他甜物质：	20.08	用其他方法制作或保藏的其他品目未列名水果、坚果及植物的其他食用部分，不论是否加酒、加糖或其他甜物质：	根据国际果汁生产者联合会的建议，修订子目0805.40及2009.2的条文，以使英、法文本保持一致
	-坚果、花生及其他子仁，不论是否混合：		-坚果、花生及其他子仁，不论是否混合：	
2008.11	--花生	2008.11	--花生	
2008.19	--其他，包括什锦坚果及其他子仁	2008.19	--其他，包括什锦坚果及其他子仁	
2008.20	-菠萝	2008.20	-菠萝	
2008.30	-柑橘属水果	2008.30	-柑橘属水果	
2008.40	-梨	2008.40	-梨	
2008.50	-杏	2008.50	-杏	
2008.60	-樱桃	2008.60	-樱桃	
2008.70	-桃，包括油桃	2008.70	-桃，包括油桃	
2008.80	-草莓	2008.80	-草莓	
	-其他，包括子目2008.19以外的什锦果实：		-其他，包括子目2008.19以外的什锦果实：	
2008.91	--棕榈芯	2008.91	--棕榈芯	
2008.93	--蔓越橘（大果蔓越橘、小果蔓越橘、越橘）	2008.93	--蔓越橘（大果蔓越橘、小果蔓越橘）、越橘	
2008.97	--什锦果实	2008.97	--什锦果实	
2008.99	--其他	2008.99	--其他	
20.09	未发酵及未加酒精的水果汁（包括酿酒葡萄汁）、蔬菜汁，不论是否加糖或其他甜物质：	20.09	未发酵及未加酒精的水果汁或坚果汁（包括酿酒葡萄汁及椰子水）、蔬菜汁，不论是否加糖或其他甜物质：	为使品目20.09的英、法文本一致而对条文进行修订

2017 年版		2022 年版		修改说明
HS 编码	商品名称	HS 编码	商品名称	
	-橙汁：		-橙汁：	根据国际果汁生产者联合会的建议，修订子目 0805.40 和子目 2009.2 的条文，以使英、法文本保持一致；为使品目 20.09 的英、法文本一致而对条文进行修订
2009.11	--冷冻的	2009.11	--冷冻的	
2009.12	--非冷冻的，白利糖度值不超过 20	2009.12	--非冷冻的，白利糖度值不超过 20	
2009.19	--其他	2009.19	--其他	
	-葡萄柚（包括柚）汁：		-葡萄柚汁；柚汁：	
2009.21	--白利糖度值不超过 20 的	2009.21	--白利糖度值不超过 20 的	
2009.29	--其他	2009.29	--其他	
	-其他未混合的柑橘属水果汁：		-其他未混合的柑橘属水果汁：	
2009.31	--白利糖度值不超过 20	2009.31	--白利糖度值不超过 20	
2009.39	--其他	2009.39	--其他	
	-菠萝汁：		-菠萝汁：	
2009.41	--白利糖度值不超过 20	2009.41	--白利糖度值不超过 20	
2009.49	--其他	2009.49	--其他	
2009.50	-番茄汁	2009.50	-番茄汁	
	-葡萄汁，包括酿酒葡萄汁：		-葡萄汁，包括酿酒葡萄汁：	
2009.61	--白利糖度值不超过 30 的	2009.61	--白利糖度值不超过 30 的	
2009.69	--其他	2009.69	--其他	
	-苹果汁：		-苹果汁：	
2009.71	--白利糖度值不超过 20 的	2009.71	--白利糖度值不超过 20 的	
2009.79	--其他	2009.79	--其他	
	-其他未混合的水果汁或蔬菜汁：		-其他未混合的水果汁、坚果汁或蔬菜汁：	
2009.81	--蔓越橘汁（大果蔓越橘、小果蔓越橘、越橘）	2009.81	--蔓越橘汁（大果蔓越橘、小果蔓越橘）、越橘汁	
2009.89	--其他	2009.89	--其他	
2009.90	-混合汁	2009.90	-混合汁	

2017年版		2022年版		修改说明
HS编码	商品名称	HS编码	商品名称	
第二十一章注释一（五）	（五）按重量计含香肠、肉、食用杂碎、动物血、鱼、甲壳动物、软体动物、其他水生无脊椎动物及其混合物超过20%的食品（第十六章），但品目21.03或21.04的产品除外；	第二十一章注释一（五）	（五）按重量计含香肠、肉、食用杂碎、动物血、昆虫、鱼、甲壳动物、软体动物、其他水生无脊椎动物及其混合物超过20%的食品（第十六章），但品目21.03或21.04的产品除外；	为明确含昆虫食品的归类而进行的修订
	新增章注释	新增第二十一章注释一（六）	（六）品目24.04的产品；原注释一（六）至（七）相应地调整为注释一（七）至（八）。	为尼古丁产品和新型烟草产品新增品目而对章注释进行修订
22.02	加味、加糖或其他甜物质的水，包括矿泉水及汽水，其他无酒精饮料，但不包括品目20.09的水果汁或蔬菜汁：	22.02	加味、加糖或其他甜物质的水，包括矿泉水及汽水，其他无酒精饮料，但不包括品目20.09的水果汁、坚果汁或蔬菜汁：	为使品目20.09的英、法文本一致而对条文进行修订
2202.10	-加味、加糖或其他甜物质的水，包括矿泉水及汽水	2202.10	-加味、加糖或其他甜物质的水，包括矿泉水及汽水	
	-其他：		-其他：	
2202.91	--尢醇啤酒	2202.91	--无醇啤酒	
2202.99	--其他	2202.99	--其他	
23.06	品目23.04或23.05以外的提炼植物油脂所得的油渣饼及其他固体残渣，不论是否碾磨或制成团粒：	23.06	品目23.04或23.05以外的提炼植物或微生物油脂所得的油渣饼及其他固体残渣，不论是否碾磨或制成团粒(+)：	修改条文以明确微生物油脂的归类
2306.10	-棉子的	2306.10	-棉子的	
2306.20	-亚麻子的	2306.20	-亚麻子的	
2306.30	-葵花子的	2306.30	-葵花子的	
	-油菜子的：		-油菜子的：	
2306.41	--低芥子酸的	2306.41	--低芥子酸的	
2306.49	--其他	2306.49	--其他	
2306.50	-椰子或干椰肉的	2306.50	-椰子或干椰肉的	
2306.60	-棕榈果或棕榈仁的	2306.60	-棕榈果或棕榈仁的	
2306.90	-其他	2306.90	-其他	

2017 年版		2022 年版		修改说明
HS 编码	商品名称	HS 编码	商品名称	
第二十四章标题	烟草、烟草及烟草代用品的制品	第二十四章标题	烟草、烟草及烟草代用品的制品；非经燃烧吸用的产品，不论是否含有尼古丁；其他供人体摄入尼古丁的含尼古丁的产品	为尼古丁产品和新型烟草产品新增品目而进行的修订
	新增章注释	新增第二十四章注释二、三	一、本章不包括药用卷烟（第三十章）。 二、既可归入品目 24.04 又可归入本章其他品目的产品，应归入品目 24.04。 三、品目 24.04 所称“非经燃烧吸用”，是指不通过燃烧，而是通过加热或其他方式吸用。	
		24.04	含烟草、再造烟草、尼古丁、或烟草或尼古丁代用品，非经燃烧吸用的产品；其他供人体摄入尼古丁的含尼古丁的产品：	为尼古丁产品和新型烟草产品新增品目而进行的修订
			-非经燃烧吸用的产品：	
		2404.11	--含烟草或再造烟草的	
		2404.12	--其他，含尼古丁的	
		2404.19	--其他	
			-其他：	
		2404.91	--经口腔摄入的	
		2404.92	--经皮肤摄入的	
		2404.99	--其他	
	新增章注释	新增第二十五章注释二（五）	（五）夯混白云石（品目 38.16）； 原注释二（五）至二（九）相应地调整为注释二（六）至二（十）。	将夯混白云石调整到品目 38.16

2017 年版		2022 年版		修改说明
HS 编码	商品名称	HS 编码	商品名称	
25.18	白云石，不论是否煅烧或烧结、粗加修整或仅用锯或其他方法切割成矩形（包括正方形）的板、块；夯混白云石：	25.18	白云石，不论是否煅烧或烧结、粗加修整或仅用锯或其他方法切割成矩形（包括正方形）的板、块：	将夯混白云石调整到品目 38.16
2518.10	-未煅烧或烧结的白云石	2518.10	-未煅烧或烧结的白云石	
2518.20	-已煅烧或烧结的白云石	2518.20	-已煅烧或烧结的白云石	
2518.30	-夯混白云石			
第二十六章注释一（六）	（六）贵金属或包贵金属的废碎料；主要用于回收贵金属的含贵金属或贵金属化合物的其他废碎料（品目 71.12）；或	第二十六章注释一（六）	（六）贵金属或包贵金属的废碎料；主要用于回收贵金属的含贵金属或贵金属化合物的其他废碎料（品目 71.12 或 85.49）；或	根据《巴塞尔公约》秘书处的建议，为若干类别的废物而进行的修订
第二十七章注释三（二）	（二）石油储罐的淤渣油，主要含有石油及高浓度的在生产原产品时使用的添加剂（例如，化学品）；	第二十七章注释三（二）	（二）石油储罐的淤渣油，主要含有石油及高浓度的在生产原产品时使用的添加剂（例如，化学品）；	仅法文修改，中文不变
第二十七章子目注释五	五、品目 27.10 的子目所称“生物柴油”，是指从动植物油脂（不论是否使用过）得到的用作燃料的脂肪酸单烷基酯。	第二十七章子目注释五	五、品目 27.10 的子目所称“生物柴油”，是指从动植物油脂或微生物油脂（不论是否使用过）得到的用作燃料的脂肪酸单烷基酯。	为明确微生物油脂的归类而进行的修订
	新增类注释	新增第六类注释四	四、其列名或功能既符合第六类中一个或多个品目的规定，又符合品目 38.27 的规定的产品，应按列名或功能归入相应品目，而不归入品目 38.27。	根据《蒙特利尔议定书》，受控臭氧消耗物质修改

2017 年版		2022 年版		修改说明
HS 编码	商品名称	HS 编码	商品名称	
28.44	放射性化学元素及放射性同位素（包括可裂变或可转换的化学元素及同位素）及其化合物；含上述产品的混合物及残渣：	28.44	放射性化学元素及放射性同位素（包括可裂变或可转换的化学元素及同位素）及其化合物；含上述产品的混合物及残渣：	根据两用物项修改
2844.10	-天然铀及其化合物；含天然铀或天然铀化合物的合金、分散体（包括金属陶瓷）、陶瓷产品及混合物	2844.10	-天然铀及其化合物；含天然铀或天然铀化合物的合金、分散体（包括金属陶瓷）、陶瓷产品及混合物	
2844.20	-铀 235 浓缩铀及其化合物；钚及其化合物；含铀 235 浓缩铀、钚或它们的化合物的合金、分散体（包括金属陶瓷）、陶瓷产品及混合物	2844.20	-铀-235 浓缩铀及其化合物；钚及其化合物；含铀-235 浓缩铀、钚或它们的化合物的合金、分散体（包括金属陶瓷）、陶瓷产品及混合物	
2844.30	-铀 235 贫化铀及其化合物；钍及其化合物；含铀 235 贫化铀、钍或它们的化合物的合金、分散体（包括金属陶瓷）、陶瓷产品及混合物	2844.30	-铀-235 贫化铀及其化合物；钍及其化合物；含铀-235 贫化铀、钍或它们的化合物的合金、分散体（包括金属陶瓷）、陶瓷产品及混合物	
2844.40	-除子目 2844.10、2844.20 及 2844.30 以外的放射性元素、同位素及其化合物；含这些元素、同位素及其化合物的合金、分散体（包括金属陶瓷）、陶瓷产品及混合物；放射性残渣		-除子目 2844.10、2844.20 及 2844.30 以外的放射性元素、同位素及其化合物；含这些元素、同位素及其化合物的合金、分散体（包括金属陶瓷）、陶瓷产品及混合物；放射性残渣：	
		2844.41	--氚及其化合物；含氚及其化合物的合金、分散体（包括金属陶瓷）、陶瓷产品及混合物	
		2844.42	--锕-225、锕-227、锎-253、锔-240、锔-241、锔-242、锔-243、锔-244、锿-253、锿-254、钆-148、钋-208、钋-209、钋-210、镭-223、铀-230 或铀-232 及其化合物；含这些元素及其化合物的合金、分散体（包括金属陶瓷）、陶瓷产品及混合物	

2017年版		2022年版		修改说明
HS编码	商品名称	HS编码	商品名称	
		2844.43	--其他放射性元素、同位素及其化合物；其他含这些元素、同位素及其化合物的合金、分散体（包括金属陶瓷）、陶瓷产品及混合物	根据两用物项修改
		2844.44	--放射性残渣	
2844.50	-核反应堆已耗尽（已辐照）的燃料元件（释热元件）	2844.50	-核反应堆已耗尽（已辐照）的燃料元件（释热元件）	
28.45	品目28.44以外的同位素；这些同位素的无机或有机化合物，不论是否已有化学定义：	28.45	品目28.44以外的同位素；这些同位素的无机或有机化合物，不论是否已有化学定义：	根据两用物项修改
2845.10	-重水（氧化氘）	2845.10	-重水（氧化氘）	
		2845.20	-硼-10浓缩硼及其化合物	
		2845.30	-锂-6浓缩锂及其化合物	
		2845.40	-氦-3	
2845.90	-其他	2845.90	-其他	
第二十九章注释一（七）	（七）为了便于识别或安全起见，加入抗尘剂、着色剂或气味剂的上述（一）、（二）、（三）、（四）、（五）、（六）各款产品，但所加剂料并不使原产品改变其一般用途而适合于某些特殊用途；	第二十九章注释一（七）	（七）为了便于识别或安全起见，加入抗尘剂、着色剂、气味剂或催吐剂的上述（一）、（二）、（三）、（四）、（五）、（六）各款产品，但所加剂料并不使原产品改变其一般用途而适合于某些特殊用途；	修订第二十九章注释一（七）
第二十九章注释四最后一段	品目29.11、29.12、29.14、29.18及29.22所称“含氧基”，仅限于品目29.05至29.20的各种含氧基（其特征为有机含氧基）。	第二十九章注释四最后一段	品目29.11、29.12、29.14、29.18及29.22所称“含氧基”，仅限于品目29.05至29.20的各种含氧基（其特征为有机含氧基）。	明确第二十九章注释四的应用和有机过氧化物的归类。英文语序调整，中文不变

2017 年版		2022 年版		修改说明
HS 编码	商品名称	HS 编码	商品名称	
29.03	烃的卤化衍生物：	29.03	烃的卤化衍生物：	根据《蒙特利尔议定书》，受控臭氧消耗物质修改
	-无环烃的饱和氯化衍生物：		-无环烃的饱和氯化衍生物：	
2903.11	--一氯甲烷及氯乙烷	2903.11	--一氯甲烷及氯乙烷	
2903.12	--二氯甲烷	2903.12	--二氯甲烷	
2903.13	--氯仿（三氯甲烷）	2903.13	--氯仿（三氯甲烷）	
2903.14	--四氯化碳	2903.14	--四氯化碳	
2903.15	--1,2-二氯乙烷（ISO）	2903.15	--1-2-二氯乙烷（ISO）	
2903.19	--其他	2903.19	--其他	
	-无环烃的不饱和氯化衍生物：		-无环烃的不饱和氯化衍生物：	
2903.21	--氯乙烯	2903.21	--氯乙烯	
2903.22	--三氯乙烯	2903.22	--三氯乙烯	
2903.23	--四氯乙烯（全氯乙烯）	2903.23	--四氯乙烯（全氯乙烯）	
2903.29	--其他	2903.29	--其他	
	-无环烃的氟化、溴化或碘化衍生物：			
2903.31	--1,2-二溴乙烷（ISO）			
2903.39	--其他			
			-无环烃的饱和氟化衍生物：	
		2903.41	--三氟甲烷（HFC-23）	
		2903.42	--二氟甲烷（HFC-32）	
		2903.43	--一氟甲烷（HFC-41）、1,2-二氟乙烷（HFC-152）及1,1-二氟乙烷（HFC-152a）	
		2903.44	--五氟乙烷（HFC-125）、1,1,1-三氟乙烷（HFC-143a）及1,1,2-三氟乙烷（HFC-143）	
		2903.45	--1,1,1,2-四氟乙烷（HFC-134a）及1,1,2,2-四氟乙烷（HFC-134）	

2017 年版		2022 年版		修改说明
HS 编码	商品名称	HS 编码	商品名称	
		2903.46	--1,1,1,2,3,3,3-七氟丙烷（HFC-227ea）、1,1,1,2,2,3-六氟丙烷（HFC-236cb）、1,1,1,2,3,3-六氟丙烷（HFC-236ea）、1,1,1,3,3,3-六氟丙烷（HFC-236fa）	根据《蒙特利尔议定书》，受控臭氧消耗物质修改
		2903.47	--1,1,1,3,3-五氟丙烷（HFC-245fa）及 1,1,2,2,3-五氟丙烷（HFC-245ca）	
		2903.48	--1,1,1,3,3-五氟丁烷（HFC-365mfc）及 1,1,1,2,2,3,4,5,5,5-十氟戊烷（HFC-43-10mee）	
		2903.49	--其他	
			-无环烃的不饱和氟化衍生物：	
		2903.51	--2,3,3,3-四氟丙烯（HFO-1234yf）、1,3,3,3-四氟丙烯（HFO-1234ze）及（Z）-1,1,1,4,4,4-六氟-2-丁烯（HFO-1336mzz）	
		2903.59	--其他	
			-无环烃的溴化或碘化衍生物：	
		2903.61	--甲基溴（溴甲烷）	
		2903.62	--二溴乙烷（ISO）（1,2-二溴乙烷）	
		2903.69	--其他	
	-含有两种或两种以上不同卤素的无环烃卤化衍生物：		-含有两种或两种以上不同卤素的无环烃卤化衍生物：	
2903.71	--一氯二氟甲烷	2903.71	--一氯二氟甲烷（HCFC-22）	
2903.72	--二氯三氟乙烷	2903.72	--二氯三氟乙烷（HCFC-123）	

2017 年版		2022 年版		修改说明
HS 编码	商品名称	HS 编码	商品名称	
2903.73	--二氯一氟乙烷	2903.73	--二氯一氟乙烷（HCFC-141, 141b）	根据《蒙特利尔议定书》，受控臭氧消耗物质修改
2903.74	--一氯二氟乙烷	2903.74	--一氯二氟乙烷（HCFC-142, 142b）	
2903.75	--二氯五氟丙烷	2903.75	--二氯五氟丙烷（HCFC-225, 225ca, 225cb）	
2903.76	--溴氯二氟甲烷、溴三氟甲烷及二溴四氟乙烷	2903.76	--溴氯二氟甲烷（Halon-1211）、溴三氟甲烷（Halon-1301）及二溴四氟乙烷（Halon-2402）	
2903.77	--其他，仅含氟和氯的全卤化物	2903.77	--其他，仅含氟和氯的全卤化物	
2903.78	--其他全卤化衍生物	2903.78	--其他全卤化衍生物	
2903.79	--其他	2903.79	--其他	
	-环烷烃、环烯烃或环萜烯烃的卤化衍生物：		-环烷烃、环烯烃或环萜烯烃的卤化衍生物：	
2903.81	--1, 2, 3, 4, 5, 6-六氯环己烷［六六六（ISO）］，包括林丹（ISO，INN）	2903.81	--1, 2, 3, 4, 5, 6-六氯环己烷［六六六（ISO）］，包括林丹（ISO，INN）	
2903.82	--艾氏剂（ISO）、氯丹（ISO）及七氯（ISO）	2903.82	--艾氏剂（ISO）、氯丹（ISO）及七氯（ISO）	
2903.83	--灭蚁灵（ISO）	2903.83	--灭蚁灵（ISO）	
2903.89	--其他	2903.89	--其他	
	-芳烃卤化衍生物：		-芳烃卤化衍生物：	
2903.91	--氯苯、邻二氯苯及对二氯苯	2903.91	--氯苯、邻二氯苯及对二氯苯	
2903.92	--六氯苯（ISO）及滴滴涕（ISO，INN）［1, 1, 1-三氯-2, 2-双(4-氯苯基)乙烷］	2903.92	--六氯苯（ISO）及滴滴涕（ISO，INN）［1, 1, 1-三氯-2, 2-双(4-氯苯基)乙烷］	
2903.93	--五氯苯（ISO）	2903.93	--五氯苯（ISO）	
2903.94	--六溴联苯	2903.94	--六溴联苯	
2903.99	--其他	2903.99	--其他	

2017 年版		2022 年版		修改说明
HS 编码	商品名称	HS 编码	商品名称	
第四分章标题	醚、过氧化醇、过氧化醚、过氧化酮、三节环环氧化物、缩醛及半缩醛及其卤化、磺化、硝化或亚硝化衍生物	第四分章标题	醚、过氧化醇、过氧化醚、缩醛及半缩醛过氧化物、过氧化酮、三节环环氧化物、缩醛及半缩醛及其卤化、磺化、硝化或亚硝化衍生物	根据过氧化缩酮所作的修改
29.09	醚、醚醇、醚酚、醚醇酚、过氧化醇、过氧化醚、过氧化酮（不论是否已有化学定义）及其卤化、磺化、硝化或亚硝化衍生物：	29.09	醚、醚醇、醚酚、醚醇酚、过氧化醇、过氧化醚、缩醛及半缩醛过氧化物、过氧化酮（不论是否已有化学定义）及其卤化、磺化、硝化或亚硝化衍生物：	
	-无环醚及其卤化、磺化、硝化或亚硝化衍生物：		-无环醚及其卤化、磺化、硝化或亚硝化衍生物：	
2909.11	--乙醚	2909.11	--乙醚	
2909.19	--其他	2909.19	--其他	
2909.20	-环烷醚、环烯醚或环萜烯醚及其卤化、磺化、硝化或亚硝化衍生物	2909.20	-环烷醚、环烯醚或环萜烯醚及其卤化、磺化、硝化或亚硝化衍生物	
2909.30	-芳香醚及其卤化、磺化、硝化或亚硝化衍生物	2909.30	-芳香醚及其卤化、磺化、硝化或亚硝化衍生物	
	-醚醇及其卤化、磺化、硝化或亚硝化衍生物：		-醚醇及其卤化、磺化、硝化或亚硝化衍生物：	
2909.41	--2,2'-氧联二乙醇（二甘醇）	2909.41	--2,2'-氧联二乙醇（二甘醇）	
2909.43	--乙二醇或二甘醇的单丁醚	2909.43	--乙二醇或二甘醇的单丁醚	
2909.44	--乙二醇或二丁醇的其他单烷基醚	2909.44	--乙二醇或二丁醇的其他单烷基醚	
2909.49	--其他	2909.49	--其他	
2909.50	-醚酚、醚醇酚及其卤化、磺化、硝化或亚硝化衍生物	2909.50	-醚酚、醚醇酚及其卤化、磺化、硝化或亚硝化衍生物	
2909.60	-过氧化醇、过氧化醚、过氧化酮及其卤化、磺化、硝化或亚硝化衍生物	2909.60	-过氧化醇、过氧化醚、缩醛及半缩醛过氧化物、过氧化酮及其卤化、磺化、硝化或亚硝化衍生物	

2017年版		2022年版		修改说明
HS编码	商品名称	HS编码	商品名称	
29.30	有机硫化合物：	29.30	有机硫化合物：	根据《禁止化学武器公约》，受控产品修改
		2930.10	-2-(N,N-二甲基氨基)乙硫醇	
2930.20	-硫代氨基甲酸盐（或酯）及二硫代氨基甲酸盐	2930.20	-硫代氨基甲酸盐（或酯）及二硫代氨基甲酸盐	
2930.30	-一硫化二烃氨基硫羰、二硫化二烃氨基硫羰及四硫化二烃氨基硫羰	2930.30	-一硫化二烃氨基硫羰、二硫化二烃氨基硫羰及四硫化二烃氨基硫羰	
2930.40	-甲硫氨酸（蛋氨酸）	2930.40	-甲硫氨酸（蛋氨酸）	
2930.60	-2-（N,N-二乙基氨基）乙硫醇	2930.60	-2-（N,N-二乙基氨基）乙硫醇	
2930.70	-二(2-羟乙基)硫醚[硫二甘醇(INN)]	2930.70	-二(2-羟乙基)硫醚[硫二甘醇(INN)]	
2930.80	-涕灭威（ISO）、敌菌丹（ISO）及甲胺磷（ISO）	2930.80	-涕灭威（ISO）、敌菌丹（ISO）及甲胺磷（ISO）	
2930.90	-其他	2930.90	-其他	
29.31	其他有机-无机化合物：	29.31	其他有机-无机化合物：	根据《禁止化学武器公约》，受控产品修改；根据《鹿特丹公约》，特定产品修改
2931.10	-四甲基铅及四乙基铅	2931.10	-四甲基铅及四乙基铅	
2931.20	-三丁基锡化合物	2931.20	-三丁基锡化合物	
	-其他有机磷衍生物：			
2931.31	--甲基膦酸二甲酯			
2931.32	--丙基膦酸二甲酯			
2931.33	--乙基膦酸二乙酯			
2931.34	--3-(三羟基硅烷基)丙基甲基膦酸钠			
2931.35	--1-丙基磷酸环酐			
2931.36	--(5-乙基-2-甲基-2-氧代-1,3,2-二氧磷杂环己-5-基)甲基膦酸二甲酯			
2931.37	--双[(5-乙基-2-甲基-2-氧代-1,3,2-二氧磷杂环己-5-基)甲基]甲基膦酸酯（阻燃剂FRC-1）			

2017 年版		2022 年版		修改说明
HS 编码	商品名称	HS 编码	商品名称	
2931.38	--甲基膦酸和脒基尿素（1∶1）生成的盐			根据《禁止化学武器公约》，受控产品修改；根据《鹿特丹公约》，特定产品修改
2931.39	--其他			
			-非卤化有机磷衍生物：	
		2931.41	--甲基膦酸二甲酯	
		2931.42	--丙基膦酸二甲酯	
		2931.43	--乙基膦酸二乙酯	
		2931.44	--甲基膦酸	
		2931.45	--甲基膦酸和脒基尿素（1∶1）生成的盐	
		2931.46	--1-丙基磷酸环酐	
		2931.47	--(5-乙基-2-甲基-2-氧代-1,3,2-二氧磷杂环己-5-基)甲基膦酸二甲酯	
		2931.48	--3,9-二甲基-2,4,8,10-四氧杂-3,9-二磷杂螺[5,5]十一烷-3,9二氧化物	
		2931.49	--其他	
			-卤化有机磷衍生物：	
		2931.51	--甲基膦酰二氯	
		2931.52	--丙基膦酰二氯	
		2931.53	--O-(3-氯丙基)-O-[4-硝基-3-(三氟甲基)苯基]甲基硫代膦酸酯	
		2931.54	--敌百虫（ISO）	
		2931.59	--其他	
2931.90	-其他	2931.90	-其他	

2017年版		2022年版		修改说明
HS编码	商品名称	HS编码	商品名称	
29.32	仅含有氧杂原子的杂环化合物：	29.32	仅含有氧杂原子的杂环化合物：	根据《鹿特丹公约》，特定产品修改
	-结构上含有一个非稠合呋喃环（不论是否氢化）的化合物：		-结构上含有一个非稠合呋喃环（不论是否氢化）的化合物：	
2932.11	--四氢呋喃	2932.11	--四氢呋喃	
2932.12	--2-糠醛	2932.12	--2-糠醛	
2932.13	--糠醇及四氢糠醇	2932.13	--糠醇及四氢糠醇	
2932.14	--三氯蔗糖	2932.14	--三氯蔗糖	
2932.19	--其他	2932.19	--其他	
2932.20	--内酯	2932.20	--内酯	
	-其他：		-其他：	
2932.91	--4-丙烯基-1,2-亚甲二氧基苯（异黄樟脑）	2932.91	--4-丙烯基-1,2-亚甲二氧基苯（异黄樟脑）	
2932.92	--1-(1,3-苯并二噁茂-5-基)丙烷-2-酮	2932.92	--1-(1,3-苯并二噁茂-5-基)丙烷-2-酮	
2932.93	--3,4-亚甲二氧基苯甲醛（胡椒醛）	2932.93	--3,4-亚甲二氧基苯甲醛（胡椒醛）	
2932.94	--4-烯丙基-1,2-亚甲二氧基苯（黄樟脑）	2932.94	--4-烯丙基-1,2-亚甲二氧基苯（黄樟脑）	
2932.95	--四氢大麻酚（所有的异构体）	2932.95	--四氢大麻酚（所有的异构体）	
		2932.96	--克百威（ISO）	
2932.99	--其他	2932.99	--其他	
29.33	仅含有氮杂原子的杂环化合物：	29.33	仅含有氮杂原子的杂环化合物：	根据联合国国际麻醉品控制委员会的建议，修改特定芬太尼相关物质的归类；根据《禁止化学武器公约》，受控产品修改
	-结构上含有一个非稠合吡唑环（不论是否氢化）的化合物：		-结构上含有一个非稠合吡唑环（不论是否氢化）的化合物：	
2933.11	--二甲基苯基吡唑酮（安替比林）及其衍生物	2933.11	--二甲基苯基吡唑酮（安替比林）及其衍生物	
2933.19	--其他	2933.19	--其他	
	-结构上含有一个非稠合咪唑环（不论是否氢化）的化合物：		-结构上含有一个非稠合咪唑环（不论是否氢化）的化合物：	

2017 年版		2022 年版		修改说明
HS 编码	商品名称	HS 编码	商品名称	
2933.21	--乙内酰脲及其衍生物	2933.21	--乙内酰脲及其衍生物	根据联合国国际麻醉品控制委员会的建议，修改特定芬太尼相关物质的归类；根据《禁止化学武器公约》，受控产品修改
2933.29	--其他	2933.29	--其他	
	-结构上含有一个非稠合吡啶环（不论是否氢化）的化合物：		-结构上含有一个非稠合吡啶环（不论是否氢化）的化合物：	
2933.31	--吡啶及其盐	2933.31	--吡啶及其盐	
2933.32	--六氢吡啶（哌啶）及其盐	2933.32	--六氢吡啶（哌啶）及其盐	
2933.33	--阿芬太尼（INN）、阿尼利定（INN）、苯氰米特（INN）、溴西泮（INN）、地芬诺新（INN）、地芬诺酯（INN）、地匹哌酮（INN）、芬太尼（INN）、凯托米酮（INN）、哌醋甲酯（INN）、喷他左辛（INN）、哌替啶（INN）、哌替啶中间体 A（INN）、苯环利定（INN）（PCP）、苯哌利定（INN）、哌苯甲醇（INN）、哌氰米特（INN）、哌丙吡胺（INN）和三甲利定（INN）以及它们的盐	2933.33	--阿芬太尼（INN）、阿尼利定（INN）、苯氰米特（INN）、溴西泮（INN）、卡芬太尼（INN）、地芬诺新（INN）、地芬诺酯（INN）、地匹哌酮（INN）、芬太尼（INN）、凯托米酮（INN）、哌醋甲酯（INN）、喷他左辛（INN）、哌替啶（INN）、哌替啶中间体 A（INN）、苯环利定（INN）、苯哌利定（INN）、哌苯甲醇（INN）、哌氰米特（INN）、哌丙吡胺（INN）、瑞芬太尼（INN）和三甲利定（INN）以及它们的盐	
		2933.34	--其他芬太尼及它们的衍生物	
		2933.35	--3-奎宁醇	
		2933.36	--4-苯氨基-N-苯乙基哌啶（ANPP）	
		2933.37	--N-苯乙基-4-哌啶酮（NPP）	
2933.39	--其他	2933.39	--其他	
	-结构上含有一个喹啉或异喹啉环系（不论是否氢化）的化合物，但未经进一步稠合的：		-结构上含有一个喹啉或异喹啉环系（不论是否氢化）的化合物，但未经进一步稠合的：	
2933.41	--左非诺（INN）及其盐	2933.41	--左非诺（INN）及其盐	

2017年版		2022年版		修改说明
HS编码	商品名称	HS编码	商品名称	
2933.49	--其他	2933.49	--其他	根据联合国国际麻醉品控制委员会的建议，修改特定芬太尼相关物质的归类；根据《禁止化学武器公约》，受控产品修改
	-结构上含有一个嘧啶环（不论是否氢化）或哌嗪环的化合物：		-结构上含有一个嘧啶环（不论是否氢化）或哌嗪环的化合物：	
2933.52	--丙二酰脲（巴比土酸）及其盐	2933.52	--丙二酰脲（巴比土酸）及其盐	
2933.53	--阿洛巴比妥（INN）、异戊巴比妥（INN）、巴比妥（INN）、布他比妥（INN）、正丁巴比妥（INN）、环己巴比妥（INN）、甲苯巴比妥（INN）、戊巴比妥（INN）、苯巴比妥（INN）、仲丁巴比妥（INN）、司可巴比妥（INN）和乙烯比妥（INN）以及它们的盐	2933.53	--阿洛巴比妥（INN）、异戊巴比妥（INN）、巴比妥（INN）、布他比妥（INN）、正丁巴比妥（INN）、环己巴比妥（INN）、甲苯巴比妥（INN）、戊巴比妥（INN）、苯巴比妥（INN）、仲丁巴比妥（INN）、司可巴比妥（INN）和乙烯比妥（INN）以及它们的盐	
2933.54	--其他丙二酰脲（巴比土酸）的衍生物以及它们的盐	2933.54	--其他丙二酰脲（巴比土酸）的衍生物以及它们的盐	
2933.55	--氯普唑仑（INN）、甲氯喹酮（INN）、甲喹酮（INN）和齐培丙醇（INN）以及它们的盐	2933.55	--氯普唑仑（INN）、甲氯喹酮（INN）、甲喹酮（INN）和齐培丙醇（INN）以及它们的盐	
2933.59	--其他	2933.59	--其他	
	-结构上含有一个非稠合三嗪环（不论是否氢化）的化合物：		-结构上含有一个非稠合三嗪环（不论是否氢化）的化合物：	
2933.61	--三聚氰胺（蜜胺）	2933.61	--三聚氰胺（蜜胺）	
2933.69	--其他	2933.69	--其他	
	-内酰胺：		-内酰胺：	
2933.71	--6-己内酰胺	2933.71	--6-己内酰胺	
2933.72	--氯巴占（INN）和甲乙哌酮（INN）	2933.72	--氯巴占（INN）和甲乙哌酮（INN）	
2933.79	--其他内酰胺	2933.79	--其他内酰胺	
	-其他：		-其他：	

2017年版		2022年版		修改说明
HS编码	商品名称	HS编码	商品名称	
2933.91	--阿普唑仑（INN）、卡马西泮（INN）、氯氮卓（INN）、氯硝西泮（INN）、氯拉卓酸、地洛西泮（INN）、地西泮（INN）、艾司唑仑（INN）、氯氟卓乙酯（INN）、氟地西泮（INN）、氟硝西泮（INN）、氟西泮（INN）、哈拉西泮（INN）、劳拉西泮（INN）、氯甲西泮（INN）、马吲哚（INN）、美达西泮（INN）、咪达唑仑（INN）、硝甲西泮（INN）、硝西泮（INN）、去甲西泮（INN）、奥沙西泮（INN）、匹那西泮（INN）、普拉西泮（INN）、吡咯戊酮（INN）、替马西泮（INN）、四氢西泮（INN）和三唑仑（INN）以及它们的盐	2933.91	--阿普唑仑（INN）、卡马西泮（INN）、氯氮卓（INN）、氯硝西泮（INN）、氯拉卓酸、地洛西泮（INN）、地西泮（INN）、艾司唑仑（INN）、氯氟卓乙酯（INN）、氟地西泮（INN）、氟硝西泮（INN）、氟西泮（INN）、哈拉西泮（INN）、劳拉西泮（INN）、氯甲西泮（INN）、马吲哚（INN）、美达西泮（INN）、咪达唑仑（INN）、硝甲西泮（INN）、硝西泮（INN）、去甲西泮（INN）、奥沙西泮（INN）、匹那西泮（INN）、普拉西泮（INN）、吡咯戊酮（INN）、替马西泮（INN）、四氢西泮（INN）和三唑仑（INN）以及它们的盐	根据联合国国际麻醉品控制委员会的建议，修改特定芬太尼相关物质的归类；根据《禁止化学武器公约》，受控产品修改
2933.92	--甲基谷硫磷（ISO）	2933.92	--甲基谷硫磷（ISO）	
2933.99	--其他	2933.99	--其他	
29.34	核酸及其盐，无论是否已有化学定义；其他杂环化合物：	29.34	核酸及其盐，无论是否已有化学定义；其他杂环化合物：	根据联合国国际麻醉品控制委员会的建议，修改特定芬太尼相关物质的归类
2934.10	-结构上含有一个非稠合噻唑环（不论是否氢化）的化合物	2934.10	-结构上含有一个非稠合噻唑环（不论是否氢化）的化合物	
2934.20	-结构上含有一个苯并噻唑环系（不论是否氢化）的化合物，但未经进一步稠合的	2934.20	-结构上含有一个苯并噻唑环系（不论是否氢化）的化合物，但未经进一步稠合的	
2934.30	-结构上含有一个吩噻嗪环系（不论是否氢化）的化合物，但未经进一步稠合的	2934.30	-结构上含有一个吩噻嗪环系（不论是否氢化）的化合物，但未经进一步稠合的	
	-其他：		-其他：	

2017 年版		2022 年版		修改说明
HS 编码	商品名称	HS 编码	商品名称	
2934.91	--阿米雷司（INN），溴替唑仑（INN），氯噻西泮（INN），氯噁唑仑（INN），右吗拉胺（INN），卤噁唑仑（INN），凯他唑仑（INN），美索卡（INN），噁唑仑（INN），匹莫林（INN），苯巴曲嗪（INN），芬美曲嗪（INN）和舒芬太尼（INN）以及它们的盐	2934.91	--阿米雷司（INN），溴替唑仑（INN），氯噻西泮（INN），氯噁唑仑（INN），右吗拉胺（INN），卤噁唑仑（INN），凯他唑仑（INN），美索卡（INN），噁唑仑（INN），匹莫林（INN），苯巴曲嗪（INN），芬美曲嗪（INN）和舒芬太尼（INN）以及它们的盐	根据联合国国际麻醉品控制委员会的建议，修改特定芬太尼相关物质的归类
		2934.92	--其他芬太尼以及它们的衍生物	
2934.99	--其他	2934.99	--其他	
29.36	天然或合成再制的维生素原和维生素（包括天然浓缩物）及其主要用作维生素的衍生物，上述产品的混合物，不论是否溶于溶剂：	29.36	天然或合成再制的维生素原和维生素（包括天然浓缩物）及其主要用作维生素的衍生物，上述产品的混合物，不论是否溶于溶剂：	根据烟酸和烟酰胺的归类所作的修改
	-未混合的维生素及其衍生物：		-未混合的维生素及其衍生物：	
2936.21	--维生素 A 及其衍生物	2936.21	--维生素 A 及其衍生物	
2936.22	--维生素 B_1 及其衍生物	2936.22	--维生素 B_1 及其衍生物	
2936.23	--维生素 B_2 及其衍生物	2936.23	--维生素 B_2 及其衍生物	
2936.24	--D 或 DL-泛酸（维生素 B_3 或维生素 B_5）及其衍生物	2936.24	--D 或 DL-泛酸（维生素 B_5）及其衍生物	
2936.25	--维生素 B_6 及其衍生物	2936.25	--维生素 B_6 及其衍生物	
2936.26	--维生素 B_{12} 及其衍生物	2936.26	--维生素 B_{12} 及其衍生物	
2936.27	--维生素 C 及其衍生物	2936.27	--维生素 C 及其衍生物	
2936.28	--维生素 E 及其衍生物	2936.28	--维生素 E 及其衍生物	
2936.29	--其他维生素及其衍生物	2936.29	--其他维生素及其衍生物	
2936.90	-其他，包括天然浓缩物	2936.90	-其他，包括天然浓缩物	

2017年版		2022年版		修改说明
HS编码	商品名称	HS编码	商品名称	
29.39	天然或合成再制的生物碱及其盐、醚、酯和其他衍生物：	29.39	天然或合成再制的生物碱及其盐、醚、酯和其他衍生物：	为麻黄碱衍生物修订品目29.39
	-鸦片碱及其衍生物，以及它们的盐：		-鸦片碱及其衍生物，以及它们的盐：	
2939.11	--罂粟秆浓缩物、丁丙诺啡（INN）、可待因、双氢可待因（INN）、乙基吗啡、埃托啡（INN）、海洛因、氢可酮（INN）、氢吗啡酮（INN）、吗啡、尼可吗啡（INN）、羟考酮（INN）、羟吗啡酮（INN）、福尔可定（INN）、醋氢可酮（INN）和蒂巴因，以及它们的盐	2939.11	--罂粟秆浓缩物、丁丙诺啡（INN）、可待因、双氢可待因（INN）、乙基吗啡、埃托啡（INN）、海洛因、氢可酮（INN）、氢吗啡酮（INN）、吗啡、尼可吗啡（INN）、羟考酮（INN）、羟吗啡酮（INN）、福尔可定（INN）、醋氢可酮（INN）和蒂巴因，以及它们的盐	
2939.19	--其他	2939.19	--其他	
2939.20	-金鸡纳生物碱及其衍生物，以及它们的盐	2939.20	-金鸡纳生物碱及其衍生物，以及它们的盐	
2939.30	-咖啡因及其盐	2939.30	-咖啡因及其盐	
	-麻黄碱类及其盐：		-麻黄生物碱及其衍生物，以及它们的盐：	
2939.41	--麻黄碱及其盐	2939.41	--麻黄碱及其盐	
2939.42	--假麻黄碱（INN）及其盐	2939.42	--假麻黄碱（INN）及其盐	
2939.43	--d-去甲假麻黄碱（INN）及其盐	2939.43	--d-去甲假麻黄碱（INN）及其盐	
2939.44	--去甲麻黄碱及其盐	2939.44	--去甲麻黄碱及其盐	
		2939.45	--左甲苯丙胺、去氧麻黄碱（INN）、去氧麻黄碱外消旋体以及它们的盐	
2939.49	--其他	2939.49	--其他	
	-茶碱和氨茶碱及其衍生物，以及它们的盐：		-茶碱和氨茶碱及其衍生物，以及它们的盐：	
2939.51	--芬乙茶碱（INN）及其盐	2939.51	--芬乙茶碱（INN）及其盐	
2939.59	--其他	2939.59	--其他	
	-麦角生物碱及其衍生物，以及它们的盐：		-麦角生物碱及其衍生物，以及它们的盐：	

2017年版		2022年版		修改说明
HS编码	商品名称	HS编码	商品名称	
2939.61	--麦角新碱（INN）及其盐	2939.61	--麦角新碱（INN）及其盐	为麻黄碱衍生物修订品目29.39
2939.62	--麦角胺（INN）及其盐	2939.62	--麦角胺（INN）及其盐	
2939.63	--麦角酸及其盐	2939.63	--麦角酸及其盐	
2939.69	--其他	2939.69	--其他	
	-其他，植物来源的：		-其他，植物来源的：	
2939.71	--可卡因、芽子碱、左甲苯丙胺、去氧麻黄碱（INN）、去氧麻黄碱外消旋体，它们的盐、酯及其他衍生物			
		2939.72	--可卡因、芽子碱，它们的盐、酯及其他衍生物	
2939.79	--其他	2939.79	--其他	
2939.80	-其他（相应子目，例如，品目29.33和29.34项下的）	2939.80	-其他（相应子目，例如，品目29.33和29.34项下的）	
第三十章注释一（二）	（二）用于帮助吸烟者戒烟的制剂，例如，片剂、咀嚼胶或透皮贴片（品目21.06或38.24）；	第三十章注释一（二）	（二）含尼古丁并用于帮助吸烟者戒烟的产品，例如，片剂、咀嚼胶或透皮贴片（品目24.04）；	为尼古丁产品和新型烟草产品新增品目而进行的修订
第三十章注释一（七）	（七）以熟石膏为基本成分的牙科用制品（品目34.07）；或	第三十章注释一（七）	（七）以熟石膏为基本成分的牙科用制品（品目34.07）；	为检测寨卡病毒和由伊蚊属蚊子传播的其他疾病的快速诊断试剂盒而对品目30.02进行的修订
第三十章注释一（八）	（八）不作治疗及预防疾病用的血清蛋白（品目35.02）。	第三十章注释一（八）	（八）不作治疗及预防疾病用的血清蛋白（品目35.02）；或	
	新增章注释	新增第三十章注释一（九）	（九）品目38.22的诊断试剂。	
第三十章注释四（五）	（五）血型试剂；	第三十章注释四（五）	（五）安慰剂和盲法（或双盲法）临床试验试剂盒，用于经许可的临床试验，已配定剂量，即使它们可能含有活性药物；	在品目30.06中为安慰剂和双盲法临床试验试剂盒而进行的修订

2017年版		2022年版		修改说明
HS编码	商品名称	HS编码	商品名称	
30.02	人血；治病、防病或诊断用的动物血制品；抗血清、其他血份及免疫制品，不论是否修饰或通过生物工艺加工制得；疫苗、毒素、培养微生物（不包括酵母）及类似产品：	30.02	人血；治病、防病或诊断用的动物血制品；抗血清、其他血份及免疫制品，不论是否修饰或通过生物工艺加工制得；疫苗、毒素、培养微生物（不包括酵母）及类似产品；细胞培养物，不论是否修饰：	为明确细胞治疗产品的归类而进行的修订
	-抗血清、其他血份及免疫制品，不论是否修饰或通过生物工艺加工制得：		-抗血清、其他血份及免疫制品，不论是否修饰或通过生物工艺加工制得：	
3002.11	--疟疾诊断试剂盒			为检测寨卡病毒和由伊蚊属蚊子传播的其他疾病的快速诊断试剂盒而对品目30.02进行的修订
3002.12	--抗血清及其他血份	3002.12	--抗血清及其他血份	对子目3002.1的目录结构的修订
3002.13	--非混合的免疫制品，未配定剂量或制成零售包装	3002.13	--非混合的免疫制品，未配定剂量或制成零售包装	
3002.14	--混合的免疫制品，未配定剂量或制成零售包装	3002.14	--混合的免疫制品，未配定剂量或制成零售包装	
3002.15	--免疫制品，已配定剂量或制成零售包装	3002.15	--免疫制品，已配定剂量或制成零售包装	
3002.19	--其他			
3002.20	-人用疫苗			关于两用物项的目录修订
3002.30	-兽用疫苗			
			-疫苗、毒素、培养微生物（不包括酵母）及类似产品：	
		3002.41	--人用疫苗	
		3002.42	--兽用疫苗	
		3002.49	--其他	

2017 年版		2022 年版		修改说明
HS 编码	商品名称	HS 编码	商品名称	
			-细胞培养物，不论是否修饰：	为明确细胞治疗产品的归类而进行的修订
		3002.51	--细胞治疗产品	
		3002.59	--其他	
3002.90	-其他	3002.90	-其他	
30.06	本章注释四所规定的医药用品：	30.06	本章注释四所规定的医药用品：	为检测寨卡病毒和由伊蚊属蚊子传播的其他疾病的快速诊断试剂盒而对品目 30.02 进行的修订
3006.10	-无菌外科肠线、类似的无菌缝合材料（包括外科或牙科用无菌可吸收缝线）及外伤创口闭合用的无菌粘合胶布；无菌昆布及无菌昆布塞条；外科或牙科用无菌吸收性止血材料；外科或牙科用无菌抗粘连阻隔材料，不论是否可吸收	3006.10	-无菌外科肠线、类似的无菌缝合材料（包括外科或牙科用无菌可吸收缝线）及外伤创口闭合用的无菌粘合胶布；无菌昆布及无菌昆布塞条；外科或牙科用无菌吸收性止血材料；外科或牙科用无菌抗粘连阻隔材料，不论是否可吸收	
3006.20	-血型试剂			
3006.30	-X 光检查造影剂；用于病人的诊断试剂	3006.30	-X 光检查造影剂；用于病人的诊断试剂	
3006.40	-牙科粘固剂及其他牙科填料；骨骼粘固剂	3006.40	-牙科粘固剂及其他牙科填料；骨骼粘固剂	
3006.50	-急救药箱、药包	3006.50	-急救药箱、药包	
3006.60	-以激素、品目 29.37 的其他产品或杀精子剂为基本成分的化学避孕药物	3006.60	-以激素、品目 29.37 的其他产品或杀精子剂为基本成分的化学避孕药物	
3006.70	-专用于人类或作兽药用的凝胶制品，作为外科手术或体检时躯体部位的润滑剂，或者作为躯体和医疗器械之间的耦合剂	3006.70	-专用于人类或作兽药用的凝胶制品，作为外科手术或体检时躯体部位的润滑剂，或者作为躯体和医疗器械之间的耦合剂	
	-其他：		-其他：	
3006.91	--可确定用于造口术的用具	3006.91	--可确定用于造口术的用具	
3006.92	--废药物	3006.92	--废药物	
		3006.93	--安慰剂和盲法（或双盲法）临床试验试剂盒，用于经许可的临床试验，已配定剂量	在品目 30.06 中为安慰剂和双盲法临床试验试剂盒而进行的修订

2017 年版		2022 年版		修改说明
HS 编码	商品名称	HS 编码	商品名称	
32.04	有机合成着色料，不论是否已有化学定义；本章注释三所述的以有机合成着色料为基本成分的制品；用作荧光增白剂或发光体的有机合成产品，不论是否已有化学定义：	32.04	有机合成着色料，不论是否已有化学定义；本章注释三所述的以有机合成着色料为基本成分的制品；用作荧光增白剂或发光体的有机合成产品，不论是否已有化学定义：	品目 32.04 关于有机合成着色料的修订
	-有机合成着色料及本章注释三所述的以有机合成着色料为基本成分的制品：		-有机合成着色料及本章注释三所述的以有机合成着色料为基本成分的制品：	
3204.11	--分散染料及以其为基本成分的制品	3204.11	--分散染料及以其为基本成分的制品	
3204.12	--酸性染料（不论是否预金属络合）及以其为基本成分的制品；媒染染料及以其为基本成分的制品	3204.12	--酸性染料（不论是否预金属络合）及以其为基本成分的制品；媒染染料及以其为基本成分的制品	
3204.13	--碱性染料及以其为基本成分的制品	3204.13	--碱性染料及以其为基本成分的制品	
3204.14	--直接染料及以其为基本成分的制品	3204.14	--直接染料及以其为基本成分的制品	
3204.15	--瓮染料（包括颜料用的）及以其为基本成分的制品	3204.15	--瓮染料（包括颜料用的）及以其为基本成分的制品	
3204.16	--活性染料及以其为基本成分的制品	3204.16	--活性染料及以其为基本成分的制品	
3204.17	--颜料及以其为基本成分的制品	3204.17	--颜料及以其为基本成分的制品	
		3204.18	--类胡萝卜素着色料及以其为基本成分的制品	
3204.19	--其他，包括由子目 3204.11 至 3204.19 中两个或多个子目所列着色料组成的混合物	3204.19	--其他，包括由子目 3204.11 至 3204.19 中两个或多个子目所列着色料组成的混合物	
3204.20	-用作荧光增白剂的有机合成产品	3204.20	-用作荧光增白剂的有机合成产品	
3204.90	-其他	3204.90	-其他	

2017年版		2022年版		修改说明
HS编码	商品名称	HS编码	商品名称	
第三十三章注释四	四、品目33.07所称“芳香料制品及化妆盥洗品”，主要适用于下列产品：香袋；通过燃烧散发香气的制品；香纸及用化妆品浸渍或涂布的纸；隐形眼镜片或假眼用的溶液；用香水或化妆品浸渍、涂布、包覆的絮胎、毡呢及无纺织物；动物用盥洗品。	第三十三章注释四	四、品目33.07所称“芳香料制品及化妆盥洗品”，主要适用于下列产品：香袋；通过燃烧散发香气的制品；香纸及用化妆品浸渍或涂布的纸；隐形眼镜片或假眼用的溶液；用香水或化妆品浸渍、涂布、包覆的絮胎、毡呢及无纺织物；动物用盥洗品。	第三十三章注释四的英、法文本存在差异，仅法文修改，中文不变
第三十四章注释一（一）	（一）用作脱模剂的食用动植物油、脂混合物或制品（品目15.17）；	第三十四章注释一（一）	（一）用作脱模剂的食用动植物或微生物油、脂混合物或制品（品目15.17）；	为明确微生物油脂的归类而进行的修订
34.02	有机表面活性剂（肥皂除外）；表面活性剂制品、洗涤剂（包括助洗剂）及清洁剂，不论是否含有肥皂，但品目34.01的产品除外：	34.02	有机表面活性剂（肥皂除外）；表面活性剂制品、洗涤剂（包括助洗剂）及清洁剂，不论是否含有肥皂，但品目34.01的产品除外：	对品目34.02、94.04的修订
	-有机表面活性剂，不论是否零售包装：			
3402.11	--阴离子型			
3402.12	--阳离子型			
3402.13	--非离子型			
3402.19	--其他			
3402.20	-零售包装的制品			
			-阴离子型有机表面活性剂，不论是否零售包装：	
		3402.31	--直链烷基苯磺酸及其盐	
		3402.39	--其他	
			-其他有机表面活性剂，不论是否零售包装：	
		3402.41	--阳离子型	
		3402.42	--非离子型	
		3402.49	--其他	
		3402.50	-零售包装的制品	
3402.90	-其他	3402.90	-其他	

2017 年版		2022 年版		修改说明
HS 编码	商品名称	HS 编码	商品名称	
36.03	安全导火索；导爆索；火帽或雷管；引爆器；电雷管：	36.03	安全导火索；导爆索；火帽或雷管；引爆器；电雷管：	对品目 36.03 的修订
3603.00	安全导火索；导爆索；火帽或雷管；引爆器；电雷管			
		3603.10	-安全导火索	
		3603.20	-导爆索	
		3603.30	-火帽	
		3603.40	-雷管	
		3603.50	-引爆器	
		3603.60	-电雷管	
第三十七章注释二	二、本章所称“摄影”，是指光或其他射线作用于感光面上直接或间接形成可见影像的过程。	第三十七章注释二	二、本章所称“摄影”，是指光或其他射线作用于感光面（包括热敏面）上直接或间接形成可见影像的过程。	为明确感光面（包括热敏面）而进行的修订
	新增章注释	新增第三十八章注释一（三）	（三）品目 24.04 的产品；原注释一（三）至（五）相应地调整为注释一（四）至（六）。	为尼古丁产品及新型烟草产品新增品目而进行的修订
第三十八章注释四（一）	（一）已从垃圾中分拣出来的单独的材料或物品，例如，废的塑料、橡胶、木材、纸张、纺织品、玻璃、金属和电池的废品，这些材料或物品应归入本目录中适当品目；	第三十八章注释四（一）	（一）已从垃圾中分拣出来的单独的材料或物品，例如，废的塑料、橡胶、木材、纸张、纺织品、玻璃、金属和电子电气废弃物及碎料（包括废电池），这些材料或物品应归入本目录中适当品目；	根据《巴塞尔公约》秘书处的建议，为若干类别的废物而进行的修订
第三十八章注释七	七、品目 38.26 所称的“生物柴油”，是指从动植物油脂（不论是否使用过）得到的用作燃料的脂肪酸单烷基酯。	第三十八章注释七	七、品目 38.26 所称的“生物柴油”，是指从动植物或微生物油脂（不论是否使用过）得到的用作燃料的脂肪酸单烷基酯。	为明确微生物油脂的归类而进行的修订

2017 年版		2022 年版		修改说明
HS 编码	商品名称	HS 编码	商品名称	
第三十八章子目注释一	一、子目 3808.52 及 3808.59 仅包括品目 38.08 的货品，含有一种或多种下列物质：甲草胺（ISO）、涕灭威（ISO）、艾氏剂（ISO）、谷硫磷（ISO）、乐杀螨（ISO）、毒杀芬（ISO）、敌菌丹（ISO）、氯丹（ISO）、杀虫脒（ISO）、乙酯杀螨醇（ISO）、滴滴涕（ISO，INN）［1,1,1-三氯-2,2-双（4-氯苯基）乙烷］、狄氏剂（ISO，INN）、4,6-二硝基邻甲酚［二硝酚（ISO）］及其盐、地乐酚（ISO）及其盐或酯、硫丹（ISO）1,2-二溴乙烷（ISO）、1,2-二氯乙烷（ISO）、氟乙酰胺（ISO）、七氯（ISO）、六氯苯（ISO）、1,2,3,4,5,6-六氯环己烷［六六六（ISO）］，包括林丹（ISO，INN）、汞化合物、甲胺磷（ISO）、久效磷（ISO）、环氧乙烷（氧化乙烯）、对硫磷（ISO）、甲基对硫磷（ISO）、五溴二苯醚及八溴二苯醚、五氯苯酚（ISO）及其盐或酯、全氟辛基磺酸及其盐、全氟辛基磺胺、全氟辛基磺酰氯、磷胺（ISO）、2,4,5-涕（ISO）（2,4,5-三氯苯氧基乙酸）及其盐或酯、三丁基锡化合物。 子目 3808.59 还包括含有苯菌灵（ISO）、克百威（ISO）及福美双（ISO）混合物的粉状制剂。	第三十八章子目注释一	一、子目 3808.52 及 3808.59 仅包括品目 38.08 的货品，含有一种或多种下列物质：甲草胺（ISO）、涕灭威（ISO）、艾氏剂（ISO）、谷硫磷（ISO）、乐杀螨（ISO）、毒杀芬（ISO）、敌菌丹（ISO）、克百威（ISO）、氯丹（ISO）、杀虫脒（ISO）、乙酯杀螨醇（ISO）、滴滴涕（ISO，INN）［1,1,1-三氯-2,2-双(4-氯苯基)乙烷］、狄氏剂（ISO，INN）、4,6-二硝基邻甲酚［二硝酚（ISO）］及其盐、地乐酚（ISO）及其盐或酯、硫丹（ISO）、1,2-二溴乙烷（ISO）、1,2-二氯乙烷（ISO）、氟乙酰胺（ISO）、七氯（ISO）、六氯苯（ISO）、1,2,3,4,5,6-六氯环己烷［六六六（ISO）］，包括林丹（ISO，INN）、汞化合物、甲胺磷（ISO）、久效磷（ISO）、环氧乙烷（氧化乙烯）、对硫磷（ISO）、甲基对硫磷（ISO）、五氯苯酚（ISO）及其盐或酯、全氟辛基磺酸及其盐、全氟辛基磺胺、全氟辛基磺酰氯、磷胺（ISO）、2,4,5-涕（ISO）（2,4,5-三氯苯氧基乙酸）及其盐或酯、三丁基锡化合物、敌百虫（ISO）。	根据《鹿特丹公约》秘书处的建议，为《鹿特丹公约》中若干产品而进行的修订

2017 年版		2022 年版		修改说明
HS 编码	商品名称	HS 编码	商品名称	
第三十八章子目注释三	三、子目 3824.81 至 3824.88 仅包括含有下列一种或多种物质的混合物及制品：环氧乙烷（氧化乙烯）、多溴联苯（PBBs）、多氯联苯（PCBs）、多氯三联苯（PCTs）、三（2,3-二溴丙基）磷酸酯、艾氏剂（ISO）、毒杀芬（ISO）、氯丹（ISO）、十氯酮（ISO）、滴滴涕（ISO，INN）［1,1,1-三氯-2,2-双（4-氯苯基）乙烷］、狄氏剂（ISO，INN）、硫丹（ISO）、异狄氏剂（ISO）、七氯（ISO）、灭蚁灵（ISO）、1,2,3,4,5,6-六氯环己烷［六六六（ISO）］，包括林丹（ISO，INN）、五氯苯（ISO）、六氯苯（ISO）、全氟辛基磺酸及其盐、全氟辛基磺胺、全氟辛基磺酰氯，或四、五、六、七或八溴联苯醚。	第三十八章子目注释三	三、子目 3824.81 至 3824.89 仅包括含有下列一种或多种物质的混合物及制品：环氧乙烷（氧化乙烯）、多溴联苯（PBBs）、多氯联苯（PCBs）、多氯三联苯（PCTs）、三（2,3-二溴丙基）磷酸酯、艾氏剂（ISO）、毒杀芬（ISO）、氯丹（ISO）、十氯酮（ISO）、滴滴涕（ISO，INN）［1,1,1-三氯-2,2-双（4-氯苯基）乙烷］、狄氏剂（ISO，INN）、硫丹（ISO）、异狄氏剂（ISO）、七氯（ISO）、灭蚁灵（ISO）、1,2,3,4,5,6-六氯环己烷［六六六（ISO）］，包括林丹（ISO，INN）、五氯苯（ISO）、六氯苯（ISO）、全氟辛基磺酸及其盐、全氟辛基磺胺、全氟辛基磺酰氯，四、五、六、七或八溴联苯醚、短链氯化石蜡。 短链氯化石蜡是指分子式为 $C_xH_{(2x-y+2)}Cl_y$（其中 x=10-13，y=1-13），按重量计氯含量大于48%的化合物的混合物。	根据《鹿特丹公约》秘书处的建议，为《鹿特丹公约》中若干产品而进行的修订
38.16	耐火的水泥、灰泥、混凝土及类似耐火混合制品，但品目 38.01 的产品除外：	38.16	耐火的水泥、灰泥、混凝土及类似耐火混合制品，包括夯混白云石，但品目 38.01 的产品除外：	将夯混白云石从品目 25.18 调整到品目 38.16
3816.00	耐火的水泥、灰泥、混凝土及类似耐火混合制品，但品目 38.01 的产品除外	3816.00	耐火的水泥、灰泥、混凝土及类似耐火混合制品，包括夯混白云石，但品目 38.01 的产品除外	

2017年版		2022年版		修改说明
HS编码	商品名称	HS编码	商品名称	
38.22	附于衬背上的诊断或实验用试剂及不论是否附于衬背上的诊断或实验用配制试剂，但品目30.02及30.06的货品除外；有证标准样品：	38.22	附于衬背上的诊断或实验用试剂及不论是否附于衬背上的诊断或实验用配制试剂，不论是否制成试剂盒形式，但品目30.06的货品除外；有证标准样品：	为品目30.02关于快速检测寨卡病毒及由伊蚊属蚊子传播的其他疾病的试剂盒而进行的修订
3822.00	附于衬背上的诊断或实验用试剂及不论是否附于衬背上的诊断或实验用配制试剂，但品目30.02及30.06的货品除外；有证标准样品			
			-附于衬背上的诊断或实验用试剂及不论是否附于衬背上的诊断或实验用配制试剂，不论是否制成试剂盒形式，但品目30.06的货品除外：	
		3822.11	--疟疾用	
		3822.12	--寨卡病毒及由伊蚊属蚊子传播的其他疾病用	
		3822.13	--血型鉴定用	
		3822.19	--其他	
		3822.90	-其他	
38.24	铸模及铸芯用粘合剂；其他品目未列名的化学工业及其相关工业的化学产品及配制品（包括由天然产品混合组成的）：	38.24	铸模及铸芯用粘合剂；其他品目未列名的化学工业及其相关工业的化学产品及配制品（包括由天然产品混合组成的）（+）：	根据《蒙特利尔议定书》秘书处的建议，为《蒙特利尔议定书》管制的臭氧层消耗物质新增第六类注释四，以及对品目38.27进行的修订
3824.10	-铸模及铸芯用粘合剂	3824.10	-铸模及铸芯用粘合剂	
3824.30	-自身混合或与金属粘合剂混合的未烧结金属碳化物	3824.30	-自身混合或与金属粘合剂混合的未烧结金属碳化物	
3824.40	-水泥、灰泥及混凝土用添加剂	3824.40	-水泥、灰泥及混凝土用添加剂	
3824.50	-非耐火的灰泥及混凝土	3824.50	-非耐火的灰泥及混凝土	
3824.60	-子目2905.44以外的山梨醇	3824.60	-子目2905.44以外的山梨醇	
	-含有甲烷、乙烷或丙烷的卤化衍生物的混合物：			

2017 年版		2022 年版		修改说明
HS 编码	商品名称	HS 编码	商品名称	
3824.71	--含全氯氟烃（CFCs）的，不论是否含氢氯氟烃（HCFCs）、全氟烃（PFCs）或氢氟烃（HFCs）			根据《蒙特利尔议定书》秘书处的建议，为《蒙特利尔议定书》管制的臭氧层消耗物质新增第六类注释四，以及对品目 38.27 进行的修订
3824.72	--含溴氯二氟甲烷、溴三氟甲烷或二溴四氟乙烷的			
3824.73	--含氢溴氟烃（HBFCs）的			
3824.74	--含氢氯氟烃（HCFCs）的，不论是否含全氟烃（PFCs）或氢氟烃（HFCs），但不含全氯氟烃（CFCs）			
3824.75	--含四氯化碳的			
3824.76	--含 1,1,1-三氯乙烷（甲基氯仿）的			
3824.77	--含溴化甲烷（甲基溴）或溴氯甲烷的			
3824.78	--含全氟烃（PFCs）或氢氟烃（HFCs）的，但不含全氯氟烃（CFCs）或氢氯氟烃（HCFCs）的			
3824.79	--其他			
	-本章子目注释三所列货品：		-本章子目注释三所列货品：	仅英文修改，中文不变
3824.81	--含环氧乙烷（氧化乙烯）的	3824.81	--含环氧乙烷（氧化乙烯）的	
3824.82	--含多氯联苯(PCBs)、多氯三联苯(PCTs)或多溴联苯(PBBs)的	3824.82	--含多氯联苯（PCBs）、多氯三联苯（PCTs）或多溴联苯（PBBs）的	
3824.83	--含三(2,3-二溴丙基)磷酸酯的	3824.83	--含三(2,3-二溴丙基)磷酸酯的	
3824.84	--含艾氏剂（ISO）、毒杀芬（ISO）、氯丹（ISO）、十氯酮（ISO）、DDT（ISO）[滴滴涕(INN)、1,1,1-三氯-2,2-双(4-氯苯基)乙烷]、狄氏剂（ISO，INN）、硫丹（ISO）、异狄氏剂（ISO）、七氯（ISO）或灭蚁灵（ISO）的	3824.84	--含艾氏剂（ISO）、毒杀芬（ISO）、氯丹（ISO）、十氯酮（ISO）、DDT（ISO）[滴滴涕(INN)、1,1,1-三氯-2,2-双(4-氯苯基)乙烷]、狄氏剂（ISO，INN）、硫丹（ISO）、异狄氏剂（ISO）、七氯（ISO）或灭蚁灵（ISO）的	

2017年版		2022年版		修改说明
HS编码	商品名称	HS编码	商品名称	
3824.85	--含1,2,3,4,5,6-六氯环己烷[六六六(ISO)],包括林丹(ISO,INN)的	3824.85	--含1,2,3,4,5,6-六氯环己烷[六六六(ISO)],包括林丹(ISO,INN)的	仅英文修改,中文不变
3824.86	--含五氯苯(ISO)或六氯苯(ISO)的	3824.86	--含五氯苯(ISO)或六氯苯(ISO)的	
3824.87	--含全氟辛基磺酸及其盐,全氟辛基磺胺或全氟辛基磺酰氯的	3824.87	--含全氟辛基磺酸及其盐,全氟辛基磺胺或全氟辛基磺酰氯的	
3824.88	--含四、五、六、七或八溴联苯醚的	3824.88	--含四、五、六、七或八溴联苯醚的	
		3824.89	--含短链氯化石蜡的	根据《鹿特丹公约》秘书处的建议,为《鹿特丹公约》中若干产品而进行的修订
	-其他:		-其他:	根据禁止化学武器组织秘书处的建议,为禁止化学武器组织管制产品而进行的修订
3824.91	--主要由(5-乙基-2-甲基-2氧代-1,3,2-二氧磷杂环己-5-基)甲基膦酸二甲酯和双[(5-乙基-2-甲基-2氧代-1,3,2-二氧磷杂环己-5-基)甲基]甲基膦酸酯(阻燃剂FRC-1)组成的混合物及制品	3824.91	--主要由(5-乙基-2-甲基-2氧代-1,3,2-二氧磷杂环己-5-基)甲基膦酸二甲酯和双[(5-乙基-2-甲基-2氧代-1,3,2-二氧磷杂环己-5-基)甲基]甲基膦酸酯(阻燃剂FRC-1)组成的混合物及制品	
		3824.92	--甲基膦酸聚乙二醇酯	
3824.99	--其他	3824.99	--其他	
		38.27	其他品目未列名的,含甲烷、乙烷或丙烷的卤化衍生物的混合物:	根据《蒙特利尔议定书》秘书处的建议,为《蒙特利尔议定书》管制的臭氧层消耗物质新增第六类注释四,以及对品目38.27进行的修订
			-含全氯氟烃(CFCs)的,不论是否含氢氯氟烃(HCFCs)、全氟烃(PFCs)或氢氟烃(HFCs);含氢溴氟烃(HBFCs)的;含四氯化碳的;含1,1,1-三氯乙烷(甲基氯仿)的:	

2017 年版		2022 年版		修改说明
HS 编码	商品名称	HS 编码	商品名称	
		3827.11	--含全氯氟烃（CFCs）的，不论是否含氢氯氟烃（HCFCs）、全氟烃（PFCs）或氢氟烃（HFCs）	根据《蒙特利尔议定书》秘书处的建议，为《蒙特利尔议定书》管制的臭氧层消耗物质新增第六类注释四，以及对品目 38.27 进行的修订
		3827.12	--含氢溴氟烃（HBFCs）的	
		3827.13	--含四氯化碳的	
		3827.14	--含 1,1,1-三氯乙烷（甲基氯仿）的	
		3827.20	-含溴氯二氟甲烷（HaloN-1211）、三氟溴甲烷（HaloN-1301）或二溴四氟乙烷（HaloN-2402）的	
			-含氢氯氟烃（HCFCs）的，不论是否含全氟烃（PFCs）或氢氟烃（HFCs），但不含全氯氟烃（CFCs）：	
		3827.31	--含子目 2903.41 至 2903.48 所列物质的	
		3827.32	--其他，含子目 2903.71 至 2903.75 所列物质的	
		3827.39	--其他	
		3827.40	-含溴化甲烷（甲基溴）或溴氯甲烷的	
			-含三氟甲烷（HFC-23）或全氟烃（PFCs），但不含全氯氟烃（CFCs）或氢氯氟烃（HCFCs）的：	
		3827.51	--含三氟甲烷（HFC-23）的	
		3827.59	--其他	
			-含其他氢氟烃（HFCs），但不含全氯氟烃（CFCs）或氢氯氟烃（HCFCs）的：	
		3827.61	--按重量计含 15% 及以上 1,1,1-三氟乙烷（HFC-143a）的	

2017年版		2022年版		修改说明
HS编码	商品名称	HS编码	商品名称	
		3827.62	--其他，不归入上述子目，按重量计含55%及以上五氟乙烷（HFC-125），但不含无环烃的不饱和氟化衍生物（HFOs）的	根据《蒙特利尔议定书》秘书处的建议，为《蒙特利尔议定书》管制的臭氧层消耗物质新增第六类注释四，以及对品目38.27进行的修订
		3827.63	--其他，不归入上述子目，按重量计含40%及以上五氟乙烷（HFC-125）的	
		3827.64	--其他，不归入上述子目，按重量计含30%及以上1,1,1,2-四氟乙烷（HFC-134a）的，但不含无环烃的不饱和氟化衍生物（HFOs）	
		3827.65	--其他，不归入上述子目，按重量计含20%及以上二氟甲烷（HFC-32）和20%及以上五氟乙烷（HFC-125）的	
		3827.68	--其他，不归入上述子目，含子目2903.41至2903.48所列物质的	
		3827.69	--其他	
		3827.90	-其他	
第七类注释二	二、除品目39.18或39.19的货品外，印有花纹、文字、图画的塑料、橡胶及其制品，如果所印花纹、字画作为其主要用途，应归入第四十九章。	第七类注释二	二、除品目39.18或39.19的货品外，印有花纹、文字、图画的塑料、橡胶及其制品，如果所印花纹、字画作为其主要用途，应归入第四十九章。	仅英文修改，中文不变
第三十九章注释二（二十三）	（二十三）第九十四章的物品（例如，家具、灯具、照明装置、灯箱及活动房屋）；	第三十九章注释二（二十三）	（二十三）第九十四章的物品（例如，家具、灯具、照明装置、灯箱及活动房屋）；	为发光二极管（LED）类商品进行的修订。仅英文修改，中文不变

2017 年版		2022 年版		修改说明
HS 编码	商品名称	HS 编码	商品名称	
39.07	初级形状的聚缩醛、其他聚醚及环氧树脂；初级形状的聚碳酸酯、醇酸树脂、聚烯丙基酯及其他聚酯：	39.07	初级形状的聚缩醛、其他聚醚及环氧树脂；初级形状的聚碳酸酯、醇酸树脂、聚烯丙基酯及其他聚酯：	根据禁止化学武器组织秘书处的建议，为禁止化学武器组织管制产品而进行的修订
3907.10	-聚缩醛	3907.10	-聚缩醛	
3907.20	-其他聚醚		-其他聚醚：	
		3907.21	--双(聚氧乙烯)甲基膦酸酯	
		3907.29	--其他	
3907.30	-环氧树脂	3907.30	-环氧树脂	
3907.40	-聚碳酸酯	3907.40	-聚碳酸酯	
3907.50	-醇酸树脂	3907.50	-醇酸树脂	
	-聚对苯二甲酸乙二酯：		-聚对苯二甲酸乙二酯：	
3907.61	--粘数在 78 毫升/克或以上	3907.61	--粘数在 78 毫升/克或以上	
3907.69	--其他	3907.69	--其他	
3907.70	-聚乳酸	3907.70	-聚乳酸	
	-其他聚酯：		-其他聚酯：	
3907.91	--不饱和	3907.91	--不饱和	
3907.99	--其他	3907.99	--其他	
39.11	初级形状的石油树脂、苯并呋喃-茚树脂、多萜树脂、多硫化物、聚砜及本章注释三所规定的其他品目未列名产品：	39.11	初级形状的石油树脂、苯并呋喃-茚树脂、多萜树脂、多硫化物、聚砜及本章注释三所规定的其他品目未列名产品：	根据禁止化学武器组织秘书处的建议，为禁止化学武器组织管制产品而进行的修订
3911.10	-石油树脂、苯并呋喃树脂、茚树脂、苯并呋喃-茚树脂及多萜树脂	3911.10	-石油树脂、苯并呋喃树脂、茚树脂、苯并呋喃-茚树脂及多萜树脂	
		3911.20	-聚(1,3-亚苯基甲基膦酸酯)	
3911.90	-其他	3911.90	-其他	

2017年版		2022年版		修改说明
HS编码	商品名称	HS编码	商品名称	
40.15	硫化橡胶（硬质橡胶除外）制的衣着用品及附件（包括分指手套、连指手套及露指手套）：	40.15	硫化橡胶（硬质橡胶除外）制的衣着用品及附件（包括分指手套、连指手套及露指手套）：	为橡胶制外科手套进行的修订。考虑到橡胶制手术手套的应用范围而对子目4015.11的条文进行修改
	-分指手套、连指手套及露指手套：		-分指手套、连指手套及露指手套：	
4015.11	--外科用			
		4015.12	--医疗、外科、牙科或兽医用	
4015.19	--其他	4015.19	--其他	
4015.90	-其他	4015.90	-其他	
第四十二章注释二（十）	（十）第九十四章的物品（例如，家具、灯具及照明装置）；	第四十二章注释二（十）	（十）第九十四章的物品（例如，家具、灯具及照明装置）；	为发光二极管（LED）类商品而进行的修订。仅英文修改，中文不变
第四十四章注释一（十四）	（十四）第九十四章的物品（例如，家具、灯具及照明装置、活动房屋）；	第四十四章注释一（十四）	（十四）第九十四章的物品（例如，家具、灯具及照明装置、活动房屋）；	
第四十四章子目注释	子目注释： 子目4401.31所称“木屑棒”是指由木材加工业、家具制造业及其他木材加工活动中产生的副产品（例如，刨花、锯末及碎木片）直接压制而成或加入按重量计不超过3%的粘合剂后粘聚而成的产品。此类产品呈圆柱状，其直径不超过25毫米，长度不超过100毫米。	第四十四章子目注释	子目注释： 子目4401.31所称“木屑棒”是指由木材加工业、家具制造业及其他木材加工活动中产生的副产品（例如，刨花、锯末及碎木片）直接压制而成或加入按重量计不超过3%的粘合剂后粘聚而成的产品。此类产品呈圆柱状，其直径不超过25毫米，长度不超过100毫米。	英文表述改为复数，中文不变
	新增子目注释	新增第四十四章子目注释二	二、子目4401.32所称的“木屑块”是指由木材加工业、家具制造业及其他木材加工活动中产生的副产品（例如，刨花、锯末及碎木片）直接压制而成或加入按重量计不超过3%的粘合剂后粘聚而成的产品。此类产品呈立方体、多面体或圆柱状，其最小横截面尺寸大于25毫米。	根据联合国粮农组织的建议，修订第四十四章和第九十四章

2017年版		2022年版		修改说明
HS编码	商品名称	HS编码	商品名称	
	新增子目注释	新增第四十四章子目注释三	三、子目4407.13所称"云杉-松木-冷杉"是指来源于云杉、松木、冷杉混合林的木材，其各树种的比例是未知的。	修订品目44.07
	新增子目注释	新增第四十四章子目注释四	四、子目4407.14所称"铁杉-冷杉"是指来源于异叶铁杉、冷杉混合林的木材，其各树种的比例是未知的。	
44.01	薪柴（圆木段、块、枝、成捆或类似形状）；木片或木粒；锯末、木废料及碎片，不论是否粘结成圆木段、块、片或类似形状：	44.01	薪柴（圆木段、块、枝、成捆或类似形状）；木片或木粒；锯末、木废料及碎片，不论是否粘结成圆木段、块、片或类似形状：	仅英文标点符号修改，中文不变
	-薪柴（圆木段、块、枝、成捆或类似形状）：		-薪柴（圆木段、块、枝、成捆或类似形状）：	
4401.11	--针叶木	4401.11	--针叶木	
4401.12	--非针叶木	4401.12	--非针叶木	
	-木片或木粒：		-木片或木粒：	
4401.21	--针叶木	4401.21	--针叶木	
4401.22	--非针叶木	4401.22	--非针叶木	
	-锯末、木废料及碎片，粘结成圆木段、块、片或类似形状：		-锯末、木废料及碎片，粘结成圆木段、块、片或类似形状：	
4401.31	--木屑棒	4401.31	--木屑棒	
		4401.32	--木屑块	根据联合国粮农组织的建议，对第四十四章和第九十四章进行修订
4401.39	--其他	4401.39	--其他	
4401.40	-锯末、木废料及碎片，未粘结的		-锯末、木废料及碎片，未粘结的：	
		4401.41	--锯末	
		4401.49	--其他	
44.02	木炭（包括果壳炭及果核炭），不论是否结块：	44.02	木炭（包括果壳炭及果核炭），不论是否结块：	根据联合国粮农组织的建议，对第四十四章和第九十四章进行修订
4402.10	-竹的	4402.10	-竹的	
		4402.20	-果壳的或果核的	
4402.90	-其他	4402.90	-其他	

2017 年版		2022 年版		修改说明
HS 编码	商品名称	HS 编码	商品名称	
44. 03	原木，不论是否去皮、去边材或粗锯成方：	44. 03	原木，不论是否去皮、去边材或粗锯成方：	因品目 44. 03 项下子目 4403. 21、4403. 23 和 4403. 25 的英、法文本不一致而进行的修订
	-用油漆、着色剂、杂酚油或其他防腐剂处理：		-用油漆、着色剂、杂酚油或其他防腐剂处理：	
4403. 11	--针叶木	4403. 11	--针叶木	
4403. 12	--非针叶木	4403. 12	--非针叶木	
	-其他，针叶木：		-其他，针叶木：	
4403. 21	--松木（松属），截面尺寸在 15 厘米及以上	4403. 21	--松木（松属），最小截面尺寸在 15 厘米及以上	
4403. 22	--其他松木（松属）	4403. 22	--其他松木（松属）	
4403. 23	--冷杉和云杉，截面尺寸在 15 厘米及以上	4403. 23	--冷杉和云杉，最小截面尺寸在 15 厘米及以上	
4403. 24	--其他冷杉和云杉	4403. 24	--其他冷杉和云杉	
4403. 25	--其他，截面尺寸在 15 厘米及以上	4403. 25	--其他，最小截面尺寸在 15 厘米及以上	
4403. 26	--其他	4403. 26	--其他	
	-其他，热带木：		-其他，热带木：	根据联合国粮农组织的建议，对第四十四章和第九十四章进行修订
4403. 41	--深红色红柳桉木、浅红色红柳桉木及巴栲红柳桉木	4403. 41	--深红色红柳桉木、浅红色红柳桉木及巴栲红柳桉木	
		4403. 42	--柚木	
4403. 49	--其他	4403. 49	--其他	
	-其他：		-其他：	因品目 44. 03 项下子目 4403. 93、4403. 95 的英、法文本不一致而进行的修订
4403. 91	--栎木（橡木）	4403. 91	--栎木（橡木）	
4403. 93	--水青冈木（山毛榉木），截面尺寸在 15 厘米及以上	4403. 93	--水青冈木（山毛榉木），最小截面尺寸在 15 厘米及以上	
4403. 94	--其他水青冈木（山毛榉木）	4403. 94	--其他水青冈木（山毛榉木）	
4403. 95	--桦木，截面尺寸在 15 厘米及以上	4403. 95	--桦木，最小截面尺寸在 15 厘米及以上	
4403. 96	--其他桦木	4403. 96	--其他桦木	
4403. 97	--杨木	4403. 97	--杨木	
4403. 98	--桉木	4403. 98	--桉木	
4403. 99	--其他	4403. 99	--其他	

2017 年版		2022 年版		修改说明
HS 编码	商品名称	HS 编码	商品名称	
44.07	经纵锯、纵切、刨切或旋切的木材，不论是否刨平、砂光或端部接合，厚度超过 6 毫米：	44.07	经纵锯、纵切、刨切或旋切的木材，不论是否刨平、砂光或端部接合，厚度超过 6 毫米：	修订品目 44.07
	-针叶木：		-针叶木：	
4407.11	--松木（松属）	4407.11	--松木（松属）	
4407.12	--冷杉及云杉	4407.12	--冷杉及云杉	
		4407.13	--云杉-松木-冷杉	
		4407.14	--铁杉-冷杉	
4407.19	--其他	4407.19	--其他	
	-热带木：		-热带木：	根据联合国粮农组织的建议，对第四十四章和第九十四章进行修订
4407.21	--美洲桃花心木	4407.21	--美洲桃花心木	
4407.22	--苏里南肉豆蔻木、细孔绿心樟及美洲轻木	4407.22	--苏里南肉豆蔻木、细孔绿心樟及美洲轻木	
		4407.23	--柚木	
4407.25	--深红色红柳桉木、浅红色红柳桉木及巴栲红柳桉木	4407.25	--深红色红柳桉木、浅红色红柳桉木及巴栲红柳桉木	
4407.26	--白柳桉木、白色红柳桉木、白色柳桉木、黄色红柳桉木及阿兰木	4407.26	--白柳桉木、白色红柳桉木、白色柳桉木、黄色红柳桉木及阿兰木	
4407.27	--沙比利	4407.27	--沙比利	
4407.28	--伊罗科木	4407.28	--伊罗科木	
4407.29	--其他	4407.29	--其他	
	-其他：		-其他：	
4407.91	--栎木（橡木）	4407.91	--栎木（橡木）	
4407.92	--水青冈木（山毛榉木）	4407.92	--水青冈木（山毛榉木）	
4407.93	--槭木（枫木）	4407.93	--槭木（枫木）	
4407.94	--樱桃木	4407.94	--樱桃木	
4407.95	--白蜡木	4407.95	--白蜡木	
4407.96	--桦木	4407.96	--桦木	
4407.97	--杨木	4407.97	--杨木	
4407.99	--其他	4407.99	--其他	

2017 年版		2022 年版		修改说明
HS 编码	商品名称	HS 编码	商品名称	
44.12	胶合板、单板饰面板及类似的多层板：	44.12	胶合板、单板饰面板及类似的多层板：	子目 4412.33 仅法文修改，中文不变
4412.10	-竹制的	4412.10	-竹制的	
	-仅由薄木板制的其他胶合板（竹制除外），每层厚度不超过 6 毫米：		-仅由薄木板制的其他胶合板（竹制除外），每层厚度不超过 6 毫米：	
4412.31	--至少有一表层是热带木	4412.31	--至少有一表层是热带木	
4412.33	--其他，至少有一表层是下列非针叶木：桤木、白蜡木、水青冈木（山毛榉木）、桦木、樱桃木、栗木、榆木、桉木、山核桃、七叶树、椴木、槭木、栎木（橡木）、悬铃木、杨木、刺槐木、鹅掌楸或核桃木	4412.33	--其他，至少有一表层是下列非针叶木：桤木、白蜡木、水青冈木（山毛榉木）、桦木、樱桃木、栗木、榆木、桉木、山核桃、七叶树、椴木、槭木、栎木（橡木）、悬铃木、杨木、刺槐木、鹅掌楸或核桃木	
4412.34	--其他，至少有一表层为子目 4412.33 未具体列名的非针叶木	4412.34	--其他，至少有一表层为子目 4412.33 未具体列名的非针叶木	
4412.39	--其他，上下表层均为针叶木	4412.39	--其他，上下表层均为针叶木	
			-单板层积材：	根据联合国粮农组织的建议，对第四十四章和第九十四章进行修订
		4412.41	--至少有一表层是热带木	
		4412.42	--其他，至少有一表层是非针叶木	
		4412.49	--其他，上下表层均为针叶木	
			-木块芯胶合板、侧板条芯胶合板及板条芯胶合板：	
		4412.51	--至少有一表层是热带木	
		4412.52	--其他，至少有一表层是非针叶木	
		4412.59	--其他，上下表层均为针叶木	
	-其他：		-其他：	
		4412.91	--至少有一表层是热带木	
		4412.92	--其他，至少有一表层是非针叶木	

2017 年版		2022 年版		修改说明
HS 编码	商品名称	HS 编码	商品名称	
4412.94	--木块芯胶合板、侧板条芯胶合板及板条芯胶合板			
4412.99	--其他	4412.99	--其他，上下表层均为针叶木	
44.14	木制的画框、相框、镜框及类似品：	44.14	木制的画框、相框、镜框及类似品：	根据联合国粮农组织的建议，对第四十四章和第九十四章进行修订
4414.00	木制的画框、相框、镜框及类似品			
		4414.10	-热带木的	
		4414.90	-其他	
44.18	建筑用木工制品，包括蜂窝结构木镶板、已装拼的地板、木瓦及盖屋板：	44.18	建筑用木工制品，包括蜂窝结构木镶板、已装拼的地板、木瓦及盖屋板：	根据联合国粮农组织的建议，对第四十四章和第九十四章进行修订
4418.10	-窗、法兰西式（落地）窗及其框架：		-窗、法兰西式（落地）窗及其框架：	
		4418.11	--热带木的	
		4418.19	--其他	
4418.20	-门及其框架和门槛		-门及其框架和门槛：	
		4418.21	--热带木的	
		4418.29	--其他	
		4418.30	-柱及梁，子目 4418.81 至 4418.89 的货品除外	
4418.40	-水泥构件的模板	4418.40	-水泥构件的模板	
4418.50	-木瓦及盖屋板	4418.50	-木瓦及盖屋板	
4418.60	-柱及梁			
	-已装拼的地板：		-已装拼的地板：	
4418.73	--竹的或至少顶层（耐磨层）是竹的	4418.73	--竹的或至少顶层（耐磨层）是竹的	
4418.74	--其他，马赛克地板用	4418.74	--其他，马赛克地板用	
4418.75	--其他，多层的	4418.75	--其他，多层的	
4418.79	--其他	4418.79	--其他	
			-工程结构木制品：	
		4418.81	--集成材	
		4418.82	--正交胶合木	

2017年版		2022年版		修改说明
HS编码	商品名称	HS编码	商品名称	
		4418.83	--工字梁	根据联合国粮农组织的建议，对第四十四章和第九十四章进行修订
		4418.89	--其他	
	-其他：		-其他：	
4418.91	--竹的	4418.91	--竹的	
		4418.92	--蜂窝结构木镶板	
4418.99	--其他	4418.99	--其他	
44.19	木制餐具及厨房用具：	44.19	木制餐具及厨房用具：	根据联合国粮农组织的建议，对第四十四章和第九十四章进行修订
	-竹的：		-竹的：	
4419.11	--切面包板、砧板及类似板	4419.11	--切面包板、砧板及类似板	
4419.12	--筷子	4419.12	--筷子	
4419.19	--其他	4419.19	--其他	
		4419.20	-热带木的	
4419.90	-其他	4419.90	-其他	
44.20	镶嵌木（包括细工镶嵌木）；装珠宝或刀具用的木制盒子和小匣子及类似品；木制小雕像及其他装饰品；第九十四章以外的木制家具：	44.20	镶嵌木（包括细工镶嵌木）；装珠宝或刀具用的木制盒子和小匣子及类似品；木制小雕像及其他装饰品；第九十四章以外的木制家具：	根据联合国粮农组织的建议，对第四十四章和第九十四章进行修订
4420.10	-木制小雕像及其他装饰品		-小雕像及其他装饰品：	
		4420.11	--热带木的	
		4420.19	--其他	
4420.90	-其他	4420.90	-其他	
44.21	其他木制品：	44.21	其他木制品：	根据联合国粮农组织的建议，对第四十四章和第九十四章进行修订
4421.10	-衣架	4421.10	-衣架	
		4421.20	-棺材	
	-其他：		-其他：	
4421.91	--竹的	4421.91	--竹的	
4421.99	--其他	4421.99	--其他	

2017 年版		2022 年版		修改说明
HS 编码	商品名称	HS 编码	商品名称	
第四十六章注释二(五)	(五)第九十四章的物品(例如,家具、灯具及照明装置)	第四十六章注释二(五)	(五)第九十四章的物品(例如,家具、灯具及照明装置)	为发光二极管(LED)类商品而进行的修订。仅英文修改,中文不变
第四十八章注释二(三)	(三)香纸及用化妆品浸渍或涂布的纸(第三十三章);	第四十八章注释二(三)	(三)香纸及用化妆品浸渍或涂布的纸(第三十三章);	第三十三章注释四的英、法文本不一致引起的修改,中文不变
第四十八章注释二(十六)	(十六)第九十六章的物品[例如,纽扣,卫生巾(护垫)及卫生棉条、婴儿尿布及尿布衬里]。	第四十八章注释二(十六)	(十六)第九十六章的物品[例如,纽扣,卫生巾(护垫)及卫生棉条、尿布及尿布衬里]。	为尿布及尿布衬里修订品目96.19
第四十八章注释四	四、本章所称"新闻纸",是指所含用机械或化学-机械方法制得的木纤维不少于全部纤维重量的50%的未经涂布的报刊用纸,未施胶或微施胶,每面粗糙度[帕克印刷表面粗糙度(1兆帕)]超过2.5微米,每平方米重量不小于40克,但不超过65克,并且仅适用于下列规格的纸: (一)成条或成卷,宽度超过28厘米;或 (二)成张矩形(包括正方形),一边超过28厘米,另一边超过15厘米(以未折叠计)。	第四十八章注释四	四、本章所称"新闻纸",是指所含用机械或化学-机械方法制得的木纤维不少于全部纤维重量的50%的未经涂布的报刊用纸,未施胶或微施胶,每面粗糙度[帕克印刷表面粗糙度(1兆帕)]超过2.5微米,每平方米重量不小于40克,但不超过65克,并且仅适用于下列规格的纸: (一)成条或成卷,宽度超过28厘米;或 (二)成张矩形(包括正方形),一边超过28厘米,另一边超过15厘米(以未折叠计)。	仅英文语法修改,中文不变

2017 年版		2022 年版		修改说明
HS 编码	商品名称	HS 编码	商品名称	
第四十八章注释五	五、品目 48.02 所称“书写、印刷或类似用途的纸及纸板”“未打孔的穿孔卡片和穿孔纸带纸”，是指主要用漂白纸浆或用机械或化学-机械方法制得的纸浆制成的纸及纸板，并且符合下列任一标准： 每平方米重量不超过 150 克的纸或纸板： （一）用机械或化学-机械方法制得的纤维含量在 10%及以上，并且 1. 每平方米重量不超过 80 克；或 2. 本体着色； （二）灰分含量在 8%以上，并且 1. 每平方米重量不超过 80 克；或 2. 本体着色； （三）灰分含量在 3%以上，亮度在 60%及以上；或 （四）灰分含量在 3%以上，但不超过 8%，亮度低于 60%，耐破指数等于或小于 2.5 千帕斯卡·平方米/克；或 （五）灰分含量在 3%及以下，亮度在 60%及以上，耐破指数等于或小于 2.5 千帕斯卡·平方米/克。 每平方米重量超过 150 克的纸或纸板： （一）本体着色；或 （二）亮度在 60%及以上，并且 1. 厚度在 225 微米及以下；或 2. 厚度在 225 微米以上，但不超过 508 微米，灰分含量在 3%以上；或 （三）亮度低于 60%，厚度不超过 254 微米，灰分含量在 8%以上。 品目 48.02 不包括滤纸及纸板（含茶袋纸）或毡纸及纸板。	第四十八章注释五	五、品目 48.02 所称“书写、印刷或类似用途的纸及纸板”“未打孔的穿孔卡片和穿孔纸带纸”，是指主要用漂白纸浆或用机械或化学-机械方法制得的纸浆制成的纸及纸板，并且符合下列任一标准： （一）每平方米重量不超过 150 克的纸或纸板： 1. 用机械或化学-机械方法制得的纤维含量在 10%及以上，并且 （1）每平方米重量不超过 80 克；或 （2）本体着色； 2. 灰分含量在 8%以上，并且 （1）每平方米重量不超过 80 克；或 （2）本体着色； 3. 灰分含量在 3%以上，亮度在 60%及以上；或 4. 灰分含量在 3%以上，但不超过 8%，亮度低于 60%，耐破指数等于或小于 2.5 千帕斯卡·平方米/克；或 5. 灰分含量在 3%及以下，亮度在 60%及以上，耐破指数等于或小于 2.5 千帕斯卡·平方米/克。 （二）每平方米重量超过 150 克的纸或纸板： 1. 本体着色；或 2. 亮度在 60%及以上，并且 （1）厚度在 225 微米及以下；或 （2）厚度在 225 微米以上，但不超过 508 微米，灰分含量在 3%以上；或 3. 亮度低于 60%，厚度不超过 254 微米，灰分含量在 8%以上。 品目 48.02 不包括滤纸及纸板（含茶袋纸）或毡纸及纸板。	修订第四十八章注释五中的编号

2017 年版		2022 年版		修改说明
HS 编码	商品名称	HS 编码	商品名称	
第四十八章注释十二	十二、除品目 48.14 及 48.21 的货品外，印有图案、文字或图画的纸、纸板、纤维素絮纸及其制品，如果所印图案、文字或图画作为其主要用途，应归入第四十九章。	第四十八章注释十二	十二、除品目 48.14 及 48.21 的货品外，印有图案、文字或图画的纸、纸板、纤维素絮纸及其制品，如果所印图案、文字或图画作为其主要用途，应归入第四十九章。	因第七类注释二的英、法文本不一致而进行的修改。仅英文修改，中文不变
49.05	各种印刷的地图、水道图及类似图表，包括地图册、挂图、地形图及地球仪、天体仪：	49.05	各种印刷的地图、水道图及类似图表，包括地图册、挂图、地形图及地球仪、天体仪：	由于贸易量低，删除品目/子目
4905.10	-地球仪、天体仪			
		4905.20	-成册的	
	-其他：	4905.90	-其他	
4905.91	--成册的			
4905.99	--其他			
第十一类注释一(二)	(二) 人发及人发制品（品目 05.01、67.03 或 67.04），但通常用于榨油机或类似机器的滤布除外（品目 59.11）；	第十一类注释一(二)	(二) 人发及人发制品（品目 05.01、67.03 或 67.04），但通常用于榨油机或类似机器的滤布除外（品目 59.11）；	仅英文修改，中文不变
第十一类注释一(十八)	(十八) 第九十四章的物品(例如，家具、寝具、灯具及照明装置)；	第十一类注释一(十八)	(十八) 第九十四章的物品(例如，家具、寝具、灯具及照明装置)；	为发光二极管(LED) 类商品而进行的修订。仅英文修改，中文不变
第十一类注释一(二十)	(二十) 第九十六章的物品[例如，刷子、旅行用成套缝纫用具、拉链、打字机色带、卫生巾（护垫）及卫生棉条、婴儿尿布及尿布衬里]；或	第十一类注释一(二十)	(二十) 第九十六章的物品[例如，刷子、旅行用成套缝纫用具、拉链、打字机色带、卫生巾（护垫）及卫生棉条、尿布及尿布衬里]；或	为尿布及尿布衬里修订品目 96.19
	新增类注释	新增第十一类注释十五	十五、除本类注释一另有规定的以外，装有用作附加功能的化学、机械或电子组件（无论是作为内置组件还是组合在纤维或织物内）的纺织品、服装和其他纺织物，如果其具有本类货品的基本特征，应归入本类相应品目中。	为电子纺织物修订第十一类注释

2017年版		2022年版		修改说明
HS编码	商品名称	HS编码	商品名称	
55.01	合成纤维长丝丝束：	55.01	合成纤维长丝丝束：	对两用物项物品的术语进行修订
5501.10	-尼龙或其他聚酰胺制		-尼龙或其他聚酰胺制：	
		5501.11	--芳族聚酰胺制	
		5501.19	--其他	
5501.20	-聚酯制	5501.20	-聚酯制	
5501.30	-聚丙烯腈或变性聚丙烯腈制	5501.30	-聚丙烯腈或变性聚丙烯腈制	
5501.40	-聚丙烯制	5501.40	-聚丙烯制	
5501.90	-其他	5501.90	-其他	
第五十六章注释一（一）	（一）用各种物质或制剂（例如，第三十三章的香水或化妆品、品目34.01的肥皂或洗涤剂、品目34.05的光洁剂、擦洗膏及类似制剂、品目38.09的织物柔软剂）浸渍、涂布、包覆的絮胎、毡呢或无纺织物，其中的纺织材料仅作为承载介质；	第五十六章注释一（一）	（一）用各种物质或制剂（例如，第三十三章的香水或化妆品、品目34.01的肥皂或洗涤剂、品目34.05的光洁剂、擦洗膏及类似制剂、品目38.09的织物柔软剂）浸渍、涂布、包覆的絮胎、毡呢或无纺织物，其中的纺织材料仅作为承载介质；	第三十三章注释四的英、法文本不一致引起的修改。仅法文修改，中文不变
第五十六章注释一（六）	品目96.19的卫生巾（护垫）及卫生棉条、婴儿尿布及尿布衬里和类似品。	第五十六章注释一（六）	品目96.19的卫生巾（护垫）及卫生棉条、尿布及尿布衬里和类似品。	为尿布及尿布衬里修订品目96.19
57.03	簇绒地毯及纺织材料的其他簇绒铺地制品，不论是否制成的：	57.03	簇绒地毯及纺织材料的其他簇绒铺地制品（包括人造草皮），不论是否制成的：	为合成纤维制草皮修订品目57.03
5703.10	-羊毛或动物细毛制	5703.10	-羊毛或动物细毛制	
5703.20	-尼龙或其他聚酰胺制		-尼龙或其他聚酰胺制：	
		5703.21	--人造草皮	
		5703.29	--其他	
5703.30	-其他化学纤维制		-其他化学纤维制：	
		5703.31	--人造草皮	
		5703.39	--其他	
5703.90	-其他纺织材料制	5703.90	-其他纺织材料制	
58.02	毛巾织物及类似的毛圈机织物，但品目58.06的狭幅织物除外；簇绒织物，但品目57.03的产品除外：	58.02	毛巾织物及类似的毛圈机织物，但品目58.06的狭幅织物除外；簇绒织物，但品目57.03的产品除外：	删除贸易量低的品目/子目

2017 年版		2022 年版		修改说明
HS 编码	商品名称	HS 编码	商品名称	
	-棉制毛巾织物及类似毛圈机织物：	5802.10	-棉制毛巾织物及类似的毛圈机织物	删除贸易量低的品目/子目
5802.11	--未漂白			
5802.19	--其他			
5802.20	-其他纺织材料制的毛巾织物及类似的毛圈机织物	5802.20	-其他纺织材料制的毛巾织物及类似的毛圈机织物	
5802.30	-簇绒织物	5802.30	-簇绒织物	
	新增章注释	新增第五十九章注释三	三、品目 59.03 所称“用塑料层压的纺织物”是指由一层或多层纺织物与一层或多层塑料片或膜以任何方式结合在一起的产品，不论其塑料片或膜从横截面上是否肉眼可见。 原注释三至七相应地调整为注释四至八。	为明确层压织物的归类修改《协调制度》目录
第五十九章注释七（一）3	3. 用于榨油机器或类似机器的纺织材料制或人发制滤布；	第五十九章注释八（一）3	3. 用于榨油机器或类似机器的纺织材料制或人发制滤布；	仅英文修改，中文不变
59.11	本章注释七所规定的作专门技术用途的纺织产品及制品：	59.11	本章注释八所规定的作专门技术用途的纺织产品及制品：	因新增第五十九章注释三引起的序号修改；第五十九章注释七（一）及子目 5911.40 的英文条文修改，中文不变
5911.10	-用橡胶、皮革或其他材料涂布、包覆或层压的作针布用的纺织物、毡呢及毡呢衬里机织物，以及作专门技术用途的类似织物，包括用橡胶浸渍的、用于包覆纺锤（织轴）的狭幅丝绒织物	5911.10	-用橡胶、皮革或其他材料涂布、包覆或层压的作针布用的纺织物、毡呢及毡呢衬里机织物，以及作专门技术用途的类似织物，包括用橡胶浸渍的、用于包覆纺锤（织轴）的狭幅丝绒织物	
5911.20	-筛布，不论是否制成的	5911.20	-筛布，不论是否制成的	
	-环状或装有连接装置的纺织物及毡呢，用于造纸机器或类似机器（例如，制浆机或制石棉水泥的机器）：		-环状或装有连接装置的纺织物及毡呢，用于造纸机器或类似机器（例如，制浆机或制石棉水泥的机器）：	
5911.31	--每平方米重量在 650 克以下	5911.31	--每平方米重量在 650 克以下	
5911.32	--每平方米重量在 650 克及以上	5911.32	--每平方米重量在 650 克及以上	
5911.40	-用于榨油机器或类似机器的滤布，包括人发制滤布	5911.40	-用于榨油机器或类似机器的滤布，包括人发制滤布	
5911.90	-其他	5911.90	-其他	

2017年版		2022年版		修改说明
HS编码	商品名称	HS编码	商品名称	
第六十一章注释四	四、品目61.05及61.06不包括在腰围以下有口袋的服装、带有罗纹腰带及以其他方式收紧下摆的服装或其织物至少在10厘米×10厘米的面积内沿各方向的直线长度上平均每厘米少于10针的服装。品目61.05不包括无袖服装。	第六十一章注释四	四、品目61.05及61.06不包括在腰围以下有口袋的服装、带有罗纹腰带及以其他方式收紧下摆的服装或其织物至少在10厘米×10厘米的面积内沿各方向的直线长度上平均每厘米少于10针的服装。品目61.05不包括无袖服装。衬衫及仿男式女衬衫是指人体上身穿着并从领口处全开襟或半开襟的长袖或短袖衣服；罩衫也是上半身穿着的宽松服装，但可以无袖，领口处也可以不开襟。衬衫、仿男式女衬衫及罩衫可有衣领。	为衬衫、仿男式女衬衫及罩衫修订第六十一章注释四
61.16	针织或钩编的分指手套、连指手套及露指手套：	61.16	针织或钩编的分指手套、连指手套及露指手套：	为层压织物修订《协调制度》目录，修订品目61.16（子目6116.10）
6116.10	-用塑料或橡胶浸渍、涂布或包覆的	6116.10	-用塑料或橡胶浸渍、涂布、包覆或层压的	
	-其他：		-其他：	
6116.91	--羊毛或动物细毛制	6116.91	--羊毛或动物细毛制	
6116.92	--棉制	6116.92	--棉制	
6116.93	--合成纤维制	6116.93	--合成纤维制	
6116.99	--其他纺织材料制	6116.99	--其他纺织材料制	
	新增章注释	新增第六十二章注释四	四、品目62.05及62.06不包括在腰围以下有口袋的服装、带有罗纹腰带及以其他方式收紧下摆的服装。品目62.05不包括无袖服装。 衬衫及仿男式女衬衫是指人体上身穿着并从领口处全开襟或半开襟的长袖或短袖衣服；罩衫也是上半身穿着的宽松服装，但可以无袖，领口处也可以不开襟。衬衫、仿男式女衬衫及罩衫可有衣领。 原注释四至九相应地调整为注释五至十。	修订第六十一章注释四

2017 年版		2022 年版		修改说明
HS 编码	商品名称	HS 编码	商品名称	
62.01	男式大衣、短大衣、斗篷、短斗篷、带风帽的防寒短上衣（包括滑雪短上衣）、防风衣、防风短上衣及类似品，但品目 62.03 的货品除外：	62.01	男式大衣、短大衣、斗篷、短斗篷、带风帽的防寒短上衣（包括滑雪短上衣）、防风衣、防风短上衣及类似品，但品目 62.03 的货品除外：	修订品目 62.01 及 62.02
	-大衣、雨衣、短大衣、斗篷、短斗篷及类似品：			
6201.11	--羊毛或动物细毛制			
6201.12	--棉制			
6201.13	--化学纤维制			
6201.19	--其他纺织材料制			
		6201.20	-羊毛或动物细毛制	
		6201.30	-棉制	
		6201.40	-化学纤维制	
	-其他：	6201.90	-其他纺织材料制	
6201.91	--羊毛或动物细毛制			
6201.92	--棉制			
6201.93	--化学纤维制			
6201.99	--其他纺织材料制			
62.02	女式大衣、短大衣、斗篷、短斗篷、带风帽的防寒短上衣（包括滑雪短上衣）、防风衣、防风短上衣及类似品，但品目 62.04 的货品除外：	62.02	女式大衣、短大衣、斗篷、短斗篷、带风帽的防寒短上衣（包括滑雪短上衣）、防风衣、防风短上衣及类似品，但品目 62.04 的货品除外：	修订品目 62.01 及 62.02
	-大衣、雨衣、短大衣、斗篷、短斗篷及类似品：			
6202.11	--羊毛或动物细毛制			
6202.12	--棉制			
6202.13	--化学纤维制			
6202.19	--其他纺织材料制			
		6202.20	-羊毛或动物细毛制	
		6202.30	-棉制	

2017 年版		2022 年版		修改说明
HS 编码	商品名称	HS 编码	商品名称	
		6202.40	-化学纤维制	修订品目 62.01 及 62.02
	-其他：	6202.90	-其他纺织材料制	
6202.91	--羊毛或动物细毛制			
6202.92	--棉制			
6202.93	--化学纤维制			
6202.99	--其他纺织材料制			
62.10	用品目 56.02、56.03、59.03、59.06 或 59.07 的织物制成的服装	62.10	用品目 56.02、56.03、59.03、59.06 或 59.07 的织物制成的服装	修订品目 62.01 及 62.02
6210.10	-用品目 56.02 或 56.03 的织物制成的服装	6210.10	-用品目 56.02 或 56.03 的织物制成的服装	
6210.20	-子目 6201.11 至 6201.19 所列类型的其他服装	6210.20	-品目 62.01 所列类型的其他服装	
6210.30	-子目 6202.11 至 6202.19 所列类型的其他服装	6210.30	-品目 62.02 所列类型的其他服装	
6210.40	-其他男式服装	6210.40	-其他男式服装	
6210.50	-其他女式服装	6210.50	-其他女式服装	
63.06	油苫布、天篷及遮阳篷；帐篷；风帆；野营用品：	63.06	油苫布、天篷及遮阳篷；帐篷（包括临时顶篷及类似品）；风帆；野营用品：	为临时顶篷修订品目 63.06 及子目 6306.2
	-油苫布、天篷及遮阳篷：		-油苫布、天篷及遮阳篷：	
6306.12	--合成纤维制	6306.12	--合成纤维制	
6306.19	--其他纺织材料制	6306.19	--其他纺织材料制	
	-帐篷：		-帐篷（包括临时顶篷及类似品）：	
6306.22	--合成纤维制	6306.22	--合成纤维制	
6306.29	--其他纺织材料制	6306.29	--其他纺织材料制	
6306.30	-风帆	6306.30	-风帆	
6306.40	-充气褥垫	6306.40	-充气褥垫	
6306.90	-其他	6306.90	-其他	
第六十七章注释一（一）	（一）人发制滤布（品目 59.11）；	第六十七章注释一（一）	（一）人发制滤布（品目 59.11）；	第六十七章注释一（一）的英文条文修改，中文不变

2017 年版		2022 年版		修改说明
HS 编码	商品名称	HS 编码	商品名称	
第六十八章注释一（十）	（十）第九十四章的物品（例如，家具、灯具及照明装置、活动房屋）；	第六十八章注释一（十）	（十）第九十四章的物品（例如，家具、灯具及照明装置、活动房屋）；	为发光二极管（LED）类商品而进行的修订。仅英文修改，中文不变
68.02	已加工的碑石或建筑用石（不包括板岩）及其制品，但品目 68.01 的货品除外；天然石料（包括板岩）制的镶嵌石（马赛克）及类似品，不论是否有衬背；天然石料（包括板岩）制的人工染色石粒、石片及石粉：	68.02	已加工的碑石或建筑用石（不包括板岩）及其制品，但品目 68.01 的货品除外；天然石料（包括板岩）制的镶嵌石（马赛克）及类似品，不论是否有衬背；天然石料（包括板岩）制的人工染色石粒、石片及石粉：	为明确子目 6802.10 的商品范围而进行的修订
6802.10	-砖、瓦、方块及类似品，不论是否为矩形（包括正方形），其最大表面积以可置入边长小于 7 厘米的方格为限；人工染色的石粒、石片及石粉	6802.10	-砖、瓦、方块及类似品，不论是否为矩形（包括正方形），其最大面以可置入边长小于 7 厘米的方格为限；人工染色的石粒、石片及石粉	
	-简单切削或锯开并具有一个平面的其他碑石或建筑用石及其制品：		-简单切削或锯开并具有一个平面的其他碑石或建筑用石及其制品：	
6802.21	--大理石、石灰华及蜡石	6802.21	--大理石、石灰华及蜡石	
6802.23	--花岗岩	6802.23	--花岗岩	
6802.29	--其他石	6802.29	--其他石	
	-其他：		-其他：	
6802.91	--大理石、石灰华及蜡石	6802.91	--大理石、石灰华及蜡石	
6802.92	--其他石灰质石	6802.92	--其他石灰质石	
6802.93	--花岗岩	6802.93	--花岗岩	
6802.99	--其他石	6802.99	--其他石	

2017年版		2022年版		修改说明
HS编码	商品名称	HS编码	商品名称	
68.12	已加工的石棉纤维；以石棉为基本成分或以石棉和碳酸镁为基本成分的混合物；上述混合物或石棉的制品（例如，纱线、机织物、服装、帽类、鞋靴、衬垫），不论是否加强，但品目68.11或68.13的货品除外：	68.12	已加工的石棉纤维；以石棉为基本成分或以石棉和碳酸镁为基本成分的混合物；上述混合物或石棉的制品（例如，纱线、机织物、服装、帽类、鞋靴、衬垫），不论是否加强，但品目68.11或68.13的货品除外：	删除贸易量低的品目/子目
6812.80	-青石棉的	6812.80	-青石棉的	
	-其他：		-其他：	
6812.91	--服装、衣着附件、帽类及鞋靴	6812.91	--服装、衣着附件、帽类及鞋靴	
6812.92	--纸、麻丝板及毡子			
6812.93	--成片或成卷的压缩石棉纤维接合材料			
6812.99	--其他	6812.99	--其他	
68.15	其他品目未列名的石制品及其他矿物制品（包括碳纤维及其制品和泥煤制品）：	68.15	其他品目未列名的石制品及其他矿物制品（包括碳纤维及其制品和泥煤制品）：	为碳纤维纺织品修订品目68.15
6815.10	-非电气用的石墨或其他碳精制品		-碳纤维；非电气用的碳纤维制品；其他非电气用的石墨或其他碳精制品：	
		6815.11	--碳纤维	
		6815.12	--碳纤维织物	
		6815.13	--其他碳纤维制品	
		6815.19	--其他	
6815.20	-泥煤制品	6815.20	-泥煤制品	
	-其他制品：		-其他制品：	为耐火陶瓷而修订第二十五章及品目25.18、38.16和68.15
6815.91	--含有菱镁矿、白云石或铬铁矿的	6815.91	--含有菱镁矿、方镁石形态的氧化镁、白云石（包括煅烧形态）或铬铁矿的	
6815.99	--其他	6815.99	--其他	

2017 年版		2022 年版		修改说明
HS 编码	商品名称	HS 编码	商品名称	
第六十九章注释一	一、本章仅适用于成形后经过烧制的陶瓷产品。品目 69.04 至 69.14 仅适用于不能归入品目 69.01 至 69.03 的产品。	第六十九章注释一	一、本章仅适用于成形后经过烧制的陶瓷产品： （一）品目 69.04 至 69.14 仅适用于不能归入品目 69.01 至 69.03 的产品； （二）为树脂固化、加速水合作用、除去水分或其他挥发成分等目的而将其加热至低于 800℃的物品，不应视为经过烧制。这些物品不应归入第六十九章；以及 （三）陶瓷制品是用通常在室温下预先调制成形的无机非金属材料烧制而成的。原料主要包括：粘土、含硅材料（包括熔融硅石）、高熔点的材料（例如，氧化物、碳化物、氮化物、石墨或其他碳），有时还有诸如耐火粘土或磷酸盐的粘合剂。	为耐火陶瓷而修订第二十五章及品目 25.18、38.16、68.15 和 69.03
第六十九章注释二（九）	（九）第九十四章的物品（例如，家具、灯具及照明装置、活动房屋）；	第六十九章注释二（九）	（九）第九十四章的物品（例如，家具、灯具及照明装置、活动房屋）；	为发光二极管（LED）类商品而进行的修订。仅英文修改，中文不变
69.03	其他耐火陶瓷制品（例如，甑、坩埚、马弗罩、喷管、栓塞、支架、烤钵、管子、护套及棒条），但硅质化石粉及类似硅土制的除外：	69.03	其他耐火陶瓷制品（例如，甑、坩埚、马弗罩、喷管、栓塞、支架、烤钵、管子、护套、棒条及滑阀式水口），但硅质化石粉及类似硅土制的除外：	为耐火陶瓷而修订第二十五章及品目 25.18、38.16、68.15 和 69.03
6903.10	-含有按重量计超过 50%的石墨、其他碳或其混合物	6903.10	-含有按重量计超过 50%的单体碳	为耐火陶瓷而修订第二十五章及品目 25.18、38.16、68.15 和 69.03
6903.20	-含有按重量计超过 50%的三氧化二铝或三氧化二铝和二氧化硅的混合物或化合物	6903.20	-含有按重量计超过 50%的三氧化二铝或三氧化二铝和二氧化硅的混合物或化合物	为耐火陶瓷而修订第二十五章及品目 25.18、38.16、68.15 和 69.03
6903.90	-其他	6903.90	-其他	为耐火陶瓷而修订第二十五章及品目 25.18、38.16、68.15 和 69.03

2017年版		2022年版		修改说明
HS编码	商品名称	HS编码	商品名称	
	新增章注释	新增第七十章注释一（四）	（四）第八十六章至第八十八章的运输工具用的带框的前挡风玻璃、后窗或其他窗。	为第八十七章的汽车车窗修订《协调制度》目录
	新增章注释	新增第七十章注释一（五）	（五）第八十六章至第八十八章的运输工具用的前挡风玻璃、后窗或其他窗，装有加热装置或其他电气或电子装置的，不论是否带框。 原注释一（四）至一（七）相应地调整为注释一（六）至一（九）。	
第七十章注释一（五）	（五）有永久固定电光源的灯具及照明装置、灯箱标志或铭牌和类似品及其零件（品目94.05）；	第七十章注释一（七）	（七）有永久固定电光源的灯具及照明装置、灯箱标志或铭牌和类似品及其零件（品目94.05）；	为发光二极管（LED）类商品而进行的修订。仅英文修改，中文不变
70.01	碎玻璃及废玻璃；玻璃块料：	70.01	碎玻璃及废玻璃，来源于阴极射线管或品目85.49的其他活化玻璃除外；玻璃块料：	根据《巴塞尔公约》秘书处的建议，为某些种类的废物修订《协调制度》目录
7001.00	碎玻璃及废玻璃；玻璃块料	7001.00	碎玻璃及废玻璃，来源于阴极射线管或品目85.49的其他活化玻璃除外；玻璃块料	
70.11	制灯泡、阴极射线管及类似品用的未封口玻璃外壳（包括玻璃泡及管）及其玻璃零件，但未装有配件：	70.11	制灯泡和光源、阴极射线管及类似品用的未封口玻璃外壳（包括玻璃泡及管）及其玻璃零件，但未装有配件：	为发光二极管（LED）类商品而进行的修订
70.19	玻璃纤维（包括玻璃棉）及其制品（例如，玻璃纤维纱线及其织物）：	70.19	玻璃纤维（包括玻璃棉）及其制品（例如，纱线、无捻粗纱及机织物）：	为玻璃纤维修订品目70.19
	-梳条、粗纱、纱线及短切纤维：		-定长纤维纱条、无捻粗纱、纱线、短切原丝及其毡：	
7019.11	--长度不超过50毫米的短切纤维	7019.11	--长度不超过50毫米的短切原丝	
7019.12	--粗纱	7019.12	--无捻粗纱	
		7019.13	--其他纱线，定长纤维纱条	
		7019.14	--机械结合毡	

2017 年版		2022 年版		修改说明
HS 编码	商品名称	HS 编码	商品名称	
		7019.15	--化学粘合毡	为玻璃纤维修订品目 70.19
7019.19	--其他	7019.19	--其他	
	-薄片（巴厘纱）、纤维网、席、垫、板及类似无纺产品：			
7019.31	--席			
7019.32	--薄片（巴厘纱）			
7019.39	--其他			
7019.40	-粗纱机织物			
	-其他机织物：			
7019.51	--宽度不超过 30 厘米的			
7019.52	--宽度超过 30 厘米的长丝平纹织物，每平方米重量不超过 250 克，单根纱线细度不超过 136 特克斯			
7019.59	--其他			
			-机械结合织物：	
		7019.61	--紧密粗纱机织物	
		7019.62	--其他紧密粗纱织物	
		7019.63	--纱线制紧密平纹机织物，未经涂布或层压	
		7019.64	--纱线制紧密平纹机织物，经涂布或层压	
		7019.65	--宽度不超过 30 厘米的网孔机织物	
		7019.66	--宽度超过 30 厘米的网孔机织物	
		7019.69	--其他	
			-化学粘合的织物：	
		7019.71	--覆面毡（薄毡）	
		7019.72	--其他紧密织物	
		7019.73	--其他网孔织物	
		7019.80	-玻璃棉及其制品	
7019.90	-其他	7019.90	-其他	

2017 年版		2022 年版		修改说明
HS 编码	商品名称	HS 编码	商品名称	
71.04	合成或再造的宝石或半宝石，不论是否加工或分级，但未成串或镶嵌的；未分级的合成或再造的宝石或半宝石，为便于运输而暂穿成串：	71.04	合成或再造的宝石或半宝石，不论是否加工或分级，但未成串或镶嵌的；未分级的合成或再造的宝石或半宝石，为便于运输而暂穿成串：	根据《金伯利进程》的建议，为合成钻石修订品目 71.04
7104.10	-压电石英	7104.10	-压电石英	
7104.20	-其他，未加工或经简单锯开或粗制成形		-其他，未加工或经简单锯开或粗制成形：	
		7104.21	--钻石	
		7104.29	--其他	
7104.90	-其他		-其他：	
		7104.91	--钻石	
		7104.99	--其他	
71.12	贵金属或包贵金属的废碎料；含有贵金属或贵金属化合物的其他废碎料，主要用于回收贵金属：	71.12	贵金属或包贵金属的废碎料；含有贵金属或贵金属化合物的其他废碎料，主要用于回收贵金属，品目 85.49 的货品除外：	根据《巴塞尔公约》秘书处的建议，为某些种类的废物修订《协调制度》目录
第十五类注释一（十）	（十）第九十四章的物品（例如，家具、弹簧床垫、灯具及照明装置、发光标志、活动房屋）；	第十五类注释一（十）	（十）第九十四章的物品（例如，家具、弹簧床垫、灯具及照明装置、发光标志、活动房屋）；	为发光二极管（LED）类商品而进行的修订。仅英文修改，中文不变
第十五类注释二（一）	（一）品目 73.07、73.12、73.15、73.17 或 73.18 的物品及其他贱金属制的类似品；	第十五类注释二（一）	（一）品目 73.07、73.12、73.15、73.17 或 73.18 的物品及其他贱金属制的类似品，不包括专用于医疗、外科、牙科或兽医的植入物（品目 90.21）；	修改第十五类注释二（一）
第十五类注释七	七、复合材料制品的归类规则： 除各品目另有规定的以外，贱金属制品（包括根据“归类总规则”作为贱金属制品的混合材料制品）如果含有两种或两种以上贱金属的，按其所含重量最大的贱金属的制品归类。	第十五类注释七	七、复合材料制品的归类规则： 除各品目另有规定的以外，贱金属制品（包括根据“归类总规则”作为贱金属制品的混合材料制品）如果含有两种或两种以上贱金属的，按其所含重量最大的贱金属的制品归类。	仅英文修改，中文不变

2017 年版		2022 年版		修改说明
HS 编码	商品名称	HS 编码	商品名称	
第十五类注释八(一)	(一) 废碎料 在金属生产或机械加工中产生的废料及碎屑以及因破裂、切断、磨损及其他原因而明显不能作为原物使用的金属货品。	第十五类注释八(一)	(一) 废碎料 1. 所有金属废碎料; 2. 因破裂、切断、磨损或其他原因而明显不能作为原物使用的金属货品。	根据《巴塞尔公约》秘书处的建议,为某些种类的废物修订《协调制度》目录
	新增类注释	新增第十五类注释九	九、第七十四章至第七十六章以及第七十八章至第八十一章所述有关名词解释如下: (一) 条、杆 轧、挤、拔或锻制的实心产品,非成卷的,其全长截面均为圆形、椭圆形、矩形(包括正方形)、等边三角形或规则外凸多边形(包括相对两边为弧拱形,另外两边为等长平行直线的“扁圆形”及“变形矩形”)。对于矩形(包括正方形)、三角形或多边形截面的产品,其全长边角可经磨圆。矩形(包括“变形矩形”)截面的产品,其厚度应大于宽度的十分之一。所述条、杆也包括同样形状及尺寸的铸造或烧结产品。该产品在铸造或烧结后再经加工(简单剪修或去氧化皮的除外),但不具有其他品目所列制品或产品的特征。 第七十四章的线锭及坯段,已具锥形尾端或经其他简单加工以便送入机器制成盘条或管子等的,仍应作为未锻轧铜归入品目 74.03。此条注释在必要的地方稍加修改后,适用于第八十一章的产品。	修改或删除第七十八章、第七十九章和第八十章的某些注释

2017 年版		2022 年版		修改说明
HS 编码	商品名称	HS 编码	商品名称	
	新增类注释	新增第十五类注释九	(二) 型材及异型材 轧、挤、拔、锻制的产品或其他成型产品，不论是否成卷，其全长截面相同，但与条、杆、丝、板、片、带、箔、管的定义不相符合。同时也包括同样形状的铸造或烧结产品。该产品在铸造或烧结后再经加工（简单剪修或去氧化皮的除外），但不具有其他品目所列制品或产品的特征。 (三) 丝 盘卷的轧、挤或拔制实心产品，其全长截面均为圆形、椭圆形、矩形（包括正方形）、等边三角形或规则外凸多边形（包括相对两边为弧拱形，另外两边为等长平行直线的“扁圆形”及“变形矩形”）。对于矩形（包括正方形）、三角形或多边形截面的产品，其全长边角可经磨圆。矩形（包括“变形矩形”）截面的产品，其厚度应大于宽度的十分之一。 (四) 板、片、带、箔 成卷或非成卷的平面产品（未锻轧产品除外），截面均为厚度相同的实心矩形（不包括正方形），不论边角是否磨圆（包括相对两边为弧拱形，另外两边为等长平行直线的“变形矩形”），并且符合以下规格： 1. 矩形（包括正方形）的，厚度不超过宽度的十分之一； 2. 矩形或正方形以外形状的，任何尺寸，但不具有其他品目所列制品或产品的特征。	修改或删除第七十八章、第七十九章和第八十章的某些注释

2017 年版		2022 年版		修改说明
HS 编码	商品名称	HS 编码	商品名称	
	新增类注释	新增第十五类注释九	这些品目还适用于具有花样（例如，凹槽、肋条形、格槽、珠粒及菱形）的板、片、带、箔以及穿孔、抛光、涂层或制成瓦楞形的这类产品，但不具有其他品目所列制品或产品的特征。 （五）管 全长截面及管壁厚度相同并只有一个闭合空间的空心产品，成卷或非成卷的，其截面为圆形、椭圆形、矩形（包括正方形）、等边三角形或规则外凸多边形。对于截面为矩形（包括正方形）、等边三角形或规则外凸多边形的产品，不论全长边角是否磨圆，只要其内外截面为同一圆心并为同样形状及同一轴向，也可视为管子。上述截面的管子可经抛光、涂层、弯曲、攻丝、钻孔、缩腰、胀口、成锥形或装法兰、颈圈或套环。	修改或删除第七十八章、第七十九章和第八十章的某些注释
73.18	钢铁制的螺钉、螺栓、螺母、方头螺钉、钩头螺钉、铆钉、销、开尾销、垫圈（包括弹簧垫圈）及类似品：	73.18	钢铁制的螺钉、螺栓、螺母、方头螺钉、钩头螺钉、铆钉、销、开尾销、垫圈（包括弹簧垫圈）及类似品：	仅法文修改，中文不变
	-螺纹制品：		-螺纹制品：	
7318.11	--方头螺钉	7318.11	--方头螺钉	
7318.12	--其他木螺钉	7318.12	--其他木螺钉	
7318.13	--钩头螺钉及环头螺钉	7318.13	--钩头螺钉及环头螺钉	
7318.14	--自攻螺钉	7318.14	--自攻螺钉	
7318.15	--其他螺钉及螺栓，不论是否带有螺母或垫圈：	7318.15	--其他螺钉及螺栓，不论是否带有螺母或垫圈：	
7318.16	--螺母	7318.16	--螺母	

2017 年版		2022 年版		修改说明
HS 编码	商品名称	HS 编码	商品名称	
7318.19	--其他	7318.19	--其他	仅法文修改，中文不变
	-无螺纹制品：		-无螺纹制品：	
7318.21	--弹簧垫圈及其他防松垫圈	7318.21	--弹簧垫圈及其他防松垫圈	
7318.22	--其他垫圈	7318.22	--其他垫圈	
7318.23	--铆钉	7318.23	--铆钉	
7318.24	--销及开尾销	7318.24	--销及开尾销	
7318.29	--其他	7318.29	--其他	
第七十四章注释四至八	四、条、杆 轧、挤、拔或锻制的实心产品，非成卷的，其全长截面均为圆形、椭圆形、矩形（包括正方形）、等边三角形或规则外凸多边形（包括相对两边为弧拱形，另外两边为等长平行直线的“扁圆形”及“变形矩形”）。对于矩形（包括正方形）、三角形或多边形截面的产品，其全长边角可经磨圆。矩形（包括“变形矩形”）截面的产品，其厚度应大于宽度的十分之一。所述条、杆也包括同样形状及尺寸的铸造或烧结产品。该产品在铸造或烧结后再经加工（简单剪修或去氧化皮的除外），但不具有其他品目所列制品或产品的特征。线锭及坯段，已具锥形尾端或经其他简单加工以便送入机器制成盘条或管子等的，仍应作为未锻轧铜归入品目 74.03。		删除该注释	修订或删除第七十四章至第八十一章的部分注释

2017 年版		2022 年版		修改说明
HS 编码	商品名称	HS 编码	商品名称	
第七十四章注释四至八	五、型材及异型材 轧、挤、拔、锻制的产品或其他成型产品，不论是否成卷，其全长截面相同，但与条、杆、丝、板、片、带、箔、管的定义不相符合。同时也包括同样形状的铸造或烧结产品。该产品在铸造或烧结后再经加工（简单剪修或去氧化皮的除外），但不具有其他品目所列制品或产品的特征。 六、丝 盘卷的轧、挤或拔制实心产品，其全长截面均为圆形、椭圆形、矩形（包括正方形）、等边三角形或规则外凸多边形（包括相对两边为弧拱形，另外两边为等长平行直线的“扁圆形”及“变形矩形”）。对于矩形（包括正方形）、三角形或多边形截面的产品，其全长边角可经磨圆。矩形（包括“变形矩形”）截面的产品，其厚度应大于宽度的十分之一。 七、板、片、带、箔 成卷或非成卷的平面产品（品目 74.03 的未锻轧产品除外），截面均为厚度相同的实心矩形（不包括正方形），不论边角是否磨圆（包括相对两边为弧拱形，另外两边为等长平行直线的“变形矩形”），并且符合以下规格： （一）矩形（包括正方形）的，厚度不超过宽度的十分之一；		删除该注释	修订或删除第七十四章至第八十一章的部分注释

2017 年版		2022 年版		修改说明
HS 编码	商品名称	HS 编码	商品名称	
第七十四章注释四至八	（二）矩形或正方形以外形状的，任何尺寸，但不具有其他品目所列制品或产品的特征。品目 74.09 及 74.10 还适用于具有花样（例如，凹槽、肋条形、格槽、珠粒及菱形）的板、片、带、箔以及穿孔、抛光、涂层或制成瓦楞形的这类产品，但不具有其他品目所列制品或产品的特征。 八、管 全长截面及管壁厚度相同并只有一个闭合空间的空心产品，成卷或非成卷的，其截面为圆形、椭圆形、矩形（包括正方形）、等边三角形或规则外凸多边形。对于截面为矩形（包括正方形）、等边三角形或规则外凸多边形的产品，不论全长边角是否磨圆，只要其内外截面为同一圆心并为同样形状及同一轴向，也可视为管子。上述截面的管子可经抛光、涂层、弯曲、攻丝、钻孔、缩腰、胀口、成锥形或装法兰、颈圈或套环。		删除该注释	修订或删除第七十四章至第八十一章的部分注释
74.19	其他铜制品：	74.19	其他铜制品：	删除贸易量低的品目/子目
7419.10	-链条及其零件			
		7419.20	-铸造、模压、冲压或锻造，但未经进一步加工的	
		7419.80	-其他	
	-其他：			
7419.91	--铸造、模压、冲压或锻造，但未经进一步加工的			
7419.99	--其他			

2017 年版		2022 年版		修改说明
HS 编码	商品名称	HS 编码	商品名称	
第七十五章注释一至五	本章所用有关名词解释如下： 一、条、杆 轧、挤、拔或锻制的实心产品，非成卷的，其全长截面均为圆形、椭圆形、矩形（包括正方形）、等边三角形或规则外凸多边形（包括相对两边为弧拱形，另外两边为等长平行直线的“扁圆形”及“变形矩形”）。对于矩形（包括正方形）、三角形或多边形截面的产品，其全长边角可经磨圆。矩形（包括“变形矩形”）截面的产品，其厚度应大于宽度的十分之一。所述条、杆也包括同样形状及尺寸的铸造或烧结产品。该产品在铸造或烧结后再经加工（简单剪修或去氧化皮的除外），但不具有其他品目所列制品或产品的特征。 二、型材及异型材 轧、挤、拔、锻制的产品或其他成型产品，不论是否成卷，其全长截面相同，但与条、杆、丝、板、片、带、箔、管的定义不相符合。同时也包括同样形状的铸造或烧结产品。该产品在铸造或烧结后再经加工（简单剪修或去氧化皮的除外），但不具有其他品目所列制品或产品的特征。		删除该注释	修订或删除第七十四章至第八十一章的部分注释

2017 年版		2022 年版		修改说明
HS 编码	商品名称	HS 编码	商品名称	
第七十五章注释一至五	三、丝 盘卷的轧、挤或拔制实心产品，其全长截面均为圆形、椭圆形、矩形（包括正方形）、等边三角形或规则外凸多边形（包括相对两边为弧拱形，另外两边为等长平行直线的“扁圆形”及“变形矩形”）。对于矩形（包括正方形）、三角形或多边形截面的产品，其全长边角可经磨圆。矩形（包括“变形矩形”）截面的产品，其厚度应大于宽度的十分之一。 四、板、片、带、箔 成卷或非成卷的平面产品（品目 75.02 的未锻轧产品除外），截面均为厚度相同的实心矩形（不包括正方形），不论边角是否磨圆（包括相对两边为弧拱形，另外两边为等长平行直线的“变形矩形”），并且符合以下规格： （一）矩形（包括正方形）的，厚度不超过宽度的十分之一； （二）矩形或正方形以外形状的，任何尺寸，但不具有其他品目所列制品或产品的特征。 品目 75.06 还适用于具有花样（例如，凹槽、肋条形、格槽、珠粒及菱形）的板、片、带、箔以及穿孔、抛光、涂层或制成瓦楞形的这类产品，但不具有其他品目所列制品或产品的特征。		删除该注释	修订或删除第七十四章至第八十一章的部分注释

2017 年版		2022 年版		修改说明
HS 编码	商品名称	HS 编码	商品名称	
第七十五章注释一至五	五、管 全长截面及管壁厚度相同并只有一个闭合空间的空心产品，成卷或非成卷的，其截面为圆形、椭圆形、矩形（包括正方形）、等边三角形或规则外凸多边形。对于截面为矩形（包括正方形）、等边三角形或规则外凸多边形的产品，不论全长边角是否磨圆，只要其内外截面为同一圆心并为同样形状及同一轴向，也可视为管子。上述截面的管子可经抛光、涂层、弯曲、攻丝、钻孔、缩腰、胀口、成锥形或装法兰、颈圈或套环。		删除该注释	修订或删除第七十四章至第八十一章的部分注释
第七十五章子目注释二	二、子目 7508.10 所称“丝”，不受本章注释三的限制，仅适用于截面尺寸不超过 6 毫米的任何截面形状的产品，不论是否盘卷。	第七十五章子目注释二	二、子目 7508.10 所称“丝”，不受第十五类注释九（三）的限制，仅适用于截面尺寸不超过 6 毫米的任何截面形状的产品，不论是否盘卷。	修订或删除第七十四章至第八十一章的部分注释
第七十六章注释一至五	本章所用有关名词解释如下： 一、条、杆 轧、挤、拔或锻制的实心产品，非成卷的，其全长截面均为圆形、椭圆形、矩形（包括正方形）、等边三角形或规则外凸多边形（包括相对两边为弧拱形，另外两边为等长平行直线的“扁圆形”及“变形矩形”）。对于矩形（包括正方形）、三角形或多边形截面的产品，其全长边角可经磨圆。矩形（包括“变形矩形”）截面的产品，		删除该注释	修订或删除第七十四章至第八十一章的部分注释

2017 年版		2022 年版		修改说明
HS 编码	商品名称	HS 编码	商品名称	
第七十六章注释一至五	其厚度应大于宽度的十分之一。所述条、杆也包括同样形状及尺寸的铸造或烧结产品。该产品在铸造或烧结后再经加工（简单剪修或去氧化皮的除外），但不具有其他品目所列制品或产品的特征。 二、型材及异型材 轧、挤、拔、锻制的产品或其他成型产品，不论是否成卷，其全长截面相同，但与条、杆、丝、板、片、带、箔、管的定义不相符合。同时也包括同样形状的铸造或烧结产品。该产品在铸造或烧结后再经加工（简单剪修或去氧化皮的除外），但不具有其他品目所列制品或产品的特征。 三、丝 盘卷的轧、挤或拔制实心产品，其全长截面均为圆形、椭圆形、矩形（包括正方形）、等边三角形或规则外凸多边形（包括相对两边为弧拱形，另外两边为等长平行直线的“扁圆形”及“变形矩形”）。对于矩形（包括正方形）、三角形或多边形截面的产品，其全长边角可经磨圆。矩形（包括“变形矩形）截面的产品，其厚度应大于宽度的十分之一。 四、板、片、带、箔 成卷或非成卷的平面产品（品目 76.01 的未锻轧产品除外），截面均为厚度相同的实		删除该注释	修订或删除第七十四章至第八十一章的部分注释

2017年版		2022年版		修改说明
HS编码	商品名称	HS编码	商品名称	
第七十六章注释一至五	心矩形（不包括正方形），不论边角是否磨圆（包括相对两边为弧拱形，另外两边为等长平行直线的“变形矩形”），并且符合以下规格： （一）矩形（包括正方形）的，厚度不超过宽度的十分之一； （二）矩形或正方形以外形状的，任何尺寸，但不具有其他品目所列制品或产品的特征。 品目76.06和76.07还适用于具有花样（例如，凹槽、肋条形、格槽、珠粒及菱形）的板、片、带、箔以及穿孔、抛光、涂层或制成瓦楞形的这类产品，但不具有其他品目所列制品或产品的特征。 五、管 全长截面及管壁厚度相同并只有一个闭合空间的空心产品，成卷或非成卷的，其截面为圆形、椭圆形、矩形（包括正方形）、等边三角形或规则外凸多边形。对于截面为矩形（包括正方形）、等边三角形或规则外凸多边形的产品，不论全长边角是否磨圆，只要其内外截面为同一圆心并为同样形状及同一轴向，也可视为管子。上述截面的管子可经抛光、涂层、弯曲、攻丝、钻孔、缩腰、胀口、成锥形或装法兰、颈圈或套环。		删除该注释	修订或删除第七十四章至第八十一章的部分注释

2017 年版		2022 年版		修改说明
HS 编码	商品名称	HS 编码	商品名称	
第七十六章子目注释二	二、子目 7616.91 所称“丝”，不受本章注释三的限制，仅适用于截面尺寸不超过 6 毫米的任何截面形状的产品，不论是否盘卷。	第七十六章子目注释二	二、子目 7616.91 所称“丝”，不受第十五类注释九（三）的限制，仅适用于截面尺寸不超过 6 毫米的任何截面形状的产品，不论是否盘卷。	修订或删除第七十四章至第八十一章的部分注释
第七十八章注释一至五	本章所用有关名词解释如下： 一、条、杆 轧、挤、拔或锻制的实心产品，非成卷的，其全长截面均为圆形、椭圆形、矩形（包括正方形）、等边三角形或规则外凸多边形（包括相对两边为弧拱形，另外两边为等长平行直线的“扁圆形”及“变形矩形”）。对于矩形（包括正方形）、三角形或多边形截面的产品，其全长边角可经磨圆。矩形（包括“变形矩形”）截面的产品，其厚度应大于宽度的十分之一。所述条、杆也包括同样形状及尺寸的铸造或烧结产品。该产品在铸造或烧结后再经加工（简单剪修或去氧化皮的除外），但不具有其他品目所列制品或产品的特征。 二、型材及异型材 轧、挤、拔、锻制的产品或其他成型产品，不论是否成卷，其全长截面相同，但与条、杆、丝、板、片、带、箔、管的定义不相符合。同时也包括同样形状的铸造或烧结产品。该产品在铸造或烧结后再经加工（简单剪修或去氧化皮的除外），但不具有其他品目所列制品或产品的特征。		删除该注释	修订或删除第七十四章至第八十一章的部分注释

2017 年版		2022 年版		修改说明
HS 编码	商品名称	HS 编码	商品名称	
第七十八章注释一至五	三、丝 盘卷的轧、挤或拔制实心产品，其全长截面均为圆形、椭圆形、矩形（包括正方形）、等边三角形或规则外凸多边形（包括相对两边为弧拱形，另外两边为等长平行直线的“扁圆形”及“变形矩形”）。对于矩形（包括正方形）、三角形或多边形截面的产品，其全长边角可经磨圆。矩形（包括“变形矩形”）截面的产品，其厚度应大于宽度的十分之一。 四、板、片、带、箔 成卷或非成卷的平面产品（品目 78.01 的未锻轧产品除外），截面均为厚度相同的实心矩形（不包括正方形），不论边角是否磨圆（包括相对两边为弧拱形，另外两边为等长平行直线的“变形矩形”）。并且符合以下规格： （一）矩形（包括正方形）的，厚度不超过宽度的十分之一； （二）矩形或正方形以外形状的，任何尺寸，但不具有其他品目所列制品或产品的特征。 品目 78.04 还适用于具有花样（例如，凹槽、肋条形、格槽、珠粒及菱形）的板、片、带、箔以及穿孔、抛光、涂层或制成瓦楞形的这类产品，但不具有其他品目所列制品或产品的特征。 五、管 全长截面及管壁厚度相同并只		删除该注释	修订或删除第七十四章至第八十一章的部分注释

2017年版		2022年版		修改说明
HS编码	商品名称	HS编码	商品名称	
第七十八章注释一至五	有一个闭合空间的实心产品，成卷或非成卷的，其截面为圆形、椭圆形、矩形（包括正方形）、等边三角形或规则外凸多边形。对于截面为矩形（包括正方形）、等边三角形或规则外凸多边形的产品，不论全长边角是否磨圆，只要其内外截面为同一圆心并为同样形状及同一轴向，也可视为管子。上述截面的管子可经抛光、涂层、弯曲、攻丝、钻孔、缩腰、胀口、成锥形或装法兰、颈圈或套环。		删除该注释	修订或删除第七十四章至第八十一章的部分注释
78.04	铅板、片、带、箔；铅粉及片状粉末：	78.04	铅板、片、带、箔；铅粉及片状粉末：	仅法文修改，中文不变
	-板、片、带、箔：		-板、片、带、箔：	
7804.11	--片、带及厚度（衬背除外）不超过0.2毫米的箔	7804.11	--片、带及厚度（衬背除外）不超过0.2毫米的箔	
7804.19	--其他	7804.19	--其他	
7804.20	-粉末及片状粉末	7804.20	-粉末及片状粉末	
第七十九章注释一至五	本章所用有关名词解释如下： 一、条、杆 轧、挤、拔或锻制的实心产品，非成卷的，其全长截面均为圆形、椭圆形、矩形（包括正方形）、等边三角形或规则外凸多边形（包括相对两边弧拱形，另外两边为等长平行直线的“扁圆形”及“变形矩形”）。对于矩形（包括正方形）、三角形或多边形截面的产品，其全长边角可经磨圆。矩形（包括“变形矩形”）截面的产品，其厚度应大于宽度的十分之一。所述条、杆也包括同样		删除该注释	修订或删除第七十四章至第八十一章的部分注释

2017 年版		2022 年版		修改说明
HS 编码	商品名称	HS 编码	商品名称	
第七十九章注释一至五	形状及尺寸的铸造或烧结产品。该产品在铸造或烧结后再经加工（简单剪修或去氧化皮的除外），但不具有其他品目所列制品或产品的特征。 二、型材及异型材 轧、挤、拔、锻制的产品或其他成型产品，不论是否成卷，其全长截面相同，但与条、杆、丝、板、片、带、箔、管的定义不相符合。同时也包括同样形状的铸造或烧结产品。该产品在铸造或烧结后再经加工（简单剪修或去氧化皮的除外），但不具有其他品目所列制品或产品的特征。 三、丝 盘卷的轧、挤或拔制实心产品，其全长截面均为圆形、椭圆形、矩形（包括正方形）、等边三角形或规则外凸多边形（包括相对两边为弧拱形，另外两边为等长平行直线的“扁圆形”及“变形矩形”）。对于矩形（包括正方形）、三角形或多边形截面的产品，其全长边角可经磨圆。矩形（包括“变形矩形”）截面的产品，其厚度应大于宽度的十分之一。 四、板、片、带、箔 成卷或非成卷的平面产品（品目 79.01 的未锻轧产品除外），截面均为厚度相同的实心矩形（不包括正方形），不论边角是否磨圆（包括相对两边为弧拱形，另外两边为等长平行直线的“变形矩形”）。并且符合以下规格：		删除该注释	修订或删除第七十四章至第八十一章的部分注释

2017 年版		2022 年版		修改说明
HS 编码	商品名称	HS 编码	商品名称	
第七十九章注释一至五	（一）矩形（包括正方形）的，厚度不超过宽度的十分之一； （二）矩形或正方形以外形状的品目，任何尺寸，但不具有其他品目所列制品或产品的特征。 品目 79.05 还适用于具有花样（例如，凹槽、肋条形、格槽、珠粒及菱形）的板、片、带、箔以及穿孔、抛光、涂层或制成瓦楞形的这类产品，但不具有其他品目所列制品或产品的特征。 五、管 全长截面及管壁厚度相同并只有一个闭合空间的空心产品，成卷或非成卷的，其截面为圆形、椭圆形、矩形（包括正方形）、等边三角形或规则外凸多边形。对于截面为矩形（包括正方形）、等边三角形或规则外凸多边形的产品，不论全长边角是否磨圆，只要其内外截面为同一圆心并为同样形状及同一轴向，也可视为管子。上述截面的管子可经抛光、涂层、弯曲、攻丝、钻孔、缩腰、胀口、成锥形或装法兰、颈圈或套环。		删除该注释	修订或删除第七十四章至第八十一章的部分注释
第八十章注释一至五	本章所用有关名词解释如下： 一、条、杆 轧、挤、拔或锻制的实心产品，非成卷的，其全长截面均为圆形、椭圆形、矩形（包括正方形）、等边三角形或规则外凸多边形（包括相对两边为弧拱形，另外两边为等长平行直线的“扁圆形”		删除该注释	修订或删除第七十四章至第八十一章的部分注释

2017 年版		2022 年版		修改说明
HS 编码	商品名称	HS 编码	商品名称	
第八十章注释一至五	及“变形矩形”）。对于矩形（包括正方形）、三角形或多边形截面的产品，其全长边角可经磨圆。矩形（包括“变形矩形”）截面的产品，其厚度应大于宽度的十分之一。所述条、杆也包括同样形状及尺寸的铸造或烧结产品。该产品在铸造或烧结后再经加工（简单剪修或去氧化皮的除外），但不具有其他品目所列制品或产品的特征。 二、型材及异型材 轧、挤、拔、锻制的产品或其他成型产品，不论是否成卷，其全长截面相同，但与条、杆、丝、板、片、带、箔、管的定义不相符合。同时也包括同样形状的铸造或烧结产品。该产品在铸造或烧结后再经加工（简单剪修或去氧化皮的除外），但不具有其他品目所列制品或产品的特征。 三、丝 盘卷的轧、挤或拔制实心产品，其全长截面均为圆形、椭圆形、矩形（包括正方形）、等边三角形或规则外凸多边形（包括相对两边为弧拱形，另外两边为等长平行直线的“扁圆形”及“变形矩形”）。对于矩形（包括正方形）、三角形或多边形截面的产品，其全长边角可经磨圆。矩形（包括“变形矩形”）截面的产品，其厚度应大于宽度的十分之一。		删除该注释	修订或删除第七十四章至第八十一章的部分注释

2017年版		2022年版		修改说明
HS编码	商品名称	HS编码	商品名称	
第八十章注释一至五	四、板、片、带、箔 成卷或非成卷的平面产品（品目80.01的未锻轧产品除外），截面均为厚度相同的实心矩形（不包括正方形），不论边角是否磨圆（包括相对两边为弧拱形，另外两边为等长平行直线的“变形矩形”），并且符合以下规格： （一）矩形（包括正方形）的，厚度不超过宽度的十分之一； （二）矩形或正方形以外形状的，任何尺寸，但不具有其他品目所列制品或产品的特征。 五、管 全长截面及管壁厚度相同并只有一个闭合空间的空心产品，成卷或非成卷的，其截面为圆形、椭圆形、矩形（包括正方形）、等边三角形或规则外凸多边形。对于截面为矩形（包括正方形）、等边三角形或规则外凸多边形的产品，不论全长边角是否磨圆，只要其内外截面为同一圆心并为同样形状及同一轴向，也可视为管子。上述截面的管子可经抛光、涂层、弯曲、攻丝、钻孔、缩腰、胀口、成锥形或装法兰、颈圈或套环。		删除该注释	修订或删除第七十四章至第八十一章的部分注释
第八十一章子目注释	子目注释： 第七十四章注释中有关“条、杆”“型材及异型材”“丝”及“板、片、带、箔”的规定也适用于本章。		删除该子目注释	修订或删除第七十四章至第八十一章的部分注释

2017 年版		2022 年版		修改说明
HS 编码	商品名称	HS 编码	商品名称	
81.03	钽及其制品，包括废碎料：	81.03	钽及其制品，包括废碎料：	为两用物项修订《协调制度》目录（新增子目）
8103.20	-未锻轧钽，包括简单烧结而成的条、杆；粉末	8103.20	-未锻轧钽，包括简单烧结而成的条、杆；粉末	
8103.30	-废碎料	8103.30	-废碎料	
8103.90	-其他		-其他：	
		8103.91	--坩埚	
		8103.99	--其他	
81.06	铋及其制品，包括废碎料：	81.06	铋及其制品，包括废碎料：	为两用物项修订《协调制度》目录（新增子目）
8106.00	铋及其制品，包括废碎料			
		8106.10	-按重量计铋含量在99%以上	
		8106.90	-其他	
81.07	镉及其制品，包括废碎料：			删除贸易量小的品目/子目
8107.20	-未锻轧镉；粉末			
8107.30	-废碎料			
8107.90	-其他			
81.09	锆及其制品，包括废碎料：	81.09	锆及其制品，包括废碎料：	为两用物项修订《协调制度》目录（新增子目）
8109.20	-未锻轧锆；粉末		-未锻轧锆；粉末：	
		8109.21	--按重量计铪与锆之比低于1∶500	
		8109.29	--其他	
8109.30	-废碎料		-废碎料：	
		8109.31	--按重量计铪与锆之比低于1∶500	
		8109.39	--其他	
8109.90	-其他		-其他：	
		8109.91	--按重量计铪与锆之比低于1∶500	
		8109.99	--其他	

2017 年版		2022 年版		修改说明
HS 编码	商品名称	HS 编码	商品名称	
81.12	铍、铬、锗、钒、镓、铪、铟、铌、铼、铊及其制品，包括废碎料：	81.12	铍、铬、铪、铼、铊、镉、锗、钒、镓、铟、铌及其制品，包括废碎料：	删除贸易量小的品目/子目
	-铍：		-铍：	
8112.12	--未锻轧铍；粉末	8112.12	--未锻轧铍；粉末	
8112.13	--废碎料	8112.13	--废碎料	
8112.19	--其他	8112.19	--其他	
	-铬：		-铬：	
8112.21	--未锻轧铬；粉末	8112.21	--未锻轧铬；粉末	
8112.22	--废碎料	8112.22	--废碎料	
8112.29	--其他	8112.29	--其他	
			-铪：	为两用物项修订《协调制度》目录（新增子目）
		8112.31	--未锻轧铪；废碎料；粉末	
		8112.39	--其他	
			-铼：	
		8112.41	--未锻轧铼；废碎料；粉末	
		8112.49	--其他	
	-铊：		-铊：	
8112.51	--未锻轧铊；粉末	8112.51	--未锻轧铊；粉末	
8112.52	--废碎料	8112.52	--废碎料	
8112.59	--其他	8112.59	--其他	
			-镉：	删除贸易量小的品目/子目
		8112.61	--废碎料；	
		8112.69	--其他	
	-其他：		-其他：	
8112.92	--未锻轧；废碎料；粉末	8112.92	--未锻轧；废碎料；粉末	
8112.99	--其他	8112.99	--其他	

2017 年版		2022 年版		修改说明
HS 编码	商品名称	HS 编码	商品名称	
第十六类注释二(二)	(二) 专用于或主要用于某一种机器或同一品目的多种机器(包括品目 84.79 或 85.43 的机器) 的其他零件，应与该种机器一并归类，或酌情归入品目 84.09、84.31、84.48、84.66、84.73、85.03、85.22、85.29 或 85.38。但能同时主要用于品目 85.17 和 85.25 至 85.28 所列机器的零件，应归入品目 85.17；	第十六类注释二(二)	(二) 专用于或主要用于某一种机器或同一品目的多种机器(包括品目 84.79 或 85.43 的机器) 的其他零件，应与该种机器一并归类，或酌情归入品目 84.09、84.31、84.48、84.66、84.73、85.03、85.22、85.29 或 85.38。但能同时主要用于品目 85.17 和 85.25 至 85.28 所列货品的零件应归入品目 85.17，专用于或主要用于品目 85.24 所列货品的零件应归入品目 85.29；	为平板显示模组修订《协调制度》目录(新增品目 85.24)
	新增类注释	新增第十六类注释六	六、 (一) 本协调制度所称“电子电气废弃物及碎料”，是指下列电气和电子组件、印刷电路板以及电气或电子产品： 1. 因破损、拆解或其他处理而无法用于其原用途，或通过维修、翻新或修理以使其仍用作原用途是不经济的；以及 2. 其包装或运输方式不是为了保护单件物品在运输、装卸过程中不受损坏的。 (二) “电子电气废弃物及碎料”与其他废物、废料的混合物归入品目 85.49。 (三) 本类不包括第三十八章注释四所规定的城市垃圾。	根据《巴塞尔公约》秘书处的建议，为某些类别的废物修订《协调制度》目录

<table>
<tr><th colspan="2">2017年版</th><th colspan="2">2022年版</th><th rowspan="2">修改说明</th></tr>
<tr><th>HS编码</th><th>商品名称</th><th>HS编码</th><th>商品名称</th></tr>
<tr><td>第八十四章注释二</td><td>二、除第十六类注释三及本章注释九另有规定以外，如果某种机器或器具既符合品目84.01至84.24中一个或几个品目的规定，或符合品目84.86的规定，又符合品目84.25至84.80中一个或几个品目的规定，则应酌情归入品目84.01至84.24中的相应品目或品目84.86，而不归入品目84.25至84.80中的有关品目。
但品目84.19不包括：
（一）催芽装置、孵卵器或育雏器（品目84.36）；
（二）谷物调湿机（品目84.37）；
（三）萃取糖汁的浸提装置（品目84.38）；
（四）纱线、织物及纺织制品的热处理机器（品目84.51）；或
（五）温度变化（即使必不可少）仅作为辅助功能的机器、设备或实验室设备。
品目84.22不包括：
（一）缝合袋子或类似品用的缝纫机（品目84.52）；或
（二）品目84.72的办公室用机器。
品目84.24不包括：
（一）喷墨印刷（打印）机器（品目84.43）；或
（二）水射流切割机（品目84.56）。</td><td>第八十四章注释二</td><td>二、除第十六类注释三及本章注释十一另有规定以外，如果某种机器或器具既符合品目84.01至84.24中一个或几个品目的规定，或符合品目84.86的规定，又符合品目84.25至84.80中一个或几个品目的规定，则应酌情归入品目84.01至84.24中的相应品目或品目84.86，而不归入品目84.25至84.80中的有关品目。
（一）但品目84.19不包括：
1. 催芽装置、孵卵器或育雏器（品目84.36）；
2. 谷物调湿机（品目84.37）；
3. 萃取糖汁的浸提装置（品目84.38）；
4. 纱线、织物及纺织制品的热处理机器（品目84.51）；或
5. 温度变化（即使必不可少）仅作为辅助功能的机器、设备或实验室设备。
（二）品目84.22不包括：
1. 缝合袋子或类似品用的缝纫机（品目84.52）；或
2. 品目84.72的办公室用机器。
（三）品目84.24不包括：
1. 喷墨印刷（打印）机器（品目84.43）；或
2. 水射流切割机（品目84.56）。</td><td>修改第八十四章注释二排除条款的部分文字；将注释九修改为注释十一</td></tr>
</table>

2017 年版		2022 年版		修改说明
HS 编码	商品名称	HS 编码	商品名称	
	新增章注释	新增第八十四章注释五	五、品目 84.62 用于板材的“纵剪线”是由开卷机、矫平机、纵剪机和收卷机组成的生产线；用于板材的“定尺剪切线”是由开卷机、矫平机和剪切机组成的生产线。 原注释五至九相应地调整为注释六至十。	对品目 84.62 锻造机所作的修订
第八十四章注释五（四）	五、 （一）品目 84.71 所称“自动数据处理设备”，是指具有以下功能的机器： 1. 存储处理程序和执行程序直接需要的起码的数据； 2. 按照用户的要求随意编辑程序； 3. 按照用户指令进行算术计算；以及 4. 在运行过程中，可不需人为干预而通过逻辑判断，执行一个处理程序，这个处理程序可改变计算机指令的执行。 （二）自动数据处理设备可以是一套由若干单独部件所组成的系统。 （三）除本条注释（四）及（五）另有规定的以外，一个部件如果符合下列所有规定，即可视为自动数据处理系统的一部分： 1. 专用于或主要用于自动数据处理系统； 2. 可以直接或通过一个或几个其他部件同中央处理器相联接；以及 3. 能够以本系统所使用的方式（代码或信号）接收或传送数据。 自动数据处理设备的部件如果单独报验，应归入品目 84.71。	第八十四章注释六（四）	六、 （一）品目 84.71 所称“自动数据处理设备”，是指具有以下功能的机器： 1. 存储处理程序和执行程序直接需要的起码的数据； 2. 按照用户的要求随意编辑程序； 3. 按照用户指令进行算术计算；以及 4. 在运行过程中，可不需人为干预而通过逻辑判断，执行一个处理程序，这个处理程序可改变计算机指令的执行。 （二）自动数据处理设备可以是一套由若干单独部件所组成的系统。 （三）除本条注释（四）及（五）另有规定的以外，一个部件如果符合下列所有规定，即可视为自动数据处理系统的一部分： 1. 专用于或主要用于自动数据处理系统； 2. 可以直接或通过一个或几个其他部件同中央处理器相联接；以及 3. 能够以本系统所使用的方式（代码或信号）接收或传送数据。 自动数据处理设备的部件如果单独报验，应归入品目 84.71。	因章注释序号改变产生的修改

2017 年版		2022 年版		修改说明
HS 编码	商品名称	HS 编码	商品名称	
第八十四章注释五（四）	但是，键盘、X-Y 坐标输入装置及盘（片）式存储部件，只要符合上述注释（三）2 及（三）3 所列的规定，应一律作为品目 84.71 的部件归类。 （四）品目 84.71 不包括单独报验的下述设备，即使它们符合上述注释五（三）的所有规定： 1. 打印机、复印机、传真机，不论是否组合式； 2. 发送或接收声音、图像或其他数据的设备，包括有线或无线网络（例如，局域网或广域网）通信设备； 3. 扬声器和传声器（麦克风）； 4. 电视摄像机、数字照相机及视频摄录一体机； 5. 监视器及投影机，未装有电视接收装置。 （五）装有自动数据处理设备或与自动数据处理设备连接使用，但却从事数据处理以外的某项专门功能的机器，应按其功能归入相应的品目，对于无法按功能归类的，应归入未列名品目。	第八十四章注释六（四）	但是，键盘、X-Y 坐标输入装置及盘（片）式存储部件，只要符合上述注释（三）2 及（三）3 所列的规定，应一律作为品目 84.71 的部件归类。 （四）品目 84.71 不包括单独报验的下述设备，即使该设备符合上述注释六（三）的所有规定： 1. 打印机、复印机、传真机，不论是否组合式； 2. 发送或接收声音、图像或其他数据的设备，包括有线或无线网络（例如，局域网或广域网）通信设备； 3. 扬声器及传声器（麦克风）； 4. 电视摄像机、数字照相机及视频摄录一体机； 5. 监视器及投影机，未装有电视接收装置。 （五）装有自动数据处理设备或与自动数据处理设备连接使用，但却从事数据处理以外的某项专门功能的机器，应按其功能归入相应的品目，对于无法按功能归类的，应归入未列名品目。	因章注释序号改变产生的修改
	新增章注释	新增第八十四章注释十	十、品目 84.85 所称“增材制造”（也称 3D 打印）指以数字模型为基础，将介质材料（例如，金属、塑料或陶瓷）通过连续添加、堆叠、凝结和固化形成物体。 除第十六类注释一及第八十四章注释一另有规定的以外，符合品目 84.85 规定的设备，应归入该品目而不归入本协调制度的其他品目。 原注释九相应地调整为注释十一。	第八十四章为增材制造设备（3D 打印机）新增品目

2017 年版		2022 年版		修改说明
HS 编码	商品名称	HS 编码	商品名称	
第八十四章注释九	九、 （一）第八十五章注释九（一）及（二）同样适用于本条注释及品目 84.86 中所称的“半导体器件”及“集成电路”。但本条注释及品目 84.86 所称“半导体器件”，也包括光敏半导体器件及发光二极管（LED）。 （二）本条注释及品目 84.86 所称“平板显示器的制造”，包括将各层基片制造成一层平板，但不包括玻璃的制造或将印刷电路板或其他电子元件装配在平板上。“平板显示”不包括阴极射线管技术。 （三）品目 84.86 也包括专用于或主要用于下列用途的机器及装置： 1. 制造或修补掩膜版及投影掩膜板； 2. 组装半导体器件或集成电路； 3. 升降、搬运、装卸单晶柱、晶圆、半导体器件、集成电路和平板显示器。 （四）除第十六类注释一及第八十四章注释一另有规定的以外，符合品目 84.86 规定的设备及装置，应归入该品目而不归入本协调制度的其他品目。	第八十四章注释十一	十一、 （一）第八十五章注释十一（一）及（二）同样适用于本条注释和品目 84.86 中所称的“半导体器件”及“集成电路”。但本条注释及品目 84.86 所称“半导体器件”，也包括光敏半导体器件及发光二极管（LED）。 （二）本条注释及品目 84.86 所称“平板显示器的制造”，包括将各层基片制造成一层平板，但不包括玻璃的制造或将印刷电路板或其他电子元件装配在平板上。“平板显示”不包括阴极射线管技术。 （三）品目 84.86 也包括专用于或主要用于下列用途的机器及装置： 1. 制造或修补掩膜版及投影掩膜板； 2. 组装半导体器件或集成电路； 3. 升降、搬运、装卸单晶柱、晶圆、半导体器件、集成电路和平板显示器。 （四）除第十六类注释一及第八十四章注释一另有规定的以外，符合品目 84.86 规定的设备及装置，应归入该品目而不归入本协调制度的其他品目。	因章注释序号改变产生的修改
第八十四章子目注释二	二、子目 8471.49 所称“系统”，是指各部件符合第八十四章注释五（三）所列条件，并且至少由一个中央处理部件、一个输入部件（例如，键盘或扫描器）及一个输出部件（例如，视频显示器或打印机）组成的自动数据处理设备。	第八十四章子目注释二	二、子目 8471.49 所称“系统”，是指各部件符合第八十四章注释六（三）所列条件，并且至少由一个中央处理部件、一个输入部件（例如，键盘或扫描器）及一个输出部件（例如，视频显示器或打印机）组成的自动数据处理设备。	因章注释序号改变产生的修改
84.14	空气泵或真空泵、空气及其他气体压缩机、风机、风扇；装有风扇的通风罩或循环气罩，不论是否装有过滤器：	84.14	空气泵或真空泵、空气及其他气体压缩机、风机、风扇；装有风扇的通风罩或循环气罩，不论是否装有过滤器；气密生物安全柜，不论是否装有过滤器：	为两用物项修订《协调制度》目录。为气密生物安全柜新增子目
8414.10	-真空泵	8414.10	-真空泵	
8414.20	-手动或脚踏式空气泵	8414.20	-手动或脚踏式空气泵	

2017年版		2022年版		修改说明
HS编码	商品名称	HS编码	商品名称	
8414.30	-用于制冷设备的压缩机	8414.30	-用于制冷设备的压缩机	为两用物项修订《协调制度》目录。为气密生物安全柜新增子目
8414.40	-装在拖车底盘上的空气压缩机	8414.40	-装在拖车底盘上的空气压缩机	
	-风机、风扇：		-风机、风扇：	
8414.51	--台扇、落地扇、壁扇、换气扇或吊扇，包括风机，本身装有一个输出功率不超过125瓦的电动机	8414.51	--台扇、落地扇、壁扇、换气扇或吊扇，包括风机，本身装有一个输出功率不超过125瓦的电动机	
8414.59	--其他	8414.59	--其他	
8414.60	-罩的平面最大边长不超过120厘米的通风罩或循环气罩	8414.60	-罩的平面最大边长不超过120厘米的通风罩或循环气罩	
		8414.70	-气密生物安全柜	
8414.80	-其他	8414.80	-其他	
8414.90	-零件	8414.90	-零件	
84.18	电气或非电气的冷藏箱、冷冻箱及其他制冷设备；热泵，但品目84.15的空气调节器除外：	84.18	电气或非电气的冷藏箱、冷冻箱及其他制冷设备；热泵，但品目84.15的空气调节器除外：	因冷藏-冷冻组合机修改子目8418.10的条文
8418.10	-冷藏-冷冻组合机，各自装有单独外门的	8418.10	-冷藏-冷冻组合机，各自装有单独外门或抽屉，或其组合的	
	-家用型冷藏箱：		-家用型冷藏箱：	
8418.21	--压缩式	8418.21	--压缩式	
8418.29	--其他	8418.29	--其他	
8418.30	-柜式冷冻箱，容积不超过800升	8418.30	-柜式冷冻箱，容积不超过800升	
8418.40	-立式冷冻箱，容积不超过900升	8418.40	-立式冷冻箱，容积不超过900升	
8418.50	-装有冷藏或冷冻装置的其他设备（柜、箱、展示台、陈列箱及类似品），用于存储及展示	8418.50	-装有冷藏或冷冻装置的其他设备（柜、箱、展示台、陈列箱及类似品），用于存储及展示	
	-其他制冷设备；热泵：		-其他制冷设备；热泵：	
8418.61	--热泵，品目84.15的空气调节器除外	8418.61	--热泵，品目84.15的空气调节器除外	

2017 年版		2022 年版		修改说明
HS 编码	商品名称	HS 编码	商品名称	
8418.69	--其他	8418.69	--其他	因冷藏-冷冻组合机修改子目 8418.10 的条文
	-零件:		-零件:	
8418.91	--冷藏或冷冻设备专用的特制家具	8418.91	--冷藏或冷冻设备专用的特制家具	
8418.99	--其他	8418.99	--其他	
84.19	利用温度变化处理材料的机器、装置及类似的实验室设备，例如，加热、烹煮、烘炒、蒸馏、精馏、消毒、灭菌、汽蒸、干燥、蒸发、气化、冷凝、冷却的机器设备，不论是否电热的（不包括品目 85.14 的炉、烘箱及其他设备），但家用的除外；非电热的快速热水器或贮备式热水器:	84.19	利用温度变化处理材料的机器、装置及类似的实验室设备，例如，加热、烹煮、烘炒、蒸馏、精馏、消毒、灭菌、汽蒸、干燥、蒸发、气化、冷凝、冷却的机器设备，不论是否电热的（不包括品目 85.14 的炉、烘箱及其他设备），但家用的除外；非电热的快速热水器或贮备式热水器:	根据国际可再生能源署的建议，为太阳能产品修订《协调制度》目录。为两用物项修订《协调制度》目录
	-非电热的快速热水器或贮备式热水器:		-非电热的快速热水器或贮备式热水器:	
8419.11	--燃气快速热水器	8419.11	--燃气快速热水器	
		8419.12	--太阳能热水器	
8419.19	--其他	8419.19	--其他	
8419.20	-医用或实验室用消毒器具	8419.20	-医用或实验室用消毒器具	
	-干燥器:		-干燥器:	
8419.31	--农产品干燥用			
8419.32	--木材、纸浆、纸或纸板干燥用			
		8419.33	--冷冻干燥装置、冷冻干燥单元和喷雾式干燥器	
		8419.34	--其他，农产品干燥用	
		8419.35	--其他，木材、纸浆、纸或纸板干燥用	
8419.39	--其他	8419.39	--其他	
8419.40	-蒸馏或精馏设备	8419.40	-蒸馏或精馏设备	
8419.50	-热交换装置	8419.50	-热交换装置	

2017 年版		2022 年版		修改说明
HS 编码	商品名称	HS 编码	商品名称	
8419.60	-液化空气或其他气体的机器	8419.60	-液化空气或其他气体的机器	根据国际可再生能源署的建议，为太阳能产品修订《协调制度》目录。为两用物项修订《协调制度》目录
	-其他机器设备：		-其他机器设备：	
8419.81	--加工热饮料或烹调、加热食品用	8419.81	--加工热饮料或烹调、加热食品用	
8419.89	--其他	8419.89	--其他	
8419.90	-零件	8419.90	-零件	
84.21	离心机，包括离心干燥机；液体或气体的过滤、净化机器及装置：	84.21	离心机，包括离心干燥机；液体或气体的过滤、净化机器及装置：	对品目 84.21 的修订（新增子目 8421.32）
	-离心机，包括离心干燥机：		-离心机，包括离心干燥机：	
8421.11	--奶油分离器	8421.11	--奶油分离器	
8421.12	--干衣机	8421.12	--干衣机	
8421.19	--其他	8421.19	--其他	
	-液体的过滤、净化机器及装置：		-液体的过滤、净化机器及装置：	
8421.21	--过滤或净化水用	8421.21	--过滤或净化水用	
8421.22	--过滤或净化饮料（水除外）用	8421.22	--过滤或净化饮料（水除外）用	
8421.23	--内燃发动机的滤油器	8421.23	--内燃发动机的滤油器	
8421.29	--其他	8421.29	--其他	
	-气体的过滤、净化机器及装置：		-气体的过滤、净化机器及装置：	
8421.31	--内燃发动机的进气过滤器	8421.31	--内燃发动机的进气过滤器	
		8421.32	--用于净化或过滤内燃机所排出废气的催化转化器或微粒过滤器，不论是否组合	
8421.39	--其他	8421.39	--其他	
	-零件：		-零件：	
8421.91	--离心机用，包括离心干燥机用	8421.91	--离心机用，包括离心干燥机用	
8421.99	--其他	8421.99	--其他	

2017年版		2022年版		修改说明
HS编码	商品名称	HS编码	商品名称	
84.28	其他升降、搬运、装卸机械（例如，升降机、自动梯、输送机、缆车）：	84.28	其他升降、搬运、装卸机械（例如，升降机、自动梯、输送机、缆车）：	为两用物项修订《协调制度》目录，新增子目8428.70
8428.10	-升降机及倒卸式起重机	8428.10	-升降机及倒卸式起重机	
8428.20	-气压升降机及输送机	8428.20	-气压升降机及输送机	
	-其他用于连续运送货物或材料的升降机及输送机：		-其他用于连续运送货物或材料的升降机及输送机：	
8428.31	--地下专用的	8428.31	--地下专用的	
8428.32	--其他，斗式	8428.32	--其他，斗式	
8428.33	--其他，带式	8428.33	--其他，带式	
8428.39	--其他	8428.39	--其他	
8428.40	-自动梯及自动人行道	8428.40	-自动梯及自动人行道	
8428.60	-缆车、座式升降机、滑雪拉索、索道用牵引装置	8428.60	-缆车、座式升降机、滑雪拉索、索道用牵引装置	
		8428.70	-工业机器人	
8428.90	-其他机械	8428.90	-其他机械	
84.38	本章其他品目未列名的食品、饮料工业用的生产或加工机器，但提取、加工动物油脂或植物固定油脂的机器除外：	84.38	本章其他品目未列名的食品、饮料工业用的生产或加工机器，但提取、加工动物油脂、植物固定油脂或微生物油脂的机器除外：	为微生物油脂修订《协调制度》目录
8438.10	-糕点加工机器及生产通心粉、面条或类似产品的机器	8438.10	-糕点加工机器及生产通心粉、面条或类似产品的机器	
8438.20	-生产糖果、可可粉、巧克力的机器	8438.20	-生产糖果、可可粉、巧克力的机器	
8438.30	-制糖机器	8438.30	-制糖机器	
8438.40	-酿酒机器	8438.40	-酿酒机器	
8438.50	-肉类或家禽加工机器	8438.50	-肉类或家禽加工机器	
8438.60	-水果、坚果或蔬菜加工机器	8438.60	-水果、坚果或蔬菜加工机器	
8438.80	-其他机器	8438.80	-其他机器	
8438.90	-零件	8438.90	-零件	

2017 年版		2022 年版		修改说明
HS 编码	商品名称	HS 编码	商品名称	
84.62	加工金属的锻造（包括模锻）或冲压机床；加工金属的弯曲、折叠、矫直、矫平、剪切、冲孔或开槽机床；其他加工金属或硬质合金的压力机：	84.62	加工金属的锻造、锻锤或模锻（但轧机除外）机床（包括压力机）；加工金属的弯曲、折叠、矫直、矫平、剪切、冲孔、开槽或步冲机床（包括压力机、纵剪线及定尺剪切线，但拉拔机除外）；其他加工金属或硬质合金的压力机（+）：	对品目 84.62 锻造机所作的修订
8462.10	-锻造（包括模锻）或冲压机床及锻锤		-热锻设备，热模锻设备（包括压力机）及热锻锻锤：	
		8462.11	--闭式锻造机（模锻机）	
		8462.19	--其他	
	-弯曲、折叠、矫直或矫平机床：		-用于板材的弯曲、折叠、矫直或矫平机床（包括折弯机）：	
8462.21	--数控的			
		8462.22	--型材成型机	
		8462.23	--数控折弯机	
		8462.24	--数控多边折弯机	
		8462.25	--数控卷板机	
		8462.26	--其他数控弯曲、折叠、矫直或矫平机床	
8462.29	--其他	8462.29	--其他	
	-剪切机床，但冲剪两用机除外：		-板材用纵剪线、定尺剪切线和其他剪切机床（不包括压力机），但冲剪两用机除外：	
8462.31	--数控的			
		8462.32	--纵剪线和定尺剪切线	
		8462.33	--数控剪切机床	
8462.39	--其他	8462.39	--其他	
	-冲孔或开槽机床，包括冲剪两用机：		-板材用冲孔、开槽或步冲机床（不包括压力机），包括冲剪两用机：	

2017 年版		2022 年版		修改说明
HS 编码	商品名称	HS 编码	商品名称	
8462.41	--数控的			对品目 84.62 锻造机所作的修订
		8462.42	--数控的	
8462.49	--其他	8462.49	--其他	
			-金属管道、管材、型材、空心型材和棒材的加工机床（非压力机）：	
		8462.51	--数控的	
		8462.59	--其他	
			-金属冷加工压力机：	
		8462.61	--液压压力机	
		8462.62	--机械压力机	
		8462.63	--伺服压力机	
		8462.69	--其他	
	-其他：	8462.90	-其他	
8462.91	--液压压力机			
8462.99	--其他			
84.79	本章其他品目未列名的具有独立功能的机器及机械器具：	84.79	本章其他品目未列名的具有独立功能的机器及机械器具：	为明确微生物油脂的归类而对《协调制度》目录进行修订；为两用物项修订《协调制度》目录
8479.10	-公共工程用机器	8479.10	-公共工程用机器	
8479.20	-提取、加工动物油脂或植物固定油脂的机器	8479.20	-提取、加工动物油脂、植物固定油脂或微生物油脂的机器	
8479.30	-木碎料板或木纤维板的挤压机及其他木材或软木处理机	8479.30	-木碎料板或木纤维板的挤压机及其他木材或软木处理机	
8479.40	-绳或缆的制造机器	8479.40	-绳或缆的制造机器	
8479.50	-未列名工业用机器人	8479.50	-未列名工业用机器人	
8479.60	-蒸发式空气冷却器	8479.60	-蒸发式空气冷却器	
	-旅客登机（船）桥：		-旅客登机（船）桥：	
8479.71	--用于机场的	8479.71	--用于机场的	
8479.79	--其他	8479.79	--其他	
	-其他机器及机械器具：		-其他机器及机械器具：	
8479.81	--处理金属的机械，包括线圈绕线机	8479.81	--处理金属的机械，包括线圈绕线机	

2017年版		2022年版		修改说明
HS编码	商品名称	HS编码	商品名称	
8479.82	--混合、搅拌、轧碎、研磨、筛选、均化或乳化机器	8479.82	--混合、搅拌、轧碎、研磨、筛选、均化或乳化机器	为明确微生物油脂的归类而对《协调制度》目录进行修订；为两用物项修订《协调制度》目录
		8479.83	--冷等静压机	
8479.89	--其他	8479.89	--其他	
8479.90	-零件	8479.90	-零件	
84.82	滚动轴承：	84.82	滚动轴承：	对子目8482.40及8482.50所作的修订
8482.10	-滚珠轴承	8482.10	-滚珠轴承	
8482.20	-锥形滚子轴承，包括锥形滚子组件	8482.20	-锥形滚子轴承，包括锥形滚子组件	
8482.30	-鼓形滚子轴承	8482.30	-鼓形滚子轴承	
8482.40	-滚针轴承	8482.40	-滚针轴承，包括保持架和滚针组件	
8482.50	-其他圆柱形滚子轴承	8482.50	-其他圆柱形滚子轴承，包括保持架和滚子组件	
8482.80	-其他，包括球、柱混合轴承	8482.80	-其他，包括球、柱混合轴承	
	-零件：		-零件：	
8482.91	--滚珠、滚针及滚柱	8482.91	--滚珠、滚针及滚柱	
8482.99	--其他	8482.99	--其他	
		84.85	增材制造设备：	为增材制造设备（3D打印机）新增品目
		8485.10	-用金属材料的	
		8485.20	-用塑料或橡胶材料的	
		8485.30	-用石膏、水泥、陶瓷或玻璃材料的	
		8485.80	-其他	
		8485.90	-零件	
84.86	专用于或主要用于制造半导体单晶柱或晶圆、半导体器件、集成电路或平板显示器的机器及装置；本章注释九（三）规定的机器及装置；零件及附件：	84.86	专用于或主要用于制造半导体单晶柱或晶圆、半导体器件、集成电路或平板显示器的机器及装置；本章注释十一（三）规定的机器及装置；零件及附件：	因章注释序号改变产生的修改
8486.10	-制造单晶柱或晶圆用的机器及装置	8486.10	-制造单晶柱或晶圆用的机器及装置	

2017年版		2022年版		修改说明
HS编码	商品名称	HS编码	商品名称	
8486.20	-制造半导体器件或集成电路用的机器及装置	8486.20	-制造半导体器件或集成电路用的机器及装置	因章注释序号改变产生的修改
8486.30	-制造平板显示器用的机器及装置	8486.30	-制造平板显示器用的机器及装置	
8486.40	-本章注释九（三）规定的机器及装置	8486.40	-本章注释十一（三）规定的机器及装置	
8486.90	-零件及附件	8486.90	-零件及附件	
	新增章注释	新增第八十五章注释五	五、品目85.17所称“智能手机”是指使用蜂窝网络的电话机，其安装有移动操作系统，设计用于实现自动数据处理设备功能，例如，可下载并同时执行多个应用程序（包括第三方应用程序），并且不论是否集成了如数字照相机、辅助导航系统等其他特征。 原注释五至十相应地调整为注释六至十一。	新增关于智能手机的定义
	新增章注释	新增第八十五章注释七	七、品目85.24所称“平板显示模组”，是指用于显示信息的装置或器具，至少有一个显示屏，设计为在使用前安装于其他品目所列货品中。平板显示模组的显示屏包括但不限于平面、曲面、柔性、可折叠或可拉伸等类型。平板显示模组可装有附加元件，包括接收视频信号所需并将这些信号分配给显示器像素的元件。但是，品目85.24不包括装有转换视频信号的组件（例如，图像缩放集成电路、解码集成电路或程序处理器）的显示模组，或具有其他品目所列货品特征的显示模组。	新增关于新增品目85.24商品范围的描述

2017 年版		2022 年版		修改说明
HS 编码	商品名称	HS 编码	商品名称	
	新增章注释	新增第八十五章注释七	本注释所述平板显示模组在归类时，品目 85.24 优先于其他品目。 原注释七至十一相应地调整为注释八至十二。	新增关于新增品目 85.24 商品范围的描述
	新增章注释	新增第八十五章注释十一	十一、品目 85.39 所称“发光二极管（LED）光源”包括： （一）“发光二极管（LED）模块”，是基于发光二极管的电路构成的电光源，模块中包含电气、机械、热力或者光学等其他元件。模块还装有分立的有源或无源元件，或用于提供或控制电源的品目 85.36、85.42 的物品。发光二极管（LED）模块没有便于在灯具中安装或更换并确保机械和电气连接的灯头设计。 （二）“发光二极管（LED）灯泡（管）”，是由一个或多个带有电气、机械、热力或者光学元件的 LED 模块组成的电光源。发光二极管（LED）模块与发光二极管（LED）灯泡（管）的区别在于后者有便于在灯具中安装或更换并确保机械和电气连接的灯头设计。 原注释十一至十二相应地调整为注释十二至十三。	为发光二极管（LED）类商品修订《协调制度》目录

2017 年版		2022 年版		修改说明
HS 编码	商品名称	HS 编码	商品名称	
第八十五章注释九	九、品目 85.41 及 85.42 所称： （一）“二极管、晶体管及类似的半导体器件”，是指那些依靠外加电场引起电阻率的变化而进行工作的半导体器件。 （二）“集成电路”，是指： 1. 单片集成电路，即电路元件（二极管、晶体管、电阻器、电容器、电感器等）主要整体制作在一片半导体材料或化合物半导体材料（例如，掺杂硅、砷化镓、硅锗或磷化铟）基片的表面，并不可分割地连接在一起的电路； 2. 混合集成电路，即通过薄膜或厚膜工艺制得的无源元件（电阻器、电容器、电感器等）和通过半导体工艺制得的有源元件（二极管、晶体管、单片集成电路等）用互连或连接线实际上不可分割地组合在同一绝缘基片（玻璃、陶瓷等）上的电路。这种电路也可包括分立元件； 3. 多芯片集成电路是由两个或多个单片集成电路实际上不可分割地组合在一片或多片绝缘基片上构成的电路，不论是否带有引线框架，但不带有其他有源或无源的电路元件。	第八十五章注释十二	十二、品目 85.41 及 85.42 所称： （一）1.“半导体器件”是指那些依靠外加电场引起电阻率的变化而进行工作的半导体器件，或半导体基换能器。 半导体器件也可以包括由多个元件组装在一起的组件，无论是否有起辅助功能的有源和无源元件。 本定义所称“半导体基换能器”是指半导体基传感器、半导体基执行器、半导体基谐振器和半导体基振荡器。这些是不同类型的半导体基分立器件，能实现固有的功能，即可以将任何物理、化学现象或活动转换为电信号，或者将电信号转换为任何物理现象或活动。 半导体基换能器内的所有元件都不可分割地组合在一起，它们也包括为实现其结构或功能而不可分割地连接在一起的必要材料。 下列名词的含义是： （1）“半导体基”是指用半导体技术，在半导体基片上构建、制造或由半导体材料制造。半导体基片或材料在换能器的作用和性能中起到不可替代的关键作用，其工作是基于半导体的物理、电气、化学和光学等特性。	为发光二极管（LED）类产品修订《协调制度》目录

2017 年版		2022 年版		修改说明
HS 编码	商品名称	HS 编码	商品名称	
第八十五章注释九	4. 多元件集成电路（MCOs）：由一个或多个单片、混合或多芯片集成电路以及下列至少一个元件组成：硅基传感器、执行器、振荡器、谐振器或其组件所构成的组合体，或者具有品目 85.32、85.33、85.41 所列货品功能的元件，或品目 85.04 的电感器。其像集成电路一样实际上不可分割地组合成一体，作为一种元件，通过引脚、引线、焊球、底面触点、凸点或导电压点进行连接，组装到印刷电路板（PCB）或其他载体上。 在本定义中： （1）元件可以是分立的，独立制造后组装到多元件（MCO）的其余部分上，或者集成到其他元件内。 （2）“硅基”是指在硅基片上制造，或由硅材料制造而成，或者制造在集成电路裸片上。 （3）①硅基传感器是由在半导体材料内部或表面制作的微电子或机械结构组成，具有探测物理量及化学量并将其转换成电信号（因电特性变化或机械结构位移而产生）的功能。“物理量或化学量”与现实世界的现象相关，例如，压力、声波、加速度、振动、运动、方向、张力、磁场强度、电场强度、光、放射性、湿度、流量和化学浓度等。	第八十五章注释十二	（2）“物理或化学现象”是指诸如压力、声波、加速度、振动、运动、方向、张力、磁场强度、电场强度、光、放射性、湿度、流量和化学浓度等。 （3）半导体基传感器是一种半导体器件，其由在半导体材料内部或表面制作的微电子或机械结构组成，具有探测物理量和化学量并将其转换成电信号（因电特性变化或机械结构位移而产生）的功能。 （4）半导体基执行器是一种半导体器件，其由在半导体材料内部或表面制作的微电子或机械结构组成，具有将电信号转换成物理运动的功能。 （5）半导体基谐振器是一种半导体器件，其由在半导体材料内部或表面制作的微电子或机械结构组成，具有按预先设定的频率产生机械或电振荡的功能，频率取决于响应外部输入的结构的物理参数。 （6）半导体基振荡器是一种半导体器件，其由在半导体材料内部或表面制作的微电子或机械结构组成，具有按预先设定的频率产生机械或电振荡的功能，频率取决于这些结构的物理参数。 2.“发光二极管（LED）”	为发光二极管（LED）类商品修订《协调制度》目录

2017 年版		2022 年版		修改说明
HS 编码	商品名称	HS 编码	商品名称	
第八十五章注释九	②硅基执行器是由在半导体材料内部或表面制作的微电子或机械结构组成，具有将电信号转换成物理运动的功能。 ③硅基谐振器是由在半导体材料内部或表面制作的微电子或机械结构组成，具有按预先设定的频率产生机械或电振荡的功能，频率取决于响应外部输入的结构的物理参数。 ④硅基振荡器是由在半导体材料内部或表面制作的微电子或机械结构组成，具有按预先设定的频率产生机械或电振荡的功能，频率取决于这些结构的物理参数。 本注释所述物品在归类时，即使本协调制度其他品目涉及到上述的物品，尤其是物品的功能，仍应优先考虑归入品目 85.41 及 85.42，但涉及品目 85.23 的情况除外。	第八十五章注释十二	是半导体器件，基于可将电能变成可见光、红外线或紫外线的半导体材料，不论这些器件之间是否通过电路连接以及不论是否带有保护二极管。品目 85.41 的发光二极管（LED）不装有以提供或控制电源为目的的元件。 （二）“集成电路”，是指： 1. 单片集成电路，即电路元件（二极管、晶体管、电阻器、电容器、电感器等）主要整体制作在一片半导体材料或化合物半导体材料（例如，掺杂硅、砷化镓、硅锗或磷化铟）基片的表面，并不可分割地连接在一起的电路； 2. 混合集成电路，即通过薄膜或厚膜工艺制得的无源元件（电阻器、电容器、电感器等）和通过半导体工艺制得的有源元件（二极管、晶体管、单片集成电路等）用互连或连接线实际上不可分割地组合在同一绝缘基片（玻璃、陶瓷等）上的电路。这种电路也可包括分立元件； 3. 多芯片集成电路是由两个或多个单片集成电路实际上不可分割地组合在一片或多片绝缘基片上构成的电路，不论是否带有引线框架，但不带有其他有源或无源的电路元件。	为发光二极管（LED）类商品修订《协调制度》目录

2017年版		2022年版		修改说明
HS编码	商品名称	HS编码	商品名称	
第八十五章注释九		第八十五章注释十二	4. 多元件集成电路（MCOs）：由一个或多个单片、混合或多芯片集成电路以及下列至少一个元件组成：硅基传感器、执行器、振荡器、谐振器或其组件所构成的组合体，或者具有品目85.32、85.33、85.41所列货品功能的元件，或品目85.04的电感器。其像集成电路一样实际上不可分割地组合成一体，作为一种元件，通过引脚、引线、焊球、底面触点、凸点或导电压点进行连接，组装到印刷电路板（PCB）或其他载体上。 在本定义中： （1）元件可以是分立的，独立制造后组装到多元件（MCO）的其余部分上，或者集成到其他元件内。 （2）“硅基”是指在硅基片上制造，或由硅材料制造而成，或者制造在集成电路裸片上。 （3）①硅基传感器是由在半导体材料内部或表面制作的微电子或机械结构组成，具有探测物理或化学现象并将其转换成电信号（因电特性变化或机械结构位移而产生）的功能。“物理或化学现象”是指诸如压力、声波、加速度、振动、运动、方向、张力、磁场强度、电场强度、光、放射性、湿度、流量和化学浓度等现象。	为发光二极管（LED）类商品修订《协调制度》目录

2017年版		2022年版		修改说明
HS编码	商品名称	HS编码	商品名称	
第八十五章注释九			②硅基执行器是由在半导体材料内部或表面制作的微电子或机械结构组成，具有将电信号转换成物理运动的功能。 ③硅基谐振器是由在半导体材料内部或表面制作的微电子或机械结构组成，具有按预先设定的频率产生机械或电振荡的功能，频率取决于响应外部输入的结构的物理参数。 ④硅基振荡器是由在半导体材料内部或表面制作的微电子或机械结构组成，具有按预先设定的频率产生机械或电振荡的功能，频率取决于这些结构的物理参数。 本注释所述物品在归类时，即使本协调制度其他品目涉及到上述物品，尤其是物品的功能，仍应优先考虑归入品目85.41及85.42，但涉及品目85.23的情况除外。	为发光二极管（LED）类商品修订《协调制度》目录
第八十五章注释十	品目85.48所称“废原电池、废原电池组及废蓄电池”，是指因破损、拆解、耗尽或其他原因而不能再使用，也不能再充电的电池。		删除该注释	根据《巴塞尔公约》秘书处的建议，为某些类别的废物修订《协调制度》目录

2017 年版		2022 年版		修改说明
HS 编码	商品名称	HS 编码	商品名称	
	新增子目注释	新增第八十五章子目注释一至三	一、子目 8525.81 仅包括具有以下一项或多项特征的高速电视摄像机、数字照相机及视频摄录一体机： ——写入速度超过 0.5 毫米/微秒； ——时间分辨率 50 纳秒或更短； ——帧速率超过 225000 帧/秒。 二、子目 8525.82 所称抗辐射或耐辐射电视摄像机、数字照相机及视频摄录一体机，是指经设计或防护以能在高辐射环境中工作。这些设备可承受至少 50×10^3 Gy（Si）[5×10^6 RAD（Si）] 的总辐射剂量而不会使其操作性能退化。 三、子目 8525.83 包括夜视电视摄像机、数字照相机及视频摄录一体机，这些设备通过光阴极将捕获的光转换为电子，再将其放大和转换以形成可见图像。本子目不包括热成像的摄像机或照相机（通常归入子目 8525.89）。 原子目注释一相应地调整为子目注释四。	为两用物项修订《协调制度》目录
	新增子目注释	新增第八十五章子目注释五	五、子目 8549.11 至 8549.19 所称“废原电池、废原电池组及废蓄电池”是指因破损、拆解、耗尽或其他原因而不能再使用或不能再充电的电池。	根据《巴塞尔公约》秘书处的建议，为某些类别的废物修订《协调制度》目录

2017 年版		2022 年版		修改说明
HS 编码	商品名称	HS 编码	商品名称	
85.01	电动机及发电机（不包括发电机组）：	85.01	电动机及发电机（不包括发电机组）：	根据国际可再生能源署的建议，为太阳能产品修订《协调制度》目录
8501.10	-输出功率不超过 37.5 瓦的电动机	8501.10	-输出功率不超过 37.5 瓦的电动机	
8501.20	-交直流两用电动机，输出功率超过 37.5 瓦	8501.20	-交直流两用电动机，输出功率超过 37.5 瓦	
	-其他直流电动机；直流发电机：		-其他直流电动机；直流发电机；不包括光伏发电机：	
8501.31	--输出功率不超过 750 瓦	8501.31	--输出功率不超过 750 瓦	
8501.32	--输出功率超过 750 瓦，但不超过 75 千瓦	8501.32	--输出功率超过 750 瓦，但不超过 75 千瓦	
8501.33	--输出功率超过 75 千瓦，但不超过 375 千瓦	8501.33	--输出功率超过 75 千瓦，但不超过 375 千瓦	
8501.34	--输出功率超过 375 千瓦	8501.34	--输出功率超过 375 千瓦	
8501.40	-其他单相交流电动机	8501.40	-其他单相交流电动机	
	-其他多相交流电动机：		-其他多相交流电动机：	
8501.51	--输出功率不超过 750 瓦	8501.51	--输出功率不超过 750 瓦	
8501.52	--输出功率超过 750 瓦，但不超过 75 千瓦	8501.52	--输出功率超过 750 瓦，但不超过 75 千瓦	
8501.53	--输出功率超过 75 千瓦	8501.53	--输出功率超过 75 千瓦	
	-交流发电机：		-交流发电机，不包括光伏发电机：	
8501.61	--输出功率不超过 75 千伏安	8501.61	--输出功率不超过 75 千伏安	
8501.62	--输出功率超过 75 千伏安，但不超过 375 千伏安	8501.62	--输出功率超过 75 千伏安，但不超过 375 千伏安	
8501.63	--输出功率超过 375 千伏安，但不超过 750 千伏安	8501.63	--输出功率超过 375 千伏安，但不超过 750 千伏安	
8501.64	--输出功率超过 750 千伏安	8501.64	--输出功率超过 750 千伏安	
			-光伏直流发电机：	
		8501.71	--输出功率不超过 50 瓦	
		8501.72	--输出功率超过 50 瓦	
		8501.80	-光伏交流发电机	

2017 年版		2022 年版		修改说明
HS 编码	商品名称	HS 编码	商品名称	
85.07	蓄电池，包括隔板，不论是否矩形（包括正方形）：	85.07	蓄电池，包括隔板，不论是否矩形（包括正方形）：	删除贸易量小的品目/子目
8507.10	-铅酸蓄电池，用于启动活塞式发动机	8507.10	-铅酸蓄电池，用于启动活塞式发动机	
8507.20	-其他铅酸蓄电池	8507.20	-其他铅酸蓄电池	
8507.30	-镍镉蓄电池	8507.30	-镍镉蓄电池	
8507.40	-镍铁蓄电池			
8507.50	-镍氢蓄电池	8507.50	-镍氢蓄电池	
8507.60	-锂离子蓄电池	8507.60	-锂离子蓄电池	
8507.80	-其他蓄电池	8507.80	-其他蓄电池	
8507.90	-零件	8507.90	-零件	
85.13	自供能源（例如，使用干电池、蓄电池、永磁发电机）的手提式电灯，但品目 85.12 的照明装置除外：	85.13	自供能源（例如，使用干电池、蓄电池、永磁发电机）的手提式电灯，但品目 85.12 的照明装置除外：	为太阳能产品修订《协调制度》目录。仅法文修改，中文不变
8513.10	-灯	8513.10	-灯	
8513.90	-零件	8513.90	-零件	
85.14	工业或实验室用电炉及电烘箱（包括通过感应或介质损耗工作的）；工业或实验室用其他通过感应或介质损耗对材料进行热处理的设备：	85.14	工业或实验室用电炉及电烘箱（包括通过感应或介质损耗工作的）；工业或实验室用其他通过感应或介质损耗对材料进行热处理的设备：	为两用物项修订《协调制度》目录
8514.10	-电阻加热的炉及烘箱：		-电阻加热的炉及烘箱：	
		8514.11	--热等静压机	
		8514.19	--其他	
8514.20	-通过感应或介质损耗工作的炉及烘箱	8514.20	-通过感应或介质损耗工作的炉及烘箱	
8514.30	-其他炉及烘箱		-其他炉及烘箱：	
		8514.31	--电子束炉	
		8514.32	--等离子及真空电弧炉	
		8514.39	--其他	
8514.40	-其他通过感应或介质损耗对材料进行热处理的设备	8514.40	-其他通过感应或介质损耗对材料进行热处理的设备	
8514.90	-零件	8514.90	-零件	

2017年版		2022年版		修改说明
HS编码	商品名称	HS编码	商品名称	
85.17	电话机，包括用于蜂窝网络或其他无线网络的电话机；其他发送或接收声音、图像或其他数据用的设备，包括有线或无线网络（例如，局域网或广域网）的通信设备，但品目84.43、85.25、85.27或85.28的发送或接收设备除外：	85.17	电话机，包括用于蜂窝网络或其他无线网络的智能手机及其他电话机；其他发送或接收声音、图像或其他数据用的设备，包括有线或无线网络（例如，局域网或广域网）的通信设备，但品目84.43、85.25、85.27或85.28的发送或接收设备除外：	为智能手机修订《协调制度》目录（新增子目及子目注释）；为通信用天线修订《协调制度》目录（新增子目8517.71）
	-电话机，包括蜂窝网络或其他无线网络用电话机：		-电话机，包括蜂窝网络或其他无线网络用智能手机及其他电话机：	
8517.11	--无绳电话机	8517.11	--无绳电话机	
8517.12	--用于蜂窝网络或其他无线网络的电话机			
		8517.13	--智能手机	
		8517.14	--其他用于蜂窝网络或其他无线网络的电话机	
8517.18	--其他	8517.18	--其他	
	-其他发送或接收声音、图像或其他数据用的设备，包括有线或无线网络（例如，局域网或广域网）的通信设备：		-其他发送或接收声音、图像或其他数据用的设备，包括有线或无线网络（例如，局域网或广域网）的通信设备：	
8517.61	--基站	8517.61	--基站	
8517.62	--接收、转换并且发送或再生声音、图像或其他数据用的设备，包括交换及路由设备	8517.62	--接收、转换并且发送或再生声音、图像或其他数据用的设备，包括交换及路由设备	
8517.69	--其他	8517.69	--其他	
8517.70	-零件		-零件：	
		8517.71	--各种天线和天线反射器及其零件	
		8517.79	--其他	

2017年版		2022年版		修改说明
HS编码	商品名称	HS编码	商品名称	
85.19	声音录制或重放设备：	85.19	声音录制或重放设备：	删除贸易量小的品目/子目
8519.20	-用硬币、钞票、银行卡、代币或其他支付方式使其工作的设备	8519.20	-用硬币、钞票、银行卡、代币或其他支付方式使其工作的设备	
8519.30	-转盘（唱机唱盘）	8519.30	-转盘（唱机唱盘）	
8519.50	-电话应答机			
	-其他设备：		-其他设备：	
8519.81	--使用磁性、光学或半导体媒体的	8519.81	--使用磁性、光学或半导体媒体的	
8519.89	--其他	8519.89	--其他	
		85.24	平板显示模组，不论是否装有触摸屏：	为平板显示模组修订《协调制度》目录
			-不含驱动器或控制电路：	
		8524.11	--液晶的	
		8524.12	--有机发光二极管的（OLED）	
		8524.19	--其他	
			-其他：	
		8524.91	--液晶的	
		8524.92	--有机发光二极管的（OLED）	
		8524.99	--其他	
85.25	无线电广播、电视发送设备，不论是否装有接收装置或声音的录制、重放装置；电视摄像机、数字照相机及视频摄录一体机：	85.25	无线电广播、电视发送设备，不论是否装有接收装置或声音的录制、重放装置；电视摄像机、数字照相机及视频摄录一体机：	为两用物项修订《协调制度》目录
8525.50	-发送设备	8525.50	-发送设备	
8525.60	-装有接收装置的发送设备	8525.60	-装有接收装置的发送设备	
8525.80	-电视摄像机、数字照相机及视频摄录一体机		-电视摄像机、数字照相机及视频摄录一体机：	
		8525.81	--本章子目注释一所列高速设备	
		8525.82	--其他，本章子目注释二所列抗辐射或耐辐射设备	
		8525.83	--其他，本章子目注释三所列夜视设备	
		8525.89	--其他	

2017年版		2022年版		修改说明
HS编码	商品名称	HS编码	商品名称	
85.29	专用于或主要用于品目85.25至85.28所列装置或设备的零件：	85.29	专用于或主要用于品目85.24至85.28所列装置或设备的零件：	为平板显示模组修订《协调制度》目录
8529.10	-各种天线或天线反射器及其零件	8529.10	-各种天线或天线反射器及其零件	
8529.90	-其他	8529.90	-其他	
85.39	白炽灯泡、放电灯管，包括封闭式聚光灯及紫外线灯管或红外线灯泡；弧光灯；发光二极管（LED）灯泡（管）：	85.39	白炽灯泡、放电灯管，包括封闭式聚光灯及紫外线灯管或红外线灯泡；弧光灯；发光二极管（LED）光源：	为发光二极管（LED）类商品修订《协调制度》目录
8539.10	-封闭式聚光灯	8539.10	-封闭式聚光灯	
	-其他白炽灯泡，但不包括紫外线灯管或红外线灯泡：		-其他白炽灯泡，但不包括紫外线灯管或红外线灯泡：	
8539.21	--卤钨灯	8539.21	--卤钨灯	
8539.22	--其他灯，功率不超过200瓦，但额定电压超过100伏	8539.22	--其他灯，功率不超过200瓦，但额定电压超过100伏	
8539.29	--其他	8539.29	--其他	
	-放电灯管，但紫外线灯管除外：		-放电灯管，但紫外线灯管除外：	
8539.31	--热阴极荧光灯	8539.31	--热阴极荧光灯	
8539.32	--汞或钠蒸气灯；金属卤化物灯	8539.32	--汞或钠蒸气灯；金属卤化物灯	
8539.39	--其他	8539.39	--其他	
	-紫外线灯管或红外线灯泡；弧光灯：		-紫外线灯管或红外线灯泡；弧光灯：	
8539.41	--弧光灯	8539.41	--弧光灯	
8539.49	--其他	8539.49	--其他	
8539.50	-发光二极管（LED）灯泡（管）		-发光二极管（LED）光源：	
		8539.51	--发光二极管（LED）模块	
		8539.52	--发光二极管（LED）灯泡（管）	
8539.90	-零件	8539.90	-零件	

2017年版		2022年版		修改说明
HS编码	商品名称	HS编码	商品名称	
85.41	二极管、晶体管及类似的半导体器件；光敏半导体器件，包括不论是否装在组件内或组装成块的光电池；发光二极管；已装配的压电晶体：	85.41	半导体器件（例如，二极管、晶体管，半导体基换能器）；光敏半导体器件，包括不论是否装在组件内或组装成块的光电池；发光二极管（LED），不论是否与其他发光二极管（LED）组装；已装配的压电晶体（+）：	为发光二极管（LED）类商品修订《协调制度》目录
8541.10	-二极管，但光敏二极管或发光二极管除外	8541.10	-二极管，但光敏二极管或发光二极管除外	为发光二极管（LED）类商品修订《协调制度》目录；根据国际可再生能源署的建议，为太阳能产品修订《协调制度》目录
	-晶体管，但光敏晶体管除外：		-晶体管，但光敏晶体管除外：	
8541.21	--耗散功率小于1瓦的	8541.21	--耗散功率小于1瓦的	
8541.29	--其他	8541.29	--其他	
8541.30	-半导体开关元件、两端交流开关元件及三端双向可控硅开关元件，但光敏器件除外	8541.30	-半导体开关元件、两端交流开关元件及三端双向可控硅开关元件，但光敏器件除外	
8541.40	-光敏半导体器件，包括不论是否装在组件内或组装成块的光电池；发光二极管		-光敏半导体器件，包括不论是否装在组件内或组装成块的光电池；发光二极管：	
		8541.41	--发光二极管（LED）	
		8541.42	--未装在组件内或组装成块的光电池	
		8541.43	--已装在组件内或组装成块的光电池	
		8541.49	--其他	
8541.50	-其他半导体器件		-其他半导体器件：	
		8541.51	--半导体基换能器	
		8541.59	--其他	
8541.60	-已装配的压电晶体	8541.60	-已装配的压电晶体	
8541.90	-零件	8541.90	-零件	

2017 年版		2022 年版		修改说明
HS 编码	商品名称	HS 编码	商品名称	
85.43	本章其他品目未列名的具有独立功能的电气设备及装置：	85.43	本章其他品目未列名的具有独立功能的电气设备及装置：	根据世界卫生组织的建议，为电子烟修订《协调制度》目录
8543.10	-粒子加速器	8543.10	-粒子加速器	
8543.20	-信号发生器	8543.20	-信号发生器	
8543.30	-电镀、电解或电泳设备及装置	8543.30	-电镀、电解或电泳设备及装置	
		8543.40	-电子烟及类似的个人电子雾化设备	
8543.70	-其他设备及装置	8543.70	-其他设备及装置	
8543.90	-零件	8543.90	-零件	
85.48	原电池、原电池组及蓄电池的废碎料；废原电池、废原电池组及废蓄电池；机器或设备的本章其他品目未列名的电气零件：	85.48	机器或设备的本章其他品目未列名的电气零件：	根据《巴塞尔公约》秘书处的建议，为明确某些废物的类别修订《协调制度》目录
		8548.00	机器或设备的本章其他品目未列名的电气零件	
8548.10	-原电池、原电池组及蓄电池的废碎料；废原电池、废原电池组及废蓄电池			
8548.90	-其他			
		85.49	电子电气废弃物及碎料：	根据《巴塞尔公约》秘书处的建议，为明确某些废物的范围新增品目 85.49
			-原电池、原电池组及蓄电池的废物、废料；废原电池、废原电池组及废蓄电池：	
		8549.11	--铅酸蓄电池的废物、废料、废铅酸蓄电池	
		8549.12	--其他，含铅、镉或汞的	
		8549.13	--按化学类型分拣且不含铅、镉或汞的	
		8549.14	--未分拣且不含铅、镉或汞的	
		8549.19	--其他	
			-主要用于回收贵金属的：	

<table>
<tr><th colspan="2">2017 年版</th><th colspan="2">2022 年版</th><th rowspan="2">修改说明</th></tr>
<tr><th>HS 编码</th><th>商品名称</th><th>HS 编码</th><th>商品名称</th></tr>
<tr><td></td><td></td><td>8549.21</td><td>--含有原电池、原电池组、蓄电池、汞开关、源于阴极射线管的玻璃或其他活化玻璃，或含有镉、汞、铅或多氯联苯（PCBs）的电气或电子元件</td><td rowspan="8">根据《巴塞尔公约》秘书处的建议，为明确某些废物的范围新增品目 85.49</td></tr>
<tr><td></td><td></td><td>8549.29</td><td>--其他</td></tr>
<tr><td></td><td></td><td></td><td>-其他电气、电子组件及印刷电路板：</td></tr>
<tr><td></td><td></td><td>8549.31</td><td>--含有原电池、原电池组、蓄电池、汞开关、源于阴极射线管的玻璃或其他活化玻璃，或含有镉、汞、铅或多氯联苯（PCBs）的电气或电子元件</td></tr>
<tr><td></td><td></td><td>8549.39</td><td>--其他</td></tr>
<tr><td></td><td></td><td></td><td>-其他：</td></tr>
<tr><td></td><td></td><td>8549.91</td><td>--含有原电池、原电池组、蓄电池、汞开关、源于阴极射线管的玻璃或其他活化玻璃，或含有镉、汞、铅或多氯联苯（PCBs）的电气或电子元件</td></tr>
<tr><td></td><td></td><td>8549.99</td><td>--其他</td></tr>
<tr><td>第十七类注释二（十）</td><td>（十）品目 94.05 的灯具或照明装置；或</td><td>第十七类注释二（十）</td><td>（十）品目 94.05 的灯具、照明装置及其零件；或</td><td>为发光二极管（LED）类商品修订《协调制度》目录</td></tr>
<tr><td></td><td>新增子目注释</td><td>第八十七章子目注释一</td><td>一、子目 8708.22 包括：
（一）带框的前挡风玻璃、后窗及其他窗；以及
（二）装有加热器件或者其他电气或电子装置的前挡风玻璃、后窗及其他窗，不论是否带框。
上述货品专用于或主要用于品目 87.01 至 87.05 的机动车辆。</td><td>为第八十七章项下汽车车窗修订《协调制度》目录</td></tr>
</table>

2017 年版		2022 年版		修改说明
HS 编码	商品名称	HS 编码	商品名称	
87.01	牵引车、拖拉机（品目 87.09 的牵引车除外）：	87.01	牵引车、拖拉机（品目 87.09 的牵引车除外）：	为电动汽车修订品目 87.01 和 87.04
8701.10	-单轴拖拉机	8701.10	-单轴拖拉机	
8701.20	-半挂车用的公路牵引车		-半挂车用的公路牵引车：	
		8701.21	--仅装有压燃式活塞内燃发动机（柴油或半柴油发动机）的车辆	
		8701.22	--同时装有压燃式活塞内燃发动机（柴油或半柴油发动机）及驱动电动机的车辆	
		8701.23	--同时装有点燃式活塞内燃发动机及驱动电动机的车辆	
		8701.24	--仅装有驱动电动机的车辆	
		8701.29	--其他	
8701.30	-履带式牵引车、拖拉机	8701.30	-履带式牵引车、拖拉机	
	-其他，其发动机功率：		-其他，其发动机功率：	
8701.91	--不超过 18 千瓦	8701.91	--不超过 18 千瓦	
8701.92	--超过 18 千瓦，但不超过 37 千瓦	8701.92	--超过 18 千瓦，但不超过 37 千瓦	
8701.93	--超过 37 千瓦，但不超过 75 千瓦	8701.93	--超过 37 千瓦，但不超过 75 千瓦	
8701.94	--超过 75 千瓦，但不超过 130 千瓦	8701.94	--超过 75 千瓦，但不超过 130 千瓦	
8701.95	--超过 130 千瓦	8701.95	--超过 130 千瓦	
87.02	客运机动车辆，10 座及以上（包括驾驶座）：	87.02	客运机动车辆，10 座及以上（包括驾驶座）：	为电动汽车修订品目 87.01 和 87.04（统一对点燃式活塞内燃发动机的表述，删除“往复”）
8702.10	-仅装有压燃式活塞内燃发动机（柴油或半柴油发动机）的车辆	8702.10	-仅装有压燃式活塞内燃发动机（柴油或半柴油发动机）的车辆	
8702.20	-同时装有压燃式活塞内燃发动机（柴油或半柴油式）及驱动电动机的车辆	8702.20	-同时装有压燃式活塞内燃发动机（柴油或半柴油发动机）及驱动电动机的车辆	
8702.30	-同时装有点燃往复式活塞内燃发动机及驱动电动机的车辆	8702.30	-同时装有点燃式活塞内燃发动机及驱动电动机的车辆	
8702.40	-仅装有驱动电动机的车辆	8702.40	-仅装有驱动电动机的车辆	
8702.90	-其他	8702.90	-其他	

2017 年版		2022 年版		修改说明
HS 编码	商品名称	HS 编码	商品名称	
87.03	主要用于载人的机动车辆（品目 87.02 的货品除外），包括旅行小客车及赛车：	87.03	主要用于载人的机动车辆（品目 87.02 的货品除外），包括旅行小客车及赛车：	为电动汽车修订品目 87.01 和 87.04（统一对点燃式活塞内燃发动机的表述，删除“往复”）
8703.10	-雪地行走专用车；高尔夫球车及类似车辆	8703.10	-雪地行走专用车；高尔夫球车及类似车辆	
	-仅装有点燃往复式活塞内燃发动机的其他车辆：		-仅装有点燃式活塞内燃发动机的其他车辆：	
8703.21	--气缸容量（排气量）不超过 1000 毫升	8703.21	--气缸容量（排气量）不超过 1000 毫升	
8703.22	--气缸容量（排气量）超过 1000 毫升，但不超过 1500 毫升	8703.22	--气缸容量（排气量）超过 1000 毫升，但不超过 1500 毫升	
8703.23	--气缸容量（排气量）超过 1500 毫升，但不超过 3000 毫升	8703.23	--气缸容量（排气量）超过 1500 毫升，但不超过 3000 毫升	
8703.24	--气缸容量（排气量）超过 3000 毫升	8703.24	--气缸容量（排气量）超过 3000 毫升	
	-仅装有压燃式活塞内燃发动机（柴油或半柴油发动机）的其他车辆：		-仅装有压燃式活塞内燃发动机（柴油或半柴油发动机）的其他车辆：	
8703.31	--气缸容量（排气量）不超过 1500 毫升	8703.31	--气缸容量（排气量）不超过 1500 毫升	
8703.32	--气缸容量（排气量）超过 1500 毫升，但不超过 2500 毫升	8703.32	--气缸容量（排气量）超过 1500 毫升，但不超过 2500 毫升	
8703.33	--气缸容量（排气量）超过 2500 毫升	8703.33	--气缸容量（排气量）超过 2500 毫升	
8703.40	-同时装有点燃往复式活塞内燃发动机及驱动电动机的其他车辆，可通过接插外部电源进行充电的除外	8703.40	-同时装有点燃式活塞内燃发动机及驱动电动机的其他车辆，可通过接插外部电源进行充电的除外	
8703.50	-同时装有压燃式活塞内燃发动机（柴油或半柴油发动机）及驱动电动机的其他车辆，可通过接插外部电源进行充电的除外	8703.50	-同时装有压燃式活塞内燃发动机（柴油或半柴油发动机）及驱动电动机的其他车辆，可通过接插外部电源进行充电的除外	
8703.60	-同时装有点燃往复式活塞内燃发动机及驱动电动机、可通过接插外部电源进行充电的其他车辆	8703.60	-同时装有点燃式活塞内燃发动机及驱动电动机、可通过接插外部电源进行充电的其他车辆	

2017 年版		2022 年版		修改说明
HS 编码	商品名称	HS 编码	商品名称	
8703.70	-同时装有压燃活塞内燃发动机（柴油或半柴油发动机）及驱动电动机、可通过接插外部电源进行充电的其他车辆	8703.70	-同时装有压燃活塞内燃发动机（柴油或半柴油发动机）及驱动电动机、可通过接插外部电源进行充电的其他车辆	为电动汽车修订品目 87.01 和 87.04（统一对点燃式活塞内燃发动机的表述，删除“往复”）
8703.80	-仅装有驱动电动机的其他车辆	8703.80	-仅装有驱动电动机的其他车辆	
8703.90	-其他	8703.90	-其他	
87.04	货运机动车辆：	87.04	货运机动车辆：	为电动汽车修订品目 87.01 和 87.04
8704.10	-非公路用自卸车	8704.10	-非公路用自卸车	
	-装有压燃式活塞内燃发动机（柴油或半柴油发动机）的其他货车：		-仅装有压燃式活塞内燃发动机（柴油或半柴油发动机）的其他货车：	
8704.21	--车辆总重量不超过 5 吨	8704.21	--车辆总重量不超过 5 吨	
8704.22	--车辆总重量超过 5 吨，但不超过 20 吨	8704.22	--车辆总重量超过 5 吨，但不超过 20 吨	
8704.23	--车辆总重量超过 20 吨	8704.23	--车辆总重量超过 20 吨	
	-装有点燃式活塞内燃发动机的其他货车：		-仅装有点燃式活塞内燃发动机的其他货车：	
8704.31	--车辆总重量不超过 5 吨	8704.31	--车辆总重量不超过 5 吨	
8704.32	--车辆总重量超过 5 吨	8704.32	--车辆总重量超过 5 吨	
			-同时装有压燃式活塞内燃发动机（柴油或半柴油发动机）及驱动电动机的其他货车：	
		8704.41	--车辆总重量不超过 5 吨	
		8704.42	--车辆总重量超过 5 吨，但不超过 20 吨	
		8704.43	--车辆总重量超过 20 吨	
			-同时装有点燃式活塞内燃发动机及驱动电动机的其他货车：	
		8704.51	--车辆总重量不超过 5 吨	
		8704.52	--车辆总重量超过 5 吨	
		8704.60	-仅装有驱动电动机的其他货车	
8704.90	-其他	8704.90	-其他	

2017年版		2022年版		修改说明
HS编码	商品名称	HS编码	商品名称	
87.08	机动车辆的零件、附件，品目87.01至87.05所列车辆用：	87.08	机动车辆的零件、附件，品目87.01至87.05所列车辆用：	为第八十七章项下汽车车窗修订《协调制度》目录
8708.10	-缓冲器（保险杠）及其零件	8708.10	-缓冲器（保险杠）及其零件	
	-车身（包括驾驶室）的其他零件、附件：		-车身（包括驾驶室）的其他零件、附件：	
8708.21	--座椅安全带	8708.21	--座椅安全带	
		8708.22	--本章子目注释一所列的前挡风玻璃、后窗及其他车窗	
8708.29	--其他	8708.29	--其他	
8708.30	-制动器、助力制动器及其零件	8708.30	-制动器、助力制动器及其零件	
8708.40	-变速箱及其零件	8708.40	-变速箱及其零件	
8708.50	-装有差速器的驱动桥及其零件，不论是否装有其他传动部件；非驱动桥及其零件	8708.50	-装有差速器的驱动桥及其零件，不论是否装有其他传动部件；非驱动桥及其零件	
8708.70	-车轮及其零件、附件	8708.70	-车轮及其零件、附件	
8708.80	-悬挂系统及其零件（包括减震器）	8708.80	-悬挂系统及其零件（包括减震器）	
	-其他零件、附件：		-其他零件、附件：	
8708.91	--散热器及其零件	8708.91	--散热器及其零件	
8708.92	--消声器（消音器）、排气管及其零件	8708.92	--消声器（消音器）、排气管及其零件	
8708.93	--离合器及其零件	8708.93	--离合器及其零件	
8708.94	--转向盘、转向柱、转向器及其零件	8708.94	--转向盘、转向柱、转向器及其零件	
8708.95	--带充气系统的安全气囊及其零件	8708.95	--带充气系统的安全气囊及其零件	
8708.99	--其他	8708.99	--其他	

2017年版		2022年版		修改说明
HS编码	商品名称	HS编码	商品名称	
87.11	摩托车（包括机器脚踏两用车）及装有辅助发动机的脚踏车，不论有无边车；边车：	87.11	摩托车（包括机器脚踏两用车）及装有辅助发动机的脚踏车，不论有无边车；边车：	为电动汽车修订品目87.01和87.04（统一对点燃式活塞内燃发动机的表述，删除“往复”）
8711.10	-装有往复式活塞内燃发动机，气缸容量（排气量）不超过50毫升	8711.10	-装有活塞内燃发动机，气缸容量（排气量）不超过50毫升	
8711.20	-装有往复式活塞内燃发动机，气缸容量（排气量）超过50毫升，但不超过250毫升	8711.20	-装有活塞内燃发动机，气缸容量（排气量）超过50毫升，但不超过250毫升	
8711.30	-装有往复式活塞内燃发动机，气缸容量（排气量）超过250毫升，但不超过500毫升	8711.30	-装有活塞内燃发动机，气缸容量（排气量）超过250毫升，但不超过500毫升	
8711.40	-装有往复式活塞内燃发动机，气缸容量（排气量）超过500毫升，但不超过800毫升	8711.40	-装有活塞内燃发动机，气缸容量（排气量）超过500毫升，但不超过800毫升	
8711.50	-装有往复式活塞内燃发动机，气缸容量（排气量）超过800毫升	8711.50	-装有活塞内燃发动机，气缸容量（排气量）超过800毫升	
8711.60	-装有驱动电动机的	8711.60	-装有驱动电动机的	
8711.90	-其他	8711.90	-其他	
	新增章注释	新增第八十八章注释一	一、本章所称“无人驾驶航空器”是指除品目88.01的航空器以外，没有飞行员驾驶的任何航空器，它们可设计用于载物或安装永久性集成的数码相机或其他能在飞行中发挥实用功能的设备。但“无人驾驶航空器”不包括专供娱乐用的飞行玩具（品目95.03）。	根据世界海关组织秘书处的建议，修订第八十八章条款
第八十八章	子目注释： 子目8802.11至8802.40所称“空载重量”，是指航空器在正常飞行状态下，除去机组人员、燃料及非永久性安装设备后的重量。	第八十八章	子目注释： 子目8802.11至8802.40所称“空载重量”，是指航空器在正常飞行状态下，除去机组人员、燃料及非永久性安装设备后的重量。	仅英文修改，中文不变

2017 年版		2022 年版		修改说明
HS 编码	商品名称	HS 编码	商品名称	
	新增子目注释	新增第八十八章子目注释二	二、子目 8806.21 至 8806.24 及 8806.91 至 8806.94 所称"最大起飞重量"，是指航空器在正常飞行状态下起飞时的最大重量，包括有效载荷、设备和燃料的重量。	为无人机修订《协调制度》目录
88.02	其他航空器（例如，直升机、飞机）；航天器（包括卫星）及其运载工具、亚轨道运载工具：	88.02	其他航空器（例如，直升机、飞机），品目 88.06 的无人驾驶航空器除外；航天器（包括卫星）及其运载工具、亚轨道运载工具：	
	-直升机：		-直升机：	
8802.11	--空载重量不超过 2000 千克	8802.11	--空载重量不超过 2000 千克	
8802.12	--空载重量超过 2000 千克	8802.12	--空载重量超过 2000 千克	
8802.20	-飞机及其他航空器，空载重量不超过 2000 千克	8802.20	-飞机及其他航空器，空载重量不超过 2000 千克	
8802.30	-飞机及其他航空器，空载重量超过 2000 千克，但不超过 15000 千克	8802.30	-飞机及其他航空器，空载重量超过 2000 千克，但不超过 15000 千克	
8802.40	-飞机及其他航空器，空载重量超过 15000 千克	8802.40	-飞机及其他航空器，空载重量超过 15000 千克	
8802.60	-航天器（包括卫星）及其运载工具、亚轨道运载工具	8802.60	-航天器（包括卫星）及其运载工具、亚轨道运载工具	
88.03	品目 88.01 或 88.02 所列货品的零件：			为无人机修订《协调制度》目录
8803.10	-推进器、水平旋翼及其零件			
8803.20	-起落架及其零件			
8803.30	-飞机及直升机的其他零件			
8803.90	-其他			
		88.06	无人驾驶航空器：	
		8806.10	-设计用于旅客运输的	
			-其他，仅使用遥控飞行的：	
		8806.21	--最大起飞重量不超过 250 克	
		8806.22	--最大起飞重量超过 250 克，但不超过 7 千克	

2017 年版		2022 年版		修改说明
HS 编码	商品名称	HS 编码	商品名称	
		8806.23	--最大起飞重量超过 7 千克，但不超过 25 千克	为无人机修订《协调制度》目录
		8806.24	--最大起飞重量超过 25 千克，但不超过 150 千克	
		8806.29	--其他	
			-其他：	
		8806.91	--最大起飞重量不超过 250 克	
		8806.92	--最大起飞重量超过 250 克，但不超过 7 千克	
		8806.93	--最大起飞重量超过 7 千克，但不超过 25 千克	
		8806.94	--最大起飞重量超过 25 千克，但不超过 150 千克	
		8806.99	--其他	
		88.07	品目 88.01、88.02 或 88.06 所列货品的零件：	
		8807.10	-推进器、水平旋翼及其零件	
		8807.20	-起落架及其零件	
		8807.30	-飞机、直升机及无人驾驶航空器的其他零件	
		8807.90	-其他	
89.03	娱乐或运动用快艇及其他船舶；划艇及轻舟：	89.03	娱乐或运动用快艇及其他船舶；划艇及轻舟：	为无人机修订《协调制度》目录
8903.10	-充气的		-充气船（包括刚性外壳的）：	
		8903.11	--装有或设计装有发动机，空载（净）重量（不包括发动机）不超过 100 千克	
		8903.12	--未设计装有发动机且空载（净）重量不超过 100 千克	
		8903.19	--其他	
			-帆船，充气船除外，不论是否装有辅助发动机：	
		8903.21	--长度不超过 7.5 米	
		8903.22	--长度超过 7.5 米但不超过 24 米	

2017 年版		2022 年版		修改说明
HS 编码	商品名称	HS 编码	商品名称	
		8903.23	--长度超过 24 米	对品目 89.03 的修订
			-汽艇，非充气的，但装有舷外发动机的除外：	
		8903.31	--长度不超过 7.5 米	
		8903.32	--长度超过 7.5 米但不超过 24 米	
		8903.33	--长度超过 24 米	
	-其他：		-其他：	
8903.91	--帆船，不论是否装有辅助发动机			
8903.92	--汽艇，但装有舷外发动机的除外			
		8903.93	--长度不超过 7.5 米	
8903.99	--其他	8903.99	--其他	
第九十章注释一（六）	（六）第十五类注释二所规定的贱金属制通用零件（第十五类）或塑料制的类似品（第三十九章）；	第九十章注释一（六）	（六）第十五类注释二所规定的贱金属制通用零件（第十五类）或塑料制的类似品（第三十九章）；但专用于医疗、外科、牙科或兽医的植入物应归入品目 90.21；	对第十五类注释二的修订
90.06	照相机（电影摄影机除外）；照相闪光灯装置及闪光灯泡，但品目 85.39 的放电灯泡除外：	90.06	照相机（电影摄影机除外）；照相闪光灯装置及闪光灯泡，但品目 85.39 的放电灯泡除外：	删除贸易量低的品目/子目
9006.30	-水下、航空测量或体内器官检查用的特种照相机；法庭或犯罪学用的比较照相机	9006.30	-水下、航空测量或体内器官检查用的特种照相机；法庭或犯罪学用的比较照相机	
9006.40	-一次成像照相机	9006.40	-一次成像照相机	
	-其他照相机：		-其他照相机：	
9006.51	--通过镜头取景［单镜头反光式（SLR）］，使用胶片宽度不超过 35 毫米			
9006.52	--其他，使用胶片宽度小于 35 毫米			
9006.53	--其他，使用胶片宽度为 35 毫米	9006.53	--使用胶片宽度为 35 毫米	

2017 年版		2022 年版		修改说明
HS 编码	商品名称	HS 编码	商品名称	
9006.59	--其他	9006.59	--其他	删除贸易量低的品目/子目
	-照相闪光灯装置及闪光灯泡：		-照相闪光灯装置及闪光灯泡：	
9006.61	--放电式（电子式）闪光灯装置	9006.61	--放电式（电子式）闪光灯装置	
9006.69	--其他	9006.69	--其他	
	-零件、附件：		-零件、附件：	
9006.91	--照相机用	9006.91	--照相机用	
9006.99	--其他	9006.99	--其他	
90.13	其他品目未列名的液晶装置；激光器，但激光二极管除外；本章其他品目未列名的光学仪器及器具：	90.13	激光器，但激光二极管除外；本章其他品目未列名的光学仪器及器具：	为平板显示模组修订《协调制度》目录
9013.10	-武器用望远镜瞄准具；潜望镜式望远镜；作为本章或第十六类的机器、设备、仪器或器具部件的望远镜	9013.10	-武器用望远镜瞄准具；潜望镜式望远镜；作为本章或第十六类的机器、设备、仪器或器具部件的望远镜	
9013.20	-激光器，但激光二极管除外	9013.20	-激光器，但激光二极管除外	
9013.80	-其他装置、仪器及器具	9013.80	-其他装置、仪器及器具	
9013.90	-零件、附件	9013.90	-零件、附件	
90.22	X 射线或 α 射线、β 射线、γ 射线的应用设备，不论是否用于医疗、外科、牙科或兽医，包括射线照相及射线治疗设备、X 射线管及其他 X 射线发生器、高压发生器、控制板及控制台、荧光屏、检查或治疗用的桌、椅及类似品：	90.22	X 射线或 α 射线、β 射线、γ 射线或其他离子射线的应用设备，不论是否用于医疗、外科、牙科或兽医，包括射线照相及射线治疗设备、X 射线管及其他 X 射线发生器、高压发生器、控制板及控制台、荧光屏、检查或治疗用的桌、椅及类似品：	为基于离子射线的应用设备对品目 90.22 进行修订
	-X 射线的应用设备，不论是否用于医疗、外科、牙科或兽医，包括射线照相或射线治疗设备：		-X 射线的应用设备，不论是否用于医疗、外科、牙科或兽医，包括射线照相或射线治疗设备：	
9022.12	--X 射线断层检查仪	9022.12	--X 射线断层检查仪	
9022.13	--其他，牙科用	9022.13	--其他，牙科用	

2017 年版		2022 年版		修改说明
HS 编码	商品名称	HS 编码	商品名称	
9022.14	--其他，医疗、外科或兽医用	9022.14	--其他，医疗、外科或兽医用	为基于离子射线的应用设备对品目 90.22 进行修订
9022.19	--其他	9022.19	--其他	
	-α 射线、β 射线、γ 射线的应用设备，不论是否用于医疗、外科、牙科或兽医，包括射线照相或射线治疗设备：		-α 射线、β 射线、γ 射线或其他离子射线的应用设备，不论是否用于医疗、外科、牙科或兽医，包括射线照相或射线治疗设备：	
9022.21	--医疗、外科、牙科或兽医用	9022.21	--医疗、外科、牙科或兽医用	
9022.29	--其他	9022.29	--其他	
9022.30	-X 射线管	9022.30	-X 射线管	
9022.90	-其他，包括零件、附件	9022.90	-其他，包括零件、附件	
90.27	理化分析仪器及装置（例如，偏振仪、折光仪、分光仪、气体或烟雾分析仪）；测量或检验粘性、多孔性、膨胀性、表面张力及类似性能的仪器及装置；测量或检验热量、声量或光量的仪器及装置（包括曝光表）；检镜切片机：	90.27	理化分析仪器及装置（例如，偏振仪、折光仪、分光仪、气体或烟雾分析仪）；测量或检验粘性、多孔性、膨胀性、表面张力及类似性能的仪器及装置；测量或检验热量、声量或光量的仪器及装置（包括曝光表）；检镜切片机：	为两用物项修订《协调制度》目录
9027.10	-气体或烟雾分析仪	9027.10	-气体或烟雾分析仪	
9027.20	-色谱仪及电泳仪	9027.20	-色谱仪及电泳仪	
9027.30	-使用光学射线（紫外线、可见光、红外线）的分光仪、分光光度计及摄谱仪	9027.30	-使用光学射线（紫外线、可见光、红外线）的分光仪、分光光度计及摄谱仪	
9027.50	-使用光学射线（紫外线、可见光、红外线）的其他仪器及装置	9027.50	-使用光学射线（紫外线、可见光、红外线）的其他仪器及装置	
9027.80	-其他仪器及装置		-其他仪器及装置：	
		9027.81	--质谱仪	
		9027.89	--其他	
9027.90	-检镜切片机；零件、附件	9027.90	-检镜切片机；零件、附件	

2017 年版		2022 年版		修改说明
HS 编码	商品名称	HS 编码	商品名称	
90. 30	示波器、频谱分析仪及其他用于电量测量或检验的仪器和装置，不包括品目 90. 28 的各种仪表；α 射线、β 射线、γ 射线、X 射线、宇宙射线或其他离子射线的测量或检验仪器及装置：	90. 30	示波器、频谱分析仪及其他用于电量测量或检验的仪器和装置，不包括品目 90. 28 的各种仪表；α 射线、β 射线、γ 射线、X 射线、宇宙射线或其他离子射线的测量或检验仪器及装置：	为测试或检验半导体晶圆或器件的仪器及装置修订《协调制度》目录
9030. 10	-离子射线的测量或检验仪器及装置	9030. 10	-离子射线的测量或检验仪器及装置	
9030. 20	-示波器	9030. 20	-示波器	
	-检测电压、电流、电阻或功率的其他仪器及装置：		-检测电压、电流、电阻或功率（用于测试或检验半导体晶圆或器件用的除外）的其他仪器及装置：	
9030. 31	--万用表，不带记录装置	9030. 31	--万用表，不带记录装置	
9030. 32	--万用表，带记录装置	9030. 32	--万用表，带记录装置	
9030. 33	--其他，不带记录装置	9030. 33	--其他，不带记录装置	
9030. 39	--其他，带记录装置	9030. 39	--其他，带记录装置	
9030. 40	-通信专用的其他仪器及装置（例如，串音测试器、增益测量仪、失真度表、噪声计）	9030. 40	-通信专用的其他仪器及装置（例如，串音测试器、增益测量仪、失真度表、噪声计）	
	-其他仪器及装置：		-其他仪器及装置：	
9030. 82	--测试或检验半导体晶片或器件用	9030. 82	--测试或检验半导体晶圆或器件（包括集成电路）用	
9030. 84	--其他，带记录装置的	9030. 84	--其他，带记录装置的	
9030. 89	--其他	9030. 89	--其他	
9030. 90	-零件、附件	9030. 90	-零件、附件	
90. 31	本章其他品目未列名的测量或检验仪器、器具及机器；轮廓投影仪：	90. 31	本章其他品目未列名的测量或检验仪器、器具及机器；轮廓投影仪：	为测试或检验集成电路晶圆的仪器及装置修订《协调制度》目录。明确子目 9031. 41 包含集成电路（IC）检测仪器
9031. 10	-机械零件平衡试验机	9031. 10	-机械零件平衡试验机	
9031. 20	-试验台	9031. 20	-试验台	
	-其他光学仪器及器具：		-其他光学仪器及器具：	

<table>
<tr><th colspan="2">2017 年版</th><th colspan="2">2022 年版</th><th rowspan="2">修改说明</th></tr>
<tr><th>HS 编码</th><th>商品名称</th><th>HS 编码</th><th>商品名称</th></tr>
<tr><td>9031.41</td><td>--制造半导体器件时检验半导体晶片、器件或检测光掩模或光栅用</td><td>9031.41</td><td>--制造半导体器件（包括集成电路）时检验半导体晶圆、器件（包括集成电路）或检测光掩模或光栅用</td><td rowspan="4">为测试或检验集成电路晶圆的仪器及装置修订《协调制度》目录。明确子目9031.41包含集成电路（IC）检测仪器</td></tr>
<tr><td>9031.49</td><td>--其他</td><td>9031.49</td><td>--其他</td></tr>
<tr><td>9031.80</td><td>-其他仪器、器具及机器</td><td>9031.80</td><td>-其他仪器、器具及机器</td></tr>
<tr><td>9031.90</td><td>-零件、附件</td><td>9031.90</td><td>-零件、附件</td></tr>
<tr><td>91.14</td><td>钟、表的其他零件：</td><td>91.14</td><td>钟、表的其他零件：</td><td rowspan="5">删除贸易量小的品目/子目</td></tr>
<tr><td>9114.10</td><td>-发条，包括游丝</td><td></td><td></td></tr>
<tr><td>9114.30</td><td>-钟面或表面</td><td>9114.30</td><td>-钟面或表面</td></tr>
<tr><td>9114.40</td><td>-夹板及横担（过桥）</td><td>9114.40</td><td>-夹板及横担（过桥）</td></tr>
<tr><td>9114.90</td><td>-其他</td><td>9114.90</td><td>-其他</td></tr>
<tr><td>第九十四章标题</td><td>家具；寝具、褥垫、弹簧床垫、软座垫及类似的填充制品；未列名灯具及照明装置；发光标志、发光铭牌及类似品；活动房屋</td><td>第九十四章标题</td><td>家具；寝具、褥垫、弹簧床垫、软座垫及类似的填充制品；未列名灯具及照明装置；发光标志、发光铭牌及类似品；活动房屋</td><td>为发光二极管（LED）类商品而进行的修订。仅英文修改，中文不变</td></tr>
<tr><td>第九十四章注释一（六）</td><td>（六）第八十五章的灯具及照明装置；</td><td>第九十四章注释一（六）</td><td>（六）第八十五章的灯或光源及其零件；</td><td>为发光二极管（LED）类商品修订《协调制度》目录</td></tr>
<tr><td>第九十四章注释一（十一）</td><td>（十一）玩具家具、玩具灯或玩具照明装置（品目95.03）、台球桌或其他供游戏用的特制家具（品目95.04）、魔术用的特制家具或中国灯笼及类似的装饰品（电气彩灯串除外）（品目95.05）；或</td><td>第九十四章注释一（十一）</td><td>（十一）玩具家具、玩具灯具或玩具照明装置（品目95.03）、台球桌或其他供游戏用的特制家具（品目95.04）、魔术用的特制家具或中国灯笼及类似的装饰品（灯串除外）（品目95.05）；或</td><td>为发光二极管（LED）类商品修订《协调制度》目录</td></tr>
</table>

2017年版		2022年版		修改说明
HS编码	商品名称	HS编码	商品名称	
第九十四章注释四	四、品目94.06所称“活动房屋”，是指在工厂制成成品或制成部件并一同报验，供以后在有关地点上组装的房屋，例如，工地用房、办公室、学校、店铺、工作棚、车房或类似的建筑物。	第九十四章注释四	四、品目94.06所称“活动房屋”，是指在工厂制成成品或制成部件并一同报验，供以后在有关地点上组装的房屋，例如，工地用房、办公室、学校、店铺、工作棚、车房或类似的建筑物。活动房屋包括钢结构“模块建筑单元”，它们通常具有标准集装箱的形状和尺寸，其内部已部分或者全部进行了预装配。这种模块建筑单元通常设计用于组装为永久的建筑物。	为钢结构模块建筑单元修订品目94.06
94.01	坐具（包括能作床用的两用椅，但品目94.02的货品除外）及其零件：	94.01	坐具（包括能作床用的两用椅，但品目94.02的货品除外）及其零件：	根据联合国粮农组织的建议，对第四十四章和第九十四章进行修订
9401.10	-飞机用坐具	9401.10	-飞机用坐具	
9401.20	-机动车辆用坐具	9401.20	-机动车辆用坐具	
9401.30	-可调高度的转动坐具		-可调高度的转动坐具：	
		9401.31	--木制的	
		9401.39	--其他	
9401.40	-能作床用的两用椅，但庭园坐具或野营设备除外		-能作床用的两用椅，但庭园坐具或野营设备除外：	
		9401.41	--木制的	
		9401.49	--其他	
	-藤、柳条、竹及类似材料制的坐具：		-藤、柳条、竹及类似材料制的坐具：	
9401.52	--竹制的	9401.52	--竹制的	
9401.53	--藤制的	9401.53	--藤制的	
9401.59	--其他	9401.59	--其他	
	-木框架的其他坐具：		-木框架的其他坐具：	
9401.61	--装软垫的	9401.61	--装软垫的	
9401.69	--其他	9401.69	--其他	
	-金属框架的其他坐具：		-金属框架的其他坐具：	

2017年版		2022年版		修改说明
HS编码	商品名称	HS编码	商品名称	
9401.71	--装软垫的	9401.71	--装软垫的	根据联合国粮农组织的建议，对第四十四章和第九十四章进行修订
9401.79	--其他	9401.79	--其他	
9401.80	-其他坐具	9401.80	-其他坐具	
9401.90	-零件		-零件：	
		9401.91	--木制的	
		9401.99	--其他	
94.03	其他家具及其零件：	94.03	其他家具及其零件：	根据联合国粮农组织的建议，对第四十四章和第九十四章进行修订
9403.10	-办公室用金属家具	9403.10	-办公室用金属家具	
9403.20	-其他金属家具	9403.20	-其他金属家具	
9403.30	-办公室用木家具	9403.30	-办公室用木家具	
9403.40	-厨房用木家具	9403.40	-厨房用木家具	
9403.50	-卧室用木家具	9403.50	-卧室用木家具	
9403.60	-其他木家具	9403.60	-其他木家具	
9403.70	-塑料家具	9403.70	-塑料家具	
	-其他材料制的家具，包括藤、柳条、竹或类似材料制的：		-其他材料制的家具，包括藤、柳条、竹或类似材料制的：	
9403.82	--竹制的	9403.82	--竹制的	
9403.83	--藤制的	9403.83	--藤制的	
9403.89	--其他	9403.89	--其他	
9403.90	-零件		-零件：	
		9403.91	--木制的	
		9403.99	--其他	
94.04	弹簧床垫；寝具及类似用品，装有弹簧、内部用任何材料填充、衬垫或用海绵橡胶、泡沫塑料制成，不论是否包面（例如，褥垫、被子、羽绒被、靠垫、坐垫及枕头）：	94.04	弹簧床垫；寝具及类似用品，装有弹簧、内部用任何材料填充、衬垫或用海绵橡胶、泡沫塑料制成，不论是否包面（例如，褥垫、被子、羽绒被、靠垫、坐垫及枕头）：	对品目34.02和94.04的修订
9404.10	-弹簧床垫	9404.10	-弹簧床垫	
	-褥垫：		-褥垫：	
9404.21	--海绵橡胶或泡沫塑料制，不论是否包面	9404.21	--海绵橡胶或泡沫塑料制，不论是否包面	

2017 年版		2022 年版		修改说明
HS 编码	商品名称	HS 编码	商品名称	
9404.29	--其他材料制	9404.29	--其他材料制	对品目 34.02 和 94.04 进行修订
9404.30	-睡袋	9404.30	-睡袋	
		9404.40	-被子（包括羽绒被）、床罩	
9404.90	-其他	9404.90	-其他	
94.05	其他品目未列名的灯具及照明装置，包括探照灯、聚光灯及其零件；装有固定光源的发光标志、发光铭牌及类似品，以及其他品目未列名的这些货品的零件：	94.05	其他品目未列名的灯具及照明装置，包括探照灯、聚光灯及其零件；装有固定光源的发光标志、发光铭牌及类似品，以及其他品目未列名的这些货品的零件：	为发光二极管（LED）类商品而进行的修订，仅英文修改，中文不变。根据国际可再生能源署的建议，为太阳能产品修订《协调制度》目录
9405.10	-枝形吊灯及天花板或墙壁上的其他电气照明装置，但不包括公共露天场所或街道上的电气照明装置		-枝形吊灯及天花板或墙壁上的其他电气照明装置，但不包括公共露天场所或街道上的电气照明装置：	
		9405.11	--设计为仅使用发光二极管（LED）光源的	
		9405.19	--其他	
9405.20	-电气的台灯、床头灯或落地灯		-电气的台灯、床头灯或落地灯：	
		9405.21	--设计为仅使用发光二极管（LED）光源的	
		9405.29	--其他	
9405.30	-圣诞树用的成套灯具		-圣诞树用的灯串：	
		9405.31	--设计为仅使用发光二极管（LED）光源的	
		9405.39	--其他	
9405.40	-其他电灯及照明装置		-其他电气灯具及照明装置：	
		9405.41	--光伏的，且设计为仅使用发光二极管（LED）光源的	
		9405.42	--其他，设计为仅使用发光二极管（LED）光源的	
		9405.49	--其他	
9405.50	-非电气的灯具及照明装置	9405.50	-非电气的灯具及照明装置	

2017年版		2022年版		修改说明
HS编码	商品名称	HS编码	商品名称	
9405.60	-发光标志、发光铭牌及类似品		-发光标志、发光铭牌及类似品：	为发光二极管（LED）类商品而进行的修订，仅英文修改，中文不变。根据国际可再生能源署的建议，为太阳能产品修订《协调制度》目录
		9405.61	--设计为仅使用发光二极管（LED）光源的	
		9405.69	--其他	
	-零件：		-零件：	
9405.91	--玻璃制	9405.91	--玻璃制	
9405.92	--塑料制	9405.92	--塑料制	
9405.99	--其他	9405.99	--其他	
94.06	活动房屋：	94.06	活动房屋：	为钢结构模块建筑单元修订《协调制度》目录
9406.10	-木制的	9406.10	-木制的	
		9406.20	-钢结构模块建筑单元	
9406.90	-其他	9406.90	-其他	
第九十五章注释一（五）	（五）第六十一章或第六十二章的纺织品制的化妆舞会服装；第六十一章或第六十二章的纺织品制的运动服装或特殊衣着（例如，击剑服或足球守门员球衣），无论是否附带保护配件（例如，肘部、膝部或腹股沟部位的保护垫或填充物）；	第九十五章注释一（五）	（五）第六十一章或第六十二章的纺织品制的化妆舞会服装；第六十一章或第六十二章的纺织品制的运动服装或特殊衣着（例如，击剑服或足球守门员球衣），无论是否附带保护配件（例如，肘部、膝部或腹股沟部位的保护垫或填充物）；	仅法文修改，中文不变
	新增章注释	新增第九十五章注释一（十五）	（十五）无人驾驶航空器（品目88.06）； 原注释一（十五）至（二十二）相应地调整为注释一（十六）至（二十三）。	为无人机修订《协调制度》目录
第九十五章注释一（十九）	（十九）各种电气彩灯串（品目94.05）；	第九十五章注释一（二十）	（二十）各种灯串（品目94.05）；	为发光二极管（LED）类商品修订《协调制度》目录

2017年版		2022年版		修改说明
HS编码	商品名称	HS编码	商品名称	
	新增章注释	新增第九十五章注释六	六、品目95.08中： （一）“游乐场乘骑游乐设施”是指主要目的为游乐或娱乐的装置、组合装置或设备，用于运载、传送、导引一人或多人越过或穿行某一固定或限定的路径（包括水道），或者特定区域，这些设施不包括通常安装在住宅区或操场内的设备； （二）“水上乐园娱乐设备”是指特征为特定的涉水区域且无设定路径的装置、组合装置或设备。这些设备仅包括专为水上乐园设计的设备；及 （三）“游乐场娱乐设备”是指凭借运气、力量或技巧来玩的游戏设备，通常需要操作员或服务员，可安装在永久性建筑物或独立的摊位，这些设备不包括品目95.04的设备。 本品目不包括在本协调制度其他品目中列名更为具体的设备。	为某些游乐园设备修订《协调制度》目录，新增第九十五章注释六，修改品目95.04和95.08的条文和子目
95.04	视频游戏控制器及设备、游艺场所、桌上或室内游戏用品，包括弹球机、台球、娱乐专用桌及保龄球自动球道设备：	95.04	视频游戏控制器及设备，桌上或室内游戏，包括弹球机、台球、娱乐专用桌及保龄球自动球道设备，使用硬币、钞票、银行卡、代币或任何其他支付方式使其工作的游乐机器：	为某些游乐园设备修订《协调制度》目录，新增第九十五章注释六，修改品目95.04和95.08的条文和子目
9504.20	-台球用品及附件	9504.20	-台球用品及附件	
9504.30	-使用硬币、钞票、银行卡、代币或任何其他支付方式使其工作的其他游戏用品，但保龄球自动球道设备除外	9504.30	-使用硬币、钞票、银行卡、代币或任何其他支付方式使其工作的其他游戏用品，但保龄球自动球道设备除外	
9504.40	-游戏纸牌	9504.40	-游戏纸牌	
9504.50	-视频游戏控制器及设备，但子目9504.30的货品除外	9504.50	-视频游戏控制器及设备，但子目9504.30的货品除外	
9504.90	-其他	9504.90	-其他	

2017年版		2022年版		修改说明
HS编码	商品名称	HS编码	商品名称	
95.08	旋转木马、秋千、射击用靶及其他游乐场的娱乐设备；流动马戏团及流动动物园；流动剧团：	95.08	流动马戏团及流动动物园；游乐场乘骑游乐设施和水上乐园娱乐设备；游乐场娱乐设备，包括射击用靶；流动剧团：	为某些游乐园设备修订《协调制度》目录，新增第九十五章注释六，修改品目95.04和95.08的条文和子目
9508.10	-流动马戏团及流动动物园	9508.10	-流动马戏团及流动动物园	
			-游乐场乘骑游乐设施和水上乐园娱乐设备：	
		9508.21	--过山车	
		9508.22	--旋转木马，秋千和旋转平台	
		9508.23	--碰碰车	
		9508.24	--运动模拟器和移动剧场	
		9508.25	--水上乘骑游乐设施	
		9508.26	--水上乐园娱乐设备	
		9508.29	--其他	
		9508.30	-游乐场娱乐设备	
		9508.40	-流动剧团	
9508.90	-其他			
第九十六章注释一（十）	（十）第九十四章的物品（例如，家具、灯具及照明装置）；	第九十六章注释一（十）	（十）第九十四章的物品（例如，家具、灯具及照明装置）；	为发光二极管（LED）类商品而进行的修订，仅英文修改，中文不变
96.09	铅笔（品目96.08的铅笔除外）、颜色铅笔、铅笔芯、蜡笔、图画碳笔、书写或绘画用粉笔及裁缝划粉：	96.09	铅笔（品目96.08的铅笔除外）、颜色铅笔、铅笔芯、蜡笔、图画碳笔、书写或绘画用粉笔及裁缝划粉：	修订以统一英、法文本
9609.10	-铅笔及颜色铅笔	9609.10	-铅笔及颜色铅笔，笔芯包裹在外壳中	
9609.20	-铅笔芯，黑的或其他颜色的	9609.20	-铅笔芯，黑的或其他颜色的	
9609.90	-其他	9609.90	-其他	

2017 年版		2022 年版		修改说明
HS 编码	商品名称	HS 编码	商品名称	
96.17	带壳的保温瓶和其他真空容器及其零件，但玻璃瓶胆除外：	96.17	保温瓶和其他真空容器及其零件，但玻璃瓶胆除外：	为钢铁制真空保温容器修订《协调制度》目录，以使英、法文本一致
9617.00	带壳的保温瓶和其他真空容器及其零件，但玻璃瓶胆除外	9617.00	保温瓶和其他真空容器及其零件，但玻璃瓶胆除外	
96.19	任何材料制的卫生巾（护垫）及卫生棉条、婴儿尿布及尿布衬里和类似品：	96.19	任何材料制的卫生巾（护垫）及卫生棉条、尿布及尿布衬里和类似品：	修订品目 96.19 条文关于尿布及尿布衬里的相关条款
9619.00	任何材料制的卫生巾（护垫）及卫生棉条、婴儿尿布及尿布衬里和类似品	9619.00	任何材料制的卫生巾（护垫）及卫生棉条、尿布及尿布衬里和类似品	
	新增章注释	新增第九十七章注释二	二、品目 97.01 不适用于成批生产的镶嵌画复制品、铸造品及具有商业性质的传统工艺品，即使这些物品是由艺术家设计或创造的。 原注释二至五相应地调整为注释三至六。	为某些文化产品修订第九十七章
第九十七章注释四(一)	(一) 除上述注释一至三另有规定的以外，可归入本章各品目的物品，均应归入本章的相应品目而不归入本协调制度的其他品目；	第九十七章注释五(一)	(一) 除上述注释一至四另有规定的以外，可归入本章各品目的物品，均应归入本章的相应品目而不归入本协调制度的其他品目；	因章注释序号变化产生的修改
97.01	油画、粉画及其他手绘画，但带有手工绘制及手工描饰的制品或品目 49.06 的图纸除外；拼贴画及类似装饰板：	97.01	油画、粉画及其他手绘画，但带有手工绘制及手工描饰的制品或品目 49.06 的图纸除外；拼贴画、镶嵌画及类似装饰板：	为某些文化产品修订第九十七章
9701.10	-油画、粉画及其他手绘画			
			-超过 100 年的：	
		9701.21	--油画、粉画及其他手绘画	
		9701.22	--镶嵌画	
		9701.29	--其他	
9701.90	-其他		-其他：	
		9701.91	--油画、粉画及其他手绘画	
		9701.92	--镶嵌画	

2017年版		2022年版		修改说明
HS编码	商品名称	HS编码	商品名称	
		9701.99	--其他	为某些文化产品修订第九十七章
97.02	雕版画、印制画、石印画的原本：	97.02	雕版画、印制画、石印画的原本：	
9702.00	雕版画、印制画、石印画的原本			
		9702.10	-超过100年的	
		9702.90	-其他	
97.03	各种材料制的雕塑品原件：	97.03	各种材料制的雕塑品原件：	
9703.00	各种材料制的雕塑品原件			
		9703.10	-超过100年的	
		9703.90	-其他	
97.05	具有动物学、植物学、矿物学、解剖学、历史学、考古学、古生物学、人种学或钱币学意义的收集品及珍藏品：	97.05	具有考古学、人种学、历史学、动物学、植物学、矿物学、解剖学、古生物学或钱币学意义的收集品及珍藏品：	
9705.00	具有动物学、植物学、矿物学、解剖学、历史学、考古学、古生物学、人种学或钱币学意义的收集品及珍藏品			
		9705.10	-具有考古学、人种学或历史学意义的收集品及珍藏品	
			-具有动物学、植物学、矿物学、解剖学或古生物学意义的收集品及珍藏品：	
		9705.21	--人类标本及其部分	
		9705.22	--灭绝或濒危物种及其部分	
		9705.29	--其他	
			-具有钱币学意义的收集品或珍藏品：	
		9705.31	--超过100年的	
		9705.39	--其他	
97.06	超过100年的古物：	97.06	超过100年的古物：	
9706.00	超过100年的古物			
		9706.10	-超过250年的	
		9706.90	-其他	

2022年版《协调制度》目录培训教材

（下）

2021—2022年版《中华人民共和国进出口税则》目录转换表

海关总署关税征管司◎编

中国海关出版社有限公司
中国·北京

目 录

2021年版税则			2022年版硬转换			2022年版软转换		说明
税则号列	商品名称	税率	税则号列	商品名称	税率	税则号列	商品名称	
03.02	鲜、冷鱼，但税目03.04的鱼片及其他鱼肉除外：		03.02	鲜、冷鱼，但税目03.04的鱼片及其他鱼肉除外：		03.02	鲜、冷鱼，但税目03.04的鱼片及其他鱼肉除外：	1. 由于鲣鱼的拉丁文学名修订引发的对英文的修改，为避免混淆鲣鱼（种）和鲣属，将原来的“鲣鱼”改为“鲣”；由于狭鳕鱼英文名称的修订引发的修改，无商品范围的变化。2. 软硬转换相同。
	-鲑科鱼，但子目0302.91至0302.99的可食用鱼杂碎除外：			-鲑科鱼，但子目0302.91至0302.99的可食用鱼杂碎除外：			-鲑科鱼，但子目0302.91至0302.99的可食用鱼杂碎除外：	
0302.1100	--鳟鱼（河鳟、虹鳟、克拉克大麻哈鱼、阿瓜大麻哈鱼、吉雨大麻哈鱼、亚利桑那大麻哈鱼、金腹大麻哈鱼）	10	0302.1100	--鳟鱼（河鳟、虹鳟、克拉克大麻哈鱼、阿瓜大麻哈鱼、吉雨大麻哈鱼、亚利桑那大麻哈鱼、金腹大麻哈鱼）	10	0302.1100	--鳟鱼（河鳟、虹鳟、克拉克大麻哈鱼、阿瓜大麻哈鱼、吉雨大麻哈鱼、亚利桑那大麻哈鱼、金腹大麻哈鱼）	
0302.1300	--大麻哈鱼[红大麻哈鱼、细鳞大麻哈鱼、大麻哈鱼（种）、大鳞大麻哈鱼、银大麻哈鱼、马苏大麻哈鱼、玫瑰大麻哈鱼]	10	0302.1300	--大麻哈鱼[红大麻哈鱼、细鳞大麻哈鱼、大麻哈鱼（种）、大鳞大麻哈鱼、银大麻哈鱼、马苏大麻哈鱼、玫瑰大麻哈鱼]	10	0302.1300	--大麻哈鱼[红大麻哈鱼、细鳞大麻哈鱼、大麻哈鱼（种）、大鳞大麻哈鱼、银大麻哈鱼、马苏大麻哈鱼、玫瑰大麻哈鱼]	
	--大西洋鲑鱼及多瑙哲罗鱼：			--大西洋鲑鱼及多瑙哲罗鱼：			--大西洋鲑鱼及多瑙哲罗鱼：	
0302.1410	---大西洋鲑鱼	10	0302.1410	---大西洋鲑鱼	10	0302.1410	---大西洋鲑鱼	
0302.1420	---多瑙哲罗鱼	7	0302.1420	---多瑙哲罗鱼	7	0302.1420	---多瑙哲罗鱼	

2021 年版税则			2022 年版硬转换			2022 年版软转换		说明
税则号列	商品名称	税率	税则号列	商品名称	税率	税则号列	商品名称	
0302. 1900	--其他	10	0302. 1900	--其他	10	0302. 1900	--其他	1. 由于鲣鱼的拉丁文学名修订引发的对英文的修改，为避免混淆鲣鱼（种）和鲣属，将原来的“鲣鱼”改为“鲣”；由于狭鳕鱼英文名称的修订引发的修改，无商品范围的变化。 2. 软硬转换相同。
	-比目鱼（鲽科、鲆科、舌鳎科、鳎科、菱鲆科、刺鲆科），但子目 0302. 91 至 0302. 99 的可食用鱼杂碎除外：			-比目鱼（鲽科、鲆科、舌鳎科、鳎科、菱鲆科、刺鲆科），但子目 0302. 91 至 0302. 99 的可食用鱼杂碎除外：			-比目鱼（鲽科、鲆科、舌鳎科、鳎科、菱鲆科、刺鲆科），但子目 0302. 91 至 0302. 99 的可食用鱼杂碎除外：	
0302. 2100	--庸鲽鱼（马舌鲽、庸鲽、狭鳞庸鲽）	7	0302. 2100	--庸鲽鱼（马舌鲽、庸鲽、狭鳞庸鲽）	7	0302. 2100	--庸鲽鱼（马舌鲽、庸鲽、狭鳞庸鲽）	
0302. 2200	--鲽鱼（鲽）	7	0302. 2200	--鲽鱼（鲽）	7	0302. 2200	--鲽鱼（鲽）	
0302. 2300	--鳎鱼（鳎属）	7	0302. 2300	--鳎鱼（鳎属）	7	0302. 2300	--鳎鱼（鳎属）	
0302. 2400	--大菱鲆（瘤棘鲆）	7	0302. 2400	--大菱鲆（瘤棘鲆）	7	0302. 2400	--大菱鲆（瘤棘鲆）	
0302. 2900	--其他	7	0302. 2900	--其他	7	0302. 2900	--其他	
	-金枪鱼（金枪鱼属）、<u>鲣鱼或狐鲣（鲣）</u>，但子目 0302. 91 至 0302. 99 的可食用鱼杂碎除外：			-金枪鱼（金枪鱼属）、<u>鲣</u>，但子目 0302. 91 至 0302. 99 的可食用鱼杂碎除外：			-金枪鱼（金枪鱼属）、<u>鲣</u>，但子目 0302. 91 至 0302. 99 的可食用鱼杂碎除外：	
0302. 3100	--长鳍金枪鱼	7	0302. 3100	--长鳍金枪鱼	7	0302. 3100	--长鳍金枪鱼	
0302. 3200	--黄鳍金枪鱼	7	0302. 3200	--黄鳍金枪鱼	7	0302. 3200	--黄鳍金枪鱼	
0302. 3300	--<u>鲣鱼或狐鲣</u>	7	0302. 3300	--<u>鲣（0302. 3300）</u>	7	0302. 3300	--<u>鲣（0302. 3300）</u>	
0302. 3400	--大眼金枪鱼	7	0302. 3400	--大眼金枪鱼	7	0302. 3400	--大眼金枪鱼	

注：本次《协调制度》目录修订变化内容均用下划线标出。

2021年版税则			2022年版硬转换			2022年版软转换		说明
税则号列	商品名称	税率	税则号列	商品名称	税率	税则号列	商品名称	
	--大西洋及太平洋蓝鳍金枪鱼:			--大西洋及太平洋蓝鳍金枪鱼:			--大西洋及太平洋蓝鳍金枪鱼:	1. 由于鲣鱼的拉丁文学名修订引发的对英文的修改，为避免混淆鲣鱼(种)和鲣属，将原来的“鲣鱼”改为“鲣”；由于狭鳕鱼英文名称的修订引发的修改，无商品范围的变化。2. 软硬转换相同。
0302.3510	---大西洋蓝鳍金枪鱼	7	0302.3510	---大西洋蓝鳍金枪鱼	7	0302.3510	---大西洋蓝鳍金枪鱼	
0302.3520	---太平洋蓝鳍金枪鱼	7	0302.3520	---太平洋蓝鳍金枪鱼	7	0302.3520	---太平洋蓝鳍金枪鱼	
0302.3600	--南方蓝鳍金枪鱼	7	0302.3600	--南方蓝鳍金枪鱼	7	0302.3600	--南方蓝鳍金枪鱼	
0302.3900	--其他	7	0302.3900	--其他	7	0302.3900	--其他	
	-鲱鱼(大西洋鲱鱼、太平洋鲱鱼)、鳀鱼(鳀属)、沙丁鱼(沙丁鱼、沙瑙鱼属)、小沙丁鱼属、黍鲱或西鲱、鲭鱼[大西洋鲭、澳洲鲭(鲐)、日本鲭(鲐)]、印度鲭(羽鳃鲐属)、马鲛鱼(马鲛属)、对称竹荚鱼、新西兰竹荚鱼及竹荚鱼(竹荚鱼属)、鲹鱼(鲹属)、军曹鱼、银鲳(鲳属)、秋刀鱼、圆鲹(圆鲹属)、多春鱼(毛鳞鱼)、剑鱼、鲔鱼、狐鲣(狐鲣属)、枪鱼、旗鱼、四鳍旗鱼(旗鱼科)，但子目0302.91至0302.99的可食用鱼杂碎除外:			-鲱鱼(大西洋鲱鱼、太平洋鲱鱼)、鳀鱼(鳀属)、沙丁鱼(沙丁鱼、沙瑙鱼属)、小沙丁鱼属、黍鲱或西鲱、鲭鱼[大西洋鲭、澳洲鲭(鲐)、日本鲭(鲐)]、印度鲭(羽鳃鲐属)、马鲛鱼(马鲛属)、对称竹荚鱼、新西兰竹荚鱼及竹荚鱼(竹荚鱼属)、鲹鱼(鲹属)、军曹鱼、银鲳(鲳属)、秋刀鱼、圆鲹(圆鲹属)、多春鱼(毛鳞鱼)、剑鱼、鲔鱼、狐鲣(狐鲣属)、枪鱼、旗鱼、四鳍旗鱼(旗鱼科)，但子目0302.91至0302.99的可食用鱼杂碎除外:			-鲱鱼(大西洋鲱鱼、太平洋鲱鱼)、鳀鱼(鳀属)、沙丁鱼(沙丁鱼、沙瑙鱼属)、小沙丁鱼属、黍鲱或西鲱、鲭鱼[大西洋鲭、澳洲鲭(鲐)、日本鲭(鲐)]、印度鲭(羽鳃鲐属)、马鲛鱼(马鲛属)、对称竹荚鱼、新西兰竹荚鱼及竹荚鱼(竹荚鱼属)、鲹鱼(鲹属)、军曹鱼、银鲳(鲳属)、秋刀鱼、圆鲹(圆鲹属)、多春鱼(毛鳞鱼)、剑鱼、鲔鱼、狐鲣(狐鲣属)、枪鱼、旗鱼、四鳍旗鱼(旗鱼科)，但子目0302.91至0302.99的可食用鱼杂碎除外:	

2021 年版税则			2022 年版硬转换			2022 年版软转换		说明
税则号列	商品名称	税率	税则号列	商品名称	税率	税则号列	商品名称	
0302. 4100	--鲱鱼(大西洋鲱鱼、太平洋鲱鱼)	7	0302. 4100	--鲱鱼(大西洋鲱鱼、太平洋鲱鱼)	7	0302. 4100	--鲱鱼(大西洋鲱鱼、太平洋鲱鱼)	1. 由于鲣鱼的拉丁文学名修订引发的对英文的修改,为避免混淆鲣鱼(种)和鲣属,将原来的“鲣鱼”改为“鲣”;由于狭鳕鱼英文名称的修订引发的修改,无商品范围的变化。 2. 软硬转换相同。
0302. 4200	--鳀鱼(鳀属)	7	0302. 4200	--鳀鱼(鳀属)	7	0302. 4200	--鳀鱼(鳀属)	
0302. 4300	--沙丁鱼(沙丁鱼、沙瑙鱼属)、小沙丁鱼属、黍鲱或西鲱	7	0302. 4300	--沙丁鱼(沙丁鱼、沙瑙鱼属)、小沙丁鱼属、黍鲱或西鲱	7	0302. 4300	--沙丁鱼(沙丁鱼、沙瑙鱼属)、小沙丁鱼属、黍鲱或西鲱	
0302. 4400	--鲭鱼[大西洋鲭、澳洲鲭(鲐)、日本鲭(鲐)]	7	0302. 4400	--鲭鱼[大西洋鲭、澳洲鲭(鲐)、日本鲭(鲐)]	7	0302. 4400	--鲭鱼[大西洋鲭、澳洲鲭(鲐)、日本鲭(鲐)]	
0302. 4500	--对称竹荚鱼、新西兰竹荚鱼及竹荚鱼(竹荚鱼属)	7	0302. 4500	--对称竹荚鱼、新西兰竹荚鱼及竹荚鱼(竹荚鱼属)	7	0302. 4500	--对称竹荚鱼、新西兰竹荚鱼及竹荚鱼(竹荚鱼属)	
0302. 4600	--军曹鱼	7	0302. 4600	--军曹鱼	7	0302. 4600	--军曹鱼	
0302. 4700	--剑鱼	7	0302. 4700	--剑鱼	7	0302. 4700	--剑鱼	
	--其他:			--其他:			--其他:	
0302. 4910	---银鲳(鲳属)	7	0302. 4910	---银鲳(鲳属)	7	0302. 4910	---银鲳(鲳属)	
0302. 4990	---其他	7	0302. 4990	---其他	7	0302. 4990	---其他	
	-犀鳕科、多丝真鳕科、鳕科、长尾鳕科、黑鳕科、无须鳕科、深海鳕科及南极鳕科鱼,但子目 0302. 91 至 0302. 99 的可食用鱼杂碎除外:			-犀鳕科、多丝真鳕科、鳕科、长尾鳕科、黑鳕科、无须鳕科、深海鳕科及南极鳕科鱼,但子目 0302. 91 至 0302. 99 的可食用鱼杂碎除外:			-犀鳕科、多丝真鳕科、鳕科、长尾鳕科、黑鳕科、无须鳕科、深海鳕科及南极鳕科鱼,但子目 0302. 91 至 0302. 99 的可食用鱼杂碎除外:	

2021年版税则			2022年版硬转换			2022年版软转换		说明
税则号列	商品名称	税率	税则号列	商品名称	税率	税则号列	商品名称	
0302.5100	--鳕鱼(大西洋鳕鱼、格陵兰鳕鱼、太平洋鳕鱼)	7	0302.5100	--鳕鱼(大西洋鳕鱼、格陵兰鳕鱼、太平洋鳕鱼)	7	0302.5100	--鳕鱼(大西洋鳕鱼、格陵兰鳕鱼、太平洋鳕鱼)	1. 由于鲣鱼的拉丁文学名修订引发的对英文的修改,为避免混淆鲣鱼(种)和鲣属,将原来的“鲣鱼”改为“鲣”;由于狭鳕鱼英文名称的修订引发的修改,无商品范围的变化。 2. 软硬转换相同。
0302.5200	--黑线鳕鱼(黑线鳕)	7	0302.5200	--黑线鳕鱼(黑线鳕)	7	0302.5200	--黑线鳕鱼(黑线鳕)	
0302.5300	--绿青鳕鱼	7	0302.5300	--绿青鳕鱼	7	0302.5300	--绿青鳕鱼	
0302.5400	--狗鳕鱼(无须鳕属、长鳍鳕属)	7	0302.5400	--狗鳕鱼(无须鳕属、长鳍鳕属)	7	0302.5400	--狗鳕鱼(无须鳕属、长鳍鳕属)	
0302.5500	--狭鳕鱼	7	0302.5500	--阿拉斯加狭鳕鱼	7	0302.5500	--阿拉斯加狭鳕鱼	
0302.5600	--蓝鳕鱼(小鳍鳕、南蓝鳕)	7	0302.5600	--蓝鳕鱼(小鳍鳕、南蓝鳕)	7	0302.5600	--蓝鳕鱼(小鳍鳕、南蓝鳕)	
0302.5900	--其他	7	0302.5900	--其他	7	0302.5900	--其他	
	-罗非鱼(口孵非鲫属)、鲶鱼(鲑鲶属、鲶属、胡鲶属、真鮰属)、鲤科鱼(鲤属、鲫属、草鱼、鲢属、鲮属、青鱼、卡特拉鲃、野鲮属、哈氏纹唇鱼、何氏细须鲃、鲂属)、鳗鱼(鳗鲡属)、尼罗河鲈鱼(尼罗尖吻鲈)及黑鱼(鳢属),但子目0302.91至0302.99的可食用鱼杂碎除外:			-罗非鱼(口孵非鲫属)、鲶鱼(鲑鲶属、鲶属、胡鲶属、真鮰属)、鲤科鱼(鲤属、鲫属、草鱼、鲢属、鲮属、青鱼、卡特拉鲃、野鲮属、哈氏纹唇鱼、何氏细须鲃、鲂属)、鳗鱼(鳗鲡属)、尼罗河鲈鱼(尼罗尖吻鲈)及黑鱼(鳢属),但子目0302.91至0302.99的可食用鱼杂碎除外:			-罗非鱼(口孵非鲫属)、鲶鱼(鲑鲶属、鲶属、胡鲶属、真鮰属)、鲤科鱼(鲤属、鲫属、草鱼、鲢属、鲮属、青鱼、卡特拉鲃、野鲮属、哈氏纹唇鱼、何氏细须鲃、鲂属)、鳗鱼(鳗鲡属)、尼罗河鲈鱼(尼罗尖吻鲈)及黑鱼(鳢属),但子目0302.91至0302.99的可食用鱼杂碎除外:	
0302.7100	--罗非鱼(口孵非鲫属)	7	0302.7100	--罗非鱼(口孵非鲫属)	7	0302.7100	--罗非鱼(口孵非鲫属)	
0302.7200	--鲶鱼(鲑鲶属、鲶属、胡鲶属、真鮰属)	10	0302.7200	--鲶鱼(鲑鲶属、鲶属、胡鲶属、真鮰属)	10	0302.7200	--鲶鱼(鲑鲶属、鲶属、胡鲶属、真鮰属)	

2021年版税则			2022年版硬转换			2022年版软转换		说明
税则号列	商品名称	税率	税则号列	商品名称	税率	税则号列	商品名称	
0302.7300	--鲤科鱼(鲤属、鲫属、草鱼、鲢属、鲮属、青鱼、卡特拉鲃、野鲮属、哈氏纹唇鱼、何氏细须鲃、鲂属)	7	0302.7300	--鲤科鱼(鲤属、鲫属、草鱼、鲢属、鲮属、青鱼、卡特拉鲃、野鲮属、哈氏纹唇鱼、何氏细须鲃、鲂属)	7	0302.7300	--鲤科鱼(鲤属、鲫属、草鱼、鲢属、鲮属、青鱼、卡特拉鲃、野鲮属、哈氏纹唇鱼、何氏细须鲃、鲂属)	1. 由于鲣鱼的拉丁文学名修订引发的对英文的修改,为避免混淆鲣鱼(种)和鲣属,将原来的"鲣鱼"改为"鲣";由于狭鳕鱼英文名称的修订引发的修改,无商品范围的变化。2. 软硬转换相同。
0302.7400	--鳗鱼(鳗鲡属)	7	0302.7400	--鳗鱼(鳗鲡属)	7	0302.7400	--鳗鱼(鳗鲡属)	
0302.7900	--其他	7	0302.7900	--其他	7	0302.7900	--其他	
	-其他鱼,但子目0302.91至0302.99的可食用鱼杂碎除外:			-其他鱼,但子目0302.91至0302.99的可食用鱼杂碎除外:			-其他鱼,但子目0302.91至0302.99的可食用鱼杂碎除外:	
0302.8100	--角鲨及其他鲨鱼	7	0302.8100	--角鲨及其他鲨鱼	7	0302.8100	--角鲨及其他鲨鱼	
0302.8200	--魟鱼及鳐鱼(鳐科)	7	0302.8200	--魟鱼及鳐鱼(鳐科)	7	0302.8200	--魟鱼及鳐鱼(鳐科)	
0302.8300	--南极犬牙鱼(南极犬牙鱼属)	7	0302.8300	--南极犬牙鱼(南极犬牙鱼属)	7	0302.8300	--南极犬牙鱼(南极犬牙鱼属)	
0302.8400	--尖吻鲈鱼(舌齿鲈属)	7	0302.8400	--尖吻鲈鱼(舌齿鲈属)	7	0302.8400	--尖吻鲈鱼(舌齿鲈属)	
0302.8500	--菱羊鲷(鲷科)	7	0302.8500	--菱羊鲷(鲷科)	7	0302.8500	--菱羊鲷(鲷科)	
	--其他:			--其他:			--其他:	
0302.8910	---带鱼	7	0302.8910	---带鱼	7	0302.8910	---带鱼	
0302.8920	---黄鱼	7	0302.8920	---黄鱼	7	0302.8920	---黄鱼	
0302.8930	---鲳鱼(银鲳除外)	7	0302.8930	---鲳鱼(银鲳除外)	7	0302.8930	---鲳鱼(银鲳除外)	
0302.8940	---鲀	10	0302.8940	---鲀	10	0302.8940	---鲀	
0302.8990	---其他	7	0302.8990	---其他	7	0302.8990	---其他	

2021 年版税则			2022 年版硬转换			2022 年版软转换		说明
税则号列	商品名称	税率	税则号列	商品名称	税率	税则号列	商品名称	
	-鱼肝、鱼卵、鱼精、鱼鳍、鱼头、鱼尾、鱼鳔及其他可食用鱼杂碎:			-鱼肝、鱼卵、鱼精、鱼鳍、鱼头、鱼尾、鱼鳔及其他可食用鱼杂碎:			-鱼肝、鱼卵、鱼精、鱼鳍、鱼头、鱼尾、鱼鳔及其他可食用鱼杂碎:	(见上栏“说明”)
0302.9100	--鱼肝、鱼卵及鱼精	7	0302.9100	--鱼肝、鱼卵及鱼精	7	0302.9100	--鱼肝、鱼卵及鱼精	
0302.9200	--鲨鱼翅	12	0302.9200	--鲨鱼翅	12	0302.9200	--鲨鱼翅	
0302.9900	--其他	7	0302.9900	--其他	7	0302.9900	--其他	
03.03	冻鱼,但税目 03.04 的鱼片及其他鱼肉除外:		03.03	冻鱼,但税目 03.04 的鱼片及其他鱼肉除外:		03.03	冻鱼,但税目 03.04 的鱼片及其他鱼肉除外:	1. 由于鲣鱼的拉丁文学名修订引发的对英文的修改,为避免混淆鲣鱼(种)和鲣属,将原来的“鲣鱼”改为“鲣”;由于狭鳕鱼英文名称的修订引发的修改,无商品范围的变化。 2. 软硬转换相同。
	-鲑科鱼,但子目 0303.91 至 0303.99 的可食用鱼杂碎除外:			-鲑科鱼,但子目 0303.91 至 0303.99 的可食用鱼杂碎除外:			-鲑科鱼,但子目 0303.91 至 0303.99 的可食用鱼杂碎除外:	
0303.1100	--红大麻哈鱼	7	0303.1100	--红大麻哈鱼	7	0303.1100	--红大麻哈鱼	
0303.1200	--其他大麻哈鱼[细鳞大麻哈鱼、大麻哈鱼(种)、大鳞大麻哈鱼、银大麻哈鱼、马苏大麻哈鱼、玫瑰大麻哈鱼]	7	0303.1200	--其他大麻哈鱼[细鳞大麻哈鱼、大麻哈鱼(种)、大鳞大麻哈鱼、银大麻哈鱼、马苏大麻哈鱼、玫瑰大麻哈鱼]	7	0303.1200	--其他大麻哈鱼[细鳞大麻哈鱼、大麻哈鱼(种)、大鳞大麻哈鱼、银大麻哈鱼、马苏大麻哈鱼、玫瑰大麻哈鱼]	
	--大西洋鲑鱼及多瑙哲罗鱼:			--大西洋鲑鱼及多瑙哲罗鱼:			--大西洋鲑鱼及多瑙哲罗鱼:	
0303.1310	---大西洋鲑鱼	7	0303.1310	---大西洋鲑鱼	7	0303.1310	---大西洋鲑鱼	
0303.1320	---多瑙哲罗鱼	7	0303.1320	---多瑙哲罗鱼	7	0303.1320	---多瑙哲罗鱼	

2021 年版税则			2022 年版硬转换			2022 年版软转换		说明
税则号列	商品名称	税率	税则号列	商品名称	税率	税则号列	商品名称	
0303.1400	--鳟鱼（河鳟、虹鳟、克拉克大麻哈鱼、阿瓜大麻哈鱼、吉雨大麻哈鱼、亚利桑那大麻哈鱼、金腹大麻哈鱼）	12	0303.1400	--鳟鱼（河鳟、虹鳟、克拉克大麻哈鱼、阿瓜大麻哈鱼、吉雨大麻哈鱼、亚利桑那大麻哈鱼、金腹大麻哈鱼）	12	0303.1400	--鳟鱼（河鳟、虹鳟、克拉克大麻哈鱼、阿瓜大麻哈鱼、吉雨大麻哈鱼、亚利桑那大麻哈鱼、金腹大麻哈鱼）	1. 由于鲣鱼的拉丁文学名修订引发的对英文的修改，为避免混淆鲣鱼（种）和鲣属，将原来的“鲣鱼”改为“鲣”；由于狭鳕鱼英文名称的修订引发的修改，无商品范围的变化。 2. 软硬转换相同。
0303.1900	--其他	10	0303.1900	--其他	10	0303.1900	--其他	
	-罗非鱼（口孵非鲫属）、鲶鱼（鲶鲶属、鲶属、胡鲶属、真鮰属）、鲤科鱼（鲤属、鲫属、草鱼、鲢属、鲮属、青鱼、卡特拉鲃、野鲮属、哈氏纹唇鱼、何氏细须鲃、鲂属）、鳗鱼（鳗鲡属）、尼罗河鲈鱼（尼罗尖吻鲈）及黑鱼（鳢属），但子目 0303.91 至 0303.99 的可食用鱼杂碎除外：			-罗非鱼（口孵非鲫属）、鲶鱼（鲶鲶属、鲶属、胡鲶属、真鮰属）、鲤科鱼（鲤属、鲫属、草鱼、鲢属、鲮属、青鱼、卡特拉鲃、野鲮属、哈氏纹唇鱼、何氏细须鲃、鲂属）、鳗鱼（鳗鲡属）、尼罗河鲈鱼（尼罗尖吻鲈）及黑鱼（鳢属），但子目 0303.91 至 0303.99 的可食用鱼杂碎除外：			-罗非鱼（口孵非鲫属）、鲶鱼（鲶鲶属、鲶属、胡鲶属、真鮰属）、鲤科鱼（鲤属、鲫属、草鱼、鲢属、鲮属、青鱼、卡特拉鲃、野鲮属、哈氏纹唇鱼、何氏细须鲃、鲂属）、鳗鱼（鳗鲡属）、尼罗河鲈鱼（尼罗尖吻鲈）及黑鱼（鳢属），但子目 0303.91 至 0303.99 的可食用鱼杂碎除外：	
0303.2300	--罗非鱼（口孵非鲫属）	7	0303.2300	--罗非鱼（口孵非鲫属）	7	0303.2300	--罗非鱼（口孵非鲫属）	
0303.2400	--鲶鱼（鲶鲶属、鲶属、胡鲶属、真鮰属）	10	0303.2400	--鲶鱼（鲶鲶属、鲶属、胡鲶属、真鮰属）	10	0303.2400	--鲶鱼（鲶鲶属、鲶属、胡鲶属、真鮰属）	
0303.2500	--鲤科鱼（鲤属、鲫属、草鱼、鲢属、鲮属、青鱼、卡特拉鲃、野鲮属、哈氏纹唇鱼、何氏细须鲃、鲂属）	10	0303.2500	--鲤科鱼（鲤属、鲫属、草鱼、鲢属、鲮属、青鱼、卡特拉鲃、野鲮属、哈氏纹唇鱼、何氏细须鲃、鲂属）	10	0303.2500	--鲤科鱼（鲤属、鲫属、草鱼、鲢属、鲮属、青鱼、卡特拉鲃、野鲮属、哈氏纹唇鱼、何氏细须鲃、鲂属）	
0303.2600	--鳗鱼（鳗鲡属）	10	0303.2600	--鳗鱼（鳗鲡属）	10	0303.2600	--鳗鱼（鳗鲡属）	
0303.2900	--其他	7	0303.2900	--其他	7	0303.2900	--其他	

2021 年版税则			2022 年版硬转换			2022 年版软转换		说明
税则号列	商品名称	税率	税则号列	商品名称	税率	税则号列	商品名称	
	-比目鱼(鲽科、鲆科、舌鳎科、鳎科、菱鲆科、刺鲆科),但子目 0303.91 至 0303.99 的可食用鱼杂碎除外:			-比目鱼(鲽科、鲆科、舌鳎科、鳎科、菱鲆科、刺鲆科),但子目 0303.91 至 0303.99 的可食用鱼杂碎除外:			-比目鱼(鲽科、鲆科、舌鳎科、鳎科、菱鲆科、刺鲆科),但子目 0303.91 至 0303.99 的可食用鱼杂碎除外:	1. 由于鲣鱼的拉丁文学名修订引发的对英文的修改,为避免混淆鲣鱼(种)和鲣属,将原来的“鲣鱼”改为“鲣”;由于狭鳕鱼英文名称的修订引发的修改,无商品范围的变化。 2. 软硬转换相同。
	--庸鲽鱼(马舌鲽、庸鲽、狭鳞庸鲽):			--庸鲽鱼(马舌鲽、庸鲽、狭鳞庸鲽):			--庸鲽鱼(马舌鲽、庸鲽、狭鳞庸鲽):	
0303.3110	---马舌鲽(格陵兰庸鲽鱼)	7	0303.3110	---马舌鲽(格陵兰庸鲽鱼)	7	0303.3110	---马舌鲽(格陵兰庸鲽鱼)	
0303.3190	---其他	10	0303.3190	---其他	10	0303.3190	---其他	
0303.3200	--鲽鱼(鲽)	7	0303.3200	--鲽鱼(鲽)	7	0303.3200	--鲽鱼(鲽)	
0303.3300	--鳎鱼(鳎属)	7	0303.3300	--鳎鱼(鳎属)	7	0303.3300	--鳎鱼(鳎属)	
0303.3400	--大菱鲆(瘤棘鲆)	7	0303.3400	--大菱鲆(瘤棘鲆)	7	0303.3400	--大菱鲆(瘤棘鲆)	
0303.3900	--其他	7	0303.3900	--其他	7	0303.3900	--其他	
	-金枪鱼(金枪鱼属)、鲣鱼或狐鲣(鲣),但子目 0303.91 至 0303.99 的可食用鱼杂碎除外:			-金枪鱼(金枪鱼属)、鲣或狐鲣(鲣),但子目 0303.91 至 0303.99 的可食用鱼杂碎除外:			-金枪鱼(金枪鱼属)、鲣,但子目 0303.91 至 0303.99 的可食用鱼杂碎除外:	
0303.4100	--长鳍金枪鱼	7	0303.4100	--长鳍金枪鱼	7	0303.4100	--长鳍金枪鱼	
0303.4200	--黄鳍金枪鱼	7	0303.4200	--黄鳍金枪鱼	7	0303.4200	--黄鳍金枪鱼	
0303.4300	--鲣鱼或狐鲣	7	0303.4300	--鲣	7	0303.4300	--鲣	
0303.4400	--大眼金枪鱼	7	0303.4400	--大眼金枪鱼	7	0303.4400	--大眼金枪鱼	

2021 年版税则			2022 年版硬转换			2022 年版软转换		说明
税则号列	商品名称	税率	税则号列	商品名称	税率	税则号列	商品名称	
	--大西洋及太平洋蓝鳍金枪鱼：			--大西洋及太平洋蓝鳍金枪鱼：			--大西洋及太平洋蓝鳍金枪鱼：	1. 由于鲣鱼的拉丁文学名修订引发的对英文的修改，为避免混淆鲣鱼（种）和鲣属，将原来的“鲣鱼”改为“鲣”；由于狭鳕鱼英文名称的修订引发的修改，无商品范围的变化。 2. 软硬转换相同。
0303.4510	---大西洋蓝鳍金枪鱼	7	0303.4510	---大西洋蓝鳍金枪鱼	7	0303.4510	---大西洋蓝鳍金枪鱼	
0303.4520	---太平洋蓝鳍金枪鱼	7	0303.4520	---太平洋蓝鳍金枪鱼	7	0303.4520	---太平洋蓝鳍金枪鱼	
0303.4600	--南方蓝鳍金枪鱼	7	0303.4600	--南方蓝鳍金枪鱼	7	0303.4600	--南方蓝鳍金枪鱼	
0303.4900	--其他	7	0303.4900	--其他	7	0303.4900	--其他	
	-鲱鱼（大西洋鲱鱼、太平洋鲱鱼）、鳀鱼（鳀属）、沙丁鱼（沙丁鱼、沙瑙鱼属）、小沙丁鱼属、黍鲱或西鲱、鲭鱼［大西洋鲭、澳洲鲭（鲐）、日本鲭（鲐）］、印度鲭（羽鳃鲐属）、马鲛鱼（马鲛属）、对称竹荚鱼、新西兰竹荚鱼及竹荚鱼（竹荚鱼属）、鲹鱼（鲹属）、军曹鱼、银鲳（鲳属）、秋刀鱼、圆鲹（圆鲹属）、多春鱼（毛鳞鱼）、剑鱼、鲔鱼、狐鲣（狐鲣属）、枪鱼、旗鱼、四鳍旗鱼（旗鱼科），但子目0303.91至0303.99的可食用鱼杂碎除外：			-鲱鱼（大西洋鲱鱼、太平洋鲱鱼）、鳀鱼（鳀属）、沙丁鱼（沙丁鱼、沙瑙鱼属）、小沙丁鱼属、黍鲱或西鲱、鲭鱼［大西洋鲭、澳洲鲭（鲐）、日本鲭（鲐）］、印度鲭（羽鳃鲐属）、马鲛鱼（马鲛属）、对称竹荚鱼、新西兰竹荚鱼及竹荚鱼（竹荚鱼属）、鲹鱼（鲹属）、军曹鱼、银鲳（鲳属）、秋刀鱼、圆鲹（圆鲹属）、多春鱼（毛鳞鱼）、剑鱼、鲔鱼、狐鲣（狐鲣属）、枪鱼、旗鱼、四鳍旗鱼（旗鱼科），但子目0303.91至0303.99的可食用鱼杂碎除外：			-鲱鱼（大西洋鲱鱼、太平洋鲱鱼）、鳀鱼（鳀属）、沙丁鱼（沙丁鱼、沙瑙鱼属）、小沙丁鱼属、黍鲱或西鲱、鲭鱼［大西洋鲭、澳洲鲭（鲐）、日本鲭（鲐）］、印度鲭（羽鳃鲐属）、马鲛鱼（马鲛属）、对称竹荚鱼、新西兰竹荚鱼及竹荚鱼（竹荚鱼属）、鲹鱼（鲹属）、军曹鱼、银鲳（鲳属）、秋刀鱼、圆鲹（圆鲹属）、多春鱼（毛鳞鱼）、剑鱼、鲔鱼、狐鲣（狐鲣属）、枪鱼、旗鱼、四鳍旗鱼（旗鱼科），但子目0303.91至0303.99的可食用鱼杂碎除外：	
0303.5100	--鲱鱼（大西洋鲱鱼、太平洋鲱鱼）	7	0303.5100	--鲱鱼（大西洋鲱鱼、太平洋鲱鱼）	7	0303.5100	--鲱鱼（大西洋鲱鱼、太平洋鲱鱼）	

2021年版税则			2022年版硬转换			2022年版软转换		说明
税则号列	商品名称	税率	税则号列	商品名称	税率	税则号列	商品名称	
0303.5300	--沙丁鱼（沙丁鱼、沙瑙鱼属）、小沙丁鱼属、黍鲱或西鲱	7	0303.5300	--沙丁鱼（沙丁鱼、沙瑙鱼属）、小沙丁鱼属、黍鲱或西鲱	7	0303.5300	--沙丁鱼（沙丁鱼、沙瑙鱼属）、小沙丁鱼属、黍鲱或西鲱	1. 由于鲣鱼的拉丁文学名修订引发的对英文的修改，为避免混淆鲣鱼（种）和鲣属，将原来的“鲣鱼”改为“鲣”；由于狭鳕鱼英文名称的修订引发的修改，无商品范围的变化。 2. 软硬转换相同。
0303.5400	--鲭鱼［大西洋鲭、澳洲鲭（鲐）、日本鲭（鲐）］	7	0303.5400	--鲭鱼［大西洋鲭、澳洲鲭（鲐）、日本鲭（鲐）］	7	0303.5400	--鲭鱼［大西洋鲭、澳洲鲭（鲐）、日本鲭（鲐）］	
0303.5500	--对称竹荚鱼、新西兰竹荚鱼及竹荚鱼（竹荚鱼属）	7	0303.5500	--对称竹荚鱼、新西兰竹荚鱼及竹荚鱼（竹荚鱼属）	7	0303.5500	--对称竹荚鱼、新西兰竹荚鱼及竹荚鱼（竹荚鱼属）	
0303.5600	--军曹鱼	7	0303.5600	--军曹鱼	7	0303.5600	--军曹鱼	
0303.5700	--剑鱼	7	0303.5700	--剑鱼	7	0303.5700	--剑鱼	
	--其他：			--其他：			--其他：	
0303.5910	---银鲳（鲳属）	7	0303.5910	---银鲳（鲳属）	7	0303.5910	---银鲳（鲳属）	
0303.5990	---其他	7	0303.5990	---其他	7	0303.5990	---其他	
	-犀鳕科、多丝真鳕科、鳕科、长尾鳕科、黑鳕科、无须鳕科、深海鳕科及南极鳕科鱼，但子目0303.91至0303.99的可食用鱼杂碎除外：			-犀鳕科、多丝真鳕科、鳕科、长尾鳕科、黑鳕科、无须鳕科、深海鳕科及南极鳕科鱼，但子目0303.91至0303.99的可食用鱼杂碎除外：			-犀鳕科、多丝真鳕科、鳕科、长尾鳕科、黑鳕科、无须鳕科、深海鳕科及南极鳕科鱼，但子目0303.91至0303.99的可食用鱼杂碎除外：	
0303.6300	--鳕鱼（大西洋鳕鱼、格陵兰鳕鱼、太平洋鳕鱼）	7	0303.6300	--鳕鱼（大西洋鳕鱼、格陵兰鳕鱼、太平洋鳕鱼）	7	0303.6300	--鳕鱼（大西洋鳕鱼、格陵兰鳕鱼、太平洋鳕鱼）	
0303.6400	--黑线鳕鱼（黑线鳕）	7	0303.6400	--黑线鳕鱼（黑线鳕）	7	0303.6400	--黑线鳕鱼（黑线鳕）	
0303.6500	--绿青鳕鱼	7	0303.6500	--绿青鳕鱼	7	0303.6500	--绿青鳕鱼	

2021 年版税则			2022 年版硬转换			2022 年版软转换		说明
税则号列	商品名称	税率	税则号列	商品名称	税率	税则号列	商品名称	
0303. 6600	--狗鳕鱼（无须鳕属、长鳍鳕属）	7	0303. 6600	--狗鳕鱼（无须鳕属、长鳍鳕属）	7	0303. 6600	--狗鳕鱼（无须鳕属、长鳍鳕属）	1. 由于鲣鱼的拉丁文学名修订引发的对英文的修改，为避免混淆鲣鱼（种）和鲣属，将原来的“鲣鱼”改为“鲣”；由于狭鳕鱼英文名称的修订引发的修改，无商品范围的变化。 2. 软硬转换相同。
0303. 6700	--狭鳕鱼	7	0303. 6700	--阿拉斯加狭鳕鱼	7	0303. 6700	--阿拉斯加狭鳕鱼	
0303. 6800	--蓝鳕鱼（小鳍鳕、南蓝鳕）	7	0303. 6800	--蓝鳕鱼（小鳍鳕、南蓝鳕）	7	0303. 6800	--蓝鳕鱼（小鳍鳕、南蓝鳕）	
0303. 6900	--其他	7	0303. 6900	--其他	7	0303. 6900	--其他	
	-其他鱼，但子目 0303. 91 至 0303. 99 的可食用鱼杂碎除外：			-其他鱼，但子目 0303. 91 至 0303. 99 的可食用鱼杂碎除外：			-其他鱼，但子目 0303. 91 至 0303. 99 的可食用鱼杂碎除外：	
0303. 8100	--角鲨及其他鲨鱼	7	0303. 8100	--角鲨及其他鲨鱼	7	0303. 8100	--角鲨及其他鲨鱼	
0303. 8200	--魟鱼及鳐鱼（鳐科）	7	0303. 8200	--魟鱼及鳐鱼（鳐科）	7	0303. 8200	--魟鱼及鳐鱼（鳐科）	
0303. 8300	--南极犬牙鱼（南极犬牙鱼属）	7	0303. 8300	--南极犬牙鱼（南极犬牙鱼属）	7	0303. 8300	--南极犬牙鱼（南极犬牙鱼属）	
0303. 8400	--尖吻鲈鱼（舌齿鲈属）	7	0303. 8400	--尖吻鲈鱼（舌齿鲈属）	7	0303. 8400	--尖吻鲈鱼（舌齿鲈属）	
	--其他：			--其他：			--其他：	
0303. 8910	---带鱼	7	0303. 8910	---带鱼	7	0303. 8910	---带鱼	
0303. 8920	---黄鱼	7	0303. 8920	---黄鱼	7	0303. 8920	---黄鱼	
0303. 8930	---鲳鱼（银鲳除外）	7	0303. 8930	---鲳鱼（银鲳除外）	7	0303. 8930	---鲳鱼（银鲳除外）	
0303. 8990	---其他	7	0303. 8990	---其他	7	0303. 8990	---其他	
	-鱼肝、鱼卵、鱼精、鱼鳍、鱼头、鱼尾、鱼鳔及其他可食用杂碎：			-鱼肝、鱼卵、鱼精、鱼鳍、鱼头、鱼尾、鱼鳔及其他可食用杂碎：			-鱼肝、鱼卵、鱼精、鱼鳍、鱼头、鱼尾、鱼鳔及其他可食用杂碎：	

2021 年版税则			2022 年版硬转换			2022 年版软转换		说明
税则号列	商品名称	税率	税则号列	商品名称	税率	税则号列	商品名称	
0303.9100	--鱼肝、鱼卵及鱼精	7	0303.9100	--鱼肝、鱼卵及鱼精	7	0303.9100	--鱼肝、鱼卵及鱼精	（见上栏“说明”）
0303.9200	--鲨鱼翅	12	0303.9200	--鲨鱼翅	12	0303.9200	--鲨鱼翅	
0303.9900	--其他	7	0303.9900	--其他	7	0303.9900	--其他	
03.04	鲜、冷、冻鱼片及其他鱼肉（不论是否绞碎）：		03.04	鲜、冷、冻鱼片及其他鱼肉（不论是否绞碎）：		03.04	鲜、冷、冻鱼片及其他鱼肉（不论是否绞碎）：	1. 由于鲣鱼的拉丁文学名修订引发的对英文的修改，为避免混淆鲣鱼（种）和鲣属，将“鲣鱼”改为“鲣”；由于狭鳕鱼英文名称的修订引发的修改，无商品范围的变化。 2. 软硬转换相同。
	-鲜或冷的罗非鱼（口孵非鲫属）、鲶鱼（鲑鲶属、鲶属、胡鲶属、真鮰属）、鲤科鱼（鲤属、鲫属、草鱼、鲢属、鲮属、青鱼、卡特拉鲃、野鲮属、哈氏纹唇鱼、何氏细须鲃、鲂属）、鳗鱼（鳗鲡属）、尼罗河鲈鱼（尼罗尖吻鲈）及黑鱼（鳢属）的鱼片：			-鲜或冷的罗非鱼（口孵非鲫属）、鲶鱼（鲑鲶属、鲶属、胡鲶属、真鮰属）、鲤科鱼（鲤属、鲫属、草鱼、鲢属、鲮属、青鱼、卡特拉鲃、野鲮属、哈氏纹唇鱼、何氏细须鲃、鲂属）、鳗鱼（鳗鲡属）、尼罗河鲈鱼（尼罗尖吻鲈）及黑鱼（鳢属）的鱼片：			-鲜或冷的罗非鱼（口孵非鲫属）、鲶鱼（鲑鲶属、鲶属、胡鲶属、真鮰属）、鲤科鱼（鲤属、鲫属、草鱼、鲢属、鲮属、青鱼、卡特拉鲃、野鲮属、哈氏纹唇鱼、何氏细须鲃、鲂属）、鳗鱼（鳗鲡属）、尼罗河鲈鱼（尼罗尖吻鲈）及黑鱼（鳢属）的鱼片：	
0304.3100	--罗非鱼（口孵非鲫属）	7	0304.3100	--罗非鱼（口孵非鲫属）	7	0304.3100	--罗非鱼（口孵非鲫属）	
0304.3200	--鲶鱼（鲑鲶属、鲶属、胡鲶属、真鮰属）	7	0304.3200	--鲶鱼（鲑鲶属、鲶属、胡鲶属、真鮰属）	7	0304.3200	--鲶鱼（鲑鲶属、鲶属、胡鲶属、真鮰属）	
0304.3300	--尼罗河鲈鱼（尼罗尖吻鲈）	7	0304.3300	--尼罗河鲈鱼（尼罗尖吻鲈）	7	0304.3300	--尼罗河鲈鱼（尼罗尖吻鲈）	
0304.3900	--其他	7	0304.3900	--其他	7	0304.3900	--其他	
	-鲜或冷的其他鱼片：			-鲜或冷的其他鱼片：			-鲜或冷的其他鱼片：	

2021 年版税则			2022 年版硬转换			2022 年版软转换		说明
税则号列	商品名称	税率	税则号列	商品名称	税率	税则号列	商品名称	
0304. 4100	--大麻哈鱼[红大麻哈鱼、细鳞大麻哈鱼、大麻哈鱼(种)、大鳞大麻哈鱼、银大麻哈鱼、马苏大麻哈鱼、玫瑰大麻哈鱼]、大西洋鲑鱼及多瑙哲罗鱼	7	0304. 4100	--大麻哈鱼[红大麻哈鱼、细鳞大麻哈鱼、大麻哈鱼(种)、大鳞大麻哈鱼、银大麻哈鱼、马苏大麻哈鱼、玫瑰大麻哈鱼]、大西洋鲑鱼及多瑙哲罗鱼	7	0304. 4100	--大麻哈鱼[红大麻哈鱼、细鳞大麻哈鱼、大麻哈鱼(种)、大鳞大麻哈鱼、银大麻哈鱼、马苏大麻哈鱼、玫瑰大麻哈鱼]、大西洋鲑鱼及多瑙哲罗鱼	1. 由于鲣鱼的拉丁文学名修订引发的对英文的修改,为避免混淆鲣鱼(种)和鲣属,将“鲣鱼”改为“鲣”;由于狭鳕鱼英文名称的修订引发的修改，无商品范围的变化。 2. 软硬转换相同。
0304. 4200	--鳟鱼(河鳟、虹鳟、克拉克大麻哈鱼、阿瓜大麻哈鱼、吉雨大麻哈鱼、亚利桑那大麻哈鱼、金腹大麻哈鱼)	7	0304. 4200	--鳟鱼(河鳟、虹鳟、克拉克大麻哈鱼、阿瓜大麻哈鱼、吉雨大麻哈鱼、亚利桑那大麻哈鱼、金腹大麻哈鱼)	7	0304. 4200	--鳟鱼(河鳟、虹鳟、克拉克大麻哈鱼、阿瓜大麻哈鱼、吉雨大麻哈鱼、亚利桑那大麻哈鱼、金腹大麻哈鱼)	
0304. 4300	--比目鱼(鲽科、鲆科、舌鳎科、鳎科、菱鲆科、刺鲆科)	7	0304. 4300	--比目鱼(鲽科、鲆科、舌鳎科、鳎科、菱鲆科、刺鲆科)	7	0304. 4300	--比目鱼(鲽科、鲆科、舌鳎科、鳎科、菱鲆科、刺鲆科)	
0304. 4400	--犀鳕科、多丝真鳕科、鳕科、长尾鳕科、黑鳕科、无须鳕科、深海鳕科及南极鳕科鱼	7	0304. 4400	--犀鳕科、多丝真鳕科、鳕科、长尾鳕科、黑鳕科、无须鳕科、深海鳕科及南极鳕科鱼	7	0304. 4400	--犀鳕科、多丝真鳕科、鳕科、长尾鳕科、黑鳕科、无须鳕科、深海鳕科及南极鳕科鱼	
0304. 4500	--剑鱼	7	0304. 4500	--剑鱼	7	0304. 4500	--剑鱼	
0304. 4600	--南极犬牙鱼(南极犬牙鱼属)	7	0304. 4600	--南极犬牙鱼(南极犬牙鱼属)	7	0304. 4600	--南极犬牙鱼(南极犬牙鱼属)	
0304. 4700	--角鲨及其他鲨鱼	7	0304. 4700	--角鲨及其他鲨鱼	7	0304. 4700	--角鲨及其他鲨鱼	

2021年版税则			2022年版硬转换			2022年版软转换		说明
税则号列	商品名称	税率	税则号列	商品名称	税率	税则号列	商品名称	
0304.4800	--魟鱼及鳐鱼(鳐科)	7	0304.4800	--魟鱼及鳐鱼(鳐科)	7	0304.4800	--魟鱼及鳐鱼(鳐科)	1. 由于鲣鱼的拉丁文学名修订引发的对英文的修改,为避免混淆鲣鱼(种)和鲣属,将“鲣鱼”改为“鲣”;由于狭鳕鱼英文名称的修订引发的修改,无商品范围的变化。2. 软硬转换相同。
0304.4900	--其他	7	0304.4900	--其他	7	0304.4900	--其他	
	-其他,鲜或冷的:			-其他,鲜或冷的:			-其他,鲜或冷的:	
0304.5100	--罗非鱼(口孵非鲫属)、鲶鱼(鲶鲶属、鲶属、胡鲶属、真鮰属)、鲤科鱼(鲤属、鲫属、草鱼、鲢属、鲮属、青鱼、卡特拉鲃、野鲮属、哈氏纹唇鱼、何氏细须鲃、鲂属)、鳗鱼(鳗鲡属)、尼罗河鲈鱼(尼罗尖吻鲈)及黑鱼(鳢属)	7	0304.5100	--罗非鱼(口孵非鲫属)、鲶鱼(鲶鲶属、鲶属、胡鲶属、真鮰属)、鲤科鱼(鲤属、鲫属、草鱼、鲢属、鲮属、青鱼、卡特拉鲃、野鲮属、哈氏纹唇鱼、何氏细须鲃、鲂属)、鳗鱼(鳗鲡属)、尼罗河鲈鱼(尼罗尖吻鲈)及黑鱼(鳢属)	7	0304.5100	--罗非鱼(口孵非鲫属)、鲶鱼(鲶鲶属、鲶属、胡鲶属、真鮰属)、鲤科鱼(鲤属、鲫属、草鱼、鲢属、鲮属、青鱼、卡特拉鲃、野鲮属、哈氏纹唇鱼、何氏细须鲃、鲂属)、鳗鱼(鳗鲡属)、尼罗河鲈鱼(尼罗尖吻鲈)及黑鱼(鳢属)	
0304.5200	--鲑科鱼	7	0304.5200	--鲑科鱼	7	0304.5200	--鲑科鱼	
0304.5300	--犀鳕科、多丝真鳕科、鳕科、长尾鳕科、黑鳕科、无须鳕科、深海鳕科及南极鳕科鱼	7	0304.5300	--犀鳕科、多丝真鳕科、鳕科、长尾鳕科、黑鳕科、无须鳕科、深海鳕科及南极鳕科鱼	7	0304.5300	--犀鳕科、多丝真鳕科、鳕科、长尾鳕科、黑鳕科、无须鳕科、深海鳕科及南极鳕科鱼	
0304.5400	--剑鱼	7	0304.5400	--剑鱼	7	0304.5400	--剑鱼	
0304.5500	--南极犬牙鱼(南极犬牙鱼属)	7	0304.5500	--南极犬牙鱼(南极犬牙鱼属)	7	0304.5500	--南极犬牙鱼(南极犬牙鱼属)	
0304.5600	--角鲨及其他鲨鱼	7	0304.5600	--角鲨及其他鲨鱼	7	0304.5600	--角鲨及其他鲨鱼	

2021年版税则			2022年版硬转换			2022年版软转换		说明
税则号列	商品名称	税率	税则号列	商品名称	税率	税则号列	商品名称	
0304.5700	--魟鱼及鳐鱼(鳐科)	7	0304.5700	--魟鱼及鳐鱼(鳐科)	7	0304.5700	--魟鱼及鳐鱼(鳐科)	1. 由于鲣鱼的拉丁文学名修订引发的对英文的修改，为避免混淆鲣鱼(种)和鲣属，将“鲣鱼”改为“鲣”；由于狭鳕鱼英文名称的修订引发的修改，无商品范围的变化。 2. 软硬转换相同。
0304.5900	--其他	7	0304.5900	--其他	7	0304.5900	--其他	
	-冻的罗非鱼(口孵非鲫属)、鲶鱼(鲑鲶属、鲶属、胡鲶属、真鮰属)、鲤科鱼(鲤属、鲫属、草鱼、鲢属、鲮属、青鱼、卡特拉鲃、野鲮属、哈氏纹唇鱼、何氏细须鲃、鲂属)、鳗鱼(鳗鲡属)、尼罗河鲈鱼(尼罗尖吻鲈)及黑鱼(鳢属)的鱼片：			-冻的罗非鱼(口孵非鲫属)、鲶鱼(鲑鲶属、鲶属、胡鲶属、真鮰属)、鲤科鱼(鲤属、鲫属、草鱼、鲢属、鲮属、青鱼、卡特拉鲃、野鲮属、哈氏纹唇鱼、何氏细须鲃、鲂属)、鳗鱼(鳗鲡属)、尼罗河鲈鱼(尼罗尖吻鲈)及黑鱼(鳢属)的鱼片：			-冻的罗非鱼(口孵非鲫属)、鲶鱼(鲑鲶属、鲶属、胡鲶属、真鮰属)、鲤科鱼(鲤属、鲫属、草鱼、鲢属、鲮属、青鱼、卡特拉鲃、野鲮属、哈氏纹唇鱼、何氏细须鲃、鲂属)、鳗鱼(鳗鲡属)、尼罗河鲈鱼(尼罗尖吻鲈)及黑鱼(鳢属)的鱼片：	
0304.6100	--罗非鱼(口孵非鲫属)	7	0304.6100	--罗非鱼(口孵非鲫属)	7	0304.6100	--罗非鱼(口孵非鲫属)	
	--鲶鱼(鲑鲶属、鲶属、胡鲶属、真鮰属)：			--鲶鱼(鲑鲶属、鲶属、胡鲶属、真鮰属)：			--鲶鱼(鲑鲶属、鲶属、胡鲶属、真鮰属)：	
	---叉尾鮰鱼(真鮰属)：			---叉尾鮰鱼(真鮰属)：			---叉尾鮰鱼(真鮰属)：	
0304.6211	----斑点叉尾鮰鱼	7	0304.6211	----斑点叉尾鮰鱼	7	0304.6211	----斑点叉尾鮰鱼	
0304.6219	----其他	7	0304.6219	----其他	7	0304.6219	----其他	
0304.6290	---其他	7	0304.6290	---其他	7	0304.6290	---其他	
0304.6300	--尼罗河鲈鱼(尼罗尖吻鲈)	7	0304.6300	--尼罗河鲈鱼(尼罗尖吻鲈)	7	0304.6300	--尼罗河鲈鱼(尼罗尖吻鲈)	

2021年版税则			2022年版硬转换			2022年版软转换		说明
税则号列	商品名称	税率	税则号列	商品名称	税率	税则号列	商品名称	
0304.6900	--其他	7	0304.6900	--其他	7	0304.6900	--其他	1. 由于鲣鱼的拉丁文学名修订引发的对英文的修改，为避免混淆鲣鱼（种）和鲣属，将“鲣鱼”改为“鲣”；由于狭鳕鱼英文名称的修订引发的修改，无商品范围的变化。2. 软硬转换相同。
	-冻的犀鳕科、多丝真鳕科、鳕科、长尾鳕科、黑鳕科、无须鳕科、深海鳕科及南极鳕科鱼的鱼片：			-冻的犀鳕科、多丝真鳕科、鳕科、长尾鳕科、黑鳕科、无须鳕科、深海鳕科及南极鳕科鱼的鱼片：			-冻的犀鳕科、多丝真鳕科、鳕科、长尾鳕科、黑鳕科、无须鳕科、深海鳕科及南极鳕科鱼的鱼片：	
0304.7100	--鳕鱼（大西洋鳕鱼、格陵兰鳕鱼、太平洋鳕鱼）	7	0304.7100	--鳕鱼（大西洋鳕鱼、格陵兰鳕鱼、太平洋鳕鱼）	7	0304.7100	--鳕鱼（大西洋鳕鱼、格陵兰鳕鱼、太平洋鳕鱼）	
0304.7200	--黑线鳕鱼（黑线鳕）	7	0304.7200	--黑线鳕鱼（黑线鳕）	7	0304.7200	--黑线鳕鱼（黑线鳕）	
0304.7300	--绿青鳕鱼	7	0304.7300	--绿青鳕鱼	7	0304.7300	--绿青鳕鱼	
0304.7400	--狗鳕鱼（无须鳕属、长鳍鳕属）	7	0304.7400	--狗鳕鱼（无须鳕属、长鳍鳕属）	7	0304.7400	--狗鳕鱼（无须鳕属、长鳍鳕属）	
0304.7500	--狭鳕鱼	7	0304.7500	--阿拉斯加狭鳕鱼	7	0304.7500	--阿拉斯加狭鳕鱼	
0304.7900	--其他	7	0304.7900	--其他	7	0304.7900	--其他	
	-其他冻鱼片：			-其他冻鱼片：			-其他冻鱼片：	
0304.8100	--大麻哈鱼［红大麻哈鱼、细鳞大麻哈鱼、大麻哈鱼（种）、大鳞大麻哈鱼、银大麻哈鱼、马苏大麻哈鱼、玫瑰大麻哈鱼］、大西洋鲑鱼及多瑙哲罗鱼	7	0304.8100	--大麻哈鱼［红大麻哈鱼、细鳞大麻哈鱼、大麻哈鱼（种）、大鳞大麻哈鱼、银大麻哈鱼、马苏大麻哈鱼、玫瑰大麻哈鱼］、大西洋鲑鱼及多瑙哲罗鱼	7	0304.8100	--大麻哈鱼［红大麻哈鱼、细鳞大麻哈鱼、大麻哈鱼（种）、大鳞大麻哈鱼、银大麻哈鱼、马苏大麻哈鱼、玫瑰大麻哈鱼］、大西洋鲑鱼及多瑙哲罗鱼	

2021 年版税则			2022 年版硬转换			2022 年版软转换		说明
税则号列	商品名称	税率	税则号列	商品名称	税率	税则号列	商品名称	
0304.8200	--鳟鱼（河鳟、虹鳟、克拉克大麻哈鱼、阿瓜大麻哈鱼、吉雨大麻哈鱼、亚利桑那大麻哈鱼、金腹大麻哈鱼）	7	0304.8200	--鳟鱼（河鳟、虹鳟、克拉克大麻哈鱼、阿瓜大麻哈鱼、吉雨大麻哈鱼、亚利桑那大麻哈鱼、金腹大麻哈鱼）	7	0304.8200	--鳟鱼（河鳟、虹鳟、克拉克大麻哈鱼、阿瓜大麻哈鱼、吉雨大麻哈鱼、亚利桑那大麻哈鱼、金腹大麻哈鱼）	1. 由于鲣鱼的拉丁文学名修订引发的对英文的修改，为避免混淆鲣鱼（种）和鲣属，将“鲣鱼”改为“鲣”；由于狭鳕鱼英文名称的修订引发的修改，无商品范围的变化。 2. 软硬转换相同。
0304.8300	--比目鱼（鲽科、鲆科、舌鳎科、鳎科、菱鲆科、刺鲆科）	7	0304.8300	--比目鱼（鲽科、鲆科、舌鳎科、鳎科、菱鲆科、刺鲆科）	7	0304.8300	--比目鱼（鲽科、鲆科、舌鳎科、鳎科、菱鲆科、刺鲆科）	
0304.8400	--剑鱼	7	0304.8400	--剑鱼	7	0304.8400	--剑鱼	
0304.8500	--南极犬牙鱼（南极犬牙鱼属）	7	0304.8500	--南极犬牙鱼（南极犬牙鱼属）	7	0304.8500	--南极犬牙鱼（南极犬牙鱼属）	
0304.8600	--鲱鱼（大西洋鲱鱼、太平洋鲱鱼）	7	0304.8600	--鲱鱼（大西洋鲱鱼、太平洋鲱鱼）	7	0304.8600	--鲱鱼（大西洋鲱鱼、太平洋鲱鱼）	
0304.8700	--金枪鱼（金枪鱼属）、<u>鲣鱼或狐鲣（鲣）</u>	7	0304.8700	--金枪鱼（金枪鱼属）、<u>鲣（0304.8700）</u>	7	0304.8700	--金枪鱼（金枪鱼属）、<u>鲣（0304.8700）</u>	
0304.8800	--角鲨、其他鲨鱼、魟鱼及鳐鱼（鳐科）	7	0304.8800	--角鲨、其他鲨鱼、魟鱼及鳐鱼（鳐科）	7	0304.8800	--角鲨、其他鲨鱼、魟鱼及鳐鱼（鳐科）	
0304.8900	--其他	7	0304.8900	--其他	7	0304.8900	--其他	
	-其他，冻的：			-其他，冻的：			-其他，冻的：	
0304.9100	--剑鱼	7	0304.9100	--剑鱼	7	0304.9100	--剑鱼	
0304.9200	--南极犬牙鱼（南极犬牙鱼属）	7	0304.9200	--南极犬牙鱼（南极犬牙鱼属）	7	0304.9200	--南极犬牙鱼（南极犬牙鱼属）	

2021 年版税则			2022 年版硬转换			2022 年版软转换		说明
税则号列	商品名称	税率	税则号列	商品名称	税率	税则号列	商品名称	
0304.9300	--罗非鱼(口孵非鲫属)、鲶鱼(鲶鲶属、鲶属、胡鲶属、真鮰属)、鲤科鱼(鲤属、鲫属、草鱼、鲢属、鲮属、青鱼、卡特拉鲃、野鲮属、哈氏纹唇鱼、何氏细须鲃、鲂属)、鳗鱼(鳗鲡属)、尼罗河鲈鱼(尼罗尖吻鲈)及黑鱼(鳢属)	7	0304.9300	--罗非鱼(口孵非鲫属)、鲶鱼(鲶鲶属、鲶属、胡鲶属、真鮰属)、鲤科鱼(鲤属、鲫属、草鱼、鲢属、鲮属、青鱼、卡特拉鲃、野鲮属、哈氏纹唇鱼、何氏细须鲃、鲂属)、鳗鱼(鳗鲡属)、尼罗河鲈鱼(尼罗尖吻鲈)及黑鱼(鳢属)	7	0304.9300	--罗非鱼(口孵非鲫属)、鲶鱼(鲶鲶属、鲶属、胡鲶属、真鮰属)、鲤科鱼(鲤属、鲫属、草鱼、鲢属、鲮属、青鱼、卡特拉鲃、野鲮属、哈氏纹唇鱼、何氏细须鲃、鲂属)、鳗鱼(鳗鲡属)、尼罗河鲈鱼(尼罗尖吻鲈)及黑鱼(鳢属)	1. 由于鲣鱼的拉丁文学名修订引发的对英文的修改,为避免混淆鲣鱼(种)和鲣属,将"鲣鱼"改为"鲣";由于狭鳕鱼英文名称的修订引发的修改,无商品范围的变化。 2. 软硬转换相同。
0304.9400	--狭鳕鱼	7	0304.9400	--阿拉斯加狭鳕鱼	7	0304.9400	--阿拉斯加狭鳕鱼	
0304.9500	--犀鳕科、多丝真鳕科、鳕科、长尾鳕科、黑鳕科、无须鳕科、深海鳕科及南极鳕科鱼,狭鳕鱼除外	7	0304.9500	--犀鳕科、多丝真鳕科、鳕科、长尾鳕科、黑鳕科、无须鳕科、深海鳕科及南极鳕科鱼,阿拉斯加狭鳕鱼除外	7	0304.9500	--犀鳕科、多丝真鳕科、鳕科、长尾鳕科、黑鳕科、无须鳕科、深海鳕科及南极鳕科鱼,阿拉斯加狭鳕鱼除外	
0304.9600	--角鲨及其他鲨鱼	7	0304.9600	--角鲨及其他鲨鱼	7	0304.9600	--角鲨及其他鲨鱼	
0304.9700	--魟鱼及鳐鱼(鳐科)	7	0304.9700	--魟鱼及鳐鱼(鳐科)	7	0304.9700	--魟鱼及鳐鱼(鳐科)	
0304.9900	--其他	7	0304.9900	--其他	7	0304.9900	--其他	

2021年版税则			2022年版硬转换			2022年版软转换		说明
税则号列	商品名称	税率	税则号列	商品名称	税率	税则号列	商品名称	
03.05	干、盐腌或盐渍的鱼；熏鱼，不论在熏制前或熏制过程中是否烹煮；适合供人食用的鱼的细粉、粗粉及团粒：		03.05	干、盐腌或盐渍的鱼；熏鱼，不论在熏制前或熏制过程中是否烹煮：		03.05	干、盐腌或盐渍的鱼；熏鱼，不论在熏制前或熏制过程中是否烹煮：	1. 根据对鱼、甲壳动物、软体动物和其他水生无脊椎动物的细粉、粗粉及团粒产品增列税目而进行的修订。 2. 软硬转换相同。
0305.1000	-适合供人食用的鱼的细粉、粗粉及团粒	7						
0305.2000	-干、熏、盐腌或盐渍的鱼肝、鱼卵及鱼精	7	0305.2000	-干、熏、盐腌或盐渍的鱼肝、鱼卵及鱼精	7	0305.2000	-干、熏、盐腌或盐渍的鱼肝、鱼卵及鱼精	
	-干、盐腌或盐渍的鱼片，但熏制的除外：			-干、盐腌或盐渍的鱼片，但熏制的除外：			-干、盐腌或盐渍的鱼片，但熏制的除外：	
0305.3100	--罗非鱼（口孵非鲫属）、鲶鱼（鲶鲶属、鲶属、胡鲶属、真鮰属）、鲤科鱼（鲤属、鲫属、草鱼、鲢属、鲮属、青鱼、卡特拉鲃、野鲮属、哈氏纹唇鱼、何氏细须鲃、鲂属）、鳗鱼（鳗鲡属）、尼罗河鲈鱼（尼罗尖吻鲈）及黑鱼（鳢属）	7	0305.3100	--罗非鱼（口孵非鲫属）、鲶鱼（鲶鲶属、鲶属、胡鲶属、真鮰属）、鲤科鱼（鲤属、鲫属、草鱼、鲢属、鲮属、青鱼、卡特拉鲃、野鲮属、哈氏纹唇鱼、何氏细须鲃、鲂属）、鳗鱼（鳗鲡属）、尼罗河鲈鱼（尼罗尖吻鲈）及黑鱼（鳢属）	7	0305.3100	--罗非鱼（口孵非鲫属）、鲶鱼（鲶鲶属、鲶属、胡鲶属、真鮰属）、鲤科鱼（鲤属、鲫属、草鱼、鲢属、鲮属、青鱼、卡特拉鲃、野鲮属、哈氏纹唇鱼、何氏细须鲃、鲂属）、鳗鱼（鳗鲡属）、尼罗河鲈鱼（尼罗尖吻鲈）及黑鱼（鳢属）	
0305.3200	--犀鳕科、多丝真鳕科、鳕科、长尾鳕科、黑鳕科、无须鳕科、深海鳕科及南极鳕科鱼	7	0305.3200	--犀鳕科、多丝真鳕科、鳕科、长尾鳕科、黑鳕科、无须鳕科、深海鳕科及南极鳕科鱼	7	0305.3200	--犀鳕科、多丝真鳕科、鳕科、长尾鳕科、黑鳕科、无须鳕科、深海鳕科及南极鳕科鱼	

2021 年版税则			2022 年版硬转换			2022 年版软转换		说明
税则号列	商品名称	税率	税则号列	商品名称	税率	税则号列	商品名称	
0305. 3900	--其他	7	0305. 3900	--其他	7	0305. 3900	--其他	1. 根据对鱼、甲壳动物、软体动物和其他水生无脊椎动物的细粉、粗粉及团粒产品增列税目而进行的修订。 2. 软硬转换相同。
	-熏鱼，包括鱼片，但食用杂碎除外：			-熏鱼，包括鱼片，但食用杂碎除外：			-熏鱼，包括鱼片，但食用杂碎除外：	
	--大麻哈鱼[红大麻哈鱼、细鳞大麻哈鱼、大麻哈鱼(种)、大鳞大麻哈鱼、银大麻哈鱼、马苏大麻哈鱼、玫瑰大麻哈鱼]、大西洋鲑鱼及多瑙哲罗鱼：			--大麻哈鱼[红大麻哈鱼、细鳞大麻哈鱼、大麻哈鱼(种)、大鳞大麻哈鱼、银大麻哈鱼、马苏大麻哈鱼、玫瑰大麻哈鱼]、大西洋鲑鱼及多瑙哲罗鱼：			--大麻哈鱼[红大麻哈鱼、细鳞大麻哈鱼、大麻哈鱼(种)、大鳞大麻哈鱼、银大麻哈鱼、马苏大麻哈鱼、玫瑰大麻哈鱼]、大西洋鲑鱼及多瑙哲罗鱼：	
0305. 4110	---大西洋鲑鱼	14	0305. 4110	---大西洋鲑鱼	14	0305. 4110	---大西洋鲑鱼	
0305. 4120	---大麻哈鱼及多瑙哲罗鱼	7	0305. 4120	---大麻哈鱼及多瑙哲罗鱼	7	0305. 4120	---大麻哈鱼及多瑙哲罗鱼	
0305. 4200	--鲱鱼(大西洋鲱鱼、太平洋鲱鱼)	7	0305. 4200	--鲱鱼(大西洋鲱鱼、太平洋鲱鱼)	7	0305. 4200	--鲱鱼(大西洋鲱鱼、太平洋鲱鱼)	
0305. 4300	--鳟鱼(河鳟、虹鳟、克拉克大麻哈鱼、阿瓜大麻哈鱼、吉雨大麻哈鱼、亚利桑那大麻哈鱼、金腹大麻哈鱼)	14	0305. 4300	--鳟鱼(河鳟、虹鳟、克拉克大麻哈鱼、阿瓜大麻哈鱼、吉雨大麻哈鱼、亚利桑那大麻哈鱼、金腹大麻哈鱼)	14	0305. 4300	--鳟鱼(河鳟、虹鳟、克拉克大麻哈鱼、阿瓜大麻哈鱼、吉雨大麻哈鱼、亚利桑那大麻哈鱼、金腹大麻哈鱼)	

2021 年版税则			2022 年版硬转换			2022 年版软转换		说明
税则号列	商品名称	税率	税则号列	商品名称	税率	税则号列	商品名称	
0305.4400	--罗非鱼(口孵非鲫属)、鲶鱼(鲑鲶属、鲶属、胡鲶属、真鮰属)、鲤科鱼(鲤属、鲫属、草鱼、鲢属、鲮属、青鱼、卡特拉鲃、野鲮属、哈氏纹唇鱼、何氏细须鲃、鲂属)、鳗鱼(鳗鲡属)、尼罗河鲈鱼(尼罗尖吻鲈)及黑鱼(鳢属)	7	0305.4400	--罗非鱼(口孵非鲫属)、鲶鱼(鲑鲶属、鲶属、胡鲶属、真鮰属)、鲤科鱼(鲤属、鲫属、草鱼、鲢属、鲮属、青鱼、卡特拉鲃、野鲮属、哈氏纹唇鱼、何氏细须鲃、鲂属)、鳗鱼(鳗鲡属)、尼罗河鲈鱼(尼罗尖吻鲈)及黑鱼(鳢属)	7	0305.4400	--罗非鱼(口孵非鲫属)、鲶鱼(鲑鲶属、鲶属、胡鲶属、真鮰属)、鲤科鱼(鲤属、鲫属、草鱼、鲢属、鲮属、青鱼、卡特拉鲃、野鲮属、哈氏纹唇鱼、何氏细须鲃、鲂属)、鳗鱼(鳗鲡属)、尼罗河鲈鱼(尼罗尖吻鲈)及黑鱼(鳢属)	1. 根据对鱼、甲壳动物、软体动物和其他水生无脊椎动物的细粉、粗粉及团粒产品增列税目而进行的修订。 2. 软硬转换相同。
0305.4900	--其他	7	0305.4900	--其他	7	0305.4900	--其他	
	-干鱼(不包括食用杂碎),不论是否盐腌,但熏制的除外:			-干鱼(不包括食用杂碎),不论是否盐腌,但熏制的除外:			-干鱼(不包括食用杂碎),不论是否盐腌,但熏制的除外:	
0305.5100	--鳕鱼(大西洋鳕鱼、格陵兰鳕鱼、太平洋鳕鱼)	7	0305.5100	--鳕鱼(大西洋鳕鱼、格陵兰鳕鱼、太平洋鳕鱼)	7	0305.5100	--鳕鱼(大西洋鳕鱼、格陵兰鳕鱼、太平洋鳕鱼)	
0305.5200	--罗非鱼(口孵非鲫属)、鲶鱼(鲑鲶属、鲶属、胡鲶属、真鮰属)、鲤科鱼(鲤属、鲫属、草鱼、鲢属、鲮属、青鱼、卡特拉鲃、野鲮属、哈氏纹唇鱼、何氏细须鲃、鲂属)、鳗鱼(鳗鲡属)、尼罗河鲈鱼(尼罗尖吻鲈)及黑鱼(鳢属)	7	0305.5200	--罗非鱼(口孵非鲫属)、鲶鱼(鲑鲶属、鲶属、胡鲶属、真鮰属)、鲤科鱼(鲤属、鲫属、草鱼、鲢属、鲮属、青鱼、卡特拉鲃、野鲮属、哈氏纹唇鱼、何氏细须鲃、鲂属)、鳗鱼(鳗鲡属)、尼罗河鲈鱼(尼罗尖吻鲈)及黑鱼(鳢属)	7	0305.5200	--罗非鱼(口孵非鲫属)、鲶鱼(鲑鲶属、鲶属、胡鲶属、真鮰属)、鲤科鱼(鲤属、鲫属、草鱼、鲢属、鲮属、青鱼、卡特拉鲃、野鲮属、哈氏纹唇鱼、何氏细须鲃、鲂属)、鳗鱼(鳗鲡属)、尼罗河鲈鱼(尼罗尖吻鲈)及黑鱼(鳢属)	

2021年版税则			2022年版硬转换			2022年版软转换		说明
税则号列	商品名称	税率	税则号列	商品名称	税率	税则号列	商品名称	
0305.5300	--犀鳕科、多丝真鳕科、鳕科、长尾鳕科、黑鳕科、无须鳕科、深海鳕科及南极鳕科鱼,鳕鱼(大西洋鳕鱼、格陵兰鳕鱼、太平洋鳕鱼)除外	7	0305.5300	--犀鳕科、多丝真鳕科、鳕科、长尾鳕科、黑鳕科、无须鳕科、深海鳕科及南极鳕科鱼,鳕鱼(大西洋鳕鱼、格陵兰鳕鱼、太平洋鳕鱼)除外	7	0305.5300	--犀鳕科、多丝真鳕科、鳕科、长尾鳕科、黑鳕科、无须鳕科、深海鳕科及南极鳕科鱼,鳕鱼(大西洋鳕鱼、格陵兰鳕鱼、太平洋鳕鱼)除外	1. 根据对鱼、甲壳动物、软体动物和其他水生无脊椎动物的细粉、粗粉及团粒产品增列税目而进行的修订。 2. 软硬转换相同。
	--鲱鱼(大西洋鲱鱼、太平洋鲱鱼)、鳀鱼(鳀属)、沙丁鱼(沙丁鱼、沙瑙鱼属)、小沙丁鱼属、黍鲱或西鲱、鲭鱼[大西洋鲭、澳洲鲭(鲐)、日本鲭(鲐)]、印度鲭(羽鳃鲐属)、马鲛鱼(马鲛属)、对称竹荚鱼、新西兰竹荚鱼及竹荚鱼(竹荚鱼属)、鲹鱼(鲹属)、军曹鱼、银鲳(鲳属)、秋刀鱼、圆鲹(圆鲹属)、多春鱼(毛鳞鱼)、剑鱼、鲔鱼、狐鲣(狐鲣属)、枪鱼、旗鱼、四鳍旗鱼(旗鱼科):			--鲱鱼(大西洋鲱鱼、太平洋鲱鱼)、鳀鱼(鳀属)、沙丁鱼(沙丁鱼、沙瑙鱼属)、小沙丁鱼属、黍鲱或西鲱、鲭鱼[大西洋鲭、澳洲鲭(鲐)、日本鲭(鲐)]、印度鲭(羽鳃鲐属)、马鲛鱼(马鲛属)、对称竹荚鱼、新西兰竹荚鱼及竹荚鱼(竹荚鱼属)、鲹鱼(鲹属)、军曹鱼、银鲳(鲳属)、秋刀鱼、圆鲹(圆鲹属)、多春鱼(毛鳞鱼)、剑鱼、鲔鱼、狐鲣(狐鲣属)、枪鱼、旗鱼、四鳍旗鱼(旗鱼科):			--鲱鱼(大西洋鲱鱼、太平洋鲱鱼)、鳀鱼(鳀属)、沙丁鱼(沙丁鱼、沙瑙鱼属)、小沙丁鱼属、黍鲱或西鲱、鲭鱼[大西洋鲭、澳洲鲭(鲐)、日本鲭(鲐)]、印度鲭(羽鳃鲐属)、马鲛鱼(马鲛属)、对称竹荚鱼、新西兰竹荚鱼及竹荚鱼(竹荚鱼属)、鲹鱼(鲹属)、军曹鱼、银鲳(鲳属)、秋刀鱼、圆鲹(圆鲹属)、多春鱼(毛鳞鱼)、剑鱼、鲔鱼、狐鲣(狐鲣属)、枪鱼、旗鱼、四鳍旗鱼(旗鱼科):	
0305.5410	---银鲳(鲳属)	7	0305.5410	---银鲳(鲳属)	7	0305.5410	---银鲳(鲳属)	
0305.5490	---其他	7	0305.5490	---其他	7	0305.5490	---其他	

2021 年版税则			2022 年版硬转换			2022 年版软转换		说明
税则号列	商品名称	税率	税则号列	商品名称	税率	税则号列	商品名称	
	--其他：			--其他：			--其他：	1. 根据对鱼、甲壳动物、软体动物和其他水生无脊椎动物的细粉、粗粉及团粒产品增列税目而进行的修订。 2. 软硬转换相同。
0305. 5910	---海龙、海马	2	0305. 5910	---海龙、海马	2	0305. 5910	---海龙、海马	
0305. 5990	---其他	7	0305. 5990	---其他	7	0305. 5990	---其他	
	-盐腌及盐渍的鱼（不包括食用杂碎），但干或熏制的除外：			-盐腌及盐渍的鱼（不包括食用杂碎），但干或熏制的除外：			-盐腌及盐渍的鱼（不包括食用杂碎），但干或熏制的除外：	
0305. 6100	--鲱鱼（大西洋鲱鱼、太平洋鲱鱼）	7	0305. 6100	--鲱鱼（大西洋鲱鱼、太平洋鲱鱼）	7	0305. 6100	--鲱鱼（大西洋鲱鱼、太平洋鲱鱼）	
0305. 6200	--鳕鱼（大西洋鳕鱼、格陵兰鳕鱼、太平洋鳕鱼）	7	0305. 6200	--鳕鱼（大西洋鳕鱼、格陵兰鳕鱼、太平洋鳕鱼）	7	0305. 6200	--鳕鱼（大西洋鳕鱼、格陵兰鳕鱼、太平洋鳕鱼）	
0305. 6300	--鳀鱼（鳀属）	7	0305. 6300	--鳀鱼（鳀属）	7	0305. 6300	--鳀鱼（鳀属）	
0305. 6400	--罗非鱼（口孵非鲫属）、鲶鱼（鲑鲶属、鲶属、胡鲶属、真鮰属）、鲤科鱼（鲤属、鲫属、草鱼、鲢属、鲮属、青鱼、卡特拉鲃、野鲮属、哈氏纹唇鱼、何氏细须鲃、鲂属）、鳗鱼（鳗鲡属）、尼罗河鲈鱼（尼罗尖吻鲈）及黑鱼（鳢属）	10	0305. 6400	--罗非鱼（口孵非鲫属）、鲶鱼（鲑鲶属、鲶属、胡鲶属、真鮰属）、鲤科鱼（鲤属、鲫属、草鱼、鲢属、鲮属、青鱼、卡特拉鲃、野鲮属、哈氏纹唇鱼、何氏细须鲃、鲂属）、鳗鱼（鳗鲡属）、尼罗河鲈鱼（尼罗尖吻鲈）及黑鱼（鳢属）	10	0305. 6400	--罗非鱼（口孵非鲫属）、鲶鱼（鲑鲶属、鲶属、胡鲶属、真鮰属）、鲤科鱼（鲤属、鲫属、草鱼、鲢属、鲮属、青鱼、卡特拉鲃、野鲮属、哈氏纹唇鱼、何氏细须鲃、鲂属）、鳗鱼（鳗鲡属）、尼罗河鲈鱼（尼罗尖吻鲈）及黑鱼（鳢属）	
	--其他：			--其他：			--其他：	

2021 年版税则			2022 年版硬转换			2022 年版软转换		说明
税则号列	商品名称	税率	税则号列	商品名称	税率	税则号列	商品名称	
0305. 6910	---带鱼	7	0305. 6910	---带鱼	7	0305. 6910	---带鱼	1. 根据对鱼、甲壳动物、软体动物和其他水生无脊椎动物的细粉、粗粉及团粒产品增列税目而进行的修订。 2. 软硬转换相同。
0305. 6920	---黄鱼	10	0305. 6920	---黄鱼	10	0305. 6920	---黄鱼	
0305. 6930	---鲳鱼(银鲳除外)	7	0305. 6930	---鲳鱼(银鲳除外)	7	0305. 6930	---鲳鱼(银鲳除外)	
0305. 6990	---其他	7	0305. 6990	---其他	7	0305. 6990	---其他	
	-鱼鳍、鱼头、鱼尾、鱼鳔及其他可食用杂碎:			-鱼鳍、鱼头、鱼尾、鱼鳔及其他可食用杂碎:			-鱼鳍、鱼头、鱼尾、鱼鳔及其他可食用杂碎:	
0305. 7100	--鲨鱼翅	15	0305. 7100	--鲨鱼翅	15	0305. 7100	--鲨鱼翅	
0305. 7200	--鱼头、鱼尾、鱼鳔	7	0305. 7200	--鱼头、鱼尾、鱼鳔	7	0305. 7200	--鱼头、鱼尾、鱼鳔	
0305. 7900	--其他	7	0305. 7900	--其他	7	0305. 7900	--其他	
03. 06	带壳或去壳的甲壳动物,活、鲜、冷、冻、干、盐腌或盐渍的;熏制的带壳或去壳甲壳动物,不论在熏制前或熏制过程中是否烹煮;蒸过或用水煮过的带壳甲壳动物,不论是否冷、冻、干、盐腌或盐渍的;适合供人食用的甲壳动物的细粉、粗粉及团粒:		03. 06	带壳或去壳的甲壳动物,活、鲜、冷、冻、干、盐腌或盐渍的;熏制的带壳或去壳甲壳动物,不论在熏制前或熏制过程中是否烹煮;蒸过或用水煮过的带壳甲壳动物,不论是否冷、冻、干、盐腌或盐渍的:		03. 06	带壳或去壳的甲壳动物,活、鲜、冷、冻、干、盐腌或盐渍的;熏制的带壳或去壳甲壳动物,不论在熏制前或熏制过程中是否烹煮;蒸过或用水煮过的带壳甲壳动物,不论是否冷、冻、干、盐腌或盐渍的:	1. 根据对鱼、甲壳动物、软体动物和其他水生无脊椎动物的细粉、粗粉及团粒产品增列税目而进行的修订。 2. 软硬转换相同。
	-冻的:			-冻的:			-冻的:	
0306. 1100	--岩礁虾和其他龙虾(真龙虾属、龙虾属、岩龙虾属)	7	0306. 1100	--岩礁虾和其他龙虾(真龙虾属、龙虾属、岩龙虾属)	7	0306. 1100	--岩礁虾和其他龙虾(真龙虾属、龙虾属、岩龙虾属)	

2021 年版税则			2022 年版硬转换			2022 年版软转换		说明
税则号列	商品名称	税率	税则号列	商品名称	税率	税则号列	商品名称	
0306. 1200	--螯龙虾(螯龙虾属)	7	0306. 1200	--螯龙虾(螯龙虾属)	7	0306. 1200	--螯龙虾(螯龙虾属)	1. 根据对鱼、甲壳动物、软体动物和其他水生无脊椎动物的细粉、粗粉及团粒产品增列税目而进行的修订。 2. 软硬转换相同。
	--蟹:			--蟹:			--蟹:	
0306. 1410	---梭子蟹	7	0306. 1410	---梭子蟹	7	0306. 1410	---梭子蟹	
0306. 1490	---其他	7	0306. 1490	---其他	7	0306. 1490	---其他	
0306. 1500	--挪威海螯虾	7	0306. 1500	--挪威海螯虾	7	0306. 1500	--挪威海螯虾	
	--冷水小虾及对虾(长额虾属、褐虾):			--冷水小虾及对虾(长额虾属、褐虾):			--冷水小虾及对虾(长额虾属、褐虾):	
	---冷水小虾:			---冷水小虾:			---冷水小虾:	
0306. 1611	----虾仁	7	0306. 1611	----虾仁	7	0306. 1611	----虾仁	
0306. 1612	----其他,北方长额虾	5	0306. 1612	----其他,北方长额虾	5	0306. 1612	----其他,北方长额虾	
0306. 1619	----其他	5	0306. 1619	----其他	5	0306. 1619	----其他	
	---冷水对虾:			---冷水对虾:			---冷水对虾:	
0306. 1621	----虾仁	7	0306. 1621	----虾仁	7	0306. 1621	----虾仁	
0306. 1629	----其他	5	0306. 1629	----其他	5	0306. 1629	----其他	
	--其他小虾及对虾:			--其他小虾及对虾:			--其他小虾及对虾:	
	---小虾:			---小虾:			---小虾:	
0306. 1711	----虾仁	7	0306. 1711	----虾仁	7	0306. 1711	----虾仁	
0306. 1719	----其他	5	0306. 1719	----其他	5	0306. 1719	----其他	

2021年版税则			2022年版硬转换			2022年版软转换		说明
税则号列	商品名称	税率	税则号列	商品名称	税率	税则号列	商品名称	
	---对虾：			---对虾：			---对虾：	1. 根据对鱼、甲壳动物、软体动物和其他水生无脊椎动物的细粉、粗粉及团粒产品增列税目而进行的修订。 2. 软硬转换相同。
0306.1721	----虾仁	7	0306.1721	----虾仁	7	0306.1721	----虾仁	
0306.1729	----其他	5	0306.1729	----其他	5	0306.1729	----其他	
	--其他，包括适合供人食用的甲壳动物的细粉、粗粉及团粒：			--其他：			--其他：	
	---淡水小龙虾：			---淡水小龙虾：			---淡水小龙虾：	
0306.1911	----虾仁	7	0306.1911	----虾仁	7	0306.1911	----虾仁	
0306.1919	----其他	7	0306.1919	----其他	7	0306.1919	----其他	
0306.1990	---其他	7	0306.1990	---其他（ex0306.1990）	7	0306.1990	---其他（ex0306.1990）	
	-活、鲜或冷的：			-活、鲜或冷的：			-活、鲜或冷的：	
	--岩礁虾及其他龙虾（真龙虾属、龙虾属、岩龙虾属）：			--岩礁虾及其他龙虾（真龙虾属、龙虾属、岩龙虾属）：			--岩礁虾及其他龙虾（真龙虾属、龙虾属、岩龙虾属）：	
0306.3110	---种苗	0	0306.3110	---种苗	0	0306.3110	---种苗	
0306.3190	---其他	7	0306.3190	---其他	7	0306.3190	---其他	
	--鳌龙虾（鳌龙虾属）：			--鳌龙虾（鳌龙虾属）：			--鳌龙虾（鳌龙虾属）：	
0306.3210	---种苗	0	0306.3210	---种苗	0	0306.3210	---种苗	
0306.3290	---其他	7	0306.3290	---其他	7	0306.3290	---其他	

2021 年版税则			2022 年版硬转换			2022 年版软转换		说明
税则号列	商品名称	税率	税则号列	商品名称	税率	税则号列	商品名称	
	--蟹：			--蟹：			--蟹：	1. 根据对鱼、甲壳动物、软体动物和其他水生无脊椎动物的细粉、粗粉及团粒产品增列税目而进行的修订。 2. 软硬转换相同。
0306.3310	---种苗	0	0306.3310	---种苗	0	0306.3310	---种苗	
	---其他：			---其他：			---其他：	
0306.3391	----中华绒螯蟹	7	0306.3391	----中华绒螯蟹	7	0306.3391	----中华绒螯蟹	
0306.3392	----梭子蟹	14	0306.3392	----梭子蟹	14	0306.3392	----梭子蟹	
0306.3399	----其他	7	0306.3399	----其他	7	0306.3399	----其他	
	--挪威海螯虾：			--挪威海螯虾：			--挪威海螯虾：	
0306.3410	---种苗	0	0306.3410	---种苗	0	0306.3410	---种苗	
0306.3490	---其他	7	0306.3490	---其他	7	0306.3490	---其他	
	--冷水小虾及对虾（长额虾属、褐虾）：			--冷水小虾及对虾（长额虾属、褐虾）：			--冷水小虾及对虾（长额虾属、褐虾）：	
0306.3510	---种苗	0	0306.3510	---种苗	0	0306.3510	---种苗	
0306.3520	---鲜、冷对虾	10	0306.3520	---鲜、冷对虾	10	0306.3520	---鲜、冷对虾	
0306.3590	---其他	10	0306.3590	---其他	10	0306.3590	---其他	
	--其他小虾及对虾：			--其他小虾及对虾：			--其他小虾及对虾：	
0306.3610	---种苗	0	0306.3610	---种苗	0	0306.3610	---种苗	
0306.3620	---鲜、冷对虾	10	0306.3620	---鲜、冷对虾	10	0306.3620	---鲜、冷对虾	
0306.3690	---其他	12	0306.3690	---其他	12	0306.3690	---其他	

2021 年版税则			2022 年版硬转换			2022 年版软转换			说明
税则号列	商品名称	税率	税则号列	商品名称	税率	税则号列	商品名称		
	--其他，包括适合供人食用的甲壳动物的细粉、粗粉及团粒：			--其他：			--其他：		1. 根据对鱼、甲壳动物、软体动物和其他水生无脊椎动物的细粉、粗粉及团粒产品增列税目而进行的修订。 2. 软硬转换相同。
0306.3910	---种苗	0	0306.3910	---种苗	0	0306.3910	---种苗		
0306.3990	---其他	7	0306.3990	---其他(ex0306.3990)	7	0306.3990	---其他(ex0306.3990)		
	-其他：			-其他：			-其他：		
0306.9100	--岩礁虾及其他龙虾(真龙虾属、龙虾属、岩龙虾属)	7	0306.9100	--岩礁虾及其他龙虾(真龙虾属、龙虾属、岩龙虾属)	7	0306.9100	--岩礁虾及其他龙虾(真龙虾属、龙虾属、岩龙虾属)		
0306.9200	--螯龙虾(螯龙虾属)	7	0306.9200	--螯龙虾(螯龙虾属)	7	0306.9200	--螯龙虾(螯龙虾属)		
	--蟹：			--蟹：			--蟹：		
0306.9310	---中华绒螯蟹	7	0306.9310	---中华绒螯蟹	7	0306.9310	---中华绒螯蟹		
0306.9320	---梭子蟹	7	0306.9320	---梭子蟹	7	0306.9320	---梭子蟹		
0306.9390	---其他	7	0306.9390	---其他	7	0306.9390	---其他		
0306.9400	--挪威海螯虾	7	0306.9400	--挪威海螯虾	7	0306.9400	--挪威海螯虾		
	--小虾及对虾：			--小虾及对虾：			--小虾及对虾：		
0306.9510	---冷水小虾及对虾(长额虾属、褐虾)	10	0306.9510	---冷水小虾及对虾(长额虾属、褐虾)	10	0306.9510	---冷水小虾及对虾(长额虾属、褐虾)		
0306.9590	---其他小虾及对虾	10	0306.9590	---其他小虾及对虾	10	0306.9590	---其他小虾及对虾		
0306.9900	--其他，包括适合供人食用的甲壳动物的细粉、粗粉及团粒	7	0306.9900	--其他(ex0306.9900)	7	0306.9900	--其他(ex0306.9900)		

2021 年版税则			2022 年版硬转换			2022 年版软转换		说明
税则号列	商品名称	税率	税则号列	商品名称	税率	税则号列	商品名称	
03.07	带壳或去壳的软体动物，活、鲜、冷、冻、干、盐腌或盐渍的；熏制的带壳或去壳软体动物，不论在熏制前或熏制过程中是否烹煮；适合供人食用的软体动物的细粉、粗粉及团粒：		03.07	带壳或去壳的软体动物，活、鲜、冷、冻、干、盐腌或盐渍的；熏制的带壳或去壳软体动物，不论在熏制前或熏制过程中是否烹煮：		03.07	带壳或去壳的软体动物，活、鲜、冷、冻、干、盐腌或盐渍的；熏制的带壳或去壳软体动物，不论在熏制前或熏制过程中是否烹煮：	1. 根据对鱼、甲壳动物、软体动物和其他水生无脊椎动物的细粉、粗粉及团粒产品增列税目而进行的修订；因扇贝所涵盖产品的英、法文本不一致而进行的修订。 2. 软硬转换不相同。
	-牡蛎（蚝）：			-牡蛎（蚝）：			-牡蛎（蚝）：	
	--活、鲜或冷的：			--活、鲜或冷的：			--活、鲜或冷的：	
0307.1110	---种苗	0	0307.1110	---种苗	0	0307.1110	---种苗	
0307.1190	---其他	7	0307.1190	---其他	7	0307.1190	---其他	
0307.1200	--冻的	10	0307.1200	--冻的	10	0307.1200	--冻的	
0307.1900	--其他	10	0307.1900	--其他	10	0307.1900	--其他	
	-扇贝，包括海扇：			-扇贝及其他扇贝科的软体动物：			-扇贝及其他扇贝科的软体动物：	
	--活、鲜或冷的：			--活、鲜或冷的：			--活、鲜或冷的：	
0307.2110	---种苗	0		---种苗：		0307.2110	---种苗（0307.2110、ex0307.9110）	
			0307.2111	----扇贝（0307.2110）	0			
			0307.2119	----其他（ex0307.9110）	0			
0307.2190	---其他	10		---其他：			---其他：	

2021 年版税则			2022 年版硬转换			2022 年版软转换		说明
税则号列	商品名称	税率	税则号列	商品名称	税率	税则号列	商品名称	
			0307.2191	----扇贝(0307.2190)	10	0307.2191	----扇贝(0307.2190)	1. 根据对鱼、甲壳动物、软体动物和其他水生无脊椎动物的细粉、粗粉及团粒产品增列税目而进行的修订；因扇贝所涵盖产品的英、法文本不一致而进行的修订。 2. 软硬转换不相同。
			0307.2199	----其他(ex0307.9190)	7	0307.2199	----其他(ex0307.9190)	
0307.2200	--冻的	10		--冻的：			--冻的：	
			0307.2210	---扇贝(0307.2200)	10	0307.2210	---扇贝(0307.2200)	
			0307.2290	---其他(ex0307.9200)	7	0307.2290	---其他(ex0307.9200)	
0307.2900	--其他	10		--其他：			--其他：	
			0307.2910	---扇贝(0307.2900)	10	0307.2910	---扇贝(0307.2900)	
			0307.2990	---其他(ex0307.9900)	7	0307.2990	---其他(ex0307.9900)	
	-贻贝：			-贻贝：			-贻贝：	
	--活、鲜或冷的：			--活、鲜或冷的：			--活、鲜或冷的：	
0307.3110	---种苗	0	0307.3110	---种苗	0	0307.3110	---种苗	
0307.3190	---其他	10	0307.3190	---其他	10	0307.3190	---其他	
0307.3200	--冻的	10	0307.3200	--冻的	10	0307.3200	--冻的	
0307.3900	--其他	10	0307.3900	--其他	10	0307.3900	--其他	
	-墨鱼及鱿鱼：			-墨鱼及鱿鱼：			-墨鱼及鱿鱼：	
	--活、鲜或冷的：			--活、鲜或冷的：			--活、鲜或冷的：	
0307.4210	---种苗	0	0307.4210	---种苗	0	0307.4210	---种苗	
	---其他：			---其他：			---其他：	

2021年版税则			2022年版硬转换			2022年版软转换		说明
税则号列	商品名称	税率	税则号列	商品名称	税率	税则号列	商品名称	
0307.4291	----墨鱼（乌贼属、巨粒僧头乌贼、耳乌贼属）及鱿鱼（柔鱼属、枪乌贼属、双柔鱼属、拟乌贼属）	12	0307.4291	----墨鱼（乌贼属、巨粒僧头乌贼、耳乌贼属）及鱿鱼（柔鱼属、枪乌贼属、双柔鱼属、拟乌贼属）	12	0307.4291	----墨鱼（乌贼属、巨粒僧头乌贼、耳乌贼属）及鱿鱼（柔鱼属、枪乌贼属、双柔鱼属、拟乌贼属）	1. 根据对鱼、甲壳动物、软体动物和其他水生无脊椎动物的细粉、粗粉及团粒产品增列税目而进行的修订；因扇贝所涵盖产品的英、法文本不一致而进行的修订。 2. 软硬转换不相同。
0307.4299	----其他	14	0307.4299	----其他	14	0307.4299	----其他	
	--冻的：			--冻的：			--冻的：	
0307.4310	---墨鱼（乌贼属、巨粒僧头乌贼、耳乌贼属）及鱿鱼（柔鱼属、枪乌贼属、双柔鱼属、拟乌贼属）	12	0307.4310	---墨鱼（乌贼属、巨粒僧头乌贼、耳乌贼属）及鱿鱼（柔鱼属、枪乌贼属、双柔鱼属、拟乌贼属）	12	0307.4310	---墨鱼（乌贼属、巨粒僧头乌贼、耳乌贼属）及鱿鱼（柔鱼属、枪乌贼属、双柔鱼属、拟乌贼属）	
0307.4390	---其他	10	0307.4390	---其他	10	0307.4390	---其他	
	--其他：			--其他：			--其他：	
0307.4910	---墨鱼（乌贼属、巨粒僧头乌贼、耳乌贼属）及鱿鱼（柔鱼属、枪乌贼属、双柔鱼属、拟乌贼属）	12	0307.4910	---墨鱼（乌贼属、巨粒僧头乌贼、耳乌贼属）及鱿鱼（柔鱼属、枪乌贼属、双柔鱼属、拟乌贼属）	12	0307.4910	---墨鱼（乌贼属、巨粒僧头乌贼、耳乌贼属）及鱿鱼（柔鱼属、枪乌贼属、双柔鱼属、拟乌贼属）	
0307.4990	---其他	10	0307.4990	---其他	10	0307.4990	---其他	
	-章鱼：			-章鱼：			-章鱼：	
0307.5100	--活、鲜或冷的	7	0307.5100	--活、鲜或冷的	7	0307.5100	--活、鲜或冷的	
0307.5200	--冻的	7	0307.5200	--冻的	7	0307.5200	--冻的	

2021年版税则			2022年版硬转换			2022年版软转换		说明
税则号列	商品名称	税率	税则号列	商品名称	税率	税则号列	商品名称	
0307.5900	--其他	7	0307.5900	--其他	7	0307.5900	--其他	1. 根据对鱼、甲壳动物、软体动物和其他水生无脊椎动物的细粉、粗粉及团粒产品增列税目而进行的修订；因扇贝所涵盖产品的英、法文本不一致而进行的修订。 2. 软硬转换不相同。
	-蜗牛及螺，海螺除外：			-蜗牛及螺，海螺除外：			-蜗牛及螺，海螺除外：	
0307.6010	---种苗	0	0307.6010	---种苗	0	0307.6010	---种苗	
0307.6090	---其他	7	0307.6090	---其他	7	0307.6090	---其他	
	-蛤、鸟蛤及舟贝（蚶科、北极蛤科、鸟蛤科、斧蛤科、缝栖蛤科、蛤蜊科、中带蛤科、海螂科、双带蛤科、截蛏科、竹蛏科、砗磲科、帘蛤科）：			-蛤、鸟蛤及舟贝（蚶科、北极蛤科、鸟蛤科、斧蛤科、缝栖蛤科、蛤蜊科、中带蛤科、海螂科、双带蛤科、截蛏科、竹蛏科、砗磲科、帘蛤科）：			-蛤、鸟蛤及舟贝（蚶科、北极蛤科、鸟蛤科、斧蛤科、缝栖蛤科、蛤蜊科、中带蛤科、海螂科、双带蛤科、截蛏科、竹蛏科、砗磲科、帘蛤科）：	
	--活、鲜或冷的：			--活、鲜或冷的：			--活、鲜或冷的：	
0307.7110	---种苗	0	0307.7110	---种苗	0	0307.7110	---种苗	
	---其他：			---其他：			---其他：	
0307.7191	----蛤	10	0307.7191	----蛤	10	0307.7191	----蛤	
0307.7199	----其他	10	0307.7199	----其他	10	0307.7199	----其他	
0307.7200	--冻的	10	0307.7200	--冻的	10	0307.7200	--冻的	
0307.7900	--其他	10	0307.7900	--其他	10	0307.7900	--其他	
	-鲍鱼（鲍属）及凤螺（凤螺属）：			-鲍鱼（鲍属）及凤螺（凤螺属）：			-鲍鱼（鲍属）及凤螺（凤螺属）：	
	--活、鲜或冷的鲍鱼（鲍属）：			--活、鲜或冷的鲍鱼（鲍属）：			--活、鲜或冷的鲍鱼（鲍属）：	

2021 年版税则			2022 年版硬转换			2022 年版软转换		说明
税则号列	商品名称	税率	税则号列	商品名称	税率	税则号列	商品名称	
0307.8110	---种苗	0	0307.8110	---种苗	0	0307.8110	---种苗	1. 根据对鱼、甲壳动物、软体动物和其他水生无脊椎动物的细粉、粗粉及团粒产品增列税目而进行的修订；因扇贝所涵盖产品的英、法文本不一致而进行的修订。 2. 软硬转换不相同。
0307.8190	---其他	10	0307.8190	---其他	10	0307.8190	---其他	
	--活、鲜或冷的凤螺(凤螺属)：			--活、鲜或冷的凤螺(凤螺属)：			--活、鲜或冷的凤螺(凤螺属)：	
0307.8210	---种苗	0	0307.8210	---种苗	0	0307.8210	---种苗	
0307.8290	---其他	10	0307.8290	---其他	10	0307.8290	---其他	
0307.8300	--冻的鲍鱼(鲍属)	10	0307.8300	--冻的鲍鱼(鲍属)	10	0307.8300	--冻的鲍鱼(鲍属)	
0307.8400	--冻的凤螺(凤螺属)	10	0307.8400	--冻的凤螺(凤螺属)	10	0307.8400	--冻的凤螺(凤螺属)	
0307.8700	--其他鲍鱼(鲍属)	10	0307.8700	--其他鲍鱼(鲍属)	10	0307.8700	--其他鲍鱼(鲍属)	
0307.8800	--其他凤螺(凤螺属)	10	0307.8800	--其他凤螺(凤螺属)	10	0307.8800	--其他凤螺(凤螺属)	
	-其他，包括适合供人食用的细粉、粗粉及团粒：			-其他：			-其他：	
	--活、鲜或冷的：			--活、鲜或冷的：			--活、鲜或冷的：	
0307.9110	---种苗	0	0307.9110	---种苗(ex0307.9110)	0	0307.9110	---种苗(ex0307.9110)	
0307.9190	---其他	7	0307.9190	---其他(ex0307.9190)	7	0307.9190	---其他(ex0307.9190)	
0307.9200	--冻的	7	0307.9200	--冻的(ex0307.9200)	7	0307.9200	--冻的(ex0307.9200)	
0307.9900	--其他	7	0307.9900	--其他(ex0307.9900)	7	0307.9900	--其他(ex0307.9900)	

2021 年版税则			2022 年版硬转换			2022 年版软转换		说明
税则号列	商品名称	税率	税则号列	商品名称	税率	税则号列	商品名称	
03.08	不属于甲壳动物及软体动物的水生无脊椎动物，活、鲜、冷、冻、干、盐腌或盐渍的；熏制的不属于甲壳动物及软体动物的水生无脊椎动物，不论在熏制前或熏制过程中是否烹煮；适合供人食用的不属于甲壳动物及软体动物的水生无脊椎动物的细粉、粗粉及团粒：		03.08	不属于甲壳动物及软体动物的水生无脊椎动物，活、鲜、冷、冻、干、盐腌或盐渍的；熏制的不属于甲壳动物及软体动物的水生无脊椎动物，不论在熏制前或熏制过程中是否烹煮：		03.08	不属于甲壳动物及软体动物的水生无脊椎动物，活、鲜、冷、冻、干、盐腌或盐渍的；熏制的不属于甲壳动物及软体动物的水生无脊椎动物，不论在熏制前或熏制过程中是否烹煮：	1. 根据对鱼、甲壳动物、软体动物和其他水生无脊椎动物的细粉、粗粉及团粒产品增列税目而引起的修订。 2. 软硬转换相同。
	-海参（仿刺参、海参纲）：			-海参（仿刺参、海参纲）：			-海参（仿刺参、海参纲）：	
	--活、鲜或冷的：			--活、鲜或冷的：			--活、鲜或冷的：	
0308.1110	---种苗	0	0308.1110	---种苗	0	0308.1110	---种苗	
0308.1190	---其他	10	0308.1190	---其他	10	0308.1190	---其他	
0308.1200	--冻的	10	0308.1200	--冻的	10	0308.1200	--冻的	
0308.1900	--其他	10	0308.1900	--其他	10	0308.1900	--其他	
	-海胆（球海胆属、拟球海胆、智利海胆、食用正海胆）：			-海胆（球海胆属、拟球海胆、智利海胆、食用正海胆）：			-海胆（球海胆属、拟球海胆、智利海胆、食用正海胆）：	
	--活、鲜或冷的：			--活、鲜或冷的：			--活、鲜或冷的：	
0308.2110	---种苗	0	0308.2110	---种苗	0	0308.2110	---种苗	

2021 年版税则			2022 年版硬转换			2022 年版软转换		说明
税则号列	商品名称	税率	税则号列	商品名称	税率	税则号列	商品名称	
0308. 2190	---其他	10	0308. 2190	---其他	10	0308. 2190	---其他	1. 根据对鱼、甲壳动物、软体动物和其他水生无脊椎动物的细粉、粗粉及团粒产品增列税目而引起的修订。 2. 软硬转换相同。
0308. 2200	--冻的	10	0308. 2200	--冻的	10	0308. 2200	--冻的	
0308. 2900	--其他	10	0308. 2900	--其他	10	0308. 2900	--其他	
	-海蜇（海蜇属）：			-海蜇（海蜇属）：			-海蜇（海蜇属）：	
	---活、鲜或冷的：			---活、鲜或冷的：			---活、鲜或冷的：	
0308. 3011	----种苗	0	0308. 3011	----种苗	0	0308. 3011	----种苗	
0308. 3019	----其他	7	0308. 3019	----其他	7	0308. 3019	----其他	
0308. 3090	---其他	10	0308. 3090	---其他	10	0308. 3090	---其他	
	-其他：			-其他：			-其他：	
	---活、鲜或冷的：			---活、鲜或冷的：			---活、鲜或冷的：	
0308. 9011	----种苗	0	0308. 9011	----种苗	0	0308. 9011	----种苗	
0308. 9012	----沙蚕，种苗除外	7	0308. 9012	----沙蚕，种苗除外	7	0308. 9012	----沙蚕，种苗除外	
0308. 9019	----其他	7	0308. 9019	----其他（ex0308. 9019）	7	0308. 9019	----其他（ex0308. 9019）	
0308. 9090	---其他	7	0308. 9090	---其他（ex0308. 9090）	7	0308. 9090	---其他（ex0308. 9090）	

2021 年版税则			2022 年版硬转换			2022 年版软转换		说明
税则号列	商品名称	税率	税则号列	商品名称	税率	税则号列	商品名称	
			03.09	适合供人食用的鱼、甲壳动物、软体动物和其他水生无脊椎动物的细粉、粗粉及团粒：		03.09	适合供人食用的鱼、甲壳动物、软体动物和其他水生无脊椎动物的细粉、粗粉及团粒：	1. 为明确归类而为鱼、甲壳动物、软体动物和其他水生无脊椎动物的细粉、粗粉及团粒产品增列税目。 2. 软硬转换不同。
			0309.1000	-鱼的（0305.1000）	7	0309.1000	-鱼的（0305.1000）	
				-其他：		0309.9000	-其他（ex0306.1990、ex0306.3990、ex0306.9900、ex0307.9190、ex0307.9200、ex0307.9900、ex0308.9019、ex0308.9090）	
				---甲壳动物的：				
			0309.9011	----冻的（ex0306.1990）	7			
			0309.9012	----冷的（ex0306.3990）	7			
			0309.9019	----其他（ex0306.9900）	7			
				---软体动物的：				
			0309.9021	----冷的（ex0307.9190）	7			
			0309.9022	----冻的（ex0307.9200）	7			
			0309.9029	----其他（ex0307.9900）	7			
				---其他：				
			0309.9091	----冷的（ex0308.9019）	7			
			0309.9099	----其他（ex0308.9090）	7			

2021 年版税则			2022 年版硬转换			2022 年版软转换		说明
税则号列	商品名称	税率	税则号列	商品名称	税率	税则号列	商品名称	
04.03	酪乳、结块的乳及稀奶油、酸乳、酸乳酒及其他发酵或酸化的乳和稀奶油，不论是否浓缩、加糖、加其他甜物质、加香料、加水果、加坚果或加可可：		04.03	酸乳；酪乳、结块的乳及稀奶油、酸乳酒及其他发酵或酸化的乳和稀奶油，不论是否浓缩、加糖、加其他甜物质、加香料、加水果、加坚果或加可可：		04.03	酸乳；酪乳、结块的乳及稀奶油、酸乳酒及其他发酵或酸化的乳和稀奶油，不论是否浓缩、加糖、加其他甜物质、加香料、加水果、加坚果或加可可：	1. 品目 04.03 关于酸乳的修正案。 2. 软硬转换不相同。
0403.1000	-酸乳	10						
				-酸乳：			-酸乳：	
			0403.2010	---酸乳，不论是否浓缩、加糖、加其他甜物质、加香料、加水果、加坚果或加可可（0403.1000）	10	0403.2010	---不论是否浓缩，除允许添加的添加剂外，仅可含糖或其他甜味物质、香料、水果、坚果、可可（0403.1000）	
			0403.2090	---其他酸乳，不论是否浓缩，加巧克力、咖啡或咖啡提取物、植物、植物的部分、谷物或面包制品，但添加的任何物质不能用于全部或部分取代任何乳成分，而且产品需保留酸乳的基本特征。（ex1901.9000）	10	0403.2090	---其他（ex1901.9000）	
0403.9000	-其他	20	0403.9000	-其他	20	0403.9000	-其他	

2021 年版税则			2022 年版硬转换			2022 年版软转换		说明
税则号列	商品名称	税率	税则号列	商品名称	税率	税则号列	商品名称	
04.10	其他税目未列名的食用动物产品：		04.10	其他税目未列名的昆虫及其他食用动物产品：		04.10	其他税目未列名的昆虫及其他食用动物产品：	在《协调制度》目录第六审议循环中，各国对昆虫及昆虫制品的归类未达成一致意见，WCO 最终列举了所有可能的税号（包括第二章和第四章）形成转换对照表，并强调各国可以根据本国的归类实践选择相应的转换关系。按照我国归类实践，可食用的鲜、冷、冻、干、熏、盐腌、盐渍昆虫及昆虫细粉、粗粉不归入第二章，而是归入税目 04.10 项下。经海关与财政部讨论，决定上述昆虫及其制品不按 WCO 的转换对照表转版，而是按照我国的归类实践进行转版（仅归入第四章）。
0410.0010	---燕窝	25						
	---蜂产品：							
0410.0041	----鲜蜂王浆	15						
0410.0042	----鲜蜂王浆粉	15						
0410.0043	----蜂花粉	20						
0410.0049	----其他	20						
0410.0090	---其他	20						
			0410.1000	-昆虫（ex0410.0090）	20	0410.1000	-昆虫（ex0410.0090）	
				-其他：			-其他：	
			0410.9010	---燕窝（0410.0010）	25	0410.9010	---燕窝（0410.0010）	
				---蜂产品：			---蜂产品：	
			0410.9021	----鲜蜂王浆（0410.0041）	15	0410.9021	----鲜蜂王浆（0410.0041）	
			0410.9022	----鲜蜂王浆粉（0410.0042）	15	0410.9022	----鲜蜂王浆粉（0410.0042）	
			0410.9023	----蜂花粉（0410.0043）	20	0410.9023	----蜂花粉（0410.0043）	
			0410.9029	----其他（0410.0049）	20	0410.9029	----其他（0410.0049）	
			0410.9090	---其他（ex0410.0090）	20	0410.9090	---其他（ex0410.0090）	

2021 年版税则			2022 年版硬转换			2022 年版软转换		说明
税则号列	商品名称	税率	税则号列	商品名称	税率	税则号列	商品名称	
07.04	鲜或冷藏的卷心菜、菜花、球茎甘蓝、羽衣甘蓝及类似的食用芥菜类蔬菜：		07.04	鲜或冷藏的卷心菜、菜花、球茎甘蓝、羽衣甘蓝及类似的食用芥菜类蔬菜：		07.04	鲜或冷藏的卷心菜、菜花、球茎甘蓝、羽衣甘蓝及类似的食用芥菜类蔬菜：	1. 为便于将所有品种的西兰花归入该子目而进行修改。 2. 软硬转换不同。 3. 经查 WCO 会议资料，硬花甘蓝为西蓝花的一种。
0704.1000	-菜花及硬花甘蓝	10		-菜花及西兰花：			-菜花及西兰花：	
			0704.1010	---菜花及硬花甘蓝（0704.1000）	10	0704.1010	---菜花（ex0704.1000）	
			0704.1020	---西兰花（0704.9020）	13	0704.1090	---其他（ex0704.1000、0704.9020）	
0704.2000	-抱子甘蓝	13	0704.2000	-抱子甘蓝	13	0704.2000	-抱子甘蓝	
	-其他：			-其他：			-其他：	
0704.9010	---卷心菜	13	0704.9010	---卷心菜	13	0704.9010	---卷心菜	
0704.9020	---西兰花	13						
0704.9090	---其他	13	0704.9090	---其他	13	0704.9090	---其他	
07.09	鲜或冷藏的其他蔬菜：		07.09	鲜或冷藏的其他蔬菜：		07.09	鲜或冷藏的其他蔬菜：	1. 根据联合国粮农组织建议修改。 2. 软硬转换相同。
0709.2000	-芦笋	13	0709.2000	-芦笋	13	0709.2000	-芦笋	
0709.3000	-茄子	13	0709.3000	-茄子	13	0709.3000	-茄子	
0709.4000	-芹菜，但块根芹除外	10	0709.4000	-芹菜，但块根芹除外	10	0709.4000	-芹菜，但块根芹除外	
	-蘑菇及块菌：			-蘑菇及块菌：			-蘑菇及块菌：	
0709.5100	--伞菌属蘑菇	13	0709.5100	--伞菌属蘑菇	13	0709.5100	--伞菌属蘑菇	

2021 年版税则			2022 年版硬转换			2022 年版软转换		说明
税则号列	商品名称	税率	税则号列	商品名称	税率	税则号列	商品名称	
			0709.5200	--牛肝菌属蘑菇（ex0709.5990）	13	0709.5200	--牛肝菌属蘑菇（ex0709.5990）	1. 根据联合国粮农组织建议修改。 2. 软硬转换相同。
			0709.5300	--鸡油菌属蘑菇（ex0709.5990）	13	0709.5300	--鸡油菌属蘑菇（ex0709.5990）	
			0709.5400	--香菇（0709.5920）	13	0709.5400	--香菇（0709.5920）	
			0709.5500	--松茸（松口蘑、美洲松口蘑、雪松口蘑、甜味松口蘑、欧洲松口蘑）（ex0709.5910）	13	0709.5500	--松茸（松口蘑、美洲松口蘑、雪松口蘑、甜味松口蘑、欧洲松口蘑）（ex0709.5910）	
			0709.5600	--块菌（松露属）（ex0709.5960）	13	0709.5600	--块菌（松露属）（ex0709.5960）	
	--其他：			--其他：			--其他：	
0709.5910	---松茸	13	0709.5910	---其他松茸（ex0709.5910）	13	0709.5910	---其他松茸（ex0709.5910）	
0709.5920	---香菇	13						
0709.5930	---金针菇	13	0709.5930	---金针菇	13	0709.5930	---金针菇	
0709.5940	---草菇	13	0709.5940	---草菇	13	0709.5940	---草菇	
0709.5950	---口蘑	13	0709.5950	---口蘑	13	0709.5950	---口蘑	
0709.5960	---块菌	13	0709.5960	---其他块菌（ex0709.5960）	13	0709.5960	---其他块菌（ex0709.5960）	
0709.5990	---其他	13	0709.5990	---其他（ex0709.5990）	13	0709.5990	---其他（ex0709.5990）	

2021 年版税则			2022 年版硬转换			2022 年版软转换		说明
税则号列	商品名称	税率	税则号列	商品名称	税率	税则号列	商品名称	
0709.6000	-辣椒属及多香果属的果实	13	0709.6000	-辣椒属及多香果属的果实	13	0709.6000	-辣椒属及多香果属的果实	1. 根据联合国粮农组织建议修改。 2. 软硬转换相同。
0709.7000	-菠菜	13	0709.7000	-菠菜	13	0709.7000	-菠菜	
	-其他：			-其他：			-其他：	
0709.9100	--洋蓟	13	0709.9100	--洋蓟	13	0709.9100	--洋蓟	
0709.9200	--油橄榄	13	0709.9200	--油橄榄	13	0709.9200	--油橄榄	
0709.9300	--南瓜、笋瓜及瓠瓜（南瓜属）	13	0709.9300	--南瓜、笋瓜及瓠瓜（南瓜属）	13	0709.9300	--南瓜、笋瓜及瓠瓜（南瓜属）	
	--其他：			--其他：			--其他：	
0709.9910	---竹笋	13	0709.9910	---竹笋	13	0709.9910	---竹笋	
0709.9990	---其他	13	0709.9990	---其他	13	0709.9990	---其他	
07.11	暂时保藏（例如，使用二氧化硫气体、盐水、亚硫酸水或其他防腐液）的蔬菜，但不适于直接食用的：		07.11	暂时保藏的蔬菜，但不适于直接食用的：		07.11	暂时保藏的蔬菜，但不适于直接食用的：	仅条文修改，不涉及转换。
0711.2000	-油橄榄	13	0711.2000	-油橄榄	13	0711.2000	-油橄榄	
0711.4000	-黄瓜及小黄瓜	13	0711.4000	-黄瓜及小黄瓜	13	0711.4000	-黄瓜及小黄瓜	
	-蘑菇及块菌：			-蘑菇及块菌：			-蘑菇及块菌：	
	--伞菌属蘑菇：			--伞菌属蘑菇：			--伞菌属蘑菇：	
	---盐水的：			---盐水的：			---盐水的：	

2021 年版税则			2022 年版硬转换			2022 年版软转换		说明
税则号列	商品名称	税率	税则号列	商品名称	税率	税则号列	商品名称	
0711.5112	----白蘑菇	13	0711.5112	----白蘑菇	13	0711.5112	----白蘑菇	仅条文修改，不涉及转换。
0711.5119	----其他	13	0711.5119	----其他	13	0711.5119	----其他	
0711.5190	---其他	13	0711.5190	---其他	13	0711.5190	---其他	
	--其他：			--其他：			--其他：	
	---盐水的：			---盐水的：			---盐水的：	
0711.5911	----松茸	13	0711.5911	----松茸	13	0711.5911	----松茸	
0711.5919	----其他	13	0711.5919	----其他	13	0711.5919	----其他	
0711.5990	---其他	13	0711.5990	---其他	13	0711.5990	---其他	
	-其他蔬菜；什锦蔬菜：			-其他蔬菜；什锦蔬菜：			-其他蔬菜；什锦蔬菜：	
	---盐水的：			---盐水的：			---盐水的：	
0711.9031	----竹笋	13	0711.9031	----竹笋	13	0711.9031	----竹笋	
0711.9034	----大蒜	13	0711.9034	----大蒜	13	0711.9034	----大蒜	
0711.9039	----其他	13	0711.9039	----其他	13	0711.9039	----其他	
0711.9090	---其他	13	0711.9090	---其他	13	0711.9090	---其他	

2021 年版税则			2022 年版硬转换			2022 年版软转换		说明
税则号列	商品名称	税率	税则号列	商品名称	税率	税则号列	商品名称	
07.12	干蔬菜，整个、切块、切片、破碎或制成粉状，但未经进一步加工的：		07.12	干蔬菜，整个、切块、切片、破碎或制成粉状，但未经进一步加工的：		07.12	干蔬菜，整个、切块、切片、破碎或制成粉状，但未经进一步加工的：	1. 根据联合国粮农组织建议修改。 2. 软硬转换相同。
0712.2000	-洋葱	13	0712.2000	-洋葱	13	0712.2000	-洋葱	
	-蘑菇、木耳、银耳及块菌：			-蘑菇、木耳、银耳及块菌：			-蘑菇、木耳、银耳及块菌：	
0712.3100	--伞菌属蘑菇	13	0712.3100	--伞菌属蘑菇	13	0712.3100	--伞菌属蘑菇	
0712.3200	--木耳	13	0712.3200	--木耳	13	0712.3200	--木耳	
0712.3300	--银耳	13	0712.3300	--银耳	13	0712.3300	--银耳	
			0712.3400	--香菇(0712.3910)	13	0712.3400	--香菇(0712.3910)	
	--其他：			--其他：			--其他：	
0712.3910	---香菇	13						
0712.3920	---金针菇	13	0712.3920	---金针菇	13	0712.3920	---金针菇	
0712.3950	---牛肝菌	13	0712.3950	---牛肝菌	13	0712.3950	---牛肝菌	
	---其他：			---其他：			---其他：	
0712.3991	----羊肚菌	13	0712.3991	----羊肚菌	13	0712.3991	----羊肚菌	
0712.3999	----其他	13	0712.3999	----其他	13	0712.3999	----其他	
	-其他蔬菜；什锦蔬菜：			-其他蔬菜；什锦蔬菜：			-其他蔬菜；什锦蔬菜：	
0712.9010	---笋干丝	13	0712.9010	---笋干丝	13	0712.9010	---笋干丝	

2021 年版税则			2022 年版硬转换			2022 年版软转换		说明
税则号列	商品名称	税率	税则号列	商品名称	税率	税则号列	商品名称	
0712. 9020	---紫萁(薇菜干)	13	0712. 9020	---紫萁(薇菜干)	13	0712. 9020	---紫萁(薇菜干)	1. 根据联合国粮农组织建议修改。 2. 软硬转换相同。
0712. 9030	---金针菜(黄花菜)	13	0712. 9030	---金针菜(黄花菜)	13	0712. 9030	---金针菜(黄花菜)	
0712. 9040	---蕨菜	13	0712. 9040	---蕨菜	13	0712. 9040	---蕨菜	
0712. 9050	---大蒜	13	0712. 9050	---大蒜	13	0712. 9050	---大蒜	
	--其他:			--其他:			--其他:	
0712. 9091	----辣根	13	0712. 9091	----辣根	13	0712. 9091	----辣根	
0712. 9099	----其他	13	0712. 9099	----其他	13	0712. 9099	----其他	
08. 02	鲜或干的其他坚果,不论是否去壳或去皮:		08. 02	鲜或干的其他坚果,不论是否去壳或去皮:		08. 02	鲜或干的其他坚果,不论是否去壳或去皮:	1. 根据联合国粮农组织建议修改。 2. 软硬转换相同。 3. 建议将“松子仁”改为“松子”。
	-扁桃核及仁:			-扁桃核及仁:			-扁桃核及仁:	
0802. 1100	--未去壳	24	0802. 1100	--未去壳	24	0802. 1100	--未去壳	
0802. 1200	--去壳	10	0802. 1200	--去壳	10	0802. 1200	--去壳	
	-榛子:			-榛子:			-榛子:	
0802. 2100	--未去壳	25	0802. 2100	--未去壳	25	0802. 2100	--未去壳	
0802. 2200	--去壳	10	0802. 2200	--去壳	10	0802. 2200	--去壳	
	-核桃:			-核桃:			-核桃:	
0802. 3100	--未去壳	25	0802. 3100	--未去壳	25	0802. 3100	--未去壳	
0802. 3200	--去壳	20	0802. 3200	--去壳	20	0802. 3200	--去壳	

2021 年版税则			2022 年版硬转换			2022 年版软转换		说明
税则号列	商品名称	税率	税则号列	商品名称	税率	税则号列	商品名称	
	-栗子：			-栗子：			-栗子：	1. 根据联合国粮农组织建议修改。 2. 软硬转换相同。 3. 建议将“松子仁”改为“松子”。
	--未去壳：			--未去壳：			--未去壳：	
0802.4110	---板栗	25	0802.4110	---板栗	25	0802.4110	---板栗	
0802.4190	---其他	25	0802.4190	---其他	25	0802.4190	---其他	
	--去壳：			--去壳：			--去壳：	
0802.4210	---板栗	25	0802.4210	---板栗	25	0802.4210	---板栗	
0802.4290	---其他	25	0802.4290	---其他	25	0802.4290	---其他	
	-阿月浑子果(开心果)：			-阿月浑子果(开心果)：			-阿月浑子果(开心果)：	
0802.5100	--未去壳	10	0802.5100	--未去壳	10	0802.5100	--未去壳	
0802.5200	--去壳	10	0802.5200	--去壳	10	0802.5200	--去壳	
	-马卡达姆坚果(夏威夷果)：			-马卡达姆坚果(夏威夷果)：			-马卡达姆坚果(夏威夷果)：	
	--未去壳：			--未去壳：			--未去壳：	
0802.6110	---种用	0	0802.6110	---种用	0	0802.6110	---种用	
0802.6190	---其他	24	0802.6190	---其他	24	0802.6190	---其他	
0802.6200	--去壳	24	0802.6200	--去壳	24	0802.6200	--去壳	
0802.7000	-可乐果(可乐果属)	24	0802.7000	-可乐果(可乐果属)	24	0802.7000	-可乐果(可乐果属)	
0802.8000	-槟榔果	10	0802.8000	-槟榔果	10	0802.8000	-槟榔果	

2021年版税则			2022年版硬转换			2022年版软转换		说明
税则号列	商品名称	税率	税则号列	商品名称	税率	税则号列	商品名称	
	-其他：			-其他：			-其他：	1. 根据联合国粮农组织建议修改。 2. 软硬转换相同。 3. 建议将“松子仁”改为“松子”。
0802.9020	---白果	25						
0802.9030	---松子仁	25						
0802.9090	---其他	24						
			0802.9100	--未去壳松子（ex0802.9090）	24	0802.9100	--未去壳松子（ex0802.9090）	
			0802.9200	--去壳松子（0802.9030）	25	0802.9200	--去壳松子（0802.9030）	
				--其他：			--其他：	
			0802.9910	---白果（0802.9020）	25	0802.9910	---白果（0802.9020）	
			0802.9990	---其他（ex0802.9090）	24	0802.9990	---其他（ex0802.9090）	
08.05	鲜或干的柑橘属水果：		08.05	鲜或干的柑橘属水果：		08.05	鲜或干的柑橘属水果：	根据国际果汁生产者联合会的建议，修改子目0805.40和子目2009.2的条文，以使英文和法文保持一致。仅文字修改，不涉及转换。
0805.1000	-橙	11	0805.1000	-橙	11	0805.1000	-橙	
	-柑橘（包括小蜜橘及萨摩蜜柑橘）；克里曼丁橘、韦尔金橘及类似的杂交柑橘：			-柑橘（包括小蜜橘及萨摩蜜柑橘）；克里曼丁橘、韦尔金橘及类似的杂交柑橘：			-柑橘（包括小蜜橘及萨摩蜜柑橘）；克里曼丁橘、韦尔金橘及类似的杂交柑橘：	
	--柑橘（包括小蜜橘及萨摩蜜柑橘）：			--柑橘（包括小蜜橘及萨摩蜜柑橘）：			--柑橘（包括小蜜橘及萨摩蜜柑橘）：	
0805.2110	---蕉柑	12	0805.2110	---蕉柑	12	0805.2110	---蕉柑	
0805.2190	---其他	12	0805.2190	---其他	12	0805.2190	---其他	

2021年版税则			2022年版硬转换			2022年版软转换		说明
税则号列	商品名称	税率	税则号列	商品名称	税率	税则号列	商品名称	
0805.2200	--克里曼丁橘	12	0805.2200	--克里曼丁橘	12	0805.2200	--克里曼丁橘	（见上栏“说明”）
0805.2900	--其他	12	0805.2900	--其他	12	0805.2900	--其他	
0805.4000	-葡萄柚，包括柚	12	0805.4000	-葡萄柚及柚	12	0805.4000	-葡萄柚及柚	
0805.5000	-柠檬及酸橙	11	0805.5000	-柠檬及酸橙	11	0805.5000	-柠檬及酸橙	
0805.9000	-其他	30	0805.9000	-其他	30	0805.9000	-其他	
08.12	暂时保藏（例如，使用二氧化硫气体、盐水、亚硫酸水或其他防腐液）的水果及坚果，但不适于直接食用的：		08.12	暂时保藏的水果及坚果，但不适于直接食用的：		08.12	暂时保藏的水果及坚果，但不适于直接食用的：	新增第七章注释五和第八章注释四。仅文字修改，不涉及转换。
0812.1000	-樱桃	30	0812.1000	-樱桃	30	0812.1000	-樱桃	
0812.9000	-其他	25	0812.9000	-其他	25	0812.9000	-其他	
12.11	主要用作香料、药料、杀虫、杀菌或类似用途的植物或这些植物的某部分（包括子仁及果实），鲜、冷、冻或干的，不论是否切割、压碎或研磨成粉：		12.11	主要用作香料、药料、杀虫、杀菌或类似用途的植物或这些植物的某部分（包括子仁及果实），鲜、冷、冻或干的，不论是否切割、压碎或研磨成粉：		12.11	主要用作香料、药料、杀虫、杀菌或类似用途的植物或这些植物的某部分（包括子仁及果实），鲜、冷、冻或干的，不论是否切割、压碎或研磨成粉：	1. 根据联合国粮农组织建议修改，以便监测因非洲李树皮的使用越来越多，尤其是国际制药业对该树皮的过度开发所造成的潜在影响。 2. 软硬转换相同。
	-人参：			-人参：			-人参：	
1211.2010	---西洋参	7.5	1211.2010	---西洋参	7.5	1211.2010	---西洋参	
1211.2020	---野山参（西洋参除外）	20	1211.2020	---野山参（西洋参除外）	20	1211.2020	---野山参（西洋参除外）	
	---其他：			---其他：			---其他：	

2021 年版税则			2022 年版硬转换			2022 年版软转换		说明
税则号列	商品名称	税率	税则号列	商品名称	税率	税则号列	商品名称	
1211. 2091	----鲜的	20	1211. 2091	----鲜的	20	1211. 2091	----鲜的	1. 根据联合国粮农组织建议修改，以便监测因非洲李树皮的使用越来越多，尤其是国际制药业对该树皮的过度开发所造成的潜在影响。 2. 软硬转换相同。
1211. 2099	----其他	20	1211. 2099	----其他	20	1211. 2099	----其他	
1211. 3000	-古柯叶	9	1211. 3000	-古柯叶	9	1211. 3000	-古柯叶	
1211. 4000	-罂粟秆	9	1211. 4000	-罂粟秆	9	1211. 4000	-罂粟秆	
1211. 5000	-麻黄	9	1211. 5000	-麻黄	9	1211. 5000	-麻黄	
			1211. 6000	-非洲李的树皮（ex1211. 9039）	6	1211. 6000	-非洲李的树皮（ex1211. 9039）	
	-其他：			-其他：			-其他：	
	---主要用作药料的植物及其某部分：			---主要用作药料的植物及其某部分：			---主要用作药料的植物及其某部分：	
1211. 9011	----当归	6	1211. 9011	----当归	6	1211. 9011	----当归	
1211. 9012	----三七（田七）	6	1211. 9012	----三七（田七）	6	1211. 9012	----三七（田七）	
1211. 9013	----党参	6	1211. 9013	----党参	6	1211. 9013	----党参	
1211. 9014	----黄连	6	1211. 9014	----黄连	6	1211. 9014	----黄连	
1211. 9015	----菊花	6	1211. 9015	----菊花	6	1211. 9015	----菊花	
1211. 9016	----冬虫夏草	6	1211. 9016	----冬虫夏草	6	1211. 9016	----冬虫夏草	
1211. 9017	----贝母	6	1211. 9017	----贝母	6	1211. 9017	----贝母	
1211. 9018	----川芎	6	1211. 9018	----川芎	6	1211. 9018	----川芎	
1211. 9019	----半夏	6	1211. 9019	----半夏	6	1211. 9019	----半夏	

2021年版税则			2022年版硬转换			2022年版软转换		说明
税则号列	商品名称	税率	税则号列	商品名称	税率	税则号列	商品名称	
1211.9021	----白芍	6	1211.9021	----白芍	6	1211.9021	----白芍	1. 根据联合国粮农组织建议修改，以便监测因非洲李的树皮的使用越来越多，尤其是国际制药业对该树皮的过度开发所造成的潜在影响。 2. 软硬转换相同。
1211.9022	----天麻	6	1211.9022	----天麻	6	1211.9022	----天麻	
1211.9023	----黄芪	6	1211.9023	----黄芪	6	1211.9023	----黄芪	
1211.9024	----大黄、籽黄	6	1211.9024	----大黄、籽黄	6	1211.9024	----大黄、籽黄	
1211.9025	----白术	6	1211.9025	----白术	6	1211.9025	----白术	
1211.9026	----地黄	6	1211.9026	----地黄	6	1211.9026	----地黄	
1211.9027	----槐米	6	1211.9027	----槐米	6	1211.9027	----槐米	
1211.9028	----杜仲	6	1211.9028	----杜仲	6	1211.9028	----杜仲	
1211.9029	----茯苓	6	1211.9029	----茯苓	6	1211.9029	----茯苓	
1211.9031	----枸杞	6	1211.9031	----枸杞	6	1211.9031	----枸杞	
1211.9032	----大海子	6	1211.9032	----大海子	6	1211.9032	----大海子	
1211.9033	----沉香	3	1211.9033	----沉香	3	1211.9033	----沉香	
1211.9034	----沙参	6	1211.9034	----沙参	6	1211.9034	----沙参	
1211.9035	----青蒿	6	1211.9035	----青蒿	6	1211.9035	----青蒿	
1211.9036	----甘草	6	1211.9036	----甘草	6	1211.9036	----甘草	
1211.9037	----黄芩	6	1211.9037	----黄芩	6	1211.9037	----黄芩	
1211.9038	----椴树（欧椴）花及叶	6	1211.9038	----椴树（欧椴）花及叶	6	1211.9038	----椴树（欧椴）花及叶	
1211.9039	----其他	6	1211.9039	----其他（ex1211.9039）	6	1211.9039	----其他（ex1211.9039）	

2021 年版税则			2022 年版硬转换			2022 年版软转换		说明
税则号列	商品名称	税率	税则号列	商品名称	税率	税则号列	商品名称	
1211.9050	---主要用作香料的植物及其某部分	8	1211.9050	---主要用作香料的植物及其某部分	8	1211.9050	---主要用作香料的植物及其某部分	（见上栏“说明”）
	---其他：			---其他：			---其他：	
1211.9091	----鱼藤根、除虫菊	3	1211.9091	----鱼藤根、除虫菊	3	1211.9091	----鱼藤根、除虫菊	
1211.9099	----其他	9	1211.9099	----其他	9	1211.9099	----其他	
15.09	油橄榄油及其分离品，不论是否精制，但未经化学改性：		15.09	油橄榄油及其分离品，不论是否精制，但未经化学改性：		15.09	油橄榄油及其分离品，不论是否精制，但未经化学改性：	根据国际橄榄油理事会的建议，对税目 15.09 和 15.10（油橄榄油和橄榄渣油）进行修订。子目名称与国家标准保持一致。
1509.1000	-初榨的	10						
			1509.2000	-特级初榨油橄榄油（ex1509.1000）	10	1509.2000	-特级初榨油橄榄油（ex1509.1000）	
			1509.3000	-初榨油橄榄油（ex1509.1000）	10	1509.3000	-初榨油橄榄油（ex1509.1000）	
			1509.4000	-其他初榨油橄榄油（ex1509.1000）	10	1509.4000	-其他初榨油橄榄油（ex1509.1000）	
1509.9000	-其他	10	1509.9000	-其他	10	1509.9000	-其他	

2021 年版税则			2022 年版硬转换			2022 年版软转换		说明
税则号列	商品名称	税率	税则号列	商品名称	税率	税则号列	商品名称	
15.10	其他橄榄油及其分离品，不论是否精制，但未经化学改性，包括掺有税目 15.09 的油或分离品的混合物：		15.10	其他橄榄油及其分离品，不论是否精制，但未经化学改性，包括掺有税目 15.09 的油或分离品的混合物：		15.10	其他橄榄油及其分离品，不论是否精制，但未经化学改性，包括掺有税目 15.09 的油或分离品的混合物：	根据国际橄榄油理事会的建议，对税目 15.09 和 15.10（油橄榄油和橄榄渣油）进行修订。子目名称与国家标准保持一致。
1510.0000	其他橄榄油及其分离品，不论是否精制，但未经化学改性，包括掺有税目 15.09 的油或分离品的混合物	10						
			1510.1000	-粗提油橄榄果渣油（ex1510.0000）	10	1510.1000	-粗提油橄榄果渣油（ex1510.0000）	
			1510.9000	-其他（ex1510.0000）	10	1510.9000	-其他（ex1510.0000）	
15.15	其他固定植物油、脂（包括希蒙得木油）及其分离品，不论是否精制，但未经化学改性：		15.15	其他固定植物或微生物油、脂（包括希蒙得木油）及其分离品，不论是否精制，但未经化学改性：		15.15	其他固定植物或微生物油、脂（包括希蒙得木油）及其分离品，不论是否精制，但未经化学改性：	为明确微生物油脂的归类，进行法律文本的修订。
	-亚麻子油及其分离品：			-亚麻子油及其分离品：			-亚麻子油及其分离品：	
1515.1100	--初榨的	15	1515.1100	--初榨的	15	1515.1100	--初榨的	
1515.1900	--其他	15	1515.1900	--其他	15	1515.1900	--其他	
	-玉米油及其分离品：			-玉米油及其分离品：			-玉米油及其分离品：	
1515.2100	--初榨的	10	1515.2100	--初榨的	10	1515.2100	--初榨的	
1515.2900	--其他	10	1515.2900	--其他	10	1515.2900	--其他	

2021年版税则			2022年版硬转换			2022年版软转换		说明
税则号列	商品名称	税率	税则号列	商品名称	税率	税则号列	商品名称	
1515.3000	-蓖麻油及其分离品	10	1515.3000	-蓖麻油及其分离品	10	1515.3000	-蓖麻油及其分离品	为明确微生物油脂的归类,进行法律文本的修订。
1515.5000	-芝麻油及其分离品	12	1515.5000	-芝麻油及其分离品	12	1515.5000	-芝麻油及其分离品	
			1515.6000	-微生物油、脂及其分离品(ex1515.9090)	20	1515.6000	-微生物油、脂及其分离品(ex1515.9090)	
	-其他:			-其他:			-其他:	
1515.9010	---希蒙得木油及其分离品	20	1515.9010	---希蒙得木油及其分离品	20	1515.9010	---希蒙得木油及其分离品	
1515.9020	---印楝油及其分离品	20	1515.9020	---印楝油及其分离品	20	1515.9020	---印楝油及其分离品	
1515.9030	---桐油及其分离品	20	1515.9030	---桐油及其分离品	20	1515.9030	---桐油及其分离品	
1515.9090	---其他	20	1515.9090	---其他(ex1515.9090)	20	1515.9090	---其他(ex1515.9090)	
15.16	动、植物油、脂及其分离品,全部或部分氢化、相互酯化、再酯化或反油酸化,不论是否精制,但未经进一步加工:		15.16	动、植物或微生物油、脂及其分离品,全部或部分氢化、相互酯化、再酯化或反油酸化,不论是否精制,但未经进一步加工:		15.16	动、植物或微生物油、脂及其分离品,全部或部分氢化、相互酯化、再酯化或反油酸化,不论是否精制,但未经进一步加工:	为明确微生物油脂的归类,进行法律文本的修订。
1516.1000	-动物油、脂及其分离品	5	1516.1000	-动物油、脂及其分离品	5	1516.1000	-动物油、脂及其分离品	
1516.2000	-植物油、脂及其分离品	25	1516.2000	-植物油、脂及其分离品(ex1516.2000)	25	1516.2000	-植物油、脂及其分离品(ex1516.2000)	
			1516.3000	-微生物油、脂及其分离品(ex1516.2000)	25	1516.3000	-微生物油、脂及其分离品(ex1516.2000)	

2021年版税则			2022年版硬转换			2022年版软转换		说明
税则号列	商品名称	税率	税则号列	商品名称	税率	税则号列	商品名称	
15.17	人造黄油;本章各种动、植物油、脂及其分离品混合制成的食用油、脂或制品,但税目15.16的食用油、脂及其分离品除外:		15.17	人造黄油;本章各种动、植物或微生物油、脂及其分离品混合制成的食用油、脂或制品,但税目15.16的食用油、脂及其分离品除外:		15.17	人造黄油;本章各种动、植物或微生物油、脂及其分离品混合制成的食用油、脂或制品,但税目15.16的食用油、脂及其分离品除外:	为明确微生物油脂的归类,进行法律文本的修订。
1517.1000	-人造黄油,但不包括液态的	30	1517.1000	-人造黄油,但不包括液态的	30	1517.1000	-人造黄油,但不包括液态的	
	-其他:			-其他:			-其他:	
1517.9010	---起酥油	25	1517.9010	---起酥油	25	1517.9010	---起酥油	
1517.9090	---其他	25	1517.9090	---其他	25	1517.9090	---其他	
15.18	动、植物油、脂及其分离品,经过熟炼、氧化、脱水、硫化、吹制或在真空、惰性气体中加热聚合及用其他化学方法改性的,但税目15.16的产品除外;本章各种油、脂及其分离品混合制成的其他税目未列名的非食用油、脂或制品:		15.18	动、植物或微生物油、脂及其分离品,经过熟炼、氧化、脱水、硫化、吹制或在真空、惰性气体中加热聚合及用其他化学方法改性的,但税目15.16的产品除外;本章各种油、脂及其分离品混合制成的其他税目未列名的非食用油、脂或制品:		15.18	动、植物或微生物油、脂及其分离品,经过熟炼、氧化、脱水、硫化、吹制或在真空、惰性气体中加热聚合及用其他化学方法改性的,但税目15.16的产品除外;本章各种油、脂及其分离品混合制成的其他税目未列名的非食用油、脂或制品:	为明确微生物油脂的归类,进行法律文本的修订。

2021年版税则			2022年版硬转换			2022年版软转换		说明
税则号列	商品名称	税率	税则号列	商品名称	税率	税则号列	商品名称	
1518.0000	动、植物油、脂及其分离品，经过熟炼、氧化、脱水、硫化、吹制或在真空、惰性气体中加热聚合及用其他化学方法改性的，但税目15.16的产品除外；本章各种油、脂及其分离品混合制成的其他税目未列名的非食用油、脂或制品	10	1518.0000	动、植物或微生物油、脂及其分离品，经过熟炼、氧化、脱水、硫化、吹制或在真空、惰性气体中加热聚合及用其他化学方法改性的，但税目15.16的产品除外；本章各种油、脂及其分离品混合制成的其他税号未列名的非食用油、脂或制品	10	1518.0000	动、植物或微生物油、脂及其分离品，经过熟炼、氧化、脱水、硫化、吹制或在真空、惰性气体中加热聚合及用其他化学方法改性的，但税目15.16的产品除外；本章各种油、脂及其分离品混合制成的其他税号未列名的非食用油、脂或制品	为明确微生物油脂的归类，进行法律文本的修订。
16.01	肉、食用杂碎或动物血制成的香肠及类似产品；用香肠制成的食品：		16.01	肉、食用杂碎、动物血或昆虫制成的香肠及类似产品；用香肠制成的食品：		16.01	肉、食用杂碎、动物血或昆虫制成的香肠及类似产品；用香肠制成的食品：	1. 为明确含昆虫食品的归类而进行的修订。 2. 软硬转换相同。 3. 对照关系未按照WCO对照表转换，而是按本国归类实际转换（参见税目04.10）。
1601.0010	---用天然肠衣做外包装的香肠及类似产品	5	1601.0010	---用天然肠衣做外包装的香肠及类似产品（ex0410.0090、1601.0010、ex2106.9090）	5	1601.0010	---用天然肠衣做外包装的香肠及类似产品（ex0410.0090、1601.0010、ex2106.9090）	
1601.0020	---其他香肠及类似产品	5	1601.0020	---其他香肠及类似产品（ex0410.0090、1601.0020、ex2106.9090）	5	1601.0020	---其他香肠及类似产品（ex0410.0090、1601.0020、ex2106.9090）	
1601.0030	---用香肠制成的食品	5	1601.0030	---用香肠制成的食品（ex0410.0090、1601.0030、ex2106.9090）	5	1601.0030	---用香肠制成的食品（ex0410.0090、1601.0030、ex2106.9090）	

2021 年版税则			2022 年版硬转换			2022 年版软转换		说明
税则号列	商品名称	税率	税则号列	商品名称	税率	税则号列	商品名称	
16.02	其他方法制作或保藏的肉、食用杂碎或动物血：		16.02	其他方法制作或保藏的肉、食用杂碎、动物血或昆虫：		16.02	其他方法制作或保藏的肉、食用杂碎、动物血或昆虫：	1. 为明确含昆虫食品的归类而进行的修订。 2. 软硬转换相同。
1602.1000	-均化食品	5	1602.1000	-均化食品（ex0410.0090、1602.1000、ex2106.9090）	5	1602.1000	-均化食品（ex0410.0090、1602.1000、ex2106.9090）	
1602.2000	-动物肝	5	1602.2000	-动物肝	5	1602.2000	-动物肝	
	-税目 01.05 的家禽的：			-税目 01.05 的家禽的：			-税目 01.05 的家禽的：	
1602.3100	--火鸡的	5	1602.3100	--火鸡的	5	1602.3100	--火鸡的	
	--鸡的：			--鸡的：			--鸡的：	
1602.3210	---罐头	5	1602.3210	---罐头	5	1602.3210	---罐头	
	---其他：			---其他：			---其他：	
1602.3291	----鸡胸肉	5	1602.3291	----鸡胸肉	5	1602.3291	----鸡胸肉	
1602.3292	----鸡腿肉	5	1602.3292	----鸡腿肉	5	1602.3292	----鸡腿肉	
1602.3299	----其他	5	1602.3299	----其他	5	1602.3299	----其他	
	--其他：			--其他：			--其他：	
1602.3910	---罐头	5	1602.3910	---罐头	5	1602.3910	---罐头	
	---其他：			---其他：			---其他：	
1602.3991	----鸭的	5	1602.3991	----鸭的	5	1602.3991	----鸭的	

2021 年版税则			2022 年版硬转换			2022 年版软转换		说明
税则号列	商品名称	税率	税则号列	商品名称	税率	税则号列	商品名称	
1602. 3999	----其他	5	1602. 3999	----其他	5	1602. 3999	----其他	1. 为明确含昆虫食品的归类而进行的修订。 2. 软硬转换相同。
	-猪的：			-猪的：			-猪的：	
1602. 4100	--后腿及其肉块	5	1602. 4100	--后腿及其肉块	5	1602. 4100	--后腿及其肉块	
1602. 4200	--前腿及其肉块	5	1602. 4200	--前腿及其肉块	5	1602. 4200	--前腿及其肉块	
	--其他,包括混合的肉：			--其他,包括混合的肉：			--其他,包括混合的肉：	
1602. 4910	---罐头	5	1602. 4910	---罐头	5	1602. 4910	---罐头	
1602. 4990	---其他	5	1602. 4990	---其他	5	1602. 4990	---其他	
	-牛的：			-牛的：			-牛的：	
1602. 5010	---罐头	5	1602. 5010	---罐头	5	1602. 5010	---罐头	
1602. 5090	---其他	5	1602. 5090	---其他	5	1602. 5090	---其他	
	-其他，包括动物血的食品：			-其他，包括动物血的食品：			-其他，包括动物血的食品：	
1602. 9010	---罐头	5	1602. 9010	---罐头(ex0410. 0090、1602. 9010、ex1704. 9000、ex1806. 9000、ex1901. 9000、ex1904. 9000、ex2106. 9090)	5	1602. 9010	---罐头(ex0410. 0090、1602. 9010、ex1704. 9000、ex1806. 9000、ex1901. 9000、ex1904. 9000、ex2106. 9090)	
1602. 9090	---其他	5	1602. 9090	---其他(ex0410. 0090、1602. 9090、ex1704. 9000、ex1806. 9000、ex1901. 9000、ex1904. 9000、ex2106. 9090)	5	1602. 9090	---其他(ex0410. 0090、1602. 9090、ex1704. 9000、ex1806. 9000、ex1901. 9000、ex1904. 9000、ex2106. 9090)	

2021 年版税则			2022 年版硬转换			2022 年版软转换		说明
税则号列	商品名称	税率	税则号列	商品名称	税率	税则号列	商品名称	
16.04	制作或保藏的鱼；鲟鱼子酱及鱼卵制的鲟鱼子酱代用品：		16.04	制作或保藏的鱼；鲟鱼子酱及鱼卵制的鲟鱼子酱代用品：		16.04	制作或保藏的鱼；鲟鱼子酱及鱼卵制的鲟鱼子酱代用品：	对鲣鱼学名的修订引起的对子目 1604.14 英文的修订。为避免混淆鲣鱼（种）和鲣属，将“鲣鱼”改为“鲣”。仅涉及条文修改，不涉及转换。
	-鱼，整条或切块，但未绞碎：			-鱼，整条或切块，但未绞碎：			-鱼，整条或切块，但未绞碎：	
	--鲑鱼：			--鲑鱼：			--鲑鱼：	
1604.1110	---大西洋鲑鱼	10	1604.1110	---大西洋鲑鱼	10	1604.1110	---大西洋鲑鱼	
1604.1190	---其他	10	1604.1190	---其他	10	1604.1190	---其他	
1604.1200	--鲱鱼	5	1604.1200	--鲱鱼	5	1604.1200	--鲱鱼	
1604.1300	--沙丁鱼、小沙丁鱼属、黍鲱或西鲱	5	1604.1300	--沙丁鱼、小沙丁鱼属、黍鲱或西鲱	5	1604.1300	--沙丁鱼、小沙丁鱼属、黍鲱或西鲱	
1604.1400	--金枪鱼、鲣鱼及狐鲣（狐鲣属）	5	1604.1400	--金枪鱼、鲣及狐鲣（狐鲣属）	5	1604.1400	--金枪鱼、鲣及狐鲣（狐鲣属）	
1604.1500	--鲭鱼	5	1604.1500	--鲭鱼	5	1604.1500	--鲭鱼	
1604.1600	--鳀鱼	5	1604.1600	--鳀鱼	5	1604.1600	--鳀鱼	
1604.1700	--鳗鱼	5	1604.1700	--鳗鱼	5	1604.1700	--鳗鱼	
1604.1800	--鲨鱼翅	12	1604.1800	--鲨鱼翅	12	1604.1800	--鲨鱼翅	
	--其他：			--其他：			--其他：	
1604.1920	---罗非鱼	5	1604.1920	---罗非鱼	5	1604.1920	---罗非鱼	
	---叉尾鮰鱼：			---叉尾鮰鱼：			---叉尾鮰鱼：	

2021 年版税则			2022 年版硬转换			2022 年版软转换		说明
税则号列	商品名称	税率	税则号列	商品名称	税率	税则号列	商品名称	
1604. 1931	----斑点叉尾鮰鱼	5	1604. 1931	----斑点叉尾鮰鱼	5	1604. 1931	----斑点叉尾鮰鱼	对鲣鱼学名的修订引起的对子目 1604. 14 英文的修订。为避免混淆鲣鱼(种)和鲣属,将“鲣鱼”改为“鲣”。仅涉及条文修改,不涉及转换。
1604. 1939	----其他	5	1604. 1939	----其他	5	1604. 1939	----其他	
1604. 1990	---其他	5	1604. 1990	---其他	5	1604. 1990	---其他	
	-其他制作或保藏的鱼:			-其他制作或保藏的鱼:			-其他制作或保藏的鱼:	
	---罐头:			---罐头:			---罐头:	
1604. 2011	----鱼翅	12	1604. 2011	----鱼翅	12	1604. 2011	----鱼翅	
1604. 2019	----其他	5	1604. 2019	----其他	5	1604. 2019	----其他	
	---其他:			---其他:			---其他:	
1604. 2091	----鱼翅	12	1604. 2091	----鱼翅	12	1604. 2091	----鱼翅	
1604. 2099	----其他	5	1604. 2099	----其他	5	1604. 2099	----其他	
	-鲟鱼子酱及鲟鱼子酱代用品:			-鲟鱼子酱及鲟鱼子酱代用品:			-鲟鱼子酱及鲟鱼子酱代用品:	
1604. 3100	--鲟鱼子酱	5	1604. 3100	--鲟鱼子酱	5	1604. 3100	--鲟鱼子酱	
1604. 3200	--鲟鱼子酱代用品	5	1604. 3200	--鲟鱼子酱代用品	5	1604. 3200	--鲟鱼子酱代用品	

2021 年版税则			2022 年版硬转换			2022 年版软转换		说明
税则号列	商品名称	税率	税则号列	商品名称	税率	税则号列	商品名称	
17.04	不含可可的糖食(包括白巧克力):		17.04	不含可可的糖食(包括白巧克力):		17.04	不含可可的糖食(包括白巧克力):	1. 由于将已配定计量的,用于经许可的临床试验的安慰剂和盲法(或双盲法)临床试验试剂盒归入新的子目 3006.93,子目 1704.90 的商品范围缩小。商品范围变化,条文无变化。 2. 软硬转换相同。
1704.1000	-口香糖,不论是否裹糖	12	1704.1000	-口香糖,不论是否裹糖	12	1704.1000	-口香糖,不论是否裹糖	
1704.9000	-其他	10	1704.9000	-其他(ex1704.9000)	10	1704.9000	-其他(ex1704.9000)	
18.06	巧克力及其他含可可的食品:		18.06	巧克力及其他含可可的食品:		18.06	巧克力及其他含可可的食品:	1. 依据第十六章新的注释二,按重量计含有 20% 以上的可食用昆虫产品归入子目 1602.90,子目 1806.90 的商品范围缩小。商品范围变化,条文无变化。 2. 软硬转换相同。
1806.1000	-加糖或其他甜物质的可可粉	10	1806.1000	-加糖或其他甜物质的可可粉	10	1806.1000	-加糖或其他甜物质的可可粉	
1806.2000	-其他重量超过 2 千克的块状或条状含可可食品,或液状、膏状、粉状、粒状或其他散装形状的含可可食品,容器包装或内包装每件净重超过 2 千克的	10	1806.2000	-其他重量超过 2 千克的块状或条状含可可食品,或液状、膏状、粉状、粒状或其他散装形状的含可可食品,容器包装或内包装每件净重超过 2 千克的	10	1806.2000	-其他重量超过 2 千克的块状或条状含可可食品,或液状、膏状、粉状、粒状或其他散装形状的含可可食品,容器包装或内包装每件净重超过 2 千克的	
	-其他块状或条状的含可可食品:			-其他块状或条状的含可可食品:			-其他块状或条状的含可可食品:	

2021 年版税则			2022 年版硬转换			2022 年版软转换		说明
税则号列	商品名称	税率	税则号列	商品名称	税率	税则号列	商品名称	
1806.3100	--夹心	8	1806.3100	--夹心	8	1806.3100	--夹心	（见上栏“说明”）
1806.3200	--不夹心	10	1806.3200	--不夹心	10	1806.3200	--不夹心	
1806.9000	-其他	8	1806.9000	-其他（ex1806.9000）	8	1806.9000	-其他（ex1806.9000）	
19.01	麦精；细粉、粗粒、粗粉、淀粉或麦精制的其他税目未列名的食品，不含可可或按重量计全脱脂可可含量低于 40%；税目 04.01 至 04.04 所列货品制的其他税目未列名的食品，不含可可或按重量计全脱脂可可含量低于 5%：		19.01	麦精；细粉、粗粒、粗粉、淀粉或麦精制的其他税目未列名的食品，不含可可或按重量计全脱脂可可含量低于 40%；税目 04.01 至 04.04 所列货品制的其他税目未列名的食品，不含可可或按重量计全脱脂可可含量低于 5%：		19.01	麦精；细粉、粗粒、粗粉、淀粉或麦精制的其他税目未列名的食品，不含可可或按重量计全脱脂可可含量低于 40%；税目 04.01 至 04.04 所列货品制的其他税目未列名的食品，不含可可或按重量计全脱脂可可含量低于 5%：	1. 由于将含有添加香料、咖啡或咖啡提取物、植物、植物的部分、谷物或面包制品的酸奶归入新的子目 0403.20，子目 1901.90 的商品范围缩小。商品范围变化，条文无变化。 2. 软硬转换相同。
	-供婴幼儿食用的零售包装食品：			-供婴幼儿食用的零售包装食品：			-供婴幼儿食用的零售包装食品：	
1901.1010	---配方奶粉	15	1901.1010	---配方奶粉	15	1901.1010	---配方奶粉	
1901.1090	---其他	15	1901.1090	---其他	15	1901.1090	---其他	
1901.2000	-供烘焙税目 19.05 所列面包糕饼用的调制品及面团	10	1901.2000	-供烘焙税目 19.05 所列面包糕饼用的调制品及面团	10	1901.2000	-供烘焙税目 19.05 所列面包糕饼用的调制品及面团	
1901.9000	-其他	10	1901.9000	-其他（ex1901.9000）	10	1901.9000	-其他（ex1901.9000）	

2021 年版税则			2022 年版硬转换			2022 年版软转换		说明
税则号列	商品名称	税率	税则号列	商品名称	税率	税则号列	商品名称	
19.04	谷物或谷物产品经膨化或烘炒制成的食品（例如，玉米片）；其他税目未列名的预煮或经其他方法制作的谷粒（玉米除外）、谷物片或经其他加工的谷粒（细粉及粗粉除外）：		19.04	谷物或谷物产品经膨化或烘炒制成的食品（例如，玉米片）；其他税目未列名的预煮或经其他方法制作的谷粒（玉米除外）、谷物片或经其他加工的谷粒（细粉及粗粉除外）：		19.04	谷物或谷物产品经膨化或烘炒制成的食品（例如，玉米片）；其他税目未列名的预煮或经其他方法制作的谷粒（玉米除外）、谷物片或经其他加工的谷粒（细粉及粗粉除外）：	1. 依据第十六章新的注释二，按重量计含有 20% 以上的可食用昆虫产品归入子目 1602.90，子目 1904.90 的商品范围缩小。商品范围变化，条文无变化。 2. 软硬转换相同。
1904.1000	-谷物或谷物产品经膨化或烘炒制成的食品	10	1904.1000	-谷物或谷物产品经膨化或烘炒制成的食品	10	1904.1000	-谷物或谷物产品经膨化或烘炒制成的食品	
1904.2000	-未烘炒谷物片制成的食品及未烘炒的谷物片与烘炒的谷物片或膨化的谷物混合制成的食品	10	1904.2000	-未烘炒谷物片制成的食品及未烘炒的谷物片与烘炒的谷物片或膨化的谷物混合制成的食品	10	1904.2000	-未烘炒谷物片制成的食品及未烘炒的谷物片与烘炒的谷物片或膨化的谷物混合制成的食品	
1904.3000	-碾碎的干小麦	10	1904.3000	-碾碎的干小麦	10	1904.3000	-碾碎的干小麦	
1904.9000	-其他	10	1904.9000	-其他（ex1904.9000）	10	1904.9000	-其他（ex1904.9000）	
20.08	用其他方法制作或保藏的其他税目未列名水果、坚果及植物的其他食用部分，不论是否加酒、加糖或其他甜物质：		20.08	用其他方法制作或保藏的其他税目未列名水果、坚果及植物的其他食用部分，不论是否加酒、加糖或其他甜物质：		20.08	用其他方法制作或保藏的其他税目未列名水果、坚果及植物的其他食用部分，不论是否加酒、加糖或其他甜物质：	根据国际果汁生产者联合会的建议，修订子目 0805.40 及 2009.2 的条文，以使英、法文本保持一致。
	-坚果、花生及其他子仁，不论是否混合：			-坚果、花生及其他子仁，不论是否混合：			-坚果、花生及其他子仁，不论是否混合：	
	--花生：			--花生：			--花生：	

2021 年版税则			2022 年版硬转换			2022 年版软转换		说明
税则号列	商品名称	税率	税则号列	商品名称	税率	税则号列	商品名称	
2008.1110	---花生米罐头	5	2008.1110	---花生米罐头	5	2008.1110	---花生米罐头	根据国际果汁生产者联合会的建议，修订子目 0805.40 及 2009.2 的条文，以使英、法文本保持一致。
2008.1120	---烘焙花生	5	2008.1120	---烘焙花生	5	2008.1120	---烘焙花生	
2008.1130	---花生酱	5	2008.1130	---花生酱	5	2008.1130	---花生酱	
2008.1190	---其他	5	2008.1190	---其他	5	2008.1190	---其他	
	--其他，包括什锦坚果及其他子仁：			--其他，包括什锦坚果及其他子仁：			--其他，包括什锦坚果及其他子仁：	
2008.1910	---核桃仁罐头	5	2008.1910	---核桃仁罐头	5	2008.1910	---核桃仁罐头	
2008.1920	---其他果仁罐头	5	2008.1920	---其他果仁罐头	5	2008.1920	---其他果仁罐头	
	---其他：			---其他：			---其他：	
2008.1991	----栗仁	5	2008.1991	----栗仁	5	2008.1991	----栗仁	
2008.1992	----芝麻	5	2008.1992	----芝麻	5	2008.1992	----芝麻	
2008.1999	----其他	5	2008.1999	----其他	5	2008.1999	----其他	
	-菠萝：			-菠萝：			-菠萝：	
2008.2010	---罐头	5	2008.2010	---罐头	5	2008.2010	---罐头	
2008.2090	---其他	5	2008.2090	---其他	5	2008.2090	---其他	
	-柑橘属水果：			-柑橘属水果：			-柑橘属水果：	
2008.3010	---罐头	5	2008.3010	---罐头	5	2008.3010	---罐头	
2008.3090	---其他	5	2008.3090	---其他	5	2008.3090	---其他	

2021 年版税则			2022 年版硬转换			2022 年版软转换		说明
税则号列	商品名称	税率	税则号列	商品名称	税率	税则号列	商品名称	
	-梨：			-梨：			-梨：	根据国际果汁生产者联合会的建议，修订子目 0805.40 及 2009.2 的条文，以使英、法文本保持一致。
2008.4010	---罐头	5	2008.4010	---罐头	5	2008.4010	---罐头	
2008.4090	---其他	5	2008.4090	---其他	5	2008.4090	---其他	
2008.5000	-杏	5	2008.5000	-杏	5	2008.5000	-杏	
	-樱桃：			-樱桃：			-樱桃：	
2008.6010	---罐头	5	2008.6010	---罐头	5	2008.6010	---罐头	
2008.6090	---其他	5	2008.6090	---其他	5	2008.6090	---其他	
	-桃，包括油桃：			-桃，包括油桃：			-桃，包括油桃：	
2008.7010	---罐头	5	2008.7010	---罐头	5	2008.7010	---罐头	
2008.7090	---其他	5	2008.7090	---其他	5	2008.7090	---其他	
2008.8000	-草莓	5	2008.8000	-草莓	5	2008.8000	-草莓	
	-其他，包括子目 2008.19 以外的什锦果实：			-其他，包括子目 2008.19 以外的什锦果实：			-其他，包括子目 2008.19 以外的什锦果实：	
2008.9100	--棕榈芯	5	2008.9100	--棕榈芯	5	2008.9100	--棕榈芯	
2008.9300	--蔓越橘（大果蔓越橘、小果蔓越橘、越橘）	15	2008.9300	--蔓越橘（大果蔓越橘、小果蔓越橘）、越橘	15	2008.9300	--蔓越橘（大果蔓越橘、小果蔓越橘）、越橘	
2008.9700	--什锦果实	5	2008.9700	--什锦果实	5	2008.9700	--什锦果实	
	--其他：			--其他：			--其他：	
2008.9910	---荔枝罐头	5	2008.9910	---荔枝罐头	5	2008.9910	---荔枝罐头	

2021 年版税则			2022 年版硬转换			2022 年版软转换		说明
税则号列	商品名称	税率	税则号列	商品名称	税率	税则号列	商品名称	
2008.9920	---龙眼罐头	5	2008.9920	---龙眼罐头	5	2008.9920	---龙眼罐头	根据国际果汁生产者联合会的建议，修订子目 0805.40 及 2009.2 的条文，以使英、法文本保持一致。
	---海草及其他藻类制品：			---海草及其他藻类制品：			---海草及其他藻类制品：	
2008.9931	----调味紫菜	15	2008.9931	----调味紫菜	15	2008.9931	----调味紫菜	
2008.9932	----盐腌海带	10	2008.9932	----盐腌海带	10	2008.9932	----盐腌海带	
2008.9933	----盐腌裙带菜	10	2008.9933	----盐腌裙带菜	10	2008.9933	----盐腌裙带菜	
2008.9934	----烤紫菜	10	2008.9934	----烤紫菜	10	2008.9934	----烤紫菜	
2008.9939	----其他	10	2008.9939	----其他	10	2008.9939	----其他	
2008.9940	---清水荸荠（马蹄）罐头	5	2008.9940	---清水荸荠（马蹄）罐头	5	2008.9940	---清水荸荠（马蹄）罐头	
2008.9990	---其他	5	2008.9990	---其他	5	2008.9990	---其他	
20.09	未发酵及未加酒精的水果汁（包括酿酒葡萄汁）、蔬菜汁，不论是否加糖或其他甜物质：		20.09	未发酵及未加酒精的水果汁或坚果汁（包括酿酒葡萄汁及椰子水）、蔬菜汁，不论是否加糖或其他甜物质：		20.09	未发酵及未加酒精的水果汁或坚果汁（包括酿酒葡萄汁及椰子水）、蔬菜汁，不论是否加糖或其他甜物质：	根据国际果汁生产者联合会的建议，修订子目 0805.40 及 2009.2 的条文，以使英、法文本保持一致。
	-橙汁：			-橙汁：			-橙汁：	
2009.1100	--冷冻的	7.5	2009.1100	--冷冻的	7.5	2009.1100	--冷冻的	
2009.1200	--非冷冻的，白利糖度值不超过 20	30	2009.1200	--非冷冻的，白利糖度值不超过 20	30	2009.1200	--非冷冻的，白利糖度值不超过 20	
2009.1900	--其他	30	2009.1900	--其他	30	2009.1900	--其他	

2021 年版税则			2022 年版硬转换			2022 年版软转换		说明
税则号列	商品名称	税率	税则号列	商品名称	税率	税则号列	商品名称	
	-葡萄柚(包括柚)汁:			-葡萄柚汁;柚汁:			-葡萄柚汁;柚汁:	根据国际果汁生产者联合会的建议,修订子目 0805.40 及 2009.2 的条文,以使英、法文本保持一致。
2009.2100	--白利糖度值不超过 20 的	5	2009.2100	--白利糖度值不超过 20 的	5	2009.2100	--白利糖度值不超过 20 的	
2009.2900	--其他	5	2009.2900	--其他	5	2009.2900	--其他	
	-其他未混合的柑橘属水果汁:			-其他未混合的柑橘属水果汁:			-其他未混合的柑橘属水果汁:	
	--白利糖度值不超过 20 的:			--白利糖度值不超过 20 的:			--白利糖度值不超过 20 的:	
2009.3110	---柠檬汁	5	2009.3110	---柠檬汁	5	2009.3110	---柠檬汁	
2009.3190	---其他	5	2009.3190	---其他	5	2009.3190	---其他	
	--其他:			--其他:			--其他:	
2009.3910	---柠檬汁	5	2009.3910	---柠檬汁	5	2009.3910	---柠檬汁	
2009.3990	---其他	5	2009.3990	---其他	5	2009.3990	---其他	
	-菠萝汁:			-菠萝汁:			-菠萝汁:	
2009.4100	--白利糖度值不超过 20	5	2009.4100	--白利糖度值不超过 20	5	2009.4100	--白利糖度值不超过 20	
2009.4900	--其他	5	2009.4900	--其他	5	2009.4900	--其他	
2009.5000	-番茄汁	5	2009.5000	-番茄汁	5	2009.5000	-番茄汁	
	-葡萄汁,包括酿酒葡萄汁:			-葡萄汁,包括酿酒葡萄汁:			-葡萄汁,包括酿酒葡萄汁:	
2009.6100	--白利糖度值不超过 30 的	5	2009.6100	--白利糖度值不超过 30 的	5	2009.6100	--白利糖度值不超过 30 的	

2021 年版税则			2022 年版硬转换			2022 年版软转换		说明
税则号列	商品名称	税率	税则号列	商品名称	税率	税则号列	商品名称	
2009.6900	--其他	5	2009.6900	--其他	5	2009.6900	--其他	根据国际果汁生产者联合会的建议，修订子目 0805.40 及 2009.2 的条文，以使英、法文本保持一致。
	-苹果汁：			-苹果汁：			-苹果汁：	
2009.7100	--白利糖度值不超过 20 的	5	2009.7100	--白利糖度值不超过 20 的	5	2009.7100	--白利糖度值不超过 20 的	
2009.7900	--其他	10	2009.7900	--其他	10	2009.7900	--其他	
	-其他未混合的水果汁或蔬菜汁：			-其他未混合的水果汁、坚果汁或蔬菜汁：			-其他未混合的水果汁、坚果汁或蔬菜汁：	
2009.8100	--蔓越橘汁（大果蔓越橘、小果蔓越橘、越橘）	5	2009.8100	--蔓越橘汁（大果蔓越橘、小果蔓越橘）、越橘汁	5	2009.8100	--蔓越橘汁（大果蔓越橘、小果蔓越橘）、越橘汁	
	--其他：			--其他：			--其他：	
	---水果汁：			---水果汁或坚果汁：			---水果汁或坚果汁：	
2009.8912	----芒果汁	5	2009.8912	----芒果汁	5	2009.8912	----芒果汁	
2009.8913	----西番莲果汁	5	2009.8913	----西番莲果汁	5	2009.8913	----西番莲果汁	
2009.8914	----番石榴果汁	5	2009.8914	----番石榴果汁	5	2009.8914	----番石榴果汁	
2009.8915	----梨汁	5	2009.8915	----梨汁	5	2009.8915	----梨汁	
2009.8919	----其他	5	2009.8919	----其他	5	2009.8919	----其他	
2009.8920	---蔬菜汁	5	2009.8920	---蔬菜汁	5	2009.8920	---蔬菜汁	
	-混合汁：			-混合汁：			-混合汁：	
2009.9010	---水果汁	5	2009.9010	---水果汁	5	2009.9010	---水果汁	
2009.9090	---其他	5	2009.9090	---其他	5	2009.9090	---其他	

2021年版税则			2022年版硬转换			2022年版软转换		说明
税则号列	商品名称	税率	税则号列	商品名称	税率	税则号列	商品名称	
21.06	其他税目未列名的食品：		21.06	其他税目未列名的食品：		21.06	其他税目未列名的食品：	1. 由于将含有尼古丁的辅助戒烟产品归入新的税目24.04，子目2106.90的商品范围缩小。 由于将已配定计量的，用于经许可的临床试验的安慰剂和盲法（或双盲法）临床试验试剂盒归入新的子目3006.93，子目2106.90的商品范围缩小。 依据第十六章新的注释二，按重量计含有20%以上的可食用昆虫产品归入子目1602.90，子目2106.90的商品范围缩小。 商品范围变化，条文无变化。 2. 软硬转换相同。
2106.1000	-浓缩蛋白质及人造蛋白物质	10	2106.1000	-浓缩蛋白质及人造蛋白物质	10	2106.1000	-浓缩蛋白质及人造蛋白物质	
	-其他：			-其他：			-其他：	
2106.9010	---制造碳酸饮料的浓缩物	12	2106.9010	---制造碳酸饮料的浓缩物	12	2106.9010	---制造碳酸饮料的浓缩物	
2106.9020	---制造饮料用的复合酒精制品	12	2106.9020	---制造饮料用的复合酒精制品	12	2106.9020	---制造饮料用的复合酒精制品	
2106.9030	---蜂王浆制剂	3	2106.9030	---蜂王浆制剂	3	2106.9030	---蜂王浆制剂	
2106.9040	---椰子汁	10	2106.9040	---椰子汁	10	2106.9040	---椰子汁	
2106.9050	---海豹油胶囊	5	2106.9050	---海豹油胶囊	5	2106.9050	---海豹油胶囊	
	---含香料或着色剂的甘蔗糖或甜菜糖水溶液；蔗糖含量超过50%的甘蔗糖、甜菜糖与其他食品原料的简单固体混合物：			---含香料或着色剂的甘蔗糖或甜菜糖水溶液；蔗糖含量超过50%的甘蔗糖、甜菜糖与其他食品原料的简单固体混合物：			---含香料或着色剂的甘蔗糖或甜菜糖水溶液；蔗糖含量超过50%的甘蔗糖、甜菜糖与其他食品原料的简单固体混合物：	
2106.9061	----含香料或着色剂的甘蔗糖或甜菜糖水溶液	12	2106.9061	----含香料或着色剂的甘蔗糖或甜菜糖水溶液	12	2106.9061	----含香料或着色剂的甘蔗糖或甜菜糖水溶液	
2106.9062	----蔗糖含量超过50%的甘蔗糖、甜菜糖与其他食品原料的简单固体混合物	12	2106.9062	----蔗糖含量超过50%的甘蔗糖、甜菜糖与其他食品原料的简单固体混合物	12	2106.9062	----蔗糖含量超过50%的甘蔗糖、甜菜糖与其他食品原料的简单固体混合物	
2106.9090	-其他	12	2106.9090	-其他（ex2106.9090）	12	2106.9090	-其他（ex2106.9090）	

2021 年版税则			2022 年版硬转换			2022 年版软转换		说明
税则号列	商品名称	税率	税则号列	商品名称	税率	税则号列	商品名称	
22.02	加味、加糖或其他甜物质的水,包括矿泉水及汽水,其他无酒精饮料,但不包括税目 20.09 的水果汁或蔬菜汁:		22.02	加味、加糖或其他甜物质的水,包括矿泉水及汽水,其他无酒精饮料,但不包括税目 20.09 的水果汁、坚果汁或蔬菜汁:		22.02	加味、加糖或其他甜物质的水,包括矿泉水及汽水,其他无酒精饮料,但不包括税目 20.09 的水果汁、坚果汁或蔬菜汁:	1. 为使税目 20.09 的英、法文本一致而对税目条文进行修订。 2. 由于将已配定计量的,用于经许可的临床试验的安慰剂和盲法(或双盲法)临床试验试剂盒归入新的子目 3006.93,子目 2202.99 的商品范围缩小。商品范围变化,商品名称无变化。 3. 软硬转换相同。
2202.1000	-加味、加糖或其他甜物质的水,包括矿泉水及汽水	5	2202.1000	-加味、加糖或其他甜物质的水,包括矿泉水及汽水	5	2202.1000	-加味、加糖或其他甜物质的水,包括矿泉水及汽水	
	-其他:			-其他:			-其他:	
2202.9100	--无醇啤酒	5	2202.9100	--无醇啤酒	5	2202.9100	--无醇啤酒	
2202.9900	--其他	5	2202.9900	--其他(ex2202.9900)	5	2202.9900	--其他(ex2202.9900)	

2021 年版税则			2022 年版硬转换			2022 年版软转换		说明
税则号列	商品名称	税率	税则号列	商品名称	税率	税则号列	商品名称	
23.06	税目 23.04 或 23.05 以外的提炼植物油脂所得的油渣饼及其他固体残渣，不论是否碾磨或制成团粒：		23.06	税目 23.04 或 23.05 以外的提炼植物或微生物油脂所得的油渣饼及其他固体残渣，不论是否碾磨或制成团粒(+)：		23.06	税目 23.04 或 23.05 以外的提炼植物或微生物油脂所得的油渣饼及其他固体残渣，不论是否碾磨或制成团粒(+)：	1. 修改税目条文以明确微生物油脂的归类。 2. 软硬转换相同。
2306.1000	-棉子的	5	2306.1000	-棉子的	5	2306.1000	-棉子的	
2306.2000	-亚麻子的	5	2306.2000	-亚麻子的	5	2306.2000	-亚麻子的	
2306.3000	-葵花子的	5	2306.3000	-葵花子的	5	2306.3000	-葵花子的	
	-油菜子的：			-油菜子的：			-油菜子的：	
2306.4100	-低芥子酸的	5	2306.4100	-低芥子酸的	5	2306.4100	-低芥子酸的	
2306.4900	-其他	5	2306.4900	-其他	5	2306.4900	-其他	
2306.5000	-椰子或干椰肉的	5	2306.5000	-椰子或干椰肉的	5	2306.5000	-椰子或干椰肉的	
2306.6000	-棕榈果或棕榈仁的	5	2306.6000	-棕榈果或棕榈仁的	5	2306.6000	-棕榈果或棕榈仁的	
2306.9000	-其他	5	2306.9000	-其他	5	2306.9000	-其他	

2021 年版税则			2022 年版硬转换			2022 年版软转换		说明
税则号列	商品名称	税率	税则号列	商品名称	税率	税则号列	商品名称	
24.03	其他烟草及烟草代用品的制品;"均化"或"再造"烟草;烟草精汁:		24.03	其他烟草及烟草代用品的制品;"均化"或"再造"烟草;烟草精汁:		24.03	其他烟草及烟草代用品的制品;"均化"或"再造"烟草;烟草精汁:	1. 由于将非经燃烧吸用的再造烟草产品归入新的税目 24.04,子目 2403.91 的商品范围缩小。由于将非经燃烧吸用的含有烟草或烟草代用品的产品归入新的税目 24.04,子目 2403.99 的商品范围缩小。商品范围变化,条文无变化。 2. 软硬转换相同。
	-供吸用的烟草,不论是否含有任何比例的烟草代用品:			-供吸用的烟草,不论是否含有任何比例的烟草代用品:			-供吸用的烟草,不论是否含有任何比例的烟草代用品:	
2403.1100	--本章子目注释所述的水烟料	57	2403.1100	--本章子目注释所述的水烟料	57	2403.1100	--本章子目注释所述的水烟料	
2403.1900	--其他	57	2403.1900	--其他	57	2403.1900	--其他	
	-其他:			-其他:			-其他:	
2403.9100	--"均化"或"再造"烟草	57	2403.9100	--"均化"或"再造"烟草(ex2403.9100)	57	2403.9100	--"均化"或"再造"烟草(ex2403.9100)	
2403.9900	--其他	57	2403.9900	--其他(ex2403.9900)	57	2403.9900	--其他(ex2403.9900)	

2021 年版税则			2022 年版硬转换			2022 年版软转换		说明
税则号列	商品名称	税率	税则号列	商品名称	税率	税则号列	商品名称	
			24.04	含烟草、再造烟草、尼古丁、或烟草或尼古丁代用品，非经燃烧吸用的产品；其他供人体摄入尼古丁的含尼古丁的产品：		24.04	含烟草、再造烟草、尼古丁、或烟草或尼古丁代用品，非经燃烧吸用的产品；其他供人体摄入尼古丁的含尼古丁的产品：	非经燃烧吸用的含烟草或再造烟草的产品税率相同，为简化而建议合并。
				-非经燃烧吸用的产品：			-非经燃烧吸用的产品：	
				--含烟草或再造烟草的：		2404.1100	--含烟草或再造烟草的（ex2403.9100、ex2403.9900）	
			2404.1110	---含再造烟草的（ex2403.9100、ex2403.9900）	57			
			2404.1190	---含烟草的（ex2403.9900）	57			
			2404.1200	--其他，含尼古丁的（ex3824.9999）	6.5	2404.1200	--其他，含尼古丁的（ex3824.9999）	
				--其他：			--其他：	
			2404.1910	---其他，含烟草代用品的（ex2403.9900）	57	2404.1910	---其他，含烟草代用品的（ex2403.9900）	
			2404.1990	---其他（ex3824.9999）	6.5	2404.1990	---其他（ex3824.9999）	
				-其他：			-其他：	
			2404.9100	--经口腔摄入的（ex2106.9090）	12	2404.9100	--经口腔摄入的（ex2106.9090）	

2021年版税则			2022年版硬转换			2022年版软转换		说明
税则号列	商品名称	税率	税则号列	商品名称	税率	税则号列	商品名称	
			2404.9200	--经皮肤摄入的（ex3824.9999）	6.5	2404.9200	--经皮肤摄入的（ex3824.9999）	（见上栏“说明”）
			2404.9900	--其他（ex3824.9999）	6.5	2404.9900	--其他（ex3824.9999）	
25.18	白云石，不论是否煅烧或烧结、粗加修整或仅用锯或其他方法切割成矩形（包括正方形）的板、块；夯混白云石：		25.18	白云石，不论是否煅烧或烧结、粗加修整或仅用锯或其他方法切割成矩形（包括正方形）的板、块：		25.18	白云石，不论是否煅烧或烧结、粗加修整或仅用锯或其他方法切割成矩形（包括正方形）的板、块：	1. 将夯混白云石转移到税目38.16。 2. 软硬转换相同。
2518.1000	-未煅烧或烧结的白云石	3	2518.1000	-未煅烧或烧结的白云石	3	2518.1000	-未煅烧或烧结的白云石	
2518.2000	-已煅烧或烧结的白云石	3	2518.2000	-已煅烧或烧结的白云石	3	2518.2000	-已煅烧或烧结的白云石	
2518.3000	-夯混白云石	3						
28.44	放射性化学元素及放射性同位素（包括可裂变或可转换的化学元素及同位素）及其化合物；含上述产品的混合物及残渣：		28.44	放射性化学元素及放射性同位素（包括可裂变或可转换的化学元素及同位素）及其化合物；含上述产品的混合物及残渣：		28.44	放射性化学元素及放射性同位素（包括可裂变或可转换的化学元素及同位素）及其化合物；含上述产品的混合物及残渣：	1. 根据两用物项修改。 2. 软硬转换相同。
2844.1000	-天然铀及其化合物；含天然铀或天然铀化合物的合金、分散体（包括金属陶瓷）、陶瓷产品及混合物	5	2844.1000	-天然铀及其化合物；含天然铀或天然铀化合物的合金、分散体（包括金属陶瓷）、陶瓷产品及混合物	5	2844.1000	-天然铀及其化合物；含天然铀或天然铀化合物的合金、分散体（包括金属陶瓷）、陶瓷产品及混合物	

2021年版税则			2022年版硬转换			2022年版软转换		说明
税则号列	商品名称	税率	税则号列	商品名称	税率	税则号列	商品名称	
2844.2000	-铀235浓缩铀及其化合物；钚及其化合物；含铀235浓缩铀、钚或它们的化合物的合金、分散体（包括金属陶瓷）、陶瓷产品及混合物	5	2844.2000	-铀-235浓缩铀及其化合物；钚及其化合物；含铀-235浓缩铀、钚或它们的化合物的合金、分散体（包括金属陶瓷）、陶瓷产品及混合物	5	2844.2000	-铀-235浓缩铀及其化合物；钚及其化合物；含铀-235浓缩铀、钚或它们的化合物的合金、分散体（包括金属陶瓷）、陶瓷产品及混合物	1. 根据两用物项修改。 2. 软硬转换相同。
2844.3000	-铀235贫化铀及其化合物；钍及其化合物；含铀235贫化铀、钍或它们的化合物的合金、分散体（包括金属陶瓷）、陶瓷产品及混合物	5	2844.3000	-铀-235贫化铀及其化合物；钍及其化合物；含铀-235贫化铀、钍或它们的化合物的合金、分散体（包括金属陶瓷）、陶瓷产品及混合物	5	2844.3000	-铀-235贫化铀及其化合物；钍及其化合物；含铀-235贫化铀、钍或它们的化合物的合金、分散体（包括金属陶瓷）、陶瓷产品及混合物	
	-除子目2844.10、2844.20及2844.30以外的放射性元素、同位素及其化合物；含这些元素、同位素及其化合物的合金、分散体（包括金属陶瓷）、陶瓷产品及混合物；放射性残渣：			-除子目2844.10、2844.20及2844.30以外的放射性元素、同位素及其化合物；含这些元素、同位素及其化合物的合金、分散体（包括金属陶瓷）、陶瓷产品及混合物；放射性残渣：			-除子目2844.10、2844.20及2844.30以外的放射性元素、同位素及其化合物；含这些元素、同位素及其化合物的合金、分散体（包括金属陶瓷）、陶瓷产品及混合物；放射性残渣：	
2844.4010	---镭及镭盐	4						
2844.4020	---钴及钴盐	4						
2844.4090	---其他	5						

2021 年版税则			2022 年版硬转换			2022 年版软转换		说明
税则号列	商品名称	税率	税则号列	商品名称	税率	税则号列	商品名称	
			2844.4100	--氚及其化合物；含氚及其化合物的合金、分散体（包括金属陶瓷）、陶瓷产品及混合物（ex2844.4090）	5	2844.4100	--氚及其化合物；含氚及其化合物的合金、分散体（包括金属陶瓷）、陶瓷产品及混合物（ex2844.4090）	1. 根据两用物项修改。 2. 软硬转换相同。
				--锕-225、锕-227、锎-253、锔-240、锔-241、锔-242、锔-243、锔-244、锿-253、锿-254、钆-148、钋-208、钋-209、钋-210、镭-223、铀-230 或铀-232 及其化合物；含这些元素及其化合物的合金、分散体（包括金属陶瓷）、陶瓷产品及混合物：			--锕-225、锕-227、锎-253、锔-240、锔-241、锔-242、锔-243、锔-244、锿-253、锿-254、钆-148、钋-208、钋-209、钋-210、镭-223、铀-230 或铀-232 及其化合物；含这些元素及其化合物的合金、分散体（包括金属陶瓷）、陶瓷产品及混合物：	
			2844.4210	---镭-223 及镭-223 盐（ex2844.4010）	4	2844.4210	---镭-223 及镭-223 盐（ex2844.4010）	
			2844.4290	---其他（ex2844.4090）	5	2844.4290	---其他（ex2844.4090）	
				--其他放射性元素、同位素及其化合物；其他含这些元素、同位素及其化合物的合金、分散体（包括金属陶瓷）、陶瓷产品及混合物：			--其他放射性元素、同位素及其化合物；其他含这些元素、同位素及其化合物的合金、分散体（包括金属陶瓷）、陶瓷产品及混合物：	

2021 年版税则			2022 年版硬转换			2022 年版软转换			说明
税则号列	商品名称	税率	税则号列	商品名称	税率	税则号列	商品名称	税率	
			2844.4310	---除镭-223 及镭-223 盐外的镭及镭盐（ex2844.4010）	4	2844.4310	---除镭-223 及镭-223 盐外的镭及镭盐（ex2844.4010）		1. 根据两用物项修改。 2. 软硬转换相同。
			2844.4320	---钴及钴盐（2844.4020）	4	2844.4320	---钴及钴盐（2844.4020）		
			2844.4390	---其他（ex2844.4090）	5	2844.4390	---其他（ex2844.4090）		
			2844.4400	--放射性残渣（ex2844.4090）	5	2844.4400	--放射性残渣（ex2844.4090）		
2844.5000	-核反应堆已耗尽（已辐照）的燃料元件（释热元件）	5	2844.5000	-核反应堆已耗尽（已辐照）的燃料元件（释热元件）	5	2844.5000	-核反应堆已耗尽（已辐照）的燃料元件（释热元件）		
28.45	税目 28.44 以外的同位素；这些同位素的无机或有机化合物，不论是否已有化学定义：		28.45	税目 28.44 以外的同位素；这些同位素的无机或有机化合物，不论是否已有化学定义：		28.45	税目 28.44 以外的同位素；这些同位素的无机或有机化合物，不论是否已有化学定义：		1. 根据两用物项修改。 2. 软硬转换相同。
2845.1000	-重水（氧化氘）	5	2845.1000	-重水（氧化氘）	5	2845.1000	-重水（氧化氘）		
			2845.2000	-硼-10 浓缩硼及其化合物（ex2845.9000）	5	2845.2000	-硼-10 浓缩硼及其化合物（ex2845.9000）		
			2845.3000	-锂-6 浓缩锂及其化合物（ex2845.9000）	5	2845.3000	-锂-6 浓缩锂及其化合物（ex2845.9000）		
			2845.4000	-氦-3（ex2845.9000）	5	2845.4000	-氦-3（ex2845.9000）		
2845.9000	-其他	5	2845.9000	-其他（ex2845.9000）	5	2845.9000	-其他（ex2845.9000）		

2021年版税则			2022年版硬转换			2022年版软转换		说明
税则号列	商品名称	税率	税则号列	商品名称	税率	税则号列	商品名称	
29.03	烃的卤化衍生物：		29.03	烃的卤化衍生物：		29.03	烃的卤化衍生物：	1. 根据《蒙特利尔议定书》，受控臭氧消耗物质修改。 2. 软硬转换相同。
	-无环烃的饱和氯化衍生物：			-无环烃的饱和氯化衍生物：			-无环烃的饱和氯化衍生物：	
2903.1100	--一氯甲烷及氯乙烷	5.5	2903.1100	--一氯甲烷及氯乙烷	5.5	2903.1100	--一氯甲烷及氯乙烷	
2903.1200	--二氯甲烷	8	2903.1200	--二氯甲烷	8	2903.1200	--二氯甲烷	
2903.1300	--氯仿（三氯甲烷）	10	2903.1300	--氯仿（三氯甲烷）	10	2903.1300	--氯仿（三氯甲烷）	
2903.1400	--四氯化碳	8	2903.1400	--四氯化碳	8	2903.1400	--四氯化碳	
2903.1500	--1,2-二氯乙烷（ISO）	5.5	2903.1500	--1,2-二氯乙烷（ISO）	5.5	2903.1500	--1,2-二氯乙烷（ISO）	
	--其他：			--其他：			--其他：	
2903.1910	---1,1,1-三氯乙烷（甲基氯仿）	8	2903.1910	---1,1,1-三氯乙烷（甲基氯仿）	8	2903.1910	---1,1,1-三氯乙烷（甲基氯仿）	
2903.1990	---其他	5.5	2903.1990	---其他	5.5	2903.1990	---其他	
	-无环烃的不饱和氯化衍生物：			-无环烃的不饱和氯化衍生物：			-无环烃的不饱和氯化衍生物：	
2903.2100	--氯乙烯	5.5	2903.2100	--氯乙烯	5.5	2903.2100	--氯乙烯	
2903.2200	--三氯乙烯	8	2903.2200	--三氯乙烯	8	2903.2200	--三氯乙烯	
2903.2300	--四氯乙烯（全氯乙烯）	5.5	2903.2300	--四氯乙烯（全氯乙烯）	5.5	2903.2300	--四氯乙烯（全氯乙烯）	
	--其他：			--其他：			--其他：	
2903.2910	---3-氯-1-丙烯（氯丙烯）	5.5	2903.2910	---3-氯-1-丙烯（氯丙烯）	5.5	2903.2910	---3-氯-1-丙烯（氯丙烯）	

2021 年版税则			2022 年版硬转换			2022 年版软转换		说明
税则号列	商品名称	税率	税则号列	商品名称	税率	税则号列	商品名称	
2903. 2990	---其他	5. 5	2903. 2990	---其他	5. 5	2903. 2990	---其他	1. 根据《蒙特利尔议定书》，受控臭氧消耗物质修改。 2. 软硬转换相同。
	-无环烃的氟化、溴化或碘化衍生物：							
2903. 3100	--1,2-二溴乙烷(ISO)	5. 5						
	--其他：							
2903. 3910	---1,1,3,3,3-五氟-2 三氟甲基-1-丙烯(全氟异丁烯;八氟异丁烯)	5. 5						
2903. 3990	---其他	5. 5						
				-无环烃的饱和氟化衍生物：			-无环烃的饱和氟化衍生物：	
			2903. 4100	--三氟甲烷（HFC-23）（ex2903. 3990）	5. 5	2903. 4100	--三氟甲烷（HFC-23）（ex2903. 3990）	
			2903. 4200	--二氟甲烷（HFC-32）（ex2903. 3990）	5. 5	2903. 4200	--二氟甲烷（HFC-32）（ex2903. 3990）	
			2903. 4300	--一氟甲烷（HFC-41）、1, 2-二氟乙烷（HFC-152）及 1, 1-二氟乙烷（HFC-152a）（ex2903. 3990）	5. 5	2903. 4300	--一氟甲烷（HFC-41）、1, 2-二氟乙烷（HFC-152）及 1, 1-二氟乙烷（HFC-152a）（ex2903. 3990）	

2021 年版税则			2022 年版硬转换			2022 年版软转换		说明
税则号列	商品名称	税率	税则号列	商品名称	税率	税则号列	商品名称	
			2903.4400	--五氟乙烷（HFC-125）、1,1,1-三氟乙烷（HFC-143a）及 1,1,2-三氟乙烷（HFC-143）（ex2903.3990）	5.5	2903.4400	--五氟乙烷（HFC-125）、1,1,1-三氟乙烷（HFC-143a）及 1,1,2-三氟乙烷（HFC-143）（ex2903.3990）	1. 根据《蒙特利尔议定书》，受控臭氧消耗物质修改。 2. 软硬转换相同。
			2903.4500	--1,1,1,2-四氟乙烷（HFC-134a）及 1,1,2,2-四氟乙烷（HFC-134）（ex2903.3990）	5.5	2903.4500	--1,1,1,2-四氟乙烷（HFC-134a）及 1,1,2,2-四氟乙烷（HFC-134）（ex2903.3990）	
			2903.4600	--1,1,1,2,3,3,3-七氟丙烷（HFC-227ea）、1,1,1,2,2,3-六氟丙烷（HFC-236cb）、1,1,1,2,3,3-六氟丙烷（HFC-236ea）、1,1,1,3,3,3-六氟丙烷（HFC-236fa）（ex2903.3990）	5.5	2903.4600	--1,1,1,2,3,3,3-七氟丙烷（HFC-227ea）、1,1,1,2,2,3-六氟丙烷（HFC-236cb）、1,1,1,2,3,3-六氟丙烷（HFC-236ea）、1,1,1,3,3,3-六氟丙烷（HFC-236fa）（ex2903.3990）	
			2903.4700	--1,1,1,3,3-五氟丙烷（HFC-245fa）及 1,1,2,2,3-五氟丙烷（HFC-245ca）（ex2903.3990）	5.5	2903.4700	--1,1,1,3,3-五氟丙烷（HFC-245fa）及 1,1,2,2,3-五氟丙烷（HFC-245ca）（ex2903.3990）	

2021 年版税则			2022 年版硬转换			2022 年版软转换		说明
税则号列	商品名称	税率	税则号列	商品名称	税率	税则号列	商品名称	
			2903.4800	--1,1,1,3,3-五氟丁烷（HFC-365mfc）及 1,1,1,2,2,3,4,5,5,5-十氟戊烷（HFC-43-10mee）（ex2903.3990）	5.5	2903.4800	--1,1,1,3,3-五氟丁烷（HFC-365mfc）及 1,1,1,2,2,3,4,5,5,5-十氟戊烷（HFC-43-10mee）（ex2903.3990）	1. 根据《蒙特利尔议定书》，受控臭氧消耗物质修改。 2. 软硬转换相同。
			2903.4900	---其他（ex2903.3990）	5.5	2903.4900	---其他（ex2903.3990）	
				-无环烃的不饱和氟化衍生物：			-无环烃的不饱和氟化衍生物：	
			2903.5100	-- 2,3,3,3-四氟丙烯（HFO-1234yf）、1,3,3,3-四氟丙烯（HFO-1234ze）及（Z）-1,1,1,4,4,4-六氟-2-丁烯（HFO-1336mzz）（ex2903.3990）	5.5	2903.5100	-- 2,3,3,3-四氟丙烯（HFO-1234yf）、1,3,3,3-四氟丙烯（HFO-1234ze）及（Z）-1,1,1,4,4,4-六氟-2-丁烯（HFO-1336mzz）（ex2903.3990）	
				--其他：			--其他：	
			2903.5910	---1,1,3,3,3-五氟-2 三氟甲基-1-丙烯（全氟异丁烯；八氟异丁烯）（2903.3910）	5.5	2903.5910	---1,1,3,3,3-五氟-2 三氟甲基-1-丙烯（全氟异丁烯；八氟异丁烯）（2903.3910）	
			2903.5990	--其他（ex2903.3990）	5.5	2903.5990	--其他（ex2903.3990）	
				-无环烃的溴化或碘化衍生物：			-无环烃的溴化或碘化衍生物：	

2021 年版税则			2022 年版硬转换			2022 年版软转换		说明
税则号列	商品名称	税率	税则号列	商品名称	税率	税则号列	商品名称	
			2903. 6100	-- 甲基溴（溴甲烷）（ex2903. 3990）	5. 5	2903. 6100	-- 甲基溴（溴甲烷）（ex2903. 3990）	1. 根据《蒙特利尔议定书》，受控臭氧消耗物质修改。 2. 软硬转换相同。
			2903. 6200	--二溴乙烷（ISO）（1,2-二溴乙烷）（2903. 3100）	5. 5	2903. 6200	--二溴乙烷（ISO）（1,2-二溴乙烷）（2903. 3100）	
			2903. 6900	--其他（ex2903. 3990）	5. 5	2903. 6900	--其他（ex2903. 3990）	
	-含有两种或两种以上不同卤素的无环烃卤化衍生物：			-含有两种或两种以上不同卤素的无环烃卤化衍生物：			-含有两种或两种以上不同卤素的无环烃卤化衍生物：	
2903. 7100	--一氯二氟甲烷	5. 5	2903. 7100	--一氯二氟甲烷（HCFC-22）	5. 5	2903. 7100	--一氯二氟甲烷（HCFC-22）	
2903. 7200	--二氯三氟乙烷	5. 5	2903. 7200	--二氯三氟乙烷（HCFC-123）	5. 5	2903. 7200	--二氯三氟乙烷（HCFC-123）	
2903. 7300	--二氯一氟乙烷	5. 5	2903. 7300	--二氯一氟乙烷（HCFC-141，141b）	5. 5	2903. 7300	--二氯一氟乙烷（HCFC-141，141b）	
2903. 7400	--一氯二氟乙烷	5. 5	2903. 7400	--一氯二氟乙烷（HCFC-142，142b）	5. 5	2903. 7400	--一氯二氟乙烷（HCFC-142，142b）	
2903. 7500	--二氯五氟丙烷	5. 5	2903. 7500	--二氯五氟丙烷（HCFC-225，225ca，225cb）	5. 5	2903. 7500	--二氯五氟丙烷（HCFC-225，225ca，225cb）	
2903. 7600	--溴氯二氟甲烷、溴三氟甲烷及二溴四氟乙烷	5. 5	2903. 7600	--溴氯二氟甲烷（Halon-1211）溴三氟甲烷（Halon-1301）及二溴四氟乙烷（Halon-2402）	5. 5	2903. 7600	--溴氯二氟甲烷（Halon-1211）、溴三氟甲烷（Halon-1301）及二溴四氟乙烷（Halon-2402）	
	--其他，仅含氟和氯的全卤化物：			--其他，仅含氟和氯的全卤化物：			--其他，仅含氟和氯的全卤化物：	
2903. 7710	---三氯氟甲烷	5. 5	2903. 7710	---三氯氟甲烷	5. 5	2903. 7710	---三氯氟甲烷	

2021 年版税则			2022 年版硬转换			2022 年版软转换		说明
税则号列	商品名称	税率	税则号列	商品名称	税率	税则号列	商品名称	
2903. 7720	---其他仅含氟和氯的甲烷、乙烷及丙烷的全卤化物	5. 5	2903. 7720	---其他仅含氟和氯的甲烷、乙烷及丙烷的全卤化物	5. 5	2903. 7720	---其他仅含氟和氯的甲烷、乙烷及丙烷的全卤化物	1. 根据《蒙特利尔议定书》，受控臭氧消耗物质修改。 2. 软硬转换相同。
2903. 7790	---其他	5. 5	2903. 7790	---其他	5. 5	2903. 7790	---其他	
2903. 7800	--其他全卤化衍生物	5. 5	2903. 7800	--其他全卤化衍生物	5. 5	2903. 7800	--其他全卤化衍生物	
	--其他：			--其他：			--其他：	
2903. 7910	---其他仅含氟和氯的甲烷、乙烷及丙烷的卤化衍生物	5. 5	2903. 7910	---其他仅含氟和氯的甲烷、乙烷及丙烷的卤化衍生物	5. 5	2903. 7910	---其他仅含氟和氯的甲烷、乙烷及丙烷的卤化衍生物	
2903. 7990	---其他	5. 5	2903. 7990	---其他	5. 5	2903. 7990	---其他	
	-环烷烃、环烯烃或环萜烯烃的卤化衍生物：			-环烷烃、环烯烃或环萜烯烃的卤化衍生物：			-环烷烃、环烯烃或环萜烯烃的卤化衍生物：	
2903. 8100	--1, 2, 3, 4, 5, 6-六氯环己烷［六六六（ISO）］，包括林丹（ISO，INN）	5. 5	2903. 8100	--1, 2, 3, 4, 5, 6-六氯环己烷［六六六（ISO）］，包括林丹（ISO，INN）	5. 5	2903. 8100	--1, 2, 3, 4, 5, 6-六氯环己烷［六六六（ISO）］，包括林丹（ISO，INN）	
2903. 8200	--艾氏剂（ISO）、氯丹（ISO）及七氯（ISO）	5. 5	2903. 8200	--艾氏剂（ISO）、氯丹（ISO）及七氯（ISO）	5. 5	2903. 8200	--艾氏剂（ISO）、氯丹（ISO）及七氯（ISO）	
2903. 8300	--灭蚁灵（ISO）	5. 5	2903. 8300	--灭蚁灵（ISO）	5. 5	2903. 8300	--灭蚁灵（ISO）	
2903. 8900	--其他	5. 5	2903. 8900	--其他	5. 5	2903. 8900	--其他	
	-芳烃卤化衍生物：			-芳烃卤化衍生物：			-芳烃卤化衍生物：	

2021年版税则			2022年版硬转换			2022年版软转换		说明
税则号列	商品名称	税率	税则号列	商品名称	税率	税则号列	商品名称	
	--氯苯、邻二氯苯及对二氯苯：			--氯苯、邻二氯苯及对二氯苯：			--氯苯、邻二氯苯及对二氯苯：	1. 根据《蒙特利尔议定书》，受控臭氧消耗物质修改。 2. 软硬转换相同。
2903. 9110	---邻二氯苯	5. 5	2903. 9110	---邻二氯苯	5. 5	2903. 9110	---邻二氯苯	
2903. 9190	---其他	5. 5	2903. 9190	---其他	5. 5	2903. 9190	---其他	
2903. 9200	--六氯苯（ISO）及滴滴涕（ISO，INN）[1, 1, 1-三氯-2, 2-双（4-氯苯基）乙烷]	5. 5	2903. 9200	--六氯苯（ISO）及滴滴涕（ISO，INN）[1, 1, 1-三氯-2, 2-双（4-氯苯基）乙烷]	5. 5	2903. 9200	--六氯苯（ISO）及滴滴涕（ISO，INN）[1, 1, 1-三氯-2, 2-双（4-氯苯基）乙烷]	
2903. 9300	--五氯苯（ISO）	5. 5	2903. 9300	--五氯苯（ISO）	5. 5	2903. 9300	--五氯苯（ISO）	
2903. 9400	--六溴联苯	5. 5	2903. 9400	--六溴联苯	5. 5	2903. 9400	--六溴联苯	
	--其他：			--其他：			--其他：	
2903. 9910	---对氯甲苯	5. 5	2903. 9910	---对氯甲苯	5. 5	2903. 9910	---对氯甲苯	
2903. 9920	---3, 4-二氯三氟甲苯	5. 5	2903. 9920	---3, 4-二氯三氟甲苯	5. 5	2903. 9920	---3, 4-二氯三氟甲苯	
2903. 9930	---4-(4'-烷基苯基)-1-(4'-烷基苯基)-2-氟苯	5. 5	2903. 9930	---4-(4'-烷基苯基)-1-(4'-烷基苯基)-2-氟苯	5. 5	2903. 9930	---4-(4'-烷基苯基)-1-(4'-烷基苯基)-2-氟苯	
2903. 9990	---其他	5. 5	2903. 9990	---其他	5. 5	2903. 9990	---其他	

2021 年版税则			2022 年版硬转换			2022 年版软转换		说明
税则号列	商品名称	税率	税则号列	商品名称	税率	税则号列	商品名称	
第四分章	醚、过氧化醇、过氧化醚、过氧化酮、三节环环氧化物、缩醛及半缩醛及其卤化、磺化、硝化或亚硝化衍生物		第四分章	醚、过氧化醇、过氧化醚、缩醛及半缩醛过氧化物、过氧化酮、三节环环氧化物、缩醛及半缩醛及其卤化、磺化、硝化或亚硝化衍生物		第四分章	醚、过氧化醇、过氧化醚、缩醛及半缩醛过氧化物、过氧化酮、三节环环氧化物、缩醛及半缩醛及其卤化、磺化、硝化或亚硝化衍生物	1. 根据过氧化缩酮所作的修改。 2. 软硬转换相同。
29.09	醚、醚醇、醚酚、醚醇酚、过氧化醇、过氧化醚、过氧化酮（不论是否已有化学定义）及其卤化、磺化、硝化或亚硝化衍生物：		29.09	醚、醚醇、醚酚、醚醇酚、过氧化醇、过氧化醚、缩醛及半缩醛过氧化物、过氧化酮（不论是否已有化学定义）及其卤化、磺化、硝化或亚硝化衍生物：		29.09	醚、醚醇、醚酚、醚醇酚、过氧化醇、过氧化醚、缩醛及半缩醛过氧化物、过氧化酮（不论是否已有化学定义）及其卤化、磺化、硝化或亚硝化衍生物：	
	-无环醚及其卤化、磺化、硝化或亚硝化衍生物：			-无环醚及其卤化、磺化、硝化或亚硝化衍生物：			-无环醚及其卤化、磺化、硝化或亚硝化衍生物：	
2909.1100	--乙醚	5.5	2909.1100	--乙醚	5.5	2909.1100	--乙醚	
	--其他：			--其他：			--其他：	
2909.1910	---甲醚	5.5	2909.1910	---甲醚	5.5	2909.1910	---甲醚	
2909.1990	---其他	5.5	2909.1990	---其他	5.5	2909.1990	---其他	
2909.2000	-环烷醚、环烯醚或环萜烯醚及其卤化、磺化、硝化或亚硝化衍生物	5.5	2909.2000	-环烷醚、环烯醚或环萜烯醚及其卤化、磺化、硝化或亚硝化衍生物	5.5	2909.2000	-环烷醚、环烯醚或环萜烯醚及其卤化、磺化、硝化或亚硝化衍生物	
	-芳香醚及其卤化、磺化、硝化或亚硝化衍生物：			-芳香醚及其卤化、磺化、硝化或亚硝化衍生物：			-芳香醚及其卤化、磺化、硝化或亚硝化衍生物：	

2021 年版税则			2022 年版硬转换			2022 年版软转换		说明
税则号列	商品名称	税率	税则号列	商品名称	税率	税则号列	商品名称	
2909. 3010	---1-烷氧基-4-(4-乙烯基环己基)-2, 3-二氟苯	5. 5	2909. 3010	---1-烷氧基-4-(4-乙烯基环己基)-2, 3-二氟苯	5. 5	2909. 3010	---1-烷氧基-4-(4-乙烯基环己基)-2, 3-二氟苯	1. 根据过氧化缩酮所作的修改。 2. 软硬转换相同。
2909. 3020	---4-(4-烷氧基苯基)-4'-烷烯基-1, 1'-双环己烷及其氟代衍生物	5. 5	2909. 3020	---4-(4-烷氧基苯基)-4'-烷烯基-1, 1'-双环己烷及其氟代衍生物	5. 5	2909. 3020	---4-(4-烷氧基苯基)-4'-烷烯基-1, 1'-双环己烷及其氟代衍生物	
2909. 3090	---其他	5. 5	2909. 3090	---其他	5. 5	2909. 3090	---其他	
	-醚醇及其卤化、磺化、硝化或亚硝化衍生物：			-醚醇及其卤化、磺化、硝化或亚硝化衍生物：			-醚醇及其卤化、磺化、硝化或亚硝化衍生物：	
2909. 4100	--2, 2'-氧联二乙醇（二甘醇）	5. 5	2909. 4100	--2, 2'-氧联二乙醇（二甘醇）	5. 5	2909. 4100	--2, 2'-氧联二乙醇（二甘醇）	
2909. 4300	--乙二醇或二丁醇的单丁醚	5. 5	2909. 4300	--乙二醇或二甘醇的单丁醚	5. 5	2909. 4300	--乙二醇或二甘醇的单丁醚	
2909. 4400	--乙二醇或二丁醇的其他单烷基醚	5. 5	2909. 4400	--乙二醇或二丁醇的其他单烷基醚	5. 5	2909. 4400	--乙二醇或二丁醇的其他单烷基醚	
	--其他：			--其他：			--其他：	
2909. 4910	---间苯氧基苄醇	4	2909. 4910	---间苯氧基苄醇	4	2909. 4910	---间苯氧基苄醇	
2909. 4990	---其他	5. 5	2909. 4990	---其他	5. 5	2909. 4990	---其他	
2909. 5000	-醚酚、醚醇酚及其卤化、磺化、硝化或亚硝化衍生物	5. 5	2909. 5000	-醚酚、醚醇酚及其卤化、磺化、硝化或亚硝化衍生物	5. 5	2909. 5000	-醚酚、醚醇酚及其卤化、磺化、硝化或亚硝化衍生物	

2021 年版税则			2022 年版硬转换			2022 年版软转换			说明
税则号列	商品名称	税率	税则号列	商品名称	税率	税则号列	商品名称	税率	
2909. 6000	-过氧化醇、过氧化醚、过氧化酮及其卤化、磺化、硝化或亚硝化衍生物	5. 5		-过氧化醇、过氧化醚、缩醛及半缩醛过氧化物、过氧化酮及其卤化、磺化、硝化或亚硝化衍生物：			-过氧化醇、过氧化醚、缩醛及半缩醛过氧化物、过氧化酮及其卤化、磺化、硝化或亚硝化衍生物：		1. 根据过氧化缩酮所作的修改。 2. 软硬转换相同。
			2909. 6010	---缩醛及半缩醛过氧化物，及其卤化、磺化、硝化或亚硝化衍生物（ex2911. 0000）	5. 5	2909. 6010	---缩醛及半缩醛过氧化物，及其卤化、磺化、硝化或亚硝化衍生物（ex2911. 0000）		
			2909. 6090	---其他（2909. 6000）	5. 5	2909. 6090	---其他（2909. 6000）		
29. 11	缩醛及半缩醛，不论是否含有其他含氧基，及其卤化、磺化、硝化或亚硝化衍生物：		29. 11	缩醛及半缩醛，不论是否含有其他含氧基，及其卤化、磺化、硝化或亚硝化衍生物：		29. 11	缩醛及半缩醛，不论是否含有其他含氧基，及其卤化、磺化、硝化或亚硝化衍生物：		1. 根据过氧化缩酮所作的修改。 2. 软硬转换相同。
2911. 0000	缩醛及半缩醛，不论是否含有其他含氧基，及其卤化、磺化、硝化或亚硝化衍生物	5. 5	2911. 0000	缩醛及半缩醛，不论是否含有其他含氧基，及其卤化、磺化、硝化或亚硝化衍生物（ex2911. 0000）	5. 5	2911. 0000	缩醛及半缩醛，不论是否含有其他含氧基，及其卤化、磺化、硝化或亚硝化衍生物（ex2911. 0000）		
29. 30	有机硫化合物：		29. 30	有机硫化合物：		29. 30	有机硫化合物：		1. 根据《禁止化学武器公约》，受控产品修改。 2. 软硬转换相同。
			2930. 1000	-2-(N, N-二甲基氨基)乙硫醇(ex2930. 9090)	6. 5	2930. 1000	-2-(N, N-二甲基氨基)乙硫醇(ex2930. 9090)		
2930. 2000	-硫代氨基甲酸盐（或酯）及二硫代氨基甲酸盐	6. 5	2930. 2000	-硫代氨基甲酸盐（或酯）及二硫代氨基甲酸盐	6. 5	2930. 2000	-硫代氨基甲酸盐（或酯）及二硫代氨基甲酸盐		

2021 年版税则			2022 年版硬转换			2022 年版软转换		说明
税则号列	商品名称	税率	税则号列	商品名称	税率	税则号列	商品名称	
2930. 3000	-一硫化二烃氨基硫羰、二硫化二烃氨基硫羰及四硫化二烃氨基硫羰	6. 5	2930. 3000	-一硫化二烃氨基硫羰、二硫化二烃氨基硫羰及四硫化二烃氨基硫羰	6. 5	2930. 3000	-一硫化二烃氨基硫羰、二硫化二烃氨基硫羰及四硫化二烃氨基硫羰	1. 根据《禁止化学武器公约》，受控产品修改。 2. 软硬转换相同。
2930. 4000	-甲硫氨酸（蛋氨酸）	6. 5	2930. 4000	-甲硫氨酸（蛋氨酸）	6. 5	2930. 4000	-甲硫氨酸（蛋氨酸）	
2930. 6000	-2-(N, N-二乙基氨基）乙硫醇	6. 5	2930. 6000	-2-(N, N-二乙基氨基）乙硫醇	6. 5	2930. 6000	-2-(N, N-二乙基氨基）乙硫醇	
2930. 7000	-二(2-羟乙基)硫醚[硫二甘醇(INN)]	6. 5	2930. 7000	-二(2-羟乙基)硫醚[硫二甘醇(INN)]	6. 5	2930. 7000	-二(2-羟乙基)硫醚[硫二甘醇(INN)]	
2930. 8000	-涕灭威（ISO）、敌菌丹（ISO）及甲胺磷（ISO）	6. 5	2930. 8000	-涕灭威（ISO）、敌菌丹（ISO）及甲胺磷（ISO）	6. 5	2930. 8000	-涕灭威（ISO）、敌菌丹（ISO）及甲胺磷（ISO）	
	-其他：			-其他：			-其他：	
2930. 9010	---双巯丙氨酸（胱氨酸）	6. 5	2930. 9010	---双巯丙氨酸（胱氨酸）	6. 5	2930. 9010	---双巯丙氨酸（胱氨酸）	
2930. 9020	---二硫代碳酸酯（或盐）［黄原酸酯（或盐）］	6. 5	2930. 9020	---二硫代碳酸酯（或盐）［黄原酸酯（或盐）］	6. 5	2930. 9020	---二硫代碳酸酯（或盐）［黄原酸酯（或盐）］	
2930. 9090	---其他	6. 5	2930. 9090	---其他（ex2930. 9090）	6. 5	2930. 9090	---其他（ex2930. 9090）	

2021 年版税则			2022 年版硬转换			2022 年版软转换		说明
税则号列	商品名称	税率	税则号列	商品名称	税率	税则号列	商品名称	
29. 31	其他有机-无机化合物：		29. 31	其他有机-无机化合物：		29. 31	其他有机-无机化合物：	1. 根据《禁止化学武器公约》，受控产品修改；根据《鹿特丹公约》，特定产品修改。 2. 软硬转换不相同。
2931. 1000	-四甲基铅及四乙基铅	6. 5	2931. 1000	-四甲基铅及四乙基铅	6. 5	2931. 1000	-四甲基铅及四乙基铅	
2931. 2000	-三丁基锡化合物	6. 5	2931. 2000	-三丁基锡化合物	6. 5	2931. 2000	-三丁基锡化合物	
	-其他有机磷衍生物：							
2931. 3100	--甲基膦酸二甲酯	6. 5						
2931. 3200	--丙基膦酸二甲酯	6. 5						
2931. 3300	--乙基膦酸二乙酯	6. 5						
2931. 3400	--3-（三羟基硅烷基）丙基甲基膦酸钠	6. 5						
2931. 3500	--1-丙基磷酸环酐	6. 5						
2931. 3600	--（5-乙基-2-甲基-2-氧代-1, 3, 2-二氧磷杂环己-5-基）甲基膦酸二甲酯	6. 5						
2931. 3700	--双［（5-乙基-2-甲基-2-氧代-1, 3, 2-二氧磷杂环己-5-基）甲基］甲基膦酸酯（阻燃剂 FRC-1）	6. 5						
2931. 3800	--甲基膦酸和脒基尿素（1：1）生成的盐	6. 5						
	--其他：							

2021 年版税则			2022 年版硬转换			2022 年版软转换		说明
税则号列	商品名称	税率	税则号列	商品名称	税率	税则号列	商品名称	
2931.3910	---双甘膦	6.5						1. 根据《禁止化学武器公约》，受控产品修改；根据《鹿特丹公约》，特定产品修改。 2. 软硬转换不相同。
2931.3990	---其他	6.5						
				-非卤化有机磷衍生物：			-非卤化有机磷衍生物：	
			2931.4100	--甲基膦酸二甲酯（2931.3100）	6.5	2931.4100	--甲基膦酸二甲酯（2931.3100）	
			2931.4200	--丙基膦酸二甲酯（2931.3200）	6.5	2931.4200	--丙基膦酸二甲酯（2931.3200）	
			2931.4300	--乙基膦酸二乙酯（2931.3300）	6.5	2931.4300	--乙基膦酸二乙酯（2931.3300）	
			2931.4400	--甲基膦酸（ex2931.3990）	6.5	2931.4400	--甲基膦酸（ex2931.3990）	
			2931.4500	--甲基膦酸和脒基尿素（1：1）生成的盐（2931.3800）	6.5	2931.4500	--甲基膦酸和脒基尿素（1：1）生成的盐（2931.3800）	
			2931.4600	--1-丙基磷酸环酐（2931.3500）	6.5	2931.4600	--1-丙基磷酸环酐（2931.3500）	
			2931.4700	--(5-乙基-2-甲基-2-氧代-1,3,2-二氧磷杂环己-5-基）甲基膦酸二甲酯（2931.3600）	6.5	2931.4700	--(5-乙基-2-甲基-2-氧代-1,3,2-二氧磷杂环己-5-基）甲基膦酸二甲酯（2931.3600）	
			2931.4800	--3,9-二甲基-2,4,8,10-四氧杂-3,9-二磷杂螺［5,5］十一烷-3,9 二氧化物（ex2931.3990）	6.5	2931.4800	--3,9-二甲基-2,4,8,10-四氧杂-3,9-二磷杂螺［5,5］十一烷-3,9 二氧化物（ex2931.3990）	

2021 年版税则			2022 年版硬转换			2022 年版软转换		说明
税则号列	商品名称	税率	税则号列	商品名称	税率	税则号列	商品名称	
				--其他：			--其他：	1. 根据《禁止化学武器公约》，受控产品修改；根据《鹿特丹公约》，特定产品修改。 2. 软硬转换不相同。
			2931.4910	---双甘膦（2931.3910）	6.5	2931.4910	---双甘膦（2931.3910）	
			2931.4920	---3-(三羟基硅烷基)丙基甲基膦酸钠（2931.3400）	6.5			
			2931.4930	---双[(5-乙基-2-甲基-2-氧代-1,3,2-二氧磷杂环己-5-基)甲基]甲基膦酸酯（阻燃剂FRC-1）（2931.3700）	6.5			
			2931.4990	---其他（ex2931.3990）	6.5	2931.4990	--其他（2931.3400、2931.3700、ex2931.3990）	
				-卤化有机磷衍生物：			-卤化有机磷衍生物：	
			2931.5100	--甲基膦酰二氯（ex2931.3990）	6.5	2931.5100	--甲基膦酰二氯（ex2931.3990）	
			2931.5200	--丙基膦酰二氯（ex2931.3990）	6.5	2931.5200	--丙基膦酰二氯（ex2931.3990）	
			2931.5300	--O-(3-氯丙基)-O-[4-硝基-3-(三氟甲基)苯基]甲基硫代膦酸酯（ex2931.3990）	6.5	2931.5300	--O-(3-氯丙基)-O-[4-硝基-3-(三氟甲基)苯基]甲基硫代膦酸酯（ex2931.3990）	

2021年版税则			2022年版硬转换			2022年版软转换		说明
税则号列	商品名称	税率	税则号列	商品名称	税率	税则号列	商品名称	
			2931.5400	--敌百虫（ISO）（ex2931.3990）	6.5	2931.5400	--敌百虫（ISO）（ex2931.3990）	（见上栏“说明”）
			2931.5900	--其他（ex2931.3990）	6.5	2931.5900	--其他（ex2931.3990）	
2931.9000	-其他	6.5	2931.9000	-其他	6.5	2931.9000	-其他	
29.32	仅含有氧杂原子的杂环化合物：		29.32	仅含有氧杂原子的杂环化合物：		29.32	仅含有氧杂原子的杂环化合物：	1. 根据《鹿特丹公约》，特定产品修改。 2. 软硬转换相同。
	-结构上含有一个非稠合呋喃环（不论是否氢化）的化合物：			-结构上含有一个非稠合呋喃环（不论是否氢化）的化合物：			-结构上含有一个非稠合呋喃环（不论是否氢化）的化合物：	
2932.1100	--四氢呋喃	6	2932.1100	--四氢呋喃	6	2932.1100	--四氢呋喃	
2932.1200	--2-糠醛	6	2932.1200	--2-糠醛	6	2932.1200	--2-糠醛	
2932.1300	--糠醇及四氢糠醇	6	2932.1300	--糠醇及四氢糠醇	6	2932.1300	--糠醇及四氢糠醇	
2932.1400	--三氯蔗糖	6.5	2932.1400	--三氯蔗糖	6.5	2932.1400	--三氯蔗糖	
2932.1900	--其他	6.5	2932.1900	--其他	6.5	2932.1900	--其他	
	-内酯：			-内酯：			-内酯：	
2932.2010	---香豆素、甲基香豆素及乙基香豆素	6.5	2932.2010	---香豆素、甲基香豆素及乙基香豆素	6.5	2932.2010	---香豆素、甲基香豆素及乙基香豆素	
2932.2090	---其他内酯	6.5	2932.2090	---其他内酯	6.5	2932.2090	---其他内酯	
	-其他：			-其他：			-其他：	
2932.9100	--4-丙烯基-1,2-亚甲二氧基苯（异黄樟脑）	6.5	2932.9100	--4-丙烯基-1,2-亚甲二氧基苯（异黄樟脑）	6.5	2932.9100	--4-丙烯基-1,2-亚甲二氧基苯（异黄樟脑）	

2021 年版税则			2022 年版硬转换			2022 年版软转换		说明
税则号列	商品名称	税率	税则号列	商品名称	税率	税则号列	商品名称	
2932.9200	--1-（1,3-苯并二噁茂-5基）丙烷-2酮	6.5	2932.9200	--1-（1,3-苯并二噁茂-5基）丙烷-2酮	6.5	2932.9200	--1-（1,3-苯并二噁茂-5基）丙烷-2酮	1. 根据《鹿特丹公约》，特定产品修改。 2. 软硬转换相同。
2932.9300	--3,4-亚甲二氧基苯甲醛（胡椒醛）	6.5	2932.9300	--3,4-亚甲二氧基苯甲醛（胡椒醛）	6.5	2932.9300	--3,4-亚甲二氧基苯甲醛（胡椒醛）	
2932.9400	--4-烯丙基-1,2-亚甲二氧基苯（黄樟脑）	6.5	2932.9400	--4-烯丙基-1,2-亚甲二氧基苯（黄樟脑）	6.5	2932.9400	--4-烯丙基-1,2-亚甲二氧基苯（黄樟脑）	
2932.9500	--四氢大麻酚（所有的异构体）	6.5	2932.9500	--四氢大麻酚（所有的异构体）	6.5	2932.9500	--四氢大麻酚（所有的异构体）	
			2932.9600	--克百威（ISO）（ex2932.9990）	6.5	2932.9600	--克百威（ISO）（ex2932.9990）	
	--其他：			--其他：			--其他：	
2932.9910	---7-羟基苯并呋喃（呋喃酚）	4	2932.9910	---7-羟基苯并呋喃（呋喃酚）	4	2932.9910	---7-羟基苯并呋喃（呋喃酚）	
2932.9920	---2,2'-双甲氧羰基-4,4'-双甲氧基-5,6,5',6'-双亚甲二氧基联苯（联苯双酯）	6.5	2932.9920	---2,2'-双甲氧羰基-4,4'-双甲氧基-5,6,5',6'-双亚甲二氧基联苯（联苯双酯）	6.5	2932.9920	---2,2'-双甲氧羰基-4,4'-双甲氧基-5,6，5',6'-双亚甲二氧基联苯（联苯双酯）	
2932.9930	---蒿甲醚	6.5	2932.9930	---蒿甲醚	6.5	2932.9930	---蒿甲醚	
2932.9990	---其他	6.5	2932.9990	---其他（ex2932.9990）	6.5	2932.9990	---其他（ex2932.9990）	

2021 年版税则			2022 年版硬转换			2022 年版软转换		说明
税则号列	商品名称	税率	税则号列	商品名称	税率	税则号列	商品名称	
29.33	仅含有氮杂原子的杂环化合物：		29.33	仅含有氮杂原子的杂环化合物：		29.33	仅含有氮杂原子的杂环化合物：	1. 根据联合国国际麻醉品控制委员会的建议，修改特定芬太尼相关物质的归类；根据《禁止化学武器公约》，受控产品修改。 2. 软硬转换不相同。 3. 2022 年版软转换中税号 2933.3500 项下“3-奎宁醇”与“奎宁环-3-醇”为同一种物质的两种叫法。为避免混淆，建议将两种叫法同时列出。
	-结构上含有一个非稠合吡唑环（不论是否氢化）的化合物：			-结构上含有一个非稠合吡唑环（不论是否氢化）的化合物：			-结构上含有一个非稠合吡唑环（不论是否氢化）的化合物：	
2933.1100	--二甲基苯基吡唑酮（安替比林）及其衍生物	6.5	2933.1100	--二甲基苯基吡唑酮（安替比林）及其衍生物	6.5	2933.1100	--二甲基苯基吡唑酮（安替比林）及其衍生物	
	--其他：			--其他：			--其他：	
2933.1920	---安乃近	6	2933.1920	---安乃近	6	2933.1920	---安乃近	
2933.1990	---其他	6.5	2933.1990	---其他	6.5	2933.1990	---其他	
	-结构上含有一个非稠合咪唑环（不论是否氢化）的化合物：			-结构上含有一个非稠合咪唑环（不论是否氢化）的化合物：			-结构上含有一个非稠合咪唑环（不论是否氢化）的化合物：	
2933.2100	--乙内酰脲及其衍生物	6.5	2933.2100	--乙内酰脲及其衍生物	6.5	2933.2100	--乙内酰脲及其衍生物	
2933.2900	--其他	6.5	2933.2900	--其他	6.5	2933.2900	--其他	
	-结构上含有一个非稠合吡啶环（不论是否氢化）的化合物：			-结构上含有一个非稠合吡啶环（不论是否氢化）的化合物：			-结构上含有一个非稠合吡啶环（不论是否氢化）的化合物：	
2933.3100	--吡啶及其盐	6	2933.3100	--吡啶及其盐	6	2933.3100	--吡啶及其盐	
	--六氢吡啶（哌啶）及其盐：			--六氢吡啶（哌啶）及其盐：			--六氢吡啶（哌啶）及其盐：	

2021 年版税则			2022 年版硬转换			2022 年版软转换		说明
税则号列	商品名称	税率	税则号列	商品名称	税率	税则号列	商品名称	
2933.3210	---六氢吡啶（哌啶）	4	2933.3210	---六氢吡啶（哌啶）	4	2933.3210	---六氢吡啶（哌啶）	1. 根据联合国国际麻醉品控制委员会的建议，修改特定芬太尼相关物质的归类；根据《禁止化学武器公约》，受控产品修改。 2. 软硬转换不相同。 3. 2022 年版软转换中税号 2933.3500 项下“3-奎宁醇”与“奎宁环-3-醇”为同一种物质的两种叫法。为避免混淆，建议将两种叫法同时列出。
2933.3220	---六氢吡啶（哌啶）盐	6.5	2933.3220	---六氢吡啶（哌啶）盐	6.5	2933.3220	---六氢吡啶（哌啶）盐	
2933.3300	--阿芬太尼（INN）、阿尼利定（INN）、苯氰米特（INN）、溴西泮（INN）、地芬诺新（INN）、地芬诺酯（INN）、地匹哌酮（INN）、芬太尼（INN）、凯托米酮（INN）、哌醋甲酯（INN）、喷他左辛（INN）、哌替啶（INN）、哌替啶中间体A（INN）、苯环利定（INN）（PCP）、苯哌利定（INN）、哌苯甲醇（INN）、哌氰米特（INN）、哌丙吡胺（INN）和三甲利定（INN）以及它们的盐	6.5		--阿芬太尼（INN）、阿尼利定（INN）、苯氰米特（INN）、溴西泮（INN）、卡芬太尼（INN）、地芬诺新（INN）、地芬诺酯（INN）、地匹哌酮（INN）、芬太尼（INN）、凯托米酮（INN）、哌醋甲酯（INN）、喷他左辛（INN）、哌替啶（INN）、哌替啶中间体A（INN）、苯环利定（INN）、苯哌利定（INN）、哌苯甲醇（INN）、哌氰米特（INN）、哌丙吡胺（INN）、瑞芬太尼（INN）和三甲利定（INN）以及它们的盐：		2933.3300	--阿芬太尼（INN）、阿尼利定（INN）、苯氰米特（INN）、溴西泮（INN）、卡芬太尼（INN）、地芬诺新（INN）、地芬诺酯（INN）、地匹哌酮（INN）、芬太尼（INN）、凯托米酮（INN）、哌醋甲酯（INN）、喷他左辛（INN）、哌替啶（INN）、哌替啶中间体A（INN）、苯环利定（INN）、苯哌利定（INN）、哌苯甲醇（INN）、哌氰米特（INN）、哌丙吡胺（INN）、瑞芬太尼（INN）和三甲利定（INN）以及它们的盐（2933.3300、ex2933.3990）	

2021 年版税则			2022 年版硬转换			2022 年版软转换		说明
税则号列	商品名称	税率	税则号列	商品名称	税率	税则号列	商品名称	
			2933.3310	---阿芬太尼（INN）、阿尼利定（INN）、苯氰米特（INN）、溴西泮（INN）、地芬诺新（INN）、地芬诺酯（INN）、地匹哌酮（INN）、芬太尼（INN）、凯托米酮（INN）、哌醋甲酯（INN）、喷他左辛（INN）、哌替啶（INN）、哌替啶中间体A（INN）、苯环利定（INN）、苯哌利定（INN）、哌苯甲醇（INN）、哌氰米特（INN）、哌丙吡胺（INN）和三甲利定（INN）以及它们的盐（2933.3300）	6.5			1. 根据联合国国际麻醉品控制委员会的建议，修改特定芬太尼相关物质的归类；根据《禁止化学武器公约》，受控产品修改。 2. 软硬转换不相同。 3. 2022 年版软转换中税号 2933.3500 项下“3-奎宁醇”与“奎宁环-3-醇”为同一种物质的两种叫法。为避免混淆，建议将两种叫法同时列出。
			2933.3320	---卡芬太尼（INN）和瑞芬太尼（INN），以及它们的盐（ex2933.3990）	6.5			
			2933.3400	--其他芬太尼及它们的衍生物（ex2933.3990）	6.5	2933.3400	--其他芬太尼及它们的衍生物（ex2933.3990）	

2021 年版税则			2022 年版硬转换			2022 年版软转换		说明
税则号列	商品名称	税率	税则号列	商品名称	税率	税则号列	商品名称	
			2933.3500	--3-奎宁醇（奎宁环-3-醇）（2933.3920）	6.5	2933.3500	--奎宁环-3-醇（3-奎宁醇）（2933.3920）	1. 根据联合国国际麻醉品控制委员会的建议，修改特定芬太尼相关物质的归类；根据《禁止化学武器公约》，受控产品修改。 2. 软硬转换不相同。 3. 2022 年版软转换中税号 2933.3500 项下“3-奎宁醇”与“奎宁环-3-醇”为同一种物质的两种叫法。为避免混淆，建议将两种叫法同时列出。
			2933.3600	--4-苯氨基-N-苯乙基哌啶（ANPP）（ex2933.3990）	6.5	2933.3600	--4-苯氨基-N-苯乙基哌啶（ANPP）（ex2933.3990）	
			2933.3700	--N-苯乙基-4-哌啶酮（NPP）（ex2933.3990）	6.5	2933.3700	--N-苯乙基-4-哌啶酮（NPP）（ex2933.3990）	
	--其他：			--其他：			--其他：	
2933.3910	---二苯乙醇酸-3-奎宁环脂	6.5	2933.3910	---二苯乙醇酸-3-奎宁环脂	6.5	2933.3910	---二苯乙醇酸-3-奎宁环脂	
2933.3920	---奎宁环-3-醇	6.5						
2933.3990	---其他	6.5	2933.3990	---其他（ex2933.3990）	6.5	2933.3990	---其他（ex2933.3990）	
	-结构上含有一个喹啉或异喹啉环系（不论是否氢化）的化合物，但未经进一步稠合的：			-结构上含有一个喹啉或异喹啉环系（不论是否氢化）的化合物，但未经进一步稠合的：			-结构上含有一个喹啉或异喹啉环系（不论是否氢化）的化合物，但未经进一步稠合的：	
2933.4100	--左非诺（INN）及其盐	6.5	2933.4100	--左非诺（INN）及其盐	6.5	2933.4100	--左非诺（INN）及其盐	
2933.4900	--其他	6.5	2933.4900	--其他	6.5	2933.4900	--其他	
	-结构上含有一个嘧啶环（不论是否氢化）或哌嗪环的化合物：			-结构上含有一个嘧啶环（不论是否氢化）或哌嗪环的化合物：			-结构上含有一个嘧啶环（不论是否氢化）或哌嗪环的化合物：	

2021 年版税则			2022 年版硬转换			2022 年版软转换		说明
税则号列	商品名称	税率	税则号列	商品名称	税率	税则号列	商品名称	
2933. 5200	--丙二酰脲（巴比土酸）及其盐	6. 5	2933. 5200	--丙二酰脲（巴比土酸）及其盐	6. 5	2933. 5200	--丙二酰脲（巴比土酸）及其盐	1. 根据联合国国际麻醉品控制委员会的建议，修改特定芬太尼相关物质的归类；根据《禁止化学武器公约》，受控产品修改。 2. 软硬转换不相同。 3. 2022 年版软转换中税号 2933. 3500 项下“3-奎宁醇”与“奎宁环-3-醇”为同一种物质的两种叫法。为避免混淆，建议将两种叫法同时列出。
2933. 5300	--阿洛巴比妥（INN）、异戊巴比妥（INN）、巴比妥（INN）、布他比妥（INN）、正丁巴比妥（INN）、环己巴比妥（INN）、甲苯巴比妥（INN）、戊巴比妥（INN）、苯巴比妥（INN）、仲丁巴比妥（INN）、司可巴比妥（INN）和乙烯比妥（INN）以及它们的盐	6. 5	2933. 5300	--阿洛巴比妥（INN）、异戊巴比妥（INN）、巴比妥（INN）、布他比妥（INN）、正丁巴比妥（INN）、环己巴比妥（INN）、甲苯巴比妥（INN）、戊巴比妥（INN）、苯巴比妥（INN）、仲丁巴比妥（INN）、司可巴比妥（INN）和乙烯比妥（INN）以及它们的盐	6. 5	2933. 5300	--阿洛巴比妥（INN）、异戊巴比妥（INN）、巴比妥（INN）、布他比妥（INN）、正丁巴比妥（INN）、环己巴比妥（INN）、甲苯巴比妥（INN）、戊巴比妥（INN）、苯巴比妥（INN）、仲丁巴比妥（INN）、司可巴比妥（INN）和乙烯比妥（INN）以及它们的盐	
2933. 5400	--其他丙二酰脲（巴比土酸）的衍生物以及它们的盐	6. 5	2933. 5400	--其他丙二酰脲（巴比土酸）的衍生物以及它们的盐	6. 5	2933. 5400	--其他丙二酰脲（巴比土酸）的衍生物以及它们的盐	
2933. 5500	--氯普唑仑（INN），甲氯喹酮（INN），甲喹酮（INN）和齐培丙醇（INN）以及它们的盐	6. 5	2933. 5500	--氯普唑仑（INN），甲氯喹酮（INN），甲喹酮（INN）和齐培丙醇（INN）以及它们的盐	6. 5	2933. 5500	--氯普唑仑（INN），甲氯喹酮（INN），甲喹酮（INN）和齐培丙醇（INN）以及它们的盐	
	--其他：			--其他：			--其他：	
2933. 5910	---胞嘧啶	6. 5	2933. 5910	---胞嘧啶	6. 5	2933. 5910	---胞嘧啶	
2933. 5920	---环丙氟哌酸	6. 5	2933. 5920	---环丙氟哌酸	6. 5	2933. 5920	---环丙氟哌酸	

2021 年版税则			2022 年版硬转换			2022 年版软转换		说明
税则号列	商品名称	税率	税则号列	商品名称	税率	税则号列	商品名称	
2933.5990	---其他	6.5	2933.5990	---其他	6.5	2933.5990	---其他	1. 根据联合国国际麻醉品控制委员会的建议，修改特定芬太尼相关物质的归类；根据《禁止化学武器公约》，受控产品修改。 2. 软硬转换不相同。 3. 2022 年版软转换中税号 2933.3500 项下“3-奎宁醇”与“奎宁环-3-醇”为同一种物质的两种叫法。为避免混淆，建议将两种叫法同时列出。
	-结构上含有一个非稠合三嗪环（不论是否氢化）的化合物：			-结构上含有一个非稠合三嗪环（不论是否氢化）的化合物：			-结构上含有一个非稠合三嗪环（不论是否氢化）的化合物：	
2933.6100	--三聚氰胺（蜜胺）	6.5	2933.6100	--三聚氰胺（蜜胺）	6.5	2933.6100	--三聚氰胺（蜜胺）	
	--其他：			--其他：			--其他：	
2933.6910	---三聚氰氯	6	2933.6910	---三聚氰氯	6	2933.6910	---三聚氰氯	
	---异氰脲酸氯化衍生物：			---异氰脲酸氯化衍生物：			---异氰脲酸氯化衍生物：	
2933.6921	----二氯异氰脲酸	6.5	2933.6921	----二氯异氰脲酸	6.5	2933.6921	----二氯异氰脲酸	
2933.6922	----三氯异氰脲酸	6.5	2933.6922	----三氯异氰脲酸	6.5	2933.6922	----三氯异氰脲酸	
2933.6929	----其他	6.5	2933.6929	----其他	6.5	2933.6929	----其他	
2933.6990	---其他	6.5	2933.6990	---其他	6.5	2933.6990	---其他	
	-内酰胺：			-内酰胺：			-内酰胺：	
2933.7100	--6-己内酰胺	9	2933.7100	--6-己内酰胺	9	2933.7100	--6-己内酰胺	
2933.7200	--氯巴占（INN）和甲乙哌酮（INN）	9	2933.7200	--氯巴占（INN）和甲乙哌酮（INN）	9	2933.7200	--氯巴占（INN）和甲乙哌酮（INN）	
2933.7900	--其他内酰胺	9	2933.7900	--其他内酰胺	9	2933.7900	--其他内酰胺	
	-其他：			-其他：			-其他：	

2021 年版税则			2022 年版硬转换			2022 年版软转换		说明
税则号列	商品名称	税率	税则号列	商品名称	税率	税则号列	商品名称	
2933.9100	--阿普唑仑（INN）、卡马西泮（INN）、氯氮卓（INN）、氯硝西泮（INN）、氯拉卓酸、地洛西泮（INN）、地西泮（INN）、艾司唑仑（INN）、氯氟卓乙酯（INN）、氟地西泮（INN）、氟硝西泮（INN）、氟西泮（INN）、哈拉西泮（INN）、劳拉西泮（INN）、氯甲西泮（INN）、马吲哚（INN）、美达西泮（INN）、咪达唑仑（INN）、硝甲西泮（INN）、硝西泮（INN）、去甲西泮（INN）、奥沙西泮（INN）、匹那西泮（INN）、普拉西泮（INN）、吡咯戊酮（INN）、替马西泮（INN）、四氢西泮（INN）和三唑仑（INN）以及它们的盐	6.5	2933.9100	--阿普唑仑（INN）、卡马西泮（INN）、氯氮卓（INN）、氯硝西泮（INN）、氯拉卓酸、地洛西泮（INN）、地西泮（INN）、艾司唑仑（INN）、氯氟卓乙酯（INN）、氟地西泮（INN）、氟硝西泮（INN）、氟西泮（INN）、哈拉西泮（INN）、劳拉西泮（INN）、氯甲西泮（INN）、马吲哚（INN）、美达西泮（INN）、咪达唑仑（INN）、硝甲西泮（INN）、硝西泮（INN）、去甲西泮（INN）、奥沙西泮（INN）、匹那西泮（INN）、普拉西泮（INN）、吡咯戊酮（INN）、替马西泮（INN）、四氢西泮（INN）和三唑仑（INN）以及它们的盐	6.5	2933.9100	--阿普唑仑（INN）、卡马西泮（INN）、氯氮卓（INN）、氯硝西泮（INN）、氯拉卓酸、地洛西泮（INN）、地西泮（INN）、艾司唑仑（INN）、氯氟卓乙酯（INN）、氟地西泮（INN）、氟硝西泮（INN）、氟西泮（INN）、哈拉西泮（INN）、劳拉西泮（INN）、氯甲西泮（INN）、马吲哚（INN）、美达西泮（INN）、咪达唑仑（INN）、硝甲西泮（INN）、硝西泮（INN）、去甲西泮（INN）、奥沙西泮（INN）、匹那西泮（INN）、普拉西泮（INN）、吡咯戊酮（INN）、替马西泮（INN）、四氢西泮（INN）和三唑仑（INN）以及它们的盐	1. 根据联合国国际麻醉品控制委员会的建议，修改特定芬太尼相关物质的归类；根据《禁止化学武器公约》，受控产品修改。 2. 软硬转换不相同。 3. 2022 年版软转换中税号 2933.3500 项下“3-奎宁醇”与“奎宁环-3-醇”为同一种物质的两种叫法。为避免混淆，建议将两种叫法同时列出。
2933.9200	--甲基谷硫磷（ISO）	6.5	2933.9200	--甲基谷硫磷（ISO）	6.5	2933.9200	--甲基谷硫磷（ISO）	
2933.9900	--其他	6.5	2933.9900	--其他	6.5	2933.9900	--其他	

2021 年版税则			2022 年版硬转换			2022 年版软转换		说明
税则号列	商品名称	税率	税则号列	商品名称	税率	税则号列	商品名称	
29. 34	核酸及其盐，无论是否已有化学定义；其他杂环化合物：		29. 34	核酸及其盐，无论是否已有化学定义；其他杂环化合物：		29. 34	核酸及其盐，无论是否已有化学定义；其他杂环化合物：	1. 根据联合国国际麻醉品控制委员会的建议，修改特定芬太尼相关物质的归类。 2. 软硬转换相同。
	-结构上含有一个非稠合噻唑环（不论是否氢化）的化合物：			-结构上含有一个非稠合噻唑环（不论是否氢化）的化合物：			-结构上含有一个非稠合噻唑环（不论是否氢化）的化合物：	
2934. 1010	---三苯甲基氨噻肟酸	6. 5	2934. 1010	---三苯甲基氨噻肟酸	6. 5	2934. 1010	---三苯甲基氨噻肟酸	
2934. 1090	---其他	6. 5	2934. 1090	---其他	6. 5	2934. 1090	---其他	
2934. 2000	-结构上含有一个苯并噻唑环系（不论是否氢化）的化合物，但未经进一步稠合的	6. 5	2934. 2000	-结构上含有一个苯并噻唑环系（不论是否氢化）的化合物，但未经进一步稠合的	6. 5	2934. 2000	-结构上含有一个苯并噻唑环系（不论是否氢化）的化合物，但未经进一步稠合的	
2934. 3000	-结构上含有一个吩噻嗪环系（不论是否氢化）的化合物，但未经进一步稠合的	6. 5	2934. 3000	-结构上含有一个吩噻嗪环系（不论是否氢化）的化合物，但未经进一步稠合的	6. 5	2934. 3000	-结构上含有一个吩噻嗪环系（不论是否氢化）的化合物，但未经进一步稠合的	
	-其他：			-其他：			-其他：	

2021 年版税则			2022 年版硬转换			2022 年版软转换		说明
税则号列	商品名称	税率	税则号列	商品名称	税率	税则号列	商品名称	
2934.9100	--阿米雷司（INN），溴替唑仑（INN），氯噻西泮（INN），氯噁唑仑（INN），右吗拉胺（INN），卤噁唑仑（INN），凯他唑仑（INN），美索卡（INN），噁唑仑（INN），匹莫林（INN），苯巴曲嗪（INN），芬美曲嗪（INN）和舒芬太尼（INN），以及它们的盐	6.5	2934.9100	--阿米雷司（INN），溴替唑仑（INN），氯噻西泮（INN），氯噁唑仑（INN），右吗拉胺（INN），卤噁唑仑（INN），凯他唑仑（INN），美索卡（INN），噁唑仑（INN），匹莫林（INN），苯巴曲嗪（INN），芬美曲嗪（INN）和舒芬太尼（INN），以及它们的盐	6.5	2934.9100	--阿米雷司（INN），溴替唑仑（INN），氯噻西泮（INN），氯噁唑仑（INN），右吗拉胺（INN），卤噁唑仑（INN），凯他唑仑（INN），美索卡（INN），噁唑仑（INN），匹莫林（INN），苯巴曲嗪（INN），芬美曲嗪（INN）和舒芬太尼（INN），以及它们的盐	1. 根据联合国国际麻醉品控制委员会的建议，修改特定芬太尼相关物质的归类。 2. 软硬转换相同。
			2934.9200	--其他芬太尼以及它们的衍生物（ex2934.9990）	6.5	2934.9200	--其他芬太尼以及它们的衍生物（ex2934.9990）	
	--其他：			--其他：			--其他：	
2934.9910	---磺内酯及磺内酰胺	6.5	2934.9910	---磺内酯及磺内酰胺	6.5	2934.9910	---磺内酯及磺内酰胺	
2934.9920	---呋喃唑酮	6	2934.9920	---呋喃唑酮	6	2934.9920	---呋喃唑酮	
2934.9930	---核酸及其盐	6.5	2934.9930	---核酸及其盐	6.5	2934.9930	---核酸及其盐	
2934.9940	---奈韦拉平、依发韦仑、利托那韦及它们的盐	6.5	2934.9940	---奈韦拉平、依发韦仑、利托那韦及它们的盐	6.5	2934.9940	---奈韦拉平、依发韦仑、利托那韦及它们的盐	
2934.9950	---克拉维酸及其盐	6.5	2934.9950	---克拉维酸及其盐	6.5	2934.9950	---克拉维酸及其盐	

2021 年版税则			2022 年版硬转换			2022 年版软转换		说明
税则号列	商品名称	税率	税则号列	商品名称	税率	税则号列	商品名称	
2934.9960	---7-苯乙酰氨基-3-氯甲基-4-头孢烷酸对甲氧基苄酯、7-氨基头孢烷酸、7-氨基脱乙酰氧基头孢烷酸	6	2934.9960	---7-苯乙酰氨基-3-氯甲基-4-头孢烷酸对甲氧基苄酯、7-氨基头孢烷酸、7-氨基脱乙酰氧基头孢烷酸	6	2934.9960	---7-苯乙酰氨基-3-氯甲基-4-头孢烷酸对甲氧基苄酯、7-氨基头孢烷酸、7-氨基脱乙酰氧基头孢烷酸	（见上栏“说明”）
2934.9990	---其他	6.5	2934.9990	---其他（ex2934.9990）	6.5	2934.9990	---其他（ex2934.9990）	
29.36	天然或合成再制的维生素原和维生素（包括天然浓缩物）及其主要用作维生素的衍生物，上述产品的混合物，不论是否溶于溶剂：		29.36	天然或合成再制的维生素原和维生素（包括天然浓缩物）及其主要用作维生素的衍生物，上述产品的混合物，不论是否溶于溶剂：		29.36	天然或合成再制的维生素原和维生素（包括天然浓缩物）及其主要用作维生素的衍生物，上述产品的混合物，不论是否溶于溶剂：	根据烟酸和烟酰胺的归类所作的修改。仅涉及条文修改，不涉及转换。
	-未混合的维生素及其衍生物：			-未混合的维生素及其衍生物：			-未混合的维生素及其衍生物：	
2936.2100	--维生素 A 及其衍生物	4	2936.2100	--维生素 A 及其衍生物	4	2936.2100	--维生素 A 及其衍生物	
2936.2200	--维生素 B_1 及其衍生物	4	2936.2200	--维生素 B_1 及其衍生物	4	2936.2200	--维生素 B_1 及其衍生物	
2936.2300	--维生素 B_2 及其衍生物	4	2936.2300	--维生素 B_2 及其衍生物	4	2936.2300	--维生素 B_2 及其衍生物	
2936.2400	--D 或 DL-泛酸（维生素 B_3 或维生素 B_5）及其衍生物	4	2936.2400	--D 或 DL-泛酸（维生素 B_5）及其衍生物	4	2936.2400	--D 或 DL-泛酸（维生素 B_5）及其衍生物	
2936.2500	--维生素 B_6 及其衍生物	4	2936.2500	--维生素 B_6 及其衍生物	4	2936.2500	--维生素 B_6 及其衍生物	
2936.2600	--维生素 B_{12} 及其衍生物	4	2936.2600	--维生素 B_{12} 及其衍生物	4	2936.2600	--维生素 B_{12} 及其衍生物	

2021 年版税则			2022 年版硬转换			2022 年版软转换		说明
税则号列	商品名称	税率	税则号列	商品名称	税率	税则号列	商品名称	
2936. 2700	--维生素 C 及其衍生物	4	2936. 2700	--维生素 C 及其衍生物	4	2936. 2700	--维生素 C 及其衍生物	根据烟酸和烟酰胺的归类所作的修改。仅涉及条文修改，不涉及转换。
2936. 2800	--维生素 E 及其衍生物	4	2936. 2800	--维生素 E 及其衍生物	4	2936. 2800	--维生素 E 及其衍生物	
2936. 2900	--其他维生素及其衍生物	4	2936. 2900	--其他维生素及其衍生物	4	2936. 2900	--其他维生素及其衍生物	
	--其他，包括天然浓缩物：			--其他，包括天然浓缩物：			--其他，包括天然浓缩物：	
2936. 9010	---维生素 AD_3	4	2936. 9010	---维生素 AD_3	4	2936. 9010	---维生素 AD_3	
2936. 9090	---其他	4	2936. 9090	---其他	4	2936. 9090	---其他	
29. 39	天然或合成再制的生物碱及其盐、醚、酯和其他衍生物：		29. 39	天然或合成再制的生物碱及其盐、醚、酯和其他衍生物：		29. 39	天然或合成再制的生物碱及其盐、醚、酯和其他衍生物：	1. 为麻黄碱衍生物修订税目 29. 39。 2. 软硬转换不相同。
	-鸦片碱及其衍生物，以及它们的盐：			-鸦片碱及其衍生物，以及它们的盐：			-鸦片碱及其衍生物，以及它们的盐：	
2939. 1100	--罂粟秆浓缩物、丁丙诺啡（INN）、可待因、双氢可待因（INN）、乙基吗啡、埃托啡（INN）、海洛因、氢可酮（INN）、氢吗啡酮（INN）、吗啡、尼可吗啡（INN）、羟考酮（INN）、羟吗啡酮（INN）、福尔可定（INN）、醋氢可酮（INN）和蒂巴因，以及它们的盐	4	2939. 1100	--罂粟秆浓缩物、丁丙诺啡（INN）、可待因、双氢可待因（INN）、乙基吗啡、埃托啡（INN）、海洛因、氢可酮（INN）、氢吗啡酮（INN）、吗啡、尼可吗啡（INN）、羟考酮（INN）、羟吗啡酮（INN）、福尔可定（INN）、醋氢可酮（INN）和蒂巴因，以及它们的盐	4	2939. 1100	--罂粟秆浓缩物、丁丙诺啡（INN）、可待因、双氢可待因（INN）、乙基吗啡、埃托啡（INN）、海洛因、氢可酮（INN）、氢吗啡酮（INN）、吗啡、尼可吗啡（INN）、羟考酮（INN）、羟吗啡酮（INN）、福尔可定（INN）、醋氢可酮（INN）和蒂巴因，以及它们的盐	

2021 年版税则			2022 年版硬转换			2022 年版软转换		说明
税则号列	商品名称	税率	税则号列	商品名称	税率	税则号列	商品名称	
2939. 1900	--其他	4	2939. 1900	--其他	4	2939. 1900	--其他	1. 为麻黄碱衍生物修订税目 29. 39。 2. 软硬转换不相同。
2939. 2000	-金鸡纳生物碱及其衍生物，以及它们的盐	4	2939. 2000	-金鸡纳生物碱及其衍生物，以及它们的盐	4	2939. 2000	-金鸡纳生物碱及其衍生物，以及它们的盐	
2939. 3000	-咖啡因及其盐	4	2939. 3000	-咖啡因及其盐	4	2939. 3000	-咖啡因及其盐	
	-麻黄碱类及其盐：			-麻黄生物碱及其衍生物，以及它们的盐：			-麻黄生物碱及其衍生物，以及它们的盐：	
2939. 4100	--麻黄碱及其盐	4	2939. 4100	--麻黄碱及其盐	4	2939. 4100	--麻黄碱及其盐	
2939. 4200	--假麻黄碱（INN）及其盐	4	2939. 4200	--假麻黄碱（INN）及其盐	4	2939. 4200	--假麻黄碱（INN）及其盐	
2939. 4300	--d-去甲假麻黄碱（INN）及其盐	4	2939. 4300	--d-去甲假麻黄碱（INN）及其盐	4	2939. 4300	--d-去甲假麻黄碱（INN）及其盐	
2939. 4400	--去甲麻黄碱及其盐	4	2939. 4400	--去甲麻黄碱及其盐	4	2939. 4400	--去甲麻黄碱及其盐	
			2939. 4500	--左甲苯丙胺、去氧麻黄碱（INN）、去氧麻黄碱外消旋体以及它们的盐（ex2939. 7190）	4	2939. 4500	--左甲苯丙胺、去氧麻黄碱（INN）、去氧麻黄碱外消旋体以及它们的盐（ex2939. 7190）	
2939. 4900	--其他	4		--其他：		2939. 4900	--其他（2937. 4900、ex2939. 7190、ex2939. 7990）	
			2939. 4910	---其他麻黄碱类及其盐（2939. 4900）	4			

2021年版税则			2022年版硬转换			2022年版软转换		说明
税则号列	商品名称	税率	税则号列	商品名称	税率	税则号列	商品名称	
			2939.4920	---左甲苯丙胺、去氧麻黄碱（INN）、去氧麻黄碱外消旋体的酯及其他衍生物（ex2939.7190）	4			1. 为麻黄碱衍生物修订税目29.39。 2. 软硬转换不相同。
			2939.4990	---其他（ex2939.7990）	4			
	-茶碱和氨茶碱及其衍生物，以及它们的盐：			-茶碱和氨茶碱及其衍生物，以及它们的盐：			-茶碱和氨茶碱及其衍生物，以及它们的盐：	
2939.5100	--芬乙茶碱（INN）及其盐	4	2939.5100	--芬乙茶碱（INN）及其盐	4	2939.5100	--芬乙茶碱（INN）及其盐	
2939.5900	--其他	4	2939.5900	--其他	4	2939.5900	--其他	
	-麦角生物碱及其衍生物，以及它们的盐：			-麦角生物碱及其衍生物，以及它们的盐：			-麦角生物碱及其衍生物，以及它们的盐：	
2939.6100	--麦角新碱（INN）及其盐	4	2939.6100	--麦角新碱（INN）及其盐	4	2939.6100	--麦角新碱（INN）及其盐	
2939.6200	--麦角胺（INN）及其盐	4	2939.6200	--麦角胺（INN）及其盐	4	2939.6200	--麦角胺（INN）及其盐	
2939.6300	--麦角酸及其盐	4	2939.6300	--麦角酸及其盐	4	2939.6300	--麦角酸及其盐	
2939.6900	--其他	4	2939.6900	--其他	4	2939.6900	--其他	
	-其他，植物来源的：			-其他，植物来源的：			-其他，植物来源的：	

2021 年版税则			2022 年版硬转换			2022 年版软转换		说明
税则号列	商品名称	税率	税则号列	商品名称	税率	税则号列	商品名称	
	--可卡因、芽子碱、左甲苯丙胺、去氧麻黄碱（INN）、去氧麻黄碱外消旋体，它们的盐、酯及其他衍生物：							1. 为麻黄碱衍生物修订税目 29.39。 2. 软硬转换不相同。
2939.7110	---可卡因及其盐	4						
2939.7190	---其他	4						
				--可卡因、芽子碱，它们的盐、酯及其他衍生物：			--可卡因、芽子碱，它们的盐、酯及其他衍生物：	
			2939.7210	---可卡因及其盐（2939.7110）	4	2939.7210	---可卡因及其盐（2939.7110）	
			2939.7290	---其他（ex2939.7190）	4	2939.7290	---其他（ex2939.7190）	
	--其他：			--其他：			--其他：	
2939.7910	---烟碱及其盐	4	2939.7910	---烟碱及其盐	4	2939.7910	---烟碱及其盐	
2939.7920	---番木鳖碱（士的年）及其盐	4	2939.7920	---番木鳖碱（士的年）及其盐	4	2939.7920	---番木鳖碱（士的年）及其盐	
2939.7990	---其他	4	2939.7990	---其他（ex2939.7990）	4	2939.7990	---其他（ex2939.7990）	
2939.8000	-其他（相应子目，例如，税目 29.33 和 29.34 项下的）	4	2939.8000	-其他（相应子目，例如，税目 29.33 和 29.34 项下的）	4	2939.8000	-其他（相应子目，例如，税目 29.33 和 29.34 项下的）	

2021 年版税则			2022 年版硬转换			2022 年版软转换		说明
税则号列	商品名称	税率	税则号列	商品名称	税率	税则号列	商品名称	
30.02	人血；治病、防病或诊断用的动物血制品；抗血清、其他血份及免疫制品，不论是否修饰或通过生物工艺加工制得；疫苗、毒素、培养微生物（不包括酵母）及类似产品：		30.02	人血；治病、防病或诊断用的动物血制品；抗血清、其他血份及免疫制品，不论是否修饰或通过生物工艺加工制得；疫苗、毒素、培养微生物（不包括酵母）及类似产品；细胞培养物，不论是否修饰：		30.02	人血；治病、防病或诊断用的动物血制品；抗血清、其他血份及免疫制品，不论是否修饰或通过生物工艺加工制得；疫苗、毒素、培养微生物（不包括酵母）及类似产品；细胞培养物，不论是否修饰：	1. 为明确细胞治疗产品的归类而进行的修订。 2. 为检测寨卡病毒和由伊蚊属蚊子传播的其他疾病的快速诊断试剂盒修订税目30.02。 3. 对子目3002.1目录结构的修订。
	-抗血清、其他血份及免疫制品，不论是否修饰或通过生物工艺加工制得：			-抗血清、其他血份及免疫制品，不论是否修饰或通过生物工艺加工制得：			-抗血清、其他血份及免疫制品，不论是否修饰或通过生物工艺加工制得：	
3002.1100	--疟疾诊断试剂盒	3						
3002.1200	--抗血清及其他血份	3	3002.1200	--抗血清及其他血份	3	3002.1200	--抗血清及其他血份	
3002.1300	--非混合的免疫制品，未配定剂量或制成零售包装	3	3002.1300	--非混合的免疫制品，未配定剂量或制成零售包装（ex3002.1300）	3	3002.1300	--非混合的免疫制品，未配定剂量或制成零售包装（ex3002.1300）	
3002.1400	--混合的免疫制品，未配定剂量或制成零售包装	3	3002.1400	--混合的免疫制品，未配定剂量或制成零售包装（ex3002.1400）	3	3002.1400	--混合的免疫制品，未配定剂量或制成零售包装（ex3002.1400）	
3002.1500	--免疫制品，已配定剂量或制成零售包装	3	3002.1500	--免疫制品，已配定剂量或制成零售包装（ex3002.1500）	3	3002.1500	--免疫制品，已配定剂量或制成零售包装（ex3002.1500）	
3002.1900	--其他	3						

2021 年版税则			2022 年版硬转换			2022 年版软转换		说明
税则号列	商品名称	税率	税则号列	商品名称	税率	税则号列	商品名称	
3002. 2000	-人用疫苗	3						关于两用物项的目录修订。
3002. 3000	-兽用疫苗	3						
				-疫苗、毒素、培养微生物（不包括酵母）及类似产品：			-疫苗、毒素、培养微生物（不包括酵母）及类似产品：	
			3002. 4100	--人用疫苗（3002. 2000）	3	3002. 4100	--人用疫苗（3002. 2000）	
			3002. 4200	--兽用疫苗（3002. 3000）	3	3002. 4200	--兽用疫苗（3002. 3000）	
				--其他：			--其他：	
			3002. 4910	---石房蛤毒素（3002. 9010）	3	3002. 4910	---石房蛤毒素（3002. 9010）	
			3002. 4920	---蓖麻毒素（3002. 9020）	3	3002. 4920	---蓖麻毒素（3002. 9020）	
			3002. 4930	---细菌及病毒（3002. 9030）	3	3002. 4930	---细菌及病毒（3002. 9030）	
			3002. 4990	---其他（ex3002. 9090）	3	3002. 4990	---其他（ex3002. 9090）	

2021年版税则			2022年版硬转换			2022年版软转换		说明
税则号列	商品名称	税率	税则号列	商品名称	税率	税则号列	商品名称	
				-细胞培养物，不论是否修饰：			-细胞培养物，不论是否修饰：	1. 为明确细胞治疗产品的归类，修订《协调制度》目录。 2. 税号3002.9040的商品范围需明确。
			3002.5100	--细胞治疗产品（ex3002.9090）	3	3002.5100	--细胞治疗产品（ex3002.9090）	
			3002.5900	--其他（ex3002.9090）	3	3002.5900	--其他（ex3002.9090）	
	-其他：			-其他：			-其他：	
3002.9010	---石房蛤毒素	3						
3002.9020	---蓖麻毒素	3						
3002.9030	---细菌及病毒	3						
3002.9040	---遗传物质和基因修饰生物体	3	3002.9040	---遗传物质和基因修饰生物体	3	3002.9040	---遗传物质和基因修饰生物体	
3002.9090	---其他	3	3002.9090	---其他（ex3002.9090）	3	3002.9090	---其他（ex3002.9090）	
30.04	由混合或非混合产品构成的治病或防病用药品（不包括税目30.02、30.05或30.06的货品），已配定剂量（包括制成皮肤摄入形式的）或制成零售包装：		30.04	由混合或非混合产品构成的治病或防病用药品（不包括税目30.02、30.05或30.06的货品），已配定剂量（包括制成皮肤摄入形式的）或制成零售包装：		30.04	由混合或非混合产品构成的治病或防病用药品（不包括税目30.02、30.05或30.06的货品），已配定剂量（包括制成皮肤摄入形式的）或制成零售包装：	仅涉及商品转出，不涉及转换。
	-含有青霉素及具有青霉烷酸结构的青霉素衍生物或链霉素及其衍生物：			-含有青霉素及具有青霉烷酸结构的青霉素衍生物或链霉素及其衍生物：			-含有青霉素及具有青霉烷酸结构的青霉素衍生物或链霉素及其衍生物：	
	---青霉素：			---青霉素：			---青霉素：	

2021 年版税则			2022 年版硬转换			2022 年版软转换		说明
税则号列	商品名称	税率	税则号列	商品名称	税率	税则号列	商品名称	
3004. 1011	----氨苄青霉素制剂	0	3004. 1011	----氨苄青霉素制剂（ex3004. 1011）	0	3004. 1011	----氨苄青霉素制剂（ex3004. 1011）	仅涉及商品转出，不涉及转换。
3004. 1012	----羟氨苄青霉素制剂	0	3004. 1012	----羟氨苄青霉素制剂（ex3004. 1012）	0	3004. 1012	----羟氨苄青霉素制剂（ex3004. 1012）	
3004. 1013	----青霉素 V 制剂	0	3004. 1013	----青霉素 V 制剂（ex3004. 1013）	0	3004. 1013	----青霉素 V 制剂（ex3004. 1013）	
3004. 1019	----其他	0	3004. 1019	----其他（ex3004. 1019）	0	3004. 1019	----其他（ex3004. 1019）	
3004. 1090	---其他	0	3004. 1090	---其他（ex3004. 1090）	0	3004. 1090	---其他（ex3004. 1090）	
	-其他，含有抗菌素：			-其他，含有抗菌素：			-其他，含有抗菌素：	
	---头孢菌素：			---头孢菌素：			---头孢菌素：	
3004. 2011	----头孢噻肟制剂	0	3004. 2011	----头孢噻肟制剂（ex3004. 2011）	0	3004. 2011	----头孢噻肟制剂（ex3004. 2011）	
3004. 2012	----头孢他啶制剂	0	3004. 2012	----头孢他啶制剂（ex3004. 2012）	0	3004. 2012	----头孢他啶制剂（ex3004. 2012）	
3004. 2013	----头孢西丁制剂	0	3004. 2013	----头孢西丁制剂（ex3004. 2013）	0	3004. 2013	----头孢西丁制剂（ex3004. 2013）	
3004. 2014	----头孢替唑制剂	0	3004. 2014	----头孢替唑制剂（ex3004. 2014）	0	3004. 2014	----头孢替唑制剂（ex3004. 2014）	
3004. 2015	----头孢克罗制剂	0	3004. 2015	----头孢克罗制剂（ex3004. 2015）	0	3004. 2015	----头孢克罗制剂（ex3004. 2015）	
3004. 2016	----头孢呋辛制剂	0	3004. 2016	----头孢呋辛制剂（ex3004. 2016）	0	3004. 2016	----头孢呋辛制剂（ex3004. 2016）	

2021 年版税则			2022 年版硬转换			2022 年版软转换		说明
税则号列	商品名称	税率	税则号列	商品名称	税率	税则号列	商品名称	
3004. 2017	----头孢三嗪（头孢曲松）制剂	0	3004. 2017	----头孢三嗪（头孢曲松）制剂（ex3004. 2017）	0	3004. 2017	----头孢三嗪（头孢曲松）制剂（ex3004. 2017）	仅涉及商品转出，不涉及转换。
3004. 2018	----头孢哌酮制剂	0	3004. 2018	----头孢哌酮制剂（ex3004. 2018）	0	3004. 2018	----头孢哌酮制剂（ex3004. 2018）	
3004. 2019	----其他	0	3004. 2019	----其他（ex3004. 2019）	0	3004. 2019	----其他（ex3004. 2019）	
3004. 2090	---其他	0	3004. 2090	---其他（ex3004. 2090）	0	3004. 2090	---其他（ex3004. 2090）	
	-其他，含有激素或税目 29. 37 的其他产品：			-其他，含有激素或税目 29. 37 的其他产品：			-其他，含有激素或税目 29. 37 的其他产品：	
	--含有胰岛素：			--含有胰岛素：			--含有胰岛素：	
3004. 3110	---含有重组人胰岛素的	0	3004. 3110	---含有重组人胰岛素的（ex3004. 3110）	0	3004. 3110	---含有重组人胰岛素的（ex3004. 3110）	
3004. 3190	---其他	0	3004. 3190	---其他（ex3004. 3190）	0	3004. 3190	---其他（ex3004. 3190）	
3004. 3200	--含有皮质甾类激素及其衍生物或结构类似物	0	3004. 3200	--含有皮质甾类激素及其衍生物或结构类似物（ex3004. 3200）	0	3004. 3200	--含有皮质甾类激素及其衍生物或结构类似物（ex3004. 3200）	
3004. 3900	--其他	0	3004. 3900	--其他（ex3004. 3900）	0	3004. 3900	--其他（ex3004. 3900）	
	-其他，含有生物碱及其衍生物：			-其他，含有生物碱及其衍生物：			-其他，含有生物碱及其衍生物：	
3004. 4100	--含有麻黄碱及其盐	5	3004. 4100	--含有麻黄碱及其盐（ex3004. 4100）	5	3004. 4100	--含有麻黄碱及其盐（ex3004. 4100）	

2021 年版税则			2022 年版硬转换			2022 年版软转换		说明
税则号列	商品名称	税率	税则号列	商品名称	税率	税则号列	商品名称	
3004. 4200	--含有伪麻黄碱（INN）及其盐	5	3004. 4200	--含有伪麻黄碱（INN）及其盐（ex3004. 4200）	5	3004. 4200	--含有伪麻黄碱（INN）及其盐（ex3004. 4200）	仅涉及商品转出，不涉及转换。
3004. 4300	--含有去甲麻黄碱及其盐	5	3004. 4300	--含有去甲麻黄碱及其盐（ex3004. 4300）	5	3004. 4300	--含有去甲麻黄碱及其盐（ex3004. 4300）	
3004. 4900	--其他	5	3004. 4900	--其他（ex3004. 4900）	5	3004. 4900	--其他（ex3004. 4900）	
3004. 5000	-其他，含有维生素或税目 29. 36 所列产品	0	3004. 5000	-其他，含有维生素或税目 29. 36 所列产品（ex3004. 5000）	0	3004. 5000	-其他，含有维生素或税目 29. 36 所列产品（ex3004. 5000）	
	-其他，含有本章子目注释二所列抗疟疾活性成分的：			-其他，含有本章子目注释二所列抗疟疾活性成分的：			-其他，含有本章子目注释二所列抗疟疾活性成分的：	
3004. 6010	---含有青蒿素及其衍生物	0	3004. 6010	---含有青蒿素及其衍生物（ex3004. 6010）	0	3004. 6010	---含有青蒿素及其衍生物（ex3004. 6010）	
3004. 6090	---其他	0	3004. 6090	---其他（ex3004. 6090）	0	3004. 6090	---其他（ex3004. 6090）	
	-其他：			-其他：			-其他：	
3004. 9010	---含有磺胺类	0	3004. 9010	---含有磺胺类（ex3004. 9010）	0	3004. 9010	---含有磺胺类（ex3004. 9010）	
3004. 9020	---含有联苯双酯	4	3004. 9020	---含有联苯双酯（ex3004. 9020）	4	3004. 9020	---含有联苯双酯（ex3004. 9020）	
	---中式成药：			---中式成药：			---中式成药：	
3004. 9051	----中药酒	0	3004. 9051	----中药酒（ex3004. 9051）	0	3004. 9051	----中药酒（ex3004. 9051）	

2021 年版税则			2022 年版硬转换			2022 年版软转换		说明
税则号列	商品名称	税率	税则号列	商品名称	税率	税则号列	商品名称	
3004.9052	----片仔癀	3	3004.9052	----片仔癀（ex3004.9052）	3	3004.9052	----片仔癀（ex3004.9052）	仅涉及商品转出，不涉及转换。
3004.9053	----白药	3	3004.9053	----白药（ex3004.9053）	3	3004.9053	----白药（ex3004.9053）	
3004.9054	----清凉油	0	3004.9054	----清凉油（ex3004.9054）	0	3004.9054	----清凉油（ex3004.9054）	
3004.9055	----安宫牛黄丸	3	3004.9055	----安宫牛黄丸（ex3004.9055）	3	3004.9055	----安宫牛黄丸（ex3004.9055）	
3004.9059	----其他	0	3004.9059	----其他（ex3004.9059）	0	3004.9059	----其他（ex3004.9059）	
3004.9090	---其他	0	3004.9090	---其他（ex3004.9090）	0	3004.9090	---其他（ex3004.9090）	
30.06	本章注释四所规定的医药用品：		30.06	本章注释四所规定的医药用品：		30.06	本章注释四所规定的医药用品：	（见下栏“说明”）
3006.1000	-无菌外科肠线、类似的无菌缝合材料（包括外科或牙科用无菌可吸收缝线）及外伤创口闭合用的无菌黏合胶布；无菌昆布及无菌昆布塞条；外科或牙科用无菌吸收性止血材料；外科或牙科用无菌抗粘连阻隔材料，不论是否可吸收	5	3006.1000	-无菌外科肠线、类似的无菌缝合材料（包括外科或牙科用无菌可吸收缝线）及外伤创口闭合用的无菌黏合胶布；无菌昆布及无菌昆布塞条；外科或牙科用无菌吸收性止血材料；外科或牙科用无菌抗粘连阻隔材料，不论是否可吸收	5	3006.1000	-无菌外科肠线、类似的无菌缝合材料（包括外科或牙科用无菌可吸收缝线）及外伤创口闭合用的无菌黏合胶布；无菌昆布及无菌昆布塞条；外科或牙科用无菌吸收性止血材料；外科或牙科用无菌抗粘连阻隔材料，不论是否可吸收	
3006.2000	-血型试剂	3						
3006.3000	-X 光检查造影剂；用于病人的诊断试剂	4	3006.3000	-X 光检查造影剂；用于病人的诊断试剂	4	3006.3000	-X 光检查造影剂；用于病人的诊断试剂	

2021 年版税则			2022 年版硬转换			2022 年版软转换		说明
税则号列	商品名称	税率	税则号列	商品名称	税率	税则号列	商品名称	
3006. 4000	-牙科粘固剂及其他牙科填料；骨骼粘固剂	5	3006. 4000	-牙科粘固剂及其他牙科填料；骨骼粘固剂	5	3006. 4000	-牙科粘固剂及其他牙科填料；骨骼粘固剂	1. 血型试剂调整至税目 38. 22 项下。 2. 为安慰剂和双盲法临床试验试剂盒修订税目 30. 06。 目前我国将安慰剂按照药品归类，但在 WCO 提供的转换表中，安慰剂均归在其他的食品或杂项化工品项下。
3006. 5000	-急救药箱、药包	5	3006. 5000	-急救药箱、药包	5	3006. 5000	-急救药箱、药包	
	-以激素、税目 29. 37 的其他产品或杀精子剂为基本成分的化学避孕药物：			-以激素、税目 29. 37 的其他产品或杀精子剂为基本成分的化学避孕药物：			-以激素、税目 29. 37 的其他产品或杀精子剂为基本成分的化学避孕药物：	
3006. 6010	---以激素为基本成分的避孕药	0	3006. 6010	---以激素为基本成分的避孕药	0	3006. 6010	---以激素为基本成分的避孕药	
3006. 6090	---其他	0	3006. 6090	---其他	0	3006. 6090	---其他	
3006. 7000	-专用于人类或作兽药用的凝胶制品，作为外科手术或体检时躯体部位的润滑剂，或者作为躯体和医疗器械之间的耦合剂	6. 5	3006. 7000	-专用于人类或作兽药用的凝胶制品，作为外科手术或体检时躯体部位的润滑剂，或者作为躯体和医疗器械之间的耦合剂	6. 5	3006. 7000	-专用于人类或作兽药用的凝胶制品，作为外科手术或体检时躯体部位的润滑剂，或者作为躯体和医疗器械之间的耦合剂	
	-其他：			-其他：			-其他：	
3006. 9100	--可确定用于造口术的用具	10	3006. 9100	--可确定用于造口术的用具	10	3006. 9100	--可确定用于造口术的用具	
3006. 9200	--废药物	5	3006. 9200	--废药物	5	3006. 9200	--废药物	

2021年版税则			2022年版硬转换			2022年版软转换		说明
税则号列	商品名称	税率	税则号列	商品名称	税率	税则号列	商品名称	
				--安慰剂和盲法（或双盲法）临床试验试剂盒，用于经许可的临床试验，已配定剂量：	0	3006.9300	--安慰剂和盲法（或双盲法）临床试验试剂盒，用于经许可的临床试验，已配定剂量（ex1704.9000、ex2106.9090、ex2202.9900、ex3004.1011、ex3004.1012、ex3004.1013、ex3004.1019、ex3004.1090、ex3004.2011、ex3004.2012、ex3004.2013、ex3004.2014、ex3004.2015、ex3004.2016、ex3004.2017、ex3004.2018、ex3004.2019、ex3004.2090、ex3004.3110、ex3004.3190、ex3004.3200、ex3004.3900、ex3004.4100、ex3004.4200、ex3004.4300、ex3004.4900、ex3004.5000、ex3004.6010、ex3004.6090、ex3004.9010、ex3004.9020、ex3004.9051、ex3004.9052、ex3004.9053、ex3004.9054、ex3004.9055、ex3004.9059、ex3004.9090、ex3824.9999）	1. 血型试剂调整至税目38.22项下。 2. 为安慰剂和双盲法临床试验试剂盒修订税目30.06。 目前我国将安慰剂按照药品归类，但在WCO提供的转换表中，安慰剂均归在其他的食品或杂项化工品项下。
			3006.9310	---其他不含可可的糖食（包括白巧克力）（ex1704.9000）	10			
			3006.9320	---其他税号未列名食品（ex2106.9090）	12			

2021 年版税则			2022 年版硬转换			2022 年版软转换		说明
税则号列	商品名称	税率	税则号列	商品名称	税率	税则号列	商品名称	
			3006.9330	---其他无酒精饮料，但不包括税目 20.09 的水果汁或蔬菜汁 （ex2202.9900）	5			1. 血型试剂调整至税目 38.22 项下。 2. 为安慰剂和双盲法临床试验试剂盒修订税目 30.06。 目前我国将安慰剂按照药品归类，但在 WCO 提供的转换表中，安慰剂均归在其他的食品或杂项化工品项下。
			3006.9340	---由混合或非混合产品构成的治病或防病用药品（不包括税目 30.02、30.05 或 30.06 的货品），已配定剂量（包括制成皮肤摄入形式的）或制成零售包装 （ex3004.1011、ex3004.1012、ex3004.1013、ex3004.1019、ex3004.1090、ex3004.2011、ex3004.2012、ex3004.2013、ex3004.2014、ex3004.2015、ex3004.2016、ex3004.2017、ex3004.2018、ex3004.2019、ex3004.2090、ex3004.3110、ex3004.3190、ex3004.3200、ex3004.3900、ex3004.4100、ex3004.4200、ex3004.4300、ex3004.4900、ex3004.5000、ex3004.6010、ex3004.6090、ex3004.9010、ex3004.9020、ex3004.9051、ex3004.9052、ex3004.9053、ex3004.9054、ex3004.9055、ex3004.9059、ex3004.9090、ex3004.9090）	0/3/4/5			

2021 年版税则			2022 年版硬转换			2022 年版软转换		说明
税则号列	商品名称	税率	税则号列	商品名称	税率	税则号列	商品名称	
			3006.9350	---其他税号未列名的化学工业及其相关工业的化学产品及配制品（ex3824.9999）	6.5			（见上栏“说明”）
32.04	有机合成着色料，不论是否已有化学定义；本章注释三所述的以有机合成着色料为基本成分的制品；用作荧光增白剂或发光体的有机合成产品，不论是否已有化学定义：		32.04	有机合成着色料，不论是否已有化学定义；本章注释三所述的以有机合成着色料为基本成分的制品；用作荧光增白剂或发光体的有机合成产品，不论是否已有化学定义：		32.04	有机合成着色料，不论是否已有化学定义；本章注释三所述的以有机合成着色料为基本成分的制品；用作荧光增白剂或发光体的有机合成产品，不论是否已有化学定义：	1. 为有机合成着色料修订税目32.04。 2. 软硬转换不相同。 3. 2020 年税号3204.9020、3204.9090 的最惠国税率、协定税率及特惠税率一样，因此软转换合并。 4. 根据对照表，子目 3204.18 应转移自 3204.19，但税号 3204.9020 项下已列名“胡萝卜素及类胡萝卜素”，所以实际转移自税号3204.9020、3204.9090。 5. 经查相关文献，胡萝卜素为类胡萝卜素的一种，因此
	-有机合成着色料及本章注释三所述的以有机合成着色料为基本成分的制品：			-有机合成着色料及本章注释三所述的以有机合成着色料为基本成分的制品：			-有机合成着色料及本章注释三所述的以有机合成着色料为基本成分的制品：	
3204.1100	--分散染料及以其为基本成分的制品	6.5	3204.1100	--分散染料及以其为基本成分的制品	6.5	3204.1100	--分散染料及以其为基本成分的制品	
3204.1200	--酸性染料（不论是否预金属络合）及以其为基本成分的制品；媒染染料及以其为基本成分的制品	6.5	3204.1200	--酸性染料（不论是否预金属络合）及以其为基本成分的制品；媒染染料及以其为基本成分的制品	6.5	3204.1200	--酸性染料（不论是否预金属络合）及以其为基本成分的制品；媒染染料及以其为基本成分的制品	
3204.1300	--碱性染料及以其为基本成分的制品	6.5	3204.1300	--碱性染料及以其为基本成分的制品	6.5	3204.1300	--碱性染料及以其为基本成分的制品	
3204.1400	--直接染料及以其为基本成分的制品	6.5	3204.1400	--直接染料及以其为基本成分的制品	6.5	3204.1400	--直接染料及以其为基本成分的制品	

2021 年版税则			2022 年版硬转换			2022 年版软转换		说明
税则号列	商品名称	税率	税则号列	商品名称	税率	税则号列	商品名称	
	--瓮染料（包括颜料用的）及以其为基本成分的制品：			--瓮染料（包括颜料用的）及以其为基本成分的制品：			--瓮染料（包括颜料用的）及以其为基本成分的制品：	原税号 3204.9020 的商品全部转移至新税号 3204.1810。为方便理解，税号 3204.1810 和 3204.1820 条文中标明“包括胡萝卜素”。
3204.1510	---合成靛蓝（还原靛蓝）	6.5	3204.1510	---合成靛蓝（还原靛蓝）	6.5	3204.1510	---合成靛蓝（还原靛蓝）	
3204.1590	---其他	6.5	3204.1590	---其他	6.5	3204.1590	---其他	
3204.1600	--活性染料及以其为基本成分的制品	6.5	3204.1600	--活性染料及以其为基本成分的制品	6.5	3204.1600	--活性染料及以其为基本成分的制品	
3204.1700	--颜料及以其为基本成分的制品	6.5	3204.1700	--颜料及以其为基本成分的制品	6.5	3204.1700	--颜料及以其为基本成分的制品	
				--类胡萝卜素着色料及以其为基本成分的制品：			--类胡萝卜素着色料及以其为基本成分的制品：	
			3204.1810	---类胡萝卜素（3204.9020）	6.5	3204.1810	---类胡萝卜素（包括胡萝卜素）（3204.9020）	
			3204.1820	---以类胡萝卜素为基本成分的制品（ex3204.1990）	6.5	3204.1820	---以类胡萝卜素（包括胡萝卜素）为基本成分的制品（ex3204.1990）	
	--其他，包括由子目 3204.11 至 3204.19 中两个或多个子目所列着色料组成的混合物：			--其他，包括由子目 3204.11 至 3204.19 中两个或多个子目所列着色料组成的混合物：			--其他，包括由子目 3204.11 至 3204.19 中两个或多个子目所列着色料组成的混合物：	

2021 年版税则			2022 年版硬转换			2022 年版软转换		说明
税则号列	商品名称	税率	税则号列	商品名称	税率	税则号列	商品名称	
	---硫化染料及以其为基本成分的制品：			---硫化染料及以其为基本成分的制品：			---硫化染料及以其为基本成分的制品：	（见上栏“说明”）
3204. 1911	----硫化黑（硫化青）及以其为基本成分的制品	6. 5	3204. 1911	----硫化黑（硫化青）及以其为基本成分的制品	6. 5	3204. 1911	----硫化黑（硫化青）及以其为基本成分的制品	
3204. 1919	----其他	6. 5	3204. 1919	----其他	6. 5	3204. 1919	----其他	
3204. 1990	---其他	6. 5	3204. 1990	---其他	6. 5	3204. 1990	---其他	
3204. 2000	-用作荧光增白剂的有机合成产品	6. 5	3204. 2000	-用作荧光增白剂的有机合成产品	6. 5	3204. 2000	-用作荧光增白剂的有机合成产品	
	-其他：			-其他：			-其他：	
3204. 9010	---生物染色剂及染料指示剂	6. 5	3204. 9010	---生物染色剂及染料指示剂	6. 5	3204. 9010	---生物染色剂及染料指示剂	
3204. 9020	---胡萝卜素及类胡萝卜素	6. 5	3204. 9020	---胡萝卜素（ex3204. 9020）	6. 5			
3204. 9090	---其他	6. 5	3204. 9090	---其他	6. 5	3204. 9090	---其他	

2021 年版税则			2022 年版硬转换			2022 年版软转换		说明
税则号列	商品名称	税率	税则号列	商品名称	税率	税则号列	商品名称	
34.02	有机表面活性剂（肥皂除外）；表面活性剂制品、洗涤剂（包括助洗剂）及清洁剂，不论是否含有肥皂，但税目 34.01 的产品除外：		34.02	有机表面活性剂（肥皂除外）；表面活性剂制品、洗涤剂（包括助洗剂）及清洁剂，不论是否含有肥皂，但税目 34.01 的产品除外：		34.02	有机表面活性剂（肥皂除外）；表面活性剂制品、洗涤剂（包括助洗剂）及清洁剂，不论是否含有肥皂，但税目 34.01 的产品除外：	1. 为有机表面活性剂修订税目 34.02。 2. 软硬转换相同。
	-有机表面活性剂，不论是否零售包装：							
3402.1100	--阴离子型	6.5						
3402.1200	--阳离子型	6.5						
3402.1300	--非离子型	6.5						
3402.1900	--其他	6.5						
	-零售包装的制品：							
3402.2010	---合成洗涤粉	6.5						
3402.2090	---其他	6.5						
				-阴离子型有机表面活性剂，不论是否零售包装：			-阴离子型有机表面活性剂，不论是否零售包装：	
			3402.3100	--直链烷基苯磺酸及其盐（ex3402.1100）	6.5	3402.3100	--直链烷基苯磺酸及其盐（ex3402.1100）	
			3402.3900	--其他（ex3402.1100）	6.5	3402.3900	--其他（ex3402.1100）	
				-其他有机表面活性剂，不论是否零售包装：			-其他有机表面活性剂，不论是否零售包装：	

2021 年版税则			2022 年版硬转换			2022 年版软转换		说明
税则号列	商品名称	税率	税则号列	商品名称	税率	税则号列	商品名称	
			3402.4100	--阳离子型（3402.1200）	6.5	3402.4100	--阳离子型（3402.1200）	1. 为有机表面活性剂修订税目 34.02。 2. 软硬转换相同。
			3402.4200	--非离子型（3402.1300）	6.5	3402.4200	--非离子型（3402.1300）	
			3402.4900	--其他（3402.1900）	6.5	3402.4900	--其他（3402.1900）	
				-零售包装的制品：			-零售包装的制品：	
			3402.5010	---合成洗涤粉（3402.2010）	6.5	3402.5010	---合成洗涤粉（3402.2010）	
			3402.5090	---其他（3402.2090）	6.5	3402.5090	---其他（3402.2090）	
3402.9000	-其他	6.5	3402.9000	-其他	6.5	3402.9000	-其他	
36.03	安全导火索；导爆索；火帽或雷管；引爆器；电雷管：		36.03	安全导火索；导爆索；火帽或雷管；引爆器；电雷管：		36.03	安全导火索；导爆索；火帽或雷管；引爆器；电雷管：	1. 修订税目 36.03。 2. 软硬转换相同。
3603.0000	安全导火索；导爆索；火帽或雷管；引爆器；电雷管	9						
			3603.1000	-安全导火索（ex3603.0000）	9	3603.1000	-安全导火索（ex3603.0000）	

2021 年版税则			2022 年版硬转换			2022 年版软转换		说明
税则号列	商品名称	税率	税则号列	商品名称	税率	税则号列	商品名称	
			3603.2000	-导爆索（ex3603.0000）	9	3603.2000	-导爆索（ex3603.0000）	1. 修订税目 36.03。 2. 软硬转换相同。
			3603.3000	-火帽（ex3603.0000）	9	3603.3000	-火帽（ex3603.0000）	
			3603.4000	-雷管（ex3603.0000）	9	3603.4000	-雷管（ex3603.0000）	
			3603.5000	-引爆器（ex3603.0000）	9	3603.5000	-引爆器（ex3603.0000）	
			3603.6000	-电雷管（ex3603.0000）	9	3603.6000	-电雷管（ex3603.0000）	
38.08	杀虫剂、杀鼠剂、杀菌剂、除草剂、抗萌剂、植物生长调节剂、消毒剂及类似产品，零售形状、零售包装或制成制剂及成品（例如，经硫磺处理的带子、杀虫灯芯、蜡烛及捕蝇纸）：		38.08	杀虫剂、杀鼠剂、杀菌剂、除草剂、抗萌剂、植物生长调节剂、消毒剂及类似产品，零售形状、零售包装或制成制剂及成品（例如，经硫磺处理的带子、杀虫灯芯、蜡烛及捕蝇纸）：		38.08	杀虫剂、杀鼠剂、杀菌剂、除草剂、抗萌剂、植物生长调节剂、消毒剂及类似产品，零售形状、零售包装或制成制剂及成品（例如，经硫磺处理的带子、杀虫灯芯、蜡烛及捕蝇纸）：	1. 根据《鹿特丹公约》秘书处的建议，为《鹿特丹公约》中若干产品而进行的修订。第三十八章子目注释一的范围扩大。 2. 软硬转换不相同。
	-本章子目注释一所列货品：			-本章子目注释一所列货品：			-本章子目注释一所列货品：	
3808.5200	--DDT（ISO）［滴滴涕（INN）］，每包净重不超过 300 克	9	3808.5200	--DDT（ISO）［滴滴涕（INN）］，每包净重不超过 300 克	9	3808.5200	--DDT（ISO）［滴滴涕（INN）］，每包净重不超过 300 克	
	--其他：			--其他：			--其他：	
3808.5910	---零售包装的	9						

2021 年版税则			2022 年版硬转换			2022 年版软转换		说明
税则号列	商品名称	税率	税则号列	商品名称	税率	税则号列	商品名称	
			3808. 5920	---零售包装的不含克百威（ISO）、三氯仿（ISO）的货品（ex3808. 5910）	9	3808. 5920	---零售包装的（3808. 5910、ex3808. 9111、ex3808. 9112、ex3808. 9119、ex3808. 9210、ex3808. 9311、ex3808. 9391、ex3808. 9400、ex3808. 9910）	1. 根据《鹿特丹公约》秘书处的建议，为《鹿特丹公约》中若干产品而进行的修订。第三十八章子目注释一的范围扩大。 2. 软硬转换不相同。
			3809. 5930	---零售包装的苯菌灵（ISO）、克百威（ISO）及福美双（ISO）混合物的粉状制剂（ex3808. 5910）	9			
				---零售包装的含克百威（ISO）、三氯仿（ISO）的货品，但苯菌灵（ISO）、克百威（ISO）及福美双（ISO）混合物的粉状制剂除外：				
			3808. 5941	----蚊香（ex3808. 9111）	10			
			3808. 5942	----生物杀虫剂（ex3808. 9112）	10			

2021 年版税则			2022 年版硬转换			2022 年版软转换		说明
税则号列	商品名称	税率	税则号列	商品名称	税率	税则号列	商品名称	
			3808.5943	----其他杀虫剂（ex3808.9119）	10			1. 根据《鹿特丹公约》秘书处的建议，为《鹿特丹公约》中若干产品而进行的修订。第三十八章子目注释一的范围扩大。 2. 软硬转换不相同。
			3808.5944	----杀菌剂（ex3808.9210）	9			
			3808.5945	----除草剂（ex3808.9311）	9			
			3808.5946	----抗萌剂及植物生长调节剂（ex3808.9391）	9			
			3808.5947	----消毒剂（ex3808.9400）	9			
			3808.5948	----其他（ex3808.9910）	9			
				---其他含克百威（ISO）、三氯仿（ISO）的货品，但苯菌灵（ISO）、克百威（ISO）及福美双（ISO）混合物的粉状制剂除外：				
			3808.5971	----杀虫剂（ex3808.9190）	6			
			3808.5972	----杀菌剂（ex3808.9290）	6			
			3808.5973	----除草剂（ex3808.9319）	5			

2021 年版税则			2022 年版硬转换			2022 年版软转换		说明
税则号列	商品名称	税率	税则号列	商品名称	税率	税则号列	商品名称	
			3808.5974	----抗萌剂及植物生长调节剂（ex3808.9399）	6			1. 根据《鹿特丹公约》秘书处的建议，为《鹿特丹公约》中若干产品而进行的修订。第三十八章子目注释一的范围扩大。 2. 软硬转换不相同。
			3808.5975	----消毒剂（ex3808.9400）	9			
			3808.5976	----其他（ex3808.9990）	9			
			3808.5980	---苯菌灵（ISO）、克百威（ISO）及福美双（ISO）混合物的粉状制剂（ex3808.5990）	5			
3808.5990	---其他	5	3808.5990	---其他不含克百威（ISO）、三氯仿（ISO）的货品（ex3808.5990）	6.5	3808.5990	---其他（3808.5990、ex3808.9190、ex3808.9290、ex3808.9319、ex3808.9399、ex3808.9400、ex3808.9990）	
	-本章子目注释二所列货品：			-本章子目注释二所列货品：			-本章子目注释二所列货品：	
3808.6100	--每包净重不超过 300 克	10	3808.6100	--每包净重不超过 300 克	10	3808.6100	--每包净重不超过 300 克	
3808.6200	--每包净重超过 300 克，但不超过 7.5 千克	10	3808.6200	--每包净重超过 300 克，但不超过 7.5 千克	10	3808.6200	--每包净重超过 300 克，但不超过 7.5 千克	
3808.6900	--其他	6	3808.6900	--其他	6	3808.6900	--其他	
	-其他：			-其他：			-其他：	

2021 年版税则			2022 年版硬转换			2022 年版软转换		说明
税则号列	商品名称	税率	税则号列	商品名称	税率	税则号列	商品名称	
	--杀虫剂：			--杀虫剂：			--杀虫剂：	1. 根据《鹿特丹公约》秘书处的建议，为《鹿特丹公约》中若干产品而进行的修订。第三十八章子目注释一的范围扩大。 2. 软硬转换不相同。
	---零售包装：			---零售包装：			---零售包装：	
3808. 9111	----蚊香	10	3808. 9111	----蚊香（ex3808. 9111）	10	3808. 9111	----蚊香（ex3808. 9111）	
3808. 9112	----生物杀虫剂	10	3808. 9112	----生物杀虫剂（ex3808. 9112）	10	3808. 9112	----生物杀虫剂（ex3808. 9112）	
3808. 9119	----其他	10	3808. 9119	----其他（ex3808. 9119）	10	3808. 9119	----其他（ex3808. 9119）	
3808. 9190	---其他	6	3808. 9190	---其他（ex3808. 9190）	6	3808. 9190	---其他（ex3808. 9190）	
	--杀菌剂：			--杀菌剂：			--杀菌剂：	
3808. 9210	---零售包装	9	3808. 9210	---零售包装（ex3808. 9210）	9	3808. 9210	---零售包装（ex3808. 9210）	
3808. 9290	---其他	6	3808. 9290	---其他（ex3808. 9290）	6	3808. 9290	---其他（ex3808. 9290）	
	--除草剂、抗萌剂及植物生长调节剂：			--除草剂、抗萌剂及植物生长调节剂：			--除草剂、抗萌剂及植物生长调节剂：	
	---除草剂：			---除草剂：			---除草剂：	
3808. 9311	----零售包装	9	3808. 9311	----零售包装（ex3808. 9311）	9	3808. 9311	----零售包装（ex3808. 9311）	
3808. 9319	----其他	5	3808. 9319	----其他（ex3808. 9319）	5	3808. 9319	----其他（ex3808. 9319）	
	---其他：			---其他：			---其他：	
3808. 9391	----零售包装	9	3808. 9391	----零售包装（ex3808. 9391）	9	3808. 9391	----零售包装（ex3808. 9391）	

2021 年版税则			2022 年版硬转换			2022 年版软转换		说明
税则号列	商品名称	税率	税则号列	商品名称	税率	税则号列	商品名称	
3808. 9399	----其他	6	3808. 9399	----其他（ex3808. 9399）	6	3808. 9399	----其他（ex3808. 9399）	（见上栏“说明”）
3808. 9400	--消毒剂	9	3808. 9400	--消毒剂（ex3808. 9400）	9	3808. 9400	--消毒剂（ex3808. 9400）	
	--其他：			--其他：			--其他：	
3808. 9910	---零售包装	9	3808. 9910	---零售包装（ex3808. 9910）	9	3808. 9910	---零售包装（ex3808. 9910）	
3808. 9990	---其他	9	3808. 9990	---其他（ex3808. 9990）	9	3808. 9990	---其他（ex3808. 9990）	
38. 16	耐火的水泥、灰泥、混凝土及类似耐火混合制品，但税目 38. 01 的产品除外：		38. 16	耐火的水泥、灰泥、混凝土及类似耐火混合制品，包括夯混白云石，但税目 38. 01 的产品除外：		38. 16	耐火的水泥、灰泥、混凝土及类似耐火混合制品，包括夯混白云石，但税目 38. 01 的产品除外：	1. 将夯混白云石从税目 25.18 转移到税目 38. 16。 2. 软硬转换相同。
3816. 0000	耐火的水泥、灰泥、混凝土及类似耐火混合制品，但税目 38. 01 的产品除外	6. 5						
			3816. 0010	---夯混白云石（2518. 3000）	3	3816. 0010	---夯混白云石（2518. 3000）	
			3816. 0020	---其他（3816. 0000）	6. 5	3816. 0020	---其他（3816. 0000）	

2021年版税则			2022年版硬转换			2022年版软转换		说明
税则号列	商品名称	税率	税则号列	商品名称	税率	税则号列	商品名称	
38.22	附于衬背上的诊断或实验用试剂及不论是否附于衬背上的诊断或实验用配制试剂，但税目30.02及30.06的货品除外；有证标准样品：		38.22	附于衬背上的诊断或实验用试剂及不论是否附于衬背上的诊断或实验用配制试剂，不论是否制成试剂盒形式，但税目30.06的货品除外；有证标准样品：		38.22	附于衬背上的诊断或实验用试剂及不论是否附于衬背上的诊断或实验用配制试剂，不论是否制成试剂盒形式，但税目30.06的货品除外；有证标准样品：	1. 为税目30.02关于快速检测寨卡病毒及由伊蚊属蚊子传播的其他疾病的试剂盒而进行的修订。 2. 软硬转换不相同。 3. 子目3822.90为检定参照物，附于衬背上的产品较少。
3822.0010	---附于衬背上的	4						
3822.0090	---其他	5						
				-附于衬背上的诊断或实验用试剂及不论是否附于衬背上的诊断或实验用配制试剂，不论是否制成试剂盒形式，但税目30.06的货品除外：			-附于衬背上的诊断或实验用试剂及不论是否附于衬背上的诊断或实验用配制试剂，不论是否制成试剂盒形式，但税目30.06的货品除外：	
				--疟疾用：		3822.1100	--疟疾用（3002.1100、ex3002.1300、ex3002.1400、ex3002.1500）	
			3822.1110	---诊断试剂盒（3002.1100）	3			
			3822.1120	---非混合的免疫制品，未配定剂量或制成零售包装（ex3002.1300）	3			

2021 年版税则			2022 年版硬转换			2022 年版软转换		说明
税则号列	商品名称	税率	税则号列	商品名称	税率	税则号列	商品名称	
			3822.1130	---混合的免疫制品，未配定剂量或制成零售包装（ex3002.1400）	3			1. 为税目 30.02 关于快速检测寨卡病毒及由伊蚊属蚊子传播的其他疾病的试剂盒而进行的修订。 2. 软硬转换不相同。 3. 子目 3822.90 为检定参照物，附于衬背上的产品较少。
			3822.1140	---免疫制品，已配定剂量或制成零售包装（ex3002.1500）	3			
				--寨卡病毒及由伊蚊属蚊子传播的其他疾病用：		3822.1200	--寨卡病毒及由伊蚊属蚊子传播的其他疾病用（ex3002.1300、ex3002.1400、ex3002.1500、ex3822.0010、ex3822.0090）	
			3822.1210	---非混合的免疫制品，未配定剂量或制成零售包装（ex3002.1300）	3			
			3822.1220	---混合的免疫制品，未配定剂量或制成零售包装（ex3002.1400 ）	3			
			3822.1230	---免疫制品，已配定剂量或制成零售包装（ex3002.1500）	3			
				---其他：				

2021 年版税则			2022 年版硬转换			2022 年版软转换		说明
税则号列	商品名称	税率	税则号列	商品名称	税率	税则号列	商品名称	
			3822.1241	----附于衬背上的（ex3822.0010）	4			1. 为税目 30.02 关于快速检测寨卡病毒及由伊蚊属蚊子传播的其他疾病的试剂盒而进行的修订。 2. 软硬转换不相同。 3. 子目 3822.90 为检定参照物，附于衬背上的产品较少。
			3822.1242	----其他（ex3822.0090）	5			
			3822.1300	--血型鉴定用（3006.2000）	3	3822.1300	--血型鉴定用（3006.2000 ）	
				--其他：		3822.1900	--其他（ex3002.1300、ex3002.1400、ex3002.1500、ex3822.0010、ex3822.0090）	
			3822.1910	---非混合的免疫制品，未配定剂量或制成零售包装（ex3002.1300）	3			
			3822.1920	---混合的免疫制品，未配定剂量或制成零售包装（ex3002.1400）	3			
			3822.1930	---免疫制品，已配定剂量或制成零售包装（ex3002.1500）	3			
				---其他：				
			3822.1941	----附于衬背上的（ex3822.0010）	4			

2021年版税则			2022年版硬转换			2022年版软转换		说明
税则号列	商品名称	税率	税则号列	商品名称	税率	税则号列	商品名称	
			3822.1942	----其他（ex3822.0090）	5			（见上栏“说明”）
				-其他：		3822.9000	-其他（ex3822.0010、ex3822.0090）	
			3822.9010	---附于衬背上的（ex3822.0010）	4			
			3822.9090	---其他（ex3822.0090）	5			
38.24	铸模及铸芯用粘合剂；其他税目未列名的化学工业及其相关工业的化学产品及配制品（包括由天然产品混合组成的）：		38.24	铸模及铸芯用粘合剂；其他税目未列名的化学工业及其相关工业的化学产品及配制品（包括由天然产品混合组成的）（+）：		38.24	铸模及铸芯用粘合剂；其他税目未列名的化学工业及其相关工业的化学产品及配制品（包括由天然产品混合组成的）（+）：	根据《蒙特利尔议定书》秘书处的建议，为《蒙特利尔议定书》管制的臭氧层消耗物质新增第六类注释四，以及对税目38.27进行修订。
3824.1000	-铸模及铸芯用粘合剂	6.5	3824.1000	-铸模及铸芯用粘合剂	6.5	3824.1000	-铸模及铸芯用粘合剂	
3824.3000	-自身混合或与金属粘合剂混合的未烧结金属碳化物：	6.5	3824.3000	-自身混合或与金属粘合剂混合的未烧结金属碳化物：	6.5	3824.3000	-自身混合或与金属粘合剂混合的未烧结金属碳化物：	
	-水泥、灰泥及混凝土用添加剂：			-水泥、灰泥及混凝土用添加剂：			-水泥、灰泥及混凝土用添加剂：	
3824.4010	---高效减水剂	6.5	3824.4010	---高效减水剂	6.5	3824.4010	---高效减水剂	
3824.4090	---其他	6.5	3824.4090	---其他	6.5	3824.4090	---其他	
3824.5000	-非耐火的灰泥及混凝土	6.5	3824.5000	-非耐火的灰泥及混凝土	6.5	3824.5000	-非耐火的灰泥及混凝土	
3824.6000	-子目2905.44以外的山梨醇	14	3824.6000	-子目2905.44以外的山梨醇	14	3824.6000	-子目2905.44以外的山梨醇	

2021 年版税则			2022 年版硬转换			2022 年版软转换		说明
税则号列	商品名称	税率	税则号列	商品名称	税率	税则号列	商品名称	
	-含有甲烷、乙烷或丙烷的卤化衍生物的混合物：							根据《蒙特利尔议定书》秘书处的建议，为《蒙特利尔议定书》管制的臭氧层消耗物质新增第六类注释四，以及对税目 38.27 进行修订。
3824.7100	--含全氯氟烃（CFCs）的，不论是否含氢氯氟烃（HCFCs）、全氟烃（PFCs）或氢氟烃（HFCs）	6.5						
3824.7200	--含溴氯二氟甲烷、溴三氟甲烷或二溴四氟乙烷的	6.5						
3824.7300	--含氢溴氟烃（HBFCs）的	6.5						
3824.7400	--含氢氯氟烃（HCFCs）的，不论是否含全氟烃（PFCs）或氢氟烃（HFCs），但不含全氯氟烃（CFCs）	6.5						
3824.7500	--含四氯化碳的	6.5						
3824.7600	--含 1,1,1-三氯乙烷（甲基氯仿）的	6.5						
3824.7700	--含溴化甲烷（甲基溴）或溴氯甲烷的	6.5						

2021年版税则			2022年版硬转换			2022年版软转换		说明
税则号列	商品名称	税率	税则号列	商品名称	税率	税则号列	商品名称	
3824.7800	--含全氟烃（PFCs）或氢氟烃（HFCs）的，但不含全氯氟烃（CFCs）或氢氯氟烃（HCFCs）的	6.5						（见上栏“说明”）
3824.7900	--其他	6.5						
	-本章子目注释三所列货品：			-本章子目注释三所列货品：			-本章子目注释三所列货品：	1. 根据《鹿特丹公约》秘书处的建议，为《鹿特丹公约》中若干产品而进行的《协调制度》目录修订。 2. 软硬转换相同。
3824.8100	--含环氧乙烷（氧化乙烯）的	6.5	3824.8100	--含环氧乙烷（氧化乙烯）的	6.5	3824.8100	--含环氧乙烷（氧化乙烯）的	
3824.8200	--含多氯联苯（PCBs）、多氯三联苯（PCTs）或多溴联苯（PBBs）的	6.5	3824.8200	--含多氯联苯（PCBs）、多氯三联苯（PCTs）或多溴联苯（PBBs）的	6.5	3824.8200	--含多氯联苯（PCBs）、多氯三联苯（PCTs）或多溴联苯（PBBs）的	
3824.8300	--含三（2,3-二溴丙基）磷酸酯的	6.5	3824.8300	--含三（2,3-二溴丙基）磷酸酯的	6.5	3824.8300	--含三（2,3-二溴丙基）磷酸酯的	
3824.8400	--含艾氏剂（ISO）、毒杀芬（ISO）、氯丹（ISO）、十氯酮（ISO）、DDT（ISO）［滴滴涕（INN）、1,1,1-三氯-2,2-双（4-氯苯基）乙烷］、狄氏剂（ISO，INN）、硫丹（ISO）、异狄氏剂（ISO）、七氯（ISO）或灭蚁灵（ISO）的	6.5	3824.8400	--含艾氏剂（ISO）、毒杀芬（ISO）、氯丹（ISO）、十氯酮（ISO）、DDT（ISO）［滴滴涕（INN）、1,1,1-三氯-2,2-双（4-氯苯基）乙烷］、狄氏剂（ISO，INN）、硫丹（ISO）、异狄氏剂（ISO）、七氯（ISO）或灭蚁灵（ISO）的	6.5	3824.8400	--含艾氏剂（ISO）、毒杀芬（ISO）、氯丹（ISO）、十氯酮（ISO）、DDT（ISO）［滴滴涕（INN）、1,1,1-三氯-2,2-双（4-氯苯基）乙烷］、狄氏剂（ISO，INN）、硫丹（ISO）、异狄氏剂（ISO）、七氯（ISO）或灭蚁灵（ISO）的	

2021年版税则			2022年版硬转换			2022年版软转换		说明
税则号列	商品名称	税率	税则号列	商品名称	税率	税则号列	商品名称	
3824.8500	--含1，2，3，4，5，6-六氯环己烷［六六六（ISO）］，包括林丹（ISO，INN）的	6.5	3824.8500	--含1，2，3，4，5，6-六氯环己烷［六六六（ISO）］，包括林丹（ISO，INN）的	6.5	3824.8500	--含1，2，3，4，5，6-六氯环己烷［六六六（ISO）］，包括林丹（ISO，INN）的	1. 根据《鹿特丹公约》秘书处的建议，为《鹿特丹公约》中若干产品而进行的《协调制度》目录修订。 2. 软硬转换相同。
3824.8600	--含五氯苯（ISO）或六氯苯（ISO）的	6.5	3824.8600	--含五氯苯（ISO）或六氯苯（ISO）的	6.5	3824.8600	--含五氯苯（ISO）或六氯苯（ISO）的	
3824.8700	--含全氟辛基磺酸及其盐，全氟辛基磺胺或全氟辛基磺酰氯的	6.5	3824.8700	--含全氟辛基磺酸及其盐，全氟辛基磺胺或全氟辛基磺酰氯的	6.5	3824.8700	--含全氟辛基磺酸及其盐，全氟辛基磺胺或全氟辛基磺酰氯的	
3824.8800	--含四、五、六、七或八溴联苯醚的	6.5	3824.8800	--含四、五、六、七或八溴联苯醚的	6.5	3824.8800	--含四、五、六、七或八溴联苯醚的	
			3824.8900	--含短链氯化石蜡的（ex3824.9999）	6.5	3824.8900	--含短链氯化石蜡的（ex3824.9999）	
	-其他：			-其他：			-其他：	1. 根据禁止化学武器组织秘书处的建议，为禁止化学武器组织管制产品而进行的修订。 2. 软硬转换相同。
3824.9100	--主要由(5-乙基-2-甲基-2氧代-1,3,2-二氧磷杂环己-5-基)甲基膦酸二甲酯和双[(5-乙基-2-甲基-2氧代-1,3,2-二氧磷杂环己-5-基)甲基]甲基膦酸酯（阻燃剂FRC-1）组成的混合物及制品	6.5	3824.9100	--主要由(5-乙基-2-甲基-2氧代-1,3,2-二氧磷杂环己-5-基)甲基膦酸二甲酯和双[(5-乙基-2-甲基-2氧代-1,3,2-二氧磷杂环己-5-基)甲基]甲基膦酸酯（阻燃剂FRC-1）组成的混合物及制品	6.5	3824.9100	--主要由(5-乙基-2-甲基-2氧代-1,3,2-二氧磷杂环己-5-基)甲基膦酸二甲酯和双[(5-乙基-2-甲基-2氧代-1,3,2-二氧磷杂环己-5-基)甲基]甲基膦酸酯（阻燃剂FRC-1）组成的混合物及制品	
			3824.9200	--甲基膦酸聚乙二醇酯（ex3824.9999）	6.5	3824.9200	--甲基膦酸聚乙二醇酯（ex3824.9999）	

2021 年版税则			2022 年版硬转换			2022 年版软转换		说明
税则号列	商品名称	税率	税则号列	商品名称	税率	税则号列	商品名称	
	--其他：			--其他：			--其他：	1. 为《鹿特丹公约》中若干产品，以及为禁止化学武器组织管制产品而进行的修订，子目 3824.99 的部分商品转移至子目 3824.89、3824.92。 2. 为尼古丁产品和新型烟草产品而进行的修订，子目 3824.99 的部分商品转移至子目 2404.12、2404.19、2404.92、2404.99。 3. 为安慰剂和双盲法临床试验试剂盒修订税目 30.06，子目 3824.99 的部分商品转移至 3006.93。
3824.9910	---杂醇油	6.5	3824.9910	---杂醇油	6.5	3824.9910	---杂醇油	
3824.9920	---除墨剂、蜡纸改正液及类似品	9	3824.9920	---除墨剂、蜡纸改正液及类似品	9	3824.9920	---除墨剂、蜡纸改正液及类似品	
3824.9930	---增炭剂	6.5	3824.9930	---增炭剂	6.5	3824.9930	---增炭剂	
	---其他：			---其他：			---其他：	
3824.9991	----按重量计含滑石 50%以上的混合物	6.5	3824.9991	----按重量计含滑石 50%以上的混合物	6.5	3824.9991	----按重量计含滑石 50%以上的混合物	
3824.9992	----按重量计含氧化镁 70%以上的混合物	6.5	3824.9992	----按重量计含氧化镁 70%以上的混合物	6.5	3824.9992	----按重量计含氧化镁 70%以上的混合物	
3824.9993	----表面包覆钴化物的氢氧化镍（掺杂碳）	6.5	3824.9993	----表面包覆钴化物的氢氧化镍（掺杂碳）	6.5	3824.9993	----表面包覆钴化物的氢氧化镍（掺杂碳）	
3824.9999	----其他	6.5	3824.9999	----其他（ex3824.9999）	6.5	3824.9999	----其他（ex3824.9999）	

2021 年版税则			2022 年版硬转换			2022 年版软转换		说明
税则号列	商品名称	税率	税则号列	商品名称	税率	税则号列	商品名称	
38. 25	其他税目未列名的化学工业及其相关工业的副产品；城市垃圾；下水道淤泥；本章注释六所规定的其他废物：		38. 25	其他税目未列名的化学工业及其相关工业的副产品；城市垃圾；下水道淤泥；本章注释六所规定的其他废物：		38. 25	其他税目未列名的化学工业及其相关工业的副产品；城市垃圾；下水道淤泥；本章注释六所规定的其他废物：	为《巴塞尔公约》修订《协调制度》目录。仅涉及部分商品转出，不涉及转换修订。
3825. 1000	-城市垃圾	6. 5	3825. 1000	-城市垃圾（ex3825. 1000）	6. 5	3825. 1000	-城市垃圾（ex3825. 1000）	
3825. 2000	-下水道淤泥	6. 5	3825. 2000	-下水道淤泥	6. 5	3825. 2000	-下水道淤泥	
3825. 3000	-医疗废物	6. 5	3825. 3000	-医疗废物	6. 5	3825. 3000	-医疗废物	
	-废有机溶剂：			-废有机溶剂：			-废有机溶剂：	
3825. 4100	--卤化物的	6. 5	3825. 4100	--卤化物的	6. 5	3825. 4100	--卤化物的	
3825. 4900	--其他	6. 5	3825. 4900	--其他	6. 5	3825. 4900	--其他	
3825. 5000	-废的金属酸液、液压油、制动油及防冻液	6. 5	3825. 5000	-废的金属酸液、液压油、制动油及防冻液	6. 5	3825. 5000	-废的金属酸液、液压油、制动油及防冻液	
	-其他化学工业及相关工业的废物：			-其他化学工业及相关工业的废物：			-其他化学工业及相关工业的废物：	
3825. 6100	--主要含有有机成分的	6. 5	3825. 6100	--主要含有有机成分的	6. 5	3825. 6100	--主要含有有机成分的	
3825. 6900	--其他	6. 5	3825. 6900	--其他	6. 5	3825. 6900	--其他	
3825. 9000	-其他	6. 5	3825. 9000	-其他（ex3825. 9000）	6. 5	3825. 9000	-其他（ex3825. 9000）	

2021 年版税则			2022 年版硬转换			2022 年版软转换		说明
税则号列	商品名称	税率	税则号列	商品名称	税率	税则号列	商品名称	
			38.27	其他税目未列名的，含甲烷、乙烷或丙烷的卤化衍生物的混合物：		38.27	其他税目未列名的，含甲烷、乙烷或丙烷的卤化衍生物的混合物：	1. 根据《蒙特利尔议定书》秘书处的建议，为《蒙特利尔议定书》管制的臭氧层消耗物质新增第六类注释四，以及对税目 38.27 进行修订。 2. 软硬转换相同。
				-含全氯氟烃（CFCs）的，不论是否含氢氯氟烃（HCFCs）、全氟烃（PFCs）或氢氟烃（HFCs）；含氢溴氟烃（HBFCs）的；含四氯化碳的；含 1,1,1-三氯乙烷（甲基氯仿）的：			-含全氯氟烃（CFCs）的，不论是否含氢氯氟烃（HCFCs）、全氟烃（PFCs）或氢氟烃（HFCs）；含氢溴氟烃（HBFCs）的；含四氯化碳的；含 1,1,1-三氯乙烷（甲基氯仿）的：	
			3827.1100	--含全氯氟烃（CFCs）的，不论是否含氢氯氟烃（HCFCs）、全氟烃（PFCs）或氢氟烃（HFCs）（3824.7100）	6.5	3827.1100	--含全氯氟烃（CFCs）的，不论是否含氢氯氟烃（HCFCs）、全氟烃（PFCs）或氢氟烃（HFCs）（3824.7100）	
			3827.1200	--含氢溴氟烃（HBFCs）的（3824.7300）	6.5	3827.1200	--含氢溴氟烃（HBFCs）的（3824.7300）	
			3827.1300	--含四氯化碳的（3824.7500）	6.5	3827.1300	--含四氯化碳的（3824.7500）	
			3827.1400	--含 1,1,1-三氯乙烷（甲基氯仿）的（3824.7600）	6.5	3827.1400	--含 1,1,1-三氯乙烷（甲基氯仿）的（3824.7600）	

2021 年版税则			2022 年版硬转换			2022 年版软转换		说明
税则号列	商品名称	税率	税则号列	商品名称	税率	税则号列	商品名称	
			3827.2000	-含溴氯二氟甲烷（Halon-1211）、三氟溴甲烷（Halon-1301）或二溴四氟乙烷（Halon-2402）的（3824.7200）	6.5	3827.2000	-含溴氯二氟甲烷（Halon-1211）、三氟溴甲烷（Halon-1301）或二溴四氟乙烷（Halon-2402）的（3824.7200）	1. 根据《蒙特利尔议定书》秘书处的建议，为《蒙特利尔议定书》管制的臭氧层消耗物质新增第六类注释四，以及对税目 38.27 进行修订。 2. 软硬转换相同。
				-含氢氯氟烃（HCFCs）的，不论是否含全氟烃（PFCs）或氢氟烃（HFCs），但不含全氯氟烃（CFCs）：			-含氢氯氟烃（HCFCs）的，不论是否含全氟烃（PFCs）或氢氟烃（HFCs），但不含全氯氟烃（CFCs）：	
			3827.3100	--含子目 2903.41 至 2903.48 所列物质的（ex3824.7400）	6.5	3827.3100	--含子目 2903.41 至 2903.48 所列物质的（ex3824.7400）	
			3827.3200	--其他，含子目 2903.71 至 2903.75 所列物质的（ex3824.7400）	6.5	3827.3200	--其他，含子目 2903.71 至 2903.75 所列物质的（ex3824.7400）	
			3827.3900	--其他（ex3824.7400）	6.5	3827.3900	--其他（ex3824.7400）	
			3827.4000	-含溴化甲烷（甲基溴）或溴氯甲烷的（3824.7700）	6.5	3827.4000	-含溴化甲烷（甲基溴）或溴氯甲烷的（3824.7700）	
				-含三氟甲烷（HFC-23）或全氟烃（PFCs），但不含全氯氟烃（CFCs）或氢氯氟烃（HCFCs）的：			-含三氟甲烷（HFC-23）或全氟烃（PFCs），但不含全氯氟烃（CFCs）或氢氯氟烃（HCFCs）的：	

2021 年版税则			2022 年版硬转换			2022 年版软转换		说明
税则号列	商品名称	税率	税则号列	商品名称	税率	税则号列	商品名称	
			3827.5100	--含三氟甲烷（HFC-23）的（ex3824.7800）	6.5	3827.5100	--含三氟甲烷（HFC-23）的（ex3824.7800）	1. 根据《蒙特利尔议定书》秘书处的建议，为《蒙特利尔议定书》管制的臭氧层消耗物质新增第六类注释四，以及对税目 38.27 进行修订。 2. 软硬转换相同。
			3827.5900	--其他（ex3824.7800）	6.5	3827.5900	--其他（ex3824.7800）	
				-含其他氢氟烃（HFCs），但不含全氯氟烃（CFCs）或氢氯氟烃（HCFCs）的：			-含其他氢氟烃（HFCs），但不含全氯氟烃（CFCs）或氢氯氟烃（HCFCs）的：	
			3827.6100	--按重量计含 15%及以上 1,1,1-三氟乙烷（HFC-143a）的（ex3824.7800）	6.5	3827.6100	--按重量计含 15%及以上 1,1,1-三氟乙烷（HFC-143a）的（ex3824.7800）	
			3827.6200	--其他，不归入上述子目，按重量计含 55%及以上五氟乙烷（HFC-125），但不含无环烃的不饱和氟化衍生物（HFOs）的（ex3824.7800）	6.5	3827.6200	--其他，不归入上述子目，按重量计含 55%及以上五氟乙烷（HFC-125），但不含无环烃的不饱和氟化衍生物（HFOs）的（ex3824.7800）	
			3827.6300	--其他，不归入上述子目，按重量计含 40%及以上五氟乙烷（HFC-125）的（ex3824.7800）	6.5	3827.6300	--其他，不归入上述子目，按重量计含 40%及以上五氟乙烷（HFC-125）的（ex3824.7800）	

2021 年版税则			2022 年版硬转换			2022 年版软转换			说明
税则号列	商品名称	税率	税则号列	商品名称	税率	税则号列	商品名称	税率	
			3827.6400	--其他，不归入上述子目，按重量计含 30%及以上 1,1,1,2-四氟乙烷（HFC-134a）的，但不含无环烃的不饱和氟化衍生物（HFOs）（ex3824.7800）	6.5	3827.6400	--其他，不归入上述子目，按重量计含 30%及以上 1,1,1,2-四氟乙烷（HFC-134a）的，但不含无环烃的不饱和氟化衍生物（HFOs）（ex3824.7800）		1. 根据《蒙特利尔议定书》秘书处的建议，为《蒙特利尔议定书》管制的臭氧层消耗物质新增第六类注释四，以及对税目 38.27 进行修订。 2. 软硬转换相同。
			3827.6500	--其他，不归入上述子目，按重量计含 20%及以上二氟甲烷（HFC-32）和 20%及以上五氟乙烷（HFC-125）的（ex3824.7800）	6.5	3827.6500	--其他，不归入上述子目，按重量计含 20%及以上二氟甲烷（HFC-32）和 20%及以上五氟乙烷（HFC-125）的（ex3824.7800）		
			3827.6800	--其他，不归入上述子目，含子目 2903.41 至 2903.48 所列物质的（ex3824.7800）	6.5	3827.6800	--其他，不归入上述子目，含子目 2903.41 至 2903.48 所列物质的（ex3824.7800）		
			3827.6900	--其他（ex3824.7800）	6.5	3827.6900	--其他（ex3824.7800）		
			3827.9000	-其他（3824.7900）	6.5	3827.9000	-其他（3824.7900）		

2021 年版税则			2022 年版硬转换			2022 年版软转换		说明
税则号列	商品名称	税率	税则号列	商品名称	税率	税则号列	商品名称	
39.07	初级形状的聚缩醛、其他聚醚及环氧树脂；初级形状的聚碳酸酯、醇酸树脂、聚烯丙基酯及其他聚酯：		39.07	初级形状的聚缩醛、其他聚醚及环氧树脂；初级形状的聚碳酸酯、醇酸树脂、聚烯丙基酯及其他聚酯：		39.07	初级形状的聚缩醛、其他聚醚及环氧树脂；初级形状的聚碳酸酯、醇酸树脂、聚烯丙基酯及其他聚酯：	1. 根据禁止化学武器组织秘书处的建议，为禁止化学武器组织管制产品而进行的修订。 2. 软硬转换相同。
	-聚缩醛：			-聚缩醛：			-聚缩醛：	
3907.1010	---聚甲醛	6.5	3907.1010	---聚甲醛	6.5	3907.1010	---聚甲醛	
3907.1090	---其他	6.5	3907.1090	---其他	6.5	3907.1090	---其他	
	-其他聚醚：			-其他聚醚：			-其他聚醚：	
3907.2010	---聚四亚甲基醚二醇	6.5						
3907.2090	---其他	6.5						
			3907.2100	--双(聚氧乙烯)甲基膦酸酯(ex3907.2090)	6.5	3907.2100	--双(聚氧乙烯)甲基膦酸酯(ex3907.2090)	
				--其他：			--其他：	
			3907.2910	---聚四亚甲基醚二醇(3907.2010)	6.5	3907.2910	---聚四亚甲基醚二醇(3907.2010)	
			3907.2990	---其他（ex3907.2090）	6.5	3907.2990	---其他（ex3907.2090）	
3907.3000	-环氧树脂	6.5	3907.3000	-环氧树脂	6.5	3907.3000	-环氧树脂	
3907.4000	-聚碳酸酯	6.5	3907.4000	-聚碳酸酯	6.5	3907.4000	-聚碳酸酯	
3907.5000	-醇酸树脂	10	3907.5000	-醇酸树脂	10	3907.5000	-醇酸树脂	

2021 年版税则			2022 年版硬转换			2022 年版软转换		说明
税则号列	商品名称	税率	税则号列	商品名称	税率	税则号列	商品名称	
	-聚对苯二甲酸乙二酯：			-聚对苯二甲酸乙二酯：			-聚对苯二甲酸乙二酯：	1. 根据禁止化学武器组织秘书处的建议，为禁止化学武器组织管制产品而进行的修订。 2. 软硬转换相同。
	--粘数在 78 毫升/克或以上：			--粘数在 78 毫升/克或以上：			--粘数在 78 毫升/克或以上：	
3907. 6110	---切片	6. 5	3907. 6110	---切片	6. 5	3907. 6110	---切片	
3907. 6190	---其他	6. 5	3907. 6190	---其他	6. 5	3907. 6190	---其他	
	--其他：			--其他：			--其他：	
3907. 6910	---切片	6. 5	3907. 6910	---切片	6. 5	3907. 6910	---切片	
3907. 6990	---其他	6. 5	3907. 6990	---其他	6. 5	3907. 6990	---其他	
3907. 7000	-聚乳酸	6. 5	3907. 7000	-聚乳酸	6. 5	3907. 7000	-聚乳酸	
	-其他聚酯：			-其他聚酯：			-其他聚酯：	
3907. 9100	--不饱和	6. 5	3907. 9100	--不饱和	6. 5	3907. 9100	--不饱和	
	--其他：			--其他：			--其他：	
3907. 9910	---聚对苯二甲酸丁二酯	6. 5	3907. 9910	---聚对苯二甲酸丁二酯	6. 5	3907. 9910	---聚对苯二甲酸丁二酯	
	---其他：			---其他：			---其他：	
3907. 9991	----聚对苯二甲酸-己二酸-丁二醇酯	6. 5	3907. 9991	----聚对苯二甲酸-己二酸-丁二醇酯	6. 5	3907. 9991	----聚对苯二甲酸-己二酸-丁二醇酯	
3907. 9999	----其他	6. 5	3907. 9999	----其他	6. 5	3907. 9999	----其他	

2021 年版税则			2022 年版硬转换			2022 年版软转换		说明
税则号列	商品名称	税率	税则号列	商品名称	税率	税则号列	商品名称	
39.11	初级形状的石油树脂、苯并呋喃-茚树脂、多萜树脂、多硫化物、聚砜及本章注释三所规定的其他税目未列名产品：		39.11	初级形状的石油树脂、苯并呋喃-茚树脂、多萜树脂、多硫化物、聚砜及本章注释三所规定的其他税目未列名产品：		39.11	初级形状的石油树脂、苯并呋喃-茚树脂、多萜树脂、多硫化物、聚砜及本章注释三所规定的其他税目未列名产品：	1. 根据禁止化学武器组织秘书处的建议，为禁止化学武器组织管制产品而进行的修订。 2. 软硬转换相同。
3911.1000	-石油树脂、苯并呋喃树脂、茚树脂、苯并呋喃-茚树脂及多萜树脂	6.5	3911.1000	-石油树脂、苯并呋喃树脂、茚树脂、苯并呋喃-茚树脂及多萜树脂	6.5	3911.1000	-石油树脂、苯并呋喃树脂、茚树脂、苯并呋喃-茚树脂及多萜树脂	
			3911.2000	-聚(1,3-亚苯基甲基膦酸酯)(ex3911.9000)	6.5	3911.2000	-聚(1,3-亚苯基甲基膦酸酯)(ex3911.9000)	
3911.9000	-其他	6.5	3911.9000	-其他 (ex3911.9000)	6.5	3911.9000	-其他 (ex3911.9000)	
40.15	硫化橡胶（硬质橡胶除外）制的衣着用品及附件（包括分指手套、连指手套及露指手套）：		40.15	硫化橡胶（硬质橡胶除外）制的衣着用品及附件（包括分指手套、连指手套及露指手套）：		40.15	硫化橡胶（硬质橡胶除外）制的衣着用品及附件（包括分指手套、连指手套及露指手套）：	1. 为橡胶制外科手套进行的修订。考虑到橡胶制手术手套的应用范围而对子目 4015.11 的条文进行修改。 2. 软硬转换相同。 3. 因子目 4015.12 将医疗用与外科、牙科或兽医用分开，税号 4015.9010 调整为“医疗、外科、牙科或兽医用”，以规范表述。
	-分指手套、连指手套及露指手套：			-分指手套、连指手套及露指手套：			-分指手套、连指手套及露指手套：	
4015.1100	--外科用	8						
			4015.1200	--医疗、外科、牙科或兽医用（4015.1100、ex4015.1900）	8	4015.1200	--医疗、外科、牙科或兽医用（4015.1100、ex4015.1900）	
4015.1900	--其他	10	4015.1900	--其他（ex4015.1900）	10	4015.1900	--其他（ex4015.1900）	

2021 年版税则			2022 年版硬转换			2022 年版软转换		说明
税则号列	商品名称	税率	税则号列	商品名称	税率	税则号列	商品名称	
	-其他：			-其他：			-其他：	（见上栏“说明”）
4015.9010	---医疗用	8	4015.9010	---医疗用	8	4015.9010	---医疗、外科、牙科或兽医用	
4015.9090	---其他	10	4015.9090	---其他	10	4015.9090	---其他	
44.01	薪柴（圆木段、块、枝、成捆或类似形状）；木片或木粒；锯末、木废料及碎片，不论是否粘结成圆木段、块、片或类似形状：		44.01	薪柴（圆木段、块、枝、成捆或类似形状）；木片或木粒；锯末、木废料及碎片，不论是否粘结成圆木段、块、片或类似形状：		44.01	薪柴（圆木段、块、枝、成捆或类似形状）；木片或木粒；锯末、木废料及碎片，不论是否粘结成圆木段、块、片或类似形状：	1. 为木质颗粒新增子目 4401.32。根据联合国粮农组织的建议，对第四十四章和第九十四章进行修订。 2. 根据联合国粮农组织的建议，对第四十四章和第九十四章进行修订，分别为未粘结的锯末、木废料及碎片新增子目 4401.41 和 4401.49。 3. 软硬转换相同。
	-薪柴（圆木段、块、枝、成捆或类似形状）：			-薪柴（圆木段、块、枝、成捆或类似形状）：			-薪柴（圆木段、块、枝、成捆或类似形状）：	
4401.1100	--针叶木	0	4401.1100	--针叶木	0	4401.1100	--针叶木	
4401.1200	--非针叶木	0	4401.1200	--非针叶木	0	4401.1200	--非针叶木	
	-木片或木粒：			-木片或木粒：			-木片或木粒：	
4401.2100	--针叶木	0	4401.2100	--针叶木	0	4401.2100	--针叶木	
4401.2200	--非针叶木	0	4401.2200	--非针叶木	0	4401.2200	--非针叶木	
	-锯末、木废料及碎片，粘结成圆木段、块、片或类似形状：			-锯末、木废料及碎片，粘结成圆木段、块、片或类似形状：			-锯末、木废料及碎片，粘结成圆木段、块、片或类似形状：	
4401.3100	--木屑棒	0	4401.3100	--木屑棒	0	4401.3100	--木屑棒	

2021 年版税则			2022 年版硬转换			2022 年版软转换		说明
税则号列	商品名称	税率	税则号列	商品名称	税率	税则号列	商品名称	
			4401.3200	--木屑块（ex4401.3900）	0	4401.3200	--木屑块（ex4401.3900）	（见上栏“说明”）
4401.3900	--其他	0	4401.3900	--其他（ex4401.3900）	0	4401.3900	--其他（ex4401.3900）	
4401.4000	-锯末、木废料及碎片，未粘结的	0		-锯末、木废料及碎片，未粘结的：			-锯末、木废料及碎片，未粘结的：	
			4401.4100	--锯末（ex4401.4000）	0	4401.4100	--锯末（ex4401.4000）	
			4401.4900	--其他（ex4401.4000）	0	4401.4900	--其他（ex4401.4000）	
44.02	木炭（包括果壳炭及果核炭），不论是否结块：		44.02	木炭（包括果壳炭及果核炭），不论是否结块：		44.02	木炭（包括果壳炭及果核炭），不论是否结块：	1. 为果壳或果核的木炭新增子目 4402.20。根据联合国粮农组织的建议，对第四十四章和第九十四章进行修订。 2. 软硬转换相同。
4402.1000	-竹的	6	4402.1000	-竹的	6	4402.1000	-竹的	
			4402.2000	-果壳的或果核的（ex4402.9000）	6	4402.2000	-果壳的或果核的（ex4402.9000）	
4402.9000	-其他	6	4402.9000	-其他（ex4402.9000）	6	4402.9000	-其他（ex4402.9000）	

2021年版税则			2022年版硬转换			2022年版软转换		说明
税则号列	商品名称	税率	税则号列	商品名称	税率	税则号列	商品名称	
44.03	原木，不论是否去皮、去边材或粗锯成方：		44.03	原木，不论是否去皮、去边材或粗锯成方：		44.03	原木，不论是否去皮、去边材或粗锯成方：	1. 因税目44.03项下子目4403.2、4403.9的英、法文本不一致而进行修订。将子目4403.21、4403.23、4403.25、4403.93、4403.95中的“任何”一词替换为“最小”，以使英、法文本一致。 2. 拆分子目4403.49，以便为柚木新增子目4403.42。根据联合国粮农组织的建议，对第四十四章和第九十四章进行修订。 3. 软硬转换相同。
	-用油漆、着色剂、杂酚油或其他防腐剂处理：			-用油漆、着色剂、杂酚油或其他防腐剂处理：			-用油漆、着色剂、杂酚油或其他防腐剂处理：	
4403.1100	--针叶木	0	4403.1100	--针叶木	0	4403.1100	--针叶木	
4403.1200	--非针叶木	0	4403.1200	--非针叶木	0	4403.1200	--非针叶木	
	-其他，针叶木：			-其他，针叶木：			-其他，针叶木：	
	--松木（松属），截面尺寸在15厘米及以上：			--松木（松属），最小截面尺寸在15厘米及以上：			--松木（松属），最小截面尺寸在15厘米及以上：	
4403.2110	---红松和樟子松	0	4403.2110	---红松和樟子松（ex4403.2110）	0	4403.2110	---红松和樟子松（ex4403.2110）	
4403.2120	---辐射松	0	4403.2120	---辐射松（ex4403.2120）	0	4403.2120	---辐射松（ex4403.2120）	
4403.2190	---其他	0	4403.2190	---其他（ex4403.2190）	0	4403.2190	---其他（ex4403.2190）	
	--其他松木（松属）：			--其他松木（松属）：			--其他松木（松属）：	
4403.2210	---红松和樟子松	0	4403.2210	---红松和樟子松（4403.2210、ex4403.2110）	0	4403.2210	---红松和樟子松（4403.2210、ex4403.2110）	
4403.2220	---辐射松	0	4403.2220	---辐射松（4403.2220、ex4403.2120）	0	4403.2220	---辐射松（4403.2220、ex4403.2120）	
4403.2290	---其他	0	4403.2290	---其他（4403.2290、ex4403.2190）	0	4403.2290	---其他（4403.2290、ex4403.2190）	

2021 年版税则			2022 年版硬转换			2022 年版软转换		说明
税则号列	商品名称	税率	税则号列	商品名称	税率	税则号列	商品名称	
4403. 2300	--冷杉和云杉，截面尺寸在 15 厘米及以上	0	4403. 2300	--冷杉和云杉，最小截面尺寸在 15 厘米及以上（ex4403. 2300）	0	4403. 2300	--冷杉和云杉，最小截面尺寸在 15 厘米及以上（ex4403. 2300）	1. 因税目 44. 03 项下子目 4403. 2、4403. 9 的英、法文本不一致而进行修订。将子目 4403. 21、4403. 23、4403. 25、4403. 93、4403. 95 中的“任何”一词替换为“最小”，以使英、法文本一致。 2. 拆分子目 4403. 49，以便为柚木新增子目 4403. 42。根据联合国粮农组织的建议，对第四十四章和第九十四章进行修订。 3. 软硬转换相同。
4403. 2400	--其他冷杉和云杉	0	4403. 2400	--其他冷杉和云杉（4403. 2400、ex4403. 2300）	0	4403. 2400	--其他冷杉和云杉（4403. 2400、ex4403. 2300）	
	--其他，截面尺寸在 15 厘米及以上：			--其他，最小截面尺寸在 15 厘米及以上：			--其他，最小截面尺寸在 15 厘米及以上：	
4403. 2510	---落叶松	0	4403. 2510	---落叶松（ex4403. 2510）	0	4403. 2510	---落叶松（ex4403. 2510）	
4403. 2520	---花旗松	0	4403. 2520	---花旗松（ex4403. 2520）	0	4403. 2520	---花旗松（ex4403. 2520）	
4403. 2590	---其他	0	4403. 2590	---其他（ex4403. 2590）	0	4403. 2590	---其他（ex4403. 2590）	
	--其他：			--其他：			--其他：	
4403. 2610	---落叶松	0	4403. 2610	---落叶松（4403. 2610、ex4403. 2510）	0	4403. 2610	---落叶松（4403. 2610、ex4403. 2510）	
4403. 2620	---花旗松	0	4403. 2620	---花旗松（4403. 2620、ex4403. 2520）	0	4403. 2620	---花旗松（4403. 2620、ex4403. 2520）	
4403. 2690	---其他	0	4403. 2690	---其他（4403. 2690、ex4403. 2590）	0	4403. 2690	---其他（4403. 2690、ex4403. 2590）	
	-其他，热带木：			-其他，热带木：			-其他，热带木：	
4403. 4100	--深红色红柳桉木、浅红色红柳桉木及巴栲红柳桉木	0	4403. 4100	--深红色红柳桉木、浅红色红柳桉木及巴栲红柳桉木	0	4403. 4100	--深红色红柳桉木、浅红色红柳桉木及巴栲红柳桉木	

2021年版税则			2022年版硬转换			2022年版软转换		说明
税则号列	商品名称	税率	税则号列	商品名称	税率	税则号列	商品名称	
			4403.4200	--柚木（4403.4910）	0	4403.4200	--柚木（4403.4910）	1. 因税目44.03项下子目4403.2、4403.9的英、法文本不一致而进行修订。将子目4403.21、4403.23、4403.25、4403.93、4403.95中的“任何”一词替换为“最小”，以使英、法文本一致。 2. 拆分子目4403.49，以便为柚木新增子目4403.42。根据联合国粮农组织的建议，对第四十四章和第九十四章进行修订。 3. 软硬转换相同。
	--其他：			--其他：			--其他：	
4403.4910	---柚木	0						
4403.4920	---奥克曼（奥克榄）	0	4403.4920	---奥克曼（奥克榄）	0	4403.4920	---奥克曼（奥克榄）	
4403.4930	---龙脑香木（克隆）	0	4403.4930	---龙脑香木（克隆）	0	4403.4930	---龙脑香木（克隆）	
4403.4940	---山樟（香木）	0	4403.4940	---山樟（香木）	0	4403.4940	---山樟（香木）	
4403.4950	---印加木（波罗格）	0	4403.4950	---印加木（波罗格）	0	4403.4950	---印加木（波罗格）	
4403.4960	---大干巴豆（门格里斯或康派斯）	0	4403.4960	---大干巴豆（门格里斯或康派斯）	0	4403.4960	---大干巴豆（门格里斯或康派斯）	
4403.4970	---异翅香木	0	4403.4970	---异翅香木	0	4403.4970	---异翅香木	
4403.4980	---红木	0	4403.4980	---红木	0	4403.4980	---红木	
4403.4990	---其他	0	4403.4990	---其他	0	4403.4990	---其他	
	-其他：			-其他：			-其他：	
4403.9100	--栎木（橡木）	0	4403.9100	--栎木（橡木）	0	4403.9100	--栎木（橡木）	
4403.9300	--水青冈木（山毛榉木），截面尺寸在15厘米及以上	0	4403.9300	--水青冈木（山毛榉木），最小截面尺寸在15厘米及以上（ex4403.9300）	0	4403.9300	--水青冈木（山毛榉木），最小截面尺寸在15厘米及以上（ex4403.9300）	
4403.9400	--其他水青冈木（山毛榉木）	0	4403.9400	--其他水青冈木（山毛榉木）（4403.9400、ex4403.9300）	0	4403.9400	--其他水青冈木（山毛榉木）（4403.9400、ex4403.9300）	

2021 年版税则			2022 年版硬转换			2022 年版软转换		说明
税则号列	商品名称	税率	税则号列	商品名称	税率	税则号列	商品名称	
4403. 9500	--桦木，截面尺寸在 15 厘米及以上	0	4403. 9500	--桦木，最小截面尺寸在 15 厘米及以上（ex4403. 9500）	0	4403. 9500	--桦木，最小截面尺寸在 15 厘米及以上（ex4403. 9500）	1. 因税目 44. 03 项下子目 4403. 2、4403. 9 的英、法文本不一致而进行修订。将子目 4403. 21、4403. 23、4403. 25、4403. 93、4403. 95 中的“任何”一词替换为“最小”，以使英、法文本一致。 2. 拆分子目 4403. 49，以便为柚木新增子目 4403. 42。根据联合国粮农组织的建议，对第四十四章和第九十四章进行修订。 3. 软硬转换相同。
4403. 9600	--其他桦木	0	4403. 9600	--其他桦木（4403. 9600、ex4403. 9500）	0	4403. 9600	--其他桦木（4403. 9600、ex4403. 9500）	
4403. 9700	--杨木	0	4403. 9700	--杨木	0	4403. 9700	--杨木	
4403. 9800	--桉木	0	4403. 9800	--桉木	0	4403. 9800	--桉木	
	--其他：			--其他：			--其他：	
4403. 9930	---红木，但子目 4403. 4980 所列热带红木除外	0	4403. 9930	---红木，但子目 4403. 4980 所列热带红木除外	0	4403. 9930	---红木，但子目 4403. 4980 所列热带红木除外	
4403. 9940	---泡桐木	0	4403. 9940	---泡桐木	0	4403. 9940	---泡桐木	
4403. 9950	---水曲柳	0	4403. 9950	---水曲柳	0	4403. 9950	---水曲柳	
4403. 9960	---北美硬阔叶木	0	4403. 9960	---其他北美硬阔叶木	0	4403. 9960	---其他北美硬阔叶木	
4403. 9980	---其他未列名的温带非针叶木	0	4403. 9980	---其他温带非针叶木	0	4403. 9980	---其他温带非针叶木	
4403. 9990	---其他	0	4403. 9990	---其他	0	4403. 9990	---其他	

2021 年版税则			2022 年版硬转换			2022 年版软转换		说明
税则号列	商品名称	税率	税则号列	商品名称	税率	税则号列	商品名称	
44.07	经纵锯、纵切、刨切或旋切的木材，不论是否刨平、砂光或端部接合，厚度超过 6 毫米：		44.07	经纵锯、纵切、刨切或旋切的木材，不论是否刨平、砂光或端部接合，厚度超过 6 毫米：		44.07	经纵锯、纵切、刨切或旋切的木材，不论是否刨平、砂光或端部接合，厚度超过 6 毫米：	1. 拆分子目 4407.19，以新增子目 4407.13、4407.14，分别对云杉-松木-冷杉和铁杉-冷杉的混合物作出专门规定。 2. 软硬转换不相同。新增六位子目为混合木材，实际中无法按树种在七、八位拆分子目，软转换合并至六位子目。
	-针叶木：			-针叶木：			-针叶木：	
	--松木（松属）：			--松木（松属）：			--松木（松属）：	
4407.1110	---红松和樟子松	0	4407.1110	---红松和樟子松（ex4407.1110）	0	4407.1110	---红松和樟子松（ex4407.1110）	
4407.1120	---辐射松	0	4407.1120	---辐射松（ex4407.1120）	0	4407.1120	---辐射松（ex4407.1120）	
4407.1190	---其他	0	4407.1190	---其他（ex4407.1190）	0	4407.1190	---其他（ex4407.1190）	
4407.1200	--冷杉及云杉	0	4407.1200	--冷杉及云杉（ex4407.1200）	0	4407.1200	--冷杉及云杉（ex4407.1200）	
				--云杉-松木-冷杉：		4407.1300	--云杉-松木-冷杉（ex4407.1110、ex4407.1120、ex4407.1190、ex4407.1200、ex4407.1910、ex4407.1990）	
			4407.1310	---红松和樟子松（ex4407.1110）	0			
			4407.1320	---辐射松（ex4407.1120）	0			

2021 年版税则			2022 年版硬转换			2022 年版软转换		说明
税则号列	商品名称	税率	税则号列	商品名称	税率	税则号列	商品名称	
			4407. 1340	---其他（松木）（ex4407. 1190）	0			1. 拆分子目 4407. 19，以新增子目 4407. 13、4407. 14，分别对云杉-松木-冷杉和铁杉-冷杉的混合物作出专门规定。 2. 软硬转换不相同。新增六位子目为混合木材，实际中无法按树种在七、八位拆分子目，软转换合并至六位子目。
			4407. 1350	---冷杉及云杉（ex4407. 1200）	0			
			4407. 1390	---其他（ex4407. 1910、ex4407. 1990）	0			
				--铁杉-冷杉：		4407. 1400	--铁杉-冷杉（ex4407. 1200、ex4407. 1910、ex4407. 1990）	
			4407. 1410	---冷杉及云杉（ex4407. 1200）	0			
			4407. 1490	---其他（ex4407. 1910、ex4407. 1990）	0			
	--其他：			--其他：			--其他：	
4407. 1910	---花旗松	0	4407. 1910	---花旗松（ex4407. 1910）	0	4407. 1910	---花旗松（ex4407. 1910）	
4407. 1990	---其他	0	4407. 1990	---其他（ex4407. 1990）	0	4407. 1990	---其他（ex4407. 1990）	
	-热带木：			-热带木：			-热带木：	
4407. 2100	--美洲桃花心木	0	4407. 2100	--美洲桃花心木	0	4407. 2100	--美洲桃花心木	

2021年版税则			2022年版硬转换			2022年版软转换		说明
税则号列	商品名称	税率	税则号列	商品名称	税率	税则号列	商品名称	
4407.2200	--苏里南肉豆蔻木、细孔绿心樟及美洲轻木	0	4407.2200	--苏里南肉豆蔻木、细孔绿心樟及美洲轻木	0	4407.2200	--苏里南肉豆蔻木、细孔绿心樟及美洲轻木	1. 拆分子目4407.19，以新增子目4407.13、4407.14，分别对云杉-松木-冷杉和铁杉-冷杉的混合物作出专门规定。 2. 软硬转换不相同。新增六位子目为混合木材，实际中无法按树种在七、八位拆分子目，软转换合并至六位子目。
			4407.2300	--柚木（4407.2910）	0	4407.2300	--柚木（4407.2910）	
4407.2500	--深红色红柳桉木、浅红色红柳桉木及巴栲红柳桉木	0	4407.2500	--深红色红柳桉木、浅红色红柳桉木及巴栲红柳桉木	0	4407.2500	--深红色红柳桉木、浅红色红柳桉木及巴栲红柳桉木	
4407.2600	--白柳桉木、白色红柳桉木、白色柳桉木、黄色红柳桉木及阿兰木	0	4407.2600	--白柳桉木、白色红柳桉木、白色柳桉木、黄色红柳桉木及阿兰木	0	4407.2600	--白柳桉木、白色红柳桉木、白色柳桉木、黄色红柳桉木及阿兰木	
4407.2700	--沙比利	0	4407.2700	--沙比利	0	4407.2700	--沙比利	
4407.2800	--伊罗科木	0	4407.2800	--伊罗科木	0	4407.2800	--伊罗科木	
	--其他：			--其他：			--其他：	
4407.2910	---柚木	0						
4407.2920	---非洲桃花心木	0	4407.2920	---非洲桃花心木	0	4407.2920	---非洲桃花心木	
4407.2930	---波罗格	0	4407.2930	---波罗格	0	4407.2930	---波罗格	
4407.2940	---红木	0	4407.2940	---红木	0	4407.2940	---红木	
4407.2990	---其他	0	4407.2990	---其他	0	4407.2990	---其他	
	-其他：			-其他：			-其他：	
4407.9100	--栎木（橡木）	0	4407.9100	--栎木（橡木）	0	4407.9100	--栎木（橡木）	

2021 年版税则			2022 年版硬转换			2022 年版软转换		说明
税则号列	商品名称	税率	税则号列	商品名称	税率	税则号列	商品名称	
4407.9200	--水青冈木（山毛榉木）	0	4407.9200	--水青冈木（山毛榉木）	0	4407.9200	--水青冈木（山毛榉木）	1. 拆分子目 4407.19，以新增子目 4407.13、4407.14，分别对云杉-松木-冷杉和铁杉-冷杉的混合物作出专门规定。 2. 软硬转换不相同。新增六位子目为混合木材，实际中无法按树种在七、八位拆分子目，软转换合并至六位子目。
4407.9300	--槭木（枫木）	0	4407.9300	--槭木（枫木）	0	4407.9300	--槭木（枫木）	
4407.9400	--樱桃木	0	4407.9400	--樱桃木	0	4407.9400	--樱桃木	
4407.9500	--白蜡木	0	4407.9500	--白蜡木	0	4407.9500	--白蜡木	
4407.9600	--桦木	0	4407.9600	--桦木	0	4407.9600	--桦木	
4407.9700	--杨木	0	4407.9700	--杨木	0	4407.9700	--杨木	
	--其他：			--其他：			--其他：	
4407.9910	---红木，但子目 4407.2940 所列热带红木除外	0	4407.9910	---红木，但子目 4407.2940 所列热带红木除外	0	4407.9910	---红木，但子目 4407.2940 所列热带红木除外	
4407.9920	---泡桐木	0	4407.9920	---泡桐木	0	4407.9920	---泡桐木	
4407.9930	---其他北美硬阔叶木	0	4407.9930	---其他北美硬阔叶木	0	4407.9930	---其他北美硬阔叶木	
4407.9980	---其他温带非针叶木	0	4407.9980	---其他温带非针叶木	0	4407.9980	---其他温带非针叶木	
4407.9990	---其他	0	4407.9990	---其他	0	4407.9990	---其他	

2021年版税则			2022年版硬转换			2022年版软转换		说明
税则号列	商品名称	税率	税则号列	商品名称	税率	税则号列	商品名称	
44.12	胶合板、单板饰面板及类似的多层板：		44.12	胶合板、单板饰面板及类似的多层板：		44.12	胶合板、单板饰面板及类似的多层板：	根据联合国粮农组织的建议，对第四十四章和第九十四章进行修订。子目4412.33仅法文修改，中文不变。
	-竹制的：			-竹制的：			-竹制的：	
	---仅由薄板制的胶合板，每层厚度不超过6毫米：			---仅由薄板制的胶合板，每层厚度不超过6毫米：			---仅由薄板制的胶合板，每层厚度不超过6毫米：	
4412.1011	----至少有一表层是热带木	6	4412.1011	----至少有一表层是热带木	6	4412.1011	----至少有一表层是热带木	
4412.1019	----其他	4	4412.1019	----其他	4	4412.1019	----其他	
4412.1020	---其他，至少有一表层是非针叶木	6	4412.1020	---其他，至少有一表层是非针叶木	6	4412.1020	---其他，至少有一表层是非针叶木	
	---其他：			---其他：			---其他：	
4412.1091	----至少有一层是热带木	6	4412.1091	----至少有一层是热带木	6	4412.1091	----至少有一层是热带木	
4412.1092	----至少含有一层木碎料板	6	4412.1092	----至少含有一层木碎料板	6	4412.1092	----至少含有一层木碎料板	
4412.1099	----其他	4	4412.1099	----其他	4	4412.1099	----其他	
	-仅由薄木板制的其他胶合板（竹制除外），每层厚度不超过6毫米：			-仅由薄木板制的其他胶合板（竹制除外），每层厚度不超过6毫米：			-仅由薄木板制的其他胶合板（竹制除外），每层厚度不超过6毫米：	
4412.3100	--至少有一表层是热带木	6	4412.3100	--至少有一表层是热带木	6	4412.3100	--至少有一表层是热带木	

2021年版税则			2022年版硬转换			2022年版软转换		说明
税则号列	商品名称	税率	税则号列	商品名称	税率	税则号列	商品名称	
4412.3300	--其他，至少有一表层是下列非针叶木：桤木、白蜡木、水青冈木（山毛榉木）、桦木、樱桃木、栗木、榆木、桉木、山核桃、七叶树、椴木、槭木、栎木（橡木）、悬铃木、杨木、刺槐木、鹅掌楸或核桃木	4	4412.3300	--其他，至少有一表层是下列非针叶木：桤木、白蜡木、水青冈木（山毛榉木）、桦木、樱桃木、栗木、榆木、桉木、山核桃、七叶树、椴木、槭木、栎木（橡木）、悬铃木、杨木、刺槐木、鹅掌楸或核桃木	4	4412.3300	--其他，至少有一表层是下列非针叶木：桤木、白蜡木、水青冈木（山毛榉木）、桦木、樱桃木、栗木、榆木、桉木、山核桃、七叶树、椴木、槭木、栎木（橡木）、悬铃木、杨木、刺槐木、鹅掌楸或核桃木	根据联合国粮农组织的建议，对第四十四章和第九十四章进行修订。子目4412.33仅法文修改，中文不变。
	--其他，至少有一表层为子目4412.33未具体列名的非针叶木：			--其他，至少有一表层为子目4412.33未具体列名的非针叶木：			--其他，至少有一表层为子目4412.33未具体列名的非针叶木：	
4412.3410	---其他，至少有一表层是温带非针叶木（子目4412.3300的非针叶木除外）	4	4412.3410	---其他，至少有一表层是温带非针叶木（子目4412.3300的非针叶木除外）	4	4412.3410	---其他，至少有一表层是温带非针叶木（子目4412.3300的非针叶木除外）	
4412.3490	---其他	4	4412.3490	---其他	4	4412.3490	---其他	
4412.3900	--其他，上下表层均为针叶木	4	4412.3900	--其他，上下表层均为针叶木	4	4412.3900	--其他，上下表层均为针叶木	
				-单板层积材：			-单板层积材：	
			4412.4100	--至少有一表层是热带木（ex4412.9910）	6	4412.4100	--至少有一表层是热带木（ex4412.9910）	

2021年版税则			2022年版硬转换			2022年版软转换		说明
税则号列	商品名称	税率	税则号列	商品名称	税率	税则号列	商品名称	
			4412.4200	--其他，至少有一表层是非针叶木（ex4412.9910）	6	4412.4200	--其他，至少有一表层是非针叶木（ex4412.9910）	根据联合国粮农组织的建议，对第四十四章和第九十四章进行修订。子目4412.33仅法文修改，中文不变。
				--其他，上下表层均为针叶木：			--其他，上下表层均为针叶木：	
			4412.4910	---至少有一层是热带木（ex4412.9991）	6		---中间至少有一层是热带木（ex4412.9991）	
						4412.4911	----中间至少有一层是本章本国注释一所列的热带木（ex4412.9991）	
						4412.4919	----其他，中间至少有一层是其他热带木（ex4412.9991）	
			4412.4920	---其他，至少含有一层木碎料板（ex4412.9992）	6	4412.4920	---其他，中间至少含有一层木碎料板（ex4412.9992）	
			4412.4990	---其他（ex4412.9999）	4	4412.4990	---其他（ex4412.9999）	
				-木块芯胶合板、侧板条芯胶合板及板条芯胶合板：			-木块芯胶合板、侧板条芯胶合板及板条芯胶合板：	
			4412.5100	--至少有一表层是热带木（ex4412.9410）	6	4412.5100	--至少有一表层是热带木（ex4412.9410）	

2021 年版税则			2022 年版硬转换			2022 年版软转换		说明
税则号列	商品名称	税率	税则号列	商品名称	税率	税则号列	商品名称	
			4412.5200	--其他，至少有一表层是非针叶木（ex4412.9410）	6	4412.5200	--其他，至少有一表层是非针叶木（ex4412.9410）	根据联合国粮农组织的建议，对第四十四章和第九十四章进行修订。子目 4412.33 仅法文修改，中文不变。
				--其他，上下表层均为针叶木：			--其他，上下表层均为针叶木：	
			4412.5910	---至少有一层是热带木（4412.9491）	6		---中间至少有一层是热带木：	
						4412.5911	----中间至少有一层是本章本国注释一所列的热带木（ex4412.9491）	
						4412.5919	----其他，中间至少有一层是其他热带木（ex4412.9491）	
			4412.5920	---其他，至少含有一层木碎料板（4412.9492）	6	4412.5920	---其他，中间至少含有一层木碎料板（4412.9492）	
			4412.5990	---其他（4412.9499）	4	4412.5990	---其他（4412.9499）	
	-其他：			-其他：			-其他：	
			4412.9100	--至少有一表层是热带木（ex4412.9910）	6	4412.9100	--至少有一表层是热带木（ex4412.9910）	
			4412.9200	--其他，至少有一表层是非针叶木（ex4412.9910）	6	4412.9200	--其他，至少有一表层是非针叶木（ex4412.9910）	

2021 年版税则			2022 年版硬转换			2022 年版软转换		说明
税则号列	商品名称	税率	税则号列	商品名称	税率	税则号列	商品名称	
	--木块芯胶合板，侧板条芯胶合板及板条芯胶合板：							根据联合国粮农组织的建议，对第四十四章和第九十四章进行修订。子目 4412.33 仅法文修改，中文不变。
4412.9410	---至少有一表层是非针叶木	6						
	---其他：							
4412.9491	----至少有一层是热带木	6						
4412.9492	----其他，至少含有一层木碎料板	6						
4412.9499	----其他	4						
	--其他：			--其他，上下表层均为针叶木：			--其他，上下表层均为针叶木：	
4412.9910	---至少有一表层是非针叶木	6						
			4412.9920	---至少有一层是本章本国注释一所列的热带木（ex4412.9991）	6	4412.9920	---中间至少有一层是本章本国注释一所列的热带木（ex4412.9991）	
			4412.9930	---其他，至少有一层是其他热带木（ex4412.9991）	6	4412.9930	---其他，中间至少有一层是其他热带木（ex4412.9991）	
			4412.9940	---其他，至少含有一层木碎料板（ex4412.9992）	6	4412.9940	---其他，中间至少含有一层木碎料板（ex4412.9992）	

2021年版税则			2022年版硬转换			2022年版软转换		说明
税则号列	商品名称	税率	税则号列	商品名称	税率	税则号列	商品名称	
	---其他：		4412.9990	---其他（ex4412.9999）	4	4412.9990	---其他（ex4412.9999）	根据联合国粮农组织的建议，对第四十四章和第九十四章进行修订。子目4412.33仅法文修改，中文不变。
4412.9991	----至少有一层是热带木	6						
4412.9992	----其他，至少含有一层木碎料板	6						
4412.9999	----其他	4						
44.14	木制的画框、相框、镜框及类似品：		44.14	木制的画框、相框、镜框及类似品：		44.14	木制的画框、相框、镜框及类似品：	1. 根据联合国粮农组织的建议，对第四十四章和第九十四章进行修订。将税目44.14拆分为 4414.10 和4414.90，以便区分特定的热带木货品。 2. 软硬转换相同。
4414.0010	---辐射松制的	7						
4414.0090	---其他	7						
			4414.1000	-热带木的（ex4414.0090）	7	4414.1000	-热带木的（ex4414.0090）	
				-其他：			-其他：	
			4414.9010	---辐射松制的（4414.0010）	7	4414.9010	---辐射松制的（4414.0010）	
			4414.9090	---其他（ex4414.0090）	7	4414.9090	---其他（ex4414.0090）	

2021年版税则			2022年版硬转换			2022年版软转换		说明
税则号列	商品名称	税率	税则号列	商品名称	税率	税则号列	商品名称	
44.18	建筑用木工制品，包括蜂窝结构木镶板、已装拼的地板、木瓦及盖屋板：		44.18	建筑用木工制品，包括蜂窝结构木镶板、已装拼的地板、木瓦及盖屋板：		44.18	建筑用木工制品，包括蜂窝结构木镶板、已装拼的地板、木瓦及盖屋板：	1. 根据联合国粮农组织的建议，对第四十四章和第九十四章进行修订。 2. 区分特定的热带木货品，以加强对全球贸易的监控。 3. 为柱及横梁新增子目4418.30，将子目4418.60的某些商品转移至新子目4418.30项下。 4. 基于制造工艺和规格尺寸，分别为集成材、正交胶合木、工字梁、其他工程结构木制品新增子目4418.81、4418.82、4418.83和4418.89。 5. 拆分子目4418.99，以便为蜂窝结构木镶板新增子目4418.92。
	-窗、法兰西式（落地）窗及其框架：			-窗、法兰西式（落地）窗及其框架：			-窗、法兰西式（落地）窗及其框架：	
4418.1010	---辐射松制的	4						
4418.1090	---其他	4						
			4418.1100	--热带木的（ex4418.1090）	4	4418.1100	--热带木的（ex4418.1090）	
				--其他：			--其他：	
			4418.1910	---辐射松制的（4418.1010）	4	4418.1910	---辐射松制的（4418.1010）	
			4418.1990	---其他（ex4418.1090）	4	4418.1990	---其他（ex4418.1090）	
4418.2000	-门及其框架和门槛	4		-门及其框架和门槛：			-门及其框架和门槛：	
			4418.2100	--热带木的（ex4418.2000）	4	4418.2100	--热带木的（ex4418.2000）	
			4418.2900	--其他（ex4418.2000）	4	4418.2900	--其他（ex4418.2000）	
			4418.3000	-柱及梁，子目4418.81至4418.89的货品除外（ex4418.6000）	4	4418.3000	-柱及梁，子目4418.81至4418.89的货品除外（ex4418.6000）	
4418.4000	-水泥构件的模板	4	4418.4000	-水泥构件的模板	4	4418.4000	-水泥构件的模板	

2021年版税则			2022年版硬转换			2022年版软转换		说明
税则号列	商品名称	税率	税则号列	商品名称	税率	税则号列	商品名称	
4418.5000	-木瓦及盖屋板	6	4418.5000	-木瓦及盖屋板	6	4418.5000	-木瓦及盖屋板	6. 软硬转换不同，税率相同的适当合并。
4418.6000	-柱及梁	4						
	-已装拼的地板：			-已装拼的地板：			-已装拼的地板：	
	--竹的或至少顶层（耐磨层）是竹的：			--竹的或至少顶层（耐磨层）是竹的：			--竹的或至少顶层（耐磨层）是竹的：	
4418.7310	---马赛克地板用	4	4418.7310	---马赛克地板用	4	4418.7310	---马赛克地板用	
4418.7320	---其他，竹制多层的	4	4418.7320	---其他，竹制多层的	4	4418.7320	---其他，竹制多层的	
4418.7390	---其他	4	4418.7390	---其他	4	4418.7390	---其他	
4418.7400	--其他，马赛克地板用	4	4418.7400	--其他，马赛克地板用	4	4418.7400	--其他，马赛克地板用	
4418.7500	--其他，多层的	4	4418.7500	--其他，多层的	4	4418.7500	--其他，多层的	
4418.7900	--其他	4	4418.7900	--其他	4	4418.7900	--其他	
				-工程结构木制品：			-工程结构木制品：	
				--集成材：		4418.8100	--集成材（ex4418.6000、ex4418.9100、ex4418.9900）	
			4418.8110	---柱及梁（ex4418.6000）	4			
			4418.8120	---其他，竹的（ex4418.9100）	4			
			4418.8190	---其他（ex4418.9900）	4			

2021 年版税则			2022 年版硬转换			2022 年版软转换		说明
税则号列	商品名称	税率	税则号列	商品名称	税率	税则号列	商品名称	
				--正交胶合木（CLT 或 X-lam）：		4418. 8200	--正交胶合木（ex4418. 6000、ex4418. 9100、ex4418. 9900）	（见上栏“说明”）
			4418. 8210	---柱及梁（ex4418. 6000）	4			
			4418. 8220	---其他，竹的（ex4418. 9100）	4			
			4418. 8290	---其他（ex4418. 9900）	4			
				--工字梁：		4418. 8300	--工字梁（ex4418. 6000、ex4418. 9100、ex4418. 9900）	
			4418. 8310	---柱及梁（ex4418. 6000）	4			
			4418. 8320	---其他，竹的（ex4418. 9100）	4			
			4418. 8390	---其他（ex4418. 9900）	4			
				--其他：		4418. 8900	--其他（ex4418. 6000、ex4418. 9100、ex4418. 9900）	
			4418. 8910	---柱及梁（ex4418. 6000）	4			
			4418. 8920	---其他，竹的（ex4418. 9100）	4			

2021 年版税则			2022 年版硬转换			2022 年版软转换		说明
税则号列	商品名称	税率	税则号列	商品名称	税率	税则号列	商品名称	
			4418.8990	---其他（ex4418.9900）	4			（见上栏“说明”）
	-其他：			-其他：			-其他：	
4418.9100	--竹的	4	4418.9100	--竹的（ex4418.9100）	4	4418.9100	--竹的（ex4418.9100）	
			4418.9200	--蜂窝结构木镶板（ex4418.9900）	4	4418.9200	--蜂窝结构木镶板（ex4418.9900）	
4418.9900	--其他	4	4418.9900	--其他（ex4418.9900）	4	4418.9900	--其他（ex4418.9900）	
44.19	木制餐具及厨房用具：		44.19	木制餐具及厨房用具：		44.19	木制餐具及厨房用具：	1. 根据联合国粮农组织的建议，对第四十四章和第九十四章进行修订。区分特定的热带木货品，以加强对全球贸易的监控。 2. 软硬转换不相同。 3. 热带木价值较高，较少用于制作一次性筷子，因此在软转换中未对子目 4419.20 进行拆分。
	-竹的：			-竹的：			-竹的：	
4419.1100	--切面包板、砧板及类似板	0	4419.1100	--切面包板、砧板及类似板	0	4419.1100	--切面包板、砧板及类似板	
	--筷子：			--筷子：			--筷子：	
4419.1210	---一次性筷子	0	4419.1210	---一次性筷子	0	4419.1210	---一次性筷子	
4419.1290	---其他	0	4419.1290	---其他	0	4419.1290	---其他	
4419.1900	--其他	0	4419.1900	--其他	0	4419.1900	--其他	
				-热带木的：		4419.2000	-热带木的（ex4419.9010，ex4419.9090）	
			4419.2010	---一次性筷子（ex4419.9010）	0			
			4419.2090	---其他（ex4419.9090）	0			
	-其他：			-其他：			-其他：	

2021 年版税则			2022 年版硬转换			2022 年版软转换		说明
税则号列	商品名称	税率	税则号列	商品名称	税率	税则号列	商品名称	
4419. 9010	---一次性筷子	0	4419. 9010	---一次性筷子（ex4419. 9010）	0	4419. 9010	---一次性筷子（ex4419. 9010）	（见上栏“说明”）
4419. 9090	---其他	0	4419. 9090	---其他（ex4419. 9090）	0	4419. 9090	---其他（ex4419. 9090）	
44. 20	镶嵌木（包括细工镶嵌木）；装珠宝或刀具用的木制盒子和小匣子及类似品；木制小雕像及其他装饰品；第九十四章以外的木制家具：		44. 20	镶嵌木（包括细工镶嵌木）；装珠宝或刀具用的木制盒子和小匣子及类似品；木制小雕像及其他装饰品；第九十四章以外的木制家具：		44. 20	镶嵌木（包括细工镶嵌木）；装珠宝或刀具用的木制盒子和小匣子及类似品；木制小雕像及其他装饰品；第九十四章以外的木制家具：	1. 根据联合国粮农组织的建议，对第四十四章和第九十四章进行修订。区分特定的热带木货品，以加强对全球贸易的监控。 2. 软硬转换相同。
	-木制小雕像及其他装饰品：			-小雕像及其他装饰品：			-小雕像及其他装饰品：	
	---木刻及竹刻：							
4420. 1011	----木刻	0						
4420. 1012	----竹刻	0						
4420. 1020	---木扇	0						
4420. 1090	---其他	0						
				--热带木的：			--热带木的：	
			4420. 1110	---木刻（ex4420. 1011）	0	4420. 1110	---木刻（ex4420. 1011）	
			4420. 1120	---木扇（ex4420. 1020）	0	4420. 1120	---木扇（ex4420. 1020）	
			4420. 1190	---其他（ex4420. 1090）	0	4420. 1190	---其他（ex4420. 1090）	
				--其他：			--其他：	

2021 年版税则			2022 年版硬转换			2022 年版软转换		说明
税则号列	商品名称	税率	税则号列	商品名称	税率	税则号列	商品名称	
				---木刻及竹刻:			---木刻及竹刻:	1. 根据联合国粮农组织的建议，对第四十四章和第九十四章进行修订。区分特定的热带木货品，以加强对全球贸易的监控。 2. 软硬转换相同。
			4420.1911	----木刻（ex4420.1011）	0	4420.1911	----木刻（ex4420.1011）	
			4420.1912	----竹刻（4420.1012）	0	4420.1912	----竹刻（4420.1012）	
			4420.1920	---木扇（ex4420.1020）	0	4420.1920	---木扇（ex4420.1020）	
			4420.1990	---其他（ex4420.1090）	0	4420.1990	---其他（ex4420.1090）	
	-其他:			-其他:			-其他:	
4420.9010	---镶嵌木	0	4420.9010	---镶嵌木	0	4420.9010	---镶嵌木	
4420.9090	---其他	0	4420.9090	---其他	0	4420.9090	---其他	
44.21	其他木制品:		44.21	其他木制品:		44.21	其他木制品:	1. 根据联合国粮农组织的建议，对第四十四章和第九十四章进行修订。新增子目4421.20，以单独区分棺材。 2. 软硬转换不相同。 3. 软转换中未对子目4421.20项下棺材进行区分。
4421.1000	-衣架	0	4421.1000	-衣架	0	4421.1000	-衣架	
				-棺材:		4421.2000	-棺材（ex4421.9190、ex4421.9990）	
			4421.2010	---竹的（ex4421.9190）	0			
			4421.2090	---其他（ex4421.9990）	0			
	-其他:			-其他:			-其他:	
	--竹的:			--竹的:			--竹的:	
4421.9110	---圆签、圆棒、冰果棒、压舌片及类似一次性制品	0	4421.9110	---圆签、圆棒、冰果棒、压舌片及类似一次性制品	0	4421.9110	---圆签、圆棒、冰果棒、压舌片及类似一次性制品	

2021年版税则			2022年版硬转换			2022年版软转换		说明
税则号列	商品名称	税率	税则号列	商品名称	税率	税则号列	商品名称	
4421.9190	---其他	0	4421.9190	---其他（ex4421.9190）	0	4421.9190	---其他（ex4421.9190）	（见上栏“说明”）
	--其他：			--其他：			--其他：	
4421.9910	---木制圆签、圆棒、冰果棒、压舌片及类似一次性制品	0	4421.9910	---木制圆签、圆棒、冰果棒、压舌片及类似一次性制品	0	4421.9910	---木制圆签、圆棒、冰果棒、压舌片及类似一次性制品	
4421.9990	---其他	0	4421.9990	---其他（ex4421.9990）	0	4421.9990	---其他（ex4421.9990）	
49.05	各种印刷的地图、水道图及类似图表，包括地图册、挂图、地形图及地球仪、天体仪：		49.05	各种印刷的地图、水道图及类似图表，包括地图册、挂图、地形图及地球仪、天体仪：		49.05	各种印刷的地图、水道图及类似图表，包括地图册、挂图、地形图及地球仪、天体仪：	1. 由于贸易量低删除子目。 2. 软硬转换不相同。
4905.1000	-地球仪、天体仪	0						
			4905.2000	--成册的（4905.9100）	0	4905.2000	-成册的（4905.9100）	
	-其他：			-其他：		4905.9000	-其他（4905.1000、4905.9900）	
			4905.9010	---地球仪、天体仪（4905.1000）	0			
			4905.9090	---其他（4905.9900）	0			
4905.9100	--成册的	0						
4905.9900	--其他	0						

2021 年版税则			2022 年版硬转换			2022 年版软转换		说明
税则号列	商品名称	税率	税则号列	商品名称	税率	税则号列	商品名称	
55.01	合成纤维长丝丝束：		55.01	合成纤维长丝丝束：		55.01	合成纤维长丝丝束：	1. 对两用物项物品的术语进行修订。 2. 软硬转换相同。
5501.1000	-尼龙或其他聚酰胺制	5		-尼龙或其他聚酰胺制：			-尼龙或其他聚酰胺制：	
			5501.1100	--芳香族聚酰胺制（ex5501.1000）	5	5501.1100	--芳香族聚酰胺制（ex5501.1000）	
			5501.1900	--其他（ex5501.1000）	5	5501.1900	--其他（ex5501.1000）	
5501.2000	-聚酯制	5	5501.2000	-聚酯制	5	5501.2000	-聚酯制	
5501.3000	-聚丙烯腈或变性聚丙烯腈制	5	5501.3000	-聚丙烯腈或变性聚丙烯腈制	5	5501.3000	-聚丙烯腈或变性聚丙烯腈制	
5501.4000	-聚丙烯制	5	5501.4000	-聚丙烯制	5	5501.4000	-聚丙烯制	
5501.9000	-其他	5	5501.9000	-其他	5	5501.9000	-其他	
57.03	簇绒地毯及纺织材料的其他簇绒铺地制品，不论是否制成的：		57.03	簇绒地毯及纺织材料的其他簇绒铺地制品（包括人造草皮），不论是否制成的：		57.03	簇绒地毯及纺织材料的其他簇绒铺地制品（包括人造草皮），不论是否制成的：	1. 为合成纤维制草皮修订税目 57.03。 2. 软硬转换相同。
5703.1000	-羊毛或动物细毛制	6	5703.1000	-羊毛或动物细毛制	6	5703.1000	-羊毛或动物细毛制	
5703.2000	-尼龙或其他聚酰胺制	4		-尼龙或其他聚酰胺制：			-尼龙或其他聚酰胺制：	
			5703.2100	--人造草皮（ex5703.2000）	4	5703.2100	--人造草皮（ex5703.2000）	
			5703.2900	--其他（ex5703.2000）	4	5703.2900	--其他（ex5703.2000）	
5703.3000	-其他化学纤维制	4		-其他化学纤维制：			-其他化学纤维制：	

2021年版税则			2022年版硬转换			2022年版软转换		说明
税则号列	商品名称	税率	税则号列	商品名称	税率	税则号列	商品名称	
			5703.3100	--人造草皮（ex5703.3000）	4	5703.3100	--人造草皮（ex5703.3000）	（见上栏“说明”）
			5703.3900	--其他（ex5703.3000）	4	5703.3900	--其他（ex5703.3000）	
5703.9000	-其他纺织材料制	6	5703.9000	-其他纺织材料制	6	5703.9000	-其他纺织材料制	
58.02	毛巾织物及类似的毛圈机织物，但税目58.06的狭幅织物除外；簇绒织物，但税目57.03的产品除外：		58.02	毛巾织物及类似的毛圈机织物，但税目58.06的狭幅织物除外；簇绒织物，但税目57.03的产品除外：		58.02	毛巾织物及类似的毛圈机织物，但税目58.06的狭幅织物除外；簇绒织物，但税目57.03的产品除外：	删除贸易量低的税目/子目。
	-棉制毛巾织物及类似毛圈机织物：			-棉制毛巾织物及类似毛圈机织物：			-棉制毛巾织物及类似毛圈机织物：	
			5802.1010	---未漂白（5802.1100）	8	5802.1010	---未漂白（5802.1100）	
			5802.1090	---其他（5802.1900）	8	5802.1090	---其他（5802.1900）	
5802.1100	--未漂白	8						
5802.1900	--其他	8						
	-其他纺织材料制的毛巾织物及类似的毛圈机织物：			-其他纺织材料制的毛巾织物及类似的毛圈机织物：			-其他纺织材料制的毛巾织物及类似的毛圈机织物：	
5802.2010	---丝及绢丝制	8	5802.2010	---丝及绢丝制	8	5802.2010	---丝及绢丝制	
5802.2020	---羊毛或动物细毛制	8	5802.2020	---羊毛或动物细毛制	8	5802.2020	---羊毛或动物细毛制	
5802.2030	---化学纤维制	8	5802.2030	---化学纤维制	8	5802.2030	---化学纤维制	

2021年版税则			2022年版硬转换			2022年版软转换		说明
税则号列	商品名称	税率	税则号列	商品名称	税率	税则号列	商品名称	
5802. 2090	---其他	8	5802. 2090	---其他	8	5802. 2090	---其他	删除贸易量低的税目/子目。
	-簇绒织物：			-簇绒织物：			-簇绒织物：	
5802. 3010	---丝及绢丝制	8	5802. 3010	---丝及绢丝制	8	5802. 3010	---丝及绢丝制	
5802. 3020	---羊毛或动物细毛制	8	5802. 3020	---羊毛或动物细毛制	8	5802. 3020	---羊毛或动物细毛制	
5802. 3030	---棉或麻制	8	5802. 3030	---棉或麻制	8	5802. 3030	---棉或麻制	
5802. 3040	---化学纤维制	8	5802. 3040	---化学纤维制	8	5802. 3040	---化学纤维制	
5802. 3090	---其他纺织材料制	8	5802. 3090	---其他纺织材料制	8	5802. 3090	---其他纺织材料制	
59. 11	本章注释七所规定的作专门技术用途的纺织产品及制品：		59. 11	本章注释八所规定的作专门技术用途的纺织产品及制品：		59. 11	本章注释八所规定的作专门技术用途的纺织产品及制品：	因新增第五十九章注释三引起的序号修改；第五十九章注释七（一）及子目5911. 40的英文条文修改，中文不变。
	-用橡胶、皮革或其他材料涂布、包覆或层压的作针布用的纺织物、毡呢及毡呢衬里机织物，以及作专门技术用途的类似织物，包括用橡胶浸渍的、用于包覆纺锤（织轴）的狭幅丝绒织物：			-用橡胶、皮革或其他材料涂布、包覆或层压的作针布用的纺织物、毡呢及毡呢衬里机织物，以及作专门技术用途的类似织物，包括用橡胶浸渍的、用于包覆纺锤（织轴）的狭幅丝绒织物：			-用橡胶、皮革或其他材料涂布、包覆或层压的作针布用的纺织物、毡呢及毡呢衬里机织物，以及作专门技术用途的类似织物，包括用橡胶浸渍的、用于包覆纺锤（织轴）的狭幅丝绒织物：	
5911. 1010	---用橡胶浸渍的、用于包覆纺锤（织轴）的狭幅丝绒织物	8	5911. 1010	---用橡胶浸渍的、用于包覆纺锤（织轴）的狭幅丝绒织物	8	5911. 1010	---用橡胶浸渍的、用于包覆纺锤（织轴）的狭幅丝绒织物	

2021 年版税则			2022 年版硬转换			2022 年版软转换		说明
税则号列	商品名称	税率	税则号列	商品名称	税率	税则号列	商品名称	
5911. 1090	---其他	8	5911. 1090	---其他	8	5911. 1090	---其他	因新增第五十九章注释三引起的序号修改；第五十九章注释七（一）及子目5911. 40 的英文条文修改，中文不变。
5911. 2000	-筛布，不论是否制成的	8	5911. 2000	-筛布，不论是否制成的	8	5911. 2000	-筛布，不论是否制成的	
	-环状或装有连接装置的纺织物及毡呢，用于造纸机器或类似机器（例如，制浆机或制石棉水泥的机器）：			-环状或装有连接装置的纺织物及毡呢，用于造纸机器或类似机器（例如，制浆机或制石棉水泥的机器）：			-环状或装有连接装置的纺织物及毡呢，用于造纸机器或类似机器（例如，制浆机或制石棉水泥的机器）：	
5911. 3100	--每平方米重量在 650 克以下	8	5911. 3100	--每平方米重量在 650 克以下	8	5911. 3100	--每平方米重量在 650 克以下	
5911. 3200	--每平方米重量在 650 克及以上	8	5911. 3200	--每平方米重量在 650 克及以上	8	5911. 3200	--每平方米重量在 650 克及以上	
5911. 4000	-用于榨油机器或类似机器的滤布，包括人发制滤布	8	5911. 4000	-用于榨油机器或类似机器的滤布，包括人发制滤布	8	5911. 4000	-用于榨油机器或类似机器的滤布，包括人发制滤布	
5911. 9000	-其他	8	5911. 9000	-其他	8	5911. 9000	-其他	
61. 16	针织或钩编的分指手套、连指手套及露指手套：		61. 16	针织或钩编的分指手套、连指手套及露指手套：		61. 16	针织或钩编的分指手套、连指手套及露指手套：	1. 为层压织物修订《协调制度》目录，修订税目61. 16（子目6116. 10）。 2. 软硬转换不相同。
6116. 1000	-用塑料或橡胶浸渍、涂布或包覆的	6		-用塑料或橡胶浸渍、涂布、包覆或层压的：		6116. 1000	-用塑料或橡胶浸渍、涂布、包覆或层压的（6116. 1000、ex6116. 9100、ex6116. 9200、ex6116. 9300、ex6116. 9900）	

2021 年版税则			2022 年版硬转换			2022 年版软转换		说明
税则号列	商品名称	税率	税则号列	商品名称	税率	税则号列	商品名称	
			6116. 1010	--用塑料或橡胶浸渍、涂布或包覆的（6116. 1000）	6			1. 为层压织物修订《协调制度》目录，修订税目 61. 16（子目 6116. 10）。 2. 软硬转换不相同。
				--用塑料或橡胶层压的：				
			6116. 1021	---羊毛或动物细毛制（ex6116. 9100）	6			
			6116. 1022	---棉制（ex6116. 9200）	6			
			6116. 1023	---合成纤维制（ex6116. 9300）	6			
			6116. 1029	---其他纺织材料制（ex6116. 9900）	6			
	-其他：			-其他：			-其他：	
6116. 9100	--羊毛或动物细毛制	6	6116. 9100	--羊毛或动物细毛制（ex6116. 9100）	6	6116. 9100	--羊毛或动物细毛制（ex6116. 9100）	
6116. 9200	--棉制	6	6116. 9200	--棉制（ex6116. 9200）	6	6116. 9200	--棉制（ex6116. 9200）	
6116. 9300	--合成纤维制	6	6116. 9300	--合成纤维制（ex6116. 9300）	6	6116. 9300	--合成纤维制（ex6116. 9300）	
6116. 9900	--其他纺织材料制	6	6116. 9900	--其他纺织材料制（ex6116. 9900）	6	6116. 9900	--其他纺织材料制（ex6116. 9900）	

2021 年版税则			2022 年版硬转换			2022 年版软转换		说明
税则号列	商品名称	税率	税则号列	商品名称	税率	税则号列	商品名称	
62.01	男式大衣、短大衣、斗篷、短斗篷、带风帽的防寒短上衣（包括滑雪短上衣）、防风衣、防风短上衣及类似品，但税目 62.03 的货品除外：		62.01	男式大衣、短大衣、斗篷、短斗篷、带风帽的防寒短上衣（包括滑雪短上衣）、防风衣、防风短上衣及类似品，但税目 62.03 的货品除外：		62.01	男式大衣、短大衣、斗篷、短斗篷、带风帽的防寒短上衣（包括滑雪短上衣）、防风衣、防风短上衣及类似品，但税目 62.03 的货品除外：	1. 优化税目 62.01 的结构，与税目 61.01 统一。 2. 软硬转换不相同。 3. “大衣、雨衣、短大衣、斗篷、短斗篷及类似品”与“其他”不再区分；棉制、化学纤维制项下保留“羽绒服”。
	-大衣、雨衣、短大衣、斗篷、短斗篷及类似品：							
6201.1100	--羊毛或动物细毛制	6						
	--棉制：							
6201.1210	---羽绒服	6						
6201.1290	---其他	6						
	--化学纤维制：							
6201.1310	---羽绒服	8						
6201.1390	---其他	8						
6201.1900	--其他纺织材料制	6						
				-羊毛或动物细毛制：		6201.2000	-羊毛或动物细毛制（6201.1100、6201.9100）	
			6201.2010	---大衣、雨衣、短大衣、斗篷、短斗篷及类似品（6201.1100）	6			

2021 年版税则			2022 年版硬转换			2022 年版软转换		说明
税则号列	商品名称	税率	税则号列	商品名称	税率	税则号列	商品名称	
			6201.2090	---其他（6201.9100）	6			1. 优化税目 62.01 的结构，与税目 61.01 统一。 2. 软硬转换不相同。 3. “大衣、雨衣、短大衣、斗篷、短斗篷及类似品”与“其他”不再区分；棉制、化学纤维制项下保留“羽绒服”。
				-棉制：			-棉制：	
						6201.3010	---羽绒服（6201.1210、6201.9210）	
				---大衣、雨衣、短大衣、斗篷、短斗篷及类似品：				
			6201.3011	----羽绒服（6201.1210）	6			
			6201.3019	----其他（6201.1290）	6			
				---其他：		6201.3090	---其他（6201.1290、6201.9290）	
			6201.3091	----羽绒服（6201.9210）	6			
			6201.3099	----其他（6201.9290）	6			
				-化学纤维制：			-化学纤维制：	
						6201.4010	---羽绒服（6201.1310、6201.9310）	
				---大衣、雨衣、短大衣、斗篷、短斗篷及类似品：				

2021 年版税则			2022 年版硬转换			2022 年版软转换		说明
税则号列	商品名称	税率	税则号列	商品名称	税率	税则号列	商品名称	
			6201.4011	----羽绒服（6201.1310）	8			1. 优化税目 62.01 的结构，与税目 61.01 统一。 2. 软硬转换不相同。 3. “大衣、雨衣、短大衣、斗篷、短斗篷及类似品”与“其他”不再区分；棉制、化学纤维制项下保留“羽绒服”。
			6201.4019	----其他（6201.1390）	8			
				---其他：		6201.4090	---其他（6201.1390、6201.9390）	
			6201.4091	----羽绒服（6201.9310）	8			
			6201.4099	----其他（6201.9390）	8			
	-其他：			-其他纺织材料制：		6201.9000	-其他纺织材料制（6201.1900、6201.9900）	
			6201.9010	---大衣、雨衣、短大衣、斗篷、短斗篷及类似品（6201.1900）	6			
			6201.9090	---其他（6201.9900）	6			
6201.9100	--羊毛或动物细毛制	6						
	--棉制：							
6201.9210	---羽绒服	6						
6201.9290	---其他	6						
	--化学纤维制：							
6201.9310	---羽绒服	8						

2021年版税则			2022年版硬转换			2022年版软转换		说明
税则号列	商品名称	税率	税则号列	商品名称	税率	税则号列	商品名称	
6201.9390	---其他	8						（见上栏“说明”）
6201.9900	--其他纺织材料制	6						
62.02	女式大衣、短大衣、斗篷、短斗篷、带风帽的防寒短上衣（包括滑雪短上衣）、防风衣、防风短上衣及类似品，但税目62.04的货品除外：		62.02	女式大衣、短大衣、斗篷、短斗篷、带风帽的防寒短上衣（包括滑雪短上衣）、防风衣、防风短上衣及类似品，但税目62.04的货品除外：		62.02	女式大衣、短大衣、斗篷、短斗篷、带风帽的防寒短上衣（包括滑雪短上衣）、防风衣、防风短上衣及类似品，但税目62.04的货品除外：	1. 优化税目62.02的结构，与税目61.01统一。 2. 软硬转换不相同。 3. “大衣、雨衣、短大衣、斗篷、短斗篷及类似品”与“其他”不再区分；棉制、化学纤维制项下保留“羽绒服”。
	-大衣、雨衣、短大衣、斗篷、短斗篷及类似品：							
6202.1100	--羊毛或动物细毛制	6						
	--棉制：							
6202.1210	---羽绒服	6						
6202.1290	---其他	6						
	--化学纤维制：							
6202.1310	---羽绒服	10						
6202.1390	---其他	10						
6202.1900	--其他纺织材料制	6						
				-羊毛或动物细毛制：		6202.2000	-羊毛或动物细毛制（6202.1100、6202.9100）	

2021年版税则			2022年版硬转换			2022年版软转换		说明
税则号列	商品名称	税率	税则号列	商品名称	税率	税则号列	商品名称	
			6202.2010	---大衣、雨衣、短大衣、斗篷、短斗篷及类似品（6202.1100）	6			1. 优化税目62.02的结构，与税目61.01统一。 2. 软硬转换不相同。 3. “大衣、雨衣、短大衣、斗篷、短斗篷及类似品”与“其他”不再区分；棉制、化学纤维制项下保留“羽绒服”。
			6202.2090	---其他（6202.9100）	6			
				-棉制：			-棉制：	
						6202.3010	---羽绒服（6202.1210、6202.9210）	
				---大衣、雨衣、短大衣、斗篷、短斗篷及类似品：				
			6202.3011	----羽绒服（6202.1210）	6			
			6202.3019	----其他（6202.1290）	6			
				---其他：		6202.3090	---其他（6202.1290、6202.9290）	
			6202.3091	----羽绒服（6202.9210）	6			
			6202.3099	----其他（6202.9290）	6			
				-化学纤维制：			-化学纤维制：	
						6202.4010	---羽绒服（6202.1310、6202.9310）	

2021年版税则			2022年版硬转换			2022年版软转换		说明
税则号列	商品名称	税率	税则号列	商品名称	税率	税则号列	商品名称	
				---大衣、雨衣、短大衣、斗篷、短斗篷及类似品:				1. 优化税目62.02的结构，与税目61.01统一。 2. 软硬转换不相同。 3. “大衣、雨衣、短大衣、斗篷、短斗篷及类似品”与“其他”不再区分；棉制、化学纤维制项下保留“羽绒服”。
			6202.4011	----羽绒服（6202.1310）	10			
			6202.4019	----其他（6202.1390）	10			
				---其他:		6202.4090	---其他（6202.1390、6202.9390）	
			6202.4091	----羽绒服（6202.9310）	8			
			6202.4099	----其他（6202.9390）	8			
	-其他:			-其他纺织材料制:		6202.9000	-其他纺织材料制（6202.1900、6202.9900）	
			6202.9010	---大衣、雨衣、短大衣、斗篷、短斗篷及类似品（6202.1900）	6			
			6202.9090	---其他（6202.9900）	6			
6202.9100	--羊毛或动物细毛制	6						
	--棉制:							
6202.9210	---羽绒服	6						
6202.9290	---其他	6						

2021 年版税则			2022 年版硬转换			2022 年版软转换		说明
税则号列	商品名称	税率	税则号列	商品名称	税率	税则号列	商品名称	
	--化学纤维制：							（见上栏“说明”）
6202.9310	---羽绒服	8						
6202.9390	---其他	8						
6202.9900	--其他纺织材料制	6						
62.10	用税目 56.02、56.03、59.03、59.06 或 59.07 的织物制成的服装：		62.10	用税目 56.02、56.03、59.03、59.06 或 59.07 的织物制成的服装：		62.10	用税目 56.02、56.03、59.03、59.06 或 59.07 的织物制成的服装：	1. 根据税目 62.01 及 62.02 结构的变化所作的修改。 2. 软硬转换不相同。
	-用税目 56.02 或 56.03 的织物制成的服装：			-用税目 56.02 或 56.03 的织物制成的服装：			-用税目 56.02 或 56.03 的织物制成的服装：	
6210.1010	---羊毛或动物细毛制	6	6210.1010	---羊毛或动物细毛制	6	6210.1010	---羊毛或动物细毛制	
6210.1020	---棉或麻制	6	6210.1020	---棉或麻制	6	6210.1020	---棉或麻制	
6210.1030	---化学纤维制	8	6210.1030	---化学纤维制	8	6210.1030	---化学纤维制	
6210.1090	---其他纺织材料制	6	6210.1090	---其他纺织材料制	6	6210.1090	---其他纺织材料制	
6210.2000	-子目 6201.11 至 6201.19 所列类型的其他服装	6		-税目 62.01 所列类型的其他服装：		6210.2000	-税目 62.01 所列类型的其他服装（6210.2000、ex6210.4000）	
			6210.2010	---原子目 6201.11 至 6201.19 所列类型的其他服装（6210.2000）	6			

2021 年版税则			2022 年版硬转换			2022 年版软转换		说明
税则号列	商品名称	税率	税则号列	商品名称	税率	税则号列	商品名称	
			6210.2020	---原子目 6201.91 至 6201.99 所列类型的其他服装（ex6210.4000）	6			1. 根据税目 62.01 及 62.02 结构的变化所作的修改。 2. 软硬转换不相同。
6210.3000	-子目 6202.11 至 6202.19 所列类型的其他服装	6		-税目 62.02 所列类型的其他服装：		6210.3000	-税目 62.02 所列类型的其他服装（6210.3000、ex6210.5000）	
			6210.3010	---原子目 6202.11 至 6202.19 所列类型的其他服装（6210.3000）	6			
			6210.3020	---原子目 6202.91 至 6202.99 所列类型的其他服装（ex6210.5000）	6			
6210.4000	-其他男式服装	6	6210.4000	-其他男式服装（ex6210.4000）	6	6210.4000	-其他男式服装（ex6210.4000）	
6210.5000	-其他女式服装	6	6210.5000	-其他女式服装（ex6210.5000）	6	6210.5000	-其他女式服装（ex6210.5000）	
63.06	油苫布、天篷及遮阳篷；帐篷；风帆；野营用品：		63.06	油苫布、天篷及遮阳篷；帐篷（包括临时顶篷及类似品）；风帆；野营用品：		63.06	油苫布、天篷及遮阳篷；帐篷（包括临时顶篷及类似品）；风帆；野营用品：	税目和子目条文内容变化，但不涉及商品范围的调整，软硬转换未作调整。
	-油苫布、天篷及遮阳篷：			-油苫布、天篷及遮阳篷：			-油苫布、天篷及遮阳篷：	
6306.1200	--合成纤维制	6	6306.1200	--合成纤维制	6	6306.1200	--合成纤维制	
	--其他纺织材料制：			--其他纺织材料制：			--其他纺织材料制：	

2021 年版税则			2022 年版硬转换			2022 年版软转换		说明
税则号列	商品名称	税率	税则号列	商品名称	税率	税则号列	商品名称	
6306. 1910	---麻制	6	6306. 1910	---麻制	6	6306. 1910	---麻制	税目和子目条文内容变化，但不涉及商品范围的调整，软硬转换未作调整。
6306. 1920	---棉制	6	6306. 1920	---棉制	6	6306. 1920	---棉制	
6306. 1990	---其他	6	6306. 1990	---其他	6	6306. 1990	---其他	
	-帐篷：			-帐篷（包括临时顶篷及类似品）：			-帐篷（包括临时顶篷及类似品）：	
6306. 2200	--合成纤维制	6	6306. 2200	--合成纤维制	6	6306. 2200	--合成纤维制	
	--其他纺织材料制：			--其他纺织材料制：			--其他纺织材料制：	
6306. 2910	---棉制	6	6306. 2910	---棉制	6	6306. 2910	---棉制	
6306. 2990	---其他	6	6306. 2990	---其他	6	6306. 2990	---其他	
	-风帆：			-风帆：			-风帆：	
6306. 3010	---合成纤维制	6	6306. 3010	---合成纤维制	6	6306. 3010	---合成纤维制	
6306. 3090	---其他纺织材料制	6	6306. 3090	---其他纺织材料制	6	6306. 3090	---其他纺织材料制	
	-充气褥垫：			-充气褥垫：			-充气褥垫：	
6306. 4010	---棉制	6	6306. 4010	---棉制	6	6306. 4010	---棉制	
6306. 4020	---化学纤维制	6	6306. 4020	---化学纤维制	6	6306. 4020	---化学纤维制	
6306. 4090	---其他纺织材料制	6	6306. 4090	---其他纺织材料制	6	6306. 4090	---其他纺织材料制	
	-其他：			-其他：			-其他：	
6306. 9010	---棉制	6	6306. 9010	---棉制	6	6306. 9010	---棉制	

2021年版税则			2022年版硬转换			2022年版软转换		说明
税则号列	商品名称	税率	税则号列	商品名称	税率	税则号列	商品名称	
6306.9020	---麻制	6	6306.9020	---麻制	6	6306.9020	---麻制	（见上栏“说明”）
6306.9030	---化学纤维制	6	6306.9030	---化学纤维制	6	6306.9030	---化学纤维制	
6306.9090	---其他	6	6306.9090	---其他	6	6306.9090	---其他	
68.02	已加工的碑石或建筑用石（不包括板岩）及其制品，但税目68.01的货品除外；天然石料（包括板岩）制的镶嵌石（马赛克）及类似品，不论是否有衬背；天然石料（包括板岩）制的人工染色石粒、石片及石粉：		68.02	已加工的碑石或建筑用石（不包括板岩）及其制品，但税目68.01的货品除外；天然石料（包括板岩）制的镶嵌石（马赛克）及类似品，不论是否有衬背；天然石料（包括板岩）制的人工染色石粒、石片及石粉：		68.02	已加工的碑石或建筑用石（不包括板岩）及其制品，但税目68.01的货品除外；天然石料（包括板岩）制的镶嵌石（马赛克）及类似品，不论是否有衬背；天然石料（包括板岩）制的人工染色石粒、石片及石粉：	为明确子目6802.10的商品范围而进行的修订，仅文字修改，不涉及转换。
	-砖、瓦、方块及类似品，不论是否为矩形（包括正方形），其最大表面积以可置入边长小于7厘米的方格为限；人工染色的石粒、石片及石粉：			-砖、瓦、方块及类似品，不论是否为矩形（包括正方形），其最大面以可置入边长小于7厘米的方格为限；人工染色的石粒、石片及石粉：			-砖、瓦、方块及类似品，不论是否为矩形（包括正方形），其最大面以可置入边长小于7厘米的方格为限；人工染色的石粒、石片及石粉：	
6802.1010	---大理石	15	6802.1010	---大理石	15	6802.1010	---大理石	
6802.1090	---其他	15	6802.1090	---其他	15	6802.1090	---其他	
	-简单切削或锯开并具有一个平面的其他碑石或建筑用石及其制品：			-简单切削或锯开并具有一个平面的其他碑石或建筑用石及其制品：			-简单切削或锯开并具有一个平面的其他碑石或建筑用石及其制品：	

2021年版税则			2022年版硬转换			2022年版软转换		说明
税则号列	商品名称	税率	税则号列	商品名称	税率	税则号列	商品名称	
	--大理石、石灰华及蜡石：			--大理石、石灰华及蜡石：			--大理石、石灰华及蜡石：	为明确子目6802.10的商品范围而进行的修订，仅文字修改，不涉及转换。
6802.2110	---大理石	10	6802.2110	---大理石	10	6802.2110	---大理石	
6802.2120	---石灰华	15	6802.2120	---石灰华	15	6802.2120	---石灰华	
6802.2190	---其他	15	6802.2190	---其他	15	6802.2190	---其他	
6802.2300	--花岗岩	10	6802.2300	--花岗岩	10	6802.2300	--花岗岩	
	--其他石：			--其他石：			--其他石：	
6802.2910	---其他石灰石	15	6802.2910	---其他石灰石	15	6802.2910	---其他石灰石	
6802.2990	---其他	15	6802.2990	---其他	15	6802.2990	---其他	
	-其他：			-其他：			-其他：	
	--大理石、石灰华及蜡石：			--大理石、石灰华及蜡石：			--大理石、石灰华及蜡石：	
6802.9110	---石刻	15	6802.9110	---石刻	15	6802.9110	---石刻	
6802.9190	---其他	10	6802.9190	---其他	10	6802.9190	---其他	
	--其他石灰石：			--其他石灰石：			--其他石灰石：	
6802.9210	---石刻	15	6802.9210	---石刻	15	6802.9210	---石刻	
6802.9290	---其他	10	6802.9290	---其他	10	6802.9290	---其他	
	--花岗岩：			--花岗岩：			--花岗岩：	
	---石刻：			---石刻：			---石刻：	

2021 年版税则			2022 年版硬转换			2022 年版软转换		说明
税则号列	商品名称	税率	税则号列	商品名称	税率	税则号列	商品名称	
6802.9311	----墓碑石	15	6802.9311	----墓碑石	15	6802.9311	----墓碑石	为明确子目 6802.10 的商品范围而进行的修订，仅文字修改，不涉及转换。
6802.9319	----其他	15	6802.9319	----其他	15	6802.9319	----其他	
6802.9390	---其他	10	6802.9390	---其他	10	6802.9390	---其他	
	--其他石：			--其他石：			--其他石：	
6802.9910	---石刻	15	6802.9910	---石刻	15	6802.9910	---石刻	
6802.9990	---其他	15	6802.9990	---其他	15	6802.9990	---其他	
68.12	已加工的石棉纤维；以石棉为基本成分或以石棉和碳酸镁为基本成分的混合物；上述混合物或石棉的制品（例如，纱线、机织物、服装、帽类、鞋靴、衬垫），不论是否加强，但税目 68.11 或 68.13 的货品除外：		68.12	已加工的石棉纤维；以石棉为基本成分或以石棉和碳酸镁为基本成分的混合物；上述混合物或石棉的制品（例如，纱线、机织物、服装、帽类、鞋靴、衬垫），不论是否加强，但税目 68.11 或 68.13 的货品除外：		68.12	已加工的石棉纤维；以石棉为基本成分或以石棉和碳酸镁为基本成分的混合物；上述混合物或石棉的制品（例如，纱线、机织物、服装、帽类、鞋靴、衬垫），不论是否加强，但税目 68.11 或 68.13 的货品除外：	1. 删除贸易量低的税目/子目。 2. 软硬转换相同。
6812.8000	-青石棉的	10	6812.8000	-青石棉的	10	6812.8000	-青石棉的	
	-其他：			-其他：			-其他：	
6812.9100	--服装、衣着附件、帽类及鞋靴	10	6812.9100	--服装、衣着附件、帽类及鞋靴	10	6812.9100	--服装、衣着附件、帽类及鞋靴	
6812.9200	--纸、麻丝板及毡子	10						
6812.9300	--成片或成卷的压缩石棉纤维接合材料	10						

2021 年版税则			2022 年版硬转换			2022 年版软转换		说明
税则号列	商品名称	税率	税则号列	商品名称	税率	税则号列	商品名称	
6812.9900	--其他	10		--其他：			--其他：	1. 删除贸易量低的税目/子目。 2. 软硬转换相同。
			6812.9910	---纸、麻丝板及毡子（6812.9200）	10	6812.9910	---纸、麻丝板及毡子（6812.9200）	
			6812.9920	---成片或成卷的压缩石棉纤维接合材料（6812.9300）	10	6812.9920	---成片或成卷的压缩石棉纤维接合材料（6812.9300）	
			6812.9990	---其他（6812.9900）	10	6812.9990	---其他（6812.9900）	
68.15	其他税目未列名的石制品及其他矿物制品（包括碳纤维及其制品和泥煤制品）：		68.15	其他税目未列名的石制品及其他矿物制品（包括碳纤维及其制品和泥煤制品）：		68.15	其他税目未列名的石制品及其他矿物制品（包括碳纤维及其制品和泥煤制品）：	1. 为碳纤维纺织品修订税目68.15。 2. 软硬转换相同。
6815.1000	-非电气用的石墨或其他碳精制品	10		-碳纤维；非电气用的碳纤维制品；其他非电气用的石墨或其他碳精制品：			-碳纤维；非电气用的碳纤维制品；其他非电气用的石墨或其他碳精制品：	
			6815.1100	--碳纤维（6815.9920）	17	6815.1100	--碳纤维（6815.9920）	
			6815.1200	--碳纤维织物（6815.9931、ex6815.9939）	17	6815.1200	--碳纤维织物（6815.9931、ex6815.9939）	
				--其他碳纤维制品：			--其他碳纤维制品：	
			6815.1310	---碳纤维预浸料（6815.9932）	17	6815.1310	---碳纤维预浸料（6815.9932）	
			6815.1390	---其他（ex6815.9939）	17	6815.1390	---其他（ex6815.9939）	

2021 年版税则			2022 年版硬转换			2022 年版软转换		说明
税则号列	商品名称	税率	税则号列	商品名称	税率	税则号列	商品名称	
			6815. 1900	--其他（6815. 1000）	10	6815. 1900	--其他（6815. 1000）	（见上栏“说明”）
6815. 2000	-泥煤制品	10	6815. 2000	-泥煤制品	10	6815. 2000	-泥煤制品	
	-其他制品：			-其他制品：			-其他制品：	
6815. 9100	--含有菱镁矿、白云石或铬铁矿的	10	6815. 9100	--含有菱镁矿、方镁石形态的氧化镁、白云石（包括煅烧形态）或铬铁矿的（6815. 9100、ex6815. 9990）	10	6815. 9100	--含有菱镁矿、方镁石形态的氧化镁、白云石（包括煅烧形态）或铬铁矿的（6815. 9100、ex6815. 9990）	1. 为耐火陶瓷修订第二十五章及税目 25. 18、38. 16 和 68. 15。 2. 软硬转换相同。
	--其他：			--其他：			--其他：	
6815. 9920	---碳纤维	17						
	---碳纤维制品：							
6815. 9931	----碳布	17						
6815. 9932	----碳纤维预浸料	17						
6815. 9939	----其他	17						
6815. 9940	---玄武岩纤维及其制品	17	6815. 9940	---玄武岩纤维及其制品	17	6815. 9940	---玄武岩纤维及其制品	
6815. 9990	---其他	10	6815. 9990	---其他（ex6815. 9990）	10	6815. 9990	---其他（ex6815. 9990）	

2021年版税则			2022年版硬转换			2022年版软转换		说明
税则号列	商品名称	税率	税则号列	商品名称	税率	税则号列	商品名称	
69.03	其他耐火陶瓷制品（例如，甑、坩埚、马弗罩、喷管、栓塞、支架、烤钵、管子、护套及棒条），但硅质化石粉及类似硅土制的除外：		69.03	其他耐火陶瓷制品（例如，甑、坩埚、马弗罩、喷管、栓塞、支架、烤钵、管子、护套、棒条及滑阀式水口），但硅质化石粉及类似硅土制的除外：		69.03	其他耐火陶瓷制品（例如，甑、坩埚、马弗罩、喷管、栓塞、支架、烤钵、管子、护套、棒条及滑阀式水口），但硅质化石粉及类似硅土制的除外：	为耐火陶瓷修订第二十五章及税目25.18、38.16、68.15和69.03。仅文字修改，不涉及转换。
6903.1000	-含有按重量计超过50%的石墨、其他碳或其混合物	8	6903.1000	-含有按重量计超过50%的单体碳	8	6903.1000	-含有按重量计超过50%的单体碳	
6903.2000	-含有按重量计超过50%的三氧化二铝或三氧化二铝和二氧化硅的混合物或化合物	8	6903.2000	-含有按重量计超过50%的三氧化二铝或三氧化二铝和二氧化硅的混合物或化合物	8	6903.2000	-含有按重量计超过50%的三氧化二铝或三氧化二铝和二氧化硅的混合物或化合物	
6903.9000	-其他	8	6903.9000	-其他	8	6903.9000	-其他	
70.01	碎玻璃及废玻璃；玻璃块料：		70.01	碎玻璃及废玻璃，来源于阴极射线管或税目85.49的其他活化玻璃除外；玻璃块料：		70.01	碎玻璃及废玻璃，来源于阴极射线管或税目85.49的其他活化玻璃除外；玻璃块料：	1. 根据《巴塞尔公约》秘书处的建议，为某些种类的废物修订《协调制度》目录。 2. 软硬转换相同。
7001.0010	---无色光学玻璃块料	12	7001.0010	---无色光学玻璃块料	12	7001.0010	---无色光学玻璃块料	
7001.0090	---其他	12	7001.0090	---其他（ex7001.0090）	12	7001.0090	---其他（ex7001.0090）	

2021年版税则			2022年版硬转换			2022年版软转换		说明
税则号列	商品名称	税率	税则号列	商品名称	税率	税则号列	商品名称	
70.11	制灯泡、阴极射线管及类似品用的未封口玻璃外壳（包括玻璃泡及管）及其玻璃零件，但未装有配件：		70.11	制灯泡和光源、阴极射线管及类似品用的未封口玻璃外壳（包括玻璃泡及管）及其玻璃零件，但未装有配件：		70.11	制灯泡和光源、阴极射线管及类似品用的未封口玻璃外壳（包括玻璃泡及管）及其玻璃零件，但未装有配件：	为发光二极管（LED）类商品修订《协调制度》目录。仅文字修改，不涉及转换。
7011.1000	-电灯用	12	7011.1000	-电灯用	12	7011.1000	-电灯用	
	-阴极射线管用：			-阴极射线管用：			-阴极射线管用：	
7011.2010	---显像管玻壳及其零件	10	7011.2010	---显像管玻壳及其零件	10	7011.2010	---显像管玻壳及其零件	
7011.2090	---其他	10	7011.2090	---其他	10	7011.2090	---其他	
	-其他：			-其他：			-其他：	
7011.9010	---电子管用（阴极射线管用的除外）	8	7011.9010	---电子管用（阴极射线管用的除外）	8	7011.9010	---电子管用（阴极射线管用的除外）	
7011.9090	---其他	14	7011.9090	---其他	14	7011.9090	---其他	
70.19	玻璃纤维（包括玻璃棉）及其制品（例如，玻璃纤维纱线及其织物）：		70.19	玻璃纤维（包括玻璃棉）及其制品（例如，纱线、无捻粗纱及机织物）：		70.19	玻璃纤维（包括玻璃棉）及其制品（例如，纱线、无捻粗纱及机织物）：	1. 为玻璃纤维修订税目70.19。 2. 软硬转换相同。 3. 经与玻璃纤维行业专家研讨，结合相关国家标准专用名词及行业通行称谓，调整现行《税则》中部分玻璃纤维
	-梳条、粗纱、纱线及短切纤维：			-定长纤维纱条、无捻粗纱、纱线、短切原丝及其毡：			-定长纤维纱条、无捻粗纱、纱线、短切原丝及其毡：	
7019.1100	--长度不超过50毫米的短切纤维	10	7019.1100	--长度不超过50毫米的短切原丝	10	7019.1100	--长度不超过50毫米的短切原丝	
7019.1200	--粗纱	10	7019.1200	--无捻粗纱	10	7019.1200	--无捻粗纱	

2021 年版税则			2022 年版硬转换			2022 年版软转换		说明
税则号列	商品名称	税率	税则号列	商品名称	税率	税则号列	商品名称	
			7019.1300	--其他纱线，定长纤维纱条（ex7019.1900）	8	7019.1300	--其他纱线，定长纤维纱条（ex7019.1900）	产品的中文翻译，包括："slivers" 由"梳条"调整为"定长纤维纱条"，"rovings"由"粗纱"调整为"无捻粗纱"，"chopped strands"由"短切纤维"调整为"短切原丝"，"mats"由"席"调整为"毡"。 4. 根据行业协会的建议，在 2022 年版子目 7019.63 项下为电子布（宽度超过 30 厘米的长丝平纹织物，每平方米重量不超过 110 克，单根纱线细度不超过 22 特克斯）拆分本国子目 7019.6320。
			7019.1400	--机械结合毡（ex7019.3100）	5	7019.1400	--机械结合毡（ex7019.3100）	
			7019.1500	--化学粘合毡（ex7019.3100）	5	7019.1500	--化学粘合毡（ex7019.3100）	
7019.1900	--其他	8	7019.1900	--其他（ex7019.1900）	8	7019.1900	--其他（ex7019.1900）	
	-薄片（巴厘纱）、纤维网、席、垫、板及类似无纺产品：							
7019.3100	--席	5						
7019.3200	--薄片（巴厘纱）	10						
	--其他：							
7019.3910	---垫	10						
7019.3990	---其他	10						
7019.4000	-粗纱机织物	10						
	-其他机织物：							
7019.5100	--宽度不超过 30 厘米的	10						

2021 年版税则			2022 年版硬转换			2022 年版软转换		说明
税则号列	商品名称	税率	税则号列	商品名称	税率	税则号列	商品名称	
7019.5200	--宽度超过 30 厘米的长丝平纹织物，每平方米重量不超过 250 克，单根纱线细度不超过 136 特克斯	10						（见上栏“说明”）
7019.5900	--其他	10						
				-机械结合织物：			-机械结合织物：	
			7019.6100	--紧密粗纱机织物（ex7019.4000）	10	7019.6100	--紧密粗纱机织物（ex7019.4000）	
				--其他紧密粗纱织物：		7019.6200	--其他紧密粗纱织物（ex7019.3910、ex7019.3990）	
			7019.6210	---垫（ex7019.3910）	10			
			7019.6290	---其他（ex7019.3990）	10			
				--纱线制紧密平纹机织物，未经涂布或层压：			--纱线制紧密平纹机织物，未经涂布或层压：	
			7019.6310	---宽度不超过 30 厘米的（ex7019.5100）	10	7019.6310	---宽度不超过 30 厘米的（ex7019.5100）	
			7019.6320	---宽度超过 30 厘米的长丝平纹织物，每平方米重量不超过 250 克，单根纱线细度不超过 136 特克斯（ex7019.5200）	10	7019.6320	---宽度超过 30 厘米的长丝平纹织物，每平方米重量不超过 110 克，单根纱线细度不超过 22 特克斯（ex7019.5200）	

2021 年版税则			2022 年版硬转换			2022 年版软转换		说明
税则号列	商品名称	税率	税则号列	商品名称	税率	税则号列	商品名称	
			7019.6390	---其他（ex7019.5900）	10	7019.6390	---其他（ex7019.5200、ex7019.5900）	（见上栏“说明”）
				--纱线制紧密平纹机织物，经涂布或层压：			--纱线制紧密平纹机织物，经涂布或层压：	
			7019.6410	---宽度不超过 30 厘米的（ex7019.5100）	10	7019.6410	---宽度不超过 30 厘米的（ex7019.5100）	
			7019.6420	---宽度超过 30 厘米的长丝平纹织物，每平方米重量不超过 250 克，单根纱线细度不超过 136 特克斯（ex7019.5200）	10			
			7019.6490	---其他（ex7019.5900）	10	7019.6490	---其他（ex7019.5200、ex7019.5900）	
				--宽度不超过 30 厘米的网孔机织物：			--宽度不超过 30 厘米的网孔机织物：	
			7019.6510	---粗纱机织物（ex7019.4000）	10	7019.6510	---粗纱机织物（ex7019.4000）	
			7019.6590	---其他（ex7019.5100）	10	7019.6590	---其他（ex7019.5100）	
				--宽度超过 30 厘米的网孔机织物：			--宽度超过 30 厘米的网孔机织物：	
			7019.6610	---粗纱机织物（ex7019.4000）	10	7019.6610	---粗纱机织物（ex7019.4000）	

2021 年版税则			2022 年版硬转换			2022 年版软转换		说明
税则号列	商品名称	税率	税则号列	商品名称	税率	税则号列	商品名称	
			7019.6620	---宽度超过 30 厘米的长丝平纹织物，每平方米重量不超过 250 克，单根纱线细度不超过 136 特克斯（ex7019.5200）	10			（见上栏“说明”）
			7019.6690	---其他（ex7019.5900）	10	7019.6690	---其他（ex7019.5200、ex7019.5900）	
				--其他：			--其他：	
			7019.6910	---垫（ex7019.3910）	10	7019.6910	---垫（ex7019.3910）	
			7019.6920	---纤维网、板及类似无纺产品（ex7019.3990）	10	7019.6920	---纤维网、板及类似无纺产品（ex7019.3990）	
			7019.6930	---宽度不超过 30 厘米的机织物（ex7019.5100）	10	7019.6930	---宽度不超过 30 厘米的机织物（ex7019.5100）	
			7019.6990	---其他（ex7019.5900）	10	7019.6990	---其他（ex7019.5900）	
				-化学粘合织物：			-化学粘合织物：	
			7019.7100	--覆面毡（薄毡）（7019.3200）	10	7019.7100	--覆面毡（薄毡）（7019.3200）	
				--其他紧密织物：			--其他紧密织物：	
			7019.7210	---垫（ex7019.3910）	10	7019.7210	---垫（ex7019.3910）	
			7019.7290	---其他（ex7019.3990）	10	7019.7290	---其他（ex7019.3990）	

2021 年版税则			2022 年版硬转换			2022 年版软转换		说明
税则号列	商品名称	税率	税则号列	商品名称	税率	税则号列	商品名称	
				--其他网孔织物：			--其他网孔织物：	（见上栏“说明”）
			7019.7310	---垫（ex7019.3910）	10	7019.7310	---垫（ex7019.3910）	
			7019.7390	---其他（ex7019.3990）	10	7019.7390	---其他（ex7019.3990）	
				-玻璃棉及其制品：			-玻璃棉及其制品：	
			7019.8010	---垫（ex7019.3910）	10	7019.8010	---垫（ex7019.3910）	
			7019.8020	---纤维网、板及类似无纺产品（ex7019.3990）	10	7019.8020	---纤维网、板及类似无纺产品（ex7019.3990）	
			7019.8090	---其他（7019.9010）	7	7019.8090	---其他（7019.9010）	
	-其他：			-其他：			-其他：	
7019.9010	---玻璃棉及其制品	7						
	---玻璃纤维布浸胶制品：			---玻璃纤维布浸胶制品：			---玻璃纤维布浸胶制品：	
7019.9021	----每平方米重量小于 450 克	7	7019.9021	----每平方米重量小于 450 克	7	7019.9021	----每平方米重量小于 450 克	
7019.9029	----其他	7	7019.9029	----其他	7	7019.9029	----其他	
7019.9090	---其他	7		---其他：			---其他：	
			7019.9091	----垫（ex7019.3910）	10	7019.9091	----垫（ex7019.3910）	
			7019.9092	----其他纤维网、板及类似无纺织产品（ex7019.3990）	10	7019.9092	----其他纤维网、板及类似无纺织产品（ex7019.3990）	
			7019.9099	----其他（ex7019.9090）	7	7019.9099	----其他（ex7019.9090）	

2021 年版税则			2022 年版硬转换			2022 年版软转换		说明
税则号列	商品名称	税率	税则号列	商品名称	税率	税则号列	商品名称	
71.04	合成或再造的宝石或半宝石，不论是否加工或分级，但未成串或镶嵌的；未分级的合成或再造的宝石或半宝石，为便于运输而暂穿成串：		71.04	合成或再造的宝石或半宝石，不论是否加工或分级，但未成串或镶嵌的；未分级的合成或再造的宝石或半宝石，为便于运输而暂穿成串：		71.04	合成或再造的宝石或半宝石，不论是否加工或分级，但未成串或镶嵌的；未分级的合成或再造的宝石或半宝石，为便于运输而暂穿成串：	1. 根据《金伯利进程》的建议，为合成钻石修订税目71.04。 2. 软硬转换相同。
7104.1000	-压电石英	4	7104.1000	-压电石英	4	7104.1000	-压电石英	
	-其他，未加工或经简单锯开或粗制成形：			-其他，未加工或经简单锯开或粗制成形：			-其他，未加工或经简单锯开或粗制成形：	
7104.2010	---钻石	0						
7104.2090	---其他	0						
			7104.2100	--钻石（7104.2010）	0	7104.2100	--钻石（7104.2010）	
			7104.2900	--其他（7104.2090）	0	7104.2900	--其他（7104.2090）	
	-其他：			-其他：			-其他：	
	---工业用：							
7104.9011	----钻石	4						
7104.9012	----蓝宝石	4						
7104.9019	----其他	4						
	---其他：							
7104.9091	----钻石	4						

2021年版税则			2022年版硬转换			2022年版软转换		说明
税则号列	商品名称	税率	税则号列	商品名称	税率	税则号列	商品名称	
7104.9099	----其他	4						1. 根据《金伯利进程》的建议，为合成钻石修订税目71.04。 2. 软硬转换相同。
				--钻石：			--钻石：	
			7104.9110	---工业用（7104.9011）	4	7104.9110	---工业用（7104.9011）	
			7104.9190	---其他（7104.9091）	4	7104.9190	---其他（7104.9091）	
				--其他：			--其他：	
				---工业用：			---工业用：	
			7104.9911	----蓝宝石（7104.9012）	4	7104.9911	----蓝宝石（7104.9012）	
			7104.9919	----其他（7104.9019）	4	7104.9919	----其他（7104.9019）	
			7104.9990	---其他（7104.9099）	4	7104.9990	---其他（7104.9099）	
71.12	贵金属或包贵金属的废碎料；含有贵金属或贵金属化合物的其他废碎料，主要用于回收贵金属：		71.12	贵金属或包贵金属的废碎料；含有贵金属或贵金属化合物的其他废碎料，主要用于回收贵金属，税目85.49的货品除外：		71.12	贵金属或包贵金属的废碎料；含有贵金属或贵金属化合物的其他废碎料，主要用于回收贵金属，税目85.49的货品除外：	1. 根据《巴塞尔公约》秘书处的建议，为某些种类的废物修订《协调制度》目录。 2. 软硬转换相同。
	-含有贵金属或金属化合物的灰：			-含有贵金属或金属化合物的灰：			-含有贵金属或金属化合物的灰：	
7112.3010	---含有银或银化合物的	8	7112.3010	---含有银或银化合物的	8	7112.3010	---含有银或银化合物的	
7112.3090	---其他	6	7112.3090	---其他	6	7112.3090	---其他	

2021年版税则			2022年版硬转换			2022年版软转换		说明
税则号列	商品名称	税率	税则号列	商品名称	税率	税则号列	商品名称	
	-其他：			-其他：			-其他：	1. 根据《巴塞尔公约》秘书处的建议，为某些种类的废物修订《协调制度》目录。 2. 软硬转换相同。
	--金及包金的废碎料，但含有其他贵金属的除外：			--金及包金的废碎料，但含有其他贵金属的地脚料除外：			--金及包金的废碎料，但含有其他贵金属的地脚料除外：	
7112.9110	---金及包金的废碎料	0	7112.9110	---金及包金的废碎料（ex7112.9110）	0	7112.9110	---金及包金的废碎料（ex7112.9110）	
7112.9120	---含有金或金化合物的废碎料	6	7112.9120	---含有金或金化合物的废碎料（ex7112.9120）	6	7112.9120	---含有金或金化合物的废碎料（ex7112.9120）	
	--铂及包铂的废碎料，但含有其他贵金属的除外：			--铂及包铂的废碎料，但含有其他贵金属的地脚料除外：			--铂及包铂的废碎料，但含有其他贵金属的地脚料除外：	
7112.9210	---铂及包铂的废碎料	0	7112.9210	---铂及包铂的废碎料（ex7112.9210）	0	7112.9210	---铂及包铂的废碎料（ex7112.9210）	
7112.9220	---含有铂或铂化合物的废碎料	6	7112.9220	---含有铂或铂化合物的废碎料（ex7112.9220）	6	7112.9220	---含有铂或铂化合物的废碎料（ex7112.9220）	
	--其他：			--其他：			--其他：	
7112.9910	---含有银或银化合物的废碎料	8	7112.9910	---含有银或银化合物的废碎料（ex7112.9910）	8	7112.9910	---含有银或银化合物的废碎料（ex7112.9910）	
7112.9920	---含有其他贵金属或贵金属化合物的废碎料	6	7112.9920	---含有其他贵金属或贵金属化合物的废碎料（ex7112.9920）	6	7112.9920	---含有其他贵金属或贵金属化合物的废碎料（ex7112.9920）	
7112.9990	---其他	0	7112.9990	---其他（ex7112.9990）	0	7112.9990	---其他（ex7112.9990）	

2021 年版税则			2022 年版硬转换			2022 年版软转换		说明
税则号列	商品名称	税率	税则号列	商品名称	税率	税则号列	商品名称	
73.17	钢铁制的钉、平头钉、图钉、波纹钉、U 形钉（税目 83.05 的货品除外）及类似品，不论钉头是否用其他材料制成，但不包括铜头钉：		73.17	钢铁制的钉、平头钉、图钉、波纹钉、U 形钉（税目 83.05 的货品除外）及类似品，不论钉头是否用其他材料制成，但不包括铜头钉：		73.17	钢铁制的钉、平头钉、图钉、波纹钉、U 形钉（税目 83.05 的货品除外）及类似品，不论钉头是否用其他材料制成，但不包括铜头钉：	修订第十五类注释二（一），部分商品转移至税目 90.21。
7317.0000	钢铁制的钉、平头钉、图钉、波纹钉、U 形钉（税目 83.05 的货品除外）及类似品，不论钉头是否用其他材料制成，但不包括铜头钉	8	7317.0000	钢铁制的钉、平头钉、图钉、波纹钉、U 形钉（税目 83.05 的货品除外）及类似品，不论钉头是否用其他材料制成，但不包括铜头钉（ex7317.0000）	8	7317.0000	钢铁制的钉、平头钉、图钉、波纹钉、U 形钉（税目 83.05 的货品除外）及类似品，不论钉头是否用其他材料制成，但不包括铜头钉（ex7317.0000）	
73.18	钢铁制的螺钉、螺栓、螺母、方头螺钉、钩头螺钉、铆钉、销、开尾销、垫圈（包括弹簧垫圈）及类似品：		73.18	钢铁制的螺钉、螺栓、螺母、方头螺钉、钩头螺钉、铆钉、销、开尾销、垫圈（包括弹簧垫圈）及类似品：		73.18	钢铁制的螺钉、螺栓、螺母、方头螺钉、钩头螺钉、铆钉、销、开尾销、垫圈（包括弹簧垫圈）及类似品：	1. 修订第十五类注释二（一），部分商品转移至税目 90.21。 2. 软硬转换相同。
	-螺纹制品：			-螺纹制品：			-螺纹制品：	
7318.1100	--方头螺钉	8	7318.1100	--方头螺钉	8	7318.1100	--方头螺钉	
7318.1200	--其他木螺钉	8	7318.1200	--其他木螺钉	8	7318.1200	--其他木螺钉	

2021 年版税则			2022 年版硬转换			2022 年版软转换		说明
税则号列	商品名称	税率	税则号列	商品名称	税率	税则号列	商品名称	
7318.1300	--钩头螺钉及环头螺钉	8	7318.1300	--钩头螺钉及环头螺钉	8	7318.1300	--钩头螺钉及环头螺钉	1. 修订第十五类注释二（一），部分商品转移至税目 90.21。 2. 软硬转换相同。
7318.1400	--自攻螺钉	8	7318.1400	--自攻螺钉（ex7318.1400）	8	7318.1400	--自攻螺钉（ex7318.1400）	
	--其他螺钉及螺栓，不论是否带有螺母或垫圈：			--其他螺钉及螺栓，不论是否带有螺母或垫圈：			--其他螺钉及螺栓，不论是否带有螺母或垫圈：	
7318.1510	---抗拉强度在 800 兆帕斯卡及以上的	8	7318.1510	---抗拉强度在 800 兆帕斯卡及以上的（ex7318.1510）	8	7318.1510	---抗拉强度在 800 兆帕斯卡及以上的（ex7318.1510）	
7318.1590	---其他	8	7318.1590	---其他（ex7318.1590）	8	7318.1590	---其他（ex7318.1590）	
7318.1600	--螺母	8	7318.1600	--螺母（ex7318.1600）	8	7318.1600	--螺母（ex7318.1600）	
7318.1900	--其他	5	7318.1900	--其他（ex7318.1900）	5	7318.1900	--其他（ex7318.1900）	
	-无螺纹制品：			-无螺纹制品：			-无螺纹制品：	
7318.2100	--弹簧垫圈及其他防松垫圈	8	7318.2100	--弹簧垫圈及其他防松垫圈	8	7318.2100	--弹簧垫圈及其他防松垫圈	
7318.2200	--其他垫圈	8	7318.2200	--其他垫圈（ex7318.2200）	8	7318.2200	--其他垫圈（ex7318.2200）	
7318.2300	--铆钉	8	7318.2300	--铆钉	8	7318.2300	--铆钉	
7318.2400	--销及开尾销	8	7318.2400	--销及开尾销（ex7318.2400）	8	7318.2400	--销及开尾销（ex7318.2400）	
7318.2900	--其他	8	7318.2900	--其他（ex7318.2900）	8	7318.2900	--其他（ex7318.2900）	

2021 年版税则			2022 年版硬转换			2022 年版软转换		说明
税则号列	商品名称	税率	税则号列	商品名称	税率	税则号列	商品名称	
74.19	其他铜制品：		74.19	其他铜制品：		74.19	其他铜制品：	1. 删除贸易量低的税目/子目。 2. 软硬转换相同。
7419.1000	-链条及其零件	9						
				-铸造、模压、冲压或锻造，但未经进一步加工的：			-铸造、模压、冲压或锻造，但未经进一步加工的：	
			7419.2010	---链条及其零件（ex7419.1000）	9	7419.2010	---链条及其零件（ex7419.1000）	
			7419.2020	---其他，工业用（7419.9110）	9	7419.2020	---其他，工业用（7419.9110）	
			7419.2090	---其他（7419.9190）	9	7419.2090	---其他（7419.9190）	
				-其他：			-其他：	
			7419.8010	---链条及其零件（ex7419.1000）	9	7419.8010	---链条及其零件（ex7419.1000）	
			7419.8020	---铜弹簧（7419.9920）	9	7419.8020	---铜弹簧（7419.9920）	
			7419.8030	---铜丝制的布（包括环形带）（7419.9930）	7	7419.8030	---铜丝制的布（包括环形带）（7419.9930）	
			7419.8040	---铜丝制的网、格栅，网眼铜板（7419.9940）	8	7419.8040	---铜丝制的网、格栅，网眼铜板（7419.9940）	
			7419.8050	---非电热的铜制家用供暖器具及其零件（7419.9950）	9	7419.8050	---非电热的铜制家用供暖器具及其零件（7419.9950）	

2021年版税则			2022年版硬转换			2022年版软转换		说明
税则号列	商品名称	税率	税则号列	商品名称	税率	税则号列	商品名称	
				---其他：			---其他：	1. 删除贸易量低的税目/子目。 2. 软硬转换相同。
			7419.8091	----工业用（7419.9991）	9	7419.8091	----工业用（7419.9991）	
			7419.8099	----其他（7419.9999）	9	7419.8099	----其他（7419.9999）	
	-其他：							
	--铸造、模压、冲压或锻造，但未经进一步加工的：							
7419.9110	---工业用	9						
7419.9190	---其他	9						
	--其他：							
7419.9920	---铜弹簧	9						
7419.9930	---铜丝制的布（包括环形带）	7						
7419.9940	---铜丝制的网、格栅、网眼铜板	8						
7419.9950	---非电热的铜制家用供暖器具及其零件	9						
	---其他：							
7419.9991	----工业用	9						
7419.9999	----其他	9						

2021年版税则			2022年版硬转换			2022年版软转换		说明
税则号列	商品名称	税率	税则号列	商品名称	税率	税则号列	商品名称	
81.03	钽及其制品，包括废碎料：		81.03	钽及其制品，包括废碎料：		81.03	钽及其制品，包括废碎料：	1. 为两用物项修订《协调制度》目录（新增子目）。 2. 软硬转换相同。
	-未锻轧钽，包括简单烧结而成的条、杆；粉末：			-未锻轧钽，包括简单烧结而成的条、杆；粉末：			-未锻轧钽，包括简单烧结而成的条、杆；粉末：	
	---钽粉：			---钽粉：			---钽粉：	
8103.2011	----松装密度小于2.2克/立方厘米	6	8103.2011	----松装密度小于2.2克/立方厘米	6	8103.2011	----松装密度小于2.2克/立方厘米	
8103.2019	----其他	6	8103.2019	----其他	6	8103.2019	----其他	
8103.2090	---其他	6	8103.2090	---其他	6	8103.2090	---其他	
8103.3000	-废碎料	6	8103.3000	-废碎料	6	8103.3000	-废碎料	
	-其他：			-其他：			-其他：	
	---钽丝：							
8103.9011	----直径小于0.5毫米	8						
8103.9019	----其他	8						
8103.9090	---其他	8						
			8103.9100	--坩埚（ex8103.9090）	8	8103.9100	--坩埚（ex8103.9090）	
				--其他：			--其他：	

2021 年版税则			2022 年版硬转换			2022 年版软转换		说明
税则号列	商品名称	税率	税则号列	商品名称	税率	税则号列	商品名称	
				---钽丝:			---钽丝:	（见上栏“说明”）
			8103.9911	----直径小于 0.5 毫米（8103.9011）	8	8103.9911	----直径小于 0.5 毫米（8103.9011）	
			8103.9919	----其他（8103.9019）	8	8103.9919	----其他（8103.9019）	
			8103.9990	---其他（ex8103.9090）	8	8103.9990	---其他（ex8103.9090）	
81.06	铋及其制品，包括废碎料:		81.06	铋及其制品，包括废碎料:		81.06	铋及其制品，包括废碎料:	1. 为两用物项修订《协调制度》目录（新增子目）。 2. 软硬转换相同。
8106.0010	---未锻轧铋；废碎料；粉末	3						
8106.0090	---其他	8						
				-按重量计铋含量在 99%以上:			-按重量计铋含量在 99%以上:	
			8106.1010	---未锻轧铋；废碎料；粉末（ex8106.0010）	3	8106.1010	---未锻轧铋；废碎料；粉末（ex8106.0010）	
			8106.1090	---其他（ex8106.0090）	8	8106.1090	---其他（ex8106.0090）	
				-其他:			-其他:	
			8106.9010	---未锻轧铋；废碎料；粉末（ex8106.0010）	3	8106.9010	---未锻轧铋；废碎料；粉末（ex8106.0010）	
			8106.9090	---其他（ex8106.0090）	8	8106.9090	---其他（ex8106.0090）	

2021年版税则			2022年版硬转换			2022年版软转换		说明
税则号列	商品名称	税率	税则号列	商品名称	税率	税则号列	商品名称	
81.07	镉及其制品，包括废碎料：							因贸易量小删除该税目。
8107.2000	-未锻轧镉；粉末	3						
8107.3000	-废碎料	3						
8107.9000	-其他	8						
81.08	钛及其制品，包括废碎料：		81.08	钛及其制品，包括废碎料：		81.08	钛及其制品，包括废碎料：	1. 修订第十五类注释二（一），部分商品转移至税目90.21。 2. 软硬转换相同。
	-未锻轧钛；粉末：			-未锻轧钛；粉末：			-未锻轧钛；粉末：	
	---未锻轧钛：			---未锻轧钛：			---未锻轧钛：	
8108.2021	----海绵钛	3	8108.2021	----海绵钛	3	8108.2021	----海绵钛	
8108.2029	----其他	3	8108.2029	----其他	3	8108.2029	----其他	
8108.2030	---粉末	3	8108.2030	---粉末	3	8108.2030	---粉末	
8108.3000	-废碎料	3	8108.3000	-废碎料	3	8108.3000	-废碎料	
	-其他：			-其他：			-其他：	
8108.9010	---条、杆、型材及异型材	8	8108.9010	---条、杆、型材及异型材（ex8108.9010）	8	8108.9010	---条、杆、型材及异型材（ex8108.9010）	
8108.9020	---丝	8	8108.9020	---丝（ex8108.9020）	8	8108.9020	---丝（ex8108.9020）	
	---板、片、带、箔：			---板、片、带、箔：			---板、片、带、箔：	
8108.9031	----厚度不超过0.8毫米	8	8108.9031	----厚度不超过0.8毫米（ex8108.9031）	8	8108.9031	----厚度不超过0.8毫米（ex8108.9031）	

2021 年版税则			2022 年版硬转换			2022 年版软转换		说明
税则号列	商品名称	税率	税则号列	商品名称	税率	税则号列	商品名称	
8108.9032	----厚度超过 0.8 毫米	8	8108.9032	----厚度超过 0.8 毫米（ex8108.9032）	8	8108.9032	----厚度超过 0.8 毫米（ex8108.9032）	（见上栏“说明”）
8108.9040	---管	8	8108.9040	---管（ex8108.9040）	8	8108.9040	---管（ex8108.9040）	
8108.9090	---其他	8	8108.9090	---其他（ex8108.9090）	8	8108.9090	---其他（ex8108.9090）	
81.09	锆及其制品，包括废碎料：		81.09	锆及其制品，包括废碎料：		81.09	锆及其制品，包括废碎料：	1. 为两用物项修订《协调制度》目录（新增子目）。 2. 软硬转换相同。
8109.2000	-未锻轧锆；粉末	3		-未锻轧锆；粉末：			-未锻轧锆；粉末：	
			8109.2100	--按重量计铪与锆之比低于 1：500（ex8109.2000）	3	8109.2100	--按重量计铪与锆之比低于 1：500（ex8109.2000）	
			8109.2900	--其他（ex8109.2000）	3	8109.2900	--其他（ex8109.2000）	
8109.3000	-废碎料	3		-废碎料：			-废碎料：	
			8109.3100	--按重量计铪与锆之比低于 1：500（ex8109.3000）	3	8109.3100	--按重量计铪与锆之比低于 1：500（ex8109.3000）	
			8109.3900	--其他（ex8109.3000）	3	8109.3900	--其他（ex8109.3000）	
8109.9000	-其他	8		-其他：			-其他：	
			8109.9100	--按重量计铪与锆之比低于 1：500（ex8109.9000）	3	8109.9100	--按重量计铪与锆之比低于 1：500（ex8109.9000）	
			8109.9900	--其他（ex8109.9000）	3	8109.9900	--其他（ex8109.9000）	

2021 年版税则			2022 年版硬转换			2022 年版软转换		说明
税则号列	商品名称	税率	税则号列	商品名称	税率	税则号列	商品名称	
81.12	铍、铬、锗、钒、镓、铪、铟、铼、铌、铊及其制品，包括废碎料：		81.12	铍、铬、铪、铼、铊、镉、锗、钒、镓、铟、铌及其制品，包括废碎料：		81.12	铍、铬、铪、铼、铊、镉、锗、钒、镓、铟、铌及其制品，包括废碎料：	1. 为两用物项修订《协调制度》目录（新增子目）。 2. 软硬转换相同。 3. 删除贸易量小的税目/子目。
	-铍：			-铍：			-铍：	
8112.1200	--未锻轧铍；粉末	3	8112.1200	--未锻轧铍；粉末	3	8112.1200	--未锻轧铍；粉末	
8112.1300	--废碎料	3	8112.1300	--废碎料	3	8112.1300	--废碎料	
8112.1900	--其他	8	8112.1900	--其他	8	8112.1900	--其他	
	-铬：			-铬：			-铬：	
8112.2100	--未锻轧铬；粉末	3	8112.2100	--未锻轧铬；粉末	3	8112.2100	--未锻轧铬；粉末	
8112.2200	--废碎料	3	8112.2200	--废碎料	3	8112.2200	--废碎料	
8112.2900	--其他	3	8112.2900	--其他	3	8112.2900	--其他	
				-铪：			-铪：	
			8112.3100	--未锻轧铪；废碎料；粉末（ex8112.9290）	3	8112.3100	--未锻轧铪；废碎料；粉末（ex8112.9290）	
			8112.3900	--其他（ex8112.9990）	8	8112.3900	--其他（ex8112.9990）	
				-铼：			-铼：	
			8112.4100	--未锻轧铼；废碎料；粉末（ex8112.9290）	3	8112.4100	--未锻轧铼；废碎料；粉末（ex8112.9290）	
			8112.4900	--其他（ex8112.9990）	8	8112.4900	--其他（ex8112.9990）	
	-铊：			-铊：			-铊：	

2021年版税则			2022年版硬转换			2022年版软转换		说明
税则号列	商品名称	税率	税则号列	商品名称	税率	税则号列	商品名称	
8112.5100	--未锻轧铊；粉末	3	8112.5100	--未锻轧铊；粉末	3	8112.5100	--未锻轧铊；粉末	1. 为两用物项修订《协调制度》目录（新增子目）。 2. 软硬转换相同。 3. 删除贸易量小的税目/子目。
8112.5200	--废碎料	3	8112.5200	--废碎料	3	8112.5200	--废碎料	
8112.5900	--其他	8	8112.5900	--其他	8	8112.5900	--其他	
				-镉：			-镉：	
			8112.6100	--废碎料（8107.3000）	3	8112.6100	--废碎料（8107.3000）	
				--其他：			--其他：	
			8112.6910	---未锻轧镉；粉末（8107.2000）	3	8112.6910	---未锻轧镉；粉末（8107.2000）	
			8112.6990	---其他（8107.9000）	8	8112.6990	---其他（8107.9000）	
	-其他：			-其他：			-其他：	
	--未锻轧；废碎料；粉末：			--未锻轧；废碎料；粉末：			--未锻轧；废碎料；粉末：	
8112.9210	---锗	3	8112.9210	---锗	3	8112.9210	---锗	
8112.9220	---钒	3	8112.9220	---钒	3	8112.9220	---钒	
8112.9230	---铟	3	8112.9230	---铟	3	8112.9230	---铟	
8112.9240	---铌	3	8112.9240	---铌	3	8112.9240	---铌	
8112.9290	---其他	3	8112.9290	---其他（ex8112.9290）	3	8112.9290	---其他（ex8112.9290）	
	--其他：			--其他：			--其他：	
8112.9910	---锗	3	8112.9910	---锗	3	8112.9910	---锗	

2021 年版税则			2022 年版硬转换			2022 年版软转换		说明
税则号列	商品名称	税率	税则号列	商品名称	税率	税则号列	商品名称	
8112.9920	---钒	3	8112.9920	---钒	3	8112.9920	---钒	（见上栏“说明”）
8112.9930	---铟	8	8112.9930	---铟	8	8112.9930	---铟	
8112.9940	---铌	8	8112.9940	---铌	8	8112.9940	---铌	
8112.9990	---其他	8	8112.9990	---其他（ex8112.9990）	8	8112.9990	---其他（ex8112.9990）	
84.14	空气泵或真空泵、空气及其他气体压缩机、风机、风扇；装有风扇的通风罩或循环气罩，不论是否装有过滤器：		84.14	空气泵或真空泵、空气及其他气体压缩机、风机、风扇；装有风扇的通风罩或循环气罩，不论是否装有过滤器；气密生物安全柜，不论是否装有过滤器：		84.14	空气泵或真空泵、空气及其他气体压缩机、风机、风扇；装有风扇的通风罩或循环气罩，不论是否装有过滤器；气密生物安全柜，不论是否装有过滤器：	1. 为两用物项修订《协调制度》目录。为气密生物安全柜新增子目。 2. 我国将所有的带过滤装置的生物安全柜均归入税目 84.14，不归入税目 84.21，这与 WCO 的转换关系不同，实践中无税目 84.21 的商品转入。同时基于两用物项管制，所有气密生物安全柜均以十位编码列于税目 84.14 项下。因此，转换关系仅限于税目 84.14 项下子目（包括整机和零件税号）。 3. 软硬转换相同。
8414.1000	-真空泵	8	8414.1000	-真空泵	8	8414.1000	-真空泵	
8414.2000	-手动或脚踏式空气泵	8	8414.2000	-手动或脚踏式空气泵	8	8414.2000	-手动或脚踏式空气泵	
	-用于制冷设备的压缩机：			-用于制冷设备的压缩机：			-用于制冷设备的压缩机：	
	---电动机驱动的压缩机：			---电动机驱动的压缩机：			---电动机驱动的压缩机：	
8414.3011	----冷藏箱或冷冻箱用，电动机额定功率不超过 0.4 千瓦	8	8414.3011	----冷藏箱或冷冻箱用，电动机额定功率不超过 0.4 千瓦	8	8414.3011	----冷藏箱或冷冻箱用，电动机额定功率不超过 0.4 千瓦	
8414.3012	----冷藏箱或冷冻箱用，电动机额定功率超过 0.4 千瓦，但不超过 5 千瓦	8	8414.3012	----冷藏箱或冷冻箱用，电动机额定功率超过 0.4 千瓦，但不超过 5 千瓦	8	8414.3012	----冷藏箱或冷冻箱用，电动机额定功率超过 0.4 千瓦，但不超过 5 千瓦	

2021年版税则			2022年版硬转换			2022年版软转换		说明
税则号列	商品名称	税率	税则号列	商品名称	税率	税则号列	商品名称	
8414.3013	----空气调节器用，电动机额定功率超过0.4千瓦，但不超过5千瓦	8	8414.3013	----空气调节器用，电动机额定功率超过0.4千瓦，但不超过5千瓦	8	8414.3013	----空气调节器用，电动机额定功率超过0.4千瓦，但不超过5千瓦	1. 为两用物项修订《协调制度》目录。为气密生物安全柜新增子目。 2. 我国将所有的带过滤装置的生物安全柜均归入税目84.14，不归入税目84.21，这与WCO的转换关系不同，实践中无税目84.21的商品转入。同时基于两用物项管制，所有气密生物安全柜均以十位编码列于税目84.14项下。因此，转换关系仅限于税目84.14项下子目（包括整机和零件税号）。 3. 软硬转换相同。
8414.3014	----空气调节器用，电动机额定功率超过5千瓦	8	8414.3014	----空气调节器用，电动机额定功率超过5千瓦	8	8414.3014	----空气调节器用，电动机额定功率超过5千瓦	
8414.3015	----冷冻或冷藏设备用，电动机额定功率超过5千瓦	8	8414.3015	----冷冻或冷藏设备用，电动机额定功率超过5千瓦	8	8414.3015	----冷冻或冷藏设备用，电动机额定功率超过5千瓦	
8414.3019	----其他	8	8414.3019	----其他	8	8414.3019	----其他	
8414.3090	---非电动机驱动的压缩机	8	8414.3090	---非电动机驱动的压缩机	8	8414.3090	---非电动机驱动的压缩机	
8414.4000	-装在拖车底盘上的空气压缩机	8	8414.4000	-装在拖车底盘上的空气压缩机	8	8414.4000	-装在拖车底盘上的空气压缩机	
	-风机、风扇：			-风机、风扇：			-风机、风扇：	
	--台扇、落地扇、壁扇、换气扇或吊扇，包括风机，本身装有一个输出功率不超过125瓦的电动机：			--台扇、落地扇、壁扇、换气扇或吊扇，包括风机，本身装有一个输出功率不超过125瓦的电动机：			--台扇、落地扇、壁扇、换气扇或吊扇，包括风机，本身装有一个输出功率不超过125瓦的电动机：	
8414.5110	---吊扇	6	8414.5110	---吊扇	6	8414.5110	---吊扇	
8414.5120	---换气扇	6	8414.5120	---换气扇	6	8414.5120	---换气扇	

2021 年版税则			2022 年版硬转换			2022 年版软转换		说明
税则号列	商品名称	税率	税则号列	商品名称	税率	税则号列	商品名称	
8414.5130	---具有旋转导风轮的风扇	6	8414.5130	---具有旋转导风轮的风扇	6	8414.5130	---具有旋转导风轮的风扇	1. 为两用物项修订《协调制度》目录。为气密生物安全柜新增子目。 2. 我国将所有的带过滤装置的生物安全柜均归入税目 84.14，不归入税目 84.21，这与 WCO 的转换关系不同，实践中无税目 84.21 的商品转入。同时基于两用物项管制，所有气密生物安全柜均以十位编码列于税目 84.14 项下。因此，转换关系仅限于税目 84.14 项下子目（包括整机和零件税号）。 3. 软硬转换相同。
	---其他：			---其他：			---其他：	
8414.5191	----台扇	6	8414.5191	----台扇	6	8414.5191	----台扇	
8414.5192	----落地扇	6	8414.5192	----落地扇	6	8414.5192	----落地扇	
8414.5193	----壁扇	6	8414.5193	----壁扇	6	8414.5193	----壁扇	
8414.5199	----其他	6	8414.5199	----其他	6	8414.5199	----其他	
	--其他：			--其他：			--其他：	
8414.5910	---吊扇	8	8414.5910	---吊扇	8	8414.5910	---吊扇	
8414.5920	---换气扇	8	8414.5920	---换气扇	8	8414.5920	---换气扇	
8414.5930	---离心通风机	8	8414.5930	---离心通风机	8	8414.5930	---离心通风机	
8414.5990	---其他	8	8414.5990	---其他	8	8414.5990	---其他	
	-罩的平面最大边长不超过 120 厘米的通风罩或循环气罩：			-罩的平面最大边长不超过 120 厘米的通风罩或循环气罩：			-罩的平面最大边长不超过 120 厘米的通风罩或循环气罩：	
8414.6010	---抽油烟机	8	8414.6010	---抽油烟机	8	8414.6010	---抽油烟机	
8414.6090	---其他	8	8414.6090	---其他（ex8414.6090）	8	8414.6090	---其他（ex8414.6090）	
				-气密生物安全柜：			-气密生物安全柜：	
			8414.7010	---罩的平面最大边长不超过 120 厘米的（ex8414.6090）	8	8414.7010	---罩的平面最大边长不超过 120 厘米的（ex8414.6090）	

2021年版税则			2022年版硬转换			2022年版软转换		说明
税则号列	商品名称	税率	税则号列	商品名称	税率	税则号列	商品名称	
			8414.7090	---其他（ex8414.8090）	7	8414.7090	---其他（ex8414.8090）	1. 为两用物项修订《协调制度》目录。为气密生物安全柜新增子目。 2. 我国将所有的带过滤装置的生物安全柜均归入税目84.14，不归入税目84.21，这与WCO的转换关系不同，实践中无税目84.21的商品转入。同时基于两用物项管制，所有气密生物安全柜均以十位编码列于税目84.14项下。因此，转换关系仅限于税目84.14项下子目（包括整机和零件税号）。 3. 软硬转换相同。
	-其他：			-其他：			-其他：	
8414.8010	---燃气轮机用的自由活塞式发生器	8	8414.8010	---燃气轮机用的自由活塞式发生器	8	8414.8010	---燃气轮机用的自由活塞式发生器	
8414.8020	---二氧化碳压缩机	7	8414.8020	---二氧化碳压缩机	7	8414.8020	---二氧化碳压缩机	
8414.8030	---发动机用增压器	7	8414.8030	---发动机用增压器	7	8414.8030	---发动机用增压器	
	---空气及其他气体压缩机：			---空气及其他气体压缩机：			---空气及其他气体压缩机：	
8414.8041	----螺杆空压机	7	8414.8041	----螺杆空压机	7	8414.8041	----螺杆空压机	
8414.8049	----其他	7	8414.8049	----其他	7	8414.8049	----其他	
8414.8090	---其他	7	8414.8090	---其他（ex8414.8090）	7	8414.8090	---其他（ex8414.8090）	
	-零件：			-零件：			-零件：	
	--- 子目8414.3011至8414.3014及8414.3090所列机器的零件：			--- 子目8414.3011至8414.3014及8414.3090所列机器的零件：			--- 子目8414.3011至8414.3014及8414.3090所列机器的零件：	
8414.9011	----压缩机进、排气阀片	8	8414.9011	----压缩机进、排气阀片	8	8414.9011	----压缩机进、排气阀片	
8414.9019	----其他	8	8414.9019	----其他	8	8414.9019	----其他	

2021 年版税则			2022 年版硬转换			2022 年版软转换		说明
税则号列	商品名称	税率	税则号列	商品名称	税率	税则号列	商品名称	
8414. 9020	--- 子目 8414. 5110 至 8414. 5199 及 8414. 6000 所列机器的零件	7	8414. 9020	--- 子目 8414. 5110 至 8414. 5199 及 8414. 6000 所列机器的零件	7	8414. 9020	--- 子目 8414. 5110 至 8414. 5199 及 8414. 6000 所列机器的零件	（见上栏“说明”）
8414. 9090	---其他	7	8414. 9090	---其他	7	8414. 9090	---其他	
84. 18	电气或非电气的冷藏箱、冷冻箱及其他制冷设备；热泵，但税目 84. 15 的空气调节器除外：		84. 18	电气或非电气的冷藏箱、冷冻箱及其他制冷设备；热泵，但税目 84. 15 的空气调节器除外：		84. 18	电气或非电气的冷藏箱、冷冻箱及其他制冷设备；热泵，但税目 84. 15 的空气调节器除外：	1. 因冷藏-冷冻组合机修改子目 8418. 10 的条文。 2. 该转换涉及加拿大本国判例，对于包括中国在内的所有国家来说，抽屉和门无区别，实践中没有转换关系。故实质上本次转换不存在与税号 8418. 5000 相关的转入转出关系。因此本税目仅限于子目 8418. 10 的条文修改，无任何商品转换和移动。 3. 软硬转换相同。
	-冷藏-冷冻组合机，各自装有单独外门的：			-冷藏-冷冻组合机，各自装有单独外门或抽屉，或其组合的：			-冷藏-冷冻组合机，各自装有单独外门或抽屉，或其组合的：	
8418. 1010	---容积超过 500 升	9	8418. 1010	---容积超过 500 升	9	8418. 1010	---容积超过 500 升	
8418. 1020	---容积超过 200 升，但不超过 500 升	8	8418. 1020	---容积超过 200 升，但不超过 500 升	8	8418. 1020	---容积超过 200 升，但不超过 500 升	
8418. 1030	---容积不超过 200 升	8	8418. 1030	---容积不超过 200 升	8	8418. 1030	---容积不超过 200 升	
	-家用型冷藏箱：			-家用型冷藏箱：			-家用型冷藏箱：	
	--压缩式：			--压缩式：			--压缩式：	
8418. 2110	---容积超过 150 升	8	8418. 2110	---容积超过 150 升	8	8418. 2110	---容积超过 150 升	
8418. 2120	---容积超过 50 升，但不超过 150 升	8	8418. 2120	---容积超过 50 升，但不超过 150 升	8	8418. 2120	---容积超过 50 升，但不超过 150 升	
8418. 2130	---容积不超过 50 升	8	8418. 2130	---容积不超过 50 升	8	8418. 2130	---容积不超过 50 升	

2021年版税则			2022年版硬转换			2022年版软转换		说明
税则号列	商品名称	税率	税则号列	商品名称	税率	税则号列	商品名称	
	--其他：			--其他：			--其他：	1. 因冷藏-冷冻组合机修改子目8418.10的条文。 2. 该转换涉及加拿大本国判例，对于包括中国在内的所有国家来说，抽屉和门无区别，实践中没有转换关系。故实质上本次转换不存在与税号8418.5000相关的转入转出关系。因此本税目仅限于子目8418.10的条文修改，无任何商品转换和移动。 3. 软硬转换相同。
8418.2910	---半导体制冷式	8	8418.2910	---半导体制冷式	8	8418.2910	---半导体制冷式	
8418.2920	---电气吸收式	8	8418.2920	---电气吸收式	8	8418.2920	---电气吸收式	
8418.2990	---其他	8	8418.2990	---其他	8	8418.2990	---其他	
	-柜式冷冻箱，容积不超过800升：			-柜式冷冻箱，容积不超过800升：			-柜式冷冻箱，容积不超过800升：	
8418.3010	---制冷温度在-40摄氏度及以下	9	8418.3010	---制冷温度在-40摄氏度及以下	9	8418.3010	---制冷温度在-40摄氏度及以下	
	---制冷温度在-40摄氏度以上：			---制冷温度在-40摄氏度以上：			---制冷温度在-40摄氏度以上：	
8418.3021	----容积超过500升	9	8418.3021	----容积超过500升	9	8418.3021	----容积超过500升	
8418.3029	----其他	8	8418.3029	----其他	8	8418.3029	----其他	
	-立式冷冻箱，容积不超过900升：			-立式冷冻箱，容积不超过900升：			-立式冷冻箱，容积不超过900升：	
8418.4010	---制冷温度在-40摄氏度及以下	9	8418.4010	---制冷温度在-40摄氏度及以下	9	8418.4010	---制冷温度在-40摄氏度及以下	
	---制冷温度在-40摄氏度以上：			---制冷温度在-40摄氏度以上：			---制冷温度在-40摄氏度以上：	
8418.4021	----容积超过500升	9	8418.4021	----容积超过500升	9	8418.4021	----容积超过500升	
8418.4029	----其他	8	8418.4029	----其他	8	8418.4029	----其他	

2021 年版税则			2022 年版硬转换			2022 年版软转换		说明
税则号列	商品名称	税率	税则号列	商品名称	税率	税则号列	商品名称	
8418. 5000	-装有冷藏或冷冻装置的其他设备（柜、箱、展示台、陈列箱及类似品）用于存储及展示	9	8418. 5000	-装有冷藏或冷冻装置的其他设备（柜、箱、展示台、陈列箱及类似品）用于存储及展示	9	8418. 5000	-装有冷藏或冷冻装置的其他设备（柜、箱、展示台、陈列箱及类似品）用于存储及展示	1. 因冷藏-冷冻组合机修改子目 8418. 10 的条文。 2. 该转换涉及加拿大本国判例，对于包括中国在内的所有国家来说，抽屉和门无区别，实践中没有转换关系。故实质上本次转换不存在与税号 8418. 5000 相关的转入转出关系。因此本税目仅限于子目 8418. 10 的条文修改，无任何商品转换和移动。 3. 软硬转换相同。
	-其他制冷设备；热泵：			-其他制冷设备；热泵：			-其他制冷设备；热泵：	
	--热泵，税目 84. 15 的空气调节器除外：			--热泵，税目 84. 15 的空气调节器除外：			--热泵，税目 84. 15 的空气调节器除外：	
8418. 6120	---压缩式	9	8418. 6120	---压缩式	9	8418. 6120	---压缩式	
8418. 6190	---其他	9	8418. 6190	---其他	9	8418. 6190	---其他	
	--其他：			--其他：			--其他：	
8418. 6920	---制冷机组	9	8418. 6920	---制冷机组	9	8418. 6920	---制冷机组	
8418. 6990	---其他	9	8418. 6990	---其他	9	8418. 6990	---其他	
	-零件：			-零件：			-零件：	
8418. 9100	--冷藏或冷冻设备专用的特制家具	9	8418. 9100	--冷藏或冷冻设备专用的特制家具	9	8418. 9100	--冷藏或冷冻设备专用的特制家具	
	--其他：			--其他：			--其他：	
8418. 9910	---制冷机组及热泵用	9	8418. 9910	---制冷机组及热泵用	9	8418. 9910	---制冷机组及热泵用	
	---其他：			---其他：			---其他：	
8418. 9991	----制冷温度在-40 摄氏度及以下的冷冻设备用	9	8418. 9991	----制冷温度在-40 摄氏度及以下的冷冻设备用	9	8418. 9991	----制冷温度在-40 摄氏度及以下的冷冻设备用	

2021年版税则			2022年版硬转换			2022年版软转换		说明
税则号列	商品名称	税率	税则号列	商品名称	税率	税则号列	商品名称	
8418.9992	----制冷温度在-40摄氏度以上，但容积超过500升的冷藏或冷冻设备用	9	8418.9992	----制冷温度在-40摄氏度以上，但容积超过500升的冷藏或冷冻设备用	9	8418.9992	----制冷温度在-40摄氏度以上，但容积超过500升的冷藏或冷冻设备用	（见上栏“说明”）
8418.9999	----其他	9	8418.9999	----其他	9	8418.9999	----其他	
84.19	利用温度变化处理材料的机器、装置及类似的实验室设备，例如，加热、烹煮、烘炒、蒸馏、精馏、消毒、灭菌、汽蒸、干燥、蒸发、气化、冷凝、冷却的机器设备，不论是否电热的（不包括税目85.14的炉、烘箱及其他设备），但家用的除外；非电热的快速热水器或贮备式热水器：		84.19	利用温度变化处理材料的机器、装置及类似的实验室设备，例如，加热、烹煮、烘炒、蒸馏、精馏、消毒、灭菌、汽蒸、干燥、蒸发、气化、冷凝、冷却的机器设备，不论是否电热的（不包括税目85.14的炉、烘箱及其他设备），但家用的除外；非电热的快速热水器或贮备式热水器：		84.19	利用温度变化处理材料的机器、装置及类似的实验室设备，例如，加热、烹煮、烘炒、蒸馏、精馏、消毒、灭菌、汽蒸、干燥、蒸发、气化、冷凝、冷却的机器设备，不论是否电热的（不包括税目85.14的炉、烘箱及其他设备），但家用的除外；非电热的快速热水器或贮备式热水器：	1. 根据国际可再生能源署的建议，为太阳能产品修订《协调制度》目录。 2. 为两用物项修订《协调制度》目录。 3. 软硬转换相同。
	-非电热的快速热水器或贮备式热水器：			-非电热的快速热水器或贮备式热水器：			-非电热的快速热水器或贮备式热水器：	
8419.1100	--燃气快速热水器	8	8419.1100	--燃气快速热水器	8	8419.1100	--燃气快速热水器	
			8419.1200	--太阳能热水器（8419.1910）	8	8419.1200	--太阳能热水器（8419.1910）	
	--其他：		8419.1900	--其他（8419.1990）	8	8419.1900	--其他（8419.1990）	
8419.1910	---太阳能热水器	8						

2021 年版税则			2022 年版硬转换			2022 年版软转换		说明
税则号列	商品名称	税率	税则号列	商品名称	税率	税则号列	商品名称	
8419.1990	---其他	8						1. 根据国际可再生能源署的建议，为太阳能产品修订《协调制度》目录。 2. 为两用物项修订《协调制度》目录。 3. 软硬转换相同。
8419.2000	-医用或实验室用消毒器具	4	8419.2000	-医用或实验室用消毒器具	4	8419.2000	-医用或实验室用消毒器具	
	-干燥器：			-干燥器：			-干燥器：	
8419.3100	--农产品干燥用	8						
8419.3200	--木材、纸浆、纸或纸板干燥用	9						
				--冷冻干燥装置、冷冻干燥单元和喷雾式干燥器：			--冷冻干燥装置、冷冻干燥单元和喷雾式干燥器：	
			8419.3310	---农产品干燥用（ex8419.3100）	8	8419.3310	---农产品干燥用（ex8419.3100）	
			8419.3320	---木材、纸浆、纸或纸板干燥用（ex8419.3200）	9	8419.3320	---木材、纸浆、纸或纸板干燥用（ex8419.3200）	
			8419.3390	---其他（ex8419.3990）	9	8419.3390	---其他（ex8419.3990）	
			8419.3400	--其他，农产品干燥用（ex8419.3100）	8	8419.3400	--其他，农产品干燥用（ex8419.3100）	
			8419.3500	--其他，木材、纸浆、纸或纸板干燥用（ex8419.3200）	9	8419.3500	--其他，木材、纸浆、纸或纸板干燥用（ex8419.3200）	
	--其他：			--其他：			--其他：	

2021 年版税则			2022 年版硬转换			2022 年版软转换		说明
税则号列	商品名称	税率	税则号列	商品名称	税率	税则号列	商品名称	
8419. 3910	---微空气流动陶瓷坯件干燥器	9	8419. 3910	---微空气流动陶瓷坯件干燥器	9	8419. 3910	---微空气流动陶瓷坯件干燥器	1. 根据国际可再生能源署的建议，为太阳能产品修订《协调制度》目录。 2. 为两用物项修订《协调制度》目录。 3. 软硬转换相同。
8419. 3990	---其他	9	8419. 3990	---其他（ex8419. 3990）	9	8419. 3990	---其他（ex8419. 3990）	
	-蒸馏或精馏设备：			-蒸馏或精馏设备：			-蒸馏或精馏设备：	
8419. 4010	---提净塔	10	8419. 4010	---提净塔	10	8419. 4010	---提净塔	
8419. 4020	---精馏塔	10	8419. 4020	---精馏塔	10	8419. 4020	---精馏塔	
8419. 4090	---其他	10	8419. 4090	---其他	10	8419. 4090	---其他	
8419. 5000	-热交换装置	10	8419. 5000	-热交换装置	10	8419. 5000	-热交换装置	
	-液化空气或其他气体的机器：			-液化空气或其他气体的机器：			-液化空气或其他气体的机器：	
	---制氧机：			---制氧机：			---制氧机：	
8419. 6011	----制氧量在 15000 立方米/小时及以上	12	8419. 6011	----制氧量在 15000 立方米/小时及以上	12	8419. 6011	----制氧量在 15000 立方米/小时及以上	
8419. 6019	----其他	13	8419. 6019	----其他	13	8419. 6019	----其他	
8419. 6090	---其他	10	8419. 6090	---其他	10	8419. 6090	---其他	
	-其他机器设备：			-其他机器设备：			-其他机器设备：	
8419. 8100	--加工热饮料或烹调、加热食品用	10	8419. 8100	--加工热饮料或烹调、加热食品用	10	8419. 8100	--加工热饮料或烹调、加热食品用	
	--其他：			--其他：			--其他：	
8419. 8910	---加氢反应器	0	8419. 8910	---加氢反应器	0	8419. 8910	---加氢反应器	

2021 年版税则			2022 年版硬转换			2022 年版软转换		说明
税则号列	商品名称	税率	税则号列	商品名称	税率	税则号列	商品名称	
8419.8990	---其他	0	8419.8990	---其他	0	8419.8990	---其他	（见上栏“说明”）
	-零件：			-零件：			-零件：	
8419.9010	---热水器用	0	8419.9010	---热水器用	0	8419.9010	---热水器用	
8419.9090	---其他	4	8419.9090	---其他	4	8419.9090	---其他	
84.21	离心机，包括离心干燥机；液体或气体的过滤、净化机器及装置：		84.21	离心机，包括离心干燥机；液体或气体的过滤、净化机器及装置：		84.21	离心机，包括离心干燥机；液体或气体的过滤、净化机器及装置：	1. 修订税目 84.21（新增子目 8421.32）。 2. 软硬转换相同。
	-离心机，包括离心干燥机：			-离心机，包括离心干燥机：			-离心机，包括离心干燥机：	
8421.1100	--奶油分离器	8	8421.1100	--奶油分离器	8	8421.1100	--奶油分离器	
	--干衣机：			--干衣机：			--干衣机：	
8421.1210	---干衣量不超过 10 千克	7	8421.1210	---干衣量不超过 10 千克	7	8421.1210	---干衣量不超过 10 千克	
8421.1290	---其他	8	8421.1290	---其他	8	8421.1290	---其他	
	--其他：			--其他：			--其他：	
8421.1910	---脱水机	10	8421.1910	---脱水机	10	8421.1910	---脱水机	
8421.1920	---固液分离机	10	8421.1920	---固液分离机	10	8421.1920	---固液分离机	
8421.1990	---其他	10	8421.1990	---其他	10	8421.1990	---其他	
	-液体的过滤、净化机器及装置：			-液体的过滤、净化机器及装置：			-液体的过滤、净化机器及装置：	

2021年版税则			2022年版硬转换			2022年版软转换		说明
税则号列	商品名称	税率	税则号列	商品名称	税率	税则号列	商品名称	
	--过滤或净化水用:			--过滤或净化水用:			--过滤或净化水用:	1. 修订税目84.21(新增子目8421.32)。 2. 软硬转换相同。
8421.2110	---家用型	7	8421.2110	---家用型	7	8421.2110	---家用型	
	---其他:			---其他:			---其他:	
8421.2191	----船舶压载水处理设备	5	8421.2191	----船舶压载水处理设备	5	8421.2191	----船舶压载水处理设备	
8421.2199	----其他	5	8421.2199	----其他	5	8421.2199	----其他	
8421.2200	--过滤或净化饮料(水除外)用	8	8421.2200	--过滤或净化饮料(水除外)用	8	8421.2200	--过滤或净化饮料(水除外)用	
8421.2300	--内燃发动机的滤油器	8	8421.2300	--内燃发动机的滤油器	8	8421.2300	--内燃发动机的滤油器	
	--其他:			--其他:			--其他:	
8421.2910	---压滤机	5	8421.2910	---压滤机	5	8421.2910	---压滤机	
8421.2990	---其他	5	8421.2990	---其他	5	8421.2990	---其他	
	-气体的过滤、净化机器及装置:			-气体的过滤、净化机器及装置:			-气体的过滤、净化机器及装置:	
8421.3100	--内燃发动机的进气过滤器	10	8421.3100	--内燃发动机的进气过滤器	10	8421.3100	--内燃发动机的进气过滤器	
			8421.3200	--用于净化或过滤内燃机所排出废气的催化转化器或微粒过滤器,不论是否组合(8421.3930)	5	8421.3200	--用于净化或过滤内燃机所排出废气的催化转化器或微粒过滤器,不论是否组合(8421.3930)	

2021 年版税则			2022 年版硬转换			2022 年版软转换		说明
税则号列	商品名称	税率	税则号列	商品名称	税率	税则号列	商品名称	
	--其他：			--其他：			--其他：	1. 修订税目 84.21（新增子目 8421.32）。 2. 软硬转换相同。
8421.3910	---家用型	7	8421.3910	---家用型	7	8421.3910	---家用型	
	---工业用除尘器：			---工业用除尘器：			---工业用除尘器：	
8421.3921	----静电除尘器	5	8421.3921	----静电除尘器	5	8421.3921	----静电除尘器	
8421.3922	----袋式除尘器	5	8421.3922	----袋式除尘器	5	8421.3922	----袋式除尘器	
8421.3923	----旋风式除尘器	5	8421.3923	----旋风式除尘器	5	8421.3923	----旋风式除尘器	
8421.3924	----电袋复合除尘器	5	8421.3924	----电袋复合除尘器	5	8421.3924	----电袋复合除尘器	
8421.3929	----其他	5	8421.3929	----其他	5	8421.3929	----其他	
8421.3930	---内燃发动机排气过滤及净化装置	5						
8421.3940	---烟气脱硫装置	5	8421.3940	---烟气脱硫装置	5	8421.3940	---烟气脱硫装置	
8421.3950	---烟气脱硝装置	5	8421.3950	---烟气脱硝装置	5	8421.3950	---烟气脱硝装置	
8421.3990	---其他	5	8421.3990	---其他	5	8421.3990	---其他	
	-零件：			-零件：			-零件：	
	--离心机用，包括离心干燥机用：			--离心机用，包括离心干燥机用：			--离心机用，包括离心干燥机用：	
8421.9110	---干衣量不超过 10 千克的干衣机用	0	8421.9110	---干衣量不超过 10 千克的干衣机用	0	8421.9110	---干衣量不超过 10 千克的干衣机用	
8421.9190	---其他	0	8421.9190	---其他	0	8421.9190	---其他	

2021 年版税则			2022 年版硬转换			2022 年版软转换		说明
税则号列	商品名称	税率	税则号列	商品名称	税率	税则号列	商品名称	
	--其他：			--其他：			--其他：	1. 修订税目 84.21（新增子目 8421.32）。2. 软硬转换相同。
8421.9910	---家用型过滤、净化装置用	7	8421.9910	---家用型过滤、净化装置用	7	8421.9910	---家用型过滤、净化装置用	
8421.9990	---其他	5	8421.9990	---其他	5	8421.9990	---其他	
84.28	其他升降、搬运、装卸机械（例如，升降机、自动梯、输送机、缆车）：		84.28	其他升降、搬运、装卸机械（例如，升降机、自动梯、输送机、缆车）：		84.28	其他升降、搬运、装卸机械（例如，升降机、自动梯、输送机、缆车）：	1. 为两用物项修订《协调制度》目录，新增子目 8428.70。2. 软硬转换相同。
	-升降机及倒卸式起重机：			-升降机及倒卸式起重机：			-升降机及倒卸式起重机：	
8428.1010	---载客电梯	8	8428.1010	---载客电梯	8	8428.1010	---载客电梯	
8428.1090	---其他	6	8428.1090	---其他	6	8428.1090	---其他	
8428.2000	-气压升降机及输送机	5	8428.2000	-气压升降机及输送机	5	8428.2000	-气压升降机及输送机	
	-其他用于连续运送货物或材料的升降机及输送机：			-其他用于连续运送货物或材料的升降机及输送机：			-其他用于连续运送货物或材料的升降机及输送机：	
8428.3100	--地下专用的	5	8428.3100	--地下专用的	5	8428.3100	--地下专用的	
8428.3200	--其他，斗式	5	8428.3200	--其他，斗式	5	8428.3200	--其他，斗式	
8428.3300	--其他，带式	5	8428.3300	--其他，带式	5	8428.3300	--其他，带式	
	--其他：			--其他：			--其他：	
8428.3910	---链式	5	8428.3910	---链式	5	8428.3910	---链式	
8428.3920	---辊式	5	8428.3920	---辊式	5	8428.3920	---辊式	
8428.3990	---其他	5	8428.3990	---其他	5	8428.3990	---其他	

2021 年版税则			2022 年版硬转换			2022 年版软转换		说明
税则号列	商品名称	税率	税则号列	商品名称	税率	税则号列	商品名称	
8428. 4000	-自动梯及自动人行道	5	8428. 4000	-自动梯及自动人行道	5	8428. 4000	-自动梯及自动人行道	1. 为两用物项修订《协调制度》目录，新增子目 8428. 70。 2. 软硬转换相同。
	-缆车、座式升降机、滑雪拉索、索道用牵引装置：			-缆车、座式升降机、滑雪拉索、索道用牵引装置：			-缆车、座式升降机、滑雪拉索、索道用牵引装置：	
8428. 6010	---货运架空索道	8	8428. 6010	---货运架空索道	8	8428. 6010	---货运架空索道	
	---客运架空索道：			---客运架空索道：			---客运架空索道：	
8428. 6021	----单线循环式	8	8428. 6021	----单线循环式	8	8428. 6021	----单线循环式	
8428. 6029	----其他	8	8428. 6029	----其他	8	8428. 6029	----其他	
8428. 6090	---其他	8	8428. 6090	---其他	8	8428. 6090	---其他	
			8428. 7000	-工业机器人（8428. 9040）	5	8428. 7000	-工业机器人（8428. 9040）	
	-其他机械：			-其他机械：			-其他机械：	
8428. 9010	---矿车推动机、铁道机车或货车的转车台、货车倾卸装置及类似的铁道货车搬运装置	10	8428. 9010	---矿车推动机、铁道机车或货车的转车台、货车倾卸装置及类似的铁道货车搬运装置	10	8428. 9010	---矿车推动机、铁道机车或货车的转车台、货车倾卸装置及类似的铁道货车搬运装置	
8428. 9020	---机械式停车设备	5	8428. 9020	---机械式停车设备	5	8428. 9020	---机械式停车设备	
	---其他装卸机械：			---其他装卸机械：			---其他装卸机械：	
8428. 9031	----堆取料机械	5	8428. 9031	----堆取料机械	5	8428. 9031	----堆取料机械	
8428. 9039	----其他	5	8428. 9039	----其他	5	8428. 9039	----其他	
8428. 9040	---搬运机器人	5						
8428. 9090	---其他	5	8428. 9090	---其他	5	8428. 9090	---其他	

2021 年版税则			2022 年版硬转换			2022 年版软转换		说明
税则号列	商品名称	税率	税则号列	商品名称	税率	税则号列	商品名称	
84.38	本章其他税目未列名的食品、饮料工业用的生产或加工机器，但提取、加工动物油脂或植物固定油脂的机器除外：		84.38	本章其他税目未列名的食品、饮料工业用的生产或加工机器，但提取、加工动物油脂、植物固定油脂或微生物油脂的机器除外：		84.38	本章其他税目未列名的食品、饮料工业用的生产或加工机器，但提取、加工动物油脂、植物固定油脂或微生物油脂的机器除外：	1. 为微生物油脂修订《协调制度》目录。 2. 软硬转换相同。
8438.1000	-糕点加工机器及生产通心粉、面条或类似产品的机器	7	8438.1000	-糕点加工机器及生产通心粉、面条或类似产品的机器	7	8438.1000	-糕点加工机器及生产通心粉、面条或类似产品的机器	
8438.2000	-生产糖果、可可粉、巧克力的机器	8	8438.2000	-生产糖果、可可粉、巧克力的机器	8	8438.2000	-生产糖果、可可粉、巧克力的机器	
8438.3000	-制糖机器	8	8438.3000	-制糖机器	8	8438.3000	-制糖机器	
8438.4000	-酿酒机器	7	8438.4000	-酿酒机器	7	8438.4000	-酿酒机器	
8438.5000	-肉类或家禽加工机器	7	8438.5000	-肉类或家禽加工机器	7	8438.5000	-肉类或家禽加工机器	
8438.6000	-水果、坚果或蔬菜加工机器	8	8438.6000	-水果、坚果或蔬菜加工机器	8	8438.6000	-水果、坚果或蔬菜加工机器	
8438.8000	-其他机器	8	8438.8000	-其他机器（ex8438.8000）	8	8438.8000	-其他机器（ex8438.8000）	
8438.9000	-零件	5	8438.9000	-零件（ex8438.9000）	5	8438.9000	-零件（ex8438.9000）	

2021 年版税则			2022 年版硬转换			2022 年版软转换		说明
税则号列	商品名称	税率	税则号列	商品名称	税率	税则号列	商品名称	
84. 41	其他制造纸浆制品、纸制品或纸板制品的机器，包括各种切纸机：		84. 41	其他制造纸浆制品、纸制品或纸板制品的机器，包括各种切纸机：		84. 41	其他制造纸浆制品、纸制品或纸板制品的机器，包括各种切纸机：	1. 部分 3D 打印机商品被移至新的税目 84. 85 项下，子目 8441. 80 的商品范围缩小。 2. 软硬转换相同。
8441. 1000	-切纸机	12	8441. 1000	-切纸机	12	8441. 1000	-切纸机	
8441. 2000	-制造包、袋或信封的机器	12	8441. 2000	-制造包、袋或信封的机器	12	8441. 2000	-制造包、袋或信封的机器	
	-制造箱、盒、管、桶或类似容器的机器，但模制成型机器除外：			-制造箱、盒、管、桶或类似容器的机器，但模制成型机器除外：			-制造箱、盒、管、桶或类似容器的机器，但模制成型机器除外：	
8441. 3010	---制造纸塑铝复合罐的生产设备	12	8441. 3010	---制造纸塑铝复合罐的生产设备	12	8441. 3010	---制造纸塑铝复合罐的生产设备	
8441. 3090	---其他	12	8441. 3090	---其他	12	8441. 3090	---其他	
8441. 4000	-纸浆、纸或纸板制品模制成型机器	12	8441. 4000	-纸浆、纸或纸板制品模制成型机器	12	8441. 4000	-纸浆、纸或纸板制品模制成型机器	
	-其他机器：			-其他机器：			-其他机器：	
8441. 8010	---制造纸塑铝软包装的生产设备	12	8441. 8010	---制造纸塑铝软包装的生产设备	12	8441. 8010	---制造纸塑铝软包装的生产设备	
8441. 8090	---其他	12	8441. 8090	---其他（ex8441. 8090）	12	8441. 8090	---其他（ex8441. 8090）	
	-零件：			-零件：			-零件：	
8441. 9010	---切纸机用	8	8441. 9010	---切纸机用	8	8441. 9010	---切纸机用	
8441. 9090	---其他	8	8441. 9090	---其他（ex8441. 9090）	8	8441. 9090	---其他（ex8441. 9090）	

2021 年版税则			2022 年版硬转换			2022 年版软转换		说明
税则号列	商品名称	税率	税则号列	商品名称	税率	税则号列	商品名称	
84.62	加工金属的锻造（包括模锻）或冲压机床；加工金属的弯曲、折叠、矫直、矫平、剪切、冲孔或开槽机床；其他加工金属或硬质合金的压力机：		84.62	加工金属的锻造、锻锤或模锻（但轧机除外）机床（包括压力机）；加工金属的弯曲、折叠、矫直、矫平、剪切、冲孔、开槽或步冲机床（包括压力机、纵剪线及定尺剪切线，但拉拔机除外）；其他加工金属或硬质合金的压力机（+）：		84.62	加工金属的锻造、锻锤或模锻（但轧机除外）机床（包括压力机）；加工金属的弯曲、折叠、矫直、矫平、剪切、冲孔、开槽或步冲机床（包括压力机、纵剪线及定尺剪切线，但拉拔机除外）；其他加工金属或硬质合金的压力机（+）：	1. 对税目 84.62 锻造机所作的修订。 2.《协调制度》目录在子目 8462.4 中增列了步冲机床，但我国在实践中，已经将步冲机床归入子目 8462.4 项下（见税号 8462.4111），与 WCO 提供的对照关系不同，故子目 8462.4 不存在税号 8462.9990 的商品转入。 3. 对于新增子目 8462.11 的名称“Closed-die Forging”，各方存在分歧，综合各方建议，参考机床行业英文词典表述，子目 8462.11 的名称最终翻译为“闭式锻造机（模锻机）”。
	-锻造（包括模锻）或冲压机床及锻锤：			-热锻设备，热模锻设备（包括压力机）及热锻锻锤：			-热锻设备，热模锻设备（包括压力机）及热锻锻锤：	
8462.1010	---数控的	9						
8462.1090	---其他	9						
				--闭式锻造机（模锻机）：			--闭式锻造机（模锻机）：	
			8462.1110	---数控的（ex8462.1010）	9	8462.1110	---数控的（ex8462.1010）	
			8462.1190	---其他（ex8462.1090）	9	8462.1190	---其他（ex8462.1090）	
				--其他：			--其他：	
			8462.1910	---数控的（ex8462.1010）	9	8462.1910	---数控的（ex8462.1010）	
			8462.1990	---其他（ex8462.1090）	9	8462.1990	---其他（ex8462.1090）	

2021 年版税则			2022 年版硬转换			2022 年版软转换		说明
税则号列	商品名称	税率	税则号列	商品名称	税率	税则号列	商品名称	
	-弯曲、折叠、矫直或矫平机床：			-用于板材的弯曲、折叠、矫直或矫平机床（包括折弯机）：			-用于板材的弯曲、折叠、矫直或矫平机床（包括折弯机）：	4. 对于新增子目 8462.22 和 8462.25 的名称，各方存在分歧，综合各方建议，子目 8462.22 的名称翻译为“型材成型机”，子目 8462.25 的名称翻译为“数控卷板机”。 5. 软硬转换不同。
	--数控的：							
8462.2110	---矫直机	9						
8462.2190	---其他	9						
				--型材成型机：			--型材成型机：	
			8462.2210	---数控的（ex8462.2190）	9	8462.2210	---数控的（ex8462.2190）	
			8462.2290	---其他（ex8462.2990）	9	8462.2290	---其他（ex8462.2990）	
			8462.2300	--数控折弯机（ex8462.2190）	9	8462.2300	--数控折弯机（ex8462.2190）	
			8462.2400	--数控多边折弯机（ex8462.2190）	9	8462.2400	--数控多边折弯机（ex8462.2190）	
			8462.2500	--数控卷板机（ex8462.2190）	9	8462.2500	--数控卷板机（ex8462.2190）	
				--其他数控弯曲、折叠、矫直或矫平机床：			--其他数控弯曲、折叠、矫直或矫平机床：	
			8462.2610	---矫直机（ex8462.2110）	9	8462.2610	---矫直机（ex8462.2110）	
			8462.2690	---其他（ex8462.2190）	9	8462.2690	---其他（ex8462.2190）	
	--其他：			--其他：			--其他：	

2021 年版税则			2022 年版硬转换			2022 年版软转换		说明
税则号列	商品名称	税率	税则号列	商品名称	税率	税则号列	商品名称	
8462. 2910	---矫直机	9	8462. 2910	---矫直机（ex8462. 2910）	9	8462. 2910	---矫直机（ex8462. 2910）	（见上栏“说明”）
8462. 2990	---其他	9	8462. 2990	---其他（ex8462. 2990）	9	8462. 2990	---其他（ex8462. 2990）	
	-剪切机床，但冲剪两用机除外：			-板材用纵剪线、定尺剪切线和其他剪切机床（不包括压力机），但冲剪两用机除外：			-板材用纵剪线、定尺剪切线和其他剪切机床（不包括压力机），但冲剪两用机除外：	
	--数控的：							
8462. 3110	---板带纵剪机	7						
8462. 3120	---板带横剪机	7						
8462. 3190	---其他	7						
				--纵剪线和定尺剪切线：			--纵剪线和定尺剪切线：	
			8462. 3210	---数控的（ex8462. 3110、ex8462. 3120）	7	8462. 3210	---数控的（ex8462. 3110、ex8462. 3120）	
			8462. 3290	---其他（ex8462. 3910、ex8462. 3920）	9	8462. 3290	---其他（ex8462. 3910、ex8462. 3920）	
				--数控剪切机床：		8462. 3300	--数控剪切机床（ex8462. 3110、ex8462. 3120、ex8462. 3190）	
			8462. 3310	---板带纵剪机（ex8462. 3110）	7			

2021 年版税则			2022 年版硬转换			2022 年版软转换		说明
税则号列	商品名称	税率	税则号列	商品名称	税率	税则号列	商品名称	
			8462. 3320	---板带横剪机（ex8462. 3120）	7			（见上栏“说明”）
			8462. 3390	---其他（ex8462. 3190）	7			
	--其他：			--其他：		8462. 3900	--其他（ex8462. 3910、ex8462. 3920、ex8462. 3990）	
8462. 3910	---板带纵剪机	9	8462. 3910	---板带纵剪机（ex8462. 3910）	9			
8462. 3920	---板带横剪机	9	8462. 3920	---板带横剪机（ex8462. 3920）	9			
8462. 3990	---其他	9	8462. 3990	---其他（ex8462. 3990）	9			
	-冲孔或开槽机床，包括冲剪两用机：			-板材用冲孔、开槽或步冲机床（不包括压力机），包括冲剪两用机：			-板材用冲孔、开槽或步冲机床（不包括压力机），包括冲剪两用机：	
	--数控的：							
	---冲床：							
8462. 4111	----自动模式数控步冲压力机	9						
8462. 4119	----其他	9						
8462. 4190	---其他	9						
				--数控的：			--数控的：	

2021 年版税则			2022 年版硬转换			2022 年版软转换		说明
税则号列	商品名称	税率	税则号列	商品名称	税率	税则号列	商品名称	
				---冲床:			---冲床:	（见上栏“说明”）
			8462.4211	----自动模式数控步冲压力机（ex8462.4111）	9	8462.4211	----自动模式数控步冲压力机（ex8462.4111）	
			8462.4212	----其他（ex8462.4119）	9	8462.4212	----其他（ex8462.4119）	
			8462.4290	---其他（ex8462.4190、ex8462.9990）	9	8462.4290	---其他（ex8462.4190、ex8462.9990）	
8462.4900	--其他	9	8462.4900	--其他（ex8462.4900、ex8462.9990）	9	8462.4900	--其他（ex8462.4900、ex8462.9990）	
				-金属管道、管材、型材、空心型材和棒材的加工机床（非压力机）:			-金属管道、管材、型材、空心型材和棒材的加工机床（非压力机）:	
				--数控的:		8462.5100	--数控的（ex8462.1010、ex8462.2110、ex8462.2190、ex8462.3190、ex8462.4111、ex8462.4119、ex8462.4190）	
			8462.5110	---冲压机床（ex8462.1010）	9			
				---弯曲、折叠、矫直或矫平机床:				

2021 年版税则			2022 年版硬转换			2022 年版软转换		说明
税则号列	商品名称	税率	税则号列	商品名称	税率	税则号列	商品名称	
			8462. 5121	----矫直机 （ex8462. 2110）	9			（见上栏“说明”）
			8462. 5129	----其他（ex8462. 2190）	9			
			8462. 5130	---剪切机床，但冲剪两用机除外 （ex8462. 3190）	7			
				---冲孔或开槽机床，包括冲剪两用机：				
			8462. 5141	----自动模式数控步冲压力机 （ex8462. 4111）	9			
			8462. 5142	----其他冲床 （ex8462. 4119）	9			
			8462. 5149	----其他（ex8462. 4190）	9			
				--其他：		8462. 5900	--其他（ex8462. 1090、ex8462. 2910、ex8462. 2990、ex8462. 3990、ex8462. 4900）	
			8462. 5910	---冲压机床 （ex8462. 1090）	9			
				---弯曲、折叠、矫直或矫平机床：				

2021 年版税则			2022 年版硬转换			2022 年版软转换		说明
税则号列	商品名称	税率	税则号列	商品名称	税率	税则号列	商品名称	
			8462.5921	----矫直机（ex8462.2910）	9			（见上栏“说明”）
			8462.5929	----其他（ex8462.2990）	9			
			8462.5930	---剪切机床（ex8462.3990）	9			
			8462.5940	---冲孔或开槽机床，包括冲剪两用机（ex8462.4900）	9			
				-金属冷加工压力机：			-金属冷加工压力机：	
				--液压压力机：			--液压压力机：	
				---数控的：		8462.6110	---数控的（ex8462.1010、ex8462.9110、ex8462.9190）	
			8462.6111	----冷锻造机床（ex8462.1010）	9			
			8462.6192	----金属型材挤压机（ex8462.9110）	9			
			8462.6199	----其他（ex8462.9190）	9			
				--机械压力机：			--机械压力机：	
				---数控的：		8462.6210	---数控的（ex8462.1010、ex8462.9910）	
			8462.6291	----冷锻造机床（ex8462.1090）	9			

2021 年版税则			2022 年版硬转换			2022 年版软转换		说明
税则号列	商品名称	税率	税则号列	商品名称	税率	税则号列	商品名称	
			8462.6299	----其他（ex8462.9910）	9			（见上栏“说明”）
				--伺服压力机：		8462.6300	--伺服压力机（ex8462.1010、ex8462.9910）	
			8462.6310	---冷锻造机床（ex8462.1010）	9			
			8462.6390	---其他（ex8462.9910）	9			
				--其他：			--其他：	
				---其他：		8462.6990	---其他（ex8462.1090、ex8462.9990）	
			8462.6991	----冷锻造机床（ex8462.1090）	9			
			8462.6999	----其他（ex8462.9990）	9			
	-其他：			-其他：			-其他：	
				---数控的：		8462.9010	---数控的（ex8462.1010、ex8462.9990）	
			8462.9011	----冲压机床（ex8462.1010）	9			
			8462.9019	----其他（ex8462.9990）	9			
				---其他：		8462.9090	---其他（ex8462.1090、ex8462.9990）	
			8462.9091	----冲压机床（ex8462.1090）	9			

2021 年版税则			2022 年版硬转换			2022 年版软转换		说明
税则号列	商品名称	税率	税则号列	商品名称	税率	税则号列	商品名称	
			8462.9099	----其他（ex8462.9990）	9			（见上栏“说明”）
	--液压压力机：							
8462.9110	---金属型材挤压机	9						
8462.9190	---其他	9						
	--其他：							
8462.9910	---机械压力机	9						
8462.9990	---其他	9						
84.63	金属或金属陶瓷的其他非切削加工机床：		84.63	金属或金属陶瓷的其他非切削加工机床：		84.63	金属或金属陶瓷的其他非切削加工机床：	1. 为3D打印机新增税目84.85而作的修订。将处理金属的3D打印机移出该税目。 2. 软硬转换相同。
	-杆、管、型材、异型材、丝及类似品的拉拔机：			-杆、管、型材、异型材、丝及类似品的拉拔机：			-杆、管、型材、异型材、丝及类似品的拉拔机：	
	---冷拔管机：			---冷拔管机：			---冷拔管机：	
8463.1011	----拉拔力为300吨及以下	9	8463.1011	----拉拔力为300吨及以下	9	8463.1011	----拉拔力为300吨及以下	
8463.1019	----其他	9	8463.1019	----其他	9	8463.1019	----其他	
8463.1020	---拔丝机	9	8463.1020	---拔丝机	9	8463.1020	---拔丝机	
8463.1090	---其他	9	8463.1090	---其他	9	8463.1090	---其他	
8463.2000	-螺纹滚轧机	9	8463.2000	-螺纹滚轧机	9	8463.2000	-螺纹滚轧机	
8463.3000	-金属丝加工机	9	8463.3000	-金属丝加工机	9	8463.3000	-金属丝加工机	
8463.9000	-其他	9	8463.9000	-其他（ex8463.9000）	9	8463.9000	-其他（ex8463.9000）	

2021 年版税则			2022 年版硬转换			2022 年版软转换		说明
税则号列	商品名称	税率	税则号列	商品名称	税率	税则号列	商品名称	
84.65	木材、软木、骨、硬质橡胶、硬质塑料或类似硬质材料的加工机床（包括用打钉或打 U 形钉、胶粘或其他方法组合前述材料的机器）：		84.65	木材、软木、骨、硬质橡胶、硬质塑料或类似硬质材料的加工机床（包括用打钉或打 U 形钉、胶粘或其他方法组合前述材料的机器）：		84.65	木材、软木、骨、硬质橡胶、硬质塑料或类似硬质材料的加工机床（包括用打钉或打 U 形钉、胶粘或其他方法组合前述材料的机器）：	1. 部分 3D 打印机商品被移至新的税目 84.85 项下，子目 8465.99 的范围缩小。 2. 软硬转换相同。
8465.1000	-不需更换工具即可进行不同机械加工的机器	9	8465.1000	-不需更换工具即可进行不同机械加工的机器	9	8465.1000	-不需更换工具即可进行不同机械加工的机器	
8465.2000	-加工中心	9	8465.2000	-加工中心	9	8465.2000	-加工中心	
	-其他：			-其他：			-其他：	
8465.9100	--锯床	9	8465.9100	--锯床	9	8465.9100	--锯床	
8465.9200	--刨、铣或切削成形机器	9	8465.9200	--刨、铣或切削成形机器	9	8465.9200	--刨、铣或切削成形机器	
8465.9300	--研磨、砂磨或抛光机器	9	8465.9300	--研磨、砂磨或抛光机器	9	8465.9300	--研磨、砂磨或抛光机器	
8465.9400	--弯曲或装配机器	9	8465.9400	--弯曲或装配机器	9	8465.9400	--弯曲或装配机器	
8465.9500	--钻孔或凿榫机器	9	8465.9500	--钻孔或凿榫机器	9	8465.9500	--钻孔或凿榫机器	
8465.9600	--剖开、切片或刮削机器	9	8465.9600	--剖开、切片或刮削机器	9	8465.9600	--剖开、切片或刮削机器	
8465.9900	--其他	9	8465.9900	--其他（ex8465.9900）	9	8465.9900	--其他（ex8465.9900）	

2021 年版税则			2022 年版硬转换			2022 年版软转换		说明
税则号列	商品名称	税率	税则号列	商品名称	税率	税则号列	商品名称	
84.66	专用于或主要用于税目 84.56 至 84.65 所列机器的零件、附件，包括工件或工具的夹具、自启板牙切头、分度头及其他专用于机器的附件；各种手提工具的工具夹具：		84.66	专用于或主要用于税目 84.56 至 84.65 所列机器的零件、附件，包括工件或工具的夹具、自启板牙切头、分度头及其他专用于机器的附件；各种手提工具的工具夹具：		84.66	专用于或主要用于税目 84.56 至 84.65 所列机器的零件、附件，包括工件或工具的夹具、自启板牙切头、分度头及其他专用于机器的附件；各种手提工具的工具夹具：	1. 部分 3D 打印机商品被移至新的税目 84.85 项下，子目 8466.94 的商品范围缩小。 2. 软硬转换相同。
8466.1000	-工具夹具及自启板牙切头	7	8466.1000	-工具夹具及自启板牙切头	7	8466.1000	-工具夹具及自启板牙切头	
8466.2000	-工件夹具	7	8466.2000	-工件夹具	7	8466.2000	-工件夹具	
8466.3000	-分度头及其他专用于机器的附件	7	8466.3000	-分度头及其他专用于机器的附件	7	8466.3000	-分度头及其他专用于机器的附件	
	-其他：			-其他：			-其他：	
8466.9100	--税目 84.64 所列机器用	0	8466.9100	--税目 84.64 所列机器用	0	8466.9100	--税目 84.64 所列机器用	
8466.9200	--税目 84.65 所列机器用	6	8466.9200	--税目 84.65 所列机器用（ex8466.9200）	6	8466.9200	--税目 84.65 所列机器用（ex8466.9200）	
	--税目 84.56 至 84.61 所列机器用：			--税目 84.56 至 84.61 所列机器用：			--税目 84.56 至 84.61 所列机器用：	
8466.9310	---刀库及自动换刀装置	0	8466.9310	---刀库及自动换刀装置	0	8466.9310	---刀库及自动换刀装置	
8466.9390	---其他	0	8466.9390	---其他	0	8466.9390	---其他	
8466.9400	--税目 84.62 或 84.63 所列机器用	6	8466.9400	--税目 84.62 或 84.63 所列机器用（ex8466.9400）	6	8466.9400	--税目 84.62 或 84.63 所列机器用（ex8466.9400）	

2021 年版税则			2022 年版硬转换			2022 年版软转换		说明
税则号列	商品名称	税率	税则号列	商品名称	税率	税则号列	商品名称	
84.74	泥土、石料、矿石或其他固体（包括粉状、浆状）矿物质的分类、筛选、分离、洗涤、破碎、磨粉、混合或搅拌机器；固体矿物燃料、陶瓷坯泥、未硬化水泥、石膏材料或其他粉状、浆状矿产品的粘聚或成形机器；铸造用砂模的成形机器：		84.74	泥土、石料、矿石或其他固体（包括粉状、浆状）矿物质的分类、筛选、分离、洗涤、破碎、磨粉、混合或搅拌机器；固体矿物燃料、陶瓷坯泥、未硬化水泥、石膏材料或其他粉状、浆状矿产品的粘聚或成形机器；铸造用砂模的成形机器：		84.74	泥土、石料、矿石或其他固体（包括粉状、浆状）矿物质的分类、筛选、分离、洗涤、破碎、磨粉、混合或搅拌机器；固体矿物燃料、陶瓷坯泥、未硬化水泥、石膏材料或其他粉状、浆状矿产品的粘聚或成形机器；铸造用砂模的成形机器：	1. 部分 3D 打印机商品被移至新的税目 84.85 项下，子目 8474.80 和 8474.90 的商品范围缩小。 2. 软硬转换相同。
8474.1000	-分类、筛选、分离或洗涤机器	5	8474.1000	-分类、筛选、分离或洗涤机器	5	8474.1000	-分类、筛选、分离或洗涤机器	
	-破碎或磨粉机器：			-破碎或磨粉机器：			-破碎或磨粉机器：	
8474.2010	---齿辊式	5	8474.2010	---齿辊式	5	8474.2010	---齿辊式	
8474.2020	---球磨式	5	8474.2020	---球磨式	5	8474.2020	---球磨式	
8474.2090	---其他	5	8474.2090	---其他	5	8474.2090	---其他	
	-混合或搅拌机器：			-混合或搅拌机器：			-混合或搅拌机器：	
8474.3100	--混凝土或砂浆混合机器	7	8474.3100	--混凝土或砂浆混合机器	7	8474.3100	--混凝土或砂浆混合机器	
8474.3200	--矿物与沥青的混合机器	7	8474.3200	--矿物与沥青的混合机器	7	8474.3200	--矿物与沥青的混合机器	
8474.3900	--其他	5	8474.3900	--其他	5	8474.3900	--其他	
	-其他机器：			-其他机器：			-其他机器：	

2021年版税则			2022年版硬转换			2022年版软转换		说明
税则号列	商品名称	税率	税则号列	商品名称	税率	税则号列	商品名称	
8474.8010	---辊压成型机	5	8474.8010	---辊压成型机	5	8474.8010	---辊压成型机	（见上栏“说明”）
8474.8020	---模压成型机	5	8474.8020	---模压成型机	5	8474.8020	---模压成型机	
8474.8090	---其他	5	8474.8090	---其他（ex8474.8090）	5	8474.8090	---其他（ex8474.8090）	
8474.9000	-零件	5	8474.9000	-零件（ex8474.9000）	5	8474.9000	-零件（ex8474.9000）	
84.75	白炽灯泡、灯管、放电灯管、电子管、闪光灯泡及类似品的封装机器；玻璃或玻璃制品的制造或热加工机器：		84.75	白炽灯泡、灯管、放电灯管、电子管、闪光灯泡及类似品的封装机器；玻璃或玻璃制品的制造或热加工机器：		84.75	白炽灯泡、灯管、放电灯管、电子管、闪光灯泡及类似品的封装机器；玻璃或玻璃制品的制造或热加工机器：	1. 部分3D打印机商品被移至新的税目84.85项下，子目8475.29和8475.90的商品范围缩小。 2. 软硬转换相同。
8475.1000	-白炽灯泡、灯管、放电灯管、电子管、闪光灯泡及类似品的封装机器	8	8475.1000	-白炽灯泡、灯管、放电灯管、电子管、闪光灯泡及类似品的封装机器	8	8475.1000	-白炽灯泡、灯管、放电灯管、电子管、闪光灯泡及类似品的封装机器	
	-玻璃或玻璃制品的制造或热加工机器：			-玻璃或玻璃制品的制造或热加工机器：			-玻璃或玻璃制品的制造或热加工机器：	
8475.2100	--制造光导纤维及其预制棒的机器	2.5	8475.2100	--制造光导纤维及其预制棒的机器	2.5	8475.2100	--制造光导纤维及其预制棒的机器	
	--其他：			--其他：			--其他：	
	---玻璃的热加工设备：			---玻璃的热加工设备：			---玻璃的热加工设备：	
8475.2911	----连续式玻璃热弯炉	8	8475.2911	----连续式玻璃热弯炉	8	8475.2911	----连续式玻璃热弯炉	
8475.2912	----玻璃纤维拉丝机（光纤拉丝机除外）	8	8475.2912	----玻璃纤维拉丝机（光纤拉丝机除外）	8	8475.2912	----玻璃纤维拉丝机（光纤拉丝机除外）	
8475.2919	----其他	8	8475.2919	----其他（ex8475.2919）	8	8475.2919	----其他（ex8475.2919）	

2021 年版税则			2022 年版硬转换			2022 年版软转换		说明
税则号列	商品名称	税率	税则号列	商品名称	税率	税则号列	商品名称	
8475.2990	---其他	8	8475.2990	---其他	8	8475.2990	---其他	（见上栏“说明”）
8475.9000	-零件	8	8475.9000	-零件（ex8475.9000）	8	8475.9000	-零件（ex8475.9000）	
84.77	本章其他税目未列名的橡胶或塑料及其产品的加工机器：		84.77	本章其他税目未列名的橡胶或塑料及其产品的加工机器：		84.77	本章其他税目未列名的橡胶或塑料及其产品的加工机器：	1. 部分 3D 打印机商品被移至新的税目 84.85 项下，子目 8477.80 和 8477.90 的商品范围缩小。 2. WCO 给出的转换关系中子目 8477.80 有商品移出，但我国认为加工塑料的 3D 打印机是增材成型机器，已在税号 8477.5910 中为 3D 打印机单独列目，不存在从子目 8477.80 移出商品，而是从子目 8477.59 移出。 3. 软硬转换相同。
	-注射机：			-注射机：			-注射机：	
8477.1010	---注塑机	0	8477.1010	---注塑机	0	8477.1010	---注塑机	
8477.1090	---其他	0	8477.1090	---其他	0	8477.1090	---其他	
	-挤出机：			-挤出机：			-挤出机：	
8477.2010	---塑料造粒机	5	8477.2010	---塑料造粒机	5	8477.2010	---塑料造粒机	
8477.2090	---其他	5	8477.2090	---其他	5	8477.2090	---其他	
	-吹塑机：			-吹塑机：			-吹塑机：	
8477.3010	---挤出吹塑机	5	8477.3010	---挤出吹塑机	5	8477.3010	---挤出吹塑机	
8477.3020	---注射吹塑机	5	8477.3020	---注射吹塑机	5	8477.3020	---注射吹塑机	
8477.3090	---其他	5	8477.3090	---其他	5	8477.3090	---其他	
	-真空模塑机器及其他热成型机器：			-真空模塑机器及其他热成型机器：			-真空模塑机器及其他热成型机器：	
8477.4010	---塑料中空成型机	5	8477.4010	---塑料中空成型机	5	8477.4010	---塑料中空成型机	
8477.4020	---塑料压延成型机	5	8477.4020	---塑料压延成型机	5	8477.4020	---塑料压延成型机	

2021 年版税则			2022 年版硬转换			2022 年版软转换		说明
税则号列	商品名称	税率	税则号列	商品名称	税率	税则号列	商品名称	
8477.4090	---其他	5	8477.4090	---其他	5	8477.4090	---其他	（见上栏“说明”）
	-其他模塑或成型机器：			-其他模塑或成型机器：			-其他模塑或成型机器：	
8477.5100	--用于充气轮胎模塑或翻新的机器及内胎模塑或用其他方法成型的机器	5	8477.5100	--用于充气轮胎模塑或翻新的机器及内胎模塑或用其他方法成型的机器	5	8477.5100	--用于充气轮胎模塑或翻新的机器及内胎模塑或用其他方法成型的机器	
	--其他：		8477.5900	--其他（8477.5990）	5	8477.5900	--其他（8477.5990）	
8477.5910	---三维打印机（3D 打印机）	5						
8477.5990	---其他	5						
8477.8000	-其他机器	5	8477.8000	-其他机器	5	8477.8000	-其他机器	
8477.9000	-零件	0	8477.9000	-零件（ex8477.9000）	0	8477.9000	-零件（ex8477.9000）	
84.79	本章其他税目未列名的具有独立功能的机器及机械器具：		84.79	本章其他税目未列名的具有独立功能的机器及机械器具：		84.79	本章其他税目未列名的具有独立功能的机器及机械器具：	（见下栏“说明”）
	-公共工程用机器：			-公共工程用机器：			-公共工程用机器：	
	---摊铺机：			---摊铺机：			---摊铺机：	
8479.1021	----沥青混凝土摊铺机	8	8479.1021	----沥青混凝土摊铺机	8	8479.1021	----沥青混凝土摊铺机	
8479.1022	----稳定土摊铺机	8	8479.1022	----稳定土摊铺机	8	8479.1022	----稳定土摊铺机	
8479.1029	----其他	8	8479.1029	----其他	8	8479.1029	----其他	

2021 年版税则			2022 年版硬转换			2022 年版软转换		说明
税则号列	商品名称	税率	税则号列	商品名称	税率	税则号列	商品名称	
8479. 1090	---其他	8	8479. 1090	---其他	8	8479. 1090	---其他	1. 为明确微生物油脂的归类而对《协调制度》目录进行修订。 2. 软硬转换不同。 3. 我国认为加工金属的 3D 打印机属于增材成型机器而不属于机床，故此处转换关系与 WCO 意见不同，有部分税号 8479. 8190 和 8479. 9090 项下商品被移至新的税目 84. 85。
8479. 2000	-提取、加工动物油脂或植物固定油脂的机器	8		-提取、加工动物油脂、植物固定油脂、微生物油脂的机器：		8479. 2000	-提取、加工动物油脂、植物固定油脂、微生物油脂的机器（8479. 2000、ex8438. 8000）	
			8479. 2010	---提取、加工动物油脂或植物固定油脂的机器（8479. 2000）	8			
			8479. 2090	---其他（ex8438. 8000）	8			
8479. 3000	-木碎料板或木纤维板的挤压机及其他木材或软木处理机	8	8479. 3000	-木碎料板或木纤维板的挤压机及其他木材或软木处理机	8	8479. 3000	-木碎料板或木纤维板的挤压机及其他木材或软木处理机	
8479. 4000	-绳或缆的制造机器	7	8479. 4000	-绳或缆的制造机器	7	8479. 4000	-绳或缆的制造机器	
	-未列名工业机器人：			-未列名工业机器人：			-未列名工业机器人：	
8479. 5010	---多功能工业机器人	0	8479. 5010	---多功能工业机器人	0	8479. 5010	---多功能工业机器人	
8479. 5090	---其他	0	8479. 5090	---其他	0	8479. 5090	---其他	
8479. 6000	-蒸发式空气冷却器	8	8479. 6000	-蒸发式空气冷却器	8	8479. 6000	-蒸发式空气冷却器	
	-旅客登机（船）桥：			-旅客登机（船）桥：			-旅客登机（船）桥：	
8479. 7100	--用于机场的	0	8479. 7100	--用于机场的	0	8479. 7100	--用于机场的	
8479. 7900	--其他	0	8479. 7900	--其他	0	8479. 7900	--其他	

2021 年版税则			2022 年版硬转换			2022 年版软转换		说明
税则号列	商品名称	税率	税则号列	商品名称	税率	税则号列	商品名称	
	-其他机器及机械器具：			-其他机器及机械器具：			-其他机器及机械器具：	1. 为明确微生物油脂的归类而对《协调制度》目录进行修订。 2. 软硬转换不同。 3. 我国认为加工金属的 3D 打印机属于增材成型机器而不属于机床，故此处转换关系与 WCO 意见不同，有部分税号 8479.8190 和 8479.9090 项下商品被移至新的税目 84.85。
	--处理金属的机械，包括线圈绕线机：			--处理金属的机械，包括线圈绕线机：			--处理金属的机械，包括线圈绕线机：	
8479.8110	---绕线机	9	8479.8110	---绕线机	9	8479.8110	---绕线机	
8479.8190	---其他	9	8479.8190	---其他（ex8479.8190）	9	8479.8190	---其他（ex8479.8190）	
8479.8200	--混合、搅拌、轧碎、研磨、筛选、均化或乳化机器	7	8479.8200	--混合、搅拌、轧碎、研磨、筛选、均化或乳化机器	7	8479.8200	--混合、搅拌、轧碎、研磨、筛选、均化或乳化机器	
				--冷等静压机：			--冷等静压机：	
			8479.8310	---处理金属的（ex8479.8190）	9	8479.8310	---处理金属的（ex8479.8190）	
			8479.8390	---其他（ex8479.8999）	0	8479.8390	---其他（ex8479.8999）	
	--其他：			--其他：			--其他：	
8479.8910	---船舶用舵机及陀螺稳定器	0	8479.8910	---船舶用舵机及陀螺稳定器	0	8479.8910	---船舶用舵机及陀螺稳定器	
8479.8920	---空气增湿器及减湿器	0	8479.8920	---空气增湿器及减湿器	0	8479.8920	---空气增湿器及减湿器	
8479.8940	---邮政用包裹、印刷品分拣设备	0	8479.8940	---邮政用包裹、印刷品分拣设备	0	8479.8940	---邮政用包裹、印刷品分拣设备	
8479.8950	---放射性废物压实机	0	8479.8950	---放射性废物压实机	0	8479.8950	---放射性废物压实机	
	---在印刷电路板上装配元器件的机器：			---在印刷电路板上装配元器件的机器：			---在印刷电路板上装配元器件的机器：	

2021 年版税则			2022 年版硬转换			2022 年版软转换		说明
税则号列	商品名称	税率	税则号列	商品名称	税率	税则号列	商品名称	
8479.8961	----自动插件机	0	8479.8961	----自动插件机	0	8479.8961	----自动插件机	1. 为明确微生物油脂的归类而对《协调制度》目录进行修订。 2. 软硬转换不同。 3. 我国认为加工金属的 3D 打印机属于增材成型机器而不属于机床，故此处转换关系与 WCO 意见不同，有部分税号 8479.8190 和 8479.9090 项下商品被移至新的税目 84.85。
8479.8962	----自动贴片机	0	8479.8962	----自动贴片机	0	8479.8962	----自动贴片机	
8479.8969	----其他	0	8479.8969	----其他	0	8479.8969	----其他	
	---其他：			---其他：			---其他：	
8479.8992	----自动化立体仓储设备	0	8479.8992	----自动化立体仓储设备	0	8479.8992	----自动化立体仓储设备	
8479.8999	----其他	0	8479.8999	----其他（ex8479.8999）	0	8479.8999	----其他（ex8479.8999）	
	-零件：			-零件：			-零件：	
8479.9010	---船舶用舵机及陀螺稳定器用	0	8479.9010	---船舶用舵机及陀螺稳定器用	0	8479.9010	---船舶用舵机及陀螺稳定器用	
8479.9020	---空气增湿器及减湿器用	0	8479.9020	---空气增湿器及减湿器用	0	8479.9020	---空气增湿器及减湿器用	
8479.9090	---其他	0	8479.9090	---其他（ex8438.9000、ex8479.9090）	0	8479.9090	---其他（ex8438.9000、ex8479.9090）	
84.82	滚动轴承：		84.82	滚动轴承：		84.82	滚动轴承：	为滚针轴承和其他圆柱形滚子轴承所作的修订，商品范围未发生变化。
	-滚珠轴承：			-滚珠轴承：			-滚珠轴承：	
8482.1010	---调心球轴承	8	8482.1010	---调心球轴承	8	8482.1010	---调心球轴承	
8482.1020	---深沟球轴承	8	8482.1020	---深沟球轴承	8	8482.1020	---深沟球轴承	
8482.1030	---角接触轴承	8	8482.1030	---角接触轴承	8	8482.1030	---角接触轴承	
8482.1040	---推力球轴承	8	8482.1040	---推力球轴承	8	8482.1040	---推力球轴承	

2021 年版税则			2022 年版硬转换			2022 年版软转换		说明
税则号列	商品名称	税率	税则号列	商品名称	税率	税则号列	商品名称	
8482.1090	---其他	8	8482.1090	---其他	8	8482.1090	---其他	为滚针轴承和其他圆柱形滚子轴承所作的修订，商品范围未发生变化。
8482.2000	-锥形滚子轴承，包括锥形滚子组件	8	8482.2000	-锥形滚子轴承，包括锥形滚子组件	8	8482.2000	-锥形滚子轴承，包括锥形滚子组件	
8482.3000	-鼓形滚子轴承	8	8482.3000	-鼓形滚子轴承	8	8482.3000	-鼓形滚子轴承	
8482.4000	-滚针轴承	8	8482.4000	-滚针轴承，包括保持架和滚针组件	8	8482.4000	-滚针轴承，包括保持架和滚针组件	
8482.5000	-其他圆柱形滚子轴承	8	8482.5000	-其他圆柱形滚子轴承，包括保持架和滚子组件	8	8482.5000	-其他圆柱形滚子轴承，包括保持架和滚子组件	
8482.8000	-其他，包括球、柱混合轴承	8	8482.8000	-其他，包括球、柱混合轴承	8	8482.8000	-其他，包括球、柱混合轴承	
	-零件：			-零件：			-零件：	
8482.9100	--滚珠、滚针及滚柱	8	8482.9100	--滚珠、滚针及滚柱	8	8482.9100	--滚珠、滚针及滚柱	
8482.9900	--其他	6	8482.9900	--其他	6	8482.9900	--其他	
			84.85	增材制造设备：		84.85	增材制造设备：	1. 为增材制造设备（3D 打印机）新增税目。 2. WCO 给出的子目 8485.30 的转换关系为 ex8475.29 和 ex8479.89，其中用石膏、水泥、陶瓷材料的增材制造设备对应子目 8479.89，但我国
			8485.1000	-用金属材料的（ex8463.9000）	9	8485.1000	-用金属材料的（ex8463.9000）	
			8485.2000	-用塑料或橡胶材料的（ex8477.5910）	5	8485.2000	-用塑料或橡胶材料的（8477.5910）	
				-用石膏、水泥、陶瓷或玻璃材料的：			-用石膏、水泥、陶瓷或玻璃材料的：	
			8485.3010	---用玻璃材料的（ex8475.2919）	8	8485.3010	---用玻璃材料的（ex8475.2919）	

2021 年版税则			2022 年版硬转换			2022 年版软转换			说明
税则号列	商品名称	税率	税则号列	商品名称	税率	税则号列	商品名称	税率	
			8485.3020	---用石膏、水泥、陶瓷材料的（ex8474.8090）	5	8485.3020	---用石膏、水泥、陶瓷材料的（ex8474.8090）		在实践中将其归入税号 8474.8090，此处转换关系与 WCO 意见不同。基于相同原因，增加零件税号 8474.9000。 3. 子目 8485.90 “零件”在 WCO 对照表中无税目 84.41 和 84.66 项下用纸或木材的增材制造设备的对照关系，在 HSC 第 66 次会议上，因为 LOM 整机转换关系加入纸张和木材，故零件部分也需要加入相应的子目。 4. 软硬转换关系相同。
				-其他：			-其他：		
			8485.8010	---用纸或纸浆的（ex8441.8090）	12	8485.8010	---用纸或纸浆的（ex8441.8090）		
			8485.8020	---用木材、软木的（ex8465.9900）	9	8485.8020	---用木材、软木的（ex8465.9900）		
			8485.8090	---其他（ex8479.8999）	0	8485.8090	---其他（ex8479.8999）		
				-零件：			-零件：		
			8485.9010	---用金属材料的（ex8466.9400）	6	8485.9010	---用金属材料的（ex8466.9400）		
			8485.9020	---用玻璃材料的（ex8475.9000）	8	8485.9020	---用玻璃材料的（ex8475.9000）		
			8485.9030	---用橡胶或塑料材料的（ex8477.9000）	0	8485.9030	---用橡胶或塑料材料的（ex8477.9000）		
			8485.9040	---用石膏、水泥、陶瓷材料的（ex8474.9000）	5	8485.9040	---用石膏、水泥、陶瓷材料的（ex8474.9000）		
			8485.9050	---用纸或纸浆的（ex8441.9090）	8	8485.9050	---用纸或纸浆的（ex8441.9090）		
			8485.9060	---用木材、软木的（ex8466.9200）	6	8485.9060	---用木材、软木的（ex8466.9200）		
			8485.9090	---其他（ex8479.9090）	0	8485.9090	---其他（ex8479.9090）		

2021年版税则			2022年版硬转换			2022年版软转换		说明
税则号列	商品名称	税率	税则号列	商品名称	税率	税则号列	商品名称	
84.86	专用于或主要用于制造半导体单晶柱或晶圆、半导体器件、集成电路或平板显示器的机器及装置；本章注释九（三）规定的机器及装置；零件及附件：		84.86	专用于或主要用于制造半导体单晶柱或晶圆、半导体器件、集成电路或平板显示器的机器及装置；本章注释十一（三）规定的机器及装置；零件及附件：		84.86	专用于或主要用于制造半导体单晶柱或晶圆、半导体器件、集成电路或平板显示器的机器及装置；本章注释十一（三）规定的机器及装置；零件及附件：	因章注释序号改变产生的修改，仅条文修改，不涉及转换。
	-制造单晶柱或晶圆用的机器及装置：			-制造单晶柱或晶圆用的机器及装置：			-制造单晶柱或晶圆用的机器及装置：	
8486.1010	---利用温度变化处理单晶硅的机器及装置	0	8486.1010	---利用温度变化处理单晶硅的机器及装置	0	8486.1010	---利用温度变化处理单晶硅的机器及装置	
8486.1020	---研磨设备	0	8486.1020	---研磨设备	0	8486.1020	---研磨设备	
8486.1030	---切割设备	0	8486.1030	---切割设备	0	8486.1030	---切割设备	
8486.1040	---化学机械抛光设备（CMP）	0	8486.1040	---化学机械抛光设备（CMP）	0	8486.1040	---化学机械抛光设备（CMP）	
8486.1090	---其他	0	8486.1090	---其他	0	8486.1090	---其他	
	-制造半导体器件或集成电路用的机器及装置：			-制造半导体器件或集成电路用的机器及装置：			-制造半导体器件或集成电路用的机器及装置：	
8486.2010	---氧化、扩散、退火及其他热处理设备	0	8486.2010	---氧化、扩散、退火及其他热处理设备	0	8486.2010	---氧化、扩散、退火及其他热处理设备	
	---薄膜沉积设备：			---薄膜沉积设备：			---薄膜沉积设备：	
8486.2021	----化学气相沉积装置（CVD）	0	8486.2021	----化学气相沉积装置（CVD）	0	8486.2021	----化学气相沉积装置（CVD）	

2021 年版税则			2022 年版硬转换			2022 年版软转换		说明
税则号列	商品名称	税率	税则号列	商品名称	税率	税则号列	商品名称	
8486.2022	----物理气相沉积装置（PVD）	0	8486.2022	----物理气相沉积装置（PVD）	0	8486.2022	----物理气相沉积装置（PVD）	因章注释序号改变产生的修改，仅条文修改，不涉及转换。
8486.2029	----其他	0	8486.2029	----其他	0	8486.2029	----其他	
	---将电路图投影或绘制到感光半导体材料上的装置：			---将电路图投影或绘制到感光半导体材料上的装置：			---将电路图投影或绘制到感光半导体材料上的装置：	
8486.2031	----分步重复光刻机（步进光刻机）	0	8486.2031	----分步重复光刻机（步进光刻机）	0	8486.2031	----分步重复光刻机（步进光刻机）	
8486.2039	----其他	0	8486.2039	----其他	0	8486.2039	----其他	
	---刻蚀及剥离设备：			---刻蚀及剥离设备：			---刻蚀及剥离设备：	
8486.2041	----等离子体干法刻蚀机	0	8486.2041	----等离子体干法刻蚀机	0	8486.2041	----等离子体干法刻蚀机	
8486.2049	----其他	0	8486.2049	----其他	0	8486.2049	----其他	
8486.2050	---离子注入机	0	8486.2050	---离子注入机	0	8486.2050	---离子注入机	
8486.2090	---其他	0	8486.2090	---其他	0	8486.2090	---其他	
	-制造平板显示器用的机器及装置：			-制造平板显示器用的机器及装置：			-制造平板显示器用的机器及装置：	
8486.3010	---扩散、氧化、退火及其他热处理设备	0	8486.3010	---扩散、氧化、退火及其他热处理设备	0	8486.3010	---扩散、氧化、退火及其他热处理设备	
	---薄膜沉积设备：			---薄膜沉积设备：			---薄膜沉积设备：	
8486.3021	----化学气相沉积设备（CVD）	0	8486.3021	----化学气相沉积设备（CVD）	0	8486.3021	----化学气相沉积设备（CVD）	

2021 年版税则			2022 年版硬转换			2022 年版软转换		说明
税则号列	商品名称	税率	税则号列	商品名称	税率	税则号列	商品名称	
8486.3022	----物理气相沉积设备（PVD）	0	8486.3022	----物理气相沉积设备（PVD）	0	8486.3022	----物理气相沉积设备（PVD）	因章注释序号改变产生的修改，仅条文修改，不涉及转换。
8486.3029	----其他	0	8486.3029	----其他	0	8486.3029	----其他	
	---将电路图投影或绘制到感光半导体材料上的装置：			---将电路图投影或绘制到感光半导体材料上的装置：			---将电路图投影或绘制到感光半导体材料上的装置：	
8486.3031	----分布重复光刻机	0	8486.3031	----分布重复光刻机	0	8486.3031	----分布重复光刻机	
8486.3039	----其他	0	8486.3039	----其他	0	8486.3039	----其他	
	---湿法蚀刻、显影、剥离、清洗装置：			---湿法蚀刻、显影、剥离、清洗装置：			---湿法蚀刻、显影、剥离、清洗装置：	
8486.3041	----超声波清洗装置	0	8486.3041	----超声波清洗装置	0	8486.3041	----超声波清洗装置	
8486.3049	----其他	0	8486.3049	----其他	0	8486.3049	----其他	
8486.3090	---其他	0	8486.3090	---其他	0	8486.3090	---其他	
	-本章注释九（三）规定的机器及装置：			-本章注释十一（三）规定的机器及装置：			-本章注释十一（三）规定的机器及装置：	
8486.4010	---主要用于或专用于制作和修复掩膜版或投影掩膜版的装置	0	8486.4010	---主要用于或专用于制作和修复掩膜版或投影掩膜版的装置	0	8486.4010	---主要用于或专用于制作和修复掩膜版或投影掩膜版的装置	
	---主要用于或专用于装配与封装半导体器件或集成电路的设备：			---主要用于或专用于装配与封装半导体器件或集成电路的设备：			---主要用于或专用于装配与封装半导体器件或集成电路的设备：	
8486.4021	----塑封机	0	8486.4021	----塑封机	0	8486.4021	----塑封机	

2021 年版税则			2022 年版硬转换			2022 年版软转换		说明
税则号列	商品名称	税率	税则号列	商品名称	税率	税则号列	商品名称	
8486.4022	----引线键合装置	0	8486.4022	----引线键合装置	0	8486.4022	----引线键合装置	因章注释序号改变产生的修改，仅条文修改，不涉及转换。
8486.4029	----其他	0	8486.4029	----其他	0	8486.4029	----其他	
	---主要用于或专用于升降、装卸、搬运单晶柱、晶圆、半导体器件、集成电路或平板显示器的装置：			---主要用于或专用于升降、装卸、搬运单晶柱、晶圆、半导体器件、集成电路或平板显示器的装置：			---主要用于或专用于升降、装卸、搬运单晶柱、晶圆、半导体器件、集成电路或平板显示器的装置：	
8486.4031	----集成电路工厂专用的自动搬运机器人	0	8486.4031	----集成电路工厂专用的自动搬运机器人	0	8486.4031	----集成电路工厂专用的自动搬运机器人	
8486.4039	----其他	0	8486.4039	----其他	0	8486.4039	----其他	
	-零件及附件：			-零件及附件：			-零件及附件：	
8486.9010	---升降、搬运、装卸机器用（自动搬运设备用除外）	0	8486.9010	---升降、搬运、装卸机器用（自动搬运设备用除外）	0	8486.9010	---升降、搬运、装卸机器用（自动搬运设备用除外）	
8486.9020	---引线键合装置用	0	8486.9020	---引线键合装置用	0	8486.9020	---引线键合装置用	
	---其他：			---其他：			---其他：	
8486.9091	----带背板的溅射靶材组件	0	8486.9091	----带背板的溅射靶材组件	0	8486.9091	----带背板的溅射靶材组件	
8486.9099	----其他	0	8486.9099	----其他	0	8486.9099	----其他	

2021 年版税则			2022 年版硬转换			2022 年版软转换		说明
税则号列	商品名称	税率	税则号列	商品名称	税率	税则号列	商品名称	
85.01	电动机及发电机（不包括发电机组）:		85.01	电动机及发电机（不包括发电机组）:		85.01	电动机及发电机（不包括发电机组）:	1. 根据国际可再生能源署的建议，为太阳能产品修订《协调制度》目录。 2. 软硬转换相同。
	-输出功率不超过 37.5 瓦的电动机:			-输出功率不超过 37.5 瓦的电动机:			-输出功率不超过 37.5 瓦的电动机:	
8501.1010	---玩具用	12	8501.1010	---玩具用	12	8501.1010	---玩具用	
	---其他:			---其他:			---其他:	
8501.1091	----微电机，机座尺寸在 20 毫米及以上，但不超过 39 毫米	9	8501.1091	----微电机，机座尺寸在 20 毫米及以上，但不超过 39 毫米	9	8501.1091	----微电机，机座尺寸在 20 毫米及以上，但不超过 39 毫米	
8501.1099	----其他	9	8501.1099	----其他（ex8501.1099）	9	8501.1099	----其他（ex8501.1099）	
8501.2000	-交直流两用电动机，输出功率超过 37.5 瓦	12	8501.2000	-交直流两用电动机，输出功率超过 37.5 瓦	12	8501.2000	-交直流两用电动机，输出功率超过 37.5 瓦	
	-其他直流电动机；直流发电机:			-其他直流电动机；直流发电机；不包括光伏发电机:			-其他直流电动机；直流发电机；不包括光伏发电机:	
8501.3100	--输出功率不超过 750 瓦	12	8501.3100	--输出功率不超过 750 瓦（ex8501.3100）	12	8501.3100	--输出功率不超过 750 瓦（ex8501.3100）	
8501.3200	--输出功率超过 750 瓦，但不超过 75 千瓦	10	8501.3200	--输出功率超过 750 瓦，但不超过 75 千瓦（ex8501.3200）	10	8501.3200	--输出功率超过 750 瓦，但不超过 75 千瓦（ex8501.3200）	
8501.3300	--输出功率超过 75 千瓦，但不超过 375 千瓦	5	8501.3300	--输出功率超过 75 千瓦，但不超过 375 千瓦（ex8501.3300）	5	8501.3300	--输出功率超过 75 千瓦，但不超过 375 千瓦（ex8501.3300）	

2021 年版税则			2022 年版硬转换			2022 年版软转换		说明
税则号列	商品名称	税率	税则号列	商品名称	税率	税则号列	商品名称	
8501. 3400	--输出功率超过 375 千瓦	10	8501. 3400	--输出功率超过 375 千瓦（ex8501. 3400）	10	8501. 3400	--输出功率超过 375 千瓦（ex8501. 3400）	1. 根据国际可再生能源署的建议，为太阳能产品修订《协调制度》目录。 2. 软硬转换相同。
8501. 4000	-其他单相交流电动机	10	8501. 4000	-其他单相交流电动机	10	8501. 4000	-其他单相交流电动机	
	-其他多相交流电动机：			-其他多相交流电动机：			-其他多相交流电动机：	
8501. 5100	--输出功率不超过 750 瓦	5	8501. 5100	--输出功率不超过 750 瓦	5	8501. 5100	--输出功率不超过 750 瓦	
8501. 5200	--输出功率超过 750 瓦，但不超过 75 千瓦	10	8501. 5200	--输出功率超过 750 瓦，但不超过 75 千瓦	10	8501. 5200	--输出功率超过 750 瓦，但不超过 75 千瓦	
8501. 5300	--输出功率超过 75 千瓦	10	8501. 5300	--输出功率超过 75 千瓦	10	8501. 5300	--输出功率超过 75 千瓦	
	-交流发电机：			-交流发电机，不包括光伏发电机：			-交流发电机，不包括光伏发电机：	
8501. 6100	--输出功率不超过 75 千伏安	5	8501. 6100	--输出功率不超过 75 千伏安（ex8501. 6100）	5	8501. 6100	--输出功率不超过 75 千伏安（ex8501. 6100）	
8501. 6200	--输出功率超过 75 千伏安，但不超过 375 千伏安	10	8501. 6200	--输出功率超过 75 千伏安，但不超过 375 千伏安（ex8501. 6200）	10	8501. 6200	--输出功率超过 75 千伏安，但不超过 375 千伏安（ex8501. 6200）	
8501. 6300	--输出功率超过 375 千伏安，但不超过 750 千伏安	10	8501. 6300	--输出功率超过 375 千伏安，但不超过 750 千伏安（ex8501. 6300）	10	8501. 6300	--输出功率超过 375 千伏安，但不超过 750 千伏安（ex8501. 6300）	
	--输出功率超过 750 千伏安：			--输出功率超过 750 千伏安：			--输出功率超过 750 千伏安：	

2021 年版税则			2022 年版硬转换			2022 年版软转换		说明
税则号列	商品名称	税率	税则号列	商品名称	税率	税则号列	商品名称	
8501.6410	---输出功率超过 750 千伏安，但不超过 350 兆伏安	10	8501.6410	---输出功率超过 750 千伏安，但不超过 350 兆伏安（ex8501.6410）	10	8501.6410	---输出功率超过 750 千伏安，但不超过 350 兆伏安（ex8501.6410）	1. 根据国际可再生能源署的建议，为太阳能产品修订《协调制度》目录。 2. 软硬转换相同。
8501.6420	---输出功率超过 350 兆伏安，但不超过 665 兆伏安	5.5	8501.6420	---输出功率超过 350 兆伏安，但不超过 665 兆伏安（ex8501.6420）	5.5	8501.6420	---输出功率超过 350 兆伏安，但不超过 665 兆伏安（ex8501.6420）	
8501.6430	---输出功率超过 665 兆伏安	6	8501.6430	---输出功率超过 665 兆伏安（ex8501.6430）	6	8501.6430	---输出功率超过 665 兆伏安（ex8501.6430）	
				-光伏直流发电机：			-光伏直流发电机：	
			8501.7100	--输出功率不超过 50 瓦（ex8501.3100）	12	8501.7100	--输出功率不超过 50 瓦（ex8501.3100）	
				--输出功率超过 50 瓦：			--输出功率超过 50 瓦：	
			8501.7210	---输出功率超过 50 瓦，但不超过 750 瓦（ex8501.3100）	12	8501.7210	---输出功率超过 50 瓦，但不超过 750 瓦（ex8501.3100）	
			8501.7220	---输出功率超过 750 瓦，但不超过 75 千瓦（ex8501.3200）	10	8501.7220	---输出功率超过 750 瓦，但不超过 75 千瓦（ex8501.3200）	
			8501.7230	---输出功率超过 75 千瓦，但不超过 375 千瓦（ex8501.3300）	5	8501.7230	---输出功率超过 75 千瓦，但不超过 375 千瓦（ex8501.3300）	
			8501.7240	---输出功率超过 375 千瓦（ex8501.3400）	10	8501.7240	---输出功率超过 375 千瓦（ex8501.3400）	

2021 年版税则			2022 年版硬转换			2022 年版软转换		说明
税则号列	商品名称	税率	税则号列	商品名称	税率	税则号列	商品名称	
				-光伏交流发电机：			-光伏交流发电机：	1. 根据国际可再生能源署的建议，为太阳能产品修订《协调制度》目录。 2. 软硬转换相同。
			8501.8010	---输出功率不超过 75 千伏安（ex8501.6100）	5	8501.8010	---输出功率不超过 75 千伏安（ex8501.6100）	
			8501.8020	---输出功率超过 75 千伏安，但不超过 375 千伏安（ex8501.6200）	10	8501.8020	---输出功率超过 75 千伏安，但不超过 375 千伏安（ex8501.6200）	
			8501.8030	---输出功率超过 375 千伏安，但不超过 750 千伏安（ex8501.6300）	10	8501.8030	---输出功率超过 375 千伏安，但不超过 750 千伏安（ex8501.6300）	
				---输出功率超过 750 千伏安：			---输出功率超过 750 千伏安：	
			8501.8041	----输出功率超过 750 千伏安，但不超过 350 兆伏安（ex8501.6410）	10	8501.8041	----输出功率超过 750 千伏安，但不超过 350 兆伏安（ex8501.6410）	
			8501.8042	----输出功率超过 350 兆伏安，但不超过 665 兆伏安（ex8501.6420）	5.5	8501.8042	----输出功率超过 350 兆伏安，但不超过 665 兆伏安（ex8501.6420）	
			8501.8043	----输出功率超过 665 兆伏安（ex8501.6430）	6	8501.8043	----输出功率超过 665 兆伏安（ex8501.6430）	

2021 年版税则			2022 年版硬转换			2022 年版软转换		说明
税则号列	商品名称	税率	税则号列	商品名称	税率	税则号列	商品名称	
85.07	蓄电池，包括隔板，不论是否矩形（包括正方形）：		85.07	蓄电池，包括隔板，不论是否矩形（包括正方形）：		85.07	蓄电池，包括隔板，不论是否矩形（包括正方形）：	1. 删除贸易量小的子目 8507.40。 2. 软硬转换不相同。 3. 税号 8507.4000 的贸易量低于 1000 美元，且最惠国税率、协定税率均与税号 8507.8090 相同，故两者合并。
8507.1000	-铅酸蓄电池，用于启动活塞式发动机	10	8507.1000	-铅酸蓄电池，用于启动活塞式发动机	10	8507.1000	-铅酸蓄电池，用于启动活塞式发动机	
8507.2000	-其他铅酸蓄电池	10	8507.2000	-其他铅酸蓄电池	10	8507.2000	-其他铅酸蓄电池	
8507.3000	-镍镉蓄电池	10	8507.3000	-镍镉蓄电池	10	8507.3000	-镍镉蓄电池	
8507.4000	-镍铁蓄电池	10						
8507.5000	-镍氢蓄电池	10	8507.5000	-镍氢蓄电池	10	8507.5000	-镍氢蓄电池	
8507.6000	-锂离子蓄电池	10	8507.6000	-锂离子蓄电池	10	8507.6000	-锂离子蓄电池	
	-其他蓄电池：			-其他蓄电池：			-其他蓄电池：	
8507.8030	---全钒液流电池	10	8507.8030	---全钒液流电池	10	8507.8030	---全钒液流电池	
			8507.8040	---镍铁蓄电池（8507.4000）	10			
8507.8090	---其他	10	8507.8090	---其他	10	8507.8090	---其他（8507.4000、8507.8090）	
	-零件：			-零件：			-零件：	
8507.9010	---铅酸蓄电池用	10	8507.9010	---铅酸蓄电池用	10	8507.9010	---铅酸蓄电池用	
8507.9090	---其他	8	8507.9090	---其他	8	8507.9090	---其他	

2021 年版税则			2022 年版硬转换			2022 年版软转换		说明
税则号列	商品名称	税率	税则号列	商品名称	税率	税则号列	商品名称	
85. 14	工业或实验室用电炉及电烘箱（包括通过感应或介质损耗工作的）；工业或实验室用其他通过感应或介质损耗对材料进行热处理的设备：		85. 14	工业或实验室用电炉及电烘箱（包括通过感应或介质损耗工作的）；工业或实验室用其他通过感应或介质损耗对材料进行热处理的设备：		85. 14	工业或实验室用电炉及电烘箱（包括通过感应或介质损耗工作的）；工业或实验室用其他通过感应或介质损耗对材料进行热处理的设备：	1. 为两用物项修订《协调制度》目录。 2. 我国在十位编码 84798999. 51 中列有“等静压压力机”，根据资料，此类商品分为常温下的冷等静压机、中温下的温等静压机、高温下的热等静压机，因此无须移动商品。经核实，热等静压机无须控制气氛。因此，子目 8514. 11 的转换关系中不存在税号 8514. 1010 的商品转入。 3. 软硬转换不相同。
	-电阻加热的炉及烘箱：			-电阻加热的炉及烘箱：			-电阻加热的炉及烘箱：	
8514. 1010	---可控气氛热处理炉	0						
8514. 1090	---其他	0						
			8514. 1100	--热等静压机（ex8514. 1090）	0	8514. 1100	--热等静压机（ex8514. 1090）	
				--其他：			--其他：	
			8514. 1910	---可控气氛热处理炉（ex8514. 1010）	0	8514. 1910	---可控气氛热处理炉（8514. 1010）	
			8514. 1990	---其他（ex8514. 1090）	0	8514. 1990	---其他（ex8514. 1090）	
8514. 2000	-通过感应或介质损耗工作的炉及烘箱	0	8514. 2000	-通过感应或介质损耗工作的炉及烘箱	0	8514. 2000	-通过感应或介质损耗工作的炉及烘箱	
8514. 3000	-其他炉及烘箱	0		-其他炉及烘箱：			-其他炉及烘箱：	
			8514. 3100	--电子束炉（ex8514. 3000）	0	8514. 3100	--电子束炉（ex8514. 3000）	
			8514. 3200	--等离子及真空电弧炉（ex8514. 3000）	0	8514. 3200	--等离子及真空电弧炉（ex8514. 3000）	

2021 年版税则			2022 年版硬转换			2022 年版软转换		说明
税则号列	商品名称	税率	税则号列	商品名称	税率	税则号列	商品名称	
			8514.3900	--其他（ex8514.3000）	0	8514.3900	--其他（ex8514.3000）	（见上栏“说明”）
8514.4000	-其他通过感应或介质损耗对材料进行热处理的设备	10	8514.4000	-其他通过感应或介质损耗对材料进行热处理的设备	10	8514.4000	-其他通过感应或介质损耗对材料进行热处理的设备	
	-零件：			-零件：			-零件：	
8514.9010	---炼钢电炉用	8	8514.9010	---炼钢电炉用	8	8514.9010	---炼钢电炉用	
8514.9090	---其他	0	8514.9090	---其他	0	8514.9090	---其他	
85.17	电话机，包括用于蜂窝网络或其他无线网络的电话机；其他发送或接收声音、图像或其他数据用的设备，包括有线或无线网络（例如，局域网或广域网）的通信设备，税目84.43、85.25、85.27或85.28的发送或接收设备除外：		85.17	电话机，包括用于蜂窝网络或其他无线网络的智能手机及其他电话机；其他发送或接收声音、图像或其他数据用的设备，包括有线或无线网络（例如，局域网或广域网）的通信设备，但税目84.43、85.25、85.27或85.28的发送或接收设备除外：		85.17	电话机，包括用于蜂窝网络或其他无线网络的智能手机及其他电话机；其他发送或接收声音、图像或其他数据用的设备，包括有线或无线网络（例如，局域网或广域网）的通信设备，但税目84.43、85.25、85.27或85.28的发送或接收设备除外：	1. 为智能手机修订《协调制度》目录（新增子目及子目注释）；为通信用天线修订《协调制度》目录（新增子目8517.71）。 2. 软硬转换相同。
	-电话机，包括蜂窝网络或其他无线网络用电话机：			-电话机，包括蜂窝网络或其他无线网络用智能手机及其他电话机：			-电话机，包括蜂窝网络或其他无线网络用智能手机及其他电话机：	
8517.1100	--无绳电话机	0	8517.1100	--无绳电话机	0	8517.1100	--无绳电话机	
	--用于蜂窝网络或其他无线网络的电话机：							

2021 年版税则			2022 年版硬转换			2022 年版软转换		说明
税则号列	商品名称	税率	税则号列	商品名称	税率	税则号列	商品名称	
8517.1210	---手持（包括车载）式无线电话机	0						1. 为智能手机修订《协调制度》目录（新增子目及子目注释）；为通信用天线修订《协调制度》目录（新增子目8517.71）。 2. 软硬转换相同。
8517.1220	---对讲机	0						
8517.1290	---其他	0						
			8517.1300	--智能手机（ex8517.1210）	0	8517.1300	--智能手机（ex8517.1210）	
				--其他用于蜂窝网络或其他无线网络的电话机：			--其他用于蜂窝网络或其他无线网络的电话机：	
			8517.1410	---手持（包括车载）式无线电话机（ex8517.1210）	0	8517.1410	---手持（包括车载）式无线电话机（ex8517.1210）	
			8517.1420	---对讲机（8517.1220）	0	8517.1420	---对讲机（8517.1220）	
			8517.1490	---其他（8517.1290）	0	8517.1490	---其他（8517.1290）	
8517.1800	--其他	0	8517.1800	--其他	0	8517.1800	--其他	
	-其他发送或接收声音、图像或其他数据用的设备，包括有线或无线网络（例如，局域网或广域网）的通信设备：			-其他发送或接收声音、图像或其他数据用的设备，包括有线或无线网络（例如，局域网或广域网）的通信设备：			-其他发送或接收声音、图像或其他数据用的设备，包括有线或无线网络（例如，局域网或广域网）的通信设备：	
	--基站：			--基站：			--基站：	
8517.6110	---移动通信基站	0	8517.6110	---移动通信基站	0	8517.6110	---移动通信基站	

2021 年版税则			2022 年版硬转换			2022 年版软转换		说明
税则号列	商品名称	税率	税则号列	商品名称	税率	税则号列	商品名称	
8517.6190	---其他	0	8517.6190	---其他	0	8517.6190	---其他	1. 为智能手机修订《协调制度》目录（新增子目及子目注释）；为通信用天线修订《协调制度》目录（新增子目8517.71）。 2. 软硬转换相同。
	--接收、转换并且发送或再生声音、图像或其他数据用的设备，包括交换及路由设备：			--接收、转换并且发送或再生声音、图像或其他数据用的设备，包括交换及路由设备：			--接收、转换并且发送或再生声音、图像或其他数据用的设备，包括交换及路由设备：	
	---数字式程控电话或电报交换机：			---数字式程控电话或电报交换机：			---数字式程控电话或电报交换机：	
8517.6211	----局用电话交换机；长途电话交换机；电报交换机	0	8517.6211	----局用电话交换机；长途电话交换机；电报交换机	0	8517.6211	----局用电话交换机；长途电话交换机；电报交换机	
8517.6212	----移动通信交换机	0	8517.6212	----移动通信交换机	0	8517.6212	----移动通信交换机	
8517.6219	----其他电话交换机	0	8517.6219	----其他电话交换机	0	8517.6219	----其他电话交换机	
	---光通信设备：			---光通信设备：			---光通信设备：	
8517.6221	----光端机及脉冲编码调制设备（PCM）	0	8517.6221	----光端机及脉冲编码调制设备（PCM）	0	8517.6221	----光端机及脉冲编码调制设备（PCM）	
8517.6222	----波分复用光传输设备	0	8517.6222	----波分复用光传输设备	0	8517.6222	----波分复用光传输设备	
8517.6229	----其他	0	8517.6229	----其他	0	8517.6229	----其他	
	---其他有线数字通信设备：			---其他有线数字通信设备：			---其他有线数字通信设备：	
8517.6231	----通信网络时钟同步设备	0	8517.6231	----通信网络时钟同步设备	0	8517.6231	----通信网络时钟同步设备	

2021 年版税则			2022 年版硬转换			2022 年版软转换		说明
税则号列	商品名称	税率	税则号列	商品名称	税率	税则号列	商品名称	
8517.6232	----以太网络交换机	0	8517.6232	----以太网络交换机	0	8517.6232	----以太网络交换机	1. 为智能手机修订《协调制度》目录（新增子目及子目注释）；为通信用天线修订《协调制度》目录（新增子目8517.71）。 2. 软硬转换相同。
8517.6233	----IP 电话信号转换设备	0	8517.6233	----IP 电话信号转换设备	0	8517.6233	----IP 电话信号转换设备	
8517.6234	----调制解调器	0	8517.6234	----调制解调器	0	8517.6234	----调制解调器	
8517.6235	----集线器	0	8517.6235	----集线器	0	8517.6235	----集线器	
8517.6236	----路由器	0	8517.6236	----路由器	0	8517.6236	----路由器	
8517.6237	----有线网络接口卡	0	8517.6237	----有线网络接口卡	0	8517.6237	----有线网络接口卡	
8517.6239	----其他	0	8517.6239	----其他	0	8517.6239	----其他	
	---其他：			---其他：			---其他：	
8517.6292	----无线网络接口卡	0	8517.6292	----无线网络接口卡	0	8517.6292	----无线网络接口卡	
8517.6293	----无线接入固定台	0	8517.6293	----无线接入固定台	0	8517.6293	----无线接入固定台	
8517.6294	----无线耳机	0	8517.6294	----无线耳机	0	8517.6294	----无线耳机	
8517.6299	----其他	0	8517.6299	----其他	0	8517.6299	----其他	
	--其他：			--其他：			--其他：	
8517.6910	---其他无线设备	0	8517.6910	---其他无线设备	0	8517.6910	---其他无线设备	
8517.6990	---其他有线设备	0	8517.6990	---其他有线设备	0	8517.6990	---其他有线设备	
	-零件：			-零件：			-零件：	
8517.7010	---数字式程控电话或电报交换机用	0						

2021 年版税则			2022 年版硬转换			2022 年版软转换		说明
税则号列	商品名称	税率	税则号列	商品名称	税率	税则号列	商品名称	
8517.7020	---光端机及脉冲编码调制设备（PCM）用	0						1. 为智能手机修订《协调制度》目录（新增子目及子目注释）；为通信用天线修订《协调制度》目录（新增子目8517.71）。 2. 软硬转换相同。
8517.7030	---手持式无线电话机用（天线除外）	0						
8517.7040	---对讲机用（天线除外）	0						
8517.7060	---光通信设备的激光收发模块	0						
8517.7070	---税目85.17所列设备用天线及其零件	0						
8517.7090	---其他	0						
			8517.7100	--各种天线和天线反射器及其零件（8517.7070）	0	8517.7100	--各种天线和天线反射器及其零件（8517.7070）	
				--其他：			--其他：	
			8517.7910	---数字式程控电话或电报交换机用（ex8517.7010）	0	8517.7910	---数字式程控电话或电报交换机用（ex8517.7010）	
			8517.7920	---光端机及脉冲编码调制设备（PCM）用（ex8517.7020）	0	8517.7920	---光端机及脉冲编码调制设备（PCM）用（ex8517.7020）	
			8517.7930	---手持式无线电话机用（天线除外）（ex8517.7030）	0	8517.7930	---手持式无线电话机用（天线除外）（ex8517.7030）	

2021 年版税则			2022 年版硬转换			2022 年版软转换		说明
税则号列	商品名称	税率	税则号列	商品名称	税率	税则号列	商品名称	
			8517.7940	---对讲机用（天线除外）（8517.7040）	0	8517.7940	---对讲机用（天线除外）（8517.7040）	（见上栏“说明”）
			8517.7950	---光通信设备的激光收发模块（8517.7060）	0	8517.7950	---光通信设备的激光收发模块（8517.7060）	
			8517.7990	---其他（ex8517.7090）	0	8517.7990	---其他（ex8517.7090）	
85.19	声音录制或重放设备：		85.19	声音录制或重放设备：		85.19	声音录制或重放设备：	1. 删除贸易量小的子目 8519.50。 2. 软硬转换不相同。
8519.2000	-用硬币、钞票、银行卡、代币或其他支付方式使其工作的设备	12	8519.2000	-用硬币、钞票、银行卡、代币或其他支付方式使其工作的设备	12	8519.2000	-用硬币、钞票、银行卡、代币或其他支付方式使其工作的设备	
8519.3000	-转盘（唱机唱盘）	7	8519.3000	-转盘（唱机唱盘）	7	8519.3000	-转盘（唱机唱盘）	
8519.5000	-电话应答机	0						
	-其他设备：			-其他设备：			-其他设备：	
	--使用磁性、光学或半导体媒体的：			--使用磁性、光学或半导体媒体的：			--使用磁性、光学或半导体媒体的：	
	---使用磁性媒体的：			---使用磁性媒体的：			---使用磁性媒体的：	
8519.8111	----未装有声音录制装置的盒式磁带型声音重放装置，编辑节目用放声机除外	0	8519.8111	----未装有声音录制装置的盒式磁带型声音重放装置，编辑节目用放声机除外	0	8519.8111	----未装有声音录制装置的盒式磁带型声音重放装置，编辑节目用放声机除外	
8519.8112	----装有声音重放装置的盒式磁带型录音机	0	8519.8112	----装有声音重放装置的盒式磁带型录音机	0	8519.8112	----装有声音重放装置的盒式磁带型录音机	
			8519.8113	----电话应答机（ex8519.5000）	0			

2021 年版税则			2022 年版硬转换			2022 年版软转换		说明
税则号列	商品名称	税率	税则号列	商品名称	税率	税则号列	商品名称	
8519.8119	----其他	0	8519.8119	----其他	0	8519.8119	----其他（8519.5000、ex8519.8119）	1. 删除贸易量小的子目 8519.50。 2. 软硬转换不相同。
	---使用光学媒体的：			---使用光学媒体的：			---使用光学媒体的：	
8519.8121	----激光唱机，未装有声音录制装置	0	8519.8121	----激光唱机，未装有声音录制装置	0	8519.8121	----激光唱机，未装有声音录制装置	
			8519.8122	----电话应答机（ex8519.5000）	0			
8519.8129	----其他	0	8519.8129	----其他	0	8519.8129	----其他（8519.5000、ex8519.8129）	
	---使用半导体媒体的：			---使用半导体媒体的：			---使用半导体媒体的：	
8519.8131	----装有声音重放装置的闪速存储器型声音录制设备	0	8519.8131	----装有声音重放装置的闪速存储器型声音录制设备	0	8519.8131	----装有声音重放装置的闪速存储器型声音录制设备	
			8519.8132	----电话应答机（ex8519.5000）	0			
8519.8139	----其他	0	8519.8139	----其他	0	8519.8139	----其他（8519.5000、ex8519.8139）	
	--其他：			--其他：			--其他：	
8519.8910	---不带录制装置的其他唱机，不论是否带有扬声器	0	8519.8910	---不带录制装置的其他唱机，不论是否带有扬声器	0	8519.8910	---不带录制装置的其他唱机，不论是否带有扬声器	
8519.8990	---其他声音录制或重放设备	0	8519.8990	---其他声音录制或重放设备	0	8519.8990	---其他声音录制或重放设备	

2021年版税则			2022年版硬转换			2022年版软转换		说明
税则号列	商品名称	税率	税则号列	商品名称	税率	税则号列	商品名称	
85.22	专用于或主要用于税目85.19或85.21所列设备的零件、附件：		85.22	专用于或主要用于税目85.19或85.21所列设备的零件、附件：		85.22	专用于或主要用于税目85.19或85.21所列设备的零件、附件：	为平板显示模组修订《协调制度》目录。仅涉及商品转出，不涉及转换修订。
8522.1000	-拾音头	12	8522.1000	-拾音头	12	8522.1000	-拾音头	
	-其他：			-其他：			-其他：	
8522.9010	---转盘或唱机用	9.4	8522.9010	---转盘或唱机用	6.3	8522.9010	---转盘或唱机用	
	---盒式磁带录音机或放声机用：			---盒式磁带录音机或放声机用：			---盒式磁带录音机或放声机用：	
8522.9021	----走带机构（机芯），不论是否装有磁头	9.4	8522.9021	----走带机构（机芯），不论是否装有磁头	6.3	8522.9021	----走带机构（机芯），不论是否装有磁头	
8522.9022	----磁头	9.4	8522.9022	----磁头	6.3	8522.9022	----磁头	
8522.9023	----磁头零件	7.5	8522.9023	----磁头零件	5	8522.9023	----磁头零件	
8522.9029	----其他	11.3	8522.9029	----其他	7.5	8522.9029	----其他	
	---视频信号录制或重放设备用：			---视频信号录制或重放设备用：			---视频信号录制或重放设备用：	
8522.9031	----激光视盘机的机芯	11.3	8522.9031	----激光视盘机的机芯	7.5	8522.9031	----激光视盘机的机芯	
8522.9039	----其他	11.3	8522.9039	----其他	7.5	8522.9039	----其他	
	---其他：			---其他：			---其他：	
8522.9091	----车载音频转播器或发射器	7.5	8522.9091	----车载音频转播器或发射器	5	8522.9091	----车载音频转播器或发射器	
8522.9099	----其他	7.5	8522.9099	----其他（ex8522.9099）	5	8522.9099	----其他（ex8522.9099）	

2021 年版税则			2022 年版硬转换			2022 年版软转换		说明
税则号列	商品名称	税率	税则号列	商品名称	税率	税则号列	商品名称	
			85.24	平板显示模组，不论是否装有触摸屏：		85.24	平板显示模组，不论是否装有触摸屏：	1. 为平板显示模组修订《协调制度》目录。 2. WCO 未明确给出转换关系（根据第八十五章新增章注释七，从其他税目转入 85.24，包括但不限于税目 84.13、84.14、84.15、84.17、84.18、84.19、84.21、84.22、84.23、84.24、84.31、84.36、84.38、84.41、84.43、84.48、84.50、84.51、84.52、84.66、84.73、84.75、84.76、84.77、84.78、84.79、84.86、85.03、85.04、85.08、85.09、85.10、85.12、85.14、85.16、85.17、85.18、85.22、85.29、85.30、85.31、
				-不含驱动器或控制电路：			-不含驱动器或控制电路：	
			8524.1100	--液晶的（ex9013.8030）	5	8524.1100	--液晶的（ex9013.8030）	
			8524.1200	--有机发光二极管的（OLED）（ex8548.9000）	8	8524.1200	--有机发光二极管的（OLED）（ex8548.9000）	
				--其他：			--其他：	
			8524.1910	---通用的（ex8548.9000）	8	8524.1910	---电视机用等离子显像组件（ex8529.9082）	
			8524.1920	---电视机用等离子显像组件（ex8529.9082）	5		---发光二极管的：	
						8524.1921	----电视机用（ex8529.9081）	
						8524.1929	----其他（ex8529.9090、ex8531.9090）	
			8524.1930	---其他彩色电视机用平板显示屏（ex8529.9081）	5			
			8524.1940	---其他视频监视器用平板显示屏（8529.9090）	0			

2021 年版税则			2022 年版硬转换			2022 年版软转换		说明
税则号列	商品名称	税率	税则号列	商品名称	税率	税则号列	商品名称	
			8524.1950	---专用于或主要用于税目 85.31 项下商品的（ex8531.9090）	0			85.38、85.43、85.48、86.07、87.08、87.14、87.16、88.03、90.05、90.06、90.07、90.08、90.10、90.11、90.12、90.13、90.15、90.17、90.18、90.19、90.20、90.21、90.22、90.23、90.24、90.25、90.26、90.27、90.28、90.29、90.30、90.31、90.32、90.33、95.03、95.04、95.05、95.06），只能根据目前的贸易监管实际，挑选最常见种类列入。
						8524.1990	---其他（ex8548.9000）	
				-其他：			-其他：	
				--液晶的：			--液晶的：	
			8524.9110	---其他不带背光模组的及 8 英寸以上带背光模组的（ex9013.8030）	5	8524.9110	---专用于或主要用于税目 85.17 所列装置（ex8517.7010、ex8517.7020、ex8517.7030、ex8517.7090）	
						8524.9120	---专用于或主要用于税目 85.19、85.21、85.25、85.26 或 85.27 所列设备（ex8522.9099、ex8529.9041、ex8529.9049、ex8529.9050、ex8529.9060）	
				---其他，专用或主要用于的：		8524.9130	---专用于或主要用于税目 85.35、85.36 或 85.37 所列装置（ex8538.9000）	

2021 年版税则			2022 年版硬转换			2022 年版软转换		说明
税则号列	商品名称	税率	税则号列	商品名称	税率	税则号列	商品名称	
			8524.9131	----专用于或主要用于税目 85.17 项下商品的（ex8517.7010、ex8517.7020、ex8517.7030、ex8517.7090）	0			3. 平板显示模组的细分方式有按照尺寸和用途两种，但考虑到尺寸划分并没有标准依据，在国际上易引起争议，而且为同时满足 RCEP 协定承诺与行业诉求，仍需按照用途将通信设备用、机动车辆用、电视机用平板显示模组等拆分出来，区分尺寸的必要性不大，因此仍将该税目按照用途拆分，并协调行业给出专用性指标。 4. 经询行业了解，不含驱动器或控制电路的有机发光二极管（OLED）平板显示模组极少，因此不再进一步区分。
			8524.9132	----专用于或主要用于税目 85.19 或 85.21 所列设备的（ex8522.9099）	7.5			
			8524.9133	----特种用途电视摄像机、视频摄录一体机及数字照相机用（ex8529.9041）	2.7			
			8524.9134	----其他电视摄像机、视频摄录一体机及数字照相机用（ex8529.9049）	4			
			8524.9135	----雷达设备及无线电导航设备用（ex8529.9050）	0.8			
			8524.9136	----无线电收音机及其组合机用（ex8529.9060）	7.5			

2021 年版税则			2022 年版硬转换			2022 年版软转换		说明
税则号列	商品名称	税率	税则号列	商品名称	税率	税则号列	商品名称	
			8524.9137	----专用于或主要用于税目 85.35、85.36 或 85.37 项下商品的（ex8538.9000）	7			5. 涉及 ITA 产品的转入，尽量将 ITA 产品与非 ITA 产品归入不同的税目，避免 ITA 产品的范围有较大的调整。 6. 根据现有技术，子目 8524.19 和 8524.99 的商品包括等离子产品和 LED 产品，虽然不排除日后因技术进步出现新的商品，但目前的转入税号较 LCD 和 OLED 相关税号而言较少。 7. 软硬转换不相同。 8. 硬转换中税号 8524.9229 的下一项“安装在汽车车身部位的模块用面板”也是子目 8524.922 项下商品，但该号项下税号已用尽，故税则号列栏空缺。
			8524.9138	----安装在汽车车身部位的模块用面板（ex8708.2990）	6			
						8524.9140	---专用于或主要用于税目 87.01 至 87.05 所列车辆（ex8708.2990）	
						8524.9190	---其他（ex9013.8030）	
				--有机发光二极管的（OLED）：			--有机发光二极管的（OLED）：	
			8524.9210	---通用的（ex8548.9000）	8	8524.9210	---专用于或主要用于税目 85.17 所列装置（ex8517.7010、ex8517.7020、ex8517.7030、ex8517.7090）	

2021年版税则			2022年版硬转换			2022年版软转换		说明
税则号列	商品名称	税率	税则号列	商品名称	税率	税则号列	商品名称	
				---专用或主要用于的:		8524.9220	---专用于或主要用于税目85.19、85.21、85.25、85.26或85.27所列设备（ex8522.9099、ex8529.9041、ex8529.9049、ex8529.9050、ex8529.9060）	（见上栏“说明”）
			8524.9221	----专用于或主要用于税目85.17项下商品的（ex8517.7010、ex8517.7020、ex8517.7030、ex8517.7090）	0			
			8524.9222	----专用于或主要用于税目85.19或85.21所列设备的（ex8522.9099）	7.5			
			8524.9223	----特种用途电视摄像机、视频摄录一体机及数字照相机用（ex8529.9041）	2.7			
			8524.9224	----其他电视摄像机、视频摄录一体机及数字照相机用（ex8529.9049）	4			

2021 年版税则			2022 年版硬转换			2022 年版软转换		说明
税则号列	商品名称	税率	税则号列	商品名称	税率	税则号列	商品名称	
			8524.9225	----雷达设备及无线电导航设备用（ex8529.9050）	0.8			（见上栏“说明”）
			8524.9226	----无线电收音机及其组合机用（ex8529.9060）	7.5			
			8524.9227	----电视机用有机发光二极管显示模块（ex8529.9083）	15			
			8524.9228	----其他视频监视器用及专用于或主要用于税目 85.31 项下商品的（ex8529.9090）	0			
			8524.9229	----专用于或主要用于税目 85.35、85.36 或 85.37 项下商品的（ex8538.9000）	7			
				----安装在汽车车身部位的模块用面板（ex8708.2990）	6			
						8524.9230	---专用于或主要用于税目 85.35、85.36 或 85.37 所列装置（ex8538.9000）	

2021 年版税则			2022 年版硬转换			2022 年版软转换		说明
税则号列	商品名称	税率	税则号列	商品名称	税率	税则号列	商品名称	
						8524.9240	---专用于或主要用于税目 87.01 至 87.05 所列车辆（ex8708.2990）	（见上栏“说明”）
						8524.9250	---电视接收机用（8529.9083）	
						8524.9260	---专用于或主要用于税目 85.28 所列其他监视器用（ex8529.9090）	
						8524.9290	---其他（ex8548.9000）	
				--其他：			--其他：	
			8524.9910	---通用的（ex8548.9000）	8	8524.9910	---电视机用等离子显像组件（ex8529.9082）	
			8524.9920	---电视机用等离子显像组件（ex8529.9082）	5		---发光二极管的：	
						8524.9921	----电视机用（ex8529.9081）	
						8524.9929	----其他（ex8529.9090、ex8531.9090）	
			8524.9930	---其他（彩色）电视机用平板显示模组（ex8529.9081）	5			

2021年版税则			2022年版硬转换			2022年版软转换		说明
税则号列	商品名称	税率	税则号列	商品名称	税率	税则号列	商品名称	
			8524.9940	---其他视频监视器用平板显示模组（8529.9090）	0			（见上栏“说明”）
			8524.9950	---专用于或主要用于税目85.31项下商品的（ex8531.9090）	0			
						8524.9990	---其他（ex8548.9000）	
85.25	无线电广播、电视发送设备，不论是否装有接收装置或声音的录制、重放装置；电视摄像机、数字照相机及视频摄录一体机：		85.25	无线电广播、电视发送设备，不论是否装有接收装置或声音的录制、重放装置；电视摄像机、数字照相机及视频摄录一体机：		85.25	无线电广播、电视发送设备，不论是否装有接收装置或声音的录制、重放装置；电视摄像机、数字照相机及视频摄录一体机：	1. 为两用物项修订《协调制度》目录。 2. 软硬转换相同。将原硬转换做调整。按商品类别列目，保持与现有《税则》结构一致。
8525.5000	-发送设备	0	8525.5000	-发送设备	0	8525.5000	-发送设备	
	-装有接收装置的发送设备：			-装有接收装置的发送设备：			-装有接收装置的发送设备：	
8525.6010	---卫星地面站设备	0	8525.6010	---卫星地面站设备	0	8525.6010	---卫星地面站设备	
8525.6090	---其他	0	8525.6090	---其他	0	8525.6090	---其他	
	-电视摄像机、数字照相机及视频摄录一体机：			-电视摄像机、数字照相机及视频摄录一体机：			-电视摄像机、数字照相机及视频摄录一体机：	
	---电视摄像机：							
8525.8011	----特种用途的	0						

2021 年版税则			2022 年版硬转换			2022 年版软转换		说明
税则号列	商品名称	税率	税则号列	商品名称	税率	税则号列	商品名称	
8525.8012	----非特种用途的广播级	T6①						1. 为两用物项修订《协调制度》目录。 2. 软硬转换相同。将原硬转换做调整。按商品类别列目，保持与现有《税则》结构一致。
8525.8013	----非特种用途的其他类型	T6②						
	---数字照相机:							
8525.8021	----特种用途的	0						
8525.8022	----非特种用途的单镜头反光型	0						
8525.8025	----非特种用途的，其他可换镜头的	0						
8525.8029	----非特种用途的其他类型	0						
	---视频摄录一体机:							
8525.8031	----特种用途的	0						
8525.8032	----非特种用途的广播级	0						
8525.8033	----非特种用途的家用型	0						
8525.8039	----非特种用途的其他类型	0						

① 5.8%与复合税从低执行。
② 同①。

2021 年版税则			2022 年版硬转换			2022 年版软转换		说明
税则号列	商品名称	税率	税则号列	商品名称	税率	税则号列	商品名称	
				--本章子目注释一所列高速设备：			--本章子目注释一所列高速设备：	1. 为两用物项修订《协调制度》目录。 2. 软硬转换相同。将原硬转换做调整。按商品类别列目，保持与现有《税则》结构一致。
			8525.8110	---电视摄像机（ex8525.8011）	0	8525.8110	---电视摄像机（ex8525.8011）	
			8525.8120	---数字照相机（ex8525.8021）	0	8525.8120	---数字照相机（ex8525.8021）	
			8525.8130	---视频摄录一体机（ex8525.8031）	0	8525.8130	---视频摄录一体机（ex8525.8031）	
				--其他，本章子目注释二所列抗辐射或耐辐射设备：			--其他，本章子目注释二所列抗辐射或耐辐射设备：	
			8525.8210	---电视摄像机（ex8525.8011）	0	8525.8210	---电视摄像机（ex8525.8011）	
			8525.8220	---数字照相机（ex8525.8021）	0	8525.8220	---数字照相机（ex8525.8021）	
			8525.8230	---视频摄录一体机（ex8525.8031）	0	8525.8230	---视频摄录一体机（ex8525.8031）	
				--其他，本章子目注释三所列夜视设备：			--其他，本章子目注释三所列夜视设备：	
			8525.8310	---电视摄像机（ex8525.8011）	0	8525.8310	---电视摄像机（ex8525.8011）	
			8525.8320	---数字照相机（ex8525.8021）	0	8525.8320	---数字照相机（ex8525.8021）	

2021年版税则			2022年版硬转换			2022年版软转换			说明
税则号列	商品名称	税率	税则号列	商品名称	税率	税则号列	商品名称	税率	
			8525.8330	---视频摄录一体机（ex8525.8031）	0	8525.8330	---视频摄录一体机（ex8525.8031）		1. 为两用物项修订《协调制度》目录。 2. 软硬转换相同。将原硬转换做调整。按商品类别列目，保持与现有《税则》结构一致。
				--其他：			--其他：		
				---电视摄像机：			---电视摄像机：		
			8525.8911	----其他，特种用途的（ex8525.8011）	0	8525.8911	----其他，特种用途的（ex8525.8011）		
			8525.8912	----非特种用途的广播级（8525.8012）	0	8525.8912	----非特种用途的广播级（8525.8012）		
			8525.8919	----非特种用途的其他类型（8525.8013）	0	8525.8919	----非特种用途的其他类型（8525.8013）		
				---数字照相机：			---数字照相机：		
			8525.8921	----其他，特种用途的（ex8525.8021）	0	8525.8921	----其他，特种用途的（ex8525.8021）		
			8525.8922	----非特种用途的单镜头反光型（8525.8022）	0	8525.8922	----非特种用途的单镜头反光型（8525.8022）		
			8525.8923	----非特种用途的，其他可换镜头的（8525.8025）	0	8525.8923	----非特种用途的，其他可换镜头的（8525.8025）		
			8525.8929	----非特种用途的其他类型（8525.8029）	0	8525.8929	----非特种用途的其他类型（8525.8029）		
				---视频摄录一体机：			---视频摄录一体机：		

2021 年版税则			2022 年版硬转换			2022 年版软转换		说明
税则号列	商品名称	税率	税则号列	商品名称	税率	税则号列	商品名称	
			8525.8931	----其他，特种用途的（ex8525.8031）	0	8525.8931	----其他，特种用途的（ex8525.8031）	1. 为两用物项修订《协调制度》目录。 2. 软硬转换相同。将原硬转换做调整。按商品类别列目，保持与现有《税则》结构一致。
			8525.8932	----非特种用途的广播级（8525.8032）	0	8525.8932	----非特种用途的广播级（8525.8032）	
			8525.8933	----非特种用途的家用型（8525.8033）	0	8525.8933	----非特种用途的家用型（8525.8033）	
			8525.8939	----非特种用途的其他类型（8525.8039）	0	8525.8939	----非特种用途的其他类型（8525.8039）	
85.29	专用于或主要用于税目85.25至85.28所列装置或设备的零件：		85.29	专用于或主要用于税目85.24至85.28所列装置或设备的零件：		85.29	专用于或主要用于税目85.24至85.28所列装置或设备的零件：	1. 为平板显示模组修订《协调制度》目录。 2. WCO未明确给出转换关系（根据第十六类类注释二，将归入新税目85.24的商品的零件转入税目85.29，包括但不限于税目84.13、84.14、84.15、84.17、84.18、84.19、84.21、84.22、84.23、84.24、84.31、84.36、84.38、84.41、84.43、84.48、84.50、84.51、
	-各种天线或天线反射器及其零件：			-各种天线或天线反射器及其零件：			-各种天线或天线反射器及其零件：	
8529.1010	---雷达设备及无线电导航设备用	0	8529.1010	---雷达设备及无线电导航设备用	0	8529.1010	---雷达设备及无线电导航设备用	
8529.1020	---无线电收音机及其组合机、电视接收机用	0	8529.1020	---无线电收音机及其组合机、电视接收机用	0	8529.1020	---无线电收音机及其组合机、电视接收机用	
8529.1090	---其他	0	8529.1090	---其他	0	8529.1090	---其他	
	-其他：			-其他：			-其他：	
8529.9010	---电视发送、差转设备及卫星电视地面接收转播设备用	0	8529.9010	---电视发送、差转设备及卫星电视地面接收转播设备用	0	8529.9010	---电视发送、差转设备及卫星电视地面接收转播设备用	

2021 年版税则			2022 年版硬转换			2022 年版软转换		说明
税则号列	商品名称	税率	税则号列	商品名称	税率	税则号列	商品名称	
				---税目 85.24 所列设备用：		8539.9020	---税目 85.24 所列设备用（ex8517.7010、ex8517.7020、ex8517.7030、ex8517.7090、ex8522.9099、ex8529.9041、ex8529.9049、ex8529.9050、ex8529.9060、ex8529.9081、ex8529.9082、ex8529.9090、ex8531.9090、ex8538.9000、ex8548.9000、ex8708.2990、9013.9020）	84.52、84.66、84.73、84.75、84.76、84.77、84.78、84.79、84.86、85.03、85.04、85.08、85.09、85.10、85.12、85.14、85.16、85.17、85.18、85.22、85.29、85.30、85.31、85.38、85.43、85.48、86.07、87.08、87.14、87.16、88.03、88.05、90.05、90.06、90.07、90.08、90.10、90.11、90.12、90.13、90.14、90.15、90.17、90.18、90.19、90.20、90.21、90.22、90.23、90.24、90.25、90.26、90.27、90.28、90.29、90.30、
			8529.9021	----原子目 9013.8030 所列设备用（9013.9020）	0			
			8529.9022	----专用于或主要用于税目 85.17 项下商品的（ex8517.7010、ex8517.7020、ex8517.7030、ex8517.7090）	0			

2021 年版税则			2022 年版硬转换			2022 年版软转换		说明
税则号列	商品名称	税率	税则号列	商品名称	税率	税则号列	商品名称	
			8529.9023	----专用于或主要用于税目 85.19 或 85.21 所列设备的（ex8522.9099）	5			90.31、90.32、90.33、95.03、95.04、95.05、95.06），只能根据目前的贸易监管实际，挑选最常见种类列入。 3. 根据归类规则，实际上各类平板显示屏和面板的零件归入专用零件税号的极少，多数都有具体列名。此外，即使有可以归入零件税号的商品，也因国产化较高而进口量较少，故经与行业和主管部门沟通，将税目 85.24 所列装置用的零件只用一个税目列出，不再按照用途进一步区分。 4. 软硬转换不同。
			8529.9024	----特种用途电视摄像机、视频摄录一体机及数字照相机用（ex8529.9041）	2.7			
			8529.9025	----其他电视摄像机、视频摄录一体机及数字照相机用（ex8529.9049）	4			
			8529.9026	----雷达设备及无线电导航设备用（ex8529.9050）	0.5			
			8529.9027	----无线电收音机及其组合机用（ex8529.9060）	5			
			8529.9028	----电视机用等离子显像组件用（ex8529.9082）	5			
			8529.9029	----其他（彩色）电视机用（ex8529.9081）	5			

2021年版税则			2022年版硬转换			2022年版软转换		说明
税则号列	商品名称	税率	税则号列	商品名称	税率	税则号列	商品名称	
				----其他视频监视器用及专用于或主要用于税目85.31项下商品的（ex8529.9090、ex8531.9090）	0			5. 硬转换中税号8529.9029下面四项也是8529.902项下商品，但该号项下税号已用尽，故税则号列栏空缺。
				----专用于或主要用于税目85.35、85.36或85.37项下商品的（ex8538.9000）	7			
				----安装在汽车车身部位的模块用面板（ex8708.2990）	6			
				----通用的（ex8548.9000）	8			
	---电视摄像机、视频摄录一体机及数字照相机用：			---电视摄像机、视频摄录一体机及数字照相机用：			---电视摄像机、视频摄录一体机及数字照相机用：	
8529.9041	----特种用途的	2.7	8529.9041	----特种用途的	2.7	8529.9041	----特种用途的	
8529.9042	----非特种用途的取像模块	4	8529.9042	----非特种用途的取像模块	4	8529.9042	----非特种用途的取像模块	
8529.9049	----其他	4	8529.9049	----其他（ex8529.9049）	4	8529.9049	----其他（ex8529.9049）	

2021年版税则			2022年版硬转换			2022年版软转换		说明
税则号列	商品名称	税率	税则号列	商品名称	税率	税则号列	商品名称	
8529.9050	---雷达设备及无线电导航设备用	0.5	8529.9050	---雷达设备及无线电导航设备用（ex8529.9050）	0.5	8529.9050	---雷达设备及无线电导航设备用（ex8529.9050）	（见上栏“说明”）
8529.9060	---无线电收音机及其组合机用	5	8529.9060	---无线电收音机及其组合机用（ex8529.9060）	5	8529.9060	---无线电收音机及其组合机用（ex8529.9060）	
	---电视接收机用（高频调谐器除外）：			---电视接收机用（高频调谐器除外）：			---电视接收机用（高频调谐器除外）：	
8529.9081	----彩色电视接收机用（等离子显像组件及其零件、有机发光二极管显示屏除外）	15	8529.9081	----彩色电视接收机用	15	8529.9081	----彩色电视接收机用	
8529.9082	----等离子显像组件及其零件	5						
8529.9083	----有机发光二极管显示屏	15						
8529.9089	----其他	0	8529.9089	----其他	0	8529.9089	----其他	
8529.9090	---其他	0	8529.9090	---其他（ex8529.9090）	0	8529.9090	---其他（ex8529.9090）	

2021年版税则			2022年版硬转换			2022年版软转换		说明
税则号列	商品名称	税率	税则号列	商品名称	税率	税则号列	商品名称	
85.31	电气音响或视觉信号装置（例如，电铃、电笛、显示板、防盗或防火报警器），但税目85.12或85.30的货品除外：		85.31	电气音响或视觉信号装置（例如，电铃、电笛、显示板、防盗或防火报警器），但税目85.12或85.30的货品除外：		85.31	电气音响或视觉信号装置（例如，电铃、电笛、显示板、防盗或防火报警器），但税目85.12或85.30的货品除外：	为平板显示模组修订《协调制度》目录。仅涉及商品转出。
8531.1000	-防盗或防火报警器及类似装置	10	8531.1000	-防盗或防火报警器及类似装置	10	8531.1000	-防盗或防火报警器及类似装置	
8531.2000	-装有液晶装置（LCD）或发光二极管（LED）的显示板	0	8531.2000	-装有液晶装置（LCD）或发光二极管（LED）的显示板	0	8531.2000	-装有液晶装置（LCD）或发光二极管（LED）的显示板	
	-其他装置：			-其他装置：			-其他装置：	
8531.8010	---蜂鸣器	10	8531.8010	---蜂鸣器	10	8531.8010	---蜂鸣器	
8531.8090	---其他	2.5	8531.8090	---其他	2.5	8531.8090	---其他	
	-零件：			-零件：			-零件：	
8531.9010	---防盗或防火报警器及类似装置用	0	8531.9010	---防盗或防火报警器及类似装置用	0	8531.9010	---防盗或防火报警器及类似装置用	
8531.9090	---其他	0	8531.9090	---其他（ex8531.9090）	0	8531.9090	---其他（ex8531.9090）	
85.38	专用于或主要用于税目85.35、85.36或85.37所列装置的零件：		85.38	专用于或主要用于税目85.35、85.36或85.37所列装置的零件：		85.38	专用于或主要用于税目85.35、85.36或85.37所列装置的零件：	为平板显示模组修订《协调制度》目录。仅涉及商品转出。
	-税目85.37所列货品用的盘、板、台、柜及其他基座，但未装有关装置：			-税目85.37所列货品用的盘、板、台、柜及其他基座，但未装有关装置：			-税目85.37所列货品用的盘、板、台、柜及其他基座，但未装有关装置：	

2021 年版税则			2022 年版硬转换			2022 年版软转换		说明
税则号列	商品名称	税率	税则号列	商品名称	税率	税则号列	商品名称	
8538. 1010	---子目 8537. 2010 所列货品用	0	8538. 1010	---子目 8537. 2010 所列货品用	0	8538. 1010	---子目 8537. 2010 所列货品用	为平板显示模组修订《协调制度》目录。仅涉及商品转出。
8538. 1090	---其他	0	8538. 1090	---其他	0	8538. 1090	---其他	
8538. 9000	-其他	7	8538. 9000	-其他（ex8538. 9000）	7	8538. 9000	-其他（ex8538. 9000）	
85. 39	白炽灯泡、放电灯管，包括封闭式聚光灯及紫外线灯管或红外线灯泡；弧光灯；发光二极管（LED）灯泡（管）：		85. 39	白炽灯泡、放电灯管，包括封闭式聚光灯及紫外线灯管或红外线灯泡；弧光灯；发光二极管（LED）光源：		85. 39	白炽灯泡、放电灯管，包括封闭式聚光灯及紫外线灯管或红外线灯泡；弧光灯；发光二极管（LED）光源：	1. 为发光二极管（LED）类商品修订《协调制度》目录。 2. 在我国归类实践中，LED 模块仅归入税号 9405. 4090，不涉及其他税号的商品转入，包括子目 8539. 90 项下的零件税号也没有商品转入，故子目 8539. 90 的商品均未移出。 3. 税号 8539. 9010 和 8539. 9090 的税率相同，但协定税率不同，故保留。税号 8539. 9010 的零件均来自税目 94. 05，故命名为“发光二极管（LED）模块的零件”。
8539. 1000	-封闭式聚光灯	8	8539. 1000	-封闭式聚光灯	8	8539. 1000	-封闭式聚光灯	
	-其他白炽灯泡，但不包括紫外线灯管或红外线灯泡：			-其他白炽灯泡，但不包括紫外线灯管或红外线灯泡：			-其他白炽灯泡，但不包括紫外线灯管或红外线灯泡：	
	--卤钨灯：			--卤钨灯：			--卤钨灯：	
8539. 2110	---科研、医疗专用	8	8539. 2110	---科研、医疗专用	8	8539. 2110	---科研、医疗专用	
8539. 2120	---火车、航空器及船舶用	8	8539. 2120	---火车、航空器及船舶用	8	8539. 2120	---火车、航空器及船舶用	
8539. 2130	---机动车辆用	8	8539. 2130	---机动车辆用	8	8539. 2130	---机动车辆用	
8539. 2190	---其他	6	8539. 2190	---其他	6	8539. 2190	---其他	
	--其他灯，功率不超过 200 瓦，但额定电压超过 100 伏：			--其他灯，功率不超过 200 瓦，但额定电压超过 100 伏：			--其他灯，功率不超过 200 瓦，但额定电压超过 100 伏：	

2021年版税则			2022年版硬转换			2022年版软转换		说明
税则号列	商品名称	税率	税则号列	商品名称	税率	税则号列	商品名称	
8539.2210	---科研、医疗专用	5	8539.2210	---科研、医疗专用	5	8539.2210	---科研、医疗专用	1. 为发光二极管（LED）类商品修订《协调制度》目录。 2. 在我国归类实践中，LED模块仅归入税号9405.4090，不涉及其他税号的商品转入，包括子目8539.90项下的零件税号也没有商品转入，故子目8539.90的商品均未移出。 3. 税号8539.9010和8539.9090的税率相同，但协定税率不同，故保留。税号8539.9010的零件均来自税目94.05，故命名为“发光二极管（LED）模块的零件”。
8539.2290	---其他	5	8539.2290	---其他	5	8539.2290	---其他	
	--其他：			--其他：			--其他：	
8539.2910	---科研、医疗专用	5	8539.2910	---科研、医疗专用	5	8539.2910	---科研、医疗专用	
8539.2920	---火车、航空器及船舶用	5	8539.2920	---火车、航空器及船舶用	5	8539.2920	---火车、航空器及船舶用	
8539.2930	---机动车辆用	5	8539.2930	---机动车辆用	5	8539.2930	---机动车辆用	
	---其他：			---其他：			---其他：	
8539.2991	----12伏及以下的	6	8539.2991	----12伏及以下的	6	8539.2991	----12伏及以下的	
8539.2999	----其他	6	8539.2999	----其他	6	8539.2999	----其他	
	-放电灯管，但紫外线灯管除外：			-放电灯管，但紫外线灯管除外：			-放电灯管，但紫外线灯管除外：	
	--热阴极荧光灯：			--热阴极荧光灯：			--热阴极荧光灯：	
8539.3110	---科研、医疗专用	8	8539.3110	---科研、医疗专用	8	8539.3110	---科研、医疗专用	
8539.3120	---火车、航空器及船舶用	8	8539.3120	---火车、航空器及船舶用	8	8539.3120	---火车、航空器及船舶用	
	---其他：			---其他：			---其他：	
8539.3191	----紧凑型	8	8539.3191	----紧凑型	8	8539.3191	----紧凑型	
8539.3199	----其他	8	8539.3199	----其他	8	8539.3199	----其他	

2021 年版税则			2022 年版硬转换			2022 年版软转换		说明
税则号列	商品名称	税率	税则号列	商品名称	税率	税则号列	商品名称	
	--汞或钠蒸汽灯；金属卤化物灯：			--汞或钠蒸汽灯；金属卤化物灯：			--汞或钠蒸汽灯；金属卤化物灯：	1. 为发光二极管（LED）类商品修订《协调制度》目录。 2. 在我国归类实践中，LED 模块仅归入税号 9405. 4090，不涉及其他税号的商品转入，包括子目 8539. 90 项下的零件税号也没有商品转入，故子目 8539. 90 的商品均未移出。 3. 税号 8539. 9010 和 8539. 9090 的税率相同，但协定税率不同，故保留。税号 8539. 9010 的零件均来自税目 94. 05，故命名为“发光二极管（LED）模块的零件”。
8539. 3230	---钠蒸气灯	8	8539. 3230	---钠蒸气灯	8	8539. 3230	---钠蒸气灯	
8539. 3240	---汞蒸气灯	8	8539. 3240	---汞蒸气灯	8	8539. 3240	---汞蒸气灯	
8539. 3290	---其他	8	8539. 3290	---其他	8	8539. 3290	---其他	
	--其他：			--其他：			--其他：	
8539. 3910	---科研、医疗专用	8	8539. 3910	---科研、医疗专用	8	8539. 3910	---科研、医疗专用	
8539. 3920	---火车、航空器及船舶用	8	8539. 3920	---火车、航空器及船舶用	8	8539. 3920	---火车、航空器及船舶用	
8539. 3990	---其他	8	8539. 3990	---其他	8	8539. 3990	---其他	
	-紫外线灯管或红外线灯泡；弧光灯：			-紫外线灯管或红外线灯泡；弧光灯：			-紫外线灯管或红外线灯泡；弧光灯：	
8539. 4100	--弧光灯	8	8539. 4100	--弧光灯	8	8539. 4100	--弧光灯	
8539. 4900	--其他	8	8539. 4900	--其他	8	8539. 4900	--其他	
	-发光二极管（LED）灯泡（管）：			-发光二极管（LED）光源：			-发光二极管（LED）光源：	
8539. 5010	---发光二极管（LED）灯泡	8						
8539. 5020	---发光二极管（LED）灯管	8						

2021 年版税则			2022 年版硬转换			2022 年版软转换		说明
税则号列	商品名称	税率	税则号列	商品名称	税率	税则号列	商品名称	
			8539.5100	--发光二极管（LED）模块（ex9405.4090）	6	8539.5100	--发光二极管（LED）模块（ex9405.4090）	（见上栏“说明”）
				-发光二极管（LED）灯泡（管）：			-发光二极管（LED）灯泡（管）：	
			8539.5210	---发光二极管（LED）灯泡（8539.5010）	8	8539.5210	---发光二极管（LED）灯泡（8539.5010）	
			8539.5220	---发光二极管（LED）灯管（8539.5020）	8	8539.5220	---发光二极管（LED）灯管（8539.5020）	
8539.9000	-零件	8		-零件：			-零件：	
			8539.9010	---发光二极管（LED）模块的零件（ex9405.9900）	8	8539.9010	---发光二极管（LED）模块的（ex9405.9900）	
			8539.9020	---其他零件（8539.9000）	8	8539.9090	---其他（8539.9000）	
85.41	二极管、晶体管及类似的半导体器件；光敏半导体器件，包括不论是否装在组件内或组装成块的光电池；发光二极管；已装配的压电晶体：		85.41	半导体器件（例如，二极管、晶体管，半导体基换能器）；光敏半导体器件，包括不论是否装在组件内或组装成块的光电池；发光二极管（LED），不论是否与其他发光二极管（LED）组装；已装配的压电晶体（+）：		85.41	半导体器件（例如，二极管、晶体管，半导体基换能器）；光敏半导体器件，包括不论是否装在组件内或组装成块的光电池；发光二极管（LED），不论是否与其他发光二极管（LED）组装；已装配的压电晶体（+）：	1. 为发光二极管（LED）类商品修订《协调制度》目录；根据国际可再生能源署的建议，为太阳能产品修订《协调制度》目录。 2. 新增半导体基换能器，意味着很多商品转入（包括但不限于税
8541.1000	-二极管，但光敏二极管或发光二极管除外	0	8541.1000	-二极管，但光敏二极管或发光二极管除外	0	8541.1000	-二极管，但光敏二极管或发光二极管除外	

2021 年版税则			2022 年版硬转换			2022 年版软转换		说明
税则号列	商品名称	税率	税则号列	商品名称	税率	税则号列	商品名称	
	-晶体管，但光敏晶体管除外：			-晶体管，但光敏晶体管除外：			-晶体管，但光敏晶体管除外：	目 84. 22、84. 31、84. 43、84. 50、84. 66、84. 73、84. 76、85. 04、85. 17、85. 18、85. 22、85. 29、85. 30、85. 31、85. 35、85. 36、85. 37、85. 38、85. 43、85. 48、90. 25、90. 26、90. 30、90. 31、90. 32、90. 33、93. 05、93. 06、95. 04），只能根据目前的贸易监管实际，挑选最常见种类列入。 3. 在拆分税目时，涉及 ITA 产品的转入，为保障 ITA 产品的范围无较大变动，为 ITA 产品设置单独的税目。 4. 软硬转换不同。
8541. 2100	--耗散功率小于 1 瓦的	0	8541. 2100	--耗散功率小于 1 瓦的	0	8541. 2100	--耗散功率小于 1 瓦的	
8541. 2900	--其他	0	8541. 2900	--其他	0	8541. 2900	--其他	
8541. 3000	-半导体开关元件、两端交流开关元件及三端双向可控硅开关元件，但光敏器件除外	0	8541. 3000	-半导体开关元件、两端交流开关元件及三端双向可控硅开关元件，但光敏器件除外	0	8541. 3000	-半导体开关元件、两端交流开关元件及三端双向可控硅开关元件，但光敏器件除外	
	-光敏半导体器件，包括不论是否装在组件内或组装成块的光电池；发光二极管：			-光敏半导体器件，包括不论是否装在组件内或组装成块的光电池；发光二极管：			-光敏半导体器件，包括不论是否装在组件内或组装成块的光电池；发光二极管：	
8541. 4010	---发光二极管	0						
8541. 4020	---太阳能电池	0						
8541. 4090	---其他	0						
			8541. 4100	--发光二极管（LED）（8541. 4010）	0	8541. 4100	--发光二极管（LED）（8541. 4010）	
			8541. 4200	--未装在组件内或组装成块的光电池（ex8541. 4020）	0	8541. 4200	--未装在组件内或组装成块的光电池（ex8541. 4020）	
			8541. 4300	--已装在组件内或组装成块的光电池（ex8541. 4020）	0	8541. 4300	--已装在组件内或组装成块的光电池（ex8541. 4020）	

2021 年版税则			2022 年版硬转换			2022 年版软转换		说明
税则号列	商品名称	税率	税则号列	商品名称	税率	税则号列	商品名称	
			8541.4900	--其他（8541.4090）	0	8541.4900	--其他（8541.4090）	（见上栏“说明”）
8541.5000	-其他半导体器件	0		-其他半导体器件：			-其他半导体器件：	
				--半导体基换能器：			--半导体基换能器：	
			8541.5110	---微电机（ex8501.1099）	9		---传感器：	
						8541.5111	----检测湿度、气压及其组合指标的（ex9025.8000）	
						8541.5112	----用于检测温度、电量、理化指标的；利用光学检测其他指标的（ex9025.1910、ex9025.1990、ex9030.8490、ex9030.8990、ex9031.4990）	
						8541.5113	----液体或气体的流量、液位、压力或其他变化量的（ex9026.1000、ex9026.2090、ex9026.8010、ex9026.8090）	

2021 年版税则			2022 年版硬转换			2022 年版软转换		说明
税则号列	商品名称	税率	税则号列	商品名称	税率	税则号列	商品名称	
						8541.5119	----其他（ex9031.8090）	（见上栏“说明”）
			8541.5120	---执行器（ex8479.8999）	0		---执行器：	
						8541.5121	----电动机（ex8501.1099）	
						8541.5129	----其他（ex8479.8999）	
			8541.5130	---振荡器、谐振器（ex8548.9000）	8	8541.5130	---振荡器（ex8548.9000）	
			8541.5140	---温度传感器（ex9025.1910、ex9025.1990）	0	8541.5140	---谐振器（ex8548.9000）	
			8541.5150	---税目 90.25 的其他传感器（ex9025.8000）	11			
			8541.5160	---税目 90.26 的各类传感器（ex9026.1000、ex9026.2090、ex9026.8010、ex9026.8090）	0			
			8541.5170	---税目 90.30 的各类传感器（ex9030.8490、ex9030.8990）	0			
			8541.5180	---税目 90.31 的部分光学传感器（ex9031.4990）	0			

2021年版税则			2022年版硬转换			2022年版软转换		说明
税则号列	商品名称	税率	税则号列	商品名称	税率	税则号列	商品名称	
			8541.5190	---税目90.31的部分其他传感器（ex9031.8090）	3			（见上栏“说明”）
			8541.5900	--其他（8541.5000）	0	8541.5900	--其他（8541.5000）	
8541.6000	-已装配的压电晶体	0	8541.6000	-已装配的压电晶体	0	8541.6000	-已装配的压电晶体	
8541.9000	-零件	0	8541.9000	-零件	0	8541.9000	-零件	
85.43	本章其他税目未列名的具有独立功能的电气设备及装置：		85.43	本章其他税目未列名的具有独立功能的电气设备及装置：		85.43	本章其他税目未列名的具有独立功能的电气设备及装置：	1. 根据世界卫生组织的建议，为电子烟修订《协调制度》目录。 2. 软硬转换相同。
8543.1000	-粒子加速器	5	8543.1000	-粒子加速器	5	8543.1000	-粒子加速器	
	-信号发生器：			-信号发生器：			-信号发生器：	
8543.2010	---输出信号频率在1500兆赫兹以下的通用信号发生器	3.8	8543.2010	---输出信号频率在1500兆赫兹以下的通用信号发生器	3.8	8543.2010	---输出信号频率在1500兆赫兹以下的通用信号发生器	
8543.2090	---其他	2	8543.2090	---其他	2	8543.2090	---其他	
8543.3000	-电镀、电解或电泳设备及装置	0	8543.3000	-电镀、电解或电泳设备及装置	0	8543.3000	-电镀、电解或电泳设备及装置	
			8543.4000	-电子烟及类似的个人电子雾化设备（ex8543.7099）	0	8543.4000	-电子烟及类似的个人电子雾化设备（ex8543.7099）	
	-其他设备及装置：			-其他设备及装置：			-其他设备及装置：	
	---其他设备及装置：			---其他设备及装置：			---其他设备及装置：	

2021 年版税则			2022 年版硬转换			2022 年版软转换		说明
税则号列	商品名称	税率	税则号列	商品名称	税率	税则号列	商品名称	
8543. 7091	----金属、矿藏探测器	0	8543. 7091	----金属、矿藏探测器	0	8543. 7091	----金属、矿藏探测器	1. 根据世界卫生组织的建议，为电子烟修订《协调制度》目录。 2. 软硬转换相同。
8543. 7092	----高、中频放大器	0	8543. 7092	----高、中频放大器	0	8543. 7092	----高、中频放大器	
8543. 7093	----电篱网激发器	8	8543. 7093	----电篱网激发器	8	8543. 7093	----电篱网激发器	
8543. 7099	----其他	0	8543. 7099	----其他（ex8543. 7099）	0	8543. 7099	----其他（ex8543. 7099）	
	-零件：			-零件：			-零件：	
8543. 9010	---粒子加速器用	0	8543. 9010	---粒子加速器用	0	8543. 9010	---粒子加速器用	
	---信号发生器用：			---信号发生器用：			---信号发生器用：	
8543. 9021	----输出信号频率在 1500 兆赫兹以下的通用信号发生器用	0	8543. 9021	----输出信号频率在 1500 兆赫兹以下的通用信号发生器用	0	8543. 9021	----输出信号频率在 1500 兆赫兹以下的通用信号发生器用	
8543. 9029	----其他	0	8543. 9029	----其他	0	8543. 9029	----其他	
8543. 9030	---金属、矿藏探测器用	0	8543. 9030	---金属、矿藏探测器用	0	8543. 9030	---金属、矿藏探测器用	
8543. 9040	---高、中频放大器用	0	8543. 9040	---高、中频放大器用	0	8543. 9040	---高、中频放大器用	
8543. 9090	---其他	0	8543. 9090	---其他（ex8543. 9090）	0	8543. 9090	---其他（ex8543. 9090）	
85. 48	原电池、原电池组及蓄电池的废碎料；废原电池、废原电池组及废蓄电池；机器或设备的本章其他税目未列名的电气零件：		85. 48	机器或设备的本章其他税目未列名的电气零件：		85. 48	机器或设备的本章其他税目未列名的电气零件：	1. 根据《巴塞尔公约》秘书处的建议，为明确某些废品修订《协调制度》目录。

2021 年版税则			2022 年版硬转换			2022 年版软转换		说明
税则号列	商品名称	税率	税则号列	商品名称	税率	税则号列	商品名称	
			8548.0000	机器或设备的本章其他税目未列名的电气零件(8548.9000)	8	8548.0000	机器或设备的本章其他税目未列名的电气零件(8548.9000)	2. 软硬转换相同。
8548.1000	-原电池、原电池组及蓄电池的废碎料；废原电池、废原电池组及废蓄电池	8						
8548.9000	-其他	8						
			85.49	电子电气废弃物及碎料：		85.49	电子电气废弃物及碎料：	根据《巴塞尔公约》秘书处的建议，为明确某些废物的范围新增税目85.49。
				-原电池、原电池组及蓄电池的废物、废料；废原电池、废原电池组及废蓄电池：			-原电池、原电池组及蓄电池的废物、废料；废原电池、废原电池组及废蓄电池：	
			8549.1100	--铅酸蓄电池的废物、废料；废铅酸蓄电池(ex8548.1000)	8	8549.1100	--铅酸蓄电池的废物、废料；废铅酸蓄电池(ex8548.1000)	
			8549.1200	--其他，含铅、镉或汞的(ex8548.1000)	8	8549.1200	--其他，含铅、镉或汞的(ex8548.1000)	
			8549.1300	--按化学类型分拣且不含铅、镉或汞的(ex8548.1000)	8	8549.1300	--按化学类型分拣且不含铅、镉或汞的(ex8548.1000)	
			8549.1400	--未分拣且不含铅、镉或汞的（ex8548.1000)	8	8549.1400	--未分拣且不含铅、镉或汞的（ex8548.1000)	

2021 年版税则			2022 年版硬转换			2022 年版软转换		说明
税则号列	商品名称	税率	税则号列	商品名称	税率	税则号列	商品名称	
			8549. 1900	--其他（ex8548. 1000）	8	8549. 1900	--其他（ex8548. 1000）	根据《巴塞尔公约》秘书处的建议，为明确某些废物的范围新增税目 85. 49。
				-主要用于回收贵金属的：			-主要用于回收贵金属的：	
				--含有原电池、原电池组、蓄电池、汞开关、源于阴极射线管的玻璃或其他活化玻璃，或含有镉、汞、铅或多氯联苯（PCBs）的电气或电子元件：		8549. 2100	--含有原电池、原电池组、蓄电池、汞开关、源于阴极射线管的玻璃或其他活化玻璃，或含有镉、汞、铅或多氯联苯（PCBs）的电气或电子元件（ex3825. 1000、ex3825. 9000、ex7001. 0090、ex7112. 9110、ex7112. 9120、ex7112. 9210、ex7112. 9220、ex7112. 9910、ex7112. 9920、ex7112. 9990 等）	
			8549. 2110	---相关工业副产品、城市垃圾（ex3825. 1000、ex3825. 9000）	6. 5			
			8549. 2120	---含有废碎玻璃的（ex7001. 0090）	12			
				---含有贵金属的废碎料：				

2021 年版税则			2022 年版硬转换			2022 年版软转换		说明
税则号列	商品名称	税率	税则号列	商品名称	税率	税则号列	商品名称	
			8549.2131	----金和铂的（ex7112.9110、ex7112.9210）	0			根据《巴塞尔公约》秘书处的建议，为明确某些废物的范围新增税目 85.49。
			8549.2132	----含金的和含铂的（ex7112.9120、ex7112.9220）	6			
			8549.2133	----含银的（ex7112.9910）	8			
			8549.2134	----含其他贵金属或贵金属化合物的矿灰及矿渣（ex7112.9920）				
			8549.2139	----其他（ex7112.9210）	0			
			8549.2140	---第八十四章的电气和电子废物、废料				
			8549.2150	---第八十五章的电气和电子废物、废料				
			8549.2160	---第九十章的电气和电子废物、废料				
			8549.2170	---第九十一章的电气和电子废物、废料				

2021 年版税则			2022 年版硬转换			2022 年版软转换		说明
税则号列	商品名称	税率	税则号列	商品名称	税率	税则号列	商品名称	
			8549.2180	---第九十五章的电气和电子废物、废料				根据《巴塞尔公约》秘书处的建议，为明确某些废物的范围新增税目 85.49。
				--其他：		8549.2900	--其他（ex3825.1000、ex3825.9000、ex7112.9110、ex7112.9910、ex7112.9210 等）	
			8549.2910	---相关工业副产品、城市垃圾（ex3825.1000、ex3825.9000）	6.5			
				---含有贵金属的废碎料：				
			8549.2921	----含金的（ex7112.9110）	0			
			8549.2922	----含银的（ex7112.9990）	8			
			8549.2929	----其他（ex7112.9210）	0			
			8549.2930	---第八十四章的电气和电子废物、废料				
			8549.2940	---第八十五章的电气和电子废物、废料				
			8549.2950	---第九十章的电气和电子废物、废料				

2021 年版税则			2022 年版硬转换			2022 年版软转换		说明
税则号列	商品名称	税率	税则号列	商品名称	税率	税则号列	商品名称	
				-其他电气、电子组件及印刷电路板：			-其他电气、电子组件及印刷电路板：	根据《巴塞尔公约》秘书处的建议，为明确某些废物的范围新增税目 85.49。
				--含有原电池、原电池组、蓄电池、汞开关、源于阴极射线管的玻璃或其他活化玻璃，或含有镉、汞、铅或多氯联苯（PCBs）的电气或电子元件：		8549.3100	--含有原电池、原电池组、蓄电池、汞开关、源于阴极射线管的玻璃或其他活化玻璃，或含有镉、汞、铅或多氯联苯（PCBs）的电气或电子元件（ex3825.1000、ex3825.9000、ex7001.0090 等）	
			8549.3110	---相关工业副产品、城市垃圾（ex3825.1000、ex3825.9000）	6.5			
			8549.3120	---含有废碎玻璃的（ex7001.0090）	12			
			8549.3130	---第八十四章的电气和电子废物、废料				
			8549.3140	---第八十五章的电气和电子废物、废料				
			8549.3150	---第九十章的电气和电子废物、废料				
			8549.3160	---第九十一章的电气和电子废物、废料				

2021 年版税则			2022 年版硬转换			2022 年版软转换		说明
税则号列	商品名称	税率	税则号列	商品名称	税率	税则号列	商品名称	
			8549.3170	---第九十五章的电气和电子废物、废料				根据《巴塞尔公约》秘书处的建议，为明确某些废物的范围新增税目 85.49。
				--其他：		8549.3900	--其他（ex3825.1000、ex3825.9000 等）	
			8549.3910	---相关工业副产品、城市垃圾（ex3825.1000、ex3825.9000）	6.5			
			8549.3920	---第八十四章的电气和电子废物、废料				
			8549.3930	---第八十五章的电气和电子废物、废料				
			8549.3940	---第九十章的电气和电子废物、废料				
			8549.3950	---第九十一章的电气和电子废物、废料				
			8549.3960	---第九十五章的电气和电子废物、废料				
				-其他：			-其他：	

2021 年版税则			2022 年版硬转换			2022 年版软转换		说明
税则号列	商品名称	税率	税则号列	商品名称	税率	税则号列	商品名称	
				--含有原电池、原电池组、蓄电池、汞开关、源于阴极射线管的玻璃或其他活化玻璃，或含有镉、汞、铅或多氯联苯（PCBs）的电气或电子元件：		8549.9100	--含有原电池、原电池组、蓄电池、汞开关、源于阴极射线管的玻璃或其他活化玻璃，或含有镉、汞、铅或多氯联苯（PCBs）的电气或电子元件（ex3825.1000、ex3825.9000、ex7001.0090 等）	根据《巴塞尔公约》秘书处的建议，为明确某些废物的范围新增税目 85.49。
			8549.9110	---相关工业副产品、城市垃圾（ex3825.1000、ex3825.9000）	6.5			
			8549.9120	---含有废碎玻璃的（ex7001.0090）	12			
			8549.9130	---第八十四章的电气和电子废物、废料				
			8549.9140	---第八十五章的电气和电子废物、废料				
			8549.9150	---第九十章的电气和电子废物、废料				
			8549.9160	---第九十一章的电气和电子废物、废料				
			8549.9170	---第九十五章的电气和电子废物、废料				

2021 年版税则			2022 年版硬转换			2022 年版软转换		说明
税则号列	商品名称	税率	税则号列	商品名称	税率	税则号列	商品名称	
				--其他：		8549.9900	--其他（ex3825.1000、ex3825.9000 等）	根据《巴塞尔公约》秘书处的建议，为明确某些废物的范围新增税目 85.49。
			8549.9910	---相关工业副产品、城市垃圾（ex3825.1000、ex3825.9000）	6.5			
			8549.9920	---第八十四章的电气和电子废物、废料				
			8549.9930	---第八十五章的电气和电子废物、废料				
			8549.9940	---第九十章的电气和电子废物、废料				
			8549.9950	---第九十一章的电气和电子废物、废料				
			8549.9960	---第九十五章的电气和电子废物、废料				
87.01	牵引车、拖拉机（税目 87.09 的牵引车除外）：		87.01	牵引车、拖拉机（税目 87.09 的牵引车除外）：		87.01	牵引车、拖拉机（税目 87.09 的牵引车除外）：	1. 为电动汽车修订税目 87.01 和 87.04。 2. 软硬转换相同。
8701.1000	-单轴拖拉机	9	8701.1000	-单轴拖拉机	9	8701.1000	-单轴拖拉机	
8701.2000	-半挂车用的公路牵引车	6		-半挂车用的公路牵引车：			-半挂车用的公路牵引车：	
			8701.2100	--仅装有压燃式活塞内燃发动机（柴油或半柴油发动机）的车辆（ex8701.2000）	6	8701.2100	--仅装有压燃式活塞内燃发动机（柴油或半柴油发动机）的车辆（ex8701.2000）	

2021 年版税则			2022 年版硬转换			2022 年版软转换		说明
税则号列	商品名称	税率	税则号列	商品名称	税率	税则号列	商品名称	
			8701.2200	--同时装有压燃式活塞内燃发动机（柴油或半柴油发动机）及驱动电动机的车辆（ex8701.2000）	6	8701.2200	--同时装有压燃式活塞内燃发动机（柴油或半柴油发动机）及驱动电动机的车辆（ex8701.2000）	1. 为电动汽车修订税目 87.01 和 87.04。 2. 软硬转换相同。
			8701.2300	--同时装有点燃式活塞内燃发动机及驱动电动机的车辆（ex8701.2000）	6	8701.2300	--同时装有点燃式活塞内燃发动机及驱动电动机的车辆（ex8701.2000）	
			8701.2400	--仅装有驱动电动机的车辆（ex8701.2000）	6	8701.2400	--仅装有驱动电动机的车辆（ex8701.2000）	
			8701.2900	--其他（ex8701.2000）	6	8701.2900	--其他（ex8701.2000）	
8701.3000	-履带式牵引车、拖拉机	6	8701.3000	-履带式牵引车、拖拉机	6	8701.3000	-履带式牵引车、拖拉机	
	-其他，其发动机功率：			-其他，其发动机功率：			-其他，其发动机功率：	
	--不超过 18 千瓦：			--不超过 18 千瓦：			--不超过 18 千瓦：	
8701.9110	---拖拉机	8	8701.9110	---拖拉机	8	8701.9110	---拖拉机	
8701.9190	---其他	8	8701.9190	---其他	8	8701.9190	---其他	
	--超过 18 千瓦，但不超过 37 千瓦：			--超过 18 千瓦，但不超过 37 千瓦：			--超过 18 千瓦，但不超过 37 千瓦：	
8701.9210	---拖拉机	8	8701.9210	---拖拉机	8	8701.9210	---拖拉机	
8701.9290	---其他	8	8701.9290	---其他	8	8701.9290	---其他	

2021 年版税则			2022 年版硬转换			2022 年版软转换		说明
税则号列	商品名称	税率	税则号列	商品名称	税率	税则号列	商品名称	
	--超过 37 千瓦，但不超过 75 千瓦：			--超过 37 千瓦，但不超过 75 千瓦：			--超过 37 千瓦，但不超过 75 千瓦：	1. 为电动汽车修订税目 87.01 和 87.04。 2. 软硬转换相同。
8701. 9310	---拖拉机	8	8701. 9310	---拖拉机	8	8701. 9310	---拖拉机	
8701. 9390	---其他	8	8701. 9390	---其他	8	8701. 9390	---其他	
	--超过 75 千瓦，但不超过 130 千瓦：			--超过 75 千瓦，但不超过 130 千瓦：			--超过 75 千瓦，但不超过 130 千瓦：	
8701. 9410	---拖拉机	8	8701. 9410	---拖拉机	8	8701. 9410	---拖拉机	
8701. 9490	---其他	8	8701. 9490	---其他	8	8701. 9490	---其他	
	--超过 130 千瓦：			--超过 130 千瓦：			--超过 130 千瓦：	
8701. 9510	---拖拉机	8	8701. 9510	---拖拉机	8	8701. 9510	---拖拉机	
8701. 9590	---其他	8	8701. 9590	---其他	8	8701. 9590	---其他	
87. 02	客运机动车辆，10 座及以上（包括驾驶座）：		87. 02	客运机动车辆，10 座及以上（包括驾驶座）：		87. 02	客运机动车辆，10 座及以上（包括驾驶座）：	1. 为电动汽车修订税目 87.01 和 87.04（统一对点燃式活塞内燃发动机的表述，删除“往复”）。没有税号转换。 2. 软硬转换相同。
	-仅装有压燃式活塞内燃发动机（柴油或半柴油发动机）的车辆：			-仅装有压燃式活塞内燃发动机（柴油或半柴油发动机）的车辆：			-仅装有压燃式活塞内燃发动机（柴油或半柴油发动机）的车辆：	
8702. 1020	---机坪客车	4	8702. 1020	---机坪客车	4	8702. 1020	---机坪客车	
	---其他：			---其他：			---其他：	
8702. 1091	----30 座及以上（大型客车）	15	8702. 1091	----30 座及以上（大型客车）	15	8702. 1091	----30 座及以上（大型客车）	

2021 年版税则			2022 年版硬转换			2022 年版软转换		说明
税则号列	商品名称	税率	税则号列	商品名称	税率	税则号列	商品名称	
8702. 1092	----20 座及以上，但不超过 29 座	15	8702. 1092	----20 座及以上，但不超过 29 座	15	8702. 1092	----20 座及以上，但不超过 29 座	1. 为电动汽车修订税目 87.01 和 87.04（统一对点燃式活塞内燃发动机的表述，删除“往复”）。没有税号转换。 2. 软硬转换相同。
8702. 1093	----10 座及以上，但不超过 19 座	15	8702. 1093	----10 座及以上，但不超过 19 座	15	8702. 1093	----10 座及以上，但不超过 19 座	
	-同时装有压燃式活塞内燃发动机（柴油或半柴油发动机）及驱动电动机的车辆：			-同时装有压燃式活塞内燃发动机（柴油或半柴油发动机）及驱动电动机的车辆：			-同时装有压燃式活塞内燃发动机（柴油或半柴油发动机）及驱动电动机的车辆：	
8702. 2010	---机坪客车	4	8702. 2010	---机坪客车	4	8702. 2010	---机坪客车	
	---其他：			---其他：			---其他：	
8702. 2091	----30 座及以上（大型客车）	15	8702. 2091	----30 座及以上（大型客车）	15	8702. 2091	----30 座及以上（大型客车）	
8702. 2092	----20 座及以上，但不超过 29 座	15	8702. 2092	----20 座及以上，但不超过 29 座	15	8702. 2092	----20 座及以上，但不超过 29 座	
8702. 2093	----10 座及以上，但不超过 19 座	15	8702. 2093	----10 座及以上，但不超过 19 座	15	8702. 2093	----10 座及以上，但不超过 19 座	
	-同时装有点燃往复式活塞内燃发动机及驱动电动机的车辆：			-同时装有点燃式活塞内燃发动机及驱动电动机的车辆：			-同时装有点燃式活塞内燃发动机及驱动电动机的车辆：	
8702. 3010	---30 座及以上（大型客车）	15	8702. 3010	---30 座及以上（大型客车）	15	8702. 3010	---30 座及以上（大型客车）	
8702. 3020	---20 座及以上，但不超过 29 座	15	8702. 3020	---20 座及以上，但不超过 29 座	15	8702. 3020	---20 座及以上，但不超过 29 座	

2021 年版税则			2022 年版硬转换			2022 年版软转换		说明
税则号列	商品名称	税率	税则号列	商品名称	税率	税则号列	商品名称	
8702. 3030	---10 座及以上，但不超过 19 座	15	8702. 3030	---10 座及以上，但不超过 19 座	15	8702. 3030	---10 座及以上，但不超过 19 座	1. 为电动汽车修订税目 87.01 和 87.04（统一对点燃式活塞内燃发动机的表述，删除“往复”）。没有税号转换。 2. 软硬转换相同。
	-仅装有驱动电动机的车辆：			-仅装有驱动电动机的车辆：			-仅装有驱动电动机的车辆：	
8702. 4010	---30 座及以上（大型客车）	15	8702. 4010	---30 座及以上（大型客车）	15	8702. 4010	---30 座及以上（大型客车）	
8702. 4020	---20 座及以上，但不超过 29 座	15	8702. 4020	---20 座及以上，但不超过 29 座	15	8702. 4020	---20 座及以上，但不超过 29 座	
8702. 4030	---10 座及以上，但不超过 19 座	15	8702. 4030	---10 座及以上，但不超过 19 座	15	8702. 4030	---10 座及以上，但不超过 19 座	
	-其他：			-其他：			-其他：	
8702. 9010	---30 座及以上（大型客车）	15	8702. 9010	---30 座及以上（大型客车）	15	8702. 9010	---30 座及以上（大型客车）	
8702. 9020	---20 座及以上，但不超过 29 座	15	8702. 9020	---20 座及以上，但不超过 29 座	15	8702. 9020	---20 座及以上，但不超过 29 座	
8702. 9030	---10 座及以上，但不超过 19 座	15	8702. 9030	---10 座及以上，但不超过 19 座	15	8702. 9030	---10 座及以上，但不超过 19 座	

2021 年版税则			2022 年版硬转换			2022 年版软转换		说明
税则号列	商品名称	税率	税则号列	商品名称	税率	税则号列	商品名称	
87.03	主要用于载人的机动车辆（税目 87.02 的货品除外），包括旅行小客车及赛车：		87.03	主要用于载人的机动车辆（税目 87.02 的货品除外），包括旅行小客车及赛车：		87.03	主要用于载人的机动车辆（税目 87.02 的货品除外），包括旅行小客车及赛车：	1. 为电动汽车修订税目 87.01 和 87.04（统一对点燃式活塞内燃发动机的表述，删除“往复”）。没有转换关系。 2. 软硬转换相同。
	-雪地行走专用车；高尔夫球车及类似车辆：			-雪地行走专用车；高尔夫球车及类似车辆：			-雪地行走专用车；高尔夫球车及类似车辆：	
	---高尔夫球车及类似车辆：			---高尔夫球车及类似车辆：			---高尔夫球车及类似车辆：	
8703.1011	----全地形车	15	8703.1011	----全地形车	15	8703.1011	----全地形车	
8703.1019	----其他	15	8703.1019	----其他	15	8703.1019	----其他	
8703.1090	---其他	15	8703.1090	---其他	15	8703.1090	---其他	
	-仅装有点燃往复式活塞内燃发动机的其他车辆：			-仅装有点燃式活塞内燃发动机的其他车辆：			-仅装有点燃式活塞内燃发动机的其他车辆：	
	--气缸容量（排气量）不超过 1000 毫升：			--气缸容量（排气量）不超过 1000 毫升：			--气缸容量（排气量）不超过 1000 毫升：	
8703.2130	---小轿车	15	8703.2130	---小轿车	15	8703.2130	---小轿车	
8703.2140	---越野车（4 轮驱动）	15	8703.2140	---越野车（4 轮驱动）	15	8703.2140	---越野车（4 轮驱动）	
8703.2150	---9 座及以下的小客车	15	8703.2150	---9 座及以下的小客车	15	8703.2150	---9 座及以下的小客车	
8703.2190	---其他	15	8703.2190	---其他	15	8703.2190	---其他	
	--气缸容量（排气量）超过 1000 毫升，但不超过 1500 毫升：			--气缸容量（排气量）超过 1000 毫升，但不超过 1500 毫升：			--气缸容量（排气量）超过 1000 毫升，但不超过 1500 毫升：	

2021 年版税则			2022 年版硬转换			2022 年版软转换		说明
税则号列	商品名称	税率	税则号列	商品名称	税率	税则号列	商品名称	
8703. 2230	---小轿车	15	8703. 2230	---小轿车	15	8703. 2230	---小轿车	1. 为电动汽车修订税目 87.01 和 87.04（统一对点燃式活塞内燃发动机的表述，删除“往复”）。没有转换关系。 2. 软硬转换相同。
8703. 2240	---越野车（4 轮驱动）	15	8703. 2240	---越野车（4 轮驱动）	15	8703. 2240	---越野车（4 轮驱动）	
8703. 2250	---9 座及以下的小客车	15	8703. 2250	---9 座及以下的小客车	15	8703. 2250	---9 座及以下的小客车	
8703. 2290	---其他	15	8703. 2290	---其他	15	8703. 2290	---其他	
	--气缸容量（排气量）超过 1500 毫升，但不超过 3000 毫升：			--气缸容量（排气量）超过 1500 毫升，但不超过 3000 毫升：			--气缸容量（排气量）超过 1500 毫升，但不超过 3000 毫升：	
	---气缸容量（排气量）超过 1500 毫升，但不超过 2000 毫升：			---气缸容量（排气量）超过 1500 毫升，但不超过 2000 毫升：			---气缸容量（排气量）超过 1500 毫升，但不超过 2000 毫升：	
8703. 2341	----小轿车	15	8703. 2341	----小轿车	15	8703. 2341	----小轿车	
8703. 2342	----越野车（4 轮驱动）	15	8703. 2342	----越野车（4 轮驱动）	15	8703. 2342	----越野车（4 轮驱动）	
8703. 2343	----9 座及以下的小客车	15	8703. 2343	----9 座及以下的小客车	15	8703. 2343	----9 座及以下的小客车	
8703. 2349	----其他	15	8703. 2349	----其他	15	8703. 2349	----其他	
	---气缸容量（排气量）超过 2000 毫升，但不超过 2500 毫升：			---气缸容量（排气量）超过 2000 毫升，但不超过 2500 毫升：			---气缸容量（排气量）超过 2000 毫升，但不超过 2500 毫升：	
8703. 2351	----小轿车	15	8703. 2351	----小轿车	15	8703. 2351	----小轿车	
8703. 2352	----越野车（4 轮驱动）	15	8703. 2352	----越野车（4 轮驱动）	15	8703. 2352	----越野车（4 轮驱动）	

2021年版税则			2022年版硬转换			2022年版软转换		说明
税则号列	商品名称	税率	税则号列	商品名称	税率	税则号列	商品名称	
8703.2353	----9座及以下的小客车	15	8703.2353	----9座及以下的小客车	15	8703.2353	----9座及以下的小客车	1. 为电动汽车修订税目87.01和87.04（统一对点燃式活塞内燃发动机的表述，删除“往复”）。没有转换关系。 2. 软硬转换相同。
8703.2359	----其他	15	8703.2359	----其他	15	8703.2359	----其他	
	---气缸容量（排气量）超过2500毫升，但不超过3000毫升：			---气缸容量（排气量）超过2500毫升，但不超过3000毫升：			---气缸容量（排气量）超过2500毫升，但不超过3000毫升：	
8703.2361	----小轿车	15	8703.2361	----小轿车	15	8703.2361	----小轿车	
8703.2362	----越野车（4轮驱动）	15	8703.2362	----越野车（4轮驱动）	15	8703.2362	----越野车（4轮驱动）	
8703.2363	----9座及以下的小客车	15	8703.2363	----9座及以下的小客车	15	8703.2363	----9座及以下的小客车	
8703.2369	----其他	15	8703.2369	----其他	15	8703.2369	----其他	
	--气缸容量（排气量）超过3000毫升：			--气缸容量（排气量）超过3000毫升：			--气缸容量（排气量）超过3000毫升：	
	---气缸容量（排气量）超过3000毫升，但不超过4000毫升：			---气缸容量（排气量）超过3000毫升，但不超过4000毫升：			---气缸容量（排气量）超过3000毫升，但不超过4000毫升：	
8703.2411	----小轿车	15	8703.2411	----小轿车	15	8703.2411	----小轿车	
8703.2412	----越野车（4轮驱动）	15	8703.2412	----越野车（4轮驱动）	15	8703.2412	----越野车（4轮驱动）	
8703.2413	----9座及以下的小客车	15	8703.2413	----9座及以下的小客车	15	8703.2413	----9座及以下的小客车	
8703.2419	----其他	15	8703.2419	----其他	15	8703.2419	----其他	

2021 年版税则			2022 年版硬转换			2022 年版软转换		说明
税则号列	商品名称	税率	税则号列	商品名称	税率	税则号列	商品名称	
	---气缸容量（排气量）超过 4000 毫升：			---气缸容量（排气量）超过 4000 毫升：			---气缸容量（排气量）超过 4000 毫升：	1. 为电动汽车修订税目 87.01 和 87.04（统一对点燃式活塞内燃发动机的表述，删除“往复”）。没有转换关系。 2. 软硬转换相同。
8703. 2421	----小轿车	15	8703. 2421	----小轿车	15	8703. 2421	----小轿车	
8703. 2422	----越野车（4 轮驱动）	15	8703. 2422	----越野车（4 轮驱动）	15	8703. 2422	----越野车（4 轮驱动）	
8703. 2423	----9 座及以下的小客车	15	8703. 2423	----9 座及以下的小客车	15	8703. 2423	----9 座及以下的小客车	
8703. 2429	----其他	15	8703. 2429	----其他	15	8703. 2429	----其他	
	-仅装有压燃式活塞内燃发动机（柴油或半柴油发动机）的其他车辆：			-仅装有压燃式活塞内燃发动机（柴油或半柴油发动机）的其他车辆：			-仅装有压燃式活塞内燃发动机（柴油或半柴油发动机）的其他车辆：	
	--气缸容量（排气量）不超过 1500 毫升：			--气缸容量（排气量）不超过 1500 毫升：			--气缸容量（排气量）不超过 1500 毫升：	
	---气缸容量（排气量）不超过 1000 毫升：			---气缸容量（排气量）不超过 1000 毫升：			---气缸容量（排气量）不超过 1000 毫升：	
8703. 3111	----小轿车	15	8703. 3111	----小轿车	15	8703. 3111	----小轿车	
8703. 3119	----其他	15	8703. 3119	----其他	15	8703. 3119	----其他	
	---气缸容量（排气量）超过 1000 毫升，但不超过 1500 毫升：			---气缸容量（排气量）超过 1000 毫升，但不超过 1500 毫升：			---气缸容量（排气量）超过 1000 毫升，但不超过 1500 毫升：	
8703. 3121	----小轿车	15	8703. 3121	----小轿车	15	8703. 3121	----小轿车	
8703. 3122	----越野车（4 轮驱动）	15	8703. 3122	----越野车（4 轮驱动）	15	8703. 3122	----越野车（4 轮驱动）	

2021 年版税则			2022 年版硬转换			2022 年版软转换		说明
税则号列	商品名称	税率	税则号列	商品名称	税率	税则号列	商品名称	
8703. 3123	----9 座及以下的小客车	15	8703. 3123	----9 座及以下的小客车	15	8703. 3123	----9 座及以下的小客车	1. 为电动汽车修订税目 87.01 和 87.04（统一对点燃式活塞内燃发动机的表述，删除“往复”）。没有转换关系。 2. 软硬转换相同。
8703. 3129	----其他	15	8703. 3129	----其他	15	8703. 3129	----其他	
	--气缸容量（排气量）超过 1500 毫升，但不超过 2500 毫升：			--气缸容量（排气量）超过 1500 毫升，但不超过 2500 毫升：			--气缸容量（排气量）超过 1500 毫升，但不超过 2500 毫升：	
	---气缸容量（排气量）超过 1500 毫升，但不超过 2000 毫升：			---气缸容量（排气量）超过 1500 毫升，但不超过 2000 毫升：			---气缸容量（排气量）超过 1500 毫升，但不超过 2000 毫升：	
8703. 3211	----小轿车	15	8703. 3211	----小轿车	15	8703. 3211	----小轿车	
8703. 3212	----越野车（4 轮驱动）	15	8703. 3212	----越野车（4 轮驱动）	15	8703. 3212	----越野车（4 轮驱动）	
8703. 3213	----9 座及以下的小客车	15	8703. 3213	----9 座及以下的小客车	15	8703. 3213	----9 座及以下的小客车	
8703. 3219	----其他	15	8703. 3219	----其他	15	8703. 3219	----其他	
	---气缸容量（排气量）超过 2000 毫升，但不超过 2500 毫升：			---气缸容量（排气量）超过 2000 毫升，但不超过 2500 毫升：			---气缸容量（排气量）超过 2000 毫升，但不超过 2500 毫升：	
8703. 3221	----小轿车	15	8703. 3221	----小轿车	15	8703. 3221	----小轿车	
8703. 3222	----越野车（4 轮驱动）	15	8703. 3222	----越野车（4 轮驱动）	15	8703. 3222	----越野车（4 轮驱动）	
8703. 3223	----9 座及以下的小客车	15	8703. 3223	----9 座及以下的小客车	15	8703. 3223	----9 座及以下的小客车	
8703. 3229	----其他	15	8703. 3229	----其他	15	8703. 3229	----其他	

2021 年版税则			2022 年版硬转换			2022 年版软转换		说明
税则号列	商品名称	税率	税则号列	商品名称	税率	税则号列	商品名称	
	--气缸容量（排气量）超过 2500 毫升：			--气缸容量（排气量）超过 2500 毫升：			--气缸容量（排气量）超过 2500 毫升：	1. 为电动汽车修订税目 87.01 和 87.04（统一对点燃式活塞内燃发动机的表述，删除“往复”）。没有转换关系。 2. 软硬转换相同。
	---气缸容量（排气量）超过 2500 毫升，但不超过 3000 毫升：			---气缸容量（排气量）超过 2500 毫升，但不超过 3000 毫升：			---气缸容量（排气量）超过 2500 毫升，但不超过 3000 毫升：	
8703.3311	----小轿车	15	8703.3311	----小轿车	15	8703.3311	----小轿车	
8703.3312	----越野车（4 轮驱动）	15	8703.3312	----越野车（4 轮驱动）	15	8703.3312	----越野车（4 轮驱动）	
8703.3313	----9 座及以下的小客车	15	8703.3313	----9 座及以下的小客车	15	8703.3313	----9 座及以下的小客车	
8703.3319	----其他	15	8703.3319	----其他	15	8703.3319	----其他	
	---气缸容量（排气量）超过 3000 毫升，但不超过 4000 毫升：			---气缸容量（排气量）超过 3000 毫升，但不超过 4000 毫升：			---气缸容量（排气量）超过 3000 毫升，但不超过 4000 毫升：	
8703.3321	----小轿车	15	8703.3321	----小轿车	15	8703.3321	----小轿车	
8703.3322	----越野车（4 轮驱动）	15	8703.3322	----越野车（4 轮驱动）	15	8703.3322	----越野车（4 轮驱动）	
8703.3323	----9 座及以下的小客车	15	8703.3323	----9 座及以下的小客车	15	8703.3323	----9 座及以下的小客车	
8703.3329	----其他	15	8703.3329	----其他	15	8703.3329	----其他	
	---气缸容量（排气量）超过 4000 毫升：			---气缸容量（排气量）超过 4000 毫升：			---气缸容量（排气量）超过 4000 毫升：	
8703.3361	----小轿车	15	8703.3361	----小轿车	15	8703.3361	----小轿车	

2021 年版税则			2022 年版硬转换			2022 年版软转换		说明
税则号列	商品名称	税率	税则号列	商品名称	税率	税则号列	商品名称	
8703. 3362	----越野车（4 轮驱动）	15	8703. 3362	----越野车（4 轮驱动）	15	8703. 3362	----越野车（4 轮驱动）	1. 为电动汽车修订税目 87.01 和 87.04（统一对点燃式活塞内燃发动机的表述，删除“往复”）。没有转换关系。 2. 软硬转换相同。
8703. 3363	----9 座及以下的小客车	15	8703. 3363	----9 座及以下的小客车	15	8703. 3363	----9 座及以下的小客车	
8703. 3369	----其他	15	8703. 3369	----其他	15	8703. 3369	----其他	
	-同时装有点燃往复式活塞内燃发动机及驱动电动机的其他车辆，可通过接插外部电源进行充电的除外：			-同时装有点燃式活塞内燃发动机及驱动电动机的其他车辆，可通过接插外部电源进行充电的除外：			-同时装有点燃式活塞内燃发动机及驱动电动机的其他车辆，可通过接插外部电源进行充电的除外：	
	---气缸容量（排气量）不超过 1000 毫升：			---气缸容量（排气量）不超过 1000 毫升：			---气缸容量（排气量）不超过 1000 毫升：	
8703. 4011	----小轿车	15	8703. 4011	----小轿车	15	8703. 4011	----小轿车	
8703. 4012	----越野车（4 轮驱动）	15	8703. 4012	----越野车（4 轮驱动）	15	8703. 4012	----越野车（4 轮驱动）	
8703. 4013	----9 座及以下的小客车	15	8703. 4013	----9 座及以下的小客车	15	8703. 4013	----9 座及以下的小客车	
8703. 4019	----其他	15	8703. 4019	----其他	15	8703. 4019	----其他	
	---气缸容量（排气量）超过 1000 毫升，但不超过 1500 毫升：			---气缸容量（排气量）超过 1000 毫升，但不超过 1500 毫升：			---气缸容量（排气量）超过 1000 毫升，但不超过 1500 毫升：	
8703. 4021	----小轿车	15	8703. 4021	----小轿车	15	8703. 4021	----小轿车	
8703. 4022	----越野车（4 轮驱动）	15	8703. 4022	----越野车（4 轮驱动）	15	8703. 4022	----越野车（4 轮驱动）	

2021 年版税则			2022 年版硬转换			2022 年版软转换		说明
税则号列	商品名称	税率	税则号列	商品名称	税率	税则号列	商品名称	
8703.4023	----9 座及以下的小客车	15	8703.4023	----9 座及以下的小客车	15	8703.4023	----9 座及以下的小客车	1. 为电动汽车修订税目 87.01 和 87.04（统一对点燃式活塞内燃发动机的表述，删除“往复”）。没有转换关系。 2. 软硬转换相同。
8703.4029	----其他	15	8703.4029	----其他	15	8703.4029	----其他	
	---气缸容量（排气量）超过 1500 毫升，但不超过 2000 毫升：			---气缸容量（排气量）超过 1500 毫升，但不超过 2000 毫升：			---气缸容量（排气量）超过 1500 毫升，但不超过 2000 毫升：	
8703.4031	----小轿车	15	8703.4031	----小轿车	15	8703.4031	----小轿车	
8703.4032	----越野车（4 轮驱动）	15	8703.4032	----越野车（4 轮驱动）	15	8703.4032	----越野车（4 轮驱动）	
8703.4033	----9 座及以下的小客车	15	8703.4033	----9 座及以下的小客车	15	8703.4033	----9 座及以下的小客车	
8703.4039	----其他	15	8703.4039	----其他	15	8703.4039	----其他	
	---气缸容量（排气量）超过 2000 毫升，但不超过 2500 毫升：			---气缸容量（排气量）超过 2000 毫升，但不超过 2500 毫升：			---气缸容量（排气量）超过 2000 毫升，但不超过 2500 毫升：	
8703.4041	----小轿车	15	8703.4041	----小轿车	15	8703.4041	----小轿车	
8703.4042	----越野车（4 轮驱动）	15	8703.4042	----越野车（4 轮驱动）	15	8703.4042	----越野车（4 轮驱动）	
8703.4043	----9 座及以下的小客车	15	8703.4043	----9 座及以下的小客车	15	8703.4043	----9 座及以下的小客车	
8703.4049	----其他	15	8703.4049	----其他	15	8703.4049	----其他	
	---气缸容量（排气量）超过 2500 毫升，但不超过 3000 毫升：			---气缸容量（排气量）超过 2500 毫升，但不超过 3000 毫升：			---气缸容量（排气量）超过 2500 毫升，但不超过 3000 毫升：	

2021 年版税则			2022 年版硬转换			2022 年版软转换		说明
税则号列	商品名称	税率	税则号列	商品名称	税率	税则号列	商品名称	
8703.4051	----小轿车	15	8703.4051	----小轿车	15	8703.4051	----小轿车	1. 为电动汽车修订税目 87.01 和 87.04（统一对点燃式活塞内燃发动机的表述，删除“往复”）。没有转换关系。 2. 软硬转换相同。
8703.4052	----越野车（4 轮驱动）	15	8703.4052	----越野车（4 轮驱动）	15	8703.4052	----越野车（4 轮驱动）	
8703.4053	----9 座及以下的小客车	15	8703.4053	----9 座及以下的小客车	15	8703.4053	----9 座及以下的小客车	
8703.4059	----其他	15	8703.4059	----其他	15	8703.4059	----其他	
	---气缸容量（排气量）超过 3000 毫升，但不超过 4000 毫升：			---气缸容量（排气量）超过 3000 毫升，但不超过 4000 毫升：			---气缸容量（排气量）超过 3000 毫升，但不超过 4000 毫升：	
8703.4061	----小轿车	15	8703.4061	----小轿车	15	8703.4061	----小轿车	
8703.4062	----越野车（4 轮驱动）	15	8703.4062	----越野车（4 轮驱动）	15	8703.4062	----越野车（4 轮驱动）	
8703.4063	----9 座及以下的小客车	15	8703.4063	----9 座及以下的小客车	15	8703.4063	----9 座及以下的小客车	
8703.4069	----其他	15	8703.4069	----其他	15	8703.4069	----其他	
	---气缸容量（排气量）超过 4000 毫升：			---气缸容量（排气量）超过 4000 毫升：			---气缸容量（排气量）超过 4000 毫升：	
8703.4071	----小轿车	15	8703.4071	----小轿车	15	8703.4071	----小轿车	
8703.4072	----越野车（4 轮驱动）	15	8703.4072	----越野车（4 轮驱动）	15	8703.4072	----越野车（4 轮驱动）	
8703.4073	----9 座及以下的小客车	15	8703.4073	----9 座及以下的小客车	15	8703.4073	----9 座及以下的小客车	
8703.4079	----其他	15	8703.4079	----其他	15	8703.4079	----其他	

2021 年版税则			2022 年版硬转换			2022 年版软转换		说明
税则号列	商品名称	税率	税则号列	商品名称	税率	税则号列	商品名称	
8703. 4090	---其他	15	8703. 4090	---其他	15	8703. 4090	---其他	1. 为电动汽车修订税目 87.01 和 87.04（统一对点燃式活塞内燃发动机的表述，删除“往复”）。没有转换关系。 2. 软硬转换相同。
	-同时装有压燃式活塞内燃发动机（柴油或半柴油发动机）及驱动电动机的其他车辆，可通过接插外部电源进行充电的除外：			-同时装有压燃式活塞内燃发动机（柴油或半柴油发动机）及驱动电动机的其他车辆，可通过接插外部电源进行充电的除外：			-同时装有压燃式活塞内燃发动机（柴油或半柴油发动机）及驱动电动机的其他车辆，可通过接插外部电源进行充电的除外：	
	---气缸容量（排气量）不超过 1000 毫升：			---气缸容量（排气量）不超过 1000 毫升：			---气缸容量（排气量）不超过 1000 毫升：	
8703. 5011	----小轿车	15	8703. 5011	----小轿车	15	8703. 5011	----小轿车	
8703. 5019	----其他	15	8703. 5019	----其他	15	8703. 5019	----其他	
	---气缸容量（排气量）超过 1000 毫升，但不超过 1500 毫升：			---气缸容量（排气量）超过 1000 毫升，但不超过 1500 毫升：			---气缸容量（排气量）超过 1000 毫升，但不超过 1500 毫升：	
8703. 5021	----小轿车	15	8703. 5021	----小轿车	15	8703. 5021	----小轿车	
8703. 5022	----越野车（4 轮驱动）	15	8703. 5022	----越野车（4 轮驱动）	15	8703. 5022	----越野车（4 轮驱动）	
8703. 5023	----9 座及以下的小客车	15	8703. 5023	----9 座及以下的小客车	15	8703. 5023	----9 座及以下的小客车	
8703. 5029	----其他	15	8703. 5029	----其他	15	8703. 5029	----其他	
	---气缸容量（排气量）超过 1500 毫升，但不超过 2000 毫升：			---气缸容量（排气量）超过 1500 毫升，但不超过 2000 毫升：			---气缸容量（排气量）超过 1500 毫升，但不超过 2000 毫升：	

2021 年版税则			2022 年版硬转换			2022 年版软转换		说明
税则号列	商品名称	税率	税则号列	商品名称	税率	税则号列	商品名称	
8703.5031	----小轿车	15	8703.5031	----小轿车	15	8703.5031	----小轿车	1. 为电动汽车修订税目 87.01 和 87.04（统一对点燃式活塞内燃发动机的表述，删除“往复”）。没有转换关系。 2. 软硬转换相同。
8703.5032	----越野车（4 轮驱动）	15	8703.5032	----越野车（4 轮驱动）	15	8703.5032	----越野车（4 轮驱动）	
8703.5033	----9 座及以下的小客车	15	8703.5033	----9 座及以下的小客车	15	8703.5033	----9 座及以下的小客车	
8703.5039	----其他	15	8703.5039	----其他	15	8703.5039	----其他	
	---气缸容量（排气量）超过 2000 毫升，但不超过 2500 毫升：			---气缸容量（排气量）超过 2000 毫升，但不超过 2500 毫升：			---气缸容量（排气量）超过 2000 毫升，但不超过 2500 毫升：	
8703.5041	----小轿车	15	8703.5041	----小轿车	15	8703.5041	----小轿车	
8703.5042	----越野车（4 轮驱动）	15	8703.5042	----越野车（4 轮驱动）	15	8703.5042	----越野车（4 轮驱动）	
8703.5043	----9 座及以下的小客车	15	8703.5043	----9 座及以下的小客车	15	8703.5043	----9 座及以下的小客车	
8703.5049	----其他	15	8703.5049	----其他	15	8703.5049	----其他	
	---气缸容量（排气量）超过 2500 毫升，但不超过 3000 毫升：			---气缸容量（排气量）超过 2500 毫升，但不超过 3000 毫升：			---气缸容量（排气量）超过 2500 毫升，但不超过 3000 毫升：	
8703.5051	----小轿车	15	8703.5051	----小轿车	15	8703.5051	----小轿车	
8703.5052	----越野车（4 轮驱动）	15	8703.5052	----越野车（4 轮驱动）	15	8703.5052	----越野车（4 轮驱动）	
8703.5053	----9 座及以下的小客车	15	8703.5053	----9 座及以下的小客车	15	8703.5053	----9 座及以下的小客车	
8703.5059	----其他	15	8703.5059	----其他	15	8703.5059	----其他	

2021 年版税则			2022 年版硬转换			2022 年版软转换		说明
税则号列	商品名称	税率	税则号列	商品名称	税率	税则号列	商品名称	
	---气缸容量（排气量）超过 3000 毫升，但不超过 4000 毫升：			---气缸容量（排气量）超过 3000 毫升，但不超过 4000 毫升：			---气缸容量（排气量）超过 3000 毫升，但不超过 4000 毫升：	1. 为电动汽车修订税目 87.01 和 87.04（统一对点燃式活塞内燃发动机的表述，删除“往复”）。没有转换关系。 2. 软硬转换相同。
8703. 5061	----小轿车	15	8703. 5061	----小轿车	15	8703. 5061	----小轿车	
8703. 5062	----越野车（4 轮驱动）	15	8703. 5062	----越野车（4 轮驱动）	15	8703. 5062	----越野车（4 轮驱动）	
8703. 5063	----9 座及以下的小客车	15	8703. 5063	----9 座及以下的小客车	15	8703. 5063	----9 座及以下的小客车	
8703. 5069	----其他	15	8703. 5069	----其他	15	8703. 5069	----其他	
	---气缸容量（排气量）超过 4000 毫升：			---气缸容量（排气量）超过 4000 毫升：			---气缸容量（排气量）超过 4000 毫升：	
8703. 5071	----小轿车	15	8703. 5071	----小轿车	15	8703. 5071	----小轿车	
8703. 5072	----越野车（4 轮驱动）	15	8703. 5072	----越野车（4 轮驱动）	15	8703. 5072	----越野车（4 轮驱动）	
8703. 5073	----9 座及以下的小客车	15	8703. 5073	----9 座及以下的小客车	15	8703. 5073	----9 座及以下的小客车	
8703. 5079	----其他	15	8703. 5079	----其他	15	8703. 5079	----其他	
8703. 5090	---其他	15	8703. 5090	---其他	15	8703. 5090	---其他	
	-同时装有点燃往复式活塞内燃发动机及驱动电动机、可通过接插外部电源进行充电的其他车辆：			-同时装有点燃式活塞内燃发动机及驱动电动机、可通过接插外部电源进行充电的其他车辆：			-同时装有点燃式活塞内燃发动机及驱动电动机、可通过接插外部电源进行充电的其他车辆：	

2021 年版税则			2022 年版硬转换			2022 年版软转换		说明
税则号列	商品名称	税率	税则号列	商品名称	税率	税则号列	商品名称	
8703. 6010	---气缸容量（排气量）不超过 1000 毫升	15	8703. 6010	---气缸容量（排气量）不超过 1000 毫升	15	8703. 6010	---气缸容量（排气量）不超过 1000 毫升	1. 为电动汽车修订税目 87.01 和 87.04（统一对点燃式活塞内燃发动机的表述，删除“往复”）。没有转换关系。 2. 软硬转换相同。
8703. 6020	---气缸容量（排气量）超过 1000 毫升，但不超过 1500 毫升	15	8703. 6020	---气缸容量（排气量）超过 1000 毫升，但不超过 1500 毫升	15	8703. 6020	---气缸容量（排气量）超过 1000 毫升，但不超过 1500 毫升	
8703. 6030	---气缸容量（排气量）超过 1500 毫升，但不超过 2000 毫升	15	8703. 6030	---气缸容量（排气量）超过 1500 毫升，但不超过 2000 毫升	15	8703. 6030	---气缸容量（排气量）超过 1500 毫升，但不超过 2000 毫升	
8703. 6040	---气缸容量（排气量）超过 2000 毫升，但不超过 2500 毫升	15	8703. 6040	---气缸容量（排气量）超过 2000 毫升，但不超过 2500 毫升	15	8703. 6040	---气缸容量（排气量）超过 2000 毫升，但不超过 2500 毫升	
8703. 6050	---气缸容量（排气量）超过 2500 毫升，但不超过 3000 毫升	15	8703. 6050	---气缸容量（排气量）超过 2500 毫升，但不超过 3000 毫升	15	8703. 6050	---气缸容量（排气量）超过 2500 毫升，但不超过 3000 毫升	
8703. 6060	---气缸容量（排气量）超过 3000 毫升，但不超过 4000 毫升	15	8703. 6060	---气缸容量（排气量）超过 3000 毫升，但不超过 4000 毫升	15	8703. 6060	---气缸容量（排气量）超过 3000 毫升，但不超过 4000 毫升	
8703. 6070	---气缸容量（排气量）超过 4000 毫升	15	8703. 6070	---气缸容量（排气量）超过 4000 毫升	15	8703. 6070	---气缸容量（排气量）超过 4000 毫升	
	-同时装有压燃活塞内燃发动机（柴油或半柴油发动机）及驱动电动机、可通过接插外部电源进行充电的其他车辆：			-同时装有压燃活塞内燃发动机（柴油或半柴油发动机）及驱动电动机、可通过接插外部电源进行充电的其他车辆：			-同时装有压燃活塞内燃发动机（柴油或半柴油发动机）及驱动电动机、可通过接插外部电源进行充电的其他车辆：	

2021年版税则			2022年版硬转换			2022年版软转换		说明
税则号列	商品名称	税率	税则号列	商品名称	税率	税则号列	商品名称	
8703.7010	---气缸容量（排气量）不超过1000毫升	15	8703.7010	---气缸容量（排气量）不超过1000毫升	15	8703.7010	---气缸容量（排气量）不超过1000毫升	1. 为电动汽车修订税目87.01和87.04（统一对点燃式活塞内燃发动机的表述，删除“往复”）。没有转换关系。 2. 软硬转换相同。
8703.7020	---气缸容量（排气量）超过1000毫升，但不超过1500毫升	15	8703.7020	---气缸容量（排气量）超过1000毫升，但不超过1500毫升	15	8703.7020	---气缸容量（排气量）超过1000毫升，但不超过1500毫升	
8703.7030	---气缸容量（排气量）超过1500毫升，但不超过2000毫升	15	8703.7030	---气缸容量（排气量）超过1500毫升，但不超过2000毫升	15	8703.7030	---气缸容量（排气量）超过1500毫升，但不超过2000毫升	
8703.7040	---气缸容量（排气量）超过2000毫升，但不超过2500毫升	15	8703.7040	---气缸容量（排气量）超过2000毫升，但不超过2500毫升	15	8703.7040	---气缸容量（排气量）超过2000毫升，但不超过2500毫升	
8703.7050	---气缸容量（排气量）超过2500毫升，但不超过3000毫升	15	8703.7050	---气缸容量（排气量）超过2500毫升，但不超过3000毫升	15	8703.7050	---气缸容量（排气量）超过2500毫升，但不超过3000毫升	
8703.7060	---气缸容量（排气量）超过3000毫升，但不超过4000毫升	15	8703.7060	---气缸容量（排气量）超过3000毫升，但不超过4000毫升	15	8703.7060	---气缸容量（排气量）超过3000毫升，但不超过4000毫升	
8703.7070	---气缸容量（排气量）超过4000毫升	15	8703.7070	---气缸容量（排气量）超过4000毫升	15	8703.7070	---气缸容量（排气量）超过4000毫升	
8703.8000	-仅装有驱动电动机的其他车辆	15	8703.8000	-仅装有驱动电动机的其他车辆	15	8703.8000	-仅装有驱动电动机的其他车辆	
8703.9000	-其他	15	8703.9000	-其他	15	8703.9000	-其他	

2021 年版税则			2022 年版硬转换			2022 年版软转换		说明
税则号列	商品名称	税率	税则号列	商品名称	税率	税则号列	商品名称	
87.04	货运机动车辆：		87.04	货运机动车辆：		87.04	货运机动车辆：	1. 为电动汽车修订税目 87.01 和 87.04。 2. 根据我国归类实践和 2017 年版转换时税目 87.03 的修订先例，子目 8704.4 项下车辆均无子目 8704.90 的车辆转入。《税则》中也未体现这一 WCO 建议的转换关系。 3. 软硬转换相同。
	-非公路用自卸车：			-非公路用自卸车：			-非公路用自卸车：	
8704.1030	---电动轮货运自卸车	6	8704.1030	---电动轮货运自卸车	6	8704.1030	---电动轮货运自卸车	
8704.1090	---其他	6	8704.1090	---其他	6	8704.1090	---其他	
	-装有压燃式活塞内燃发动机（柴油或半柴油发动机）的其他货车：			-仅装有压燃式活塞内燃发动机（柴油或半柴油发动机）的其他货车：			-仅装有压燃式活塞内燃发动机（柴油或半柴油发动机）的其他货车：	
8704.2100	--车辆总重量不超过 5 吨	15	8704.2100	--车辆总重量不超过 5 吨（ex8704.2100）	15	8704.2100	--车辆总重量不超过 5 吨（ex8704.2100）	
	--车辆总重量超过 5 吨，但不超过 20 吨：			--车辆总重量超过 5 吨，但不超过 20 吨：			--车辆总重量超过 5 吨，但不超过 20 吨：	
8704.2230	---车辆总重量超过 5 吨，但小于 14 吨	15	8704.2230	---车辆总重量超过 5 吨，但小于 14 吨（ex8704.2230）	15	8704.2230	---车辆总重量超过 5 吨，但小于 14 吨（ex8704.2230）	
8704.2240	---车辆总重量在 14 吨及以上，但不超过 20 吨	15	8704.2240	---车辆总重量在 14 吨及以上，但不超过 20 吨（ex8704.2240）	15	8704.2240	---车辆总重量在 14 吨及以上，但不超过 20 吨（ex8704.2240）	
8704.2300	--车辆总重量超过 20 吨	15	8704.2300	--车辆总重量超过 20 吨（ex8704.2300）	15	8704.2300	--车辆总重量超过 20 吨（ex8704.2300）	
	-装有点燃式活塞内燃发动机的其他货车：			-仅装有点燃式活塞内燃发动机的其他货车：			-仅装有点燃式活塞内燃发动机的其他货车：	

2021 年版税则			2022 年版硬转换			2022 年版软转换		说明
税则号列	商品名称	税率	税则号列	商品名称	税率	税则号列	商品名称	
8704. 3100	--车辆总重量不超过 5 吨	15	8704. 3100	--车辆总重量不超过 5 吨（ex8704. 3100）	15	8704. 3100	--车辆总重量不超过 5 吨（ex8704. 3100）	1. 为电动汽车修订税目 87. 01 和 87. 04。 2. 根据我国归类实践和 2017 年版转换时税目 87. 03 的修订先例，子目 8704. 4 项下车辆均无子目 8704. 90 的车辆转入。《税则》中也未体现这一 WCO 建议的转换关系。 3. 软硬转换相同。
	--车辆总重量超过 5 吨：			--车辆总重量超过 5 吨：			--车辆总重量超过 5 吨：	
8704. 3230	---车辆总重量超过 5 吨，但不超过 8 吨	15	8704. 3230	---车辆总重量超过 5 吨，但不超过 8 吨（ex8704. 3230）	15	8704. 3230	---车辆总重量超过 5 吨，但不超过 8 吨（ex8704. 3230）	
8704. 3240	---车辆总重量超过 8 吨	15	8704. 3240	---车辆总重量超过 8 吨（ex8704. 3240）	15	8704. 3240	---车辆总重量超过 8 吨（ex8704. 3240）	
				-同时装有压燃式活塞内燃发动机（柴油或半柴油发动机）及驱动电动机的其他货车：			-同时装有压燃式活塞内燃发动机（柴油或半柴油发动机）及驱动电动机的其他货车：	
			8704. 4100	--车辆总重量不超过 5 吨（ex8704. 2100）	15	8704. 4100	--车辆总重量不超过 5 吨（ex8704. 2100）	
				--车辆总重量超过 5 吨，但不超过 20 吨：			--车辆总重量超过 5 吨，但不超过 20 吨：	
			8704. 4210	---车辆总重量超过 5 吨，但小于 14 吨（ex8704. 2230）	15	8704. 4210	---车辆总重量超过 5 吨，但小于 14 吨（ex8704. 2230）	
			8704. 4220	---车辆总重量在 14 吨及以上，但不超过 20 吨（ex8704. 2240）	15	8704. 4220	---车辆总重量在 14 吨及以上，但不超过 20 吨（ex8704. 2240）	
			8704. 4300	---车辆总重量超过 20 吨（ex8704. 2300）	15	8704. 4300	--车辆总重量超过 20 吨（ex8704. 2300）	

2021 年版税则			2022 年版硬转换			2022 年版软转换		说明
税则号列	商品名称	税率	税则号列	商品名称	税率	税则号列	商品名称	
				-同时装有点燃式活塞内燃发动机及驱动电动机的其他货车：			-同时装有点燃式活塞内燃发动机及驱动电动机的其他货车：	1. 为电动汽车修订税目 87.01 和 87.04。 2. 根据我国归类实践和 2017 年版转换时税目 87.03 的修订先例，子目 8704.4 项下车辆均无子目 8704.90 的车辆转入。《税则》中也未体现这一 WCO 建议的转换关系。 3. 软硬转换相同。
			8704.5100	--车辆总重量不超过 5 吨（ex8704.3100）	15	8704.5100	--车辆总重量不超过 5 吨（ex8704.3100）	
				--车辆总重量超过 5 吨：			--车辆总重量超过 5 吨：	
			8704.5210	---车辆总重量超过 5 吨，但不超过 8 吨（ex8704.3230）	15	8704.5210	---车辆总重量超过 5 吨，但不超过 8 吨（ex8704.3230）	
			8704.5220	---车辆总重量超过 8 吨（ex8704.3240）	15	8704.5220	---车辆总重量超过 8 吨（ex8704.3240）	
			8704.6000	-仅装有驱动电动机的其他货车（ex8704.9000）	15	8704.6000	-仅装有驱动电动机的其他货车（ex8704.9000）	
8704.9000	-其他	15	8704.9000	-其他（ex8704.9000）	15	8704.9000	-其他（ex8704.9000）	
87.08	机动车辆的零件、附件，税目 87.01 至 87.05 所列车辆用：		87.08	机动车辆的零件、附件，税目 87.01 至 87.05 所列车辆用：		87.08	机动车辆的零件、附件，税目 87.01 至 87.05 所列车辆用：	1. 为第八十七章项下汽车车窗修订《协调制度》目录。 2. 软硬转换相同。
8708.1000	-缓冲器（保险杠）及其零件	6	8708.1000	-缓冲器（保险杠）及其零件	6	8708.1000	-缓冲器（保险杠）及其零件	
	-车身（包括驾驶室）的其他零件、附件：			-车身（包括驾驶室）的其他零件、附件：			-车身（包括驾驶室）的其他零件、附件：	
8708.2100	--座椅安全带	6	8708.2100	--座椅安全带	6	8708.2100	--座椅安全带	

2021 年版税则			2022 年版硬转换			2022 年版软转换		说明
税则号列	商品名称	税率	税则号列	商品名称	税率	税则号列	商品名称	
				--本章子目注释一所列的前挡风玻璃、后窗及其他车窗：			--本章子目注释一所列的前挡风玻璃、后窗及其他车窗：	1. 为第八十七章项下汽车车窗修订《协调制度》目录。 2. 软硬转换相同。
				---天窗：			---天窗：	
			8708.2211	----电动的（8708.2941）	6	8708.2211	----电动的（8708.2941）	
			8708.2212	----手动的（8708.2942）	6	8708.2212	----手动的（8708.2942）	
			8708.2290	---其他（ex8708.2959）	6	8708.2290	---其他（ex8708.2959）	
	--其他：			--其他：			--其他：	
8708.2930	---车窗玻璃升降器	6	8708.2930	---车窗玻璃升降器	6	8708.2930	---车窗玻璃升降器	
	---天窗：							
8708.2941	----电动的	6						
8708.2942	----手动的	6						
	---其他车身覆盖件：			---其他车身覆盖件：			---其他车身覆盖件：	
8708.2951	----侧围	6	8708.2951	----侧围	6	8708.2951	----侧围	
8708.2952	----车门	6	8708.2952	----车门	6	8708.2952	----车门	
8708.2953	----发动机罩盖	6	8708.2953	----发动机罩盖	6	8708.2953	----发动机罩盖	
8708.2954	----前围	6	8708.2954	----前围	6	8708.2954	----前围	
8708.2955	----行李箱盖（或背门）	6	8708.2955	----行李箱盖（或背门）	6	8708.2955	----行李箱盖（或背门）	

2021 年版税则			2022 年版硬转换			2022 年版软转换		说明
税则号列	商品名称	税率	税则号列	商品名称	税率	税则号列	商品名称	
8708. 2956	----后围	6	8708. 2956	----后围	6	8708. 2956	----后围	1. 为第八十七章项下汽车车窗修订《协调制度》目录。 2. 软硬转换相同。
8708. 2957	----翼子板（或叶子板）	6	8708. 2957	----翼子板（或叶子板）	6	8708. 2957	----翼子板（或叶子板）	
8708. 2959	----其他	6	8708. 2959	----其他（ex8708. 2959）	6	8708. 2959	----其他（ex8708. 2959）	
8708. 2990	---其他	6	8708. 2990	---其他	6	8708. 2990	---其他（ex8708. 2990）	
	-制动器、助力制动器及其零件：			-制动器、助力制动器及其零件：			-制动器、助力制动器及其零件：	
8708. 3010	---装在蹄片上的制动摩擦片	6	8708. 3010	---装在蹄片上的制动摩擦片	6	8708. 3010	---装在蹄片上的制动摩擦片	
	---防抱死制动系统：			---防抱死制动系统：			---防抱死制动系统：	
8708. 3021	----税目 87. 01、税号 8704. 1030 及 8704. 1090 所列车辆用	6	8708. 3021	----税目 87. 01、税号 8704. 1030 及 8704. 1090 所列车辆用	6	8708. 3021	----税目 87. 01、税号 8704. 1030 及 8704. 1090 所列车辆用	
8708. 3029	----其他	6	8708. 3029	----其他	6	8708. 3029	----其他	
	---其他：			---其他：			---其他：	
8708. 3091	----税目 87. 01 所列车辆用	6	8708. 3091	----税目 87. 01 所列车辆用	6	8708. 3091	----税目 87. 01 所列车辆用	
8708. 3092	----子目 8702. 1091 及 8702. 9010 所列车辆用	6	8708. 3092	----子目 8702. 1091 及 8702. 9010 所列车辆用	6	8708. 3092	----子目 8702. 1091 及 8702. 9010 所列车辆用	

2021年版税则			2022年版硬转换			2022年版软转换		说明
税则号列	商品名称	税率	税则号列	商品名称	税率	税则号列	商品名称	
8708. 3093	----子目8704. 1030及8704. 1090所列车辆用	6	8708. 3093	----子目8704. 1030及8704. 1090所列车辆用	6	8708. 3093	----子目8704. 1030及8704. 1090所列车辆用	1. 为第八十七章项下汽车车窗修订《协调制度》目录。 2. 软硬转换相同。
8708. 3094	----子目8704. 2100、8704. 2230、8704. 3100及8704. 3230所列车辆用	6	8708. 3094	----子目8704. 2100、8704. 2230、8704. 3100及8704. 3230所列车辆用	6	8708. 3094	----子目8704. 2100、8704. 2230、8704. 3100及8704. 3230所列车辆用	
8708. 3095	----子目8704. 2240、8704. 2300及8704. 3240所列车辆用	6	8708. 3095	----子目8704. 2240、8704. 2300及8704. 3240所列车辆用	6	8708. 3095	----子目8704. 2240、8704. 2300及8704. 3240所列车辆用	
8708. 3096	----税目87. 05所列车辆用	6	8708. 3096	----税目87. 05所列车辆用	6	8708. 3096	----税目87. 05所列车辆用	
8708. 3099	----其他	6	8708. 3099	----其他	6	8708. 3099	----其他	
	-变速箱及其零件：			-变速箱及其零件：			-变速箱及其零件：	
8708. 4010	---税目87. 01所列车辆用	6	8708. 4010	---税目87. 01所列车辆用	6	8708. 4010	---税目87. 01所列车辆用	
8708. 4020	---子目8702. 1091及8702. 9010所列车辆用	6	8708. 4020	---子目8702. 1091及8702. 9010所列车辆用	6	8708. 4020	---子目8702. 1091及8702. 9010所列车辆用	
8708. 4030	---子目8704. 1030及8704. 1090所列车辆用	6	8708. 4030	---子目8704. 1030及8704. 1090所列车辆用	6	8708. 4030	---子目8704. 1030及8704. 1090所列车辆用	

2021 年版税则			2022 年版硬转换			2022 年版软转换		说明
税则号列	商品名称	税率	税则号列	商品名称	税率	税则号列	商品名称	
8708.4040	---子目 8704.2100、8704.2230、8704.3100 及 8704.3230 所列车辆用	6	8708.4040	---子目 8704.2100、8704.2230、8704.3100 及 8704.3230 所列车辆用	6	8708.4040	---子目 8704.2100、8704.2230、8704.3100 及 8704.3230 所列车辆用	1. 为第八十七章项下汽车车窗修订《协调制度》目录。 2. 软硬转换相同。
8708.4050	---子目 8704.2240、8704.2300 及 8704.3240 所列车辆用	6	8708.4050	---子目 8704.2240、8704.2300 及 8704.3240 所列车辆用	6	8708.4050	---子目 8704.2240、8704.2300 及 8704.3240 所列车辆用	
8708.4060	---税目 87.05 所列车辆用	6	8708.4060	---税目 87.05 所列车辆用	6	8708.4060	---税目 87.05 所列车辆用	
	---其他：			---其他：			---其他：	
8708.4091	----税目 87.03 所列车辆用自动换挡变速箱及其零件	6	8708.4091	----税目 87.03 所列车辆用自动换挡变速箱及其零件	6	8708.4091	----税目 87.03 所列车辆用自动换挡变速箱及其零件	
8708.4099	----其他	6	8708.4099	----其他	6	8708.4099	----其他	
	-装有差速器的驱动桥及其零件，不论是否装有其他传动部件；非驱动桥及其零件：			-装有差速器的驱动桥及其零件，不论是否装有其他传动部件；非驱动桥及其零件：			-装有差速器的驱动桥及其零件，不论是否装有其他传动部件；非驱动桥及其零件：	
	---装有差速器的驱动桥及其零件，不论是否装有其他传动部件：			---装有差速器的驱动桥及其零件，不论是否装有其他传动部件：			---装有差速器的驱动桥及其零件，不论是否装有其他传动部件：	
8708.5071	----税目 87.01 所列车辆用	6	8708.5071	----税目 87.01 所列车辆用	6	8708.5071	----税目 87.01 所列车辆用	

2021 年版税则			2022 年版硬转换			2022 年版软转换		说明
税则号列	商品名称	税率	税则号列	商品名称	税率	税则号列	商品名称	
8708.5072	----子目 8702.1091 及 8702.9010 所列车辆用	6	8708.5072	----子目 8702.1091 及 8702.9010 所列车辆用	6	8708.5072	----子目 8702.1091 及 8702.9010 所列车辆用	1. 为第八十七章项下汽车车窗修订《协调制度》目录。 2. 软硬转换相同。
8708.5073	----子目 8704.1030 及 8704.1090 所列车辆用	6	8708.5073	----子目 8704.1030 及 8704.1090 所列车辆用	6	8708.5073	----子目 8704.1030 及 8704.1090 所列车辆用	
8708.5074	----子目 8704.2100、8704.2230、8704.3100 及 8704.3230 所列车辆用	6	8708.5074	----子目 8704.2100、8704.2230、8704.3100 及 8704.3230 所列车辆用	6	8708.5074	----子目 8704.2100、8704.2230、8704.3100 及 8704.3230 所列车辆用	
8708.5075	----子目 8704.2240、8704.2300 及 8704.3240 所列车辆用	6	8708.5075	----子目 8704.2240、8704.2300 及 8704.3240 所列车辆用	6	8708.5075	----子目 8704.2240、8704.2300 及 8704.3240 所列车辆用	
8708.5076	----税目 87.05 所列车辆用	6	8708.5076	----税目 87.05 所列车辆用	6	8708.5076	----税目 87.05 所列车辆用	
8708.5079	----其他	6	8708.5079	----其他	6	8708.5079	----其他	
	---非驱动桥及其零件：			---非驱动桥及其零件：			---非驱动桥及其零件：	
8708.5081	----税目 87.01 所列车辆用	6	8708.5081	----税目 87.01 所列车辆用	6	8708.5081	----税目 87.01 所列车辆用	
8708.5082	----子目 8702.1091 及 8702.9010 所列车辆用	6	8708.5082	----子目 8702.1091 及 8702.9010 所列车辆用	6	8708.5082	----子目 8702.1091 及 8702.9010 所列车辆用	

2021年版税则			2022年版硬转换			2022年版软转换		说明
税则号列	商品名称	税率	税则号列	商品名称	税率	税则号列	商品名称	
8708.5083	----子目8704.1030及8704.1090所列车辆用	6	8708.5083	----子目8704.1030及8704.1090所列车辆用	6	8708.5083	----子目8704.1030及8704.1090所列车辆用	1. 为第八十七章项下汽车车窗修订《协调制度》目录。 2. 软硬转换相同。
8708.5084	----子目8704.2100、8704.2230、8704.3100及8704.3230所列车辆用	6	8708.5084	----子目8704.2100、8704.2230、8704.3100及8704.3230所列车辆用	6	8708.5084	----子目8704.2100、8704.2230、8704.3100及8704.3230所列车辆用	
8708.5085	----子目8704.2240、8704.2300及8704.3240所列车辆用	6	8708.5085	----子目8704.2240、8704.2300及8704.3240所列车辆用	6	8708.5085	----子目8704.2240、8704.2300及8704.3240所列车辆用	
8708.5086	----税目87.05所列车辆用	6	8708.5086	----税目87.05所列车辆用	6	8708.5086	----税目87.05所列车辆用	
8708.5089	----其他	6	8708.5089	----其他	6	8708.5089	----其他	
	-车轮及其零件、附件：			-车轮及其零件、附件：			-车轮及其零件、附件：	
8708.7010	---税目87.01所列车辆用	6	8708.7010	---税目87.01所列车辆用	6	8708.7010	---税目87.01所列车辆用	
8708.7020	---子目8702.1091及8702.9010所列车辆用	6	8708.7020	---子目8702.1091及8702.9010所列车辆用	6	8708.7020	---子目8702.1091及8702.9010所列车辆用	
8708.7030	---子目8704.1030及8704.1090所列车辆用	6	8708.7030	---子目8704.1030及8704.1090所列车辆用	6	8708.7030	---子目8704.1030及8704.1090所列车辆用	

2021 年版税则			2022 年版硬转换			2022 年版软转换		说明
税则号列	商品名称	税率	税则号列	商品名称	税率	税则号列	商品名称	
8708.7040	---子目 8704.2100、8704.2230、8704.3100 及 8704.3230 所列车辆用	6	8708.7040	---子目 8704.2100、8704.2230、8704.3100 及 8704.3230 所列车辆用	6	8708.7040	---子目 8704.2100、8704.2230、8704.3100 及 8704.3230 所列车辆用	1. 为第八十七章项下汽车车窗修订《协调制度》目录。 2. 软硬转换相同。
8708.7050	---子目 8704.2240、8704.2300 及 8704.3240 所列车辆用	6	8708.7050	---子目 8704.2240、8704.2300 及 8704.3240 所列车辆用	6	8708.7050	---子目 8704.2240、8704.2300 及 8704.3240 所列车辆用	
8708.7060	---税目 87.05 所列车辆用	6	8708.7060	---税目 87.05 所列车辆用	6	8708.7060	---税目 87.05 所列车辆用	
	---其他：			---其他：			---其他：	
8708.7091	----铝合金制的	6	8708.7091	----铝合金制的	6	8708.7091	----铝合金制的	
8708.7099	----其他	6	8708.7099	----其他	6	8708.7099	----其他	
	-悬挂系统及其零件（包括减震器）：			-悬挂系统及其零件（包括减震器）：			-悬挂系统及其零件（包括减震器）：	
8708.8010	---税目 87.03 所列车辆用	6	8708.8010	---税目 87.03 所列车辆用	6	8708.8010	---税目 87.03 所列车辆用	
8708.8090	---其他	6	8708.8090	---其他	6	8708.8090	---其他	
	-其他零件、附件：			-其他零件、附件：			-其他零件、附件：	
	--散热器及其零件：			--散热器及其零件：			--散热器及其零件：	
8708.9110	---水箱散热器	6	8708.9110	---水箱散热器	6	8708.9110	---水箱散热器	
8708.9120	---机油冷却器	6	8708.9120	---机油冷却器	6	8708.9120	---机油冷却器	

2021 年版税则			2022 年版硬转换			2022 年版软转换		说明
税则号列	商品名称	税率	税则号列	商品名称	税率	税则号列	商品名称	
8708.9190	---其他	6	8708.9190	---其他	6	8708.9190	---其他	1. 为第八十七章项下汽车车窗修订《协调制度》目录。 2. 软硬转换相同。
8708.9200	--消声器（消音器）、排气管及其零件	6	8708.9200	--消声器（消音器）、排气管及其零件	6	8708.9200	--消声器（消音器）、排气管及其零件	
	--离合器及其零件：			--离合器及其零件：			--离合器及其零件：	
8708.9310	---税目 87.01 所列车辆用	6	8708.9310	---税目 87.01 所列车辆用	6	8708.9310	---税目 87.01 所列车辆用	
8708.9320	---子目 8702.1091 及 8702.9010 所列车辆用	6	8708.9320	---子目 8702.1091 及 8702.9010 所列车辆用	6	8708.9320	---子目 8702.1091 及 8702.9010 所列车辆用	
8708.9330	---子目 8704.1030 及 8704.1090 所列车辆用	6	8708.9330	---子目 8704.1030 及 8704.1090 所列车辆用	6	8708.9330	---子目 8704.1030 及 8704.1090 所列车辆用	
8708.9340	---子目 8704.2100、8704.2230、8704.3100 及 8704.3230 所列车辆用	6	8708.9340	---子目 8704.2100、8704.2230、8704.3100 及 8704.3230 所列车辆用	6	8708.9340	---子目 8704.2100、8704.2230、8704.3100 及 8704.3230 所列车辆用	
8708.9350	---子目 8704.2240、8704.2300 及 8704.3240 所列车辆用	6	8708.9350	---子目 8704.2240、8704.2300 及 8704.3240 所列车辆用	6	8708.9350	---子目 8704.2240、8704.2300 及 8704.3240 所列车辆用	
8708.9360	---税目 87.05 所列车辆用	6	8708.9360	---税目 87.05 所列车辆用	6	8708.9360	---税目 87.05 所列车辆用	
8708.9390	---其他	6	8708.9390	---其他	6	8708.9390	---其他	
	--转向盘、转向柱、转向器及其零件：			--转向盘、转向柱、转向器及其零件：			--转向盘、转向柱、转向器及其零件：	

2021 年版税则			2022 年版硬转换			2022 年版软转换		说明
税则号列	商品名称	税率	税则号列	商品名称	税率	税则号列	商品名称	
8708.9410	---税目 87.01 所列车辆用	6	8708.9410	---税目 87.01 所列车辆用	6	8708.9410	---税目 87.01 所列车辆用	1. 为第八十七章项下汽车车窗修订《协调制度》目录。 2. 软硬转换相同。
8708.9420	---子目 8702.1091 及 8702.9010 所列车辆用	6	8708.9420	---子目 8702.1091 及 8702.9010 所列车辆用	6	8708.9420	---子目 8702.1091 及 8702.9010 所列车辆用	
8708.9430	---子目 8704.1030 及 8704.1090 所列车辆用	6	8708.9430	---子目 8704.1030 及 8704.1090 所列车辆用	6	8708.9430	---子目 8704.1030 及 8704.1090 所列车辆用	
8708.9440	---子目 8704.2100、8704.2230、8704.3100 及 8704.3230 所列车辆用	6	8708.9440	---子目 8704.2100、8704.2230、8704.3100 及 8704.3230 所列车辆用	6	8708.9440	---子目 8704.2100、8704.2230、8704.3100 及 8704.3230 所列车辆用	
8708.9450	---子目 8704.2240、8704.2300 及 8704.3240 所列车辆用	6	8708.9450	---子目 8704.2240、8704.2300 及 8704.3240 所列车辆用	6	8708.9450	---子目 8704.2240、8704.2300 及 8704.3240 所列车辆用	
8708.9460	---税目 87.05 所列车辆用转向器	6	8708.9460	---税目 87.05 所列车辆用转向器	6	8708.9460	---税目 87.05 所列车辆用转向器	
8708.9490	---其他	6	8708.9490	---其他	6	8708.9490	---其他	
8708.9500	--带充气系统的安全气囊及其零件	6	8708.9500	--带充气系统的安全气囊及其零件	6	8708.9500	--带充气系统的安全气囊及其零件	
	--其他：			--其他：			--其他：	
8708.9910	---税目 87.01 所列车辆用	6	8708.9910	---税目 87.01 所列车辆用	6	8708.9910	---税目 87.01 所列车辆用	

2021 年版税则			2022 年版硬转换			2022 年版软转换		说明
税则号列	商品名称	税率	税则号列	商品名称	税率	税则号列	商品名称	
	---子目 8702. 1091 及 8702. 9010 所列车辆用:			---子目 8702. 1091 及 8702. 9010 所列车辆用:			---子目 8702. 1091 及 8702. 9010 所列车辆用:	1. 为第八十七章项下汽车车窗修订《协调制度》目录。 2. 软硬转换相同。
8708. 9921	----车架	6	8708. 9921	----车架	6	8708. 9921	----车架	
8708. 9929	----其他	6	8708. 9929	----其他	6	8708. 9929	----其他	
	---子目 8704. 1030 及 8704. 1090 所列车辆用:			---子目 8704. 1030 及 8704. 1090 所列车辆用:			---子目 8704. 1030 及 8704. 1090 所列车辆用:	
8708. 9931	----车架	6	8708. 9931	----车架	6	8708. 9931	----车架	
8708. 9939	----其他	6	8708. 9939	----其他	6	8708. 9939	----其他	
	---子目 8704. 2100、8704. 2230、8704. 3100 及 8704. 3230 所列车辆用:			---子目 8704. 2100、8704. 2230、8704. 3100 及 8704. 3230 所列车辆用:			---子目 8704. 2100、8704. 2230、8704. 3100 及 8704. 3230 所列车辆用:	
8708. 9941	----车架	6	8708. 9941	----车架	6	8708. 9941	----车架	
8708. 9949	----其他	6	8708. 9949	----其他	6	8708. 9949	----其他	
	---子目 8704. 2240、8704. 2300 及 8704. 3240 所列车辆用:			---子目 8704. 2240、8704. 2300 及 8704. 3240 所列车辆用:			---子目 8704. 2240、8704. 2300 及 8704. 3240 所列车辆用:	
8708. 9951	----车架	6	8708. 9951	----车架	6	8708. 9951	----车架	
8708. 9959	----其他	6	8708. 9959	----其他	6	8708. 9959	----其他	

2021 年版税则			2022 年版硬转换			2022 年版软转换		说明
税则号列	商品名称	税率	税则号列	商品名称	税率	税则号列	商品名称	
8708.9960	---税目 87.05 所列车辆用	6	8708.9960	---税目 87.05 所列车辆用	6	8708.9960	---税目 87.05 所列车辆用	1. 为第八十七章项下汽车车窗修订《协调制度》目录。 2. 软硬转换相同。
	---其他：			---其他：			---其他：	
8708.9991	----车架	6	8708.9991	----车架	6	8708.9991	----车架	
8708.9992	----传动轴	6	8708.9992	----传动轴	6	8708.9992	----传动轴	
8708.9999	----其他	6	8708.9999	----其他	6	8708.9999	----其他	
87.11	摩托车（包括机器脚踏两用车）及装有辅助发动机的脚踏车，不论有无边车；边车：		87.11	摩托车（包括机器脚踏两用车）及装有辅助发动机的脚踏车，不论有无边车；边车：		87.11	摩托车（包括机器脚踏两用车）及装有辅助发动机的脚踏车，不论有无边车；边车：	1. 为电动汽车修订税目 87.01 和 87.04（统一对点燃式活塞内燃发动机的表述，删除“往复”）。 2. 软硬转换相同。
8711.1000	-装有往复式活塞内燃发动机，气缸容量（排气量）不超过 50 毫升	45	8711.1000	-装有活塞内燃发动机，气缸容量（排气量）不超过 50 毫升	45	8711.1000	-装有活塞内燃发动机，气缸容量（排气量）不超过 50 毫升	
	-装有往复式活塞内燃发动机，气缸容量（排气量）超过 50 毫升，但不超过 250 毫升：			-装有活塞内燃发动机，气缸容量（排气量）超过 50 毫升，但不超过 250 毫升：			-装有活塞内燃发动机，气缸容量（排气量）超过 50 毫升，但不超过 250 毫升：	
8711.2010	---气缸容量超过 50 毫升，但不超过 100 毫升	45	8711.2010	---气缸容量超过 50 毫升，但不超过 100 毫升	45	8711.2010	---气缸容量超过 50 毫升，但不超过 100 毫升	
8711.2020	---气缸容量超过 100 毫升，但不超过 125 毫升	45	8711.2020	---气缸容量超过 100 毫升，但不超过 125 毫升	45	8711.2020	---气缸容量超过 100 毫升，但不超过 125 毫升	

2021 年版税则			2022 年版硬转换			2022 年版软转换		说明
税则号列	商品名称	税率	税则号列	商品名称	税率	税则号列	商品名称	
8711.2030	---气缸容量超过 125 毫升，但不超过 150 毫升	45	8711.2030	---气缸容量超过 125 毫升，但不超过 150 毫升	45	8711.2030	---气缸容量超过 125 毫升，但不超过 150 毫升	1. 为电动汽车修订税目 87.01 和 87.04（统一对点燃式活塞内燃发动机的表述，删除“往复”）。 2. 软硬转换相同。
8711.2040	---气缸容量超过 150 毫升，但不超过 200 毫升	45	8711.2040	---气缸容量超过 150 毫升，但不超过 200 毫升	45	8711.2040	---气缸容量超过 150 毫升，但不超过 200 毫升	
8711.2050	---气缸容量超过 200 毫升，但不超过 250 毫升	45	8711.2050	---气缸容量超过 200 毫升，但不超过 250 毫升	45	8711.2050	---气缸容量超过 200 毫升，但不超过 250 毫升	
	-装有往复式活塞内燃发动机，气缸容量（排气量）超过 250 毫升，但不超过 500 毫升：			-装有活塞内燃发动机，气缸容量（排气量）超过 250 毫升，但不超过 500 毫升：			-装有活塞内燃发动机，气缸容量（排气量）超过 250 毫升，但不超过 500 毫升：	
8711.3010	---气缸容量超过 250 毫升，但不超过 400 毫升	45	8711.3010	---气缸容量超过 250 毫升，但不超过 400 毫升	45	8711.3010	---气缸容量超过 250 毫升，但不超过 400 毫升	
8711.3020	---气缸容量超过 400 毫升，但不超过 500 毫升	45	8711.3020	---气缸容量超过 400 毫升，但不超过 500 毫升	45	8711.3020	---气缸容量超过 400 毫升，但不超过 500 毫升	
8711.4000	-装有往复式活塞内燃发动机，气缸容量（排气量）超过 500 毫升，但不超过 800 毫升	40	8711.4000	-装有活塞内燃发动机，气缸容量（排气量）超过 500 毫升，但不超过 800 毫升	40	8711.4000	-装有活塞内燃发动机，气缸容量（排气量）超过 500 毫升，但不超过 800 毫升	
8711.5000	-装有往复式活塞内燃发动机，气缸容量（排气量）超过 800 毫升	30	8711.5000	-装有活塞内燃发动机，气缸容量（排气量）超过 800 毫升	30	8711.5000	-装有活塞内燃发动机，气缸容量（排气量）超过 800 毫升	
8711.6000	-装有驱动电动机的	45	8711.6000	-装有驱动电动机的	45	8711.6000	-装有驱动电动机的	
8711.9000	-其他	45	8711.9000	-其他	45	8711.9000	-其他	

2021 年版税则			2022 年版硬转换			2022 年版软转换		说明
税则号列	商品名称	税率	税则号列	商品名称	税率	税则号列	商品名称	
88.02	其他航空器（例如，直升机、飞机）；航天器（包括卫星）及其运载工具、亚轨道运载工具：		88.02	其他航空器（例如，直升机、飞机），税目 88.06 的无人驾驶航空器除外；航天器（包括卫星）及其运载工具、亚轨道运载工具：		88.02	其他航空器（例如，直升机、飞机），税目 88.06 的无人驾驶航空器除外；航天器（包括卫星）及其运载工具、亚轨道运载工具：	1. 为无人机修订《协调制度》目录。 2. 软硬转换相同。
	-直升机：			-直升机：			-直升机：	
8802.1100	--空载重量不超过 2000 千克	2	8802.1100	--空载重量不超过 2000 千克（ex8802.1100）	2	8802.1100	--空载重量不超过 2000 千克（ex8802.1100）	
	--空载重量超过 2000 千克：			--空载重量超过 2000 千克：			--空载重量超过 2000 千克：	
8802.1210	---空载重量超过 2000 千克，但不超过 7000 千克	2	8802.1210	---空载重量超过 2000 千克，但不超过 7000 千克（ex8802.1210）	2	8802.1210	---空载重量超过 2000 千克，但不超过 7000 千克（ex8802.1210）	
8802.1220	---空载重量超过 7000 千克	2	8802.1220	---空载重量超过 7000 千克（ex8802.1220）	2	8802.1220	---空载重量超过 7000 千克（ex8802.1220）	
8802.2000	-飞机及其他航空器，空载重量不超过 2000 千克	5	8802.2000	-飞机及其他航空器，空载重量不超过 2000 千克（ex8802.2000）	5	8802.2000	-飞机及其他航空器，空载重量不超过 2000 千克（ex8802.2000）	

2021 年版税则			2022 年版硬转换			2022 年版软转换		说明
税则号列	商品名称	税率	税则号列	商品名称	税率	税则号列	商品名称	
8802.3000	-飞机及其他航空器，空载重量超过 2000 千克，但不超过 15000 千克	4	8802.3000	-飞机及其他航空器，空载重量超过 2000 千克，但不超过 15000 千克（ex8802.3000）	4	8802.3000	-飞机及其他航空器，空载重量超过 2000 千克，但不超过 15000 千克（ex8802.3000）	1. 为无人机修订《协调制度》目录。 2. 软硬转换相同。
	-飞机及其他航空器，空载重量超过 15000 千克：			-飞机及其他航空器，空载重量超过 15000 千克：			-飞机及其他航空器，空载重量超过 15000 千克：	
8802.4010	---空载重量超过 15000 千克，但不超过 45000 千克	5	8802.4010	---空载重量超过 15000 千克，但不超过 45000 千克（ex8802.4010）	5	8802.4010	---空载重量超过 15000 千克，但不超过 45000 千克（ex8802.4010）	
8802.4020	---空载重量超过 45000 千克	1	8802.4020	---空载重量超过 45000 千克（ex8802.4020）	1	8802.4020	---空载重量超过 45000 千克（ex8802.4020）	
8802.6000	-航天器（包括卫星）及其运载工具、亚轨道运载工具	2	8802.6000	-航天器（包括卫星）及其运载工具、亚轨道运载工具	2	8802.6000	-航天器（包括卫星）及其运载工具、亚轨道运载工具	
88.03	税目 88.01 或 88.02 所列货品的零件：							1. 为无人机修订《协调制度》目录。 2. 删除税目 88.03。
8803.1000	-推进器、水平旋翼及其零件	1						
8803.2000	-起落架及其零件	1						
8803.3000	-飞机及直升机的其他零件	1						
8803.9000	-其他	0						

2021 年版税则			2022 年版硬转换			2022 年版软转换		说明
税则号列	商品名称	税率	税则号列	商品名称	税率	税则号列	商品名称	
			88.06	无人驾驶航空器：		88.06	无人驾驶航空器：	1. 为无人机修订《协调制度》目录。 2. 软硬转换不相同，不拆分本国子目。 3. 税目 88.06 项下拆分为航拍无人机及其他。
				-设计用于旅客运输的：		8806.1000	-设计用于旅客运输的（ex8802.1100、ex8802.1210、ex8802.1220、ex8802.2000、ex8802.3000、ex8802.4010、ex8802.4020）	
				---直升机：				
			8806.1011	----空载重量不超过 2000 千克（ex8802.1100）	2			
			8806.1012	----空载重量超过 2000 千克，但不超过 7000 千克（ex8802.1210）	2			
			8806.1013	----空载重量超过 7000 千克（ex8802.1220）	2			
				---飞机及其他航空器：				
			8806.1021	----空载重量不超过 2000 千克（ex8802.2000）	5			
			8806.1022	----空载重量超过 2000 千克，但不超过 15000 千克（ex8802.3000）	4			

2021 年版税则			2022 年版硬转换			2022 年版软转换		说明
税则号列	商品名称	税率	税则号列	商品名称	税率	税则号列	商品名称	
			8806.1023	----空载重量超过 15000 千克，但不超过 45000 千克（ex8802.4010）	5			1. 为无人机修订《协调制度》目录。 2. 软硬转换不相同，不拆分本国子目。 3. 税目 88.06 项下拆分为航拍无人机及其他。
			8806.1024	----空载重量超过 45000 千克（ex8802.4020）	1			
				-其他，仅使用遥控飞行的：			-其他，仅使用遥控飞行的：	
				--最大起飞重量不超过 250 克：			--最大起飞重量不超过 250 克：	
				---电视摄像机：		8806.2110	---航拍无人机（ex8525.8011、ex8525.8012、ex8525.8013、ex8525.8021、ex8525.8022、ex8525.8025、ex8525.8029、ex8525.8031、ex8525.8032、ex8525.8033、ex8525.8039）	
			8806.2111	----特种用途的（ex8525.8011）	1.7			

2021 年版税则			2022 年版硬转换			2022 年版软转换		说明
税则号列	商品名称	税率	税则号列	商品名称	税率	税则号列	商品名称	
			8806. 2112	----非特种用途的广播级（ex8525. 8012）	T6①			1. 为无人机修订《协调制度》目录。 2. 软硬转换不相同，不拆分本国子目。 3. 税目 88. 06 项下拆分为航拍无人机及其他。
			8806. 2113	----非特种用途的其他类型（ex8525. 8013）	T6②			
				---数字照相机：				
			8806. 2121	----特种用途的（ex8525. 8021）	0			
			8806. 2122	----非特种用途的单镜头反光型（ex8525. 8022）	0			
			8806. 2123	----非特种用途的，其他可换镜头的（ex8525. 8025）	0			
			8806. 2129	----非特种用途的其他类型（ex8525. 8029）	0			
				---视频摄录一体机：				
			8806. 2131	----特种用途的（ex8525. 8031）	0			
			8806. 2132	----非特种用途的广播级（ex8525. 8032）	0			

① 5. 8%与复合税从低执行。
② 同①。

2021 年版税则			2022 年版硬转换			2022 年版软转换		说明
税则号列	商品名称	税率	税则号列	商品名称	税率	税则号列	商品名称	
			8806.2133	----非特种用途的家用型（ex8525.8033）	0			1. 为无人机修订《协调制度》目录。 2. 软硬转换不相同，不拆分本国子目。 3. 税目 88.06 项下拆分为航拍无人机及其他。
			8806.2139	----非特种用途的其他类型（ex8525.8039）	0			
			8806.2140	---(其他，直升机）空载重量不超过 2000 千克（ex8802.1100）	2			
			8806.2150	---(其他，飞机及其他航空器）空载重量不超过 2000 千克（ex8802.2000）	5			
						8806.2190	---其他（ex8802.1100、ex8802.2000）	
				--最大起飞重量超过 250 克，但不超过 7 千克：			--最大起飞重量超过 250 克，但不超过 7 千克：	
				---电视摄像机：		8806.2210	---航拍无人机（ex8525.8011、ex8525.8012、ex8525.8013、ex8525.8021、ex8525.8022、ex8525.8025、ex8525.8029、ex8525.8031、ex8525.8032、ex8525.8033、ex8525.8039）	

2021 年版税则			2022 年版硬转换			2022 年版软转换		说明
税则号列	商品名称	税率	税则号列	商品名称	税率	税则号列	商品名称	
			8806.2211	----特种用途的（ex8525.8011）	1.7			1. 为无人机修订《协调制度》目录。 2. 软硬转换不相同，不拆分本国子目。 3. 税目 88.06 项下拆分为航拍无人机及其他。
			8806.2212	----非特种用途的广播级（ex8525.8012）	T6[①]			
			8806.2213	----非特种用途的其他类型（ex8525.8013）	T6[②]			
				---数字照相机：				
			8806.2221	----特种用途的（ex8525.8021）	0			
			8806.2222	----非特种用途的单镜头反光型（ex8525.8022）	0			
			8806.2223	----非特种用途的，其他可换镜头的（ex8525.8025）	0			
			8806.2229	----非特种用途的其他类型（ex8525.8029）	0			
				---视频摄录一体机：				
			8806.2231	----特种用途的（ex8525.8031）	0			
			8806.2232	----非特种用途的广播级（ex8525.8032）	0			

① 5.8%与复合税从低执行。
② 同①。

2021 年版税则			2022 年版硬转换			2022 年版软转换		说明
税则号列	商品名称	税率	税则号列	商品名称	税率	税则号列	商品名称	
			8806.2233	----非特种用途的家用型（ex8525.8033）	0			1. 为无人机修订《协调制度》目录。 2. 软硬转换不相同，不拆分本国子目。 3. 税目 88.06 项下拆分为航拍无人机及其他。
			8806.2239	----非特种用途的其他类型（ex8525.8039）	0			
			8806.2240	---(其他，直升机）空载重量不超过 2000 千克（ex8802.1100）	2			
			8806.2250	---(其他，飞机及其他航空器）空载重量不超过 2000 千克（ex8802.2000）	5			
						8806.2290	---其他（ex8802.1100、ex8802.2000）	
				--最大起飞重量超过 7 千克，但不超过 25 千克：			--最大起飞重量超过 7 千克，但不超过 25 千克：	
				---电视摄像机：		8806.2310	---航拍无人机（ex8525.8011、ex8525.8012、ex8525.8013、ex8525.8021、ex8525.8022、ex8525.8025、ex8525.8029、ex8525.8031、ex8525.8032、ex8525.8033、ex8525.8039）	

2021 年版税则			2022 年版硬转换			2022 年版软转换		说明
税则号列	商品名称	税率	税则号列	商品名称	税率	税则号列	商品名称	
			8806.2311	----特种用途的（ex8525.8011）	1.7			1. 为无人机修订《协调制度》目录。 2. 软硬转换不相同，不拆分本国子目。 3. 税目 88.06 项下拆分为航拍无人机及其他。
			8806.2312	----非特种用途的广播级（ex8525.8012）	T6[①]			
			8806.2313	----非特种用途的其他类型（ex8525.8013）	T6[②]			
				---数字照相机：				
			8806.2321	----特种用途的（ex8525.8021）	0			
			8806.2322	----非特种用途的单镜头反光型（ex8525.8022）	0			
			8806.2323	----非特种用途的，其他可换镜头的（ex8525.8025）	0			
			8806.2329	----非特种用途的其他类型（ex8525.8029）	0			
				---视频摄录一体机：				
			8806.2331	----特种用途的（ex8525.8031）	0			
			8806.2332	----非特种用途的广播级（ex8525.8032）	0			

① 5.8%与复合税从低执行。

② 同①。

2021 年版税则			2022 年版硬转换			2022 年版软转换		说明
税则号列	商品名称	税率	税则号列	商品名称	税率	税则号列	商品名称	
			8806.2333	----非特种用途的家用型（ex8525.8033）	0			1. 为无人机修订《协调制度》目录。 2. 软硬转换不相同，不拆分本国子目。 3. 税目 88.06 项下拆分为航拍无人机及其他。
			8806.2339	----非特种用途的其他类型（ex8525.8039）	0			
			8806.2340	---（其他，直升机）空载重量不超过 2000 千克（ex8802.1100）	2			
			8806.2350	---（其他，飞机及其他航空器）空载重量不超过 2000 千克（ex8802.2000）	5			
						8806.2390	---其他（ex8802.1100、ex8802.2000）	
				--最大起飞重量超过 25 千克，但不超过 150 千克：			--最大起飞重量超过 25 千克，但不超过 150 千克：	
				---电视摄像机：		8806.2410	---航拍无人机（ex8525.8011、ex8525.8012、ex8525.8013、ex8525.8021、ex8525.8022、ex8525.8025、ex8525.8029、ex8525.8031、ex8525.8032、ex8525.8033、ex8525.8039）	

2021 年版税则			2022 年版硬转换			2022 年版软转换		说明
税则号列	商品名称	税率	税则号列	商品名称	税率	税则号列	商品名称	
			8806.2411	----特种用途的（ex8525.8011）	1.7			1. 为无人机修订《协调制度》目录。 2. 软硬转换不相同，不拆分本国子目。 3. 税目 88.06 项下拆分为航拍无人机及其他。
			8806.2412	----非特种用途的广播级（ex8525.8012）	T6①			
			8806.2413	----非特种用途的其他类型（ex8525.8013）	T6②			
				---数字照相机：				
			8806.2421	----特种用途的（ex8525.8021）	0			
			8806.2422	----非特种用途的单镜头反光型（ex8525.8022）	0			
			8806.2423	----非特种用途的，其他可换镜头的（ex8525.8025）	0			
			8806.2429	----非特种用途的其他类型（ex8525.8029）	0			
				---视频摄录一体机：				
			8806.2431	----特种用途的（ex8525.8031）	0			
			8806.2432	----非特种用途的广播级（ex8525.8032）	0			

① 5.8%与复合税从低执行。

② 同①。

2021 年版税则			2022 年版硬转换			2022 年版软转换		说明
税则号列	商品名称	税率	税则号列	商品名称	税率	税则号列	商品名称	
			8806.2433	----非特种用途的家用型（ex8525.8033）	0			1. 为无人机修订《协调制度》目录。 2. 软硬转换不相同，不拆分本国子目。 3. 税目 88.06 项下拆分为航拍无人机及其他。
			8806.2439	----非特种用途的其他类型（ex8525.8039）	0			
			8806.2440	---(其他，直升机）空载重量不超过 2000 千克（ex8802.1100）	2			
			8806.2450	---(其他，飞机及其他航空器）空载重量不超过 2000 千克（ex8802.2000）	5			
						8806.2490	---其他（ex8802.1100、ex8802.2000）	
				--其他：			--其他：	
				---电视摄像机：		8806.2910	---航拍无人机（ex8525.8011、ex8525.8012、ex8525.8013、ex8525.8021、ex8525.8022、ex8525.8025、ex8525.8029、ex8525.8031、ex8525.8032、ex8525.8033、ex8525.8039）	

2021 年版税则			2022 年版硬转换			2022 年版软转换		说明
税则号列	商品名称	税率	税则号列	商品名称	税率	税则号列	商品名称	
			8806.2911	----特种用途的（ex8525.8011）	1.7			1. 为无人机修订《协调制度》目录。 2. 软硬转换不相同，不拆分本国子目。 3. 税目 88.06 项下拆分为航拍无人机及其他。
			8806.2912	----非特种用途的广播级（ex8525.8012）	T6①			
			8806.2913	----非特种用途的其他类型（ex8525.8013）	T6②			
				---数字照相机：				
			8806.2921	----特种用途的（ex8525.8021）	0			
			8806.2922	----非特种用途的单镜头反光型（ex8525.8022）	0			
			8806.2923	----非特种用途的，其他可换镜头的（ex8525.8025）	0			
			8806.2929	----非特种用途的其他类型（ex8525.8029）	0			
				---视频摄录一体机：				
			8806.2931	----特种用途的（ex8525.8031）	0			
			8806.2932	----非特种用途的广播级（ex8525.8032）	0			

① 5.8%与复合税从低执行。

② 同①。

2021 年版税则			2022 年版硬转换			2022 年版软转换		说明
税则号列	商品名称	税率	税则号列	商品名称	税率	税则号列	商品名称	
			8806. 2933	----非特种用途的家用型（ex8525. 8033）	0			1. 为无人机修订《协调制度》目录。 2. 软硬转换不相同，不拆分本国子目。 3. 税目 88. 06 项下拆分为航拍无人机及其他。
			8806. 2939	----非特种用途的其他类型（ex8525. 8039）	0			
				---直升机：				
			8806. 2941	----空载重量不超过 2000 千克（ex8802. 1100）	2			
			8806. 2942	----空载重量超过 2000 千克，但不超过 7000 千克（ex8802. 1210）	2			
			8806. 2943	----空载重量超过 7000 千克（ex8802. 1220）	2			
				---飞机及其他航空器：				
			8806. 2951	----空载重量不超过 2000 千克（ex8802. 2000）	5			
			8806. 2952	----空载重量超过 2000 千克，但不超过 15000 千克（ex8802. 3000）	4			
			8806. 2953	----空载重量超过 15000 千克，但不超过 45000 千克（ex8802. 4010）	5			
			8806. 2954	----空载重量超过 45000 千克（ex8802. 4020）	1			

2021 年版税则			2022 年版硬转换			2022 年版软转换		说明
税则号列	商品名称	税率	税则号列	商品名称	税率	税则号列	商品名称	
						8806. 2990	---其他（ex8802. 1100、ex8802. 1210、ex8802. 1220、ex8802. 2000、ex8802. 3000、ex8802. 4010、ex8802. 4020）	1. 为无人机修订《协调制度》目录。 2. 软硬转换不相同，不拆分本国子目。 3. 税目 88. 06 项下拆分为航拍无人机及其他。
				-其他：			-其他：	
				--最大起飞重量不超过 250 克：			--最大起飞重量不超过 250 克：	
				---电视摄像机：		8806. 9110	---航拍无人机（ex8525. 8011、ex8525. 8012、ex8525. 8013、ex8525. 8021、ex8525. 8022、ex8525. 8025、ex8525. 8029、ex8525. 8031、ex8525. 8032、ex8525. 8033、ex8525. 8039）	
			8806. 9111	----特种用途的（ex8525. 8011）	1. 7			

2021 年版税则			2022 年版硬转换			2022 年版软转换		说明
税则号列	商品名称	税率	税则号列	商品名称	税率	税则号列	商品名称	
			8806.9112	----非特种用途的广播级（ex8525.8012）	T6[①]			1. 为无人机修订《协调制度》目录。 2. 软硬转换不相同，不拆分本国子目。 3. 税目 88.06 项下拆分为航拍无人机及其他。
			8806.9113	----非特种用途的其他类型（ex8525.8013）	T6[②]			
				---数字照相机：				
			8806.9121	----特种用途的（ex8525.8021）	0			
			8806.9122	----非特种用途的单镜头反光型（ex8525.8022）	0			
			8806.9123	----非特种用途的，其他可换镜头的（ex8525.8025）	0			
			8806.9129	----非特种用途的其他类型（ex8525.8029）	0			
				---视频摄录一体机：				
			8806.9131	----特种用途的（ex8525.8031）	0			
			8806.9132	----非特种用途的广播级（ex8525.8032）	0			
			8806.9133	----非特种用途的家用型（ex8525.8033）	0			

① 5.8%与复合税从低执行。
② 同①。

2021 年版税则			2022 年版硬转换			2022 年版软转换		说明
税则号列	商品名称	税率	税则号列	商品名称	税率	税则号列	商品名称	
			8806. 9139	----非特种用途的其他类型（ex8525. 8039）	0			1. 为无人机修订《协调制度》目录。 2. 软硬转换不相同，不拆分本国子目。 3. 税目 88. 06 项下拆分为航拍无人机及其他。
			8806. 9140	---（其他，直升机）空载重量不超过 2000 千克（ex8802. 1100）	2			
			8806. 9150	---（其他，飞机及其他航空器）空载重量不超过 2000 千克（ex8802. 2000）	5			
						8806. 9190	---其他（ex8802. 1100、ex8802. 2000）	
				--最大起飞重量超过 250 克，但不超过 7 千克：			--最大起飞重量超过 250 克，但不超过 7 千克：	
				---电视摄像机：		8806. 9210	---航拍无人机（ex8525. 8011、ex8525. 8012、ex8525. 8013、ex8525. 8021、ex8525. 8022、ex8525. 8025、ex8525. 8029、ex8525. 8031、ex8525. 8032、ex8525. 8033、ex8525. 8039）	

2021年版税则			2022年版硬转换			2022年版软转换		说明
税则号列	商品名称	税率	税则号列	商品名称	税率	税则号列	商品名称	
			8806.9211	----特种用途的（ex8525.8011）	1.7			1. 为无人机修订《协调制度》目录。 2. 软硬转换不相同，不拆分本国子目。 3. 税目88.06项下拆分为航拍无人机及其他。
			8806.9212	----非特种用途的广播级（ex8525.8012）	T6①			
			8806.9213	----非特种用途的其他类型（ex8525.8013）	T6②			
				---数字照相机：				
			8806.9221	----特种用途的（ex8525.8021）	0			
			8806.9222	----非特种用途的单镜头反光型（ex8525.8022）	0			
			8806.9223	----非特种用途的，其他可换镜头的（ex8525.8025）	0			
			8806.9229	----非特种用途的其他类型（ex8525.8029）	0			
				---视频摄录一体机：				
			8806.9231	----特种用途的（ex8525.8031）	0			
			8806.9232	----非特种用途的广播级（ex8525.8032）	0			

① 5.8%与复合税从低执行。
② 同①。

2021 年版税则			2022 年版硬转换			2022 年版软转换		说明
税则号列	商品名称	税率	税则号列	商品名称	税率	税则号列	商品名称	
			8806.9233	----非特种用途的家用型（ex8525.8033）	0			1. 为无人机修订《协调制度》目录。 2. 软硬转换不相同，不拆分本国子目。 3. 税目 88.06 项下拆分为航拍无人机及其他。
			8806.9239	----非特种用途的其他类型（ex8525.8039）	0			
			8806.9240	---(其他，直升机）空载重量不超过 2000 千克（ex8802.1100）	2			
			8806.9250	---(其他，飞机及其他航空器）空载重量不超过 2000 千克（ex8802.2000）	5			
						8806.9290	---其他（ex8802.1100、ex8802.2000）	
				--最大起飞重量超过 7 千克，但不超过 25 千克：			--最大起飞重量超过 7 千克，但不超过 25 千克：	
				---电视摄像机：		8806.9310	---航拍无人机（ex8525.8011、ex8525.8012、ex8525.8013、ex8525.8021、ex8525.8022、ex8525.8025、ex8525.8029、ex8525.8031、ex8525.8032、ex8525.8033、ex8525.8039）	

2021 年版税则			2022 年版硬转换			2022 年版软转换		说明
税则号列	商品名称	税率	税则号列	商品名称	税率	税则号列	商品名称	
			8806.9311	----特种用途的（ex8525.8011）	1.7			1. 为无人机修订《协调制度》目录。 2. 软硬转换不相同，不拆分本国子目。 3. 税目 88.06 项下拆分为航拍无人机及其他。
			8806.9312	----非特种用途的广播级（ex8525.8012）	T6①			
			8806.9313	----非特种用途的其他类型（ex8525.8013）	T6②			
				---数字照相机：				
			8806.9321	----特种用途的（ex8525.8021）	0			
			8806.9322	----非特种用途的单镜头反光型（ex8525.8022）	0			
			8806.9323	----非特种用途的，其他可换镜头的（ex8525.8025）	0			
			8806.9329	----非特种用途的其他类型（ex8525.8029）	0			
				---视频摄录一体机：				
			8806.9331	----特种用途的（ex8525.8031）	0			
			8806.9332	----非特种用途的广播级（ex8525.8032）	0			

① 5.8%与复合税从低执行。
② 同①。

2021 年版税则			2022 年版硬转换			2022 年版软转换		说明
税则号列	商品名称	税率	税则号列	商品名称	税率	税则号列	商品名称	
			8806.9333	----非特种用途的家用型（ex8525.8033）	0			1. 为无人机修订《协调制度》目录。 2. 软硬转换不相同，不拆分本国子目。 3. 税目 88.06 项下拆分为航拍无人机及其他。
			8806.9339	----非特种用途的其他类型（ex8525.8039）	0			
			8806.9340	---(其他，直升机）空载重量不超过 2000 千克（ex8802.1100）	2			
			8806.9350	---(其他，飞机及其他航空器）空载重量不超过 2000 千克（ex8802.2000）	5			
						8806.9390	---其他（ex8802.1100、ex8802.2000）	
				--最大起飞重量超过 25 千克，但不超过 150 千克：			--最大起飞重量超过 25 千克，但不超过 150 千克：	
				---电视摄像机：		8806.9410	---航拍无人机（ex8525.8011、ex8525.8012、ex8525.8013、ex8525.8021、ex8525.8022、ex8525.8025、ex8525.8029、ex8525.8031、ex8525.8032、ex8525.8033、ex8525.8039）	

2021 年版税则			2022 年版硬转换			2022 年版软转换		说明
税则号列	商品名称	税率	税则号列	商品名称	税率	税则号列	商品名称	
			8806.9411	----特种用途的（ex8525.8011）	1.7			1. 为无人机修订《协调制度》目录。 2. 软硬转换不相同，不拆分本国子目。 3. 税目 88.06 项下拆分为航拍无人机及其他。
			8806.9412	----非特种用途的广播级（ex8525.8012）	T6[①]			
			8806.9413	----非特种用途的其他类型（ex8525.8013）	T6[②]			
				---数字照相机：				
			8806.9421	----特种用途的（ex8525.8021）	0			
			8806.9422	----非特种用途的单镜头反光型（ex8525.8022）	0			
			8806.9423	----非特种用途的，其他可换镜头的（ex8525.8025）	0			
			8806.9429	----非特种用途的其他类型（ex8525.8029）	0			
				---视频摄录一体机：				
			8806.9431	----特种用途的（ex8525.8031）	0			
			8806.9432	----非特种用途的广播级（ex8525.8032）	0			

① 5.8%与复合税从低执行。
② 同①。

2021 年版税则			2022 年版硬转换			2022 年版软转换		说明
税则号列	商品名称	税率	税则号列	商品名称	税率	税则号列	商品名称	
			8806.9433	----非特种用途的家用型（ex8525.8033）	0			1. 为无人机修订《协调制度》目录。 2. 软硬转换不相同，不拆分本国子目。 3. 税目 88.06 项下拆分为航拍无人机及其他。
			8806.9439	----非特种用途的其他类型（ex8525.8039）	0			
			8806.9440	---(其他，直升机）空载重量不超过 2000 千克（ex8802.1100）	2			
			8806.9450	---(其他，飞机及其他航空器）空载重量不超过 2000 千克（ex8802.2000）	5			
						8806.9490	---其他（ex8802.1100、ex8802.2000）	
				--其他：		8806.9900	--其他（ex8802.1100、ex8802.1210、ex8802.1220、ex8802.2000、ex8802.3000、ex8802.4010、ex8802.4020）	

2021 年版税则			2022 年版硬转换			2022 年版软转换		说明
税则号列	商品名称	税率	税则号列	商品名称	税率	税则号列	商品名称	
				---直升机:				1. 为无人机修订《协调制度》目录。 2. 软硬转换不相同，不拆分本国子目。 3. 税目 88.06 项下拆分为航拍无人机及其他。
			8806.9911	----空载重量不超过 2000 千克（ex8802.1100）	2			
			8806.9912	----空载重量超过 2000 千克，但不超过 7000 千克（ex8802.1210）	2			
			8806.9913	----空载重量超过 7000 千克（ex8802.1220）	2			
				---飞机及其他航空器:				
			8806.9921	----空载重量不超过 2000 千克（ex8802.2000）	5			
			8806.9922	----空载重量超过 2000 千克，但不超过 15000 千克（ex8802.3000）	4			
			8806.9923	----空载重量超过 15000 千克，但不超过 45000 千克（ex8802.4010）	5			
			8806.9924	----空载重量超过 45000 千克（ex8802.4020）	1			

2021 年版税则			2022 年版硬转换			2022 年版软转换		说明
税则号列	商品名称	税率	税则号列	商品名称	税率	税则号列	商品名称	
			88.07	税目 88.01、88.02 或 88.06 所列货品的零件：		88.07	税目 88.01、88.02 或 88.06 所列货品的零件：	1. 为无人机修订《协调制度》目录。 2. 软硬转换相同。
			8807.1000	-推进器、水平旋翼及其零件（8803.1000）	1	8807.1000	-推进器、水平旋翼及其零件（8803.1000）	
			8807.2000	-起落架及其零件（8803.2000）	1	8807.2000	-起落架及其零件（8803.2000）	
			8807.3000	-飞机、直升机及无人驾驶航空器的其他零件（8803.3000）	1	8807.3000	-飞机、直升机及无人驾驶航空器的其他零件（8803.3000）	
			8807.9000	-其他（8803.9000）	0	8807.9000	-其他（8803.9000）	
89.03	娱乐或运动用快艇及其他船舶；划艇及轻舟：		89.03	娱乐或运动用快艇及其他船舶；划艇及轻舟：		89.03	娱乐或运动用快艇及其他船舶；划艇及轻舟：	1. 修订税目 89.03。 2. 软硬转换相同。
8903.1000	-充气的	10		-充气船（包括刚性外壳的）：			-充气船（包括刚性外壳的）：	
			8903.1100	--装有或设计装有发动机，空载（净）重量（不包括发动机）不超过 100 千克（ex8903.1000）	10	8903.1100	--装有或设计装有发动机，空载（净）重量（不包括发动机）不超过 100 千克（ex8903.1000）	

2021 年版税则			2022 年版硬转换			2022 年版软转换		说明
税则号列	商品名称	税率	税则号列	商品名称	税率	税则号列	商品名称	
			8903. 1200	--未设计装有发动机且空载（净）重量不超过100 千克（ex8903. 1000）	10	8903. 1200	--未设计装有发动机且空载（净）重量不超过100 千克（ex8903. 1000）	1. 修订税目 89. 03。 2. 软硬转换相同。
			8903. 1900	--其他（ex8903. 1000）	10	8903. 1900	--其他（ex8903. 1000）	
				-帆船，充气船除外，不论是否装有辅助发动机：			-帆船，充气船除外，不论是否装有辅助发动机：	
			8903. 2100	--长度不超过 7. 5 米（ex8903. 9100）	8	8903. 2100	--长度不超过 7. 5 米（ex8903. 9100）	
			8903. 2200	--长度超过 7. 5 米但不超过 24 米（ex8903. 9100）	8	8903. 2200	--长度超过 7. 5 米但不超过 24 米（ex8903. 9100）	
			8903. 2300	--长度超过 24 米（ex8903. 9100）	8	8903. 2300	--长度超过 24 米（ex8903. 9100）	
				-汽艇，非充气的，但装有舷外发动机的除外：			-汽艇，非充气的，但装有舷外发动机的除外：	
			8903. 3100	--长度不超过 7. 5 米（ex8903. 9200）	10	8903. 3100	--长度不超过 7. 5 米（ex8903. 9200）	
			8903. 3200	--长度超过 7. 5 米但不超过 24 米（ex8903. 9200）	10	8903. 3200	--长度超过 7. 5 米但不超过 24 米（ex8903. 9200）	
			8903. 3300	--长度超过 24 米（ex8903. 9200）	10	8903. 3300	--长度超过 24 米（ex8903. 9200）	
	-其他：			-其他：			-其他：	

2021 年版税则			2022 年版硬转换			2022 年版软转换		说明
税则号列	商品名称	税率	税则号列	商品名称	税率	税则号列	商品名称	
8903. 9100	--帆船，不论是否装有辅助发动机	8						1. 修订税目 89. 03。 2. 软硬转换相同。
8903. 9200	--汽艇，但装有舷外发动机的除外	10						
			8903. 9300	--长度不超过 7. 5 米（ex8903. 9900）	10	8903. 9300	--长度不超过 7. 5 米（ex8903. 9900）	
8903. 9900	--其他	10	8903. 9900	--其他（ex8903. 9900）	10	8903. 9900	--其他（ex8903. 9900）	
90. 06	照相机（电影摄影机除外）；照相闪光灯装置及闪光灯泡，但税目 85. 39 的放电灯泡除外：		90. 06	照相机（电影摄影机除外）；照相闪光灯装置及闪光灯泡，但税目 85. 39 的放电灯泡除外：		90. 06	照相机（电影摄影机除外）；照相闪光灯装置及闪光灯泡，但税目 85. 39 的放电灯泡除外：	1. 删除贸易量低的税目/子目。 2. 软硬转换相同。 3. 税号 9006. 5100、9006. 5210、9006. 5290、9006. 5990 的协定税率不同，不予合并。
9006. 3000	-水下、航空测量或体内器官检查用的特种照相机；法庭或犯罪学用的比较照相机	9	9006. 3000	-水下、航空测量或体内器官检查用的特种照相机；法庭或犯罪学用的比较照相机	9	9006. 3000	-水下、航空测量或体内器官检查用的特种照相机；法庭或犯罪学用的比较照相机	
9006. 4000	-一次成像照相机	5	9006. 4000	-一次成像照相机	5	9006. 4000	-一次成像照相机	
	-其他照相机：			-其他照相机：			-其他照相机：	
9006. 5100	--通过镜头取景［单镜头反光式（SLR）］，使用胶片宽度不超过 35 毫米	9						
	--其他，使用胶片宽度小于 35 毫米：							

2021 年版税则			2022 年版硬转换			2022 年版软转换		说明
税则号列	商品名称	税率	税则号列	商品名称	税率	税则号列	商品名称	
9006.5210	---缩微照相机，使用缩微胶卷、胶片或其他缩微品的	9						1. 删除贸易量低的税目/子目。 2. 软硬转换相同。 3. 税号 9006.5100、9006.5210、9006.5290、9006.5990 的协定税率不同，不予合并。
9006.5290	---其他	9						
9006.5300	--其他，使用胶片宽度为 35 毫米	9		--使用胶片宽度为 35 毫米：			--使用胶片宽度为 35 毫米：	
			9006.5310	---通过镜头取景［单镜头反光式（SLR）］（ex9006.5100）	9	9006.5310	---通过镜头取景［单镜头反光式（SLR）］（ex9006.5100）	
			9006.5390	---其他（9006.5300）	9	9006.5390	---其他（9006.5300）	
	--其他：			--其他：			--其他：	
9006.5910	---激光照相排版设备	9	9006.5910	---激光照相排版设备	9	9006.5910	---激光照相排版设备	
	---制版照相机：			---制版照相机：			---制版照相机：	
9006.5921	----电子分色机	9	9006.5921	----电子分色机	9	9006.5921	----电子分色机	
9006.5929	----其他	9	9006.5929	----其他	9	9006.5929	----其他	
			9006.5930	---通过镜头取景［单镜头反光式（SLR）］，使用胶片宽度小于 35 毫米（ex9006.5100）	9	9006.5930	---通过镜头取景［单镜头反光式（SLR）］，使用胶片宽度小于 35 毫米（ex9006.5100）	
				---其他，使用胶片宽度小于 35 毫米：			---其他，使用胶片宽度小于 35 毫米：	

2021年版税则			2022年版硬转换			2022年版软转换			说明
税则号列	商品名称	税率	税则号列	商品名称	税率	税则号列	商品名称	税率	
			9006.5941	----缩微照相机，使用缩微胶卷、胶片或其他缩微品的（9006.5210）	9	9006.5941	----缩微照相机，使用缩微胶卷、胶片或其他缩微品的（9006.5210）		1. 删除贸易量低的税目/子目。 2. 软硬转换相同。 3. 税号9006.5100、9006.5210、9006.5290、9006.5990的协定税率不同，不予合并。
			9006.5949	----其他（9006.5290）	9	9006.5949	----其他（9006.5290）		
9006.5990	---其他	9	9006.5990	---其他	9	9006.5990	---其他		
	-照相闪光灯装置及闪光灯泡：			-照相闪光灯装置及闪光灯泡：			-照相闪光灯装置及闪光灯泡：		
9006.6100	--放电式（电子式）闪光灯装置	9	9006.6100	--放电式（电子式）闪光灯装置	9	9006.6100	--放电式（电子式）闪光灯装置		
	--其他：			--其他：			--其他：		
9006.6910	---闪光灯泡	9	9006.6910	---闪光灯泡	9	9006.6910	---闪光灯泡		
9006.6990	---其他	9	9006.6990	---其他	9	9006.6990	---其他		
	-零件、附件：			-零件、附件：			-零件、附件：		
	--照相机用：			--照相机用：			--照相机用：		
9006.9110	---子目9006.3000、9006.5921、9006.5929所列照相机用	8	9006.9110	---子目9006.3000、9006.5921、9006.5929所列照相机用	8	9006.9110	---子目9006.3000、9006.5921、9006.5929所列照相机用		
9006.9120	---一次成像照相机用	5	9006.9120	---一次成像照相机用	5	9006.9120	---一次成像照相机用		
	---其他：			---其他：			---其他：		
9006.9191	----自动调焦组件	8	9006.9191	----自动调焦组件	8	9006.9191	----自动调焦组件		

2021 年版税则			2022 年版硬转换			2022 年版软转换		说明
税则号列	商品名称	税率	税则号列	商品名称	税率	税则号列	商品名称	
9006.9192	----快门组件	8	9006.9192	----快门组件	8	9006.9192	----快门组件	（见上栏“说明”）
9006.9199	----其他	8	9006.9199	----其他	8	9006.9199	----其他	
9006.9900	--其他	8	9006.9900	--其他	8	9006.9900	--其他	
90.13	其他税目未列名的液晶装置；激光器，但激光二极管除外；本章其他税目未列名的光学仪器及器具：		90.13	激光器，但激光二极管除外；本章其他税目未列名的光学仪器及器具：		90.13	激光器，但激光二极管除外；本章其他税目未列名的光学仪器及器具：	1. 为平板显示模组修订《协调制度》目录。 2. 软硬转换相同。
9013.1000	-武器用望远镜瞄准具；潜望镜式望远镜；作为本章或第十六类的机器、设备、仪器或器具部件的望远镜	8	9013.1000	-武器用望远镜瞄准具；潜望镜式望远镜；作为本章或第十六类的机器、设备、仪器或器具部件的望远镜	8	9013.1000	-武器用望远镜瞄准具；潜望镜式望远镜；作为本章或第十六类的机器、设备、仪器或器具部件的望远镜	
9013.2000	-激光器，但激光二极管除外	0	9013.2000	-激光器，但激光二极管除外	0	9013.2000	-激光器，但激光二极管除外	
	-其他装置、仪器及器具：			-其他装置、仪器及器具：			-其他装置、仪器及器具：	
9013.8010	---放大镜	12	9013.8010	---放大镜	12	9013.8010	---放大镜	
9013.8020	---光学门眼	12	9013.8020	---光学门眼	12	9013.8020	---光学门眼	
9013.8030	---液晶显示板	5						
9013.8090	---其他	5	9013.8090	---其他	5	9013.8090	---其他	
	-零件、附件：			-零件、附件：			-零件、附件：	

2021 年版税则			2022 年版硬转换			2022 年版软转换		说明
税则号列	商品名称	税率	税则号列	商品名称	税率	税则号列	商品名称	
9013. 9010	---子目 9013. 1000 及 9013. 2000 所列货品用	6	9013. 9010	---子目 9013. 1000 及 9013. 2000 所列货品用	6	9013. 9010	---子目 9013. 1000 及 9013. 2000 所列货品用	1. 为平板显示模组修订《协调制度》目录。 2. 软硬转换相同。
9013. 9020	---子目 9013. 8030 所列货品用	0						
9013. 9090	---其他	0	9013. 9090	---其他	0	9013. 9090	---其他	
90. 18	医疗、外科、牙科或兽医用仪器及器具，包括闪烁扫描装置、其他电气医疗装置及视力检查仪器：		90. 18	医疗、外科、牙科或兽医用仪器及器具，包括闪烁扫描装置、其他电气医疗装置及视力检查仪器：		90. 18	医疗、外科、牙科或兽医用仪器及器具，包括闪烁扫描装置、其他电气医疗装置及视力检查仪器：	1. 将部分利用除 X 射线或 α 射线、β 射线、γ 射线以外的其他离子射线的设备转入税目 90. 22 项下。 2. 软硬转换相同。
	-电气诊断装置（包括功能检查或生理参数检查用装置）：			-电气诊断装置（包括功能检查或生理参数检查用装置）：			-电气诊断装置（包括功能检查或生理参数检查用装置）：	
9018. 1100	--心电图记录仪	0	9018. 1100	--心电图记录仪	0	9018. 1100	--心电图记录仪	
	--超声波扫描装置：			--超声波扫描装置：			--超声波扫描装置：	
9018. 1210	---B 型超声波诊断仪	1. 8	9018. 1210	---B 型超声波诊断仪	1. 8	9018. 1210	---B 型超声波诊断仪	
	---其他：			---其他：			---其他：	
9018. 1291	----彩色超声波诊断仪	1. 3	9018. 1291	----彩色超声波诊断仪	1. 3	9018. 1291	----彩色超声波诊断仪	
9018. 1299	----其他	1. 3	9018. 1299	----其他	1. 3	9018. 1299	----其他	
	--核磁共振成像装置：			--核磁共振成像装置：			--核磁共振成像装置：	
9018. 1310	---成套装置	1. 6	9018. 1310	---成套装置	1. 6	9018. 1310	---成套装置	

2021 年版税则			2022 年版硬转换			2022 年版软转换		说明
税则号列	商品名称	税率	税则号列	商品名称	税率	税则号列	商品名称	
9018. 1390	---零件	1. 6	9018. 1390	---零件	1. 6	9018. 1390	---零件	1. 将部分利用除 X 射线或 α 射线、β 射线、γ 射线以外的其他离子射线的设备转入税目 90. 22 项下。 2. 软硬转换相同。
9018. 1400	--闪烁摄影装置	5	9018. 1400	--闪烁摄影装置	5	9018. 1400	--闪烁摄影装置	
	--其他：			--其他：			--其他：	
9018. 1930	---病员监护仪	0	9018. 1930	---病员监护仪	0	9018. 1930	---病员监护仪	
	---听力诊断装置：			---听力诊断装置：			---听力诊断装置：	
9018. 1941	----听力计	0	9018. 1941	----听力计	0	9018. 1941	----听力计	
9018. 1949	----其他	0	9018. 1949	----其他	0	9018. 1949	----其他	
9018. 1990	---其他	0	9018. 1990	---其他	0	9018. 1990	---其他	
9018. 2000	-紫外线及红外线装置	0	9018. 2000	-紫外线及红外线装置	0	9018. 2000	-紫外线及红外线装置	
	-注射器、针、导管、插管及类似品：			-注射器、针、导管、插管及类似品：			-注射器、针、导管、插管及类似品：	
9018. 3100	--注射器，不论是否装有针头	8	9018. 3100	--注射器，不论是否装有针头	8	9018. 3100	--注射器，不论是否装有针头	
	--管状金属针头及缝合用针：			--管状金属针头及缝合用针：			--管状金属针头及缝合用针：	
9018. 3210	---管状金属针头	8	9018. 3210	---管状金属针头	8	9018. 3210	---管状金属针头	
9018. 3220	---缝合用针	4	9018. 3220	---缝合用针	4	9018. 3220	---缝合用针	
9018. 3900	--其他	4	9018. 3900	--其他	4	9018. 3900	--其他	
	-牙科用其他仪器及器具：			-牙科用其他仪器及器具：			-牙科用其他仪器及器具：	

2021 年版税则			2022 年版硬转换			2022 年版软转换		说明
税则号列	商品名称	税率	税则号列	商品名称	税率	税则号列	商品名称	
9018.4100	--牙钻机，不论是否与其他牙科设备组装在同一底座上	4	9018.4100	--牙钻机，不论是否与其他牙科设备组装在同一底座上	4	9018.4100	--牙钻机，不论是否与其他牙科设备组装在同一底座上	1. 将部分利用除X射线或α射线、β射线、γ射线以外的其他离子射线的设备转入税目90.22项下。 2. 软硬转换相同。
	--其他：			--其他：			--其他：	
9018.4910	---装有牙科设备的牙科用椅	4	9018.4910	---装有牙科设备的牙科用椅	4	9018.4910	---装有牙科设备的牙科用椅	
9018.4990	---其他	4	9018.4990	---其他	4	9018.4990	---其他	
9018.5000	-眼科用其他仪器及器具	0	9018.5000	-眼科用其他仪器及器具	0	9018.5000	-眼科用其他仪器及器具	
	-其他仪器及器具：			-其他仪器及器具：			-其他仪器及器具：	
9018.9010	---听诊器	4	9018.9010	---听诊器	4	9018.9010	---听诊器	
9018.9020	---血压测量仪器及器具	4	9018.9020	---血压测量仪器及器具	4	9018.9020	---血压测量仪器及器具	
9018.9030	---内窥镜	0	9018.9030	---内窥镜	0	9018.9030	---内窥镜	
9018.9040	---肾脏透析设备（人工肾）	0	9018.9040	---肾脏透析设备（人工肾）	0	9018.9040	---肾脏透析设备（人工肾）	
9018.9050	---透热疗法设备	0	9018.9050	---透热疗法设备	0	9018.9050	---透热疗法设备	
9018.9060	---输血设备	0	9018.9060	---输血设备	0	9018.9060	---输血设备	
9018.9070	---麻醉设备	4	9018.9070	---麻醉设备	4	9018.9070	---麻醉设备	
	---其他：			---其他：			---其他：	
9018.9091	----宫内节育器	4	9018.9091	----宫内节育器	4	9018.9091	----宫内节育器	
9018.9099	----其他	4	9018.9099	----其他（ex9018.9099）	4	9018.9099	----其他（ex9018.9099）	

2021年版税则			2022年版硬转换			2022年版软转换		说明
税则号列	商品名称	税率	税则号列	商品名称	税率	税则号列	商品名称	
90.21	矫形器具，包括支具、外科手术带、疝气带；夹板及其他骨折用具；人造的人体部分；助听器及为弥补生理缺陷或残疾而穿戴、携带或植入人体内的其他器具：		90.21	矫形器具，包括支具、外科手术带、疝气带；夹板及其他骨折用具；人造的人体部分；助听器及为弥补生理缺陷或残疾而穿戴、携带或植入人体内的其他器具：		90.21	矫形器具，包括支具、外科手术带、疝气带；夹板及其他骨折用具；人造的人体部分；助听器及为弥补生理缺陷或残疾而穿戴、携带或植入人体内的其他器具：	基于对第十五类类注释二（一）的修订，将部分贱金属制通用零件归入税目90.21项下。
9021.1000	-矫形或骨折用器具	4		-矫形或骨折用器具：		9021.1000	-矫形或骨折用器具（9021.1000、ex7317.0000、ex7318.1400、ex7318.1510、ex7318.1590、ex7318.1600、ex7318.1900、ex7318.2200、ex7318.2400、ex7318.2900、ex8108.9010、ex8108.9020、ex8108.9031、ex8108.9032、ex8108.9040、ex8108.9090）	
			9021.1010	---钢铁制的钉、平头钉、图钉、波纹钉、U形钉（税目83.05的货品除外）及类似品，不论钉头是否用其他材料制成，但不包括铜头钉（ex7317.0000）	8			
				---钢铁制的螺纹制品：				
			9021.1021	----自攻螺钉（ex7318.1400）	8			

2021 年版税则			2022 年版硬转换			2022 年版软转换		说明
税则号列	商品名称	税率	税则号列	商品名称	税率	税则号列	商品名称	
			9021.1022	----其他抗拉强度在 800 兆帕及以上的螺钉及螺栓，不论是否带有螺母或垫圈（ex7318.1510）	8			基于对第十五类类注释二（一）的修订，将部分贱金属制通用零件归入税目 90.21 项下。
			9021.1023	----其他螺钉及螺栓，不论是否带有螺母或垫圈（ex7318.1590）	8			
			9021.1024	----螺母（ex7318.1600）	8			
			9021.1029	----其他螺纹制品（ex7318.1900）	5			
			9021.1030	---钢铁制垫圈，弹簧垫圈及其他防松垫圈除外（ex7318.2200）	8			
			9021.1040	---钢铁制销及开尾销（ex7318.2400）	8			
			9021.1050	---除上述 9021.102 至 9021.104 以外的钢铁制螺纹制的类似品（ex7318.2900）	8			
				---钛制品：				
			9021.1061	----条、杆、型材及异型材（ex8108.9010）	8			

2021 年版税则			2022 年版硬转换			2022 年版软转换		说明
税则号列	商品名称	税率	税则号列	商品名称	税率	税则号列	商品名称	
			9021.1062	----丝（ex8108.9020）	8			基于对第十五类类注释二（一）的修订，将部分贱金属制通用零件归入税目 90.21 项下。
			9021.1063	----板、片、带、箔，厚度不超过 0.8 毫米（ex8108.9031）	8			
			9021.1064	----板、片、带、箔，厚度超过 0.8 毫米（ex8108.9032）	8			
			9021.1065	----管（ex8108.9040）	8			
			9021.1069	----其他（ex8108.9090）	8			
			9021.1090	---其他矫形或骨折用器具（9021.1000）	4			
	-假牙及牙齿固定件：			-假牙及牙齿固定件：			-假牙及牙齿固定件：	
9021.2100	--假牙	4	9021.2100	--假牙	4	9021.2100	--假牙	
9021.2900	--其他	4		--其他：		9021.2900	--其他（9021.2900、ex7317.0000、ex7318.1400、ex7318.1510、ex7318.1590、ex7318.1600、ex7318.1900、ex7318.2200、ex7318.2400、ex7318.2900、ex8108.9010、ex8108.9020、ex8108.9031、ex8108.9032、ex8108.9040、ex8108.9090）	

2021 年版税则			2022 年版硬转换			2022 年版软转换		说明
税则号列	商品名称	税率	税则号列	商品名称	税率	税则号列	商品名称	
			9021.2910	---钢铁制的钉、平头钉、图钉、波纹钉、U 形钉（税目 83.05 的货品除外）及类似品，不论钉头是否用其他材料制成，但不包括铜头钉（ex7317.0000）	8			基于对第十五类类注释二（一）的修订，将部分贱金属制通用零件归入税目 90.21 项下。
				---钢铁制的螺纹制品：				
			9021.2921	----自攻螺钉（ex7318.1400）	8			
			9021.2922	----其他抗拉强度在 800 兆帕及以上的螺钉及螺栓，不论是否带有螺母或垫圈（ex7318.1510）	8			
			9021.2923	----其他螺钉及螺栓，不论是否带有螺母或垫圈（ex7318.1590）	8			
			9021.2924	----螺母（ex7318.1600）	8			
			9021.2929	----其他螺纹制品（ex7318.1900）	5			

2021年版税则			2022年版硬转换			2022年版软转换		说明
税则号列	商品名称	税率	税则号列	商品名称	税率	税则号列	商品名称	
			9021.2930	---钢铁制垫圈，弹簧垫圈及其他防松垫圈除外（ex7318.2200）	8			基于对第十五类类注释二（一）的修订，将部分贱金属制通用零件归入税目90.21项下。
			9021.2940	---钢铁制销及开尾销（ex7318.2400）	8			
			9021.2950	---除上述9021.102至9021.104以外的钢铁制螺纹制的类似品（ex7318.2900）	8			
				---钛制品：				
			9021.2961	----条、杆、型材及异型材（ex8108.9010）	8			
			9021.2962	----丝（ex8108.9020）	8			
			9021.2963	----板、片、带、箔，厚度不超过0.8毫米（ex8108.9031）	8			
			9021.2964	----板、片、带、箔，厚度超过0.8毫米（ex8108.9032）	8			
			9021.2965	----管（ex8108.9040）	8			
			9021.2969	----其他（ex8108.9090）	8			
			9021.2990	---其他（9021.2900）	4			

2021 年版税则			2022 年版硬转换			2022 年版软转换		说明
税则号列	商品名称	税率	税则号列	商品名称	税率	税则号列	商品名称	
	-其他人造的人体部分：			-其他人造的人体部分：			-其他人造的人体部分：	基于对第十五类类注释二（一）的修订，将部分贱金属制通用零件归入税目 90.21 项下。
9021. 3100	--人造关节	4	9021. 3100	--人造关节	4	9021. 3100	--人造关节	
9021. 3900	--其他	4	9021. 3900	--其他	4	9021. 3900	--其他	
9021. 4000	-助听器，不包括零件、附件	4	9021. 4000	-助听器，不包括零件、附件	4	9021. 4000	-助听器，不包括零件、附件	
9021. 5000	-心脏起搏器，不包括零件、附件	0	9021. 5000	-心脏起搏器，不包括零件、附件	0	9021. 5000	-心脏起搏器，不包括零件、附件	
	-其他：			-其他：			-其他：	
	---支架：			---支架：			---支架：	
9021. 9011	----血管支架	0	9021. 9011	----血管支架	0	9021. 9011	----血管支架	
9021. 9019	----其他	0	9021. 9019	----其他	0	9021. 9019	----其他	
9021. 9090	---其他	0	9021. 9090	---其他	0	9021. 9090	---其他	
90. 22	X 射线或 α 射线、β 射线、γ 射线的应用设备，不论是否用于医疗、外科、牙科或兽医，包括射线照相及射线治疗设备，X 射线管及其他 X 射线发生器、高压发生器、控制板及控制台、荧光屏、检查或治疗用的桌、椅及类似品：		90. 22	X 射线或 α 射线、β 射线、γ 射线或其他离子射线的应用设备，不论是否用于医疗、外科、牙科或兽医，包括射线照相及射线治疗设备，X 射线管及其他 X 射线发生器、高压发生器、控制板及控制台、荧光屏、检查或治疗用的桌、椅及类似品：		90. 22	X 射线或 α 射线、β 射线、γ 射线或其他离子射线的应用设备，不论是否用于医疗、外科、牙科或兽医，包括射线照相及射线治疗设备，X 射线管及其他 X 射线发生器、高压发生器、控制板及控制台、荧光屏、检查或治疗用的桌、椅及类似品：	（见下栏“说明”）

2021 年版税则			2022 年版硬转换			2022 年版软转换		说明
税则号列	商品名称	税率	税则号列	商品名称	税率	税则号列	商品名称	
	-X 射线的应用设备，不论是否用于医疗、外科、牙科或兽医，包括射线照相或射线治疗设备：			-X 射线的应用设备，不论是否用于医疗、外科、牙科或兽医，包括射线照相或射线治疗设备：			-X 射线的应用设备，不论是否用于医疗、外科、牙科或兽医，包括射线照相或射线治疗设备：	1. 为基于离子射线的应用设备修订税目 90.22。 2. 子目 9022.29 中由 WCO 提供的转换关系有误。作为非医疗用途设备的子目，子目 9022.29 无子目 9018.90 的商品转入。 3. 软硬转换相同。
9022.1200	--X 射线断层检查仪	1.3	9022.1200	--X 射线断层检查仪	1.3	9022.1200	--X 射线断层检查仪	
9022.1300	--其他，牙科用	0	9022.1300	--其他，牙科用	0	9022.1300	--其他，牙科用	
9022.1400	--其他，医疗、外科或兽医用	0	9022.1400	--其他，医疗、外科或兽医用	0	9022.1400	--其他，医疗、外科或兽医用	
	--其他：			--其他：			--其他：	
9022.1910	---低剂量 X 射线安全检查设备	0	9022.1910	---低剂量 X 射线安全检查设备	0	9022.1910	---低剂量 X 射线安全检查设备	
9022.1920	---X 射线无损探伤检测仪	0	9022.1920	---X 射线无损探伤检测仪	0	9022.1920	---X 射线无损探伤检测仪	
9022.1990	---其他	0	9022.1990	---其他	0	9022.1990	---其他	
	-α 射线、β 射线、γ 射线的应用设备，不论是否用于医疗、外科、牙科或兽医，包括射线照相或射线治疗设备：			-α 射线、β 射线、γ 射线或其他离子射线的应用设备，不论是否用于医疗、外科、牙科或兽医，包括射线照相或射线治疗设备：			-α 射线、β 射线、γ 射线或其他离子射线的应用设备，不论是否用于医疗、外科、牙科或兽医，包括射线照相或射线治疗设备：	
9022.2100	--医疗、外科、牙科或兽医用	0		--医疗、外科、牙科或兽医用：			--医疗、外科、牙科或兽医用：	

2021 年版税则			2022 年版硬转换			2022 年版软转换		说明
税则号列	商品名称	税率	税则号列	商品名称	税率	税则号列	商品名称	
			9022.2110	---应用 α 射线、β 射线、γ 射线的（9022.2100）	0	9022.2110	---应用 α 射线、β 射线、γ 射线的（9022.2100）	1. 为基于离子射线的应用设备修订税目 90.22。 2. 子目 9022.29 中由 WCO 提供的转换关系有误。作为非医疗用途设备的子目，子目 9022.29 无子目 9018.90 的商品转入。 3. 软硬转换相同。
			9022.2190	---其他（ex9018.9099）	4	9022.2190	---其他（ex9018.9099）	
	--其他：			--其他：			--其他：	
9022.2910	---γ 射线无损探伤检测仪	0	9022.2910	---γ 射线无损探伤检测仪	0	9022.2910	---γ 射线无损探伤检测仪	
9022.2990	---其他	0	9022.2990	---其他	0	9022.2990	---其他	
9022.3000	-X 射线管	0	9022.3000	-X 射线管	0	9022.3000	-X 射线管	
	-其他，包括零件、附件：			-其他，包括零件、附件：			-其他，包括零件、附件：	
9022.9010	---X 射线影像增强器	0	9022.9010	---X 射线影像增强器	0	9022.9010	---X 射线影像增强器	
9022.9090	---其他	5	9022.9090	---其他（ex9018.9099、ex9022.9090）	4.5	9022.9090	---其他（ex9018.9099、ex9022.9090）	
90.25	记录式或非记录式的液体比重计及类似的浮子式仪器、温度计、高温计、气压计、湿度计、干湿球温度计及其组合装置：		90.25	记录式或非记录式的液体比重计及类似的浮子式仪器、温度计、高温计、气压计、湿度计、干湿球温度计及其组合装置：		90.25	记录式或非记录式的液体比重计及类似的浮子式仪器、温度计、高温计、气压计、湿度计、干湿球温度计及其组合装置：	税目 85.41 项下新增半导体基换能器。仅涉及商品转出，不涉及转换修订。
	-温度计及高温计，未与其他仪器组合：			-温度计及高温计，未与其他仪器组合：			-温度计及高温计，未与其他仪器组合：	
9025.1100	--液体温度计，可直接读数	4	9025.1100	--液体温度计，可直接读数	4	9025.1100	--液体温度计，可直接读数	

2021 年版税则			2022 年版硬转换			2022 年版软转换		说明
税则号列	商品名称	税率	税则号列	商品名称	税率	税则号列	商品名称	
	--其他:			--其他:			--其他:	税目 85.41 项下新增半导体基换能器。仅涉及商品转出，不涉及转换修订。
9025.1910	---工业用	0	9025.1910	---工业用（ex9025.1910）	0	9025.1910	---工业用（ex9025.1910）	
9025.1990	---其他	0	9025.1990	---其他（ex9025.1990）	0	9025.1990	---其他（ex9025.1990）	
9025.8000	-其他仪器	11	9025.8000	-其他仪器（ex9025.8000）	11	9025.8000	-其他仪器（ex9025.8000）	
9025.9000	-零件、附件	0	9025.9000	-零件、附件	0	9025.9000	-零件、附件	
90.26	液体或气体的流量、液位、压力或其他变化量的测量或检验仪器及装置（例如，流量计、液位计、压力表、热量计），但不包括税目 90.14、90.15、90.28 或 90.32 的仪器及装置:		90.26	液体或气体的流量、液位、压力或其他变化量的测量或检验仪器及装置（例如，流量计、液位计、压力表、热量计），但不包括税目 90.14、90.15、90.28 或 90.32 的仪器及装置:		90.26	液体或气体的流量、液位、压力或其他变化量的测量或检验仪器及装置（例如，流量计、液位计、压力表、热量计），但不包括税目 90.14、90.15、90.28 或 90.32 的仪器及装置:	税目 85.41 项下新增半导体基换能器。仅涉及商品转出，不涉及转换修订。
9026.1000	-测量、检验液体流量或液位的仪器及装置	0	9026.1000	-测量、检验液体流量或液位的仪器及装置（ex9026.1000）	0	9026.1000	-测量、检验液体流量或液位的仪器及装置（ex9026.1000）	
	-测量、检验压力的仪器及装置:			-测量、检验压力的仪器及装置:			-测量、检验压力的仪器及装置:	
9026.2010	---压力/差压变送器	0	9026.2010	---压力/差压变送器	0	9026.2010	---压力/差压变送器	
9026.2090	---其他	0	9026.2090	---其他（ex9026.2090）	0	9026.2090	---其他（ex9026.2090）	
	-其他仪器及装置:			-其他仪器及装置:			-其他仪器及装置:	

2021年版税则			2022年版硬转换			2022年版软转换		说明
税则号列	商品名称	税率	税则号列	商品名称	税率	税则号列	商品名称	
9026.8010	---测量气体流量的仪器及装置	0	9026.8010	---测量气体流量的仪器及装置（ex9026.8010）	0	9026.8010	---测量气体流量的仪器及装置（ex9026.8010）	（见上栏“说明”）
9026.8090	---其他	0	9026.8090	---其他（ex9026.8090）	0	9026.8090	---其他（ex9026.8090）	
9026.9000	-零件、附件	0	9026.9000	-零件、附件	0	9026.9000	-零件、附件	
90.27	理化分析仪器及装置（例如，偏振仪、折光仪、分光仪、气体或烟雾分析仪）；测量或检验粘性、多孔性、膨胀性、表面张力及类似性能的仪器及装置；测量或检验热量、声量或光量的仪器及装置（包括曝光表）；检镜切片机：		90.27	理化分析仪器及装置（例如，偏振仪、折光仪、分光仪、气体或烟雾分析仪）；测量或检验粘性、多孔性、膨胀性、表面张力及类似性能的仪器及装置；测量或检验热量、声量或光量的仪器及装置（包括曝光表）；检镜切片机：		90.27	理化分析仪器及装置（例如，偏振仪、折光仪、分光仪、气体或烟雾分析仪）；测量或检验粘性、多孔性、膨胀性、表面张力及类似性能的仪器及装置；测量或检验热量、声量或光量的仪器及装置（包括曝光表）；检镜切片机：	1. 为两用物项修订《协调制度》目录。 2. 软硬转换相同。
9027.1000	-气体或烟雾分析仪	1.8	9027.1000	-气体或烟雾分析仪	1.8	9027.1000	-气体或烟雾分析仪	
	-色谱仪及电泳仪：			-色谱仪及电泳仪：			-色谱仪及电泳仪：	
	---色谱仪：			---色谱仪：			---色谱仪：	
9027.2011	----气相色谱仪	0	9027.2011	----气相色谱仪	0	9027.2011	----气相色谱仪	
9027.2012	----液相色谱仪	0	9027.2012	----液相色谱仪	0	9027.2012	----液相色谱仪	
9027.2019	----其他	0	9027.2019	----其他	0	9027.2019	----其他	
9027.2020	---电泳仪	0	9027.2020	---电泳仪	0	9027.2020	---电泳仪	

2021年版税则			2022年版硬转换			2022年版软转换		说明
税则号列	商品名称	税率	税则号列	商品名称	税率	税则号列	商品名称	
9027.3000	-使用光学射线（紫外线、可见光、红外线）的分光仪、分光光度计及摄谱仪	0	9027.3000	-使用光学射线（紫外线、可见光、红外线）的分光仪、分光光度计及摄谱仪	0	9027.3000	-使用光学射线（紫外线、可见光、红外线）的分光仪、分光光度计及摄谱仪	1. 为两用物项修订《协调制度》目录。 2. 软硬转换相同。
	-使用光学射线（紫外线、可见光、红外线）的其他仪器及装置：			-使用光学射线（紫外线、可见光、红外线）的其他仪器及装置：			-使用光学射线（紫外线、可见光、红外线）的其他仪器及装置：	
9027.5010	---基因测序仪	0	9027.5010	---基因测序仪	0	9027.5010	---基因测序仪	
9027.5090	---其他	0	9027.5090	---其他	0	9027.5090	---其他	
	-其他仪器及装置：			-其他仪器及装置：			-其他仪器及装置：	
	---质谱仪：							
9027.8011	----集成电路生产用氦质谱检漏台	0						
9027.8012	----质谱联用仪	0						
9027.8019	----其他	0						
				--质谱仪：			--质谱仪：	
			9027.8110	---集成电路生产用氦质谱检漏台（9027.8011）	0	9027.8110	---集成电路生产用氦质谱检漏台（9027.8011）	
			9027.8120	---质谱联用仪（9027.8012）	0	9027.8120	---质谱联用仪（9027.8012）	

2021 年版税则			2022 年版硬转换			2022 年版软转换		说明
税则号列	商品名称	税率	税则号列	商品名称	税率	税则号列	商品名称	
			9027.8190	---其他（9027.8019）	0	9027.8190	---其他（9027.8019）	1. 为两用物项修订《协调制度》目录。 2. 软硬转换相同。
	---其他：							
9027.8091	----曝光表	0						
9027.8099	----其他	0						
				--其他：			--其他：	
			9027.8910	---曝光表（9027.8091）	0	9027.8910	---曝光表（9027.8091）	
			9027.8990	---其他（9027.8099）	0	9027.8990	---其他（9027.8099）	
9027.9000	-检镜切片机；零件、附件	0	9027.9000	-检镜切片机；零件、附件	0	9027.9000	-检镜切片机；零件、附件	
90.30	示波器、频谱分析仪及其他用于电量测量或检验的仪器和装置，但不包括税目 90.28 的各种仪表；α 射线、β 射线、γ 射线、X 射线、宇宙射线或其他离子射线的测量或检验仪器及装置：		90.30	示波器、频谱分析仪及其他用于电量测量或检验的仪器和装置，但不包括税目 90.28 的各种仪表；α 射线、β 射线、γ 射线、X 射线、宇宙射线或其他离子射线的测量或检验仪器及装置：		90.30	示波器、频谱分析仪及其他用于电量测量或检验的仪器和装置，但不包括税目 90.28 的各种仪表；α 射线、β 射线、γ 射线、X 射线、宇宙射线或其他离子射线的测量或检验仪器及装置：	1. 为测试或检验半导体晶圆或器件的仪器及装置修订《协调制度》目录。 2. 软硬转换相同。
9030.1000	-离子射线的测量或检验仪器及装置	0	9030.1000	-离子射线的测量或检验仪器及装置	0	9030.1000	-离子射线的测量或检验仪器及装置	
	-示波器：			-示波器：			-示波器：	
9030.2010	---测试频率在 300 兆赫兹以下的通用示波器	0	9030.2010	---测试频率在 300 兆赫兹以下的通用示波器	0	9030.2010	---测试频率在 300 兆赫兹以下的通用示波器	

2021 年版税则			2022 年版硬转换			2022 年版软转换		说明
税则号列	商品名称	税率	税则号列	商品名称	税率	税则号列	商品名称	
9030. 2090	---其他	0	9030. 2090	---其他	0	9030. 2090	---其他	1. 为测试或检验半导体晶圆或器件的仪器及装置修订《协调制度》目录。 2. 软硬转换相同。
	-检测电压、电流、电阻或功率的其他仪器及装置：			-检测电压、电流、电阻或功率（用于测试或检验半导体晶圆或器件用的除外）的其他仪器及装置：			-检测电压、电流、电阻或功率（用于测试或检验半导体晶圆或器件用的除外）的其他仪器及装置：	
	--万用表，不带记录装置：			--万用表，不带记录装置：			--万用表，不带记录装置：	
9030. 3110	---量程在五位半及以下的数字万用表	0	9030. 3110	---量程在五位半及以下的数字万用表	0	9030. 3110	---量程在五位半及以下的数字万用表	
9030. 3190	---其他	0	9030. 3190	---其他	0	9030. 3190	---其他	
9030. 3200	--万用表，带记录装置	0	9030. 3200	--万用表，带记录装置	0	9030. 3200	--万用表，带记录装置	
	--其他，不带记录装置：			--其他，不带记录装置：			--其他，不带记录装置：	
9030. 3310	---量程在五位半及以下的数字电流表、电压表	3. 8	9030. 3310	---量程在五位半及以下的数字电流表、电压表	3. 8	9030. 3310	---量程在五位半及以下的数字电流表、电压表	
9030. 3320	---电阻测试仪	10	9030. 3320	---电阻测试仪	10	9030. 3320	---电阻测试仪	
9030. 3390	---其他	2. 3	9030. 3390	---其他	2. 3	9030. 3390	---其他	
9030. 3900	--其他，带记录装置	0	9030. 3900	--其他，带记录装置	0	9030. 3900	--其他，带记录装置	
	-通信专用的其他仪器及装置（例如，串音测试器、增益测量仪、失真度表、噪声计）：			-通信专用的其他仪器及装置（例如，串音测试器、增益测量仪、失真度表、噪声计）：			-通信专用的其他仪器及装置（例如，串音测试器、增益测量仪、失真度表、噪声计）：	

2021 年版税则			2022 年版硬转换			2022 年版软转换		说明
税则号列	商品名称	税率	税则号列	商品名称	税率	税则号列	商品名称	
9030. 4010	---测试频率在 12. 4 千兆赫兹以下的数字式频率计	0	9030. 4010	---测试频率在 12. 4 千兆赫兹以下的数字式频率计	0	9030. 4010	---测试频率在 12. 4 千兆赫兹以下的数字式频率计	1. 为测试或检验半导体晶圆或器件的仪器及装置修订《协调制度》目录。 2. 软硬转换相同。
9030. 4090	---其他	0	9030. 4090	---其他	0	9030. 4090	---其他	
	-其他仪器及装置：			-其他仪器及装置：			-其他仪器及装置：	
9030. 8200	--测试或检验半导体晶片或器件用	0	9030. 8200	--测试或检验半导体晶圆或器件（包括集成电路）用	0	9030. 8200	--测试或检验半导体晶圆或器件（包括集成电路）用	
	--其他，带记录装置：			--其他，带记录装置：			--其他，带记录装置：	
9030. 8410	---电感及电容测试仪	0	9030. 8410	---电感及电容测试仪	0	9030. 8410	---电感及电容测试仪	
9030. 8490	---其他	0	9030. 8490	---其他（ex9030. 8490）	0	9030. 8490	---其他（ex9030. 8490）	
	--其他：			--其他：			--其他：	
9030. 8910	---电感及电容测试仪	0	9030. 8910	---电感及电容测试仪	0	9030. 8910	---电感及电容测试仪	
9030. 8990	---其他	0	9030. 8990	---其他（ex9030. 8990）	0	9030. 8990	---其他（ex9030. 8990）	
9030. 9000	-零件、附件	0	9030. 9000	-零件、附件	0	9030. 9000	-零件、附件	
90. 31	本章其他税目未列名的测量或检验仪器、器具及机器；轮廓投影仪：		90. 31	本章其他税目未列名的测量或检验仪器、器具及机器；轮廓投影仪：		90. 31	本章其他税目未列名的测量或检验仪器、器具及机器；轮廓投影仪：	（见下栏“说明”）
9031. 1000	-机械零件平衡试验机	0	9031. 1000	-机械零件平衡试验机	0	9031. 1000	-机械零件平衡试验机	
9031. 2000	-试验台	7	9031. 2000	-试验台	7	9031. 2000	-试验台	

2021年版税则			2022年版硬转换			2022年版软转换		说明
税则号列	商品名称	税率	税则号列	商品名称	税率	税则号列	商品名称	
	-其他光学仪器及器具：			-其他光学仪器及器具：			-其他光学仪器及器具：	1. 为测试或检验集成电路晶圆或器件的仪器及装置修订《协调制度》目录。明确子目9031.41包含集成电路（IC）检测仪器。 2. 软硬转换相同。
9031.4100	--制造半导体器件时检验半导体晶片、器件或检测光掩模或光栅用	0	9031.4100	--制造半导体器件（包括集成电路）时检验半导体晶圆、器件（包括集成电路）或检测光掩模或光栅用	0	9031.4100	--制造半导体器件（包括集成电路）时检验半导体晶圆、器件（包括集成电路）或检测光掩模或光栅用	
	--其他：			--其他：			--其他：	
9031.4910	---轮廓投影仪	0	9031.4910	---轮廓投影仪	0	9031.4910	---轮廓投影仪	
9031.4920	---光栅测量装置	0	9031.4920	---光栅测量装置	0	9031.4920	---光栅测量装置	
9031.4990	---其他	0	9031.4990	---其他（ex9031.4990）	0	9031.4990	---其他（ex9031.4990）	
	-其他仪器、器具及机器：			-其他仪器、器具及机器：			-其他仪器、器具及机器：	
9031.8010	---光纤通信及光纤性能测试仪	2	9031.8010	---光纤通信及光纤性能测试仪	2	9031.8010	---光纤通信及光纤性能测试仪	
9031.8020	---坐标测量仪	2	9031.8020	---坐标测量仪	2	9031.8020	---坐标测量仪	
	---无损探伤检测仪器（射线探伤仪除外）：			---无损探伤检测仪器（射线探伤仪除外）：			---无损探伤检测仪器（射线探伤仪除外）：	
9031.8031	----超声波探伤检测仪	2	9031.8031	----超声波探伤检测仪	2	9031.8031	----超声波探伤检测仪	
9031.8032	----磁粉探伤检测仪	2	9031.8032	----磁粉探伤检测仪	2	9031.8032	----磁粉探伤检测仪	
9031.8033	----涡流探伤检测仪	2	9031.8033	----涡流探伤检测仪	2	9031.8033	----涡流探伤检测仪	
9031.8039	----其他	2	9031.8039	----其他	2	9031.8039	----其他	

2021年版税则			2022年版硬转换			2022年版软转换		说明
税则号列	商品名称	税率	税则号列	商品名称	税率	税则号列	商品名称	
9031.8090	---其他	2	9031.8090	---其他（ex9031.8090）	2	9031.8090	---其他（ex9031.8090）	（见上栏“说明”）
9031.9000	-零件、附件	0	9031.9000	-零件、附件	0	9031.9000	-零件、附件	
91.14	钟、表的其他零件：		91.14	钟、表的其他零件：		91.14	钟、表的其他零件：	1. 删除贸易量小的税目/子目。 2. 软硬转换相同。
9114.1000	-发条，包括游丝	14						
9114.3000	-钟面或表面	14	9114.3000	-钟面或表面	14	9114.3000	-钟面或表面	
9114.4000	-夹板及横担（过桥）	14	9114.4000	-夹板及横担（过桥）	14	9114.4000	-夹板及横担（过桥）	
	-其他：			-其他：			-其他：	
9114.9010	---宝石轴承	14	9114.9010	---宝石轴承	14	9114.9010	---宝石轴承	
			9114.9020	---发条，包括游丝（9114.1000）	14	9114.9020	---发条，包括游丝（9114.1000）	
9114.9090	---其他	14	9114.9090	---其他	14	9114.9090	---其他	

2021 年版税则			2022 年版硬转换			2022 年版软转换		说明
税则号列	商品名称	税率	税则号列	商品名称	税率	税则号列	商品名称	
94.01	坐具（包括能作床用的两用椅，但税目 94.02 的货品除外）及其零件：		94.01	坐具（包括能作床用的两用椅，但税目 94.02 的货品除外）及其零件：		94.01	坐具（包括能作床用的两用椅，但税目 94.02 的货品除外）及其零件：	1. 联合国粮农组织提议对第四十四章和第九十四章进行修订。 2. 软硬转换不相同。
9401.1000	-飞机用坐具	0	9401.1000	-飞机用坐具	0	9401.1000	-飞机用坐具	
	-机动车辆用坐具：			-机动车辆用坐具：			-机动车辆用坐具：	
9401.2010	---皮革或再生皮革面的	6	9401.2010	---皮革或再生皮革面的	6	9401.2010	---皮革或再生皮革面的	
9401.2090	---其他	6	9401.2090	---其他	6	9401.2090	---其他	
9401.3000	-可调高度的转动坐具	0		-可调高度的转动坐具：			-可调高度的转动坐具：	
			9401.3100	--木制的（ex9401.3000）	0	9401.3100	--木制的（ex9401.3000）	
			9401.3900	--其他（ex9401.3000）	0	9401.3900	--其他（ex9401.3000）	
	-能作床用的两用椅，但庭园坐具或野营设备除外：			-能作床用的两用椅，但庭园坐具或野营设备除外：			-能作床用的两用椅，但庭园坐具或野营设备除外：	
9401.4010	---皮革或再生皮革面的	0						
9401.4090	---其他	0						
				--木制的：			--木制的：	
			9401.4110	---皮革或再生皮革面的（ex9401.4010）	0	9401.4110	---皮革或再生皮革面的（ex9401.4010）	
			9401.4190	---其他（ex9401.4090）	0	9401.4190	---其他（ex9401.4090）	

2021 年版税则			2022 年版硬转换			2022 年版软转换		说明
税则号列	商品名称	税率	税则号列	商品名称	税率	税则号列	商品名称	
				--其他：			--其他：	1. 联合国粮农组织提议对第四十四章和第九十四章进行修订。 2. 软硬转换不相同。
			9401.4910	---皮革或再生皮革面的（ex9401.4010）	0	9401.4910	---皮革或再生皮革面的（ex9401.4010）	
			9401.4990	---其他（ex9401.4090）	0	9401.4990	---其他（ex9401.4090）	
	-藤、柳条、竹及类似材料制的坐具：			-藤、柳条、竹及类似材料制的坐具：			-藤、柳条、竹及类似材料制的坐具：	
9401.5200	--竹制的	0	9401.5200	--竹制的	0	9401.5200	--竹制的	
9401.5300	--藤制的	0	9401.5300	--藤制的	0	9401.5300	--藤制的	
9401.5900	--其他	0	9401.5900	--其他	0	9401.5900	--其他	
	-木框架的其他坐具：			-木框架的其他坐具：			-木框架的其他坐具：	
	--装软垫的：			--装软垫的：			--装软垫的：	
9401.6110	---皮革或再生皮革面的	0	9401.6110	---皮革或再生皮革面的	0	9401.6110	---皮革或再生皮革面的	
9401.6190	---其他	0	9401.6190	---其他	0	9401.6190	---其他	
9401.6900	--其他	0	9401.6900	--其他	0	9401.6900	--其他	
	-金属框架的其他坐具：			-金属框架的其他坐具：			-金属框架的其他坐具：	
	--装软垫的：			--装软垫的：			--装软垫的：	
9401.7110	---皮革或再生皮革面的	0	9401.7110	---皮革或再生皮革面的	0	9401.7110	---皮革或再生皮革面的	
9401.7190	---其他	0	9401.7190	---其他	0	9401.7190	---其他	
9401.7900	--其他	0	9401.7900	--其他	0	9401.7900	--其他	

2021 年版税则			2022 年版硬转换			2022 年版软转换		说明
税则号列	商品名称	税率	税则号列	商品名称	税率	税则号列	商品名称	
	-其他坐具：			-其他坐具：			-其他坐具：	1. 联合国粮农组织提议对第四十四章和第九十四章进行修订。 2. 软硬转换不相同。
9401.8010	---石制的	0	9401.8010	---石制的	0	9401.8010	---石制的	
9401.8090	---其他	0	9401.8090	---其他	0	9401.8090	---其他	
	-零件：			-零件：			-零件：	
	---机动车辆用：							
9401.9011	----座椅调角器	6						
9401.9019	----其他	0						
9401.9090	---其他	0						
				--木制的：		9401.9100	--木制的（ex9401.9019、ex9401.9090）	
			9401.9110	---机动车辆用（ex9401.9019）	0			
			9401.9190	---其他：（ex9401.9090）	0			
				--其他：			--其他：	
				---机动车辆用：		9401.9910	---动车辆用座椅调角器（9401.9011）	
			9401.9911	----座椅调角器（9401.9011）	6			
			9401.9919	----其他（ex9401.9019）	0			
			9401.9990	---其他（ex9401.9090）	0	9401.9990	---其他（ex9401.9019、ex9401.9090）	

2021 年版税则			2022 年版硬转换			2022 年版软转换		说明
税则号列	商品名称	税率	税则号列	商品名称	税率	税则号列	商品名称	
94. 03	其他家具及其零件：		94. 03	其他家具及其零件：		94. 03	其他家具及其零件：	1. 联合国粮农组织提议对第四十四章和第九十四章进行修订。 2. 软硬转换相同。
9403. 1000	-办公室用金属家具	0	9403. 1000	-办公室用金属家具	0	9403. 1000	-办公室用金属家具	
9403. 2000	-其他金属家具	0	9403. 2000	-其他金属家具	0	9403. 2000	-其他金属家具	
9403. 3000	-办公室用木家具	0	9403. 3000	-办公室用木家具	0	9403. 3000	-办公室用木家具	
9403. 4000	-厨房用木家具	0	9403. 4000	-厨房用木家具	0	9403. 4000	-厨房用木家具	
	-卧室用木家具：			-卧室用木家具：			-卧室用木家具：	
9403. 5010	---红木制	0	9403. 5010	---红木制	0	9403. 5010	---红木制	
	---其他：			---其他：			---其他：	
9403. 5091	----天然漆（大漆）漆木家具	0	9403. 5091	----天然漆（大漆）漆木家具	0	9403. 5091	----天然漆（大漆）漆木家具	
9403. 5099	----其他	0	9403. 5099	----其他	0	9403. 5099	----其他	
	-其他木家具：			-其他木家具：			-其他木家具：	
9403. 6010	---红木制	0	9403. 6010	---红木制	0	9403. 6010	---红木制	
	---其他：			---其他：			---其他：	
9403. 6091	----天然漆（大漆）漆木家具	0	9403. 6091	----天然漆（大漆）漆木家具	0	9403. 6091	----天然漆（大漆）漆木家具	
9403. 6099	----其他	0	9403. 6099	----其他	0	9403. 6099	----其他	
9403. 7000	-塑料家具	0	9403. 7000	-塑料家具	0	9403. 7000	-塑料家具	

2021 年版税则			2022 年版硬转换			2022 年版软转换		说明
税则号列	商品名称	税率	税则号列	商品名称	税率	税则号列	商品名称	
	-其他材料制的家具，包括藤、柳条、竹或类似材料制的：			-其他材料制的家具，包括藤、柳条、竹或类似材料制的：			-其他材料制的家具，包括藤、柳条、竹或类似材料制的：	1. 联合国粮农组织提议对第四十四章和第九十四章进行修订。 2. 软硬转换相同。
9403.8200	--竹制的	0	9403.8200	--竹制的	0	9403.8200	--竹制的	
9403.8300	--藤制的	0	9403.8300	--藤制的	0	9403.8300	--藤制的	
	--其他：			--其他：			--其他：	
9403.8910	---柳条及类似材料制的	0	9403.8910	---柳条及类似材料制的	0	9403.8910	---柳条及类似材料制的	
9403.8920	---石制的	0	9403.8920	---石制的	0	9403.8920	---石制的	
9403.8990	---其他	0	9403.8990	---其他	0	9403.8990	---其他	
9403.9000	-零件	0		-零件：			-零件：	
			9403.9100	--木制的（ex9403.9000）	0	9403.9100	--木制的（ex9403.9000）	
			9403.9900	--其他（ex9403.9000）	0	9403.9900	--其他（ex9403.9000）	
94.04	弹簧床垫；寝具及类似用品，装有弹簧、内部用任何材料填充、衬垫或用海绵橡胶、泡沫塑料制成，不论是否包面（例如，褥垫、被子、羽绒被、靠垫、坐垫及枕头）：		94.04	弹簧床垫；寝具及类似用品，装有弹簧、内部用任何材料填充、衬垫或用海绵橡胶、泡沫塑料制成，不论是否包面（例如，褥垫、被子、羽绒被、靠垫、坐垫及枕头）：		94.04	弹簧床垫；寝具及类似用品，装有弹簧、内部用任何材料填充、衬垫或用海绵橡胶、泡沫塑料制成，不论是否包面（例如，褥垫、被子、羽绒被、靠垫、坐垫及枕头）：	1. 修订税目 34.02 和 94.04。 2. 软硬转换相同。
9404.1000	-弹簧床垫	10	9404.1000	-弹簧床垫	10	9404.1000	-弹簧床垫	
	-褥垫：			-褥垫：			-褥垫：	

2021 年版税则			2022 年版硬转换			2022 年版软转换		说明
税则号列	商品名称	税率	税则号列	商品名称	税率	税则号列	商品名称	
9404. 2100	--海绵橡胶或泡沫塑料制，不论是否包面	10	9404. 2100	--海绵橡胶或泡沫塑料制，不论是否包面	10	9404. 2100	--海绵橡胶或泡沫塑料制，不论是否包面	1. 修订税目 34. 02 和 94. 04。 2. 软硬转换相同。
9404. 2900	--其他材料制	10	9404. 2900	--其他材料制	10	9404. 2900	--其他材料制	
	-睡袋：			-睡袋：			-睡袋：	
9404. 3010	---羽毛或羽绒填充的	10	9404. 3010	---羽毛或羽绒填充的	10	9404. 3010	---羽毛或羽绒填充的	
9404. 3090	---其他	10	9404. 3090	---其他	10	9404. 3090	---其他	
				-被子（包括羽绒被）、床罩：			-被子（包括羽绒被）、床罩：	
			9404. 4010	---羽毛或羽绒填充的（ex9404. 9010）	10	9404. 4010	---羽毛或羽绒填充的（ex9404. 9010）	
			9404. 4020	---兽毛填充的（ex9404. 9020）	10	9404. 4020	---兽毛填充的（ex9404. 9020）	
			9404. 4030	---丝棉填充的（ex9404. 9030）	10	9404. 4030	---丝棉填充的（ex9404. 9030）	
			9404. 4040	---化纤棉填充的（ex9404. 9040）	10	9404. 4040	---化纤棉填充的（ex9404. 9040）	
			9404. 4090	---其他（ex9404. 9090）	10	9404. 4090	---其他（ex9404. 9090）	
	-其他：			-其他：			-其他：	
9404. 9010	---羽毛或羽绒填充的	10	9404. 9010	---羽毛或羽绒填充的（ex9404. 9010）	10	9404. 9010	---羽毛或羽绒填充的（ex9404. 9010）	
9404. 9020	---兽毛填充的	10	9404. 9020	---兽毛填充的（ex9404. 9020）	10	9404. 9020	---兽毛填充的（ex9404. 9020）	

2021年版税则			2022年版硬转换			2022年版软转换		说明
税则号列	商品名称	税率	税则号列	商品名称	税率	税则号列	商品名称	
9404.9030	---丝棉填充的	10	9404.9030	---丝棉填充的（ex9404.9030）	10	9404.9030	---丝棉填充的（ex9404.9030）	1. 修订税目34.02和94.04。 2. 软硬转换相同。
9404.9040	---化纤棉填充的	10	9404.9040	---化纤棉填充的（ex9404.9040）	10	9404.9040	---化纤棉填充的（ex9404.9040）	
9404.9090	---其他	10	9404.9090	---其他（ex9404.9090）	10	9404.9090	---其他（ex9404.9090）	
94.05	其他税目未列名的灯具及照明装置，包括探照灯、聚光灯及其零件；装有固定光源的发光标志、发光铭牌及类似品，以及其他税目未列名的这些货品的零件：		94.05	其他税目未列名的灯具及照明装置，包括探照灯、聚光灯及其零件；装有固定光源的发光标志、发光铭牌及类似品，以及其他税目未列名的这些货品的零件：		94.05	其他税目未列名的灯具及照明装置，包括探照灯、聚光灯及其零件；装有固定光源的发光标志、发光铭牌及类似品，以及其他税目未列名的这些货品的零件：	1. 为发光二极管（LED）类商品修订《协调制度》目录，税目条文仅英文修改，中文不变。根据国际可再生能源署的建议，为太阳能产品修订《协调制度》目录。 2. 软硬转换不相同。 3. 探照灯和聚光灯商品界限不明晰，不宜拆分。
9405.1000	-枝形吊灯及天花板或墙壁上的其他电气照明装置，但不包括公共露天场所或街道上的电气照明装置	5		-枝形吊灯及天花板或墙壁上的其他电气照明装置，但不包括公共露天场所或街道上的电气照明装置：			-枝形吊灯及天花板或墙壁上的其他电气照明装置，但不包括公共露天场所或街道上的电气照明装置：	
			9405.1100	--设计为仅使用发光二极管（LED）光源的（ex9405.1000）	5	9405.1100	--设计为仅使用发光二极管（LED）光源的（ex9405.1000）	
			9405.1900	--其他（ex9405.1000）	5	9405.1900	--其他（ex9405.1000）	
9405.2000	-电气的台灯、床头灯或落地灯	10		-电气的台灯、床头灯或落地灯：			-电气的台灯、床头灯或落地灯：	

2021 年版税则			2022 年版硬转换			2022 年版软转换		说明
税则号列	商品名称	税率	税则号列	商品名称	税率	税则号列	商品名称	
			9405.2100	--设计为仅使用发光二极管（LED）光源的（ex9405.2000）	10	9405.2100	--设计为仅使用发光二极管（LED）光源的（ex9405.2000）	1. 为发光二极管（LED）类商品修订《协调制度》目录，税目条文仅英文修改，中文不变。根据国际可再生能源署的建议，为太阳能产品修订《协调制度》目录。 2. 软硬转换不相同。 3. 探照灯和聚光灯商品界限不明晰，不宜拆分。
			9405.2900	--其他（ex9405.2000）	10	9405.2900	--其他（ex9405.2000）	
9405.3000	-圣诞树用的成套灯具	8		-圣诞树用的灯串：			-圣诞树用的灯串：	
			9405.3100	--设计为仅使用发光二极管（LED）光源的（ex9405.3000）	8	9405.3100	--设计为仅使用发光二极管（LED）光源的（ex9405.3000）	
			9405.3900	--其他（ex9405.3000）	8	9405.3900	--其他（ex9405.3000）	
	-其他电灯及照明装置：			-其他电灯及照明装置：			-其他电灯及照明装置：	
9405.4010	---探照灯	10						
9405.4020	---聚光灯	10						
9405.4090	---其他	6						
				--光伏的，且设计为仅使用发光二极管（LED）光源的：		9405.4100	--光伏的，且设计为仅使用发光二极管（LED）光源的（ex9405.4010、ex9405.4020、ex9405.4090）	
			9405.4110	---探照灯（ex9405.4010）	10			
			9405.4120	---聚光灯（ex9405.4020）	10			

2021 年版税则			2022 年版硬转换			2022 年版软转换		说明
税则号列	商品名称	税率	税则号列	商品名称	税率	税则号列	商品名称	
			9405.4190	---其他（ex9405.4090）	6			1. 为发光二极管（LED）类商品修订《协调制度》目录，税目条文仅英文修改，中文不变。根据国际可再生能源署的建议，为太阳能产品修订《协调制度》目录。 2. 软硬转换不相同。 3. 探照灯和聚光灯商品界限不明晰，不宜拆分。
				--其他，设计为仅使用发光二极管（LED）光源的：			--其他，设计为仅使用发光二极管（LED）光源的：	
			9405.4210	---探照灯（ex9405.4010）	10	9405.4210	---探照灯和聚光灯（ex9405.4010、ex9405.4020）	
			9405.4220	---聚光灯（ex9405.4020）	10			
			9405.4290	---其他（ex9405.4090）	6	9405.4290	---其他（ex9405.4090）	
				--其他：			--其他：	
			9405.4910	---探照灯（ex9405.4010）	10	9405.4910	---探照灯和聚光灯（ex9405.4010、ex9405.4020）	
			9405.4920	---聚光灯（ex9405.4020）	10			
			9405.4990	---其他（ex9405.4090）	6	9405.4990	---其他（ex9405.4090）	
9405.5000	-非电气的灯具及照明装置	10	9405.5000	-非电气的灯具及照明装置	10	9405.5000	-非电气的灯具及照明装置	
9405.6000	-发光标志、发光铭牌及类似品	10		-发光标志、发光铭牌及类似品：			-发光标志、发光铭牌及类似品：	

2021 年版税则			2022 年版硬转换			2022 年版软转换		说明
税则号列	商品名称	税率	税则号列	商品名称	税率	税则号列	商品名称	
			9405.6100	--设计为仅使用发光二极管（LED）光源的（ex9405.6000）	10	9405.6100	--设计为仅使用发光二极管（LED）光源的（ex9405.6000）	（见上栏“说明”）
			9405.6900	--其他（ex9405.6000）	10	9405.6900	--其他（ex9405.6000）	
	-零件：			-零件：			-零件：	
9405.9100	--玻璃制	8	9405.9100	--玻璃制	8	9405.9100	--玻璃制	
9405.9200	--塑料制	8	9405.9200	--塑料制	8	9405.9200	--塑料制	
9405.9900	--其他	8	9405.9900	--其他（ex9405.9900）	8	9405.9900	--其他（ex9405.9900）	
94.06	活动房屋：		94.06	活动房屋：		94.06	活动房屋：	1. 为钢结构模块建筑单元修订《协调制度》目录。 2. 软硬转换相同。
9406.1000	-木制的	8	9406.1000	-木制的	8	9406.1000	-木制的	
			9406.2000	-钢结构模块建筑单元（ex9406.9000）	8	9406.2000	-钢结构模块建筑单元（ex9406.9000）	
9406.9000	-其他	8	9406.9000	-其他（ex9406.9000）	8	9406.9000	-其他（ex9406.9000）	
95.04	视频游戏控制器及设备、游艺场所、桌上或室内游戏用品，包括弹球机、台球、娱乐专用桌及保龄球自动球道设备：		95.04	视频游戏控制器及设备，桌上或室内游戏，包括弹球机、台球、娱乐专用桌及保龄球自动球道设备，使用硬币、钞票、银行卡、代币或任何其他支付方式使其工作的游乐机器：		95.04	视频游戏控制器及设备，桌上或室内游戏，包括弹球机、台球、娱乐专用桌及保龄球自动球道设备，使用硬币、钞票、银行卡、代币或任何其他支付方式使其工作的游乐机器：	为某些游乐园设备修订《协调制度》目录，新增第九十五章注释六，修改税目 95.04 和 95.08 的条文和子目。仅条文修改，不涉及转换。
9504.2000	-台球用品及附件	0	9504.2000	-台球用品及附件	0	9504.2000	-台球用品及附件	

2021 年版税则			2022 年版硬转换			2022 年版软转换		说明
税则号列	商品名称	税率	税则号列	商品名称	税率	税则号列	商品名称	
	-使用硬币、钞票、银行卡、代币或任何其他支付方式使其工作的其他游戏用品，但保龄球自动球道设备除外：			-使用硬币、钞票、银行卡、代币或任何其他支付方式使其工作的其他游戏用品，但保龄球自动球道设备除外：			-使用硬币、钞票、银行卡、代币或任何其他支付方式使其工作的其他游戏用品，但保龄球自动球道设备除外：	为某些游乐园设备修订《协调制度》目录，新增第九十五章注释六，修改税目 95.04 和 95.08 的条文和子目。仅条文修改，不涉及转换。
9504.3010	---电子游戏机	0	9504.3010	---电子游戏机	0	9504.3010	---电子游戏机	
9504.3090	---其他	0	9504.3090	---其他	0	9504.3090	---其他	
9504.4000	-游戏纸牌	0	9504.4000	-游戏纸牌	0	9504.4000	-游戏纸牌	
	-视频游戏控制器及设备，但子目 9504.30 的货品除外：			-视频游戏控制器及设备，但子目 9504.30 的货品除外：			-视频游戏控制器及设备，但子目 9504.30 的货品除外：	
	---与电视接收机配套使用的：			---与电视接收机配套使用的：			---与电视接收机配套使用的：	
9504.5011	----零件及附件	0	9504.5011	----零件及附件	0	9504.5011	----零件及附件	
9504.5019	----其他	0	9504.5019	----其他	0	9504.5019	----其他	
	---其他：			---其他：			---其他：	
9504.5091	----零件及附件	0	9504.5091	----零件及附件	0	9504.5091	----零件及附件	
9504.5099	----其他	0	9504.5099	----其他	0	9504.5099	----其他	
	-其他：			-其他：			-其他：	
9504.9010	---其他电子游戏机	0	9504.9010	---其他电子游戏机	0	9504.9010	---其他电子游戏机	

2021 年版税则			2022 年版硬转换			2022 年版软转换		说明
税则号列	商品名称	税率	税则号列	商品名称	税率	税则号列	商品名称	
	---保龄球自动球道设备及器具：			---保龄球自动球道设备及器具：			---保龄球自动球道设备及器具：	为某些游乐园设备修订《协调制度》目录，新增第九十五章注释六，修改税目95.04和95.08的条文和子目。仅条文修改，不涉及转换。
9504.9021	----保龄球自动分瓶机	0	9504.9021	----保龄球自动分瓶机	0	9504.9021	----保龄球自动分瓶机	
9504.9022	----保龄球	0	9504.9022	----保龄球	0	9504.9022	----保龄球	
9504.9023	----保龄球瓶	0	9504.9023	----保龄球瓶	0	9504.9023	----保龄球瓶	
9504.9029	----其他	0	9504.9029	----其他	0	9504.9029	----其他	
9504.9030	---中国象棋、国际象棋、跳棋等棋类用品	0	9504.9030	---中国象棋、国际象棋、跳棋等棋类用品	0	9504.9030	---中国象棋、国际象棋、跳棋等棋类用品	
9504.9040	---麻将及类似桌上游戏用品	0	9504.9040	---麻将及类似桌上游戏用品	0	9504.9040	---麻将及类似桌上游戏用品	
9504.9090	---其他	0	9504.9090	---其他	0	9504.9090	---其他	
95.08	旋转木马、秋千、射击用靶及其他游乐场的娱乐设备；流动马戏团及流动动物园；流动剧团：		95.08	流动马戏团及流动动物园；游乐场乘骑游乐设施和水上乐园娱乐设备；游乐场娱乐设备，包括射击用靶；流动剧团：		95.08	流动马戏团及流动动物园；游乐场乘骑游乐设施和水上乐园娱乐设备；游乐场娱乐设备，包括射击用靶；流动剧团：	1. 为某些游乐园设备修订《协调制度》目录。 2. 软硬转换相同。
9508.1000	-流动马戏团及流动动物园	6	9508.1000	-流动马戏团及流动动物园	6	9508.1000	-流动马戏团及流动动物园	
				-游乐场乘骑游乐设施和水上乐园娱乐设备：			-游乐场乘骑游乐设施和水上乐园娱乐设备：	
			9508.2100	--过山车（ex9508.9000）	6	9508.2100	--过山车（ex9508.9000）	

2021年版税则			2022年版硬转换			2022年版软转换		说明
税则号列	商品名称	税率	税则号列	商品名称	税率	税则号列	商品名称	
			9508.2200	--旋转木马，秋千和旋转平台（ex9508.9000）	6	9508.2200	--旋转木马，秋千和旋转平台（ex9508.9000）	1. 为某些游乐园设备修订《协调制度》目录。 2. 软硬转换相同。
			9508.2300	--碰碰车（ex9508.9000）	6	9508.2300	--碰碰车（ex9508.9000）	
			9508.2400	--运动模拟器和移动剧场（ex9508.9000）	6	9508.2400	--运动模拟器和移动剧场（ex9508.9000）	
			9508.2500	--水上乘骑游乐设施（ex9508.9000）	6	9508.2500	--水上乘骑游乐设施（ex9508.9000）	
			9508.2600	--水上乐园娱乐设备（ex9508.9000）	6	9508.2600	--水上乐园娱乐设备（ex9508.9000）	
			9508.2900	--其他（ex9508.9000）	6	9508.2900	--其他（ex9508.9000）	
			9508.3000	-游乐场娱乐设备（ex9508.9000）	6	9508.3000	-游乐场娱乐设备（ex9508.9000）	
			9508.4000	-流动剧团（ex9508.9000）	6	9508.4000	-流动剧团（ex9508.9000）	
9508.9000	-其他	6						
96.09	铅笔（税目96.08的铅笔除外）、颜色铅笔、铅笔芯、蜡笔、图画碳笔、书写或绘画用粉笔及裁缝划粉：		96.09	铅笔（税目96.08的铅笔除外）、颜色铅笔、铅笔芯、蜡笔、图画碳笔、书写或绘画用粉笔及裁缝划粉：		96.09	铅笔（税目96.08的铅笔除外）、颜色铅笔、铅笔芯、蜡笔、图画碳笔、书写或绘画用粉笔及裁缝划粉：	修订以统一英、法文本。
	-铅笔及颜色铅笔：			-铅笔及颜色铅笔，笔芯包裹在外壳中：			-铅笔及颜色铅笔，笔芯包裹在外壳中：	

2021年版税则			2022年版硬转换			2022年版软转换		说明
税则号列	商品名称	税率	税则号列	商品名称	税率	税则号列	商品名称	
9609.1010	---铅笔	12	9609.1010	---铅笔	12	9609.1010	---铅笔	修订以统一英、法文本。
9609.1020	---颜色铅笔	12	9609.1020	---颜色铅笔	12	9609.1020	---颜色铅笔	
9609.2000	-铅笔芯，黑的或其他颜色的	12	9609.2000	-铅笔芯，黑的或其他颜色的	12	9609.2000	-铅笔芯，黑的或其他颜色的	
9609.9000	-其他	6	9609.9000	-其他	6	9609.9000	-其他	
96.17	带壳的保温瓶和其他真空容器及其零件，但玻璃瓶胆除外：		96.17	保温瓶和其他真空容器及其零件，但玻璃瓶胆除外：		96.17	保温瓶和其他真空容器及其零件，但玻璃瓶胆除外：	为钢铁制真空保温容器修订《协调制度》目录，以使英、法文本一致，仅修改中文，不涉及转换。
	---保温瓶：			---保温瓶：			---保温瓶：	
9617.0011	----玻璃内胆制	8	9617.0011	----玻璃内胆制	8	9617.0011	----玻璃内胆制	
9617.0019	----其他	8	9617.0019	----其他	8	9617.0019	----其他	
9617.0090	---其他	8	9617.0090	---其他	8	9617.0090	---其他	
96.19	任何材料制的卫生巾（护垫）及卫生棉条、婴儿尿布及尿布衬里和类似品：		96.19	任何材料制的卫生巾（护垫）及卫生棉条、尿布及尿布衬里和类似品：		96.19	任何材料制的卫生巾（护垫）及卫生棉条、尿布及尿布衬里和类似品：	修订税目96.19条文关于尿布及尿布衬里的相关条款，仅修改中文，不涉及转换。
	---尿裤及尿布：			---尿裤及尿布：			---尿裤及尿布：	
9619.0011	----供婴儿使用的	4	9619.0011	----供婴儿使用的	4	9619.0011	----供婴儿使用的	
9619.0019	----其他	4	9619.0019	----其他	4	9619.0019	----其他	
9619.0020	---卫生巾（护垫）及卫生棉条	4	9619.0020	---卫生巾（护垫）及卫生棉条	4	9619.0020	---卫生巾（护垫）及卫生棉条	
9619.0090	---其他	6	9619.0090	---其他	6	9619.0090	---其他	

2021年版税则			2022年版硬转换			2022年版软转换		说明
税则号列	商品名称	税率	税则号列	商品名称	税率	税则号列	商品名称	
97.01	油画、粉画及其他手绘画，但带有手工绘制及手工描饰的制品或税目49.06的图纸除外；拼贴画及类似装饰板：		97.01	油画、粉画及其他手绘画，但带有手工绘制及手工描饰的制品或税目49.06的图纸除外；拼贴画、镶嵌画及类似装饰板：		97.01	油画、粉画及其他手绘画，但带有手工绘制及手工描饰的制品或税目49.06的图纸除外；拼贴画、镶嵌画及类似装饰板：	1. 为某些文化产品修订第九十七章。 2. 软硬转换不相同，对超过100年的画作不再拆分原件和复制品。
	-油画、粉画及其他手绘画：							
	---原件：							
9701.1011	----唐卡	6						
9701.1019	----其他	1						
9701.1020	---复制品	6						
				-超过100年的：			-超过100年的：	
				--油画、粉画及其他手绘画：		9701.2100	--油画、粉画及其他手绘画（ex9701.1011、ex9701.1019、ex9701.1020）	
				---原件：				
			9701.2111	----唐卡（ex9701.1011）	6			
			9701.2119	----其他（ex9701.1019）	1			
			9701.2120	---复制品（ex9701.1020）	6			

2021 年版税则			2022 年版硬转换			2022 年版软转换		说明
税则号列	商品名称	税率	税则号列	商品名称	税率	税则号列	商品名称	
			9701.2200	--镶嵌画（ex9701.9000）	6	9701.2200	--镶嵌画（ex9701.9000）	1. 为某些文化产品修订第九十七章。 2. 软硬转换不相同，对超过 100 年的画作不再拆分原件和复制品。
			9701.2900	--其他（ex9701.9000）	6	9701.2900	--其他（ex9701.9000）	
9701.9000	-其他	6		-其他：			-其他：	
				--油画、粉画及其他手绘画：			--油画、粉画及其他手绘画：	
				---原件：			---原件：	
			9701.9111	----唐卡（ex9701.1011）	6	9701.9111	----唐卡（ex9701.1011）	
			9701.9119	----其他（ex9701.1019）	1	9701.9119	----其他（ex9701.1019）	
			9701.9120	---复制品（ex9701.1020）	6	9701.9120	---复制品（ex9701.1020）	
			9701.9200	--镶嵌画（ex9701.9000）	6	9701.9200	--镶嵌画（ex9701.9000）	
			9701.9900	--其他（ex9701.9000）	6	9701.9900	--其他（ex9701.9000）	
97.02	雕版画、印制画、石印画的原本：		97.02	雕版画、印制画、石印画的原本：		97.02	雕版画、印制画、石印画的原本：	1. 为某些文化产品修订第九十七章。 2. 软硬转换相同。
9702.0000	雕版画、印制画、石印画的原本	1						
			9702.1000	-超过 100 年的（ex9702.0000）	1	9702.1000	-超过 100 年的（ex9702.0000）	
			9702.9000	-其他（ex9702.0000）	1	9702.9000	-其他（ex9702.0000）	

2021 年版税则			2022 年版硬转换			2022 年版软转换		说明
税则号列	商品名称	税率	税则号列	商品名称	税率	税则号列	商品名称	
97.03	各种材料制的雕塑品原件：		97.03	各种材料制的雕塑品原件：		97.03	各种材料制的雕塑品原件：	1. 为某些文化产品修订第九十七章。 2. 软硬转换相同。
9703.0000	各种材料制的雕塑品原件	1						
			9703.1000	-超过 100 年的（ex9703.0000）	1	9703.1000	-超过 100 年的（ex9703.0000）	
			9703.9000	-其他（ex9703.0000）	1	9703.9000	-其他（ex9703.0000）	
97.05	具有动物学、植物学、矿物学、解剖学、历史学、考古学、古生物学、人种学或钱币学意义的收集品及珍藏品：		97.05	具有考古学、人种学、历史学、动物学、植物学、矿物学、解剖学、古生物学或钱币学意义的收集品及珍藏品：		97.05	具有考古学、人种学、历史学、动物学、植物学、矿物学、解剖学、古生物学或钱币学意义的收集品及珍藏品：	1. 为某些文化产品修订第九十七章。 2. 软硬转换相同。
9705.0000	具有动物学、植物学、矿物学、解剖学、历史学、考古学、古生物学、人种学或钱币学意义的收集品及珍藏品	0						
			9705.1000	-具有考古学、人种学或历史学意义的收集品及珍藏品（ex9705.0000）	0	9705.1000	-具有考古学、人种学或历史学意义的收集品及珍藏品（ex9705.0000）	
				-具有动物学、植物学、矿物学、解剖学或古生物学意义的收集品及珍藏品：			-具有动物学、植物学、矿物学、解剖学或古生物学意义的收集品及珍藏品：	

2021年版税则			2022年版硬转换			2022年版软转换		说明
税则号列	商品名称	税率	税则号列	商品名称	税率	税则号列	商品名称	
			9705.2100	--人类标本及其部分（ex9705.0000）	0	9705.2100	--人类标本及其部分（ex9705.0000）	1. 为某些文化产品修订第九十七章。 2. 软硬转换相同。
			9705.2200	--灭绝或濒危物种及其部分（ex9705.0000）	0	9705.2200	--灭绝或濒危物种及其部分（ex9705.0000）	
			9705.2900	--其他（ex9705.0000）	0	9705.2900	--其他（ex9705.0000）	
				-具有钱币学意义的收集品或珍藏品：			-具有钱币学意义的收集品或珍藏品：	
			9705.3100	--超过100年的（ex9705.0000）	0	9705.3100	--超过100年的（ex9705.0000）	
			9705.3900	--其他（ex9705.0000）	0	9705.3900	--其他（ex9705.0000）	
97.06	超过100年的古物：		97.06	超过100年的古物：		97.06	超过100年的古物：	1. 为某些文化产品修订第九十七章。 2. 软硬转换相同。
9706.0000	超过100年的古物	0						
			9706.1000	-超过250年的（ex9706.0000）	0	9706.1000	-超过250年的（ex9706.0000）	
			9706.9000	-其他（ex9706.0000）	0	9706.9000	-其他（ex9706.0000）	